陕西出版资金资助项目

长安大录

朱鸿 ◆ 著

西安出版社

目 录

颂辞	1
黄土	3
终南山	8
南五台	13
翠华山	18
骊山	21
丰峰山	25
荆山	27
华山巍然	28
太白皓然	34
龙首原	38
少陵原	42
白鹿原	47
乐游原	50
神禾原	53
樊川犹美	56
御宿川	65
辋川尚静	68
悠悠渭水	73
渭水返清	79
秀浐骚灞论	83
曲江萧瑟	85
曲江记	90
昆明池	93
咸阳宫	96
阿房宫	97
长乐宫	101
未央宫	103
建章宫	108

太极宫	110
大明宫	112
兴庆宫	114
滚滚帝陵	120
周陵	131
秦始皇陵	133
汉文帝霸陵	138
隋文帝泰陵	141
唐玄宗泰陵	144
汉薄太后陵	148
唐武则天母亲杨氏顺陵	151
汉娄敬墓	154
唐杜牧墓	156
明秦王陵	158
楼观	164
草堂寺	168
华严寺	174
大慈恩寺	178
净业寺	181
香积寺	184
大兴善寺	188
卧龙寺	192
仙游寺	195
广仁寺	196
西安清真大寺	199
礼拜堂	202
大雁塔	207
小雁塔	210
寻找蓝田人	213
半坡人的遗产	221
半坡读陶	224
灵台	231
兵马俑之气	234

寒窑	240
西安碑林	242
碑林嚼字	245
西安城墙	252
城墙赏月夜	257
西安城墙的利用问题	259
钟楼	262
鼓楼	266
西京招待所	269
北院门	275
书院门	279
端履门	284
蓝武道	286
子午道	290
傥骆道	293
长安路	296
青年路	300
建国路	303
北大街	306
正学街	311
案板街	314
咸宁学巷	316
德福巷	319
化觉巷	323
丝绸之路	325
唐长安的大学	330
西北大学	333
陕西师范大学	348
西安交通大学	360
国槐	368
辨花木识季节	373
杜陵王恭林	376
草木与汉宫之名	378

长安十粮	380
长安荠菜	386
长安鸟类	388
门神	392
过年	394
压岁钱	396
社火	398
清明节	402
中秋节	405
古玩	408
食态	411
戏迷	414
秦器	417
长安瓦当	419
三石纪唐	422
霍去病墓石刻记	428
李仙蕙墓壁画记	445
惟一长安	459
关于长安文化	466
长安是中国的心	468
长安属于中国人	470
古都文化与西安人	472
西安人的文化身份	478
西安之所宜	480
西安的个性与西安青年的格调	482
西安：中国文明的锤炼之地	485
一座润泽与馨香之城	487
王昭君为什么嫁匈奴	492
诗人多难	506
参考书目	545
后记	548

颂　辞

　　这里山环水绕，原亢川平，黄土冬藏夏产，有气象万千之胜。英雄争霸，美人竞荣，创造了壮阔的历史。宫室湮火，帝陵犹存。文物丰富，或留之于地上，多出之于地下，为中华民族所共享。一切都在以不可预料的方式变化，连坟茔周边也立起了高楼大厦。风发，风劲，风掠而过。

　　谨以此书献给我深爱生痛的长安！

黄 土

凌云御风以俯察西安，会发现这个城完全立于黄土之上，甚至黄土包围着西安。

平常会忽略黄土对西安的意义，因为出巷上街，所见是草木，是玻璃幕墙的高楼大厦，是华灯，是流水一般的汽车。然而离城而去，远一点环视，便会看到凡西安的建筑是尽由黄土支撑的。

西安依龙首原营造。龙首原属于黄土的堆积，地势壮阔，地貌雄奇，可惜人类的活动——一个伟大的城的存在与持续扩充，已经把它的高岸与低谷拉平了，甚至把它遮蔽了，包裹了，黄土也内敛着，萎缩着，遂难免感受到城在龙首原之上。不过看一看乐游原的残坡剩陂，看一看正受到改变的少陵原和神禾原，也在遭掘的白鹿原，尤其是看一看暴露在外的黄土的立面和斜面，便可以想象这座城确实踞于黄土之中，甚至它就是黄土的变形。

实际上，两千余年前的汉长安城，一千余年前的唐长安城，都作黄土之间。那时候，材料单一，城与黄土的关系密切之极。也许长安城就是艺术化或灵魂化的黄土，遂能漂亮地还原于黄土。

在地球北部的几个大陆都有黄土分布，不过中国黄土分布广，厚度大，覆盖连续，层序完整，为世界第一。它基本上处于北纬30°至49°之间。中国黄土呈东西向，大约铺排于昆仑山、秦岭和泰山一线的北侧。西北可达天山，东北可达大兴安岭和小兴安岭。

中国黄土以面积34万平方公里的黄土高原最为典型，也最具研究价值。其西起祁连山，东至太行山，北发阴山，南抵秦岭。浅的数米，数十米，深

3

钟楼与鼓楼

的一百余米、二百余米。深之至极,在泾河与洛河一带。这里位于黄河的中游。黄河经黄土高原而流,给这里的黄土赋予了神性。夕阳所照,黄土高原的气象便尽显洪荒和浑朴。风走过它的塬、梁、峁、壑,千里呼啸,万里回应,禽息兽匿,人谁不敬畏!

西安所拥的黄土,或汉长安城和唐长安城所拥的黄土,也属于黄土高原的范畴,不过这里的黄土自有其特殊。秦岭流出数水注渭河,渭河灌黄河。这一片黄土便发于渭河以南,止于秦岭以北。此地谓之关中,苏秦赞之为天府,东方朔颂之为陆海。形胜之地,遂一再立国作都。这里的黄土细腻、疏松,具绸缎一般的触觉和蜂蜜一般的视觉。

大约2300年以前就有中国人注意到黄土,但对它的研究却由西方的地质学家发轫,随之中国的地质学家也孜孜以求,大有作为。这些黄土是从何处来的呢?比较一致的观点是,里海以东有浩瀚的沙漠,一旦气流上升,它便会携带粉尘颗粒进入高空,并为西风环流系统所容纳,接着随西风带向东南飘移,至东经100°以东骤然沉降。260万年的堆积及其种种化学反应,遂为黄土。东经100°以东,恰恰就从祁连山一带开始。之所以黄土高原的黄土十分发达,也许是西风带让随它飘移的粉尘颗粒总是在这里集中垂落导致的吧!

有地质学家认为,黄土高原是古土壤与黄土累加起来的,因为它们相互叠压数十次,应该是260万年以来,包括更新世和全新世,气候暖湿与气候干冷的周期性回旋的结果。黄土夹缝还藏有几十种古脊椎动物的化石,其属于第四纪。显然,中国黄土是一部信息丰富的自然档案,凡地质学家、气候学家、生态学家、环境学家，都可以从中获取他们想要的自然演变的资讯。人类的活动也在黄土上留存着印痕，历史学家当然也颇感兴趣！

中国农业之兴，全赖黄土，尤其是在黄河中游一带。黄土呈柱状节理发育，虽然久久沉积，不过黄土仍是疏松而散，其密布的间隙，如小孔和细管，使地下水分得以向地上浸淫。一般夏季多雨。当此之际，暖气流起于海上，并从岭南向大陆飘移。只要它遭遇冷气流，就会形成锋面雨带。在锋面雨带逾越秦岭的时候，恰恰是夏季，其雨便补充了关中及黄河两岸黄土的地下水分。黄土软，雨易渗，水分宜蓄。年年如此，岁岁如此，遂在上古就有部落于斯耕植。初民不用灌溉，打磨几件石器作工具就能播种和收获。合适生存，初民便越聚越多。

神农氏曾经于斯指导初民种其粮，功莫大焉。有熊氏渐盛，其首领轩辕打败了炎帝，又打败了蚩尤，成为黄河中游一带部落联盟的共同领袖。会当非凡的蚯蚓出其土，显示土之德瑞，黄土为色，遂是黄龙，轩辕便任黄帝。黄帝发明频频，然而他仍不懈于教天下以稼穑。唐尧、虞舜、夏禹，皆据黄土高原开国成事，其经济所靠当然也是农业。

当是时也，周人的后稷神秘下凡。他显然有耕植的天才，会相地以播百谷，部落之民也都向他学习。尧举后稷为农师，御内便得其利。舜也敬重他，封于邰，今之陕西武功。周人以农业而强，迁豳，徙岐山之下，过渭河，进关中，平商之崇侯国，作丰邑，再作镐京，继续修德振兵，终于取商而代之。周人对农业的贡献是使稼穑有了规模，田有公田和私田。他们实行了井田制，把奴隶组织起来劳动。

关中的黄土杂糅有大量的腐殖物，八水相绕，久有开垦，其粮遂常能丰收，上税缴赋甚多。司马迁说："关中自汧雍以东至河华，膏壤沃野千里，自虞夏之贡以为上田。"20世纪曾经有农业学家测量长安的黄土，发现这里的熟化层达50至60厘米。如此之肥，完全可以让枯木发芽。这既有自然的作用，也有祖先世世代代劳动的作用。可惜一声风吹，上田便争盖房了以卖钱。真是罪孽啊，不肖子孙！

中国文明称为农业文明，以农业兴于黄河中游，又称为黄河文明，很好。不过有时候，我会登临黄土之丘而坐，捧一把黄土想，中国黄土，世界尽重之，尤其农业以黄土所创，所以称中国文明为黄土文明不是更好吗？

黄帝崩，葬于桥山，为黄陵。轩辕时代的历法，也为黄历。黄帝取黄土之色，是由于土出黄龙，表征了他的天子之德瑞。多少年以后，封建君主便以黄为色之正，为贵，乘黄屋，穿黄袍。黄成为专用，一旦士庶用之，就是僭越，甚至是杀头的危险。尚拳和时以党以黄得以体现，这应归出于黄帝之所赐。

黄土融有矿物质，按一定的比例兑水和泥，抟之为坯，装窑而烧，遂成陶器。

黄土

5

新石器时代属于氏族公社的半坡人便有陶钵以盛水,陶罐以储粟,陶哨以吹音。他们的陶盆多绘有鱼纹和鹿纹,可以使用,也可以欣赏。遗憾半坡人在年岁的循环往复之中走失了,否则中国文明将别有一番精彩。

周人未必是半坡人的子孙,不过他们也掌握了用黄土制作陶器的工艺。营造宫室的板瓦便是由黄土烧出来的。秦人是周人特殊的一支,建筑所用的水管,盖房子所用的筒瓦和条砖,都是陶器,也由黄土烧之。秦砖坚硬,我收藏有一块。

汉人的领导多生楚国,然而居长安城便要用长安的黄土。未央宫有吉语的瓦,有草纹的砖,无不是黄土所烧。从汉陵所挖的各种各样的陶罐,造型大气,弧度流畅,当为艺术的精品,也是黄土所烧。我收藏有五个陶罐,击之皆发声洪亮。陪葬的陶器颇繁,不过我所好者惟陶罐。

唐人的建筑壮丽之极,其瓦其砖,也还是黄土所烧。也许是石材增加了,唐砖不太大,唐瓦也不甚华,多用的是有莲花的一种瓦,证明了佛教已经确立并普及。

依我的想象,汉长安城和唐长安城都以黄土为格调。它们雄霸的城墙是土夯的,宽阔的街道是土铺的,划地为坊,坊里的院墙和屋墙也是土筑的,即使墙有砖包,砖也是土烧的,进坊出坊的里巷间路也毕由土垫。土尽黄土,经日之晒微微发白,一旦淋雨,便多少发黑。云散天晴,阳光透射,土皆变黄。长安城是皇城,也是黄城。生活在长安城,就是生活在黄城之中,也就是生活在自然之中。

西安在过去几个世纪也几乎是一座黄城。它的城墙在1370年初建之际完全是土的,到1568年,陕西巡抚张祉修葺城墙,才给其外壁砌了砖,然而砖还是土,是土的异态。西安城的路是土的,园林之径是土的,所有的建筑,包括秦王府、衙门、官邸、庙堂,也无土不成。直到明亡清立,清盛清衰,辛亥革命的爆发和中华民国的诞生,这里总体上仍延续着黄土格调,不失为黄城。它的四边也还是无边无际的田野,夏季的暴雨往往骤然而下,风从远方而来,掠城墙而过,把黄土的味道送至千家万户的窗口。然而毕竟黄土要减少,它无可奈何地减少着,越来越快地减少了。

现在的西安城几乎没有黄土了。混凝土、沥青、瓷砖、石材、玻璃、钢铁、橡胶、塑料,已经要把西安城包实裹严了,甚至一旦黄土露头,就有人搅拌着一团混凝土走过去捂住它,似乎黄土使西安城蒙羞似的。

黄土匿迹,让我怀疑世界的真实。科学技术孵化出的环境光怪陆离,玄幻荒诞,充满伪装的感觉,使我的身体和心理都不舒服。我常常想坐在黄土上,躺在黄土上,把手伸到黄土中,脱了鞋,踩着黄土,让黄土埋了我的脚。我的肌肤对黄土有一种饥饿之感,难耐的时候,便在城墙上寻找一块老砖摸一摸,舒服极了,然而这止痛不治病。

出母之腹,供我睡觉的是土炕,脱母之怀,让我立足并迈步的是土地,院子深广,抓一把黄土就可以玩。往田野里去,农民用铁锨翻地,把晒过太阳的黄土埋下去,未晒过太阳的黄土亮出来,使生土变熟,熟土更熟,以成熟化层。生土含有水分遂色重,风一吹便色轻,轻遂显白,浸雨就归黄,渐然而成熟土。有骡马犁地,铧入土裂,几十铧犁过为一分,几百铧犁过为一亩,百亩便是浪打浪的黄土的海洋。骡马累了,就卧在黄土上休息,打滚当然也行。

黄土出草,出木,尤其出粮。粮有黍、稷、稻、粱、小麦、大麦、青稞、荞麦、谷子、玉米,它们尽宜黄土。黄土出粮,也出菜。一掘土,红薯成堆;再掘土,洋芋又成堆;不掘土,可以拔出来的光滑的是萝卜。白菜、韭菜、茄子、梅豆、豇豆、菠菜、蒜苗,黄土皆长。

挖土一丈,遂成穴作墓,永远安魂。挖土三丈,便是井,汪汪的水可以饮,可以洗,几十年取之不尽,用之不竭。所谓土壕就是农民专门的取土之域,它往往有一两丈高的崖,横断面湿润,根须纵横,有蚯蚓,也有蜗牛,偶尔还有化石,其为生土,不浅而深,遂黄得单纯,干干净净。农民拉这里的土和泥以糊墙,兑水以漫墙,当然也填坑垫厕。制作土坯可以盘炕或盘灶,不过大量用以垒墙,盖房子。

少陵原南坡有长达数十里的崖,呈阶梯状,高达几十米。其向阳,黄土很是坚实,沿线一带的农民曾经凿穴以居,冬暖夏凉,惟恐久雨消解,造成湿陷或崩塌。在樊川的任何一个点上,都可以清楚地看到其崖静立天下,尽显沧桑。这里的窑洞已经空空如也,几乎都废弃了,然而所凿之穴的轮廓仍很明晰。鸟雀会落在崖畔,羊偶尔也会跑到崖畔吃草。有时候我心有惶惶,便出西安城,到樊川来,坐在寂寞的一棵白杨树下望着少陵原的南坡,夕晖照崖,草木泛古,沉默的黄土竟有意味深长的呼吸!

敬礼,伟大的黄土!别了,一种生活方式,一种文明!

黄土

终南山

我是长安人，小时候，趴在窗口，或开了门，或是在任何一个立足之点，我都会看到终南山。我的眼睛如此明亮，是因为这样的远望增强了视力。我的故乡与终南山的直线距离不过30里，拥有未必，欣赏无碍，幸甚至哉！

遗憾我现在栖身城里，墙也挡，楼也挡，视力虽好，视野遇阻，终南山遂一面难见。尤其钢筋水泥建筑有虎狼之恶，马蜂之凶，夜以继日向终南山推进并挤压，国之所瞻渐然模糊。非智慧之举，不可能结大德大善之果。

终南山素为神栖之地，是否，我未加深入研究。不过小时候我见终南山兴云便下雨，一旦云散，雨随之止。日月经天，终南山总是重威而沉默，色蓝便嫩绿，色青便老苍。奇的是它播向关中的雨，北线可以到鄂尔多斯台地，也可以到渭河沿岸，也可以只到西安钟楼的金顶，或是只到西安南门，只到小寨，甚至只到长延堡村、三爻村。人辄喟叹：雨到南门外就停，再走一步便进西安城了，可惜它硬是不肯走。从终南山酝酿的雨往往到南门就停，无可奈何。之所以城北燥，城南润，文章就在终南山。

唐人十分敬畏终南山，认为它是保佑王朝的。唐德宗贞元十二年，公元796年，唐德宗下诏修缮终南山祠以祭神，求其赐雨，柳宗元还参与了此工作。到了唐文宗开成二年，公元837年，唐文宗指示封终南山为广惠公，立庙以祀，当时长安县令杜戠操办了此事。据考察，广惠公祠在石砭峪口。

实际上终南山久有庙宇，汉武帝在公元前二世纪就于斯祭祀过太乙神，不过太乙宫当为后祀所立，可惜遗址无存。汉武帝世世不怕，然而敬畏我的南山。

终南山起于地，摩于天，横亘于黄河与长江之间，踞于关中与汉中之界，高且广，有容乃大。所谓终南，既指从北方绵延而来的以黄土为贵色的中原的结束之地：其终止于南矣！又指发端南方并迤逦而来的重峦叠嶂的停顿之地：其南之终止矣！在这里的一个隐士固执地认为：终南山以喜马拉雅山和昆仑山为介，通着古印度。古印度的信徒初赴中国，选道路便是翻越喜马拉雅山和昆仑山，直奔终南山，并以终南山为居。

不过我是长安人，入于斯，出于斯，往来相会，遂为熟知。我同意这样的观点：终南山东贯蓝田，西彻眉县，系列几百里，其中有几个秀丽的单元，包括骊山、翠华山、南五台、圭峰山，甚至也包括雄壮的太白山。终南山是其尊称，它还有一些别名或雅号，周南山、南山、中南山、橘山、楚山、太乙山、太一山、地肺山、月亮山，都是的，足证它包含之丰富。终南山更易为人接受的一种解释是：在天之中，居都之南。有士颂其曰：京师之镇，国之所瞻。

　　终南何有？
　　有条有梅。

上古之际，便有书指出终南惇物。不过周人之颂，显然洋溢着一种骄傲。或是春秋时代的秦人之歌吧，他们反复吟咏：

　　终南何有？
　　有纪有堂。

公元前138年，汉武帝狩猎终南山一带，尽其性，纵其情，也难免破坏庄稼。由于是乔装，农夫以为是一伙土匪，斥责并围攻，顿显危险。返长安城，汉武帝便打算把终南山划归为上林苑。当是时也，东方朔奏章劝阻，但汉武帝却坚持扩张了上林苑。读东方朔书，可以知道终南山的丰硕。他说："其山出玉石，金银铜铁，豫章檀柘，异类之物，不可胜原，此百工所取舍，万民所仰足也。又有粳稻梨栗桑麻竹箭之饶，土宜姜芋，水多蛙鱼，贫者得以人给家足，无饥寒之忧。"

终南山一直是长安人的生存所资，尤其是它慷慨地供给了在关中建都的一个又一个王朝，把中国文明一度又一度地助助灿兴。东方朔没有现代生物学知识，他不清楚终南山是地球难能可贵的生物基因库。这里有两千多种药

终南山

用植物，有三千多种种子植物，包括悠久的柏、栎、桦、杉，罕见的水青树、连香树、香果树、铁甲树、七叶树、金背枇杷树、望春花、星叶草、独叶草。这里有六百多种脊椎动物，除了当年汉武帝箭射的那些鹿豕狐兔之外，还有锦鸡、金钱豹、云豹、麂子、野猪、狼、果子狸、大鲵，还有大熊猫、朱鹮、金丝猴、羚羊、褐马鸡。这里有五千多种昆虫。东方朔当然也不清楚终南山是地球重要的地质地貌博物馆，这里有非常典型的造山带地质遗迹、第四纪地质遗迹、山崩地貌、花岗岩地貌、裂谷地垒构造、冰晶顶构造、板块碰撞缝合带、冰洞、风洞、溶洞、堰塞湖，既富研究价值，又具欣赏价值。

　　终南山之奇，早就为人所注意。葛洪尝记录终南山有草木之异常。一种离合草，其叶红绿相杂，茎为紫色。一种丹青树，就是所谓的华盖树，其干冲冲向上，百尺光滑无枝，其冠绞缠纠结，状如车篷，其叶一面青，一面赤，斓如锦绣。他还记录汉惠帝七年，公元前188年，终南山雷击起火，草木多有焚毁，之后有人在焦土之中竟拣到一具蛟骨，一具龙骨，使长安人雅俗皆惊。

　　玫瑰可以象征爱，如此观点已经弥漫世界，早就为有情男女所用。资料显示，这种红而长刺的植物开始是在终南山野生的，经长安人几番培育，才穿过丝绸之路到了古印度和地中海沿岸，并进入欧洲。大麻的幻觉也是中国萨满或隐士在终南山发现的，之后远扬而去。

　　终南山既如此之奇，又是神所栖之境，袞袞风流倜傥之士遂居其岩穴，作形而上的求索，便理所当然了。披紫气而来的是老子，他在终南山楼观留下了一段教诲便杳然遁迹。也许老子不是终南山最早的隐士，不过他应该是最大的隐士，之后不时有智者在此研术究道。商山之四皓，紫柏山之张良，还有汉钟离、孙思邈、吕洞宾、韩湘子、曹国舅、陈抟、张载、刘海蟾、张无梦、王重阳，时有千百修行。

尤其有趣的是，唐帝国第一家庭的公主，唐高祖之女平阳公主、唐睿宗之女玉真公主，轻其权势，重其怀虚，也在终南山修行。李隆基贵为皇帝，爱美人，但他却也敬老子，尽管有军国大事，不能匿身炼丹，不过一旦得到老子降显骊山的消息，立即改骊山为昭应山，并封玄德公为神以祭。

鸠摩罗什是从西域而来的高僧，得后秦王姚兴支持，要在中国有效地传其佛教，遂把佛经汉语译场选在了依傍终南山的草堂寺。几百年以后到了唐，佛教的中国化得以完成。当是时也，佛教立其八宗，其中六宗在长安，四宗的祖庭在终南山，它们是三论宗的草堂寺，华严宗的至相寺，律宗的净业寺、丰德寺和灵感寺，净土宗的悟真寺。三阶教的祖庭百塔寺也在终南山，虽然此宗的法脉没有传下来。这里茅篷之多，弥峰跨谷，诚如诗云：长安三千金世界，终南百万玉楼台。

终南山的隐士，不管是执道还是执佛，其避世之源也许更早。虽然退出社会，然而他们也未必冷血。通过改造自己以有理有利地改造世界，当是各路大德的归宿。

岩穴之士当然也有真有假。司马承祯尝修行嵩山，以后常住天台山。其深谙其法，誉飘朝野。武则天召之洛阳，盼他辅政，但他对当官却并无兴趣。他致礼，谢谢了武则天，仍往天台山去。唐睿宗执政，又召之长安，晤面便挽留，然而司马承祯仍坚持返天台山，唐睿宗遂赠帐以送行。唐政府一些大臣也参加送行，尚书左丞卢藏用在场，他举臂指了指终南山对司马承祯说："此中大有佳处，何必天台！"卢藏用当年居终南山，似乎修行，实际上志在魏阙，所以一旦武则天招徕，便去洞当官。唐睿宗执政，其继续留任，属于擅术失道之徒。司马承祯知道其秉性，遂讽刺他说："以愚观之，此乃仕宦之捷径也！"这便是终南捷径的故事。

唐人之诗把中国的语言艺术锤炼到了极致，显然，终南山也给了他们灵感。"白云回望合，青霭入看无。"此王维之吟。"秀色难为名，苍翠日在眼。"此李白之叹。"危松临砌偃，惊鹿蓦溪来。"此司空图之诵。唐太宗李世民也有诗赞终南山，并以气势而胜。不过把切肤刺骨之感表达出来的诗，还是祖咏的，其曰：

终南阴岭秀，积雪浮云端。
林表明霁色，城中增暮寒。

地理教科书指出，关中平原主要是渭河冲积的，不过只有经过考察才能知道渭河南岸之水富于北岸之水，其多从终南山谷口所出。以潼关至宝鸡一段计，终南山谷口150个；以蓝田到眉县计，终南山谷口85个，其积小流汇为灞、浐、潏、滈、滴、沣、涝及其西安饮之所赖的黑河，它们尽入渭河。渭河以南的关中平原，主要是由这些终南山之水所冲积的。其水携带终南山草木鸟兽虫鱼的腐殖物渗透于土地之中，渐然形成黄壤之膏，田野之沃，有耕耘，便有收获。关中平原养活过中国的13个王朝，滋润过一波又一波的中国文明，其功也有终南山及它的水。遗憾这个时代疯狂地用钢筋水泥建筑向终南山铺陈，甚至点峪圈岸，企图环终南山一线营造其房。君不见别墅豪门挡林风，瓷墙光脊污岫岚；君不见四方商家有盘算，蠢蠢欲动，虎步鼠窜，以悄然购买终南山之一角，卒以连官邸带林壑售之而得万贯。

岂料大自然是敏感的，终南山会像少女的肌肤一样易损。基于此，我请求当权派和牟利者不要以任何神圣的名义开发终南山，不要在此作混凝土建筑，尤其不要装腔作势地搞什么诗意的栖居。我请求让终南山保持安宁，因为终南山一直在萎缩，它的谷口之水频频断其小流，如果钢筋水泥建筑在此入侵、繁殖、演化，那么将必然加速它的萎缩。一旦变成这样的局面，挨着它的土地也许会贫瘠化、沙漠化，甚至损坏整个关中平原，并向北推移，损害鄂尔多斯，损害黄河沿岸。请求当权派和牟利者高抬贵手，不要动终南山。大自然是会报复的，惹恼终南山，必成其祸，并苦我子孙。

在中国版图上，或是读地理教科书，会发现终南山与秦岭有一段是重叠的。秦岭西起甘肃和青海，东至河南，全长1500公里。它起码包含了西倾山、岷山、迭山、终南山、华山、崤山、嵩山、伏牛山。显然秦岭比终南山广袤。不过终南山早，秦岭晚。秦岭是春秋以后，甚至是战国才有的，是秦人统一天下的成果。于是终南山就变成了秦岭的一个部分，或呼终南山为秦岭也可以。秦人很猛，秦国发展很快，固然灭了六国，不过它也亡得很快。秦人的方法冷酷无情。谚曰：渭水无鱼，秦人无义。我是长安人，不是秦人。

南五台

天下修行，以秦岭为幽，秦岭修行，以终南山易功，终南山修行，以南五台有灵。对此我有百闻，并得以一见。

南五台纵深十余里，巉岩为列，茂林成荫，尽头才是极峰观音台。从东到西呈五鳌，白蛇沟居中，修行的人多从这里进山。晨不见红日东升，惟见蓝漫长天，有透明感、融化感。昏不见夕阳西下，惟见霞染峻岭，有温暖感、幻境感。登临此山者，平常三三两两，三五成群，不过逢农历之月举行庙会，便密若蚂蚁，轰然作阵。

通过一条斜径可以往塔寺沟去。此地的五佛殿有两棵国槐，隋唐年间的，老树重威，有遇事而鸣的奇异，可以欣赏。只是腐叶厚积，脚要入其里，试探着避过滑沙和尖石，以防跌倒。移步到底，有坡陡起，缘溪上行，隐隐便能看到圣寿寺塔。西靠峭壁，东向豁涧，风行光照，舒服极了。住持广宽身材颀长，他说："大雁塔是唐建的，圣寿寺塔是隋建的，足见这里的佛法久远。"其有七层，砖木结构，不过它抵抗了屡屡地震，万千雨雪，还有战火的破坏。20世纪的高僧印光大师有一度于斯修行，这里的一个石头壁龛便是纪念，镌有于右任所题"印光大师影堂"。资料显示，慈禧太后、蒋介石、宋美龄，都尝在此瞻仰。几个从北京来的居士殷勤地为住持广宽做饭，柴烟生白，袅袅而逝，有松脂的淡味，不过我当走了。

返白蛇沟，跨接引台，过五马石，略览韩森寨汤房，便继续南攀。所谓汤房就是为拜佛的人提供的歇脚和吃饭的小屋，有一村一汤房的，也有数村一汤房的，空间虽陋，够解其困。当年沿南五台一线，星星点点，竟达七十二汤房，可见香火之旺。汤房毁弃的多，不过也有现在仍可使用的。

長安大录

南五台

蓦然举日，迎面一座二层宾馆，红柱灰脊、玻璃窗子，人呼独松阁。绕宾馆转了一圈，果然见松孤立，十盘枝包，任风陵吹。刘澜涛曾在西北局高官，也有人呼独松阁为刘澜涛别墅的。睡佛殿曾经在兹，遗憾这里依岸临谷，既聚敛，又开朗，宾馆便取代了睡佛殿。围着睡佛殿，还有一些修行之堂：黑虎殿、三佛殿、南海殿、三圣宫、吕祖洞，可惜20世纪几乎全毁。近年有几个得以恢复，显然都比较粗糙。

至独松阁一带，长长的白蛇沟就收束缩小了，其路也变成鸟道，然而仍有迹可循。上行几百米，见佛寺赫然凌空，拾级攀之，遂看到了赵朴初所撰门联：山门不锁待云封，古寺无灯凭日照。这便是著名的紫竹林。住持释宽印指着茫然的山峰说："天下哪有这样的气象啊！不过我只是一个看门的。"此处向阳，豁然透亮，遂发现不知不觉已经翻越了一个岭。有日本高僧慧萼，在唐代数次到中国来学习禅宗，并攀南五台请观音像赴日本。不料过普陀山，风起云涌，大浪阻船，根本进不得，他便问观音是何意，观音答不肯去，于是慧萼就在普陀山潮音洞之前的紫竹林建不肯去观音院。天下信众纷纷礼拜，从而形成佛教重地，并慢慢形成一个习惯，四方庙宇多以紫竹林名之。住持释宽印脸白如玉，天庭饱满，说："普陀山的观音是从南五台请的，南五台应该大有前途。不过我只是一个看门的。"颇有见解，也十分率性，遂应他之邀在紫竹林进了午餐。

环悬崖起起伏伏半周，至西林寺，敲了敲门，有僧问要见谁，答见简化居士。虽然简化居士不在，不过僧还是开了门。僧自谓一心，山东人，50岁出家，先在五台山，后到南五台，言语谨慎，颇有定力，淡然沏茶并让过来。虽是西林寺，实为茅篷，就是不对客开放的修行之处。南五台茅篷甚多，不过西林寺属于大茅篷，当是魏晋就有了吧。由于交流投缘，一心居士让我看了5世纪的罗汉洞，还带我看了他们的菜园，惟僧房拒观。

西林寺素有重望，清代的虚云法师和觉朗法师都于斯而居，印光法师也居之，而且是他把大茅篷命名为西林寺的。高鹤年为居士，1915年也居这里。圣一法师是香港大德宝莲寺的方丈，

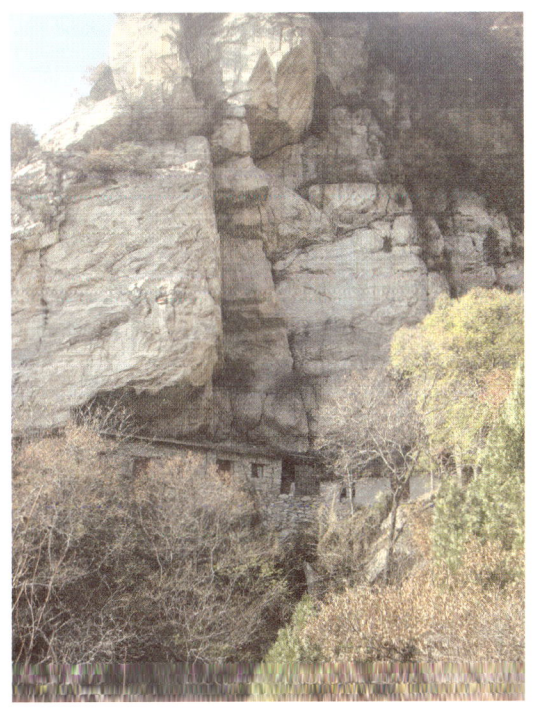

南五台茅篷

1990年他80岁之际还到此来过。在江南和岭南，西林寺腾声佛教界。

西林寺翼然处半壁之间，大雄宝殿随穴而造，因为向阳，天高峦远，烂然空明，虽是冬日，也一片和熙。我在此逗留近乎一个小时，放松轻快，很得意。这一带还有湘子洞、兜率石、回天门，也都属于茅篷，可惜柴扉紧闭，不敢打扰。

有罗汉洞的石雕证明南五台在5世纪或是之前的岁月就发生佛事活动，不过圣寿寺的碑文显示，这里的观音道场于隋代大开。据其记录，当年有毒龙在南五台作恶，鳞甲生火，烧焦草木，又以丹术惑众，服药的身轻顷举，龙便追而食之。观音大士遂愤施佛法，旋即闪电响雷，降伏毒龙，并展绳缚绑，碾其死，扬其粉末。在西林寺悬崖下方，有地畅然平旷，僧指这便是过去的碾龙场。其情难断，也有智者提醒，毒龙不过是贪欲之喻而已。不过南五台观音道场兴于隋，盛于唐，则完全是真实的。

碾龙场有一条斜径盘旋而升，沿其缓缓向上便到观音台，为南五台的极峰。走在路上，隐隐地总闻私语之声，伸眉仰观，低头俯察，皆不见人，遂感到玄入妙门。观音台虽是南五台之巅，不过坦然为平地，小小的，也就是篮球场的面积。其耸向蓝天，有云聚散，聚则如白纱成卷，伸手便揽，散则如白光顿失，交睫即净。隋于斯作庙宇，唐尤为宏，至宋太宗太平兴国三年，公元978年，有圆光在观音台出现了六次，僧皆以为祥瑞，遂定其为圆光寺。高僧善导、虚云、觉朗、海灯，都曾经在此弘法。隋的墙基还在，石柱铁瓦也自安隅。屡遭火毁，然而灰冷必筑庙宇。现在的大雄宝殿是留村佛教徒捐资所造，人来了，总会进去叩首跪腿，当此之际，往往击磬有响，灵言入空。在观音台可以看到文殊台、清凉台、灵应台，还有舍身台。遥遥而望，阳光普照，五峰分立，各有庙宇，也皆出佛典。登临一台，览其四台，真是不虚此行了。

我在观音台沿岸徘徊，见终南山向四面远远而逝，苍茫没有边界，清晰的多如翠屏环列，青莲承露，有的如马奔象游，凡栎、栗、漆、杜梨、核桃、棣棠，尽显灰色，惟松柏有绿。沟壑之中，涧谷之间，常常有一些小屋悄然出林。实际上这才是我要观察的，令我兴奋的。此类小屋都是茅篷，是修行的人造的，可惜我不知道他们从何处而来，到何处去，也不知道他们是谁。显然他们有与众相异或与俗相悖的思想，其思想也并非没有价值。他们选择了避世遁迹的生活方式，做了隐士。隐士各有各的原因，有的是躲灾，有的是剪烦，有的是精神的追求，不过隐士生活源远流长。尧授许由以位，许由离去，舜授善卷以位，善卷逃走，他们似乎都是原始的无政府主义者。伯夷与叔齐在首阳山采薇而食，显然是周的不同政见者。商山四皓避秦之暴，是智者。张良受封万户，位列于侯，然而道心顷醒，遂学赤松子，别未央宫，迁紫柏山。陶渊明辞彭泽令，当然是个性主义者和自由主义者。王维为尚书右丞，禅性厚积，遂出大明宫，安居辋川。在闹市作威作福，或享举世之荣，固然让人羡慕，不过做岩穴之士，鸟鸣而起，星亮而息，何不让人羡慕呢？可惜乏其力，欠其慧，遂坦红尘而居。

圆光寺住持告诉我：夜幕降临，站在观音台之崖可以欣赏西安钟楼一带的万家灯火。遗憾我父亲有病在家，需及时下山换药。

出白蛇沟西折，乘车10分钟便抵台沟，其谷口有著名的弥陀寺，可惜天黑了，门关了。月清星冽，寒犬竞吠。我颇为犹豫，想回家，然而通昭居士说："我敲门！"

南五台之阅陪我者就是他，还有长安区文化局局长聂小林。

翠华山

翠华山隐然于秦岭之中,雨前行云,晴日显形,雪后反光,具十分的诱惑,并久负盛名,又近距故都,人便好攀之以悦其目,赏其心。

我初登翠华山是在春天,随大学同学共赴,共42位。恰同学少年,队伍走着走着就拉长了。过去没有见过奇峰伟峦,所以沟壑壁崖,甚至一草一木,无不让我欣喜,遂掏出笔,拿出纸,渐行渐记,企图在一群以政治教育为专业的男女之中一露作家的身手。轻狂激荡,傲视往圣,根本不懂道德文章不是随便就能作出来的。

再登是在夏天,邀我者,二三子。大树孤立,野果灿然,尤其石白岩绿,美得让人陶醉,可惜我的兴趣转到了这里的文化堆积,真是辜负了。史记,汉武帝在此地拜过太乙神,建过太乙宫。以汉武帝之行,此地遂为太乙山。有太乙山便有太乙谷,其水入潏河。王维来过,韩愈来过,似乎司马光也来过,但我却偏爱王维的诗:"欲投人处宿,隔山问樵夫。"我自问,当年的樵夫态度如何?王右丞是否找到了可居之屋?我还暗忖,也许樵夫就是卖炭翁,而王维则在他的宅第享用过卖炭翁所创造的炉火。我不明白陕西巡抚毕沅为何要向乾隆皇帝反映这一片芙蓉似的峰面与峦貌呢?是歌颂清朝在陕西的风景吗?难道陕西没有什么民生情况要反映了吗?乡贤刘古愚先生曾经在此地创办过一个学堂,向弟子传播新的思想,为辛亥革命进行铺垫,真是有一种精神啊!遗憾这里的遗址早就无存了。翠华山的风洞与冰洞固然会使肌肤顿生妙感,然而有寒,终于不可坐卧,但匆匆穿越却也是别有一番意思的。

我三登翠华山是在秋天,其雨淅沥不足,零星有余,算是细雨濛濛的一种状态吧。物品在润,石白无泥,也不滑。上坡下坡,从容游之,冲淡得几

翠华山

乎旷达。悠然顾盼，到处是绿。不过定睛辨别，绿中银杏树黄，火晶柿红，斑斓得很是丰富。然而这一切，皆不过是秦岭的一种皮毛或点缀。秦岭本在一个地下世界，但它却向往着光明，遂挺身而出，冲破地壳，隆起于地面了。远思当年，中国大陆一定声震天下，烟冲云上。以地质学家的观点，芙蓉似的翠华山便是秦岭一再崩裂的结果。地质学家还称，秦岭一直处于运动状态。然而当年这等壮烈的变化有谁看见了？庄子认为朝菌不知晦朔。人若朝菌，秦岭若晦朔，渺小之人，拘于其时，怎么会知道秦岭的真相呢？究竟谁能为秦岭之生报喜，谁能为秦岭之死报丧？我慢慢地走到一个堰塞湖边，站在一棵松树下，蓦然发现，从翠华山竟能看到我的故乡少陵原！小时候总觉得故乡逼仄而鄙陋，但那天却感到故乡深沉似海，并生出一种源远流长的眷恋。少陵原与翠华山只隔二十余公里，但我却跋涉了三十余年。人生实际上是一片黑暗，谁都不得不在其中羁旅，非常艰难。天当然是会破晓的！人生变得明白了，天就破晓了，黑暗也就褪去了。想着我便静静地坐下来，希望自己成为一块或尖或圆的岩石。

　　附记：有民间故事认为，翠华山得名于翠华姑娘。她是泾阳之女，质性善良，也心灵手巧，能纺细线，织平布，惟相貌平平，难觅婆家。嫁贫民吧，其父母不甘，嫁富豪吧，其贵戚何在？这样便耽搁了，翠华姑娘大了。有一天她在田野拾柴，拣到一只蛇蛋带回了家，放在针线篮子里。不久蛇蛋就孵出一条蛇，人多惊异，有让放走的，也有让处死的。翠华姑娘不听，反之竭尽其诚地喂养它，要让它长大。蛇也懂翠华姑娘的语言，她倾诉其苦，蛇便轻轻点头，表示理解。渐渐地，蛇与翠华姑娘有了感情，不过蛇毕竟是蛇。忽然有一日电闪雷鸣，大雨狂泻，当是时也，蛇驮起翠华姑娘纵身而飞，只见天空云腾雾绕，俄顷便进入终南山。父母急追，可惜登临峰峦，其女已经幻化为神。显然，翠华姑娘所喂养之蛇也并非平常之蛇。无论如何，万壑之中产生了一座翠华山。

骊 山

骊山有阴秀之美，裂岩之美，鸟雀啼啭之美，松柏青葱之美，晚照尤美。

骊山晚照为关中绝妙之景，骚客雅士代有推崇，然而难逢其境。我登骊山数次，无一获晚照之遇。

骊山晚照并非随便出现，它当在夏初，雨过，夕阳斜射。凡晴天都有夕阳，然而惟初夏和雨止的夕阳才具绚烂的光线，因为它存在一个空气含水量和能见度的问题。斜射遂有角度，夕阳太高或欲坠都不行。夕阳的光线只有成45°夹角左右之际，才会在骊山的林壑荫峰之间调出一种幻象，所以难逢。不过人多向往的骊山晚照总是有的，这要凭运气。

骊山东西横10公里余，南北纵7公里余，并不大。其顶仁宗庙海拔1302米，也并不高。其沟其谷13条，也并不复杂。然而它的形成受中生代白垩纪燕山运动之影响，又受第三纪喜马拉雅山运动之影响，在关中平原骤降之际，它反而迅速崛起，于是露出地面的部分就形成了一种特殊的断层崖，壁立如削，岗耸如怒。一旦木茂草丰，便足以欣赏。

在骊山之下1000米处，断层屈曲，裂缝稠密，有热水涌流，遂为温泉。43℃的热水，恰能松骨润肤，给通体布满快感。这里曾经是皇家林苑，芳缭香雾之中，显然不辞秘戏，也不免有让历史慨然长叹的故事。

骊山颇为神秘，我越思量越觉得它诡谲，甚至感到它藏有改变命运的按钮。美总是包含着灾难，或是能招致灾难的。当世的恐怖主义活动无一不发生在繁华之处。富贵是不祥之器，美何尝不是？君主喜欢骊山是由于骊山的美，遗憾骊山，亦计君主失国。

周幽王是距现在最远的一位。在骊山或游或宿，往往会让人想到周幽王之死。不过我不认为褒姒是红颜祸水，骊山的魔性显然比女人的魔性要大。资料显示，周幽王执政之初，镐京一带便有川竭和地震，但他却对这些信息无视无闻，仍不谨慎。在骊山点其烽火，以戏诸侯，褒姒笑了，然而他也失信了。周幽王宫湼八年，公元前774年，他废申后，立褒姒，废太子宜臼，立褒姒所生之伯服为太子，兵乱遂起。按约定，骊山烽火一烧，狼烟滚滚，诸侯必赴沙场以保君主。不过烽火空燃了一次之后，诸侯便不信有什么危机发生了，于是犬戎就把周幽王杀之于骊山一隅，掳褒姒而去。镐京也遭劫，周室不得不迁洛阳。

蒋介石是离现在最近的一位。20世纪，有毛泽东领导的共产党与蒋介石领导的国民党在中国相斗，1936年冬天，其战场遽然移至雍州。蒋介石布兵几十万，打算迅速消灭一万左右的刚刚立足于陕北的红军。蒋委员长亲自指挥，冒着严寒以入关中。八百里秦川，六百年西安，栋宇遍野，但他却偏偏拣骊山而居，大约是慕其43℃的热水可以沐浴吧！不料张学良和杨虎城抓了他，并邀请毛泽东的代表周恩来见他，逼他停止内战，一致抗日，使他不得不改变了迅速消灭红军的计划。1949年他亡天下，率国民党政府漂落台湾岛，曾经当众流泪。究其底，蒋介石在1936年12月12日凌晨遭扣骊山，就已经败了。

秦始皇有在骊山汤调戏神女的绯闻，也许此为杜撰。也许秦始皇的祸患是，他修了一条从咸阳通骊山的路，80里，并在其路架设阁道，人行桥上，车行桥下，耀武扬威。也许还因为他穿凿骊山，大造其冢吧。秦始皇陵高50丈，种草木以象骊山，甚至以其冢镇压骊山。其冢经营几十年，尝动员几十万囚徒筑之，怕骊山有水北流冲其墓室，遂以甘泉巨石挡水使其分泄东西。深以透三泉，锢以铜，汞为江河大海，游鱼飞雁，并上具天文，下具地理。如此翻天覆地，骊山何安？骊山岂不积怨，岂不震怒？秦始皇本愿嬴家的江山会坐万世，不料他公元前210年死，仅仅四年以后，嬴家的子婴便在脖子上套了绳子，给刘邦呈上了皇帝的玉玺。

项羽为绝世英雄，力能扛鼎，在汉高祖元年，公元前206年，率40万大军破函谷关，驻兵骊山之角的鸿门，欲一举消灭刘邦。刘邦用张良之计服软，躲过一劫。刘邦显然在冥冥之中有扶助之手，要他对骊山敬而远之。其入关中，知道渭河两岸广袤，但他却在灞上扎营，是距骊山远一点的。之后为父在骊邑作屋，也距骊山远一点。其父薨，干脆将骊邑撤销，分设其为新丰县和栎阳县。他的四世孙刘彻为汉武帝，虽然一再换皇后，妻妾成群，并把骊山划归上林苑，但他却喜欢在甘泉宫作乐邀仙，不敢亵玩于骊山。自刘邦起，汉在长安214年，刘氏之王，几乎都在回避骊山。但项羽却对骊山踏而不敬，甚至有犯。他一旦设宴鸿门，刘邦遂逃。他竟忘了秦始皇陵与骊山是一体的，掘秦始皇陵，又烧之，以泄其愤，岂不知这将招殃。他自立为西楚霸王，威风一时，然而终于牺牲垓下。

杨贵妃是唐玄宗的宝贝，从他62岁开始，几乎每年要带杨贵妃在骊山华

骊　山

清宫住数月,海棠汤属于宝贝的专用。逸乐上瘾,早朝乏心,高兴接受左右投其所好,遂先有李林甫弄权妄为,后有杨国忠枉法利己,又有杨氏姊妹专横跋扈,天下便渐渐摇晃。范阳节度使安禄山与史思明结盟,以诛杨国忠为借口发动叛乱,长安不宁,唐玄宗遂入蜀保身。儒士辄把唐遭沦陷的责任推给女人,怪罪杨玉环,真是大谬不然。贪色未必惹祸,惟不能扰攘骊山。女人固然有魔性,然而骊山的魔性更大。

　　新丰县至宋演化为临潼县,其东有临水,西有潼水,以水得名。元把栎阳县纳入临潼县,辖区乃大。据宋敏求的考察,临潼县距骊山有二里,人以岁增,今之临潼县已经连接骊山,并在融骊山了。骊山也是要呼吸的,给它留下足够的空间还是好。人为什么要紧逼骊山呢?骊山绝非一块平庸的石头。

　　骊山当算终南山的一个单元,其以石瓮谷为界,分为东秀岭和西秀岭。东秀岭有石瓮寺,还有火神庙,或别的什么神的殿和堂。西秀岭非常丰富,第一峰是烽火台;第二峰其坪旷然,立老母庙,祭祀女娲,其抟土造人与炼石补天,功德昭昭;第三峰是唐玄宗华清宫朝元阁旧址,现为老君殿。唐之华清宫,既然是皇帝办公的地方,遂置种种布置,又是他休养的地方,欢娱的设施便无所不有。据程大昌的考察,这里有羯鼓楼,因为唐玄宗一向喜其急响，又有钟楼和观风楼，有按歌台，又有宜春亭，有球场，又有斗鸡殿，有集灵台，又有饮鹿槽。洗澡的地方有莲花汤，是唐玄宗专用的，海棠汤为杨贵妃所独享，还有星辰汤、尚食汤，为百官所使。杨氏三姊妹，鸡犬升空，尤其虢国夫人好素面朝天，自炫其艳。

不清楚骊戎是什么人，从哪里来的，总之，由于骊戎曾经居于斯，遂为骊山。其阳出玉，其阴出金，形如神兽，仿佛要引颈饮渭水。

骊山晚照是从来就有的，不过敏感的文人为之兴叹，大约是从明清开始的吧。帝国尝在关中几度为盛，然而唐以降，渭河南北萧条，尽管也有数次复兴的征兆，但其趋势却是一路衰落。日暮矣，无可奈何，遂有挽歌之唱。有什么比骊山的晚照更像文人对帝国之盛的眷念之情？有什么比骊山的晚照更能表达文人对帝国衰落的伤感之心？于是骊山晚照就成了他们极为欣赏的造化之景、文化之境。可惜它是罕见的，看到不易。

2006年夏，有一位朋友把其宅借我，供我读书，他的房舍便在骊山一角。黄昏散步也是我的作业，然而我一次也未看到骊山的晚照，或是灰云，或是白雾，天不赐之。不过上帝爱我，就在我回家之前的一天，大雨骤降，到下午6点48分又猝止。夏初，雨过，夕阳斜射。我冲出门，跑到环骊山的路上举目仰观，只见林壑荫峰仿佛刚刚从大海里浮出一样干净，清爽，苍翠欲滴。从西秀岭伸展到东秀岭，高岗镀金，侧壁染光，乍看若烽火映红的薄纱凌空垂下，久看如上阳宫的白发妪独对残灯。骊山之巅，一堆颓废。不过转睛而望，天无杂质，一碧千里，显然有朝阳在其中孕育。

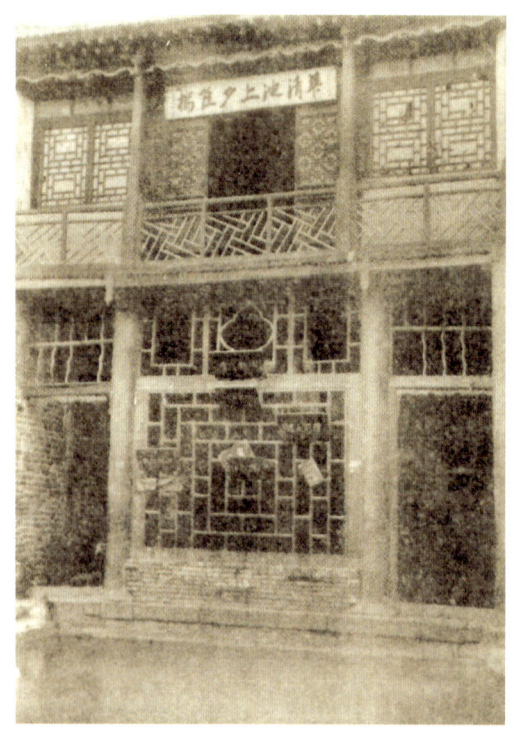

1910年前的华清池莲花汤

圭峰山

我从一部书上知道，圭峰山有重云寺，建筑久毁，痕迹犹存。据其史记，古刹曾经藏西域高僧鸠摩罗什所用之物，华严宗五祖定慧法师也尝在此做过佛事，并葬在这里。中国人在圭峰山的精神求索也许更早，然而最迟也开始于五代十国，因为重云寺是后梁京兆的比丘智晖营造的。有所鼓舞，总想一识圭峰山。

2010年12月14日，乌云渐聚，气温直降。想赶在大雪之前上山，便急邀几个朋友在圭峰山北麓的环山路一角集合，以共登其顶。

经商量，决定由乌桑峪进入。圭峰山在户县辖区，东有太平峪，西有黄柏峪，不过乌桑峪正对圭峰山，直线距离最近，然而事有不顺。匆匆而行，一径竟是绝壁，瀑止冰凝，望之生寒，二径竟是断岩，裂石为沟，皆走投无路。

返回半坡的乌东村，请教了一个兴圣寺的和尚，才知道应该沿蹊西折，随道入壑。只见垄上一棵柿树，叶子尽落，其枝全黑，有累累而红的果子迎风招展，遂喟叹主不摘取，是圣贤之派，贼不小偷，为君子之风，又见埂上林间，群雀竞跃，众鸟争鸣，显然是在联欢，从而心由境悦，气以景爽，然而事有不妙。不到二里，一个朋友便腰疼难忍下山了。大约三里的样子，到了鸪鹁台，涧阔云静，有刺槐随势而长，树冠皆枯，疏朗而立，亭亭然，错落然，完全一种严正之姿。无不呼美，并持照相机变换角度连连拍摄。可惜有两个朋友在一阵沉默之后，宣布下午要开会，便又下山了。过将军石，越菩萨洞，蓦地崖收溪敛，藤灰草黄，有风从灌木之梢飕飕掠过。估量在此是四里之余，遗憾有三个朋友逡巡徘徊，也兴尽下山了。

处其朋友，可以同乐，也可以存异，允许彼此有按其意志行动的自由，

圭峰山

不过万万不能由于是朋友便一味姑息，甚至为朋友之愫所裹挟。我继续上山，然而也顿感重峦沉寂，叠嶂虚空，难免觉得孤独。越向前走，路越窄，草木越深，斜冈侧壁越落寞，不过天空也越高越明。鸟道渐渐变成了隐隐的蛇迹，叶子所盖，滑得让人紧张。试着踢了一块石头下去，架在了根蔓之间，遂大放我心，以为滚坡下去最多也是被植物挡住。有时候会有朽木横出，便拨开它猫腰钻过，有时候会有荆棘挂衣，挪开就是脱身。

终于到了一个屋脊似的岭上，宽不足一砖，两面都是深谷，渊不见底，飘者为雾。其耸立凌云，在南便是圭峰山之顶，似乎远有百步之遥，近在一跨之间。它的形态确实如过去的公侯所握之玉，下方上圆，是一个巨大的圭。苍苍其色，略露白石，仿佛铁面，然而不失慈悲之容。背身而望，北有数峰，一一瘦小，其巅之岩，嶙峋杂列，蓬蒿萧然。举头极目，关中大地仿佛一把豪华的扇子在山外辽阔展开，酝酿于西伯利亚的寒流似乎骑着骏马向这里奔驰而来。

忽然有窸窣之声，一看竟是一个打柴的农民，斜挎着两个黄杨树根，说："这里是四岔梁，正对着圭峰山。不过一个人不能上山了，今天太晚了。要欣赏圭峰夜月，明年秋天再来吧！"

我感谢了农民的提醒，正犹豫着，手机出现了一条短信，朋友说："立即下山，等你。"我喟叹着朋友就是朋友，便随农民下山而去。

非常幸运，我了解了圭峰山种种难以获悉的故事。到了鸽鹁台，农民指着乌桑峪说："这里的刺槐是1972年栽的。当年这里还种过玉米，可惜棒子都很瘪！哎，不过是想把农民拴住罢了。"

荆　山

荆山在渭水北岸，想起来似乎还是比较远的，遂迟迟未能成行以瞻。实际上绕城过桥，驰骋而上，须臾之间也就到了。

荆山并无石头，也无森林或灌木。孔安国曰："荆在岐东。"站在荆山上西望，秋日的阳光照得天下苍然，到处都是庄稼，突兀而出，葱郁绣堆的，往往为村子。不过观其形势，荆山显然是发于西，止于东，几十里自富平到阎良，雄姿宛然游动，转折之处，顿为沟壑。

天下荆山有三，我独对此胸怀敬意，因为荆山之下是黄帝铸鼎处。人文初祖，我曾经数祀黄帝陵。当年他战胜炎帝于阪泉之野，战胜蚩尤于涿鹿之野，造舟车衣冠宫室，铸鼎象物，遂为神器，可谓功德灿然。不过我也常有遗憾，黄帝缔造的和平日子，总是由于其子孙的问鼎和逐鼎而中断。览其历史，似乎武斗多于和平。20世纪便有军阀混战。现在的海峡之隔，也是一次武斗的结果。它所带给中华民族的损失，究之难免深痛于心。然而铸鼎是壮美之举，也是中华民族的智慧所在，所以我要拜一拜。

石川河坏荆山之阴而流，可惜水小，几近干涸。旷野漠漠，河床或宽或窄，蜿蜒为曲。蒿草冲冲自生，其势甚盛，不过霜降便要自灭，望之似乎便有寂寞的弥漫。荆山南倾，渐抵渭水，开阔且平坦，有青云直上之感。如果铸鼎是真的，那么黄帝一定是在渭水之阳做了他的工。

荆山属于一片沉厚的台塬，有农民呼其为掘陵原，刘邦的父亲便葬于此。在这里，一个问题怦然而动，激荡着我慨当以慷。但脚踩黄土，我的思想却陷了一个坑，四个字："乘得青脱之地，雪丰岁的。

荆
山

华山巍然

凌晨5时，我登上了华山的东峰，在这里，可以观其日出。山巅聚集了很多人，肃穆的气氛之中，那些坐在悬崖峭壁的人似乎变成了一堆黑色的石头。天就在头顶，我和天从来没有这么接近，从来没有，我居然不敢仰望它，我只是谦恭地平视着它倾斜而开阔的一面。风撩起了我的头发，我感觉了天柔和的触角，它广袤之极，我的头发仅仅摸到了它的一点。天不够透明，我仿佛是沉浸于水中，水蒙住了我的眼睛。朦胧的华山像是一曲渺茫的音乐，一些断续的私语。但黑暗却确实如抽丝一样，被谁在悄悄地抽走。在远方，黑暗要被抽走得快而多一些，天慢慢露出了白色，那白色向周围扩展，散漫，加重。风像退潮似的，随着天空发亮，一排一排从东峰撤离了。偶尔，会有一股掉队的风，突然飞到挂在岸边的松树上，它形成的冲击，推动着那些坐在悬崖峭壁的石头，人只得蜷缩了身子回避着。风摇晃着枝干，搞出极响的声音。那掉队的风完成了一套动作之后，就走了，一瞬之间，已经无影无踪。华山难以望断的一个连一个的峰峦开始从雾中浮出，羲微的阳光穿过了稀薄的云层。风似乎没有给那些峰峦留下痕迹，倒是红霞映在了峰峦上。我看到太阳一闪，它就从喧哗的红霞之中脱颖了。

实际上日出在华山并不最美，最美的，是它无边无际的白色的峰峦，这是我的印象。欣赏这最美的风景，应该在天完全透明的时候，要尽量站在高处。白色的峰峦最美，是我在东峰发现的，到了西峰，我仍然感觉它最美。在华山，我只去了东峰和西峰，其他地方，我竟不想去了。无边无际的白色的峰峦迷惑了我的灵魂，我久久沉浸在它的触动之中。所有的峰峦都拔地而起，挺立如削，所有的岩石仿佛都剥了皮。淡然的阳光之中，峰峦干干净净，一片白色。

站在华山之巅,我看到白色的峰峦大大小小,高高低低,疏疏密密,错错落落,一律宁静而坚韧。白色的峰峦像森林一样远远而去,跟随它的是云,是风,是纯粹的阳光和湿润而清冽的空气。岩石的缝隙长着青松,不过青松只是白色的峰峦的点缀和花边。

我在华山看到了白色的峰峦,它是这里最美的风景。然而,没有登上华山之前,我仅仅知道它是五岳之一,华山的路只有一条,它非常艰难而险阻。

向往华山,是在20年之前。那时候,我刚刚从农村考入大学,我所有的梦都是绚烂的,花藏在自己的壳里而没有绽开。5月是风流的日子,班上一些同学要爬华山,我蠢蠢欲动,做着准备,心在桃花与杏花的芬芳之中兴奋。偏偏我的父亲突然生病,要做一次手术。在犹豫了几个昼夜之后,我终于告诉组织的同学我不能参加了。父亲的手术也是很简便的,它不会出现任何麻烦,不过我觉得它总是一种阴影,带着阴影走上华山,是一种负担。18岁那年,我就没有登上华山。我的那些同学晚上回到了学校,我坐在草坪,透过树枝的空隙看到所有的人都累得身体错位,然而我仍然感觉他们幸福,纵情地累一次,不是很幸福嘛!我像受了挫折似的难过,低沉的情绪久久难散。时间接着流逝了十二春秋,其中我遇到很多可以上华山的机会,遗憾总没有一个好的心境。随之我渐渐知道,华山为西方之神白帝管制,这使我对华山有了一种迷信,在我感觉,它已经不是普通的造化,特别是它的艰险,几乎所有风流的日子,都从华山传来凶信。

华山的可危,无形之中给人制造了一种恐怖的气氛,这种气氛年年在我周围流窜。某年5月1日,攀登华山的人络绎不绝,湿热的空气使他们情绪高涨而浮躁,仿佛孩子进了公园,结果数百人卡在千尺幢,上不得,下不得,困得无可奈何,结果供人攀援的铁链断裂,将9人摔死。某年7月3日,一对夫妻为生儿子来华山许愿,走到擦耳崖,女的看见云雾在脚下翻滚,头晕目眩,身体趔趄,男的便走上去搀扶,不料失去重心,双双跌于峡谷。某年9月5日,一家报社的郦氏与葛氏偷情,男的邀请女的攀登华山,平时人在单位,有眼睛制约,到了如此幽僻的地方,自然是轻狂起来,他们竟在苍龙岭拥抱盟誓。那是崛起于万丈沟壑的一脊山岩,全由台阶构成,人坠落之后,绝对是粉身碎骨。三年已经过去,他们的尸体也一直没有找到,惟有挂在树枝上的手提包和照相机捡了回来。史记,古代帝王凡在陕西的,多至华山之麓而举首瞭望,惧其险而不敢攀登。谚语富不登华山,指的就是这种情况。为了禅封华山,参拜大典,他们就在华山脚下修庙筑院。华山就这样成了一个富于魅力而危险的地方,总是有人要去,又总有人制止那些要去的,制止的往往是巨大的灾难,他们且已发生意外,挂到的事情总是触目惊心的。

那些华山的凶信不影响我是不可能的,偶尔,我感觉自己攀登华山的念

华山巍然

头在熄灭，仿佛瞌睡要锁住我的睫毛，不过我总是惊醒地睁开眼睛，我不相信自己这么怕死。怯懦地活着，自己也觉得没有什么意思。死而不亡者寿，这是老子的思想，老子曾经到过华山。并非摔死华山就成了英雄，我的意思是，曾经萌发了攀登华山的念头就应该成行，如果仅仅因为它艰险而打消了，那么这就相当于缴械，尽管没有人知道你的投降，不过你常常躲在心的屋子悄悄投降，久而久之，你的灵魂便会枯萎和干瘪。

我决定攀登华山是秋天的事情。我的决定孕育了12年。尽管如此，离开西安之前，我仍在屋子里作了祈祷，我闭上眼睛，默默地虔诚地祈祷着，我的心干净得没有一点杂念。我盼我安安全全，然后我就上路了。

华山的路确实是艰险的，而且黑暗给这路染上了神秘之色。已经形成了这样的习惯：攀登华山都是从晚上开始。我打着手电，汇入了断断续续的人群。浅山仍流通着人间的气息，然而进入深山，人间的气息便减弱了。突然冲出峡谷的强烈而冰冷的旋风，突然耸起的狰狞的巉岩，暗中摇曳的妖怪似的树影和暗中鸣叫的迎魂似的虫唱，都给人以异样的感觉。在平原所看到的辽阔的夜空，在这里被峡谷剪割得成了一带皎洁的河水。星星全聚集在峡谷的上方，它们简直稠密得在那里拥挤。相连而相混的星星，在边沿破碎的夜空闪烁如荧，融化为云。这固然很好，不过，折磨人的是脚下无穷无尽的台阶。华山高耸，人要到达它的顶点，需要这些台阶支撑，它将一寸一寸地垫起你，一直把你抬举到海拔2160米的高度。这些石头台阶并不会移动，要上华山，提携你的只能是你自己。风蘸了冰凉的溪水扑在我的脸上，可我却依然有汗，汗悄悄地渗出。阴影之中，传来了身体坠地的声音，而且有拐杖零乱地敲击着石头。到了一个转弯的峡谷，来了一群下山的人，他们是那样疲倦，微光之中，我看到沉重的一个又一个的头在肩膀来回晃动，手的摇摆已经失去了协调，甚至脊梁都弯曲了，麻木的脸上翻动着一些白的眼睛。持续地把身体放在一个高于一个的台阶上，真是累人，过了青柯坪，过了回心石，我已经膝盖酸痛，脚跟僵硬。在这里，人品尝了攀登华山的苦味，但背身的人却没有。那个巨大的让人压抑的回心石，拦挡了你，然而，你感到它是一种激励，是一声棒喝，它使你调整可能涣散的精神，因为真正的攀登是从这里开始的。

我永远难以忘记华山的千尺幢，它是从山崖穿过一条陡峭的鸟道，宽容二人上下，而坡度则大得垂直，那372个台阶，像鳞峋的肋骨。千尺的台阶不深不厚，恰恰放一个脚板。它年复一年地被人踩踏，磨得它黑而缺损，确实像老人细瘦的肋骨。它斜斜地从崖底通到崖顶，崖顶当然擦着天了，山崖之间的鸟道是幽暗的，在手电的微光之中散发着一股石头霉烂的气味。铁链的声音始终响在长长的鸟道，如果没有这些铁链助人攀援，那么人根本是不能上去的。铁链的颜色已经融入鸟道的幽暗之中，我能感觉的是它的腥气和油光，这是众多的手抓摸而形成的。没有人在这里喧哗，那些小心翼翼的举动，在鸟道营造了一种独特的安静。脱口而出的声音，全是简沽的叮咛和提醒。在千尺幢，我看到了使人惊奇的一幕：一个挑夫担着砖瓦从此经过，这是我在下山的时候看到的，时在上午12点20分。挑夫光着膀子，从崖底上来，经过我，向崖顶走去。他一手抓着铁链，一手抓着台阶，两筐砖瓦随着他的运动，在肩膀摇晃，一卷铜色的肌肉在扁担的挤压下滚来滚去。那两筐砖瓦直直地悬吊着，下面就是人，其中有向崖底倒爬的我。从崖顶向下，人人都是倒爬的。

百尺峡也是难以忘记的，它也是两壁之间的通道，也是近乎垂直的层层相垒的台阶，也是铁链。它让人畏惧的是，身边的两个悬崖仿佛要合起来，高耸的巉岩仿佛在向人挤压，如果不是两个石头将其撑开，那么人就完了。两块石头夹在那里，岌岌可危。我忐忑地从下面钻过，非常害怕我钻过的时候它掉下来，像一个熟透了的柿子那样掉下来。实际上这两块石头上大下小，像锥子一样插在那里，轻易是不会掉下来的。没有人知道锥子似的石头在那里插了多少岁月，我只知道这条通道在汉代就有了。根据郦道元的考察，他到这里的时候，既无铁链，又无石阶，人只能穴空迂回，倾曲攀登。

擦耳崖是这样一个必经之地，脚边便是云雾缭绕的朦胧的峡谷，夜晚，那里冒着一股阴森的气息，头上是青苔覆盖的刀切似的绝壁，路是不足三尺的石槽。人从这里经过，不由自主地要贴着绝壁。没有谁知道深沉的峡谷装

华山峭壁上的铁链

自古华山一条路

的什么，只感觉它可怕得像是虎口，它的舌头在虚空之中搅拌，人必须向绝壁靠拢，不然，虎口会吞没了生命。所有走到这里的人，都倾斜身子，用手抓着平横于绝壁的粗壮的铁链。在这里，人都变得那么认真，谁都是规规矩矩，一步一个足迹。

上天梯是这样的：继续攀登，路已经消失，人只能像爬梯那样，从垂直于青石的山崖爬上去。人依着垂直的山崖凿了槽子，它一个高于一个，节节向上，形成脚窝。顺着那排脚窝，吊下两道铁链，人可以抓着它攀登。

华山最险最危的是苍龙岭，远远而望，它确实像一条巨大的苍龙，呈青色，粗野而强大。它蜿蜒盘旋，仿佛要腾空而去。它的头部高扬向华山的顶点。凌晨的微光之中，那里影影绰绰，有松树抓着山崖摇晃，呼啸的风声总是在它的头部作响。这是一架孤立的石脊，两边为万丈深渊，白白的虚浮而空濛的全是雾，浓雾将深渊填满了。苍龙岭只有三尺之宽，不过高得出奇。我伫立在它的尾部，幽暗掩盖了那些正在行动的人，然而，寂静使疲倦的铁链之声清晰可闻。我模仿着那些手脚并用的人，一个台阶一个台阶地挪移自己，我的前方是天，后方是雾，无穷无尽的雾跟随着我，拥挤着我。

我重新走过苍龙岭的时候，是在中午，那时候，我已经站在东峰和西峰眺望了远方，不过到了这里，伫立在它的头部，我依然感到它的险峻和惊骇。那黑色的石脊在天空之上是如此狭小，它歪歪扭扭将细长的尾部伸进渺茫的深渊。缭绕的云雾之中，是阳光照得发亮的众多峰峦。我渐渐收回了目光，我望着脚下已经老化的台阶，只能这样想，我是一步一步走上来的，我还得一步一步走下去。

韩愈曾经到过华山,那是在他贬谪的日子。他因为反对迎奉佛骨离开长安,要到潮州赴任,途中,他经过华山。他的心情愤懑。他攀登华山,并不是由于雅兴,是希望排遣自己的郁闷,甚至有更为复杂更为隐秘的心理。52岁的老人要攀登这座险恶的华山,心情一定不会轻松。他下苍龙岭的时候哭了,其号啕之哭随风回荡,并投下遗书诀别家人。华阴县令知道之后,亲自接他下了华山。为之,很多人认为是苍龙岭吓着了韩愈,不过我怀疑他是因为害怕而哭的观点,其理由是,这样贤明的人,敢在皇帝那里慷慨陈词,坚持己见,当然是充满了魄力的,他不会以死而退缩。苍龙岭是不会吓着他的。如果他确实哭了,那么也不是出于胆怯,他很可能是出于智慧和谋略才哭,或者以哭控诉,或者以哭惊动。

关于华山的故事是很多的,历代都有隐士居住在它的松树之下,汉之杨震,晋之王猛,宋之陈抟,明之冯从吾,清之顾炎武,都曾经在这里著书立说,开办学馆,其遗物常常可以在华山发现。然而,特别吸引我的,一直是华山的姿态和气势。在华山之巅,我看到了白色的峰峦。卓然的峰峦沉浸在游云与秋阳之中,仿佛千头白象,万匹白马。白色的峰峦矗立大地,遥遥在望。在这里,我与天悄悄地订立了契约:从此,朱鸿的故事将峥嵘而瑰丽。

附记: 我1992年初登华山,当时还颇有原始意味,没有决心和毅力将不敢为之。全然依靠体能,无法代步。现在有了缆车,谁都可以上了。这固然不错,但它却取消了竞争。人多便吵,喧哗便会减弱华山之威。所谓"向往华山,是在20年之前"是1992年的诳言。

华山巍然

太白皓然

在海拔 2260 米的高度,我看到了耸立于云层之上的秦岭主峰的一角。它凝结着汉朝的坚冰和唐代的积雪,甚至凝结着不可计数的遥遥岁月的冷冷之霜。14 点 15 分的阳光,宁静地照耀着那里的洁白境界,郁郁苍苍的群山,一律拜倒在它的脚下,我既激动似潮,又沉默如雷。

我是随我的同事到太白来旅游的,这样的活动在单位是一春一次,不过步入充满诱惑的社会之后,整整 8 年时间,我没有一次参加过单位的活动。8 年,我恐惧地发现,这是一个恰恰相当于把日本鬼子赶出中国的过程,在这样一个过程,我确实一次都没有伴着同事玩山玩水。不是别的缘故,惟一原因是我自己缺乏旅游的心情。将自己投放山水之间,需要一种平和的态度,然而,此起彼伏的欲望,使我的浮躁盈于手脚,如果不是我久仰太白的境界,那么我仍然不会出来。我多么希望自己能单独在这里眺望秦岭之巅,但我却不能,我是一个苦苦求索的学子,我做梦都想捕捉真理之女的裙裾,可惜孩子的面包与玩具已经耗尽了我的俸禄,我不能有独行的交通工具,所以单位的汽车是我所需要搭乘的,但我的灵魂却难以从众。

太白刚刚出现在我面前的时候,我很是压抑,它那游动在空中的巨大的沟壑,仿佛向我逼迫。太阳已经被森林遮挡,在长长的黄昏,无数平庸的山岭包围着太白的雄姿,我什么都不能看到,我只感觉它们的阴郁,沉重与强大。不过就是因为有这些平庸的山岭为基,太白才成为主峰的。我徘徊于它的脚下,发现周围到处都是卖吃卖喝的地摊,肮脏一片。这使我忽然涌出一种鄙视自己的情绪,我感觉自己竟不如那些石头,那些流水,那些摇曳的树木,甚至不如那些随便扎根在什么缝隙的野草。它们生于自然,长于自然,永远是一副真实的自然的姿态，但人却在冠冕堂皇之中包藏着多少猥琐的心思。

暮霭降临之后，我拉开了我与太白的距离，沿着一条河谷走向远方，然后回头望着它。在狭长的一片虚空的天色之下，太白坚实而黑暗的轮廓，巍然而庞然。山下，旅馆灯火通明，我的同事正在其中快乐地下棋、跳舞、聊天。大家将投宿那里，为明天的攀登养精蓄锐。5月的风在这里仍然是寒冷的，我的目光穿过越来越浓的夜色向山顶看着，那里凝结的冰雪，既是这里寒冷的元素，又是我身旁的河流的源泉，清凉的水，潺潺地穿过河谷的白石，曲曲折折地寻找其他的河流，一起走向海洋。

太白属于盘踞在渭河与汉江之间的秦岭的顶巅，对这么崇高的主峰，生息在它的膝下的人当然是敬畏的，膜拜的。古书记录，太白是金星之精坠于秦岭的结果，祖先尊它为西方之神。我约略知道，汉时，这里就筑有敬神的祠堂，唐时，唐玄宗从这里获取了一枚福寿之符而大赦天下。特别是关中的农民，遇到干旱岁月，一定要在太白之端祈雨，那里有三个明净的水池，昼映红日，夜映白月，祈雨是非常灵验的，就连乾隆皇帝都为之感动，竟为太白封王。这样神奇的大山，当然是一个诱惑，难怪李白和苏轼都曾经攀登，并连连赞叹。

太白就是太白，在夜晚，它突然展示了自己严峻的一面。大约零时左右，一股凶猛的风将旅馆的窗帘卷起，浓重的雨气从原始森林滚滚而来，闪电，垂直于天空和地面的细长的闪电，迸发着强烈的白光，它急剧地抖动着，照亮了半个宇宙，一瞬之间，覆盖着太白的绿色树木，清清楚楚地暴露在那里，我感觉闪电仿佛给它喷射了一层透明的雾气，此时此刻，森林之中的禽兽是睡着还是醒着，是惊恐地准备逃跑还是安然地立足原地，我都难以知道。巨大的响雷连续在太白周围滚动和爆炸，旅馆的门随之有了奇怪的颤音，我听见密集而急骤的雨点鞭打着窗外的世界。躺在床上，我痛苦地认为，可能明天难以攀登太白了。然而过了一会儿，雨便停息。万籁俱寂，蕴含着草味花味森林之味的清洌气息处处可闻。

早晨6点出发，自山下至山上，足足80公里，即使不到顶巅，行动也不宜迟缓。没有谁愿意拖拉，一种无形的引力牵动着所有兴奋的心。蔚蓝的天空之下，相互交错的山岭，为雨所浸，一片青葱和鲜碧，雾与云已经被洁净的空气调和了，太白庄严地坐落在那里，是如此的雄壮和如此的奇伟。

攀登太白，理想的方法应该是悠然步行，不过，要汽车送一段属于单位的规定，我是无可奈何的，不但如此，导游小姐将关于太白的粗俗故事兜售给大家，尤其使我难受。我的考虑是，在太白这样的造化面前，人最好保持沉默，保持谦虚，因为人远远渺小于自然，任何轻佻的行为，都可能减弱和隔阻它对人的启示。问题是，随着都市生活的发展，人渐渐淡漠了自然，疏

太白皓然

远了自然。实际上人是多么需要自然的熏陶和感染。自然无疑是人最美丽的母亲和最伟岸的父亲，是人必须反复阅读的神圣经典。如果人不走进自然，体味自然，让自然的气息灌注自己，那么人就不可能有真正的健全和真正的高尚。对于太白，我便怀着这样的感情。

在杵窝，汽车停下了，我走出它的金属之门，立即感到山的世界穿着古老的森林向我扑来，身前身后的嬉笑声音，一下消失在透明的充满鲜花和腐叶气味的空气之中。此地为孙思邈隐居之处，在唐代，他拒绝当官的邀请，无疑是他对世事洞察的结果。从杵窝向前，山路变得曲折，真正的攀登便是从这里开始的。柔和的光芒斜斜地倾泻天空，尽管太阳仍然在山的后面，但一些高耸的峭壁却涂抹了金色。旅游的人渐渐拉开了距离，捷足的当然先行，散漫的当然尾随，我瞻前顾后，发现人在坑坑洼洼的山路上断断续续。瞻前顾后不是我的性格，不过我知道自己的身前有人身后有人。我平缓地走着，山的黑色从上到下作垂直的变化，植物的种类应有尽有，只是树的叶子渐渐缩小。山有多高，鸟就有多高，那种我不认识的长着红翅红尾的鸟，总喜欢孤独地呆在水旁或石角，风铃仿佛妙语穿越着森林的古木与新苗，在空中作响。仰望悬崖，放纵着流云而紧系着飞瀑，苍黑的石缝站立着傲岸的松树，在阳光永远不能照耀的阴处，湿润的青苔依附着郁闷的石面，粗壮而纠缠在一起的藤萝追赶着硕大的树冠，花谱没有记录的紫朵与黄朵，自由地开放于河边溪旁，清纯的水滴向它们抛洒。5月的风没有一个夸张的动作。野草没有因风起伏，树枝没有因风摇摆，然而我全身心地感到风的存在。空气已经稀薄得暴露了天穹的骨髓，广阔的蔚蓝便流淌在我的周围，如果举臂抓它，那么蔚蓝将会染上我的手指。很多的山峰相继落下，很多的山峰仍在崛起，浩然太白是一个山峰擦着一个山峰的立体，攀登它，除了向前就是向前，它的顶巅在海拔3767米的高度。

登上红桦坪，20公里开阔的峡谷倏地闪开，锋利的风从天而降，那天仿佛是用石器打磨了一样光洁匀称，我身旁惟一深情的女士的裙裾在风中拂动，她忧郁的眼睛向着远方，而人则站在凸出河流的一块石头上指指点点。明亮的碧空之下，稠密的原始森林承受着阳光的照耀表现得静静悄悄，由于温暖仍然徘徊在海拔1000米以下的地带，这里的树林显然都是阴郁的、干枯的，那光秃秃赤裸裸的枝干，像僵硬的牛筋和皮鞭一样伸向天空，染了绿带了青的只有稀疏的几点松杉。在灰暗的森林之中，一瞬之间，我感觉这森林像冬天贫穷的乡村一群农民穿着破烂的棉衣站在那里，其中，能够反射尊贵色泽的树是红桦，它高大的树身，疏朗的树冠，仿佛是红铜铸造的一样坚实而傲岸。天光的每一映照和山风的每一触动，红桦都要在巨大的峡谷发出回声，仅仅它的这种回声就使人惊诧。到处都是红桦，它成了这个高度的显赫的植物，其他所有的杂木都退缩在它粗壮挺立的躯干之后。在这里，我看到了秦岭主峰太白的一角，它远远从两个铅色的山头之间闪现，豁然开朗的沟壑恭敬地把它暴露在外，蔚蓝的天空作了它永恒的背景，那是真正的蔚蓝，没有一点杂色，水一样柔和而透明的阳光，非常轻盈地照耀着它。在只有鹰可以立足的倾斜的山岩，凝结着高寒之地和悠久之年的皑皑冰雪，圣洁的主峰望之皓然。夏末秋初之际，朗朗晴日，站在关中平原的任何一个地方，都可以看到太白的反照。一个道士告诉我：在主峰附近，生长着各种各样的杜鹃，其中最大的一片足有一千余亩，数峰嫣红，十分壮观。

　　根据我的力气和蛮劲，我完全可以攀上太白的顶点，不过我不想向上了，我感觉它高尚得如此孤独而美的境界，惟有伟大的灵魂的人才能够接近它，像我这样渺小的俗人，只配站在它的脚下仰望，如果我不断地努力，不断地努力，那么也许会有向它靠拢的机会，然而现在不行，现在不行。倘若我冒昧地找到了它的顶点，那以除了证明我的浅薄，只能显出我的丑陋。不过我在空旷的红桦坪看到了太白的一角，山冈上的风卷起祥和的阳光吹拂我的头发，我伫立在海拔2260米的高度久久仰望着，尽管十分之九的太白仍为其他山峰而遮掩，不过我依然情不自禁地呐喊起来，我感觉，一个腐朽的躯壳痛苦地震裂着，随之，我的灵魂开始了新的升华。

　　此时此刻，太白威严地俯视着我。

　　附记：在陕西人民出版社工作之际，跟同事共攀太白，时在1992年5月。碧草杂花，心有隐忧。当时山道少而窄，尽显沟壑之深，森林之密。2007年携诸位乡士同游，这里已经见缝开发，楼堂大增，红尘颇浓。但愿以太白固有的魅力吸引人，不要投人之俗。保持太白之品相，甚为重要。

龙 首 原

关中平原西起宝鸡,荡荡乎展然720里,东抵黄河,广袤且雄厚。渭水贯穿,在两岸留下黄土台塬十余个,最东的大约是临潼县境内的马额原,最西的大约是岐山县境内的五丈原,居中的当为龙首原。

一旦高楼大厦覆盖龙首原,其地形便模糊,气象便消散,甚至存在着实亡名存和实亡名落的可能。也许有一天,将会出现典籍中的龙首原与现实中的龙首原不好对证的尴尬。也许我是杞人之忧。我真正的想法是,这个时代的人还是志不要太狠,手不要太硬,不要用尽龙首原。我的意思是,劝君有选择地保护更多的龙首原,以显示它固有的地形和气象。

龙首原之巅在今之未央区的龙首村周围。20世纪80年代初,我在这里还可以远望。举头北眺,无边无际的玉米和谷子随坡起伏,不免猜测田野是否有狼潜行;转身南眺,绿树组团,一个一个的村子静默着,西安城的北门和北墙都很清晰。东顾西盼,龙首原的走向也可以看得出来。现在尽是高楼大厦,视野短促,五色令吾目盲。

龙首原从曲江池一带和丈八沟一带渐渐抬升,向北推动,以龙首村周围为顶,翻越之后,缓缓俯冲渭水。其南坡和北坡皆高亢且平坦,南坡比北坡应该更开阔。东至浐河,西至三桥镇,东西大约60里。古者测其头高20丈,尾高5丈到6丈,今之专家测其海拔在450米以上。关于龙首原的生成有神奇的故事:认为一条黑龙从终南山出来,以渭水为饮,行迹便为龙首原,所以其尾在樊川。

伟大的汉长安城和壮丽的唐长安城,都是在龙首原建立的。汉长安城立北坡。萧何为什么选址于斯,理由颇多,不过有一个原因我以为是非常重要的,就是威震咸阳城。秦灭了，然而咸阳城在渭水北岸，其作四十余年，必聚秦之气，遂在渭水南岸营未央宫，可以杀之。汉皇帝陵及其陪葬墓，多置咸阳原上，也是要压秦之气。从汉景帝阳陵到汉武帝茂陵，相距七十余里，坟冢滚滚，秦之气何以能存！唐长安城立南坡。设计大师宇文恺发现龙首原南坡有六岗隐隐起伏，得到灵感，以为其像乾卦六爻，遂于九二置宫殿，以当帝王之居，九三立百司，以应君子之教，九五贵位，故置玄都观和兴善寺，以镇之。如此布局，为隋筑大兴城。唐取代隋，唐长安城用隋大兴城之制，并新修了外郭城。朱雀街北出太极宫，向南直通明德门，成为中轴线。龙首原南坡以六岗有起有伏，随物成室，唐长安城便产生了立体空间。

以太极宫为参照，大明宫偏北，兴庆宫偏东，不过都未离龙首原之南坡。尤其以大明宫据龙首原东趋之址，居高临下，视终南山如伸手视掌。它初为唐太宗给其父李渊避暑所造的永安宫，父逝不用，改之大明宫。唐高宗执政，以患痹症，觉得太极宫卑湿，身体痛苦，便改大明宫为蓬莱宫，加以扩建，搬到这里处理国务。到唐中宗神龙元年，公元705年，又改之为大明宫。这里原本为唐的禁苑，自唐高宗迁徙于斯以后，遂为政治中心，皇帝皆居此。唐肃宗执政，贾至任中书舍人，有一天早朝结束，他咏唱曰："银烛朝天紫陌长，禁城春色晓苍苍。千条弱柳垂青琐，百啭流莺满建章。剑佩声随玉墀步，衣冠身惹御炉香。共沐恩波凤池里，朝朝染翰侍君王。"当时有数人奉和，王维之诗最能反映大明宫早朝的庄严和华贵，也传播最广，其吟诵曰："绛帻鸡人报晓筹，尚衣方进翠云裘。九天阊阖开宫殿，万国衣冠拜冕旒。日色才临仙掌动，香烟欲傍衮龙浮。朝罢须裁五色诏，佩声归到凤池头。"

大明宫建筑如群，入丹凤门，进去是含元殿，再进去是宣政殿，再进去是紫宸殿，于此龙首原势尽转缓，遂有太液池和蓬莱山。麟德殿在太液池西，皇帝多在此接见宠臣、亲信和使节。

汉在长安二百余年，建章立法，开拓疆域，促进农具的发明和铁器的使用，凿丝绸之路，向世界昭示中国的光荣，尤其是废秦的严酷之律，解除秦的藏书禁令，发展教育，研究儒学，使中国成为当时经济与文化皆强的先进之邦。唐在长安近乎三百年，中国领土辽阔，贸易十分发达，并以丝绸、瓷器、铜镜和金银制品之精致，显示了手工业达到的高度，而且宗教不失自由，言论不失自由，遂有诗、绘画、书法和雕刻的灿烂。唐是一个盛世，是封建社会的高峰，农耕文明的极致，是中国人的骄傲，并给其子子孙孙以自信。因为如是，长安变成了天下中国人永恒的精神故乡。它是一种强烈的向往，一种浓郁的情结。长安就在龙首原：汉长安城曾经立其北坡，唐长安城曾经立其南坡。长安的遗产是丰富的。能在长安生活确实是一种幸运，不过这也衍生了一种责任，特别是此地的执政者和管理者，责任更大。不知道他们是否意

龙首原

龙首原余土

识到，在这里的建设一不小心，便会万代批评。

西安城之址，也就是唐长安城的遗留之址，当然也就在龙首原的南坡。不过今之西安的扩张甚为急速，其既据南坡，又据北坡，这便胜过大汉和大唐了。时代使然，只是西安的高楼大厦密植龙首原并非善举，其一，龙首原的地形以之失度，气象以之稀薄；其二，它将遮蔽长安。余光中所指出的西安把长安藏起来了，是一位远方学者的感受，属于西安把长安遮蔽的一种客气表达。窃以为应该空出更多的故国之址，把其保护起来。故国之址遗存得越多越好，再多也不算多。这样，今之西安才产生立体空间，而且此立体空间由于有历史质地，遂独特并富于文化价值。它也具一种思连千年和目击万里的美。我还要呼吁，西安的建筑之间，距离一定要足够的宽，否则小气。虽为高楼与大厦，一旦相拥而挤，密密麻麻，它们便损皇家之余绪。

汉唐坐拥四海，何处不可以建立帝王之业！他们偏偏选择关中的龙首原，自有奥秘。这个地方也并未辜负汉唐的天子，长安城壮丽且伟大。虔诚的态度不但在于向龙首原致敬，也在于把它作为遗产诚然珍惜。

龙首原是故国的一个部分，它周边的少陵原、乐游原、白鹿原、神禾原，都是故国的一个部分。这些黄土台塬，自石器时代以来，一直都保持了它们的英姿，但愿工业化和城市化交媾所产生的挖掘机，不要粗暴地摧毁它们。阿门！

少陵原

少陵原上的自然村星罗棋布,也许蕉村在这里是最古老的,属于周代的杜伯国。2800余年,蕉村一直谓之焦村,到中华民国才改为蕉村,理由是在此没有焦姓之人。

周宣王四十三年,公元前785年,有一天,女鸠,周宣王的妾,热烈地向杜伯调情,遭拒遂恼,反诉其对她非礼,周宣王便拘捕了杜伯。左儒是杜伯的朋友,为之申义,然而周宣王一意孤行,杀了杜伯,也杀了左儒。左丘明对此事的记录是:"宣王囚杜伯于焦,士无罪而杀之。"

我是在少陵原上长大的,蕉村有我的祖业。经过土地改革,社会主义改造,父辈分立,我家庭院之广仍在七分有半。1958年,生产队砍掉了后院一棵国槐为人民公社做了马车;1972年,父亲伐倒前院的国槐做了一套家具。朱家巷子南北贯通,庙宇在中华民国时改为蕉村小学,是我家的西邻。世代所居,随日作息,夏收小麦,秋获谷子和玉米,虽不富裕,然而天汉灿烂,黄土能产,人足以赖之生存。树动为画,风响为乐,大享清冽和宁静。

图谋经济的发展,遂有西安国家级民用航天基地登临少陵原,蕉村要拆迁,它周围的十几个自然村都要拆迁。农民狂盖其楼,以争取多多赔偿。车进车出,尘起尘落,俨然烽火征战。路缩木折,窗小室黑,宿如蹲在监狱。我的母亲泣声说:"住了一辈子,实在不想走。"

我非常熟悉少陵原,这里胜迹累累,遍地都是文化遗产。

少陵原南畔自东至西,有兴教寺,惟识宗或法相宗之祖庭,有兴国寺,有华严寺,华严宗的祖庭,耸立杜顺塔和澄观塔,仰观其檐,铃响于空,妙若天音,有牛头寺,因为高僧一年四季总是以一个牛头为食而得名,还有清

少陵原之雪

凉寺。这一带香火之旺，昔传递今，今化于昔。尤其是兴教寺，由于以葬玄奘及其弟子窥基和圆测之灵骨，高僧辈出，信众崇敬，并为士与权贵所共向往。1923年康有为经吴佩孚引荐，受陕西省省长刘镇华邀请在西安巡视。康对佛学素有研究，便赴兴教寺一拜，并吟诗题额，如雁过留影。1937年，日本侵略中国加速，南京危机，中华民国打算以西安为陪都，遂派大员考察其城。当时有士还想以佛法救正灵魂，便捐资修葺兴教寺，贡献善款的，不但有朱子桥、程潜、阎锡山、白崇禧、马鸿逵、李宗仁、卫立煌、戴季陶、傅作义、熊式辉，而且有委员长蒋介石。蒋介石焦头烂额之间，竟还抽暇往兴教寺去一瞻。1953年印度总理尼赫鲁有谒兴教寺之意，当地领导便把于斯读书的韦村小学的孩子动员起来，让其列队欢迎，又匆匆油漆了大雄宝殿和藏经楼，由此也渐渐恢复了作为弘扬佛法的神圣之境。今之佛教徒，有普通男女，也有高官巨商。在大年初一，每每竞奔兴教寺，争上第一香，争叩第一首，以盼保佑自己的常是官场和商场之角色。站在兴教寺门口，俯察樊川，远望终南山，水光反照，岭色苍郁，白杨夹于道，庄稼茂于田，人无不感慨万千，赞而叹之。

转身北向，土地平旷，渐为倾斜，大约40里慢坡大势所趋，直抵曲江池。曲江池秦既有之，汉凿而扩张，不过在唐为盛，进士及第以后，要在这里娱乐撒欢。一旦皇帝高兴，也会游于斯，宴于斯。三月三日，上巳节，贵妇人长裙卧袖散步曲江池周力，修禊事也，以祓除不祥。到唐玄宗执政，曲江池一带繁华之极，臻于至美，遗憾安史之乱致其破败，一衰而千年湮没。1992

年，我看到的曲江池已经完全干涸，农民在此有耕有牧。不过西安人自有改天换地的能力，从而恢复了它的姿容。现在的曲江池细浪成绉，润气弥空，更有白石跨波，绿树绕岸，一派汉风唐韵所化的絜然气象，为四海朋友所悦。曲江池之水，初是自出，为汉武泉，然而至唐自干，便从终南山引义谷之水，上少陵原，修黄渠，过鲍陂，蜿蜒注曲江池。顿然水阔，便聚为芙蓉园，以成接天莲叶，映日荷花。今之芙蓉园和曲江池，泱泱为泽，都是黑河的水了。

　　少陵原立于浐水和潏河之间。其海拔470至630米，高出浐水和潏河80至150米，呈东南—西北向，长大约36里，宽大约12至20里。日月所照，雄浑高大，帝王将相和皇后妃嫔素以入此厚土为望。在它的腹地，满是坟冢。2005年考古发现东杨万坡村一带有周人墓429座，出土陶石铜玉，并有灰坑和殉马坑。秦葬皇子在少陵原西畔，遂有皇子陂村。汉宣帝杜陵在三兆村一带，其许皇后陵在司马村附近。唐玄宗所爱的武惠妃敬陵在庞留村界面。城南韦杜，去天尺五。夏殿村一带有唐韦氏家族群茔，司马村一带是晋唐之间杜氏家族群茔。鲍陂村一带有唐颜氏家族群茔。在蕉村一带有唐吏部尚书萧灌之墓，史记碑为张说撰文，唐玄宗篆额，可惜我觅而不得，想已经遭盗了。虽然明代先后以南京和北京为国都，太子居之，然而朱元璋对西安颇为重视，遂分封次子朱樉为秦王，守卫此疆域。明代共有秦王14位，除了最后一代秦王为李自成所灭，不知道埋于何处，其他13位秦王皆葬少陵原，坟冢拔地而起，神道两侧对立石刻。凡帝王多有亲臣宠妾，他们死了以后，也葬少陵原以陪其主。春天在少陵原踏青，夕阳之下，见残陵乱茔，断碣卧石，不禁会起沧桑虚无之感。

　　少陵原最开阔、最壮丽的属于其南畔。仰天拂云，俯川呼峦，居之占尽风水。汉丞相朱博故里便在这里，唐杜牧在此起别业，以登皋舒啸，临下吟诗。杜甫自谓杜陵布衣、少陵野老，于是明代就有贤在这里筑杜公祠，数世纪以来，于斯纪念杜甫的人不知道有多少。

　　少陵原有累累文化遗产，是极为特殊的地方。我曾经大声疾呼，可以把这里建设成中国农耕文明博物苑，从而不但永远保护了这里的文化遗产，而且也使这里的自然村处于活的状态，也就保护了一片民居和民俗。少陵原距西安颇近，一旦城市化包围了这里，那么少陵原便是整个中国乃至世界所罕见的城市里的乡野，尤其是遗存了大量史迹的有活的自然村的乡野。可惜挖掘机来了，蕉村没有了，周围的自然村也没有了。

　　少陵原是唐人之称。起码在汉代，人呼这里为鸿固原，汉宣帝登基在此造墓为杜陵，便把杜县改为杜陵县，鸿固原遂衍化为杜陵原。汉宣帝神爵四年，公元前58年，有11只凤凰翔集于斯，遂又呼其凤栖原。汉宣帝许皇后陵小于杜陵，为少陵，遂有少陵原之名，并自唐流行起来。

少陵原

依少陵原而居

周宣王杀杜伯十分无道，从而留下隐患。终于有一天，周宣王在野狩猎，有壮士穿红衣，戴红帽，乘白马所拉白车，狂风一般穿林而出，作杜伯状，箭射了王。

白鹿原

周幽王毙,诸侯拥立其子姬宜臼为王,就是周平王。周幽王引起的一场大祸显然破坏了丰镐,国都不可居,遂东迁洛邑。护送周平王的诸侯有晋文公、郑武公、卫武公,不过秦襄公拥兵最多,也最忠诚,从而有功,获周平王所赐岐西之城,并晋升为诸侯。

周平王的车队经过浐河和灞河所冲积的一片土地,见其南接巍峰,北控平川,立而耸,广且平,坦荡如裁,青木繁茂,芳草鲜美,有白鹿游于苑,顿感惊喜。当时这里还没有命名,诸侯便向周平王指指点点,并颂白鹿是祥瑞之兽,遂决定以白鹿原呼其土地。古人的命名总是又轻松又神奇,但今之人对事物的命名却乏味少魂,真是有愧贤智了。

白鹿原在西安东南,我常常登其高以舒啸,临其岸以虚怀。隆起遂敞,望西安之城,迷茫浩荡。曾经有诗咏叹此地曰:"昨夜潇潇雨,今朝雨乍晴。坡高松韵远,云散雁飞轻。垄上禾添翠,篱边菊向荣。千村残照裹,酌酒庆清平。"此为农耕文明的风情,可惜现在是城市化,这里出现了几家学校,建筑粗俗,颜色浮艳,显然难配故国黄壤,车旋人熙,春麦秋粟也渐荒疏。乡里向城市的过渡大约都是如此吧!

白鹿原居浐河与灞河之间,南北长,大约50里,东西宽,大约12至18里,海拔600至780米。它高出浐河150至200米,高出灞河240至300米。白鹿原在炮里的部分为炮里原,在狄寨的部分为狄寨原。这里有神鹿坊村和迷鹿村,应该是公元前770年周平王东迁之际出现白鹿的演义吧!多年以后,有士认为白鹿之游,当是秦运的象征,因为秦奋斗几百年,终于消灭六国,统一了天下。不过秦在白鹿原上只留下一个天狗吠贼的记录,还有一个狗枷堡。

白鹿原

　　实际上汉人应该对白鹿原有沉厚的感情。汉高祖元年，公元前206年，刘邦出楚攻秦，过武关，穿秦岭，便先驻军白鹿原，并接受了秦王子婴的投降。刘邦乘势进入咸阳，然而根底不深，竟流连秦的重宝和美女。幸有樊哙和张良进言，他才明白了天命，退兵咸阳，再驻军白鹿原。在此他召集关中各县父老豪杰，许诺减税柔刑，休养生息，以得民心。他还约法三章：杀人者死，伤人及盗抵罪。项羽在鸿门设宴，刘邦不得不赴，并险遭杀害，卒以借口如厕，才逃回白鹿原上的营帐。刘邦为皇帝，葬渭水北岸，其龙子龙孙也多随他葬咸阳原上，但汉文帝却择白鹿原北崖凤凰嘴而葬，作霸陵。霸陵以峭壁为茔，不起坟冢，也不以金银铜锡为饰，有罕见的俭朴。汉文帝葬白鹿原，其母亲薄太后也便葬于斯，其妻子窦皇后也便葬于斯。汉武帝是窦皇后的孙子，是他给祖母治丧的，所以非常豪华。霸陵、薄太后陵及窦皇后陵基本上在一起，尤以霸陵呈顶妻背母之势而殊，成为白鹿原的重要标志。霸陵在白鹿原的半坡，偏下一点，于是世人也就呼白鹿原为霸上或霸头。

　　公元4世纪初到公元5世纪初，有136年史称其为五胡乱华时代，五胡是：匈奴、鲜卑、羯、氐、羌。公元407年，匈奴人赫连勃勃从卑躬为臣到反身为首，轰然创建了夏国。陕西榆林的统万城便是其发动民夫蒸土所营。不过赫连勃勃并不甘仅仅在塞上迎送北风之吹，他想掌握关中，遂在公元417年率兵攻占了长安。这个人当时在白鹿原上筑坛祭天，自封为皇帝。然而他心存疑惑，便把长安交由儿子赫连璝镇守，自己仍居统万城。匈奴人为什么要选在白鹿原祭天呢？大约这里高入云霄，进可冲锋，退可断尾，比较安全吧！

唐人好长安东南的乐游原和少陵原，似乎因为白鹿原偏远，但皇家的酒却是由白鹿原西南一角的水酿造的。神谷有泉，其水甘洌，唐政府警卫部队严密禁守，并以骆驼送至大明宫，可惜其水现在已经近涸。

在白鹿原北崖低缓的斜面，久有住民。灞水涓涓，苇漫沙滩，形势清俊，气息朗润。陈忠实是中国著名的作家，其以白鹿原为生活背景的小说传播甚广。其家便在白鹿原下方的西蒋村，行政所辖为西安市灞桥区毛西街道。白鹿原是有养育之质的。

乐游原

汉宣帝曾经有不虞之难，裹在襁褓里便入牢，由于长安城狱中绕天子气，汉武帝竟下令捕杀净尽，几乎命悬一线。所幸获廷尉监邴吉怜惜，指派女犯乳养，给其衣食，坚拒使者入牢搜查，以后遇赦，流落民间，从而生存。忽然时来运转，晋身大位。汉宣帝感杜县有庇护恩典，遂在登基之后经营杜陵以葬于斯，乐游原遂发达起来。

凡山川河流，只有打上人类的印记，而且投射了人类的意志，尤其注入了人类的审美元素，才会变为文化遗产。所谓的乐游原，为渭水冲积而成，在长安城以南，现在属于西安市雁塔区所辖。汉宣帝先起乐游苑，作皇家之园林，再造乐游庙，以进行祭祀活动。苑庙皆在杜陵西北，今之曲江池沿岸。乐游原显然是以乐游苑和乐游庙而得名的。史记：汉宣帝在民间，好游杜县乡里，乐其风物，所以我以为苑庙以乐游所命，是汉宣帝的意思，也反映了他独具的一种心情。

乐游原突兀而出，呈高亢之势，四望天下，畅然辽阔，为汉人所悦。这里尝自生一种玫瑰树，不知道是什么形状，然而我知道苜蓿，玫瑰树下广种苜蓿，风在其上肃然。苜蓿是张骞从西域大宛带回来的，日照其花，光彩闪烁。当是之时，苜蓿之名还没有约定俗成，汉人或呼其木粟、牧宿，或呼其怀风、光风，或呼其连枝草。久而久之，苜蓿之名才确立。

唐人比汉人更潇洒，也更懂得生活的享受。正月晦日，三月三日，九月九日，长安城仕女多往乐游原去踏青，祓禊以免灾。太平公主是武则天之女，性格开朗，计谋深厚，敢嫁三夫，有权势，遂能在乐游原置亭邀朋友聚而晤之。

李白和李商隐曾经在乐游原上有感。李白吟诵："乐游原上清秋节，咸

乐游原门阙

阳古道音尘绝,西风残照,汉家陵阙。"李商隐喟叹:"夕阳无限好,只是近黄昏。"所发似乎都是衰败信息。唐以降,关中便不为国都之地,长安城也不是京师了。不过到宋,乐游原显然还遗留着一点汉的痕迹,当年的学者宋敏求就看到乐游庙的余基,并录其志书。

聊为长安遗民,一再随李白和李商隐之影登临乐游原,所见房舍相拥,层楼竞高,风不再是汉之风,天也不再是唐之天,确实是换了人间。固然人间换了,耕植太慢,城市化应该,但反顾并反思祖先的业绩却会给现代人以启示,甚至会使生活方式的一些畸形得以矫正。作为文化遗产,乐游原之磨灭十分可惜,因为今之人不能通过它去触摸古人的手了。然而这也罢了,更可惜的是,作为汉唐精神的一种具象的感受体和联想物,今之人及其子孙有足不能蹈,有目不能享。在中华民族的发展进程,打碎阶级斗争的镣铐是重要的一步,钻出钱眼或打碎物质主义之桎梏将是更重要的一步,不如此,中国人的精神便不能升华。君不见,在利益的追逐之下,疯狂之辈无处不是前铲吾古人,后损吾来者。伤逝乐游原,我作如是想。

乐游原

乐游原残土

2012年的乐游原

神禾原

神禾原之得名，或曰唐太宗贞观元年，公元627年，李世民巡游此地，见一禾生双穗，呼其神禾而谓之；或曰后晋高祖天福六年，公元941年，此地有一禾生一穗重为六斤而谓之。给一事物命名，以天呈瑞符，便显得既谦虚，又智慧，胜似绞尽脑汁的推敲吧！

神禾原耸御宿川与樊川之间。滈河出终南山石砭峪，经御宿川，至香积寺一带汇入潏河。潏河出终南山大峪，经樊川，至水磨村向西遂为洨河，其至香积寺一带吸纳滈河，流量增大，涌进沣河，再入渭水。20世纪70年代，我十余岁，常在韦曲镇及其以南的申店与西寨诸村走亲戚，十几里川道，稻香平畴，荷叶尽绿，闻蛙声此起彼伏，觉得十分风光。还有多次用绳系笼，逆渠而拉，捞取小鱼，装在罐头瓶子里端着回家，足以玩两周时间。洨河注昆明池，使汉人得以划船作乐，也使洨河沿岸有民居焉，聚族为村。神禾原起滈河与潏河之间，仿佛是诸村的屏障。

直到在出版社工作以后，我才有机会上神禾原。当时有朋友要了解王甲斌的境况，我陪他。当然我也想见一下这个在农业生产合作化运动中，成立了胜利社的积极分子。往皇甫乡胜利村去，要过神禾原。其昂然而亢，向南望，御宿川及其星辰般的村子一片宁静，再向南望，青峰幽壑，历历入目。我徘徊沉吟，窃以为此乃形胜之地。

神禾原呈东南—西北向，长大约11公里，宽大约1.5至2公里，海拔490至601米，高出滈河和潏河530至570米。其南起南江兆村，北抵贾里村和何家营村。在面樊川的半坡，唐有诸庙而立，曾经鼎盛的是洪福寺、云栖寺、禅定寺、观音寺，可惜一旦唐灭，诸庙也就萧条以至湮灭了，惟神禾原西端

神禾原

神禾原

的香积寺仍存，并有信徒欣然拜佛。常宁宫建在面对御宿川的半坡，大约是唐太宗遵其母之意所营的神殿。有故事显示，其母在此拜佛，遇匪劫驾，急中生智，藏身于崖间的小洞，得以大安，于是她就吩咐李世民建了一座常宁宫。

胡宗南是蒋介石颇为信任的将领，1938年移驻关中。御宿川的王曲镇有黄埔军校第七分校，胡为主任。这里尝有三万余学生毕业，共九届。蒋介石为校长，一再于斯训诫。周恩来在1936年冬天也到这里向学生表达过建立抗日统一战线之意义。现在，此处是一所通讯学院。当年胡宗南游神禾原，见常宁宫形势既隐蔽，又敞朗，遂改造为蒋介石的行宫。此工程的关键是挖掘了千余米的防空洞，其中设办公室、会议室、蓄水池、卧室、卫生间，一应俱全。观景亭筑于半坡，足以大观秦岭。大约1943年建成，以后蒋介石到西北来有三次居此。蒋纬国与石静宜的一次结婚庆祝活动也于斯举行。常宁宫西边有一幢二层洋楼，便是他们的新房。有时候我想，如果不是蒋介石在此留下行迹，也许常宁宫早就荡然无存了吧！今之常宁宫为国有的旅游休闲度假山庄，可以跑马，可以看孔雀开屏，可以带孩子溜滑梯。在如此有历史有境界的地方，做如此低俗的娱乐，难免让人感到滑稽，甚至悲哀。

天下处处都在开发，一条大道从韦曲镇延伸至神禾原，这里也就享受开发了。似乎已经有几所学校于斯开门，西安培华学院、西安财经学院、陕西学前教育学院，大约是捷足先登的。接踵过来的是什么呢？企业、地产，或其他学校吧！一禾生双穗或一禾生一穗重为六斤之膏腴黄壤，将注定遍布建筑。开发显然是这个时代的堂皇之举，不过缺乏深谋远虑的开发，不管是什么地方都要开发，将注定受到了孙的问责。

神禾原

樊川犹美

> 回野翘霜鹤,
> 澄潭舞锦雉。

这是唐代诗人杜牧所看到的潏河。他生活于公元803年至公元852年之间,一生之中的某些时候是在潏河之滨度过的。所谓的潏河之滨,就是樊川。

樊川是一片狭长低凹地带,伟岸的少陵原与起伏的神禾原,在它的两边崛然隆起,樊川的天空仿佛是一个淡蓝的盖子,显得十分高远。从它的东端引镇到西端下塔坡,尽是平畴沃土。严峻的秦岭,日夜从缭绕着云雾的山顶俯瞰着它,而少陵原和神禾原则像两匹黄色的骏马,始终追随它奔跑。

潏河之源在秦岭北麓的大义谷,它从这里涌出,然后汇合白道谷和太乙谷的溪流,水量大增。它潺潺地流过樊川,将这里滋润得青翠欲滴。站在少陵原或神禾原上,可以看到潏河的流水,阳光之下,像一条透迤的断断续续的白练,樊川深厚的碧绿为它欢呼。

杜牧所见的潏河的样子,其气之朗然,其禽之怡然,其水之清,其流之响,我仍可以感觉。

樊川自古很美,所以它成了汉大将樊哙的封地。这个屠夫出身的人,随刘邦共同起兵,并跟着刘邦南征北战,英勇杀敌,斩首近二百人。鸿门宴上,樊哙为保刘邦性命,擅自闯进项羽的帐篷,此时此刻,项庄舞剑,意在沛公,他不但镇定地拦挡了寒光,而且巧妙地送走了刘邦。刘邦知道他的功劳,登基之后,将少陵原和神禾原之间的土地赐予樊哙。

不过,樊川真正成为一片胜地是在唐代,尤其那些达官富豪与高士骚客,经常在韦曲和杜曲游玩，成为樊川的欣赏者和建造者。韦氏家族以韦曲为中心而聚居，韦皇后的娘家和宰相韦安石的别墅皆在这里。杜氏家族以杜曲为中心而聚居，杜佑致仕之后，在这里度过了晚年。杜甫流寓长安期间，有一个阶段就将家安在樊川。在这些闻人的悉心经营之下，樊川成了一个令天下艳羡的地方，所谓城南韦杜，去天五尺，便是指这种形势。

唐代是中国社会发展过程的一个高峰，这个社会所产生的贵族，无疑是其文明的重要标志，起码是重要的标志之一。如果从这样的角度考察问题，那么唐代的樊川，当然充满了唐代的精神与风尚。千年之后，我仍然可以从当时骚客的诗歌之中，领略那种华丽而显赫的生活。它的气息，显然残留其中。

> 韦曲花无赖，
> 家家恼杀人。
> 绿樽须尽日，
> 白发好禁春。
> 石角钩衣破，
> 藤梢刺眼新。
> 何时占丛竹，
> 头戴小乌布。

这是杜甫奉陪郑驸马的诗歌之一。郑驸马是唐玄宗的女婿，其宅第在樊川南岸的神禾原。

> 数亩园林好，
> 人知贤相家。
> 结茅书阁险，
> 带水槿篱斜。
> 古树生春藓，
> 新荷卷落花。
> 圣恩加玉铉，
> 安得卧青霞。

这是钱起对杜佑别墅的印象。钱起为浙江湖州人，公元752年进士，时有隐逸之意流露。杜佑在樊川的别墅属于城南之最，其陇云秦树，风高霜早，周台汉园，剑阳衰草。杜佑的坟冢在樊川北岸的小陵原。

谁无泉石趣,
朝下少同过。
贪胜觉程近,
爱闲经宿多。
片沙留白鸟,
高木引青萝。
醉把渔竿去,
殷勤藉岸莎。

这是郑谷在樊川的感受,其闻几个朋友要游樊川,兴起,遂将自己的情思告诉了朋友。郑谷是江西宜春人,公元887年进士,其以咏叹鹧鸪而为长安文人所知。

邀侣以官解,
泛然成独游。
川光初媚日,
山色正矜秋。
野竹疏还密,
岩泉咽复流。
杜村连漪水,
晚步见垂钓。

这是杜牧在特定心情之中的樊川:他邀请舍人沈询游其故园,遗憾没有等到。杜牧是杜佑之孙,25岁那年进士及第,以济世之才而自负,曾经多方为官,公元852年逝世。

实际上樊川不仅仅是风景秀丽的郊野,如果它单单是一个河水流淌而山原并立的地方,那么它就不会产生如此巨大并持久的魅力。这里建造了很多的山庄别墅,为达官富豪所有,其中著名的是:何将军山林、郑驸马池台、牛僧孺郊居和杜牧别业。骚客也是希望从政的,他们喜欢樊川,难以排除希望亲近达官富豪的心理。樊川就有一些骚客的庄园,岑参、韩愈、元稹、郎士元、权德舆、韦应庄,都曾经在这里居住。在中国,知识阶层一直存在着这样双重的性格,既热衷仕途,又喜欢逍遥,仕途使他们显赫,逍遥使他们自在。这是一种矛盾的心理,樊川为这种痛苦的消化提供了条件,这就是:他们既可以投入官场,又可以寄情山水,尤其是官场的失意能够在山水之中解脱。我认为,在樊川,集中地体现了唐代知识阶层的一种观念。现在,那些漂亮的山庄别墅已经没有了，但那种既想入世又想出世的心理，却一代一代地积淀着，遗传着。

> 去年今日此门中，
> 人面桃花相映红。
> 人面不知何处去，
> 桃花依旧笑春风。

这是崔护的诗，题在樊川的一个农家的门扉上。他是河北定县人，公元796年进士，不过大约在此之前，他落第独游樊川。时在清明，他散步于鸟语花香之中，不知不觉来到一户农家。此处草木葱翠，寂静无声，遂敲门求饮。一位女子开扉递水，之后，独倚桃花之下，注目崔护，倾慕之情忽然流露。崔护询问，她不语，遂默然而去，这时候她很是惆怅。到了次年春日，崔护思念之情涌动，便再到樊川，寻找这个女子。然而，门墙如故，桃花盛开，人已经无影。

在唐代产生了众多的诗人，崔护，以他惟一的一首诗而名垂千古。人无不赞赏他形神皆备的人面桃花，可我感兴趣的却是崔护在落第之际到樊川独游的目的。感伤与落寞的心是需要同情和鼓励的，然而他所需要的，五陵少年不会给他，长安王孙不会给他，如果幸运，那么他会遇到为官的骚客，也许他们可以给他以帮助，这种帮助即使是一些简单的安慰，都可能让他温暖，于是，他就到了这骚客好聚的樊川。我想，这样的猜测是有一定道理的吧。

当然，樊川在历史上所显示的分量，别的一个重要的原因是：这里有八大佛寺。佛教传入中国是在汉代，不过它作为具有中国特色的佛教的完成，显然是在唐代。这个阶段，上流社会和下层人民都以信奉佛教为大事，他们从佛教之中，接受了因果报应和平等要求的观念，从而使佛教成了这个时代的主要信仰。唐人希望佛居住在青翠的樊川，这样，樊川就有了八大佛寺，其中屹立于少陵原南岸的兴教寺和坐落在神禾原北坡的香积寺最为著名，尽管历经沧桑，但我在樊川却仍可透过丛丛树木，看到兴教寺的红墙，并穿过濛濛烟岚，发现香积寺的砖墙。红日蓝天之下，佛地一片静虚。这样，樊川就不但表现为这里有世俗的快乐，而且有天国的气氛。

在这里，我久久沉浸于樊川的昔日，难以自拔。我从零落的诗歌之中，看到了樊川的华丽、尊贵、秀雅、宁静。这是一个民族精神处于高峰阶段的产物，想象一下那个时代，想象一下那个时代的情调，我感到自豪。

可惜，在历史的进程之中，一次接一次地出现兵乱、起义、战火，它们将赫赫唐都多次洗劫，多次毁坏，樊川当然也不能避免被踩躏了。事实是，

樊川犹美

现在要在这里寻找一块别墅庄园的砖瓦都很困难，甚至当年那些贵族的后裔都下落不明。

然而，樊川犹美，这是我的感觉。在春天的樊川，我情不自禁。它属于我的故乡，我有幸自己的家就在少陵原。小时候，我曾经向这里眺望，在这里走动，但樊川的美却只有在这个春天我才能如此明确地认识和领会。

黄昏，夕阳柔和的光辉照耀着樊川，由于没有山也没有原的阻挡，那些金黄的颜色长驱直入，铺满大地，并久久在这里徘徊。光洁的古道悠然从这里通过。人已经稀少了，高耸的一棵连一棵的白杨，排列于古道两旁，微风吹拂着明亮的树叶，银灰的树皮反射着夕阳的光辉，那里偶尔会出现昆虫啄出的黑色的窟窿。走在这样的古道上，心情是难以平静的，你会想到从田野突然窜出的土匪，也会想到曾经有唐朝的文官武官将在这里通行，他们或坐轿子，或骑骏马，随从和美女跟随其后。

韦曲附近，到处都是菜园，农民将塑料薄膜搭成拱形的棚子，温暖的薄膜之中，鲜嫩的蔬菜正在成长。棚子一个一个联合起来，使大片的田野都处于塑料薄膜的覆盖之下，于是薄膜的白色就在夕阳的映照之下一片明亮，这使远方稠密的树林显得幽暗，阴沉，凝重。农民正在菜园浇水、施肥、锄草，一个壮实的姑娘，面色红润，汗水微渗，扶着锄头向古道上的行人张望。红色的倒扣的瓦罐下面的，是韦曲的名菜韭黄，其叶黄似金，茎白如银，整齐卫生，爆炒脆而不顽，做汤浮而有腴。

小麦正在拔节，乌黑的秸秆密密麻麻，在夕阳之中凝然不动，坚不可摧。一种夏天的庄稼成熟的气息，正从远方而来，从孕育着的穗子而来。桃花已经谢了，树下的落英，仿佛红霞铺在地面，豌豆大小的果实开始生长，也有一瓣两瓣干枯的桃花仍夹杂于它的绿冠之中。菜花长得发狂发疯，很多都开了杈子，过一些日子，它就要成熟，那时候，农民会用锋利的镰刀收割它，碾打它，然后将红沙似的菜籽装进机器搅拌，从中榨取它的汁液作为食油。

比较平缓的神禾原北坡，为淡淡的雾气所掩映，绿光在那里闪烁。少陵原南岸绵长的悬崖一带，开满了紫色的桐花，无穷无尽的桐树，将硕大的树冠支撑在蓝色的瓦房上空。从韦曲到杜曲，这些桐树组成的景色没完没了，你随时可以看到朴素的桐花，夕阳之中，它的芳香一阵一阵地在樊川流动。其他杂草和杂树，都尽力占据南岸的一方水土。这里阳光充足，空气清新，有风有雨。一个牧羊的农民，驱赶着棉团似的白羊在弯曲的小路上走动，可见鞭子挥，不闻鞭子响。在挖掘得非常平整的崖畔，常常会现出成排的窑洞，它们曾经为军队所居住，但我看到的却是废弃的黑洞，它们将自己寂灭的眼睛对着夕阳普照的樊川，显得神秘莫测，阴森可怕。黑洞远离村子，处于荒野的平坡，没有人知道其中窝藏过什么，也没有人知道其中即将发生什么。

走在白杨萧萧的古道，眺望着在夕阳之中那么宁静那么沉默的黑洞，我不由自主地胡思乱想，我总感觉一些特殊的人会在那里做些什么事情。

绵延15公里的少陵原南岸，并不是一样的平整，它不但上下起伏着，将天空挤压成一条游动的曲线，而且某些地方会忽然向前突出，像一头老牛伸长了脖子要吃樊川的禾苗，某些地方会忽然向后缩回，像一只巨龟收藏了自己的脑袋。不过，沿着向阳的南岸一带，村子是众多的，它们一个连着一个，各种各样的杂树，欣欣地从房屋前后街巷左右窜出。在幽静的绿叶之中，显得十分嚣张的一种当然是桐树，它全然是紫色的大朵的桐花。村子是安静的，大人都劳作去了，惟有小孩、狗、鸡，在村子玩耍。在这里建了几个学校，夕阳之中，成群成群的学生坐在半坡上读书，有的站在树下吟诵，他们面对空濛而翠绿的樊川沉醉着。

我曾经在坐落于少陵原南侧的长安一中学习了半年。那时候，我正为考取大学积极准备，在同学之中，我是最贫穷最忧郁的一个，我视大学为我命运的转折。我穿着补丁衣服，啃着干硬的馒头，寻找我所需要的教师以向其请教。我18岁，常常独自在樊川散步，在少陵原走上走下，我强烈地感觉到一种纯正而顽强的气息在我身心涌动。那时候，我专注地复习我的功课，没有心情欣赏樊川的美。尽管如此，它的美仍然渗透于我的灵魂，陶冶着我的精神，甚至，它的美为我做着向上的启示。遗憾的是，对这样积淀着中国文化的自然环境，我久违了。复杂而喧闹的生活诱惑着我东进西攻。某些时候我感觉茫然，我怀疑我的追求。我不知道我攫取的是垃圾还是金子。我难以意识我在向什么方向发展。

夜晚，我感觉少陵原和神禾原为樊川制造了一种闭塞之感，这里显得十分黑暗，但狭长的苍穹却因为樊川而格外透明，无数稠密的星星像玉兰一样开满天空，我在城里永远难以看到这样清朗而爽快的天空。一些星星是朦胧的，它在遥远的银河之外；一些星星是灿烂的，闪烁着雪山或河冰似的光芒。南边的天空，逐渐地倾斜下去，飞越神禾原，投入终南山。北边的天空显然为少陵原生硬而陡峭的悬崖所切断，那种起伏的印痕清晰可见。在这里，我惊奇地发现天空不是沉寂的，它简直是一个由星星组成的热闹的世界。树木已经被夜晚的雾气融化，惟有高高在上的白杨的树冠悬挂天空，不过它们的树干也消失了，树枝也消失了。零落的灯光从村子闪出，我走过麦田之间的小路，感到林子里的众多的灯光被葱郁的树木遮挡了。平坦的古道已经没有什么行人了，惟有汽车偶尔疾驰而过，汽车的灯光迅速地从麦田扫过，铁青的凝成一片的麦苗遂有了嫩黄的色泽。灯光轻快地滑翔着，仿佛麦田起了波浪。汽车消失在遥远的地方之后，这里归于宁静。寒凉的风，含有一种春夏之交的混合气息，这种气息让我兴奋、振作，感到生活的魅力。在夜晚的樊川，

樊川似美

長安大录

樊川白杨树

这种感觉竟是那样的强烈，我几乎要呼喊而出。我面对着无边无际的麦田，面对着终南山、少陵原和神禾原，面对着星空，我就那么呼喊了。然而，我的声音消失在旷野之中，一点儿回响都没有。倒是农人在他们房子咳嗽的声音，母亲迷迷糊糊拍打孩子的声音，我听得清清楚楚。狗会忽然在一个遥远的地方叫唤起来，于是，四周的狗就都在狂吠。

早晨，空气是清冽的，仍带着寒凉之意。我骑着车子，手在风中感到冰冷。淡淡的白雾淹没了整个樊川，麦田、树木、流水，甚至行驶的三套马车，都仿佛在乳汁之中洗濯了一样。小麦的叶子微微有些蜷曲，而白杨的叶子则敷着薄薄的水汽，它们都将在阳光照耀之后舒展或蒸发。桐花膨胀在湿润的空中，似乎更娇嫩，更丰腴，它的气味在早晨仿佛浓缩和凝结了，那般使人感到刺激。太阳红了，樊川一片熹微，各种各样的鸟儿从树林飞了出来，它们鸣叫着，在槐树、椿树和白杨之间跳跃。新的一天在樊川开始了，我看到，成群结队的孩子在走向学校，农人走向田野，有的农人通过古道到城里去经营其他生意。妇女已经在溪流之中洗衣，那些溪流是从少陵原和神禾原的根部冒出的，沿着樊川一带，随时随地都有水从高原的根部冒出，那水是细小的，绵长的，经过深厚的黄土的过滤是洁净的。几乎在原下的所有村子，都有这样的溪流，溪流的两旁，耸立着粗壮的老树。

中午，我沿着潏河顺流而行，明亮的阳光照耀着樊川这片低凹地带，广袤的田野，散发出一种土壤与麦苗混合的气息，这气息是浓郁的，只有富饶的地方才有这样的气息。潏河穿流在这样的气息之下，它宽大的河床满是石子，这些石子可以作为建筑材料，农民挖掘石子所留下的坑洼到处可见，狼藉斑斑。茂盛的白杨，扎根在潏河两岸，常常有白杨倾斜于水面，它明亮的叶子，仿佛打了油一样光滑，微风翻动着它们。阳光穿过白杨的枝叶，让水变得闪闪烁烁。河水平缓地流淌着，它时而展开成为薄薄的一片，时而收紧成为细细的一束。圆的石头扁的石头，时而露出水面，时而深入水底。沿潏河而行，我在微微的闷热之中，感到一股清爽，这当然是水的气息。可惜，水在杜曲一带给污染了，我难以相信水成了这样的颜色和形状：河床之中，仿佛铺了一张肮脏的牛皮，一股潜在的力推着它迟缓地走动。聚集在一起的泡沫随之漂浮，所有的石头和草蔓都沉潜于这张牛皮之下。这一带潏河，西安美术学院的学生称之为啤酒河，而村子的农民则称之为酱油河，足见其污染的程度。我在一片野草丰厚的田间躺了下来，我不由自主地躺在那里。天空并不是蔚蓝，仿佛更多更深的是灰白，云没有形成那种游动的团状或块状，云是薄薄的连接在一起的。四周是寂静的麦田，不过，在寂静之中仍有自然的声息。我可以感觉到昆虫的活动，蝴蝶或蜜蜂会从我身上飞过。

樊川犹美

63

> 回野翘霜鹤，
> 澄潭舞锦雉。

我默默地吟诵着杜牧的绝句，一种巨大的变迁之感敲击着我的心。不但人类在变化，而且其赖以生存的环境也在变化，悲哀的是，这种环境并没有向好的方向发展。我躺在那里，倾听着潏河流动的声音，竟产生了这样的忧患：人类贪婪地攫取自然，这种不顾后果的行为，可能就是自掘坟墓。我想如果杜牧先生现在看到潏河，一定是没有诗兴了。

然而，当我从田间站起来的时候，我仍可感到无穷无尽的苍翠向我靠拢，向我汇集，而且所有的树木、绿草、田野、小桥和流水，都沉浸在明媚的阳光之中，于是我就这样告诉自己：

"我们的祖先毕竟是智慧的，看看这里宁静的天空，看看山的白岩和原的黄土，看看风怎样吹动树木的叶子，看看鸟怎样展开光滑的翅膀，看看混在杂草之中的野花，看看照在石头上的阳光，看看古木掩映的佛寺，看看麦田相夹的小路，你就会知道他们多么亲近自然，多么注意享受，你就会发现他们灵魂之中消极与隐逸的意识多么深刻，如果你沿着这种思路继续行走，那么你大概就知道了自己所属于的这个民族的性格，问题是，你不论是自豪还是悲哀，你都是属于它的。你别无选择！"

附记：这是1992年的樊川，今天已经大变，尤其吵闹多了。樊川长大约15公里，宽大约3至4公里。樊川也就是后宽川。

御宿川

御宿川就是今之王曲川。有方志专家考察，其起于王曲镇，达于施张村，为滈河所冲积，东西向，长大约15公里，宽大约2至4公里。窃谓此观点是可取的。

2012年9月2日16点以后，我由当地朋友引领，下神禾原南坡到此一览。雨尽而晴，白云在天，草木出土为绿，有难得的朗润。从王曲镇开始，滈河虽迁，执意向西。顺流几乎都植白杨，秋风萧萧，滩窄滩宽，夕照空明。田野广种玉米，一片葱郁。村子常在岸上，农民多坐门口。有一个少妇穿白底蓝花连衣裙，面街站在房檐下，双手按腹，以顺时针方向揉搓，自显风度。过胜利村，朋友指出，这就是王甲斌在1953年建立胜利农业生产合作社的地方。作家柳青非常关注这个农业社，并给予具体的帮助。他还向苏联宣传胜利农业生产合作社的愿景。其一部小说反映中国农村社会主义革命，曾经大红，主角梁生宝就是以王甲斌为原型的。盘桓感慨一番，便随朋友继续走柳家寨、新庄、温国寺、立元村、甫店村、递午村、曹村、上王村。

御宿川为终南山和神禾原所夹，樊川为神禾原和少陵原所夹，不过御宿川比樊川大，农民说："王曲川一个弯，胜过樊川一个川。"诚然，御宿川平坦广袤，几无丘堆。西去一直有终南山相伴，黄昏霞飞，晰见南五台、石砭峪、天子峪、黄峪、沣峪。

我17岁尝在长安县杜陵公社蕉村大队第一生产队劳动，有雒队长派遣我和田永华到王曲公社来，调查一个入伍青年的社会关系，之后还有几次过王曲镇，其皆不如这一次御宿川之行印象清丽。

秦辟上林苑，汉取代秦，汉高祖刘邦拒绝丞相萧何的奉劝，仍维持了秦

御宿川

上林苑的规模。汉文帝和汉景帝皆于斯游猎。汉武帝建元三年,公元前138年,刘彻一再微服赴上林苑射猎,夜出暮还,好击鹿豕狐兔,搏熊,狂踏庄稼,也遭民呼骂。有一天,汉武帝由侍中常侍武骑和待诏陇西北地的良家子陪同,在终南山下一带狩猎,民以受扰,也不知道他是当朝的皇帝,冲过去围攻。陪同的人乱中竟喊鄠杜令在此,不料真正的鄠杜令匆匆而至,就要捉拿他们。俄顷败露,陪同的人气急败坏,居然挥鞭欲打。鄠杜令大怒,随员也厉色呵斥,遂泄然收手。当是之际,陪同的人迅速出示汉武帝所用之物,以证明上在此,忙护汉武帝离此而去。在这样一个背景下,汉武帝指示太中大夫吾丘寿王做一个计划,扩张上林苑,使他不扰民,民也不碍他。东方朔谏汉武帝不扩张为好,因为民以终南山所产为生。汉武帝高兴,当天就拜朔为太中大夫和给事中,并赐黄金百斤。虽然这样奖励了东方朔,不过汉武帝没有采纳朔的建议,上林苑就按计划广开了。

扬雄有文章说:"武帝广开上林,东南至宜春、鼎湖、御宿、昆吾,旁南山,西至长杨、五柞,北绕黄山,滨渭而东,周袤数百里。"这是诗人的表达,年代也久,不易明白。按何清谷先生的研究,上林苑之边界,东南至今之蓝田县焦岱镇一带的鼎湖宫,其南依秦岭西折,西南至今之周至县辖区的长杨宫和五柞宫,西北至今之兴平县田阜乡一带的黄山宫,其北沿渭水东折,延伸到泾水和渭水交汇之处,东北至浐河和灞河。需要指出的是,这里的方位是以汉长安城为中心的。

上林苑有离宫70所，车马力乘，以应天子之动；禽兽百种，以应天子之取；花木数千余种，以应天子之赏。茂陵有袁广汉，其极富，在今之兴平县一带建园，植奇花异木，饲巧禽灵兽。以罪而诛，这一切便都归了上林苑。

御宿川属于上林苑的一个部分。其中有御宿苑，闲人免进。皇帝游猎，往往也率皇后和妃嫔共行。以汉长安城之远，晚返不得，便居这里的离宫，此之谓御宿苑。

御宿川

辋川尚静

辋川是一个长长的峡谷,王维曾经在这里居住。如果一个20世纪的人,为尘世所烦而效仿王维的行为,到辋川去生活,那一定荒唐,尽管辋川尚静。

辋川确实很静,一条河流,两岸青山,仅仅是这种结构就区别了乡村的小巷和城市的大街。那里的人烟总很稠密,但这里却稀疏得忽儿便融化在风云之中了。我是坐着三轮车到辋川来的,同行的农民陆续地到了站,转身即消失在树林之中。点点房屋,筑在岩石之侧,并不容易发现。

我到这里来没有什么明确的目的,只是为了感觉一下辋川的气息。倘若这是目的,那么我以为这目的潇洒而苦涩,这就是味道。司机将我拉入辋川的深处,收了使他满意的钱,兴奋地驾驶着他的三轮车走了。辋川一下子归于沉寂,孤独的我,望着在河床滚动的白水,竟觉得恐惧,这恐惧没有对象,只是这里的空,这里的无声无息。

王维栽种的银杏,挺立在雨后的河岸,树皮满是裂纹的粗壮的主干,被水淋成了黑色。从叶子上流下的水,继续洗濯着树皮。它实在是老了,呈现着一种挣扎的状态。它已经在辋川生长了千年之久。风云掠过它高高的枝头,小而圆的叶子将水刷刷地摇落着,我看到,那叶子翻动得忽白忽绿,晶莹如迸溅的水花。这样葱茏的叶子,生长在几乎腐朽的枝头。那奇崛的枝头很多都像烧焦的干柴,触之就会掉灰,然而我由此也知道了生命的顽强。年迈而伟岸的银杏,压得我十分渺小,仰望才可以看到它的全貌。山峰罗列在它的周围,尽管那些都是秦岭的余波,但在峡谷,我却仍感到它们的伟大,它们需要仰望。惟有溪水在我一侧,其渊远而流长。

王维在辋川的别墅,在开始是宋之问的,这个喜欢歌功颂德的诗人,以

唐王维手植银杏树

辋川尚静

媚附权贵而得宠朝廷，但最终的下场却是被唐朝赐死。王维迁往辋川的时候，宋之问已经做鬼，那么他是如何购得这里的别墅呢？我能猜测的只是，辋川的美一定迷惑了王维，不然，他怎么单单选择了宋之问的别墅？终南山中，可以供他居住的地方应该很多。时间早就将他的别墅摧毁了，幸运的是，支撑某根柱子的扁圆的石墩，竟穿过层层的岁月而保留下来，而且完整地放在银杏旁边。那些湿漉漉水汪汪的苔藓，绣住了它的每条皱纹和每个斑痕。

秋天的雨顺利极了，仿佛云微微扭动一下它就有了。辋川的雨是明净的，线似的，一根一根拉到峡谷，但雨却空得它无声无息。山坡上的红叶，渲染在碧翠的草丛，而颗颗青石，则架在杂树的根部，危险得随时都会滚落，不过濛濛的雨送给它们一层薄薄的梦，梦悬在辋川的山坡上。王维一定见过这样的梦，甚至入过这样的梦，不然，他的诗画怎么那样惟妙惟肖，有声有色！王维之后三百年，苏轼书摩诘蓝田烟雨图而赞叹：味摩诘之诗，诗中有画；观摩诘之画，画中有诗。摩诘就是王维，是王维的字。

王维购得辋川，那是他过得富贵的证明。贫穷的诗人，是不可能拥有一个辋川别墅的。其情况是：他在20岁左右便及第进士，从此步入仕途。他担任过大乐丞，并以监察御的身份出使塞上。王维在40岁的时候做了左补阙。恰恰是这个年纪，他开始迷恋山水，来往于朝廷与辋川之间。他既做官员，又当隐士，游离于人类斗争与自然情调的两极。朝廷的险恶，伤害着他的心，而辋川的美妙，则给他的心以慰藉。他便是如此生活的。王维这样的生存状态，是他最智慧最实际的选择，也是他无可奈何的选择。除此之外，他的任何做法都可能是下策。人总是希望自己生活得比较幸福一些，以王维的气质，他不能完全陷入官场的名利之争；同时以王维的经历，他也不能彻底寄情于辋川的田园之乐。他必须两者兼顾，这样他就得到了入世的好处而屏弃了入世的坏处，同时避免了出世的苦处而感到了出世的乐处。在入世与出世之间，存在着一个广阔的地带，他奔走其间。人似乎只能这样生存，不然，完全媚俗与完全脱俗，都可能导致深刻的痛苦。我不赞成一个学者对王维的抱怨，这位学者认为，他缺少陶潜那种勇气，他没有彻底地决裂于官场。这是一种刻薄的认识！

雨中的辋川并不知道人的思想，它只是自然而然地呈现着它的状态。秀峰沉默，乱石相依，雨悄悄地缝合着万物。秋风过处，衰柳飘荡，黄叶旋飞。曲折的路径，流水扬落，浅草明灭。松、柏、杨、槐之类，高高低低，互相掺杂，组成了绿的森林，并覆盖着辋川的沟沟坎坎。偶尔一树柿子，落了肥叶，惟红果占据枝头。白水流过幽深的峡谷，遇石而绕，触茅而漫，柔韧地走过河床。

公元756年，安史之乱，已经55岁的王维被叛军逮捕，软禁于洛阳的一个寺庙。他吞药致病，装哑而活，但他却终于敌不过安禄山的骄横，无奈地接受了伪职。唐朝征服了叛军之后，皇帝对那些接受伪职的人统统定罪，然而，王维在软禁之中，曾经向探望他的朋友裴迪诵诗，此诗受到皇帝的嘉许，遂对他只作了降职处理。这是王维的幸运了。其诗是这样的：

万户伤心生野烟，
百官何日再朝天。
秋槐叶落空宫里，
凝碧池头奏管弦。

尽管如此，安史之乱毕竟摧残了这个老人，他逐渐变得消沉了，或者，他变得更加淡泊，更加寂寞。他常常拄着拐杖，站在门外，眺望辋川的落日夕烟。暮色之中，稀疏的钟声，归去的渔夫，飘走的花絮，柔弱的菱蔓，都使他感到惆怅。他看着看着，就转身回到他的屋子。他已经深深地陷入了空门。王维的母亲就信仰佛教，这影响了他的心灵，不过到晚年，他才彻底地皈依佛教。他食素而不茹荤，认真地打禅。他坐在枯寂的辋川，闭着眼睛，寻找着解脱烦恼的路径，企图超越生死之界。香烟袅袅，烛光闪闪，王维的心凄凉而宁静。

独坐悲双鬓，
空堂欲二更。
雨中山果落，
灯下草虫鸣。
白发终难变，
黄金不可成。
欲知除老病，
惟有学无生。

人生真的像王维觉悟的这样么？我不知道，惟有达到王维的境界才能理解王维，不过我没有。我只感觉，自然如我面前的辋川，社会如我身后的市井，都有美的一面，都能给我以享受。然而，我的辋川之行，明显地含有烦于我那个圈子的成分。是的，我很烦，某些时候我简直不堪负荷。从我栖身的圈子走出，到辋川去换换空气，确实使我感到一种轻松。

雨中的银杏是那样独具风采，它的圆润的树叶像打了发蜡似的明滑，辋川强劲的风反复地翻动着它们，但银杏的树身却牢固地埋在土中，风怎么吹它也不动。这是辋川最古老最高贵的植物，水汩汩地流过它黑色的树皮。王维种植的银杏，成了他在这里生活的主要标志，然而，它终究要倒下的，留

辋川尚静

唐王维所绘辋川图

下的,将只有辋川。

  辋川很静,长长的峡谷已经完全沉浸在秋日的烟雨之中了,所有的树木和石头,都化作迷濛的一团,一只鸟也没有,一只兔也没有,甚至除了我,一个人也没有,惟有风声雨声和河流的浪声。这样的一种空,一种自然给我产生的空,是恐惧的。一瞬之间,我真是惊骇起来,我害怕从山中钻出一个野兽或怪物。这样想着的时候,我似乎已经有了对付它们的准备,于是忽然吊起的心就慢慢放了下来。蓦地,我感觉身后有脚步的挪移,飒飒的,仿佛是谁用树枝在地上划动,我猛地回头一看,竟是一个穿着蓑衣的农民,他站在雨中,轻轻地问我:

  "你要三轮车么?"

  附记:1992年我往辋川去,交通颇为不便。现在路宽车多了,然而也有失静之哀。

悠悠渭水

总有一天，渭水会枯竭的。只要我看到渭水，我就这样想。这是我的忧虑而不是诅咒。

渭水从来没有使我产生喜悦的感觉。它那种迟疑的流动速度，浑浊的含着泥沙的颜色，切割河岸而使之渐渐坍塌的做派，不由得就让我皱起眉头。它走过乡村，走过城市，走过长满茂密庄稼并承接煌煌阳光的田野，都是一种无声无息的样子。它的不想引人注意的沉默状态，反而给人一种阴暗而恐怖的印象。

在我最初看到渭水的时候，是我跟着我的同学和老师。我们乘火车从西安到宝鸡去作教学实习，欢歌笑语是伴随着我们的，不过一旦渭水出现，我们便中止了欢笑，而且几乎所有的同学都探头望着渭水，默默无言。渭水在旅途忽隐忽现。渭水是古老的，它包藏的东西实在太多了，对它仿佛只能默默无言，才可以表达无限的感慨。

渭水发源于甘肃南部的山区，它艰难地穿过了那些荒凉的旷野，从宝鸡进入关中，然后在潼关汇入黄河，随之退出关中，全长818公里。渭水接近黄河的一瞬之间，突然淹过河堤。它蓦地拓展了，膨胀了，向两边漫延，并将大片大片的土地覆盖于自己黄色的波涛之下。渭水的浩渺，只有在它扑向黄河的时候才能看到。

渭水在它的旅途之中，吸收了众多的支流，否则，它就不能最终形成一种气势。它融汇于黄河之际，确实让人感到了一种气魄和力量，那是它来者不拒的结果。它的支流，在南岸的，多出自秦岭山区，著名的有灞河、潏河、沣河、黑河、遇仙河、赤水河、罗敷河、清姜河。在北岸的，多出自黄土高原，

1910 年前的咸阳城外渭桥

著名的有洛河、泾河、金陵河、漆水河。灞河发源于蓝田境内的秦岭北坡，它于上游接纳了辋川之水，于下游接纳了浐河之水，从而加大了自己的流量，在高陵汇入渭水。潏河与沣河皆发源于长安境内的秦岭北坡，在咸阳汇入渭水。黑河发源于秦岭的主峰太白东侧，它是渭水南岸最大最长的支流，在周至境内汇入渭水。洛河发源于白于山，在大荔境内汇入渭水。泾河发源于六盘山，经过长途跋涉，在高陵境内汇入渭水。泾河的泥沙含量少于渭水，它们混合之后，很长一段距离依然是一道为清，一道为浑，尽管同时奔流，不过界限确定，遂有了泾渭分明的典故。遗憾的是，这两条河的泥沙含量现在几乎相等了，那些给人启示的自然风景已经消失。如果将渭水和这些支流剪辑下来，绘画成图，那么它就是一个羽毛状或叶脉状的体系，它闪烁着，流动着，贯通于关中。实际上关中平原就是渭水冲积的，它创造了这个平原，并带着它众多的支流滋养这个平原。一百万年之前，这里气候温和，水草丰美，人类的祖先赖以生存。

中国最早最老的城市出现在渭水之滨，咸阳在其北岸，西安在其南岸。在相当悠久的一个历史阶段，这里是中国乃至整个世界的繁荣之地。在 10 世纪之前，渭水之滨无疑是中国封建社会的政治中心，很多伟大的人物，在这里演出了惊天动地的戏剧。足以让中国人感到骄傲的唐朝，便是在这里建立的。随着它的衰落，泱泱大国的政治中心向东方漂移，这种漂移是固执的、坚定的，而且不可逆转。它没有回头的希望，即使站在它留下的废墟上跺脚呐喊，它也不会回头。先君把他们高大的陵墓留在渭水两岸。当然不只留下了陵墓，他们留下的还有一堆庞大的文化，有其精华，也有其垃圾，这些垃圾现在仍压迫人，毒害人，摧残人，我的心中便充满了它给我制造的创伤。咸阳和西安，就坐落于悠悠的渭水之滨，现代文明怎么打扮它们都难以遮挡其古老之痕。

它们的古老是深厚的，是从地缝和云间透露的。那条沣河，绕在咸阳的东部，周朝的遗址，便在其下游发现。沣河的沙子细腻而白净，是优良的建筑材料，我从这里经过，每每看见农民从地下挖掘着沙子。前智的诗歌经常吟诵的灞河，在西安的东部。灞河就是过去的滋水，春秋时代，秦穆公表彰霸功，将滋水改为灞河，并创建了灞桥。在战争岁月，灞河往往是一条重要防线，鲜血当然是染过灞河的。唐朝是中国一个鼎盛的阶段，那时候，长安人送别亲戚或朋友，总要走到灞桥，折柳以赠。先贤有这样的雅兴。某些时候，我竟为之向往，我想象着两岸垂柳，一片飞花，随之便沉思起来。我感到人类是一边吸收，一边丧失，丧失的竟常常是一种美。

穿越西安和咸阳，沿着渭水上溯180公里，便是别的一座城市——宝鸡。其古为陈仓，在夏商时候它就已经存在了。渭水在宝鸡，我总觉得它有一种刚刚进入关中的异样的姿态。宝鸡西部，多为丘陵，渭水穿过在这样的地方，当然是迂回曲折，处处有碍，不过它到了宝鸡，便是到了一望无际的平原。在平原奔流，它的河面一下变得坦荡而宽阔了。秦国曾经向晋国运送粮食，用的是船，宝鸡是其起点。渭水有很大的流量，船从宝鸡出发，浮在渭水的波浪上，悠悠向前，一直可以行至黄河，其对岸便是晋国了。公元前656年，秦穆公娶晋献公之女为妻，秦晋之好，使晋国在旱灾之年，得到了秦国的支援。那时候，雍是秦国的都城，它在今天的凤翔南部，是很容易到达宝鸡的。经过几个世纪的发展，秦国日益强大，便向东部扩张，并将都城从雍迁往临潼的栎阳，在此仅仅活动了34年遂迁往咸阳，在这里，秦国实现了统一中国的愿望。秦国向东部的推进，只能沿着渭水一线，因为这里土地肥沃，易于牧耕，有着丰富的资源。

实际上，在秦国之前，已经有周人这样做了。秦国沿着渭水流域活动，是否是受了周人的启示，难以确定。可以确定的是，渭水两岸，无疑是一个膏腴的宜于富民之地。周人从开始便活动于渭水之北，随之从武功一带迁至彬县一带，接着迁至岐山之下，在周原，周人积累了崛起的力量。凤鸣岐山，是一个带有神秘色彩的预兆，周人相信这个吉祥的预兆。周文王率周人跨过渭水，在沣河西岸建都为丰，他逝世之后，周武王在沣河东岸建都为镐，并联合其他部落，消灭了商的统治，建立了周朝。周幽王二年发生了一次地震，渭水干涸，周人认为这是一个凶恶的预兆。事实是，不久之后，周幽王就被诸侯杀了。他为博得褒姒一笑，曾经在骊山点燃烽火而戏弄诸侯。周幽王之死，标志着周朝开始走向衰落和灭亡。尽管如此，在周朝所建立的那些宗法制度和人伦道德，显然在渭水流域埋下了种子，之后出现的种种王朝，无不带着阴森的青铜之光，我的心中就有这样的光给我的刺激。

刘邦建都长安，是经过一番论证的。他开始想在洛阳建都，不过一个戍

悠忆渭水

潏 河

滈 河

牟娄敬认为不妥，劝其建都关中。刘邦犹豫，遂问计张良，张良指出关中有几大优势，其中渭水是重要的一条：诸侯安定，赖以运输，供给京师；诸侯哗变，顺流而下，足以迂回。刘邦便决定建都长安。随之出现的其他王朝，赫赫如隋朝与唐朝，都以长安为国都。问题是，这个渭水河浅沙多，而且在临潼以上常常分叉，在临潼以下十里九弯，渭水游游荡荡，摇摇摆摆，不利行船。于是在历史上就有了四次开凿漕渠的工程。

漕渠在渭水之南，大致平行于渭水，然而它没有曲折，是直达潼关的。漕渠之流，依靠渭水，它是漕渠之源。公元前129年，汉武帝接受大臣郑当时的建议而修建漕渠。在绵延几百公里的工地，到处是劳动的农民。经过三年努力，漕渠修建成功。它既可以灌溉，又能运输，长安之需，得以充实。公元584年，隋文帝接受大臣于仲文的建议，疏通漕渠，解除船夫之苦。由于泥沙淤积，深浅异常，行船艰难，必须挖掏才行。公元774年，韦坚下令并得到唐玄宗的支持，重开一度关闭的漕渠。公元827年，韩辽献计，唐文宗发号再启漕渠。安史之乱，京师遭到破坏，漕渠难免荒废，然而保障供给，利用漕渠运输是很有必要的。漕渠为长安的繁华，确实是奔流得劳苦功高。不过，当我在西安北部寻觅漕渠堤岸的时候，却什么也没有看到。旷野茫茫，到处都是庄稼，隐隐可见灰色的建筑在天空之下向渭水逼近。我站在一棵树下，明显感到西安在迅速膨胀。

随着岁月的流逝，那些建造在渭水之上的古老的石桥，已经消失得无影无踪。汽车与火车，日夜穿过渭水，不过今天这些桥都是以钢筋水泥而制的，它们当然坚固而实用。然而，人难免产生一些怀旧的情绪，可惜，我只能在典籍之中查寻过去那些石桥了。渭水曾经有三桥：东桥，中桥，西桥。渭水两岸的广阔地域都靠它们连接。东桥位于西安东北25公里处，在这里，历史上发生了多次激战。公元417年，大将王镇恶率兵向后秦进攻，他们从黄河进入渭水，并躲入小舰之内。小舰徐徐而行，后秦之兵，见其小舰而不见其人，惊以为神。诡谲的是，他们登岸之后，王镇恶为绝退路，放走了全部小舰。他身先士卒，要求所有人拼死冲击以得生，结果是大破后秦之兵，并攻入了长安。唐朝末年，黄巢宣告他为皇帝之后，其部将朱温曾经屯兵东桥，受到官军的进攻。中桥在西安北部，它是渭水最大最早的一座桥，那个喜欢耀武扬威的秦始皇，巡视四方的时候，总是通过此桥离开咸阳，并通过此桥返回咸阳。西桥位于西安西北25公里处，汉武帝建造它，是为了通达茂陵。在唐朝，李世民曾经骑马站在这里，向对岸一群突厥人呐喊，要求他们遵守盟约，不要冒犯。这些突厥人企图趁李世民即位之机进攻长安。唐玄宗推行穷兵黩武的政策，连年征战，人民苦难，杜甫在这一带看到的是车辚辚，马萧萧，尘埃之中，有人顿足牵衣，哭泣辞行。那些被募兵打仗的农民，腰挎弓箭，走过西桥，到塞上去。杜甫对农民那种深切的同情，我现在仍能感到，然而西桥早就没有了，惟渭水在流。渭水带着下沉的泥沙和上浮的污秽，缓缓东去。

渭水一向缺少明快的格调，这不是什么可怕的问题。强求它变得明快，未免期望过高。渭水的问题在于它很肮脏，它那种泥沙般的颜色显然已经遮掩了自己的肮脏。如果它先天是一条清澈的河流，那么它就有可能成为地球上最丑陋最龌龊的河流之一。这样揭露渭水，我是很痛苦的，我的灵魂有一种遭到雷击似的震颤。我就出生在渭水创造的平原上，那里恒久残存着它曾经冲刷的纹理。不过渭水确实不干净，不卫生，否认这种状况便是虚伪。人类的很多事情，坏就坏在虚伪上，我不想这样对待渭水，它毕竟是一条古老的渗透在历史和现实之中的河流，真诚地对待它，就是对它表示尊重。

在宝鸡，或是在咸阳和西安，我到处看到汽车载着垃圾向渭水倾倒。堆积在堤岸的垃圾五颜六色，疯狂的苍蝇群起群落。实际上不仅仅是这些城市向它排泄，渭水一线的众多的乡村没有一个放过它，只要是靠近渭水的人家，都会将垃圾扔向其河。没有谁想过这样一个问题：我们和我们的子孙只有一河渭水。也许有人想过，然而这种观念如果没有成为多数人的观念，那么渭水只有遭殃。不喜爱和不维护自己的生存环境，我想，这样一群人的灵魂一定非常渺小和猥琐。夏天，上涨的渭水从滚烫的阳光下面穿过，它的两岸刚刚收割了小麦，玉米和谷子正在生长。田野闷热之极，兔子都不愿觅食。冬日，下落的渭水被凸出的泥沙之渚撕扯得破破烂烂，渭水分割为小溪，小溪若断若续，似流似停。那些突然变得开阔的河滩，一片空旷而冷清，城市和乡村，都在灰暗的天空下面沉默着。如果阳光照耀，那么宁静的河滩也许会有情侣，当然也可能有小偷和妓女，还有孤独的灵魂在悄悄活动。风会忽然从他们身上掠过，然而他们不会理睬。河滩在断裂的地方断裂了，在平坦的地方平坦着，没有一个整体之感，不过到处都有渭水的波涛之痕。

我一直想到居住在渭水之滨的人家去看一看，这是一件很简单的事情，但我却始终没有成行。我曾经几次站在渭水的河滩上向那些村子眺望，那里总是静默的。高耸的白杨树、国槐和其他杂木，密密地聚集一起，几乎掩盖了高低错落的平房和楼房。村子仿佛没有人的喧闹，惟有稀疏的鸡鸣犬吠越过渭水，远远传送。我不知道他们是如何度过沉沉黑夜的？我更不知道他们是什么时候居住在这里的？他们是迁徙而来还是自古以栖？这些我都不知道。我当然不知道面对单调的日出日落与月升月降，他们都想些什么？他们是否喜欢这里？

渭水返清

1992年我再三到渭河去考察，见垃圾散布，浊水乱泻，确实怵者在怵，痛者在痛。

渭河遂成了牵挂，我不可能永置它于失望之中而不顾。实际上，从那时候起我就紧紧关注着渭河，对此，情不自禁。一为知识分子，位卑也分国之忧，这是毛病，甚至是祸端，可惜改不了。

2012年秋天，我制定了一个路线图，以重走渭河。我发现除了阳光未变，一切都变了。

鸟鼠同穴，渭水之源。踏着郦道元的足迹，赴鸟鼠山之徒甚众，遗憾他们多是出于好奇。初秋之际，这里树以松常青，草以绿为命，林深泉洌，贵在涵养。拜托了！

从宝鸡峡到宝鸡市段，苍苍旷野，水滑石子而过，白浪潺湲。至玉涧堡一带，滩涂开阔，有农民擅自开荒种蔌，以补贴生活。把石子挖出，围陇为田，便是一方菜园。滩涂上到处是这样的菜园，妇人或老人经营着萝卜、白菜、菠菜、雪里红。也有人坐在石头上晒太阳，两岸涨满了雾气光影，我只能看到他的轮廓。鸟鸣树梢，偶见麻雀纵身而飞。水清，让人舒服。

渭河进宝鸡市，便垒石为堤，水清且深。北是老城，民居稠密，遂在沿线建设了一个公园，到处是银杏树、女贞树、法国梧桐、红叶李、竹子。人游其中，神态自宁。南是新城，已经高楼林立了，只是多用钢铁塑料，惟觉生硬。扶栏达观渭河，渚露波细，芦苇迎风，有鸭子觅食，还是很惬意的。

到咸阳市段，在渭河中央起坝，二分其水。南水照旧在淌，北水聚之为湖，汪然浩浩，足以赛船。坝东西向，长大约12里；湖也东西向，长大约12里。

以这样的方法改造渭河，固然是大胆的尝试，然而它能否承受不虞巨洪的冲击，保证城不遭淹，还有待验证。

两岸加宽增厚，植柳成林，酿造了一种格调，聊能让人发思古之幽情。北岸也是高楼耸立，不过让我惊愕的还是南岸，南岸之变仿佛猫变老虎。20年之前，我在渭河咸阳市段徘徊，见南岸的庄稼围着一个一个村子，自问：他们是什么时候居住在这里的？他们是迁徙而来还是自古栖息，是否喜欢这里？特别想进村子看一看他们是怎么生活的，遗憾我未能成行。现在村子已经拆迁，曾经祭祖和种粮的地方尽为高楼。阳光未变，只是村子没有了。我永远也不能进村子看一看了，也不知道他们安家何处，有什么感受？

咸阳市以东的渭河，过去水污极重，隐隐地总是盼它返清。仲秋的一天，我想看其究竟，就乘公交车往草滩，至终点，土路遂来接引。需步行数里，才能抵达渭河南岸，以见其水。土路白尘如粉，简直是脚下踢土，头顶飘土，尤其是从身边疾驶而过的汽车每每会扬灰盖脸。有一座刚刚竣工的秦汉大桥，起南岸，跨渭河，落北岸，我用半小时而过之。在北岸驻足转颈，顾视南岸，瞭望草滩，要小麦无小麦，要玉米无玉米，甚至要树也无树，只有闪烁的高楼。渭河在此以渚分水，穿桥下向西安淌。北边的一绺水还不脏，但南边的一绺水却黑稠绿滞，即使遥遥目击也让人作呕。适会有窑店镇一个青年在此溜达，他说："夏天这一带臭得可怕！"南岸忽出忽进，如交错之犬牙。北岸显然已经治理，砌石为堤，多种草木。有一个粗壮的水管从北岸伸出，口对着渭河，未流污水，但口下方却有干了的污水痕迹，十分可疑。窑店镇距北岸不足一公里，到底能否保证它不向渭河排放污水，不得而知。

我在窑店镇乘公交车到大唐渭河热电厂，再换乘游10路公交车到梁村站，便可以跨上属于西安段的草滩渭河大桥了。其长1235.88米，是1987年建成的。车来车往，黑尘弥漫，不能久驻，然而我必须仔细看一看渭河。水在这一带流得非常缓慢，也不清，也不稠。未发现挖沙的人，不过沙子成堆，依北岸横阵。夕阳之下，水瘦如绳，反照生寒。滩涂上其蓬狼藉，难为一瞻。南岸曾经绿田无垠，甚至有狼奔窜，农民不得不在墙上以白灰画圈吓唬其兽。现在变了，电缆、公路、立交桥，纵横交叉，切割了大地，也不种庄稼了。西安的高楼俨然像乌云一样向渭河压过来。站在北桥头眺望南桥头，风卷黑尘，忽忽成幕，多少有一点恐怖。

我知道有一个计划，西安在建国际化大都市。西安会拓展，渭河会成为西安的中央之水，其水当然要清。所谓引汉济渭工程，就是把汉江之水输导到渭河，每年将补充其水7亿到8亿立方米。这不仅仅能有效防止渭河干涸，也将增益西安及关中的水资源。此工程从2011年12月8日便实施了。它当然给我一种期待。

渭 水

还有一些措施：渭河西安城段按300年一遇防洪标准所筑之大坝，已经大成。到2013年底，近90公里的渭河西安段堤防整治工程也将完成。渭河两岸开山采石和削山建房已经禁止。

渭河在大荔县境吸纳了洛河，东流二三公里入潼关县境，再东流四五公里入黄河。这一带就是黄河、渭河和洛河的三河交汇处，也是秦晋豫三省交界处。

潼关县已经行动，要在此建一个黄河湿地公园。暮秋之际，我往这里，以观其大概。此公园完全依渭河南岸而建，因为南岸坦荡，滩涂开阔，足以构成其基础。计划之中的湿地公园东起潼关老县城西门，西接华阴市域，南临北赤路，北连大荔县壤，面积大约100平方公里。这里将营造高档会所、五星级酒店、度假中心，也会有观光农业和民俗展览。

黄河湿地公园显然是从对渭河的整治建起的。渭河南岸筑有三河交汇观测台，高而敞亮。环顾左右，见渭河南岸或宽或狭，蜿蜒而来，延伸而去，不过一律夷平。这里朗然植有国槐、楝树、红叶李、女贞树、桑树、柿树、杏树、玉兰树，空隙置有碌碡和碾盘之旧器，还作亭榭之新舍。滩涂尽是芦苇，有的倒伏若漩涡，然而总体是白蒿萧萧，茫然一片。蓦地风从远方而至，穿南岸之林，掠滩涂之茅，消失于渭河之上。我看到的渭河之水迟疑地向黄河推进，不清，是泥一般的颜色。有打捞鲤鱼的小船沿渭河北岸漂浮，茫然见其背影。阳光所照，北岸裸露，略显惨淡。黄河在陕西和山西的边区而过，似乎有无穷无尽的力量。它吞噬了渭河,向河南的三门峡而去。

渭河从鸟鼠山出发,不远千里到潼关来,终于融化于黄河之中。一瞬之间,我的心怦然而震。渭河从清到浊,再从浊到清,反映了人对自然的一种态度:人变得尊重自然了,知道生态和环境的价值了。然而还有一个潜在的问题:当渭河变浊的时候,所有人都在受害,也许渭河返清,将是一部分人受益。我以为要谨慎对待这种情况的发生,因为享用优良的生态和环境,穷人和富人有平等的权利。

秀浐骚灞论

浐者，浐水也；灞者，灞水也。近者知，远者思。浐入灞，灞入渭，渭进黄河，构成了一个生动的现代进行时的水系。西安幸运，西安居其中，西安人当感谢遥远岁月那些智慧的规划者和建都者。绕城数水，随演化已经或断或逝，可喜渭在流，灞在流，浐在流，西安有水便不悴。

我在大学读书时，有一年要到临潼去做社会调查，乘车过浐桥并灞桥，从而识其二水。悲哀啊，因为我所见的浐水和灞水，全然不是我所想象的。灰天团云之下，堤岸裸露，川道凌乱。李白诗曰："上有无花之古树，下有伤心之春草。"但我却觅而不见，甚至它们败坏了我的印象之美。

实际上在20世纪之前，浐水和灞水一直处于自然状态，雨多水涨，雨少水落，春木尽绿，冬草遍黄。尤其是浐水与灞水总能慷慨待人。母系氏族要安家，那就安家。秦穆公图谋霸业要架桥，那就架桥。汉唐以关中为京畿，要灌溉，那就灌溉，要航运，那就航运，要赏光，那就赏光。老子论曰："水善利万物而不争。"诚然，浐水；诚然，灞水，特别是对于人，它们既哺之以命，又养之以灵。

但人却没有给浐水和灞水相应的护理，尤其是进入20世纪，随着工业化的出现，它们遭到贪婪的攫取，甚至变成了纳垢之所。美国生物学家R.卡逊以一篇寓言警示了环境的破坏："这儿的清晨曾经荡漾着乌鸦、鸫鸟、鸽子、樫鸟、鹪鹩的合唱以及其他鸟鸣的音浪；而现在一切声音都没有了，只有一片寂静……"尽管浐水和灞水及它的周边没有这样遭遇，不过也十分丑陋了。有一阶段，挖沙者把其变成狗啃状，排污者把其变成酱油色。日照百里，鱼不游底，鸟不鸣柳，沉闷之极。

灞 桥

在西安人有了生态理念之后,浐水和灞水的命运开始转折。沙不再滥采,污不再恶注。西安人还舍得投以巨大的人力和财力,种草植树,修堤制坝,整流固源。这很有向大地忏悔和谢罪的意思,它也是否定之否定的证明。总之变了!凡是这几年到浐水和灞水一带走一走的,无不叹而赞之!

浐水和灞水从来没有像今天这样打下了科学技术的烙印,它显然是西安人的一种创造。不过保持其个性,加强其地域与传统的特点也非常必要。我观其水,浐杰出于秀,灞闻达于骚。浐水流程短,落差小,河道弯曲度从上游到下游渐渐宽大,石白沙纯,浪细岸平,不亦秀乎!灞水之异,在它完全荡漾着一种由诗歌笼罩着的历史感和文化感。汉王粲曰:"南登灞陵岸,回首望长安。"唐李白曰:"送君灞陵亭,灞水流浩浩。"杨巨源曰:"杨柳含烟灞岸春,年年攀折为行人。"戴叔伦曰:"濯濯长亭柳,阴连灞水流。"清王士禛曰:"闺中若问金钱卜,秋雨秋风过灞桥。"风雅之士,世代所弄,不亦骚乎!

曲江萧瑟

如果我生长在唐代，并有幸及第为进士，那么，曲江流饮我一定是会参加的。那是一个发达的季节，也是一个风流的季节，真是让人向往。

可惜我所见的曲江，已经不美了。我曾经几次到过曲江，它位于我的故乡少陵原东北方向，处在西安东南，到这里来总是方便的。曲江并没有水，它仅仅是一带低洼的田野，一条蜿蜒的小路穿过这里，人与车辆来来往往，黄色的灰尘如烟如雾，向人扑去，人走了，它就沾染到白杨的枝叶上。一旦灰尘起来了，它似乎就不愿意回归地面。

秋天不要到曲江去，曲江的秋天多么寂寥，人在这里会伤感的。天空是宁静的，淡淡的云漂染了天空，天空的颜色很混合。黄昏，西边的天空才出现一抹蓝，那是晚霞断裂之后露出的，仿佛撩开窗帘现出的一双忧郁的眼睛。晚霞并不热烈，鱼鳞似的，一片压着一片整齐地排列着。大雁塔的顶尖，仿佛插进了晚霞之中，泡桐和白杨到处都是。潮湿的土地，满是绿色的阴影。玉米的秆子密密地聚在一起，鹅黄的颖花开放着，并默默地孕育着粗壮的穗子。闲地保持着乌黑的墒，那是准备播种小麦的，乘虚而入的野草，竟在闲地蔓延了，于是农民就把羊放牧在那里。路边的坝上的羊，将野草嚼得脆响，但在田野觅食的羊却没有声音，田野在遥远的地方。曲江的废墟并不小，它的两边都有村子，不过村子无声无息，惟有树木在那里笼罩。泥径两边，长着大豆和小豆，有叶子波浪似的翻卷着，我以为是一个硕大的老鼠，钻出叶子才知道是相互追逐的鸡。天空晴朗，然而刚刚下了雨，树叶草叶的露珠闪闪发光，一阵风吹，就滚滚而下。曲江是黄土的塌陷形成的，它的西南就是我的故乡少陵原。少陵原奔流着风，是秋天的风。风从它起伏的边沿穿过，有形而无声。

我所想象的曲江完全不是这样。它应该是一个天然的湖泊，汉武泉咕咕地冒着清水，泉水滋养着茂密的修竹和滑动的游鱼，鸟像云一样在树林起落。为了使曲江更广阔更繁华，唐代开通了黄渠，它一头在秦岭的大峪，一头在曲江。黄渠引来了秦岭的水。黄渠像一条明亮的飘带，逶迤在苍茫的原野。曲江的水涨满在高原的褶皱，起伏错落的江岸，合成曲江蜿蜒的框架。在曲江周围所有的高岗，都建筑了宫殿和亭台，紫云楼和彩霞亭尤其光耀。皇帝与嫔妃，王公与大臣，经常游乐于斯，春暖花开的三月三，秋高气爽的九月九，这里简直热闹非凡。"倾国妖姬云鬓重，薄徒公子雪衫轻。"这是诗人林宽的所见。杜甫对到曲江去玩的美人认真观察，并作准确的描绘，他说："态浓意远淑且真，肌理细腻骨肉匀。绣罗衣裳照暮春，蹙金孔雀银麒麟。头上何所有？翠为蓋叶垂鬓唇。背后何所见？珠压腰衱稳称身。"尽管杜甫是在讽刺贵妃姐妹的嚣张，但他所透露的，却是曲江的狂欢。在曲江，皇帝偶尔会从高处将钱币撒下，让群臣争抢而欢。皇帝设宴招待群臣的时候尤其热闹，他们举杯祝福，呼喊万岁。附近的农民也竞相豪华，绸缎悬挂，珠宝陈列，乐队演奏，舟楫荡漾。曲江上下，到处是人。那些及第进士，当然兴奋不已，成群结队到曲江去高兴。他们大摆其宴，频频畅饮，得意而忘形。及第不是一件容易的事情，很多人终生努力，都不能成为进士，一些人老态龙钟才及第，那种大喜是可以理解的。他们要释放自己长期积累起来的沉重，曲江显然是理想的轻松之地，这里有风景，有美人，美人走在风景之中。他们一边嬉着流水，一边饮着好酒，人人乐而忘忧。某些时候，皇帝高兴了，会赐其宴给进士，这是难得的荣耀，那些进士到了曲江往往会神魂颠倒，醉如烂泥。

关于进士在曲江出丑的故事是很多的。史记，曹松74岁那年考取了进士，曲江流饮，只有他白发苍苍，步履蹒跚，然而，他对其宴流连忘返，几乎死矣。卢象及第之后，急着回到洛阳，已经请假了，不过看到其他进士在那里豪饮，便激动得身穿便服，津津欣赏。他雇的车上，还坐着一位歌伎，结果为巡查的所抓。他当然要被抓的，到曲江去的人，必须斯文而儒雅，连一些态度傲慢和举止轻浮的人都不准进入，何况卢象。维持秩序的人对他提出警告，并追究他，其判词是："紫陌寻春，便隔同年之命；青云得路，可知异日之心。"

曲江之美，历史悠久，大约在秦代，它便是一片可以游乐的风景。到了汉朝，它已经是绝妙的园林。隋朝的皇帝很是迷信，认为曲江之地高于皇宫之地，是犯忌，就派大批劳力挖掘曲江，使之低于皇宫的基石，这样便不会威胁王者之气了，随之在曲江两岸种植了接天连日的芙蓉供人养目。曲江之美的顶峰，当然是在唐代。唐代的曲江是自然和人工的结合，而且构建了一种立体的美。曲江周围有杏园，有大雁塔，它们既独立于曲江，又延伸了曲江。

安史之乱使修建在曲江周围的宫殿和台亭几乎全遭毁灭，曲江一片衰败。多愁善感的杜甫，曾经在这里徘徊，看到草木翠绿而人影杳然，他不禁失声而哭。杜甫享受过曲江的热闹，体验过曲江的寂寞，世事的变迁使其感慨系之。安史之乱平息不久，唐文宗要恢复曲江之盛，对紫云楼和彩云亭作了维护，并告示富商之人，可以在曲江修建馆舍，并动员三千劳力疏通曲江，使水流畅。然而，失去的永远难以恢复。随着唐代的消亡，野草覆盖了曲江。明代之后，这里便逐渐变成陆地和农田，直到现在。

……

路在我脚下延伸，脚下的路筑在昔日的曲江之上。我慢慢地走着，浓重的潮气升腾而起，那些杨树、桐树和玉米，都湿湿的，仿佛刚刚淋了雨。潮气在这里是有重量的，我的头发就摩擦着潮气。它们从曲江渗出，并使天空都滋润了。悠长的历史之梦破灭了。奔驰的汽车和颠簸的马车，一辆一辆从我身旁越过，噪音干扰着皇都林苑的宁静。皇都已经废弃，它的宁静显得凄惨和荒凉。惟有生气的，还是那些潮气，它是被埋没的曲江的灵魂。消亡的曲江，到了一个阴暗的地方，在那里，它的压抑和沉闷显然难以忍受，就从土壤的缝隙钻出来，希望看一看阳光照耀的人物。滚滚尘埃依然撒在黄昏的树枝上，唐朝的尘埃就曾经这样飞扬，不过那是欣赏曲江的人践踏的，但现在的尘埃却不是。

穿过曲江池的路

在村边的白杨树下，有两个老人，老婆坐在藤椅上，白发飘拂，病身软弱，老头蹲在她的旁边，给她做伴。他们茫然地望着曲江，望着雾霭之中的庄稼。鸡和狗在附近游走着，他们背后的房院，似乎有孩子在热闹。炊烟绵绵地在天空流逝，我感觉它是那么悠然。

我走近两个老人，蹲在地上，像老头那样蹲着，我问："你们在这里休息呢？"

老头说："休息么！"

"你面前就是过去的曲江吧？"

"就是。我蹲着的地方，也是过去的曲江。"

老头黝黑的脸上，纵横交错的全是皱纹，嘴角的皱纹尤其深刻，下巴的胡子粗硬而黑白相杂，眼睛细小如缝，微弱的光明闪烁其中。不过，他是一个头脑清晰的老头，对此，我当然很是高兴，我问："你的家是迁移到这里的吧？"

老头说："是迁移到这里的。在明末清初迁移到这里的。家原在曲江的北面，那里地势高，是一个原。"

"那时候曲江的水已经干涸了吧？"

"水少了，不过没有干涸。那里长满了芦苇，冬天都不会结冰。水不多，水缓缓地流着。"

"这是什么时候的情况？"

"我小时候的情况啊！"

"现在没有水了？"

"没有了。"

"它什么时候干涸的？"

"1939年关中大旱，这里的水就没有了。"

"这里的水是河水还是泉水？"

"泉水。"

"1939年关中大旱，泉水没有了？"

"没有了。"

"它不冒了。"

"不冒了。太阳晒得土地都起了皮。"

老头抚摩着他的下巴，那胡子嚓嚓地响着。老婆默默地望着他。晚霞燃烧得剩下了灰烬，天空青色如铁，曲江一片萧瑟。

我问："庄稼就是从那时候开始播种的？"

老头说："曲江一直都荒着，满是野草，人开始只是在这里放羊放马。"

"什么时候有了庄稼？"

"曲江地势很低，它是凹陷下去的一处沟壕。水干涸了几十年之后，地下的水有一天忽然就渗出来了。"

"哪年啊？"

"1964年吧。"

"水汪汪地向北流着，冬天都不结冰。"

"是这样啊！"

"村子的人给这里种了稻子，种了四年，还养了鱼……我的儿子就是抓鱼淹死的。从那时候起，老婆就成了一个病身。"

"水深得能淹死人？"

"他是我最小的儿子。大约10年以后，大约是1974年吧，它的水彻底干涸了。"

"什么原因？"

"周围到处打井，水泵抽走了地下的水，曲江就干涸了。接着是造田，用土把曲江垫成了现在的样子。"

老头慢慢告诉了我关于曲江的变化，似乎为他能知道这么多的情况而得意。他盼某年某月，曲江的水能够再现，或者是从秦岭引水，或者地下涌水，以使曲江名符其实。如果这样，那么他重新迁移都很愿意。

告别了两个老人，我独自走着，凄凉的曲江像长卷的画一样在我身边滑过。我心里一片失落。我想，自然是有秩序的，人可以改造它，然而不要打乱它的秩序，否则它就要报复人，使你得不偿失。

我便这样想着，离开了曲江。

华灯照亮了我的眼睛，我发现自己已经来到了端履门，五光十色的风景在这里喧哗。

背后是曲江，我能感到，有无数的秋虫在那里鸣叫着。

曲江记

夏日读报，得到曲江注水并再现的消息，难免又惊异，又兴奋，不过也存一点疑虑，因为古之曲江已经通过文章把其美印染我心，并先入为主，遂问今之曲江究竟如何，是什么风度，很想见识一下。恰恰几天以后，有朋友相约作曲江之行，便欣然而往。

我是长安人，生长于少陵原上，从小在乡间窜游就到过曲江。可惜那时候不知道曲江是皇家林苑，所见也是村子傍山，杂木萧疏，田圃有蔬菜麦苗之属，并有牛羊觅草，鸡犬拣食，颇为荒凉。之后曾经走遍关中，寻找祖先所余，在曲江考察之际，我怅望废墟，感叹月有圆缺，世有兴衰，一代风流消逝，吾辈无福享受了。忽闻曲江聚水泱泱，不但空明潋滟，还可以荡舟，当然很是惊喜！

这一天，日出东方，风自西来，身有其轻，神有其澄。我随朋友乘车而驰，绕过大雁塔，穿过林带和草坪，一个转弯，曲江便直入我目。一瞬之间，顿觉迷乱、陌生，仿佛是梦幻。水横一片，岸环四野，烟波飘渺，细柳荡漾，并有楼榭殿亭各得其所，披云灿然，迎风昂然，真难以想象身在西安，而且是到了曲江。朋友介绍说："旧貌尽除，新貌全布，是在一年之内完成的！"

人是好水的动物，甚至孔子曰智者乐水，所以朋友邀我上船而观，岂不快哉！时在早晨，8点30分的天空一经夜雨清洗，千里透晴，万里湛蓝，有阳光盈照，芳香柔飘，700亩曲江白石过滩，拱桥跨流，群鸭任游，孤雀自鸣，男潇洒以争雄，女娇娆以竞艳，惟老者安然，幼者怡然。

我的兴致在其建筑，总认为在胜迹上造屋修舍，不考虑文化元素无以成功，遂一边蜿蜒而漂，一边瞻而欣赏。曲江亭和祈雨亭是曲江固有之物，现在照样恢复，具标志性质，非常好。其重压西岸，彼此呼应，足以发思古之幽情。坐落东岸的建筑，多有典故或取唐诗之意。白居易诗曰："秋波红蓼水，夕照青芜岸。"遂建红蓼亭。韩偓诗曰："斜烟缕缕鹭鸶栖，藕叶枯香折野泥。"遂筑藕香榭。造荷廊以念当年荷花连天，修凉殿以纪昔日漫流降温。云韶居耸于斜坡高崖，形势陡峭，是鸟瞰之点，名出罗邺之诗。千树亭立于码头之侧，玲珑俊秀，望之喜悦，名源韩愈之诗。卢纶诗曰："泉声遍野入芳洲，拥沫吹花草上流。"由此便有芳洲临流。在水边沐浴，除凶招祥，尝蔚为风气，从而作祓禊亭以显唐长安之习俗。其他种种，也无不融于碧水绿岸之中，背景辽阔，大小错落，各展精彩，皆具来历。见我连连慨叹，朋友便问："怎么样？"我说："超出了我的想象！述旧不虚，编新有意，刻古不薄雕今，尤以能传达诸朝雅好见奇，难得了一片匠心！"

曲江誉满历史，声传天下。当然，它只在大时代才出现，一旦社会动荡，国家离析，便泉孔阻塞，水源干涸，由此知其是盛世的作品。秦版曲江谓之隑洲，汉版曲江为曲江，隋版曲江谓之芙蓉池，唐版曲江谓之曲江池。我以为今之曲江为新版，当是西安版曲江。秦人发现了曲江，遗憾未见秦人于斯活动，只有一个胡亥墓留在了南岸。汉人也只有刘彻狩猎的背影，不过他倒是对曲江极为钟情，曾经微服巡游，并疏浚扩边。隋人似乎还没有在曲江远观绿叶红花的趣味，因为其皇帝一幸再幸的是江都。唐人最懂生活的艺术，也最为潇洒，其以李隆基执政岁月为峰。三月三日是上巳节，李隆基会带贵

曲　江

妃及其姐妹到曲江去探春踏青，陪同者贵，奉迎者荣。流光明媚，惠风和畅，所随佳丽态浓意远，裙长袖广，曲江一带便人潮涌动，情海高涨。当此之际，商贩摆奇货宝物于道，富豪撒鲜花香草于途，其天喧哗，其地热闹。皇帝情绪好了，便赐宴臣僚，京兆府也大陈筵席，甚至长安与万年两县竟大较其劲，以做雄胜。或是考场及第以后，进士华服骏马，曲江流饮，以显得意人生。想起来那真是一段浪漫的时光。

唐版曲江常常使我向往，不过我也知道，即使它再美，终归皇家所有，人民是不能自由出入的。毕竟星旋斗转，山河必变，今之曲江，属于人民了，这是具有伟大意义的进步。西安其城一向有老可以卖，有文化遗产可以傲，只是缺水。干涩不润，便为一短。曲江再现，改变了生态，也给其城赋予了一种灵动和豪华。西安显然由此大大升华了。有同志从远方来，我一定要带其享受一下西安版曲江，持玉不示君子难以为仁啊！不过我还是先陪妻儿一游吧，否则不就是高台把栏而得月在后了吗？

2008 年 7 月 14 日于窄门堡

附记： 2008 年夏日，有朋友邀至曲江池作游，所见让人惊诧。农民全部迁走，房屋尽拆，水满树绿，鸟语花香。十几年前我在曲江喟叹：也许曲江池永远消逝了！不料曲江竟注水而再现，人真是伟大！

2008 年 11 月 16 日

再记： 曲江属于文化遗产，注水复活，应该是对历史致意，推崇有唐一代在故国旧都的风雅，很好。它显然也有自己独立的价值。曲江必须有露，起码南显少陵原半坡才现灵性。曲江只有在比较空旷的背景之下，使人悠然见远山，才具自然与艺术的兼容之美。

2010 年 12 月 31 日

昆明池

请了一个朋友带我考察昆明池,因为此地曾经是他的辖区。下了汽车,躲开轮胎卷起的白尘,趋步走进夕阳尽红的田野。朋友指着有雾轻笼的一个一个的村子说:"汉武帝的昆明池就在这里!"

我的直接感受是,一切都在变化。然而究竟是什么力量或是谁推动着世间的变化呢?

昆明池是汉人经营的。那时候有一个身毒国,汉帝国欲派使者联络一下,以建立外交关系。也许还能打通一条贸易道路,发展经济。然而在中国与身毒国之间,有昆明国,其中滇池方圆300里,土著凭水封阻汉帝国的使者,遂不得前往。汉武帝奋发其气,调遣陇西和北地之谪吏,凿昆明池,以象滇池,训练水兵。不久昆明池便蓄水,汪洋一片。

晋人测量昆明池的周回为40里,不知道确切否?中国社会科学院考古研究所在2005年钻探发现,当年的昆明池,大体位于现在的斗门镇、石闸口村、万村和南沣村之间。其岸长大约17.6公里,相当于晋人所记。晋人显然还是严谨的。

穿昆明池是在汉武帝元狩三年,公元前120年。当此之际,汉武帝56岁。变化真快!西安市刚刚成立了西咸新区,长安区固有的斗门镇及其汉武帝的昆明池,一纸文件便为西咸新区所有了。朋友就是当局的领导,他说:"可能会恢复昆明池,只不过面积要小一些。谨祝好运!"

尽管有水兵在昆明池一再训练,不过汉帝国并未进攻昆明国,也未见使者到身毒国去。然而在汉武帝元鼎五年,公元前112年,汉帝国与南越发生了一次水战,汉军的楼船击败了南越,训练显然是有效的。千年以后,唐军

昆明池

也尝在昆明池训练水兵，唐高祖极为重视，还兴致勃勃地临阵观察。

宋人程大昌曾经考察昆明池对汉长安城及唐长安城的水利作用，认为城里也用其水，城外也用其水。资料显示，昆明池一带甚高，从终南山过来的洨河一旦注满，就会自动涌向沣河，沣河便泻昆明池。它也有两渠，一渠在城外送水到灞河，一渠到城里入沧池和太液池，以润泽皇宫。

昆明池当年有鱼，捕之或用于先君的祭祀，或在集市销售，价格低廉，决不冒涨。宫女也会到这里泛舟，她们乘龙首船，歌着唱着，有鼓有吹的，想是十分浪漫了。龙首船张开凤盖，风吹华旗，悠然漂移着。昆明池之美，也吸引了诗人的目光，有机会便到此娱乐。北朝的庾信，隋朝的江总，都有咏叹。当然唐的咏叹最多，宋之问、王维、杜甫、白居易、贾岛和温庭筠，皆有大作，尤其以杜甫的诗最富深意。当是时也，已经是安史之乱以后，渐老的杜甫正在长江之滨的夔州，不知道什么景物触动了他的感情，故国之思，荡漾在昆明池上。他吟诵道：

> 昆明池水汉时功，
> 武帝旌旗在眼中。
> 织女机丝虚夜月，
> 石鲸鳞甲动秋风。
> 波漂菰米沉云黑，
> 露冷莲房坠粉红。
> 关塞极天惟鸟道，
> 江湖满地一渔翁。

关于昆明池，一直点染着一种神秘色彩。挖掘那年，竟出了谜一般的黑物，像炭又不像是炭，无人能明其故，一个大臣便问东方朔，东方朔说："臣愚不足知之，可试问西域胡人。"到汉明帝执政，一个胡人认为黑物是："劫烧之余灰也。"史记，从昆明池到白鹿原还有一条水道曰神池，上古就有了，而且尧治水的时候曾经停船于斯，更是难解。

杜甫的文章已经透露了牵牛和织女的信息，可惜他不知道这两尊石雕在20世纪的命运。汉武帝的昆明池，曾经立有牵牛和织女之像，从而把长安的昆明池与天上的银河相对应，诚如班固所言："临乎昆明之池，左牵牛而右织女，似云汉之无涯。"杜甫显然见过石雕，然而他不了解千年以后，斗门镇及其周边的中国人把牵牛置换为石爷，把织女置换为石婆，并置于庙宇，顶礼膜拜。尤其认为石婆灵验，遂一旦患病，或求子，或求学，都要向石婆烧香祷告。"文化大革命"批判这是愚昧，勒令取缔，并把石爷像和石婆像运到了西安碑林博物馆。不料斗门镇的男女会追过去烧香祷告，遂呈混乱，便又把两尊石雕运到终南山下的草堂寺。然而农民仍要膜拜，又撵到草堂寺烧香祷告。无可奈何，从而允许置石爷像和石婆像于昆明池遗址的一个村子里。现在石婆像藏斗门镇的一家棉花脱绒厂库房，石爷像在斗门镇南沣村的庙宇里。农民当然无法辨别，遂把石爷当石婆敬了，这让识者啼笑皆非。我所见石爷像头大，脸稍左倾，宽额、短发，上衣交襟，一带束腰，右手半举，左手拂于胸前，石婆像跪坐，面丰发垂，上衣右衽交襟，双手垂于腹前。

昆明池还有石鲸，史记，其长三丈，随雷而鸣，鬣尾皆动，汉祭祀以祈雨，往往灵验。我多少感到困惑，朋友便带我到马营寨村一个宅院去，只见黄壤出石，隐现鳞甲。朋友说："这就是石鲸，只不过大部埋在土里面而已。石鲸成神了，农民怕，没有人敢挖它出来！"

昆明池的石鲸现收藏于陕西省历史博物馆庭院的水池中

咸阳宫

咸阳宫是咸阳城的主体和枢纽,是逐步形成的一个建筑群。

其依咸阳原而造,设计理念遵照的是天人合一。天主居紫微宫,人主居咸阳宫,咸阳宫显然是仿效紫微宫的。惟神话思维,才能毓化这样奇幻瑰丽的想象!

秦王于斯会晤大臣,接见使者,决定军国之大事。秦王嬴政二十年,公元前227年,荆轲受燕太子丹派遣,在咸阳宫行义刺杀秦王,遗憾未遂。15年以后,秦始皇接受李斯之建议,在这里下诏焚书坑儒。赵高指鹿为马,也当在此。

咸阳宫的结构是大殿套小殿,栋宇连栋宇,分布有朝堂、过厅、寝殿、露台。皇后与嫔妃住什么房子属于绝密,遂难以确定。

考古发现,咸阳宫应该在今之咸阳市渭城区窑店镇东北一带。这里有众多遗址,并处围墙之中。曾经出土有陶器,包括瓮、罐、盆、鸭蛋壶,种种瓦当:葵纹的、云纹的、涡纹的,皆颇典型。还出土有铜器,包括提练壶、提练炉、雁足灯、羽觞。凡排水、取暖、窖藏,皆是设施。不过也有学者指出,仅仅以此证明咸阳宫就在这里,似乎不够充分。

秦咸阳宫图

唐人赋诗,往往以咸阳指代长安。李白在鲁遇到朋友韦八返长安,便大发感慨:"狂风吹我心,西挂咸阳树。"杜甫想到壮游的经历也尝说:"快活八九年,西归到咸阳。"无咸阳宫,不可能有咸阳城。

站在咸阳城遗址南望,渭水漂移,秦岭逶迤,沧桑之情顿涌。

阿房宫

阿房宫的消息随着历史一直在流转，有时候它还很是鼓噪，甚至其名也受反复的揣度和猜测。

1991年，我初觅阿房宫，当时是深冬，旷野没有一个人，只有冷风吹着遗址上坚硬的瓦片。久久彷徨，直到暮霭沉降，我才离去。

2011年仲夏，我再赴阿房宫，其遗址上以农民承包，已经植木为林，蓊然蔽日。柳树、女贞树、石榴树、松、柏，循规而种，蔚然一片。

植树造林，当是善举，然而大陆之广，何处不可以种之，为什么偏偏在阿房宫遗址上种之？

应该把遗址亮出来，给四边筑以路，给路边立以碑，或铭秦事，或刻千家咏秦之诗，遗址便成了一个让人震撼的地方，审美的地方，沉思的地方，从而给游者以识，观者以智，起一点鉴往知今之作用。

建遗址公园也可以，不过公园的元素不能多于遗址的元素，所用材料不能太时尚，太花哨，其设计不能让西方形式挤压中国风格，更不能忽略本土色彩。

自秦孝公至秦始皇，君臣奋其六世，141年，终于鲸吞周室，掌控天下，并图谋江山于万世，传之无穷，是何等抱负！不料秦统治15年以后便宗庙倾圮，鼎移他手。原因是什么？贾谊说："仁义不施而攻守之势异也。"问题是怎么保证仁义？没有先进的制度怎么才能保证仁义呢？面对阿房宫遗址，显然会有封建王朝盛衰周期率之问，水以载舟与覆舟之问，昔年当世之问。可惜树木遮挡，遂使狐鼠作乐。

公元前212年，秦始皇认为咸阳人多，先王所造朝宫小，遂决定在渭河

阿房宫

1910年前的阿房宫遗址

以南建其朝宫，就是所谓的阿房宫。当时秦统一中国已经10年，由于徙20万富豪到咸阳来，又在咸阳北坂仿照诸侯宫室大兴土木，咸阳也真是拥挤了。渭河以南是秦的上林苑，不过沣滈之间，尝为周王之旧都，所以秦始皇于斯经营阿房宫。

秦是牧马出身，素不习水，也许还惧水。以其几度迁都观察，秦的东进是迂回的，雍城、栎阳、咸阳，尽沿渭河北岸一线，并选择高亢之境，是因为这些地方坚实、安全。渭河以南又辽阔又膏腴，秦并非没有向往，然而水大浪汹，不好一苇杭之。实际上在秦惠文王执政之际，秦便于渭河以南作其宫室，只是未成他就死了。秦昭襄王没有继承先王遗志，放弃了渭河以南的宫室，然而他在龙首原北坡造了兴乐宫。汉之长乐宫便是对秦之兴乐宫的翻修，刘邦以长安为国都，初遂居于此。

秦始皇是在秦惠文王未成宫室基础之上造其阿房宫的。按照施工方案，先造前殿，其东西要长，500步，南北会短，50丈。司马迁记其之广，可以上坐万人，下扬大旗，也许是一种夸张，杜牧之赋更是一种想象了。不过阿房宫确实有其雄壮的规划：这个建筑群将星列方圆三百余里山川之间，浩浩荡荡，满是秦的正庭别馆、阁楼台榭。它将筑阁道，以通骊山，筑复道渡渭河，以连咸阳宫，以终南之巅为阙，以樊川之波为池，以渭河为天汉。

不知道秦始皇当年是否参加了阿房宫的奠基典礼，事实是，经营两年，他就驾崩了，宏伟的工程只是开了一个头。秦二世胡亥接着干，可惜这个王朝的暴虐使民不堪命，起义风起，夺权云涌，天下迅速大乱，有文武大臣便向胡亥建议："请止阿房宫作者。"阿房宫遂惟有前殿。不过项羽来了，既烧咸阳宫，又烧阿房宫，其前殿便为废墟。渭河有神，秦欲在其南发展，造其朝宫，竟几世未成。秦始皇甚至动员了70万刑徒以筑阿房宫，也终于未成。

10世纪学者宋敏求考察阿房宫，记其东西北三面有墙，周长五里，高为八尺，上宽四尺五寸，下宽一丈五尺。接着他喟叹了一声："今悉为民田。"1991

阿房宫遗址

阿房宫残墙

阿房宫

年我见阿房宫遗址也还是民田，瓦片都在麦茬之中。然而2011年，这里竟被树木覆盖了。

从南向北，穿过其林，走其小径，我从前殿的台基上跳下去，得以清晰地审视这个古老建筑的立面。夕阳渲红，夯土发白，其层层叠加，如饼干相累，缓缓为高，仍有一种吞山吐谷的霸气。当然，我也能感到刑徒的艰苦劳作。这种夯土一般都是锅炒了的，以防生草，不过从阿房宫前殿夯土的缝隙还是长出了一些荆棘。其立面东西长1119米，沿着这一带，踞有巨家庄、赵家堡、古城村，乡聚生活似乎很是朴静。有八九个小孩在中华人民共和国国务院所立碑上兴奋地玩其拍泥，有三五成群的老者蹲在自家门口，一个壮年问我："阿房宫什么时候开发呢？"

阿房宫究竟是什么意思？它一直以来都是悬案。司马迁说："作宫阿房，故天下谓之阿房宫是也。"颜师古说："阿房者，言殿之四阿皆房也；一说大陵曰阿，言其殿高，若以阿上为房也；房或作旁，始皇作此殿，未有名，以其去咸阳近，且号阿房，阿，近也。"司马贞说："此以其形名宫也，言其宫四阿旁广也，故云下可建五丈之旗也。阿房，后为宫名。"朱骏声说："阿房假借为傍。秦阿房宫在阿基之傍，宫未成而秦亡，未命名，故人称为阿房宫。"马非百说："阿房乃一地名，故天下咸以此称之。"集其数解，还是不定。以关中土语，那个之意为阿，也许阿房宫就是那个宫之意吧，它原本是简单的。秦始皇卒为非凡之人，兵马俑是谜，阿房宫之意也是谜了。

正要离开废墟，蓦地有一只阿房宫的蚊子落在我额头，朋友想帮我赶走，吾以目光阻之。也许这是一只秦始皇喂养的蚊子，曾经歌唱过秦始皇，能随便放了它吗？即使我打破自己的脑壳，也当打死它。我便强忍着，让它吸吮，等它陶醉了，猛击一掌。还好，脑壳完整，只是亮响一声，展手一看，掌中有血，蚊子已经碎为稀泥。

长乐宫

秦始皇筑兴乐宫于渭河以南，虽然秦亡之后弃用，不过基础尚实。

刘邦当皇帝，彷徨一度，终于在汉高祖五年，公元前202年，决定以长安为国都。其入关中，初住栎阳。考察秦所存兴乐宫还可以再居，遂迅速改造和维护。到汉高祖七年，公元前200年，兴乐宫焕然整洁，就改它为长乐宫，从栎阳迁之。

没有朝仪，群臣诸侯见皇帝便显无礼，或争功吵嚷，或醉酒乱喊，有的甚至拔剑击柱，刘邦遂厌烦并忧虑。征得汉高祖同意，博士叔孙通率弟子就制定了一套朝仪。

徙长乐宫，逢群臣诸侯有十月之朝会，朝仪便依叔孙通所定而行。天尚未亮，参加朝会的人都依次进前殿门。廷中悬旗设兵，一片森然。武官和诸侯依次陈西方、东向，文官和丞相依次陈东方、西向。肃静之中，皇帝辇出。百官旋即传声而唱警，并引群臣诸侯依次向皇帝奉贺。势大气聚，无不震恐。礼毕，群臣诸侯无不倾身而伏。接着宴饮，凡陪皇帝进餐的人，尽是含胸俯首。给皇帝敬酒，便恭敬而起，目光仰视。行止动静，咸有尊卑高下之度。这一场下来，刘邦完全感受了皇帝的威风，说："吾乃今日知为皇帝之贵也。"任叔孙通为奉常，赐其黄金500斤。

明刘俊所绘汉殿论功图

汉高祖刘邦像

汉高祖十一年，公元前196年，吕后欲除韩信，并获得了萧何的支持。萧何便诱韩信到长乐宫来见刘邦，韩信赴之。过钟室，忽遭壮士绳缚，韩信说："吾悔不用蒯通之计，乃为儿女子所诈，岂非天哉！"

刘邦和吕后所生的刘盈是太子，不过刘邦喜欢其妾戚夫人所生的刘如意，打算废刘盈，扶刘如意做太子。吕后甚患，更怕，便照张良计，请刘邦所尊重的四位高士从太子游。汉高祖十二年，公元前195年，刘邦发现四位高士随太子左右，知道易太子不可能了，戚夫人遂悲伤地哭起来。刘邦也连连喟叹，然而无奈之极，便让戚夫人跳舞，他歌曰："鸿鹄高飞，一举千里。羽翮已就，横绝四海。横绝四海，当可奈何！虽有矰缴，尚安所施！"不久在长乐宫崩。

太子刘盈即皇帝位，移未央宫，吕后升为太后，仍居住长乐宫。以长乐宫在未央宫东侧，遂为东宫。曾经有白马之盟："非刘氏而王，天下共击之。"然而吕后野心蠢蠢，弄鬼伐异。汉惠帝七年，公元前188年，汉惠帝崩，吕后乃昂然用事。其立汉惠帝后宫子为皇帝，不过皇帝幼小，吕后遂临朝称制。其肆封吕氏子弟为王为侯，以变刘家天下为吕家天下。至汉高后八年，公元前180年，吕雉以病而亡。

汉传十世以后，王莽篡位执政，改长安为常安，也改长乐宫为常乐宫。

史记，长乐宫周回20余里，有殿14座。计其重要的有前殿、长定殿、长秋殿、永寿殿、永宁殿、临华殿、温室殿。其鸿台当然也不可轻之。

王仲殊据1962年的勘探认为，长乐宫面积大约6平方公里，占长安城六分之一。刘庆柱据1986年的勘探认为，长乐宫周垣10370米，遗址包括今之西安市未央区未央街道办事处各村，它们是阁老门村、唐寨村、张家巷村、罗寨村、讲武殿村、李家壕村、叶寨村、樊寨村、雷寨村、查寨村、南玉丰村。

何清谷有记：长乐宫前殿遗址，在1958年仍有巨大的夯土台基，卒以夷平。国都之构件，漠然忽然，不保护，不肖子孙啊！

未央宫

事有凑巧，刚刚进入汉长安城遗址，便日坠西方，于是残阳斜照，龙首原上零乱的村子，红砖的楼房，民居之间葱郁的树木，忽然就深陷黄昏之中。

北行二里余，至未央宫所在的地方。前殿早就毁灭了，不过它的台基突兀而出，仍有崇高之感。夏风在这里似乎追加了自己的劲劲，虽不拔木，然而树皆低枝，摇来晃去的若翩翩起舞。不知道是从何处汇聚于斯的，人有男女，三五成群，乘凉聊天。当然也有孤独之士，脚踩黄土，视通万里且思接千载，不觉暮霭遍野。

12年以前，我与未央宫曾经有会。当时，我是从汉长安城遗址南行考察的。空旷荒寂，冬风凄厉，有狗嗅着一片草灰匆匆而去。我攀援前殿的台基，在顶端远望了一番废墟，以不胜形单影只，便回家了。

未央宫是在汉高祖八年，公元前199年，由汉政府丞相萧何监修的。未央宫以十余代皇帝持续建设，才臻于宏伟。初竣仅仅立东阙和北阙，造其前殿，作武库，营太仓。不过刘邦征战匈奴返长安，见未央宫甚为壮丽，心有不能承受之动，便批评萧何："天下匈匈苦战数岁，成败未可知，是何治宫室过度也？"萧何说："天下方未定，故可因遂就宫室。且夫天子以四海为家，非壮丽无以重威，且无令后世有以加也。"刘邦觉得丞相有其道理，便意转欣然。

可惜刘邦至死也没有享用未央宫。汉高祖五年，公元前202年，刘邦采纳娄敬和张良的建议，以长安为国都。不过当时长安也只有灭秦之所余，遂把兴乐宫改为长乐宫，居之办公，刘邦便崩于斯。当然，刘邦也尝在未央宫前殿设宴大酺群臣，高兴之际，向父亲敬酒，笑问他的产业与其兄刘仲的产业谁多。父亲过去认为刘邦生计没有依靠，不治产业，是不如其兄刘仲的。

汉未央宫遗址

汉惠帝是刘邦和吕后所生儿子，质性仁弱，其继位之后，居未央宫。吕后篡权之意膨胀，又妒火燃烧，遂把刘邦所爱的戚夫人砍手削足，挖目灼耳，灌哑药吃，做成人彘，置之于厕所。她还满怀阴险图谋，携汉惠帝观察。见戚夫人的惨相，汉惠帝大惊失色，结下一种病根，症候为疏懒朝政。

汉政府的工作，就演变为由吕后在暗中操盘。汉惠帝崩，吕后又先后立二婴为皇帝。天子幼稚无知，她便以太后的身份发号施令。宣示二婴是汉惠帝的儿子，实际上二婴皆是别的男人与宫女所生。如此苦心，不过为了执政而已。然而她还是惶恐，遂以诸吕作重臣，时达八年之久，刘姓的天下几乎是吕姓的天下了。

公元前180年，吕后薨，汉的开国元勋丞相陈平和太尉周勃合计，一举铲除诸吕，并迎代王刘恒到长安来，为汉文帝。刘恒在汉文帝前元元年，公元前179年，入主未央宫，象征天下复归刘姓。

在刘邦看起来，萧何所作未央宫已经甚为壮丽，不过其子孙显然还不满意，遂一再扩充。这里有宣明殿、广明殿、昆德殿、麒麟殿、承明殿。宣室属于前殿的正庭，皇帝接见群臣一般于斯。玉堂殿属于皇帝会晤作家和学者之处。清凉殿为皇帝夏天避暑之处，是装有降温设施的。温室殿是皇帝冬天活动之处，以植物种子抹墙，遂生暖意，以桂木为柱，遂发香气，并有锦帛制帘以挂门悬窗，挡其寒风。

椒房殿为后宫，四方倩女以各种各样的方式云集水汇其中，供皇帝玩乐。以椒和泥涂壁，取意热性，芳气，繁殖多多益善。汉武帝既好大喜功，也好色喜淫，遂把后宫设为八区，是昭阳、飞翔、增成、合欢、兰林、披香、凤凰、鸳鸯。以后还有所增补，安处、常宁、苣若、椒风、发越、蕙草，似乎都是追加的。

未央宫偏北方向有天禄阁和石渠阁，皇家档案与图书尽存在此。

未央宫是汉政府的枢纽，权力中心。在这里，宫廷斗争残酷，也事有荒唐。我常常想，未央宫何尝不是一个秘密的舞台，它上演的是活剧，又是连续剧。

我也难免喟叹：皇帝都是一些什么东西！

汉文帝有一次梦见自己登天，天梯难攀，很是焦急。忽然感到有头着黄帽之人推他一把，就登上了天。回头俯视，发现推他之人，背有衣带拖拉着，遂留下印象。醒来便长思，并常常注意未央宫的侍者。未央宫有池，可以行舟，汉文帝偶

汉长乐宫未央宫图

尔会游之。一天发现一个船工，正是头着黄帽，衣带拖拉其背的，了解到此人姓邓名通，想，邓者登也，通即通天。汉文帝兴奋之极，便赏其官，赏其财，终于任太中大夫，可以开矿铸钱。汉文帝还算汉的优秀皇帝啊！

汉景帝以周亚夫反对他废太子而不满。周亚夫军细柳，何等有威，然而有一次应邀，赴汉景帝之宴，侍者上菜，给周亚夫盘子里放了一块大肉，竟迟迟不给筷子。周亚夫是周勃之子，当时任丞相，见君臣用餐，惟自己不得食，十分纳闷，便喊侍者拿筷子来。汉景帝笑，借机奚落周亚夫。周亚夫觉得受辱，便站起来免冠致谢，汉景帝也就站起来，这使周亚夫只能离席，不久遭罢。汉景帝也是汉的优秀皇帝。

汉武帝姑母窦太后守寡经年，然而欲望尚旺，50岁以后竟招徕英俊少年董偃鬼混，对此长安人尽皆知。汉武帝在后宫有妃嫔近乎八千，不过他也喜欢这个美少年，赐其宝，还邀他在清凉殿休息。董偃以奇石为床，以紫琉璃装饰帷帐，以玉晶为盘，奢侈之极。然而有一次，汉武帝设宴款待窦太后和董偃，硬是让东方朔执戟挡住了。朔的理由是，宣室是先王的大堂，不议论军国之事不能进去。

汉昭帝8岁继位，12岁有皇后上官氏，是辅政的上官桀孙女和霍光外孙女。先在建章宫养育，后迁未央宫。上官桀死，霍光欲使汉昭帝独宠皇后以生儿子，可惜汉昭帝身体有病，招海内医生诊治，无果。要求禁欲，遂给妃嫔及宫女穿绳裆裤的裤子，前有裆，后有裆，不得交通。不过还是在22岁便崩了。

汉宣帝比较仁厚，尤尊儒学，曾经在石渠阁召数儒生讨论五经的学术问题。孔子敬鬼神，不过远避之，但汉宣帝却对鬼神兴趣浓厚。一次他刚刚祭祀毕，便邀贾宜适宣室，了解鬼神之情况。几百年以后，李商隐讽刺他："可怜半夜虚前席，不问苍生问鬼神。"

汉元帝真是昏庸极了。其以宦官石显为中书令，放纵擅权，加害忠良。石显为试其威，特请汉元帝同意他自由出入宫门，即使夜晚也当为他开启宫门，以成所谓的及时征发。凡天下之事，由汉元帝与石显商量于帷幄之中，事无

未央宫

大小，皆以石显所论而定。然而汉元帝仍不明白自己相信的是谁，并承认天下乱透了，若知道谁是自己所相信的，那么一定不用他。汉元帝也久久披疾，所召幸妃嫔及宫女，以画师毛延寿绘她们的画像而择，遂漏掉了王昭君。一旦王昭君要随呼韩邪单于出塞，才发现掖庭竟藏如此丰容雅姿之美人，追悔莫及，遂以弃市处理了毛延寿。从汉元帝起，汉渐现衰势。汉宣帝尝曰："乱我家者，太子也！"当时的太子就是以后的汉元帝。

汉成帝像汉武帝一样好色喜淫，他比汉武帝的性生活更为糜烂。一旦继位，便下诏花鸟使采其良家妇女以充实后宫。宠一个，弃一个，频繁转换。许皇后、班婕妤、卫婕妤，尽吮其香，还不满足，遂把美少年张放当妃嫔与宫女一样玩乐。张放是富平侯张安世的子孙，以桃花之面遭弄。汉成帝携张放微服出游，竟自云他是富平侯家人，何等堕落！赵飞燕体轻腰柔，特长舞蹈，其妹妹赵合德弱骨丰肌，尤工笑语，二人色如红玉，先后入宫，轮流侍寝汉成帝。不久封赵飞燕为皇后，其妹妹为昭仪。然而对赵皇后有所爱弛，但对赵昭仪却加重眷顾，诏其居昭阳殿为纵情之巢。公元前7年，就是汉绥和二年春天的一个晚上，汉成帝与赵昭仪在白虎殿同床，想起来可能是良辰妙合吧。当早晨诸王向汉成帝辞行之际，发现汉成帝已经暴卒，被褥上沾有精液。

汉哀帝心理变态，见美少年董贤秀丽而怡然，便悦其仪貌，拜为黄门郎，并专幸之。同床共枕，随卧随起。董贤性和善媚，汉哀帝完全迷恋。一次昼寝，汉哀帝欲起身，见衣压在董贤腰下，不愿惊之，遂断衣而起。又诏董贤妻入宫，以董贤妹为昭仪。赐董贤父为光禄大夫、少府、关内侯，也赐董贤岳父和董贤弟之职，封董贤为大司马、大将军，又在未央宫北阙之下为董贤造宏大宅第。一次在麒麟殿宴请董贤父子亲属，汉哀帝从容望着董贤笑曰："吾欲法尧禅舜，如何？"大臣王闳在侧服务，其直谏曰："天下乃高皇帝天下，非陛下之有也。陛下承宗庙，当传子孙于亡穷。统业至重，天子亡戏言！"汉哀帝默然不悦，不过他真的是不肖。忽然未央宫燃起大火，烧毁很多栋宇，是人为，也是天意，预示未央宫将要易主了。

汉平帝9岁登基，状如傀儡。15岁那年，大司马王莽趁为其祝寿之机，用酒毒死汉平帝。接着立两岁的孺子婴，王莽仿效周公辅佐周成王的方式摄政。

几年以后，王莽宣告汉祚尽矣，自立为皇帝，国号曰新，用的仍是未央宫。这一年是公元8年。

尽管王莽迅速推行改革，不过社会危机四起，农民起义。公元23年，就是新王莽地皇四年，长安人响应绿林军的号召，攻入未央宫，王莽躲在渐台，有商贾杜关冲上去杀了他。

想象当年，未央宫是何等威严和华贵。以葛洪所记，其前殿是随龙首原之势赋其形的。资料显示，未央宫有殿四十三，池十三，山六，可惜战乱把它们都毁掉了。现在，它的废墟上有马家寨、刘家寨、何家寨、卢家寨，农民栽树植木，也种庄稼，草也会自己生长，绿满了沟沟坎坎。在前殿周边，也有农民的坟茔和墓碑。长天晚霞，林间叶摇，使人不胜感慨。

沿着一面斜坡，我慢慢登上前殿的台基。风拂而过，虽夏有爽，难怪人多聚于斯乘凉。我问："石渠阁在哪里？"一个农民站起来，指着北方说："有树木的地方是周河湾村，靠东一点就是石渠阁，土堆而已。"苍茫之中，似乎有树木，然而看不到土堆。我又问："天禄阁在哪里？"有数位农民围过来，指着北边说："小刘寨村靠北的地方就是天禄阁。天禄阁小学是很悠久的小学，可惜学生越来越少了。"

石渠阁位西，天禄阁位东，几乎在一条线上，当年辞赋家、哲学家和语言学家扬雄在天禄阁上班，由于他的学生刘棻及甄丰和甄寻父子反对王莽，受到牵连。一天扬雄正在天禄阁校书，狱吏赶来抓他，其急中夺门而出，从天禄阁跳下去。没有死，遂进了监狱。王莽还明理，见扬雄只是因为有人拜他为师学习知识，并无反意与反举，就下令放了他。

未央宫遗址

建章宫

汉武帝太初元年，公元前104年，柏梁台遭火烧而毁。有巫进言，当再筑更大的栋宇，可以得到吉祥，这便是厌胜法。

刘彻总是想成仙，信巫，从而接受巫论，作建章宫。其在长安城以外，未央宫西侧，上林苑之中。这里有建章乡，遂为建章宫。

其豪华之极，深奥之极。南门阊阖门，以象天主所在的紫微宫之门。其橡头有璧装饰，也谓之璧门。阊阖门内有别风阙，高迈过墙，上有铜凤凰，置之于转枢，迎风而旋。这一带还有玉堂殿，阶陛尽以玉砌。北门内有嶕峣阙，崇而有度，严不失雅。

建章宫遗址

建章宫北起圜阙，张衡有赋曰："圜阙耸以造天，若双碣之相望。"又有流行的歌曰："长安城西有双圜阙，上有双铜雀，一鸣五谷生，再鸣五谷熟。"建章宫东营凤凰阙，西营神明台。

前殿颇为崔嵬，临未央宫，并可以俯察其亭。现在它仍存隆起近乎8米的夯土台基，有高堡子村盘踞其顶。

为天桥加盖，镶栏，成一个空中楼廊，谓之飞阁，也就是阁道或辇道。建章宫便有飞阁越垣跨池，进长安城，连未央宫，并由未央宫至桂宫，至北宫，至明光宫，至长乐宫，真是所谓的巧夺天工！

建章宫曾经盛超未央宫，不惟汉武帝，之后的汉昭帝和汉宣帝，都于斯处理军国大事。

史记，建章宫周回30里，殿26座，有千门万户之美。可惜王莽当了皇帝，要造9庙，竟拆而用其柱梁砖瓦，建章宫遂毁。

建章宫

太极宫

太极宫就是隋宇文恺所设计的大兴宫。

它坐落于长安城北部，又居中央，并压明德门至朱雀门至承天门至玄武门之轴线。惟我独尊，至高无上，南面为王，是皇帝的普遍心理。太极宫的位置及其形式，便典型地体现了此心理。

太极宫之门颇多。南六门，最雄阔最庄重的是承天门，其东长乐门，再东广运门，再东永春门，其西永安门。北三门，玄武门，其东安礼门，再东玄德门，也就是东宫之北门。东一门，曰凤凰门。西二门，靠南曰通明门，靠北曰嘉猷门。

李渊为唐高祖，其登基以后，封长子李建成为太子，次子李世民为秦王，三子早就死了，封四子李元吉为齐王。李世民久立凌云之志，想当太子，攻势甚猛。李建成和李元吉便结成同盟，反击李世民。斗争激烈，一触即发。到唐高祖九年，公元626年，夏季的一天，李世民遂向唐高祖密奏太子和齐王淫乱嫔妃，并藏害他之谋。唐高祖惊诧，诏太子和齐王质询。李建成和李元吉不知道真相，便乐见唐高祖。走到临湖殿，忽觉异常，遂俄顷调马而逃。实际上李世民是先下手，已经伏兵玄武门，发现兄弟跑，拉弓就射杀了李建成，尉迟敬德也冲上去射杀了李元吉。局势遂由李世民所掌控，唐高祖不得不封秦王为太子。两个月以后，唐太宗取代唐高祖，李渊做了太上皇。此为玄武门之变。

太极宫四面筑墙，以保证安全。南墙在今之莲湖路

唐太宗李世民像

跨北大街通西五路一线，贴莲湖路的西五台，当是一段残垣。北墙在今之西安城安远门外自强路一带，起高伏低，遂有气势。东墙在今之解放路一带，这里楼厦遍地，完全湮灭了。西墙的基础就是今之西安城西墙北段的基础。经测，太极宫东西长大约2820米，南北长大约1492米。

太极宫以东是东宫，太子住于斯，以西是掖庭宫，嫔妃住于斯，官宦之家的罪妇也住于斯。太极宫与东宫之间，太极宫与掖庭宫之间，皆以三丈五尺之墙隔阻着，若壁垒一般，严禁胡窜。不过史记，太子李建成为打倒秦王李世民，曾经结交嫔妃，以让她们诽谤秦王，夸赞太子。资料显示，太子李建成与张婕妤及尹德妃之间还有性关系。然而这未必可靠。失败者已经闭嘴，但胜利者却大享传播之权力，既可以述，又可以作。唐太宗贞观元年，公元627年，李世民即皇帝位，就是在东宫的明德殿进行的。

太极宫前殿是太极殿。在隋其为大兴殿，唐高宗武德元年，公元618年，改之为太极殿，设东上阁和西上阁。中朝于斯，无非是皇帝召见大臣，处理朝务。也许是考虑到君臣会晤的方便，唐政府的机构，凡门下省、中书省、弘文馆、史馆、舍人院，皆在太极殿东墙外侧或西墙外侧。唐高祖和唐太宗共执政32年，基本上令从此出。名相房玄龄、杜如晦，名将李靖、尉迟敬德，谏臣魏征，也多在此工作。太极殿以北是两仪殿，其在隋为中华殿，唐太宗贞观五年，公元631年，应瑞改之。内朝于

宋刻太极宫图

斯，无非是皇帝的日常活动。一旦有军国大事密谋，皇帝便令亲信到此。两仪殿的气氛比较轻松，不十分拘礼。

环两仪殿，主要是东侧、西侧和北侧，还有甘露殿、神龙殿、武德殿、承庆殿、千秋殿、百福殿、凝阴殿、承香殿、紫微殿、雍和殿、嘉寿殿。唐太宗尝在嘉寿殿请突厥人贺鲁用餐，以结互利关系，不过到唐高宗执政，他便施以对抗。甘露殿宽宏，唐玄宗自蜀返长安，居兴庆宫一段迁居此，不久在神龙殿逝世。

太极殿以南为承天门，它是太极宫颇为特殊的一个门，横街甚阔，俨然广场。外朝于斯，凡改朔、元旦、大赦、阅兵、受俘，皇帝都会登临承天门举行一定的仪式。承天门遗址当在今之莲湖公园。

大明宫

大明宫在当年多为诗人所咏。

唐太宗贞观八年，公元634年，李世民在龙首原上，禁苑之内，长安城东北一带，筑永安宫，以让唐高祖清暑。这里地势隆起，秦岭在望，当是旷放凉爽之处。可惜李渊崩，无福享受。一年以后，取意如日之升，则曰大明，改永安宫为大明宫。到唐高宗龙朔二年，公元662年，唐高宗取意如山之寿，则曰蓬莱，又改大明宫为蓬莱宫，并修缮而迁之。唐高宗离开太极宫，是由于他患有风痹，湫湿之地，妨碍健康。当然太极宫的房子也拥蔽了，居而不敞。唐高宗龙朔三年，公元663年，征十五州民财，减百官一月俸禄，筹其经费，对蓬莱宫轰然扩建，遂为壮丽。唐高宗咸亨元年，公元670年，又改之为含元宫。到周武则天长安元年，公元701年，又改之为大明宫。

经测，大明宫东墙长大约2614米，西墙长大约2256米，略呈楔形。大明宫南墙与皇城北墙的一段重叠。大明宫南墙有五门，正门是丹凤门，其东望仙门，再东延政门，其西建福门，再西兴安门。大明宫北墙一门，曰玄武门，东墙一门，曰太和门，西墙一门，曰日营门。

丹凤门相当于太极宫的承天门，其以大明宫前殿含元殿配合，皇帝于斯举行外朝。含元殿左右有砌道盘曲上下，谓之龙尾道。宣政殿在含元殿以北300米处，皇帝多于斯举行中朝，也在此举行大试，选贤良方正之士。王维诗曰："绛帻鸡人报晓筹，尚衣方进翠云裘。九天阊阖开宫殿，万国衣冠拜冕旒。"颂其大明宫早朝之盛。杜甫诗曰："天门日射黄金榜，春殿晴曛赤羽旗。宫草微微承委佩，炉烟细细驻游丝。"状其宣政殿退朝之见。宣政殿两侧有门下省、中书省、弘文馆、史馆、御史台、待制院，以图工作之方便。紫宸

大明宫大福殿遗址

殿在宣政殿以北,皇帝多于斯举行内朝,也在此承办宴会。唐代宗崩于斯,年在53岁。

大明宫有太液池,水波粼粼。在其西岸是麟德殿,皇帝往往在这里召见亲信,偶尔也会晤外国使节。周武则天长安三年,公元703年,女皇帝在此会晤并请日本执节大使粟田朝臣真人用餐。兴之所至,皇帝还会在这里举行蹴鞠或乐舞一类的娱乐。唐高宗以后,大明宫固然已经是唐的政治中心,不过皇帝即位、婚礼、葬礼,仍在太极宫举行。

现在有了一个大明宫遗址公园,可惜流行元素太重,遂堵塞了思唐之灵穴。

大明宫太液池幻象

兴庆宫

初适兴庆宫公园，在读大学，是组织活动，当时情有所恋，心不在焉，遂粗略浏览，仅仅留下了木茂水曲的印象。之后携孩子乐游，因为总念其安全，也便未能诚意欣赏。

此公园南门以一街之隔正对西安交通大学，所以有一个观点认为，1958年修建的兴庆宫公园，是为了大学教授的愉快。他们是从上海过来的，素有跳舞为娱的习惯，西安没有这样的环境，未免委屈他们，遂选唐兴庆宫遗址造了此公园。并无官方文件作为证词，然而想起来这也符合情理。

唐有三大宫殿，太极宫和大明宫皆依龙首原而作，惟兴庆宫靠南，不仗其高亢之势。这是唐玄宗的决定。破俗越习，也只有唐玄宗胆壮如是。

李隆基是唐睿宗的三子，富于英武之才。7岁那年，他以严整之骑从适朝堂，将军武懿宗见其仪仗十分威重，顿生嫉妒，便打算削弱它。不料遭李隆基抗议，他叱喝道："吾家朝堂，干汝何事？敢迫吾骑从！"当此之际，武则天大揽朝政，甚至武懿宗也是她的人，不过知道孙子7岁竟如此自信坚毅，也颇为喜悦。庸才也只能得到庸才之好，然而异人所好的总是大才，可惜世间永远是庸才多，异人和大才少。

宫廷未免出现斗争，有时候斗争还非常惨烈。唐中宗景龙四年，公元710年，李隆基与太平公主联合剪除了韦氏势力，立其父李旦为皇帝，是唐睿宗，他有功，遂为太子。两年以后，唐睿宗让位给李隆基，是唐玄宗。唐玄宗开元元年，公元713年，他又逼太平公主自杀，并消灭了她的势力。太平公主是武则天的女儿，唐玄宗的姑姑，然而只要妨碍李隆基执政，他照样动武。

唐玄宗有气魄，也有措施。登基以后，他先整肃军队，接着调动大臣，当罢的罢，手很硬，以姚崇为宰相，治权归他，并纠奢华之风，反对厚葬，也常常读史，形势大利。欧阳修论唐玄宗说："方其励精政事，开元之初，几致太平，何其盛也！"不过唐之衰，也是从他开始的，此并非没有根源。

李隆基兄弟五个，小的早逝。武则天赐他们居长安城东南的隆庆坊，为五王子宅，附近就是春明门。有一年，这里的井涌流其水，汪然为池，因为处于隆庆坊，遂称隆庆池。望气者认为隆庆池有天子气，遂在上巳节泛舟其水以压之，并频频在此宴游。五王子宅临水，不久便出了皇帝唐玄宗。改隆庆坊为兴庆坊，隆庆池为兴庆池，以避讳李隆基之大名。

唐玄宗似乎对太极宫和大明宫没有多少兴趣。他显然有自己的打算，遂在开元二年，公元714年，于兴庆坊大兴土木，为自己作兴庆宫。诸兄弟都是明白人，欣然献其宅，以增广之。兴庆宫之大当然不止兴庆坊，永嘉坊和胜业坊的一半以后也归纳其中了。

兴庆宫共营造了15年，始为离宫，卒为朝堂。从开元十六年，公元728年，李隆基于斯处理军国大事。在此之前，即公元726年，筑其复道北上，以方便唐玄宗潜往大明宫。在此以后，即公元732年，又筑复道南下，以方便唐玄宗携丽人游曲江池和芙蓉苑。复道也是夹城，沿外郭城东墙而修，共7970米。在工作和生活上，兴庆宫显然都占尽了优越。然而事有不妙：唐玄宗天宝十五年，公元756年，安禄山攻破潼关，唐玄宗仓皇之中，弃京师而去。从头至尾，他居兴庆宫29年，足证对这里的喜欢。

兴庆宫平面图

经测，兴庆宫东西墙长大约1080米，南北墙长大约1250米，面积大约2016亩。其以墙分兴庆宫为二：北区和南区。北区以殿堂为主，有兴庆殿、南熏殿、大同殿、龙池殿。南区以园林为主，是温柔之乡，有兴庆池或龙池，水上频行彩舫花船，还有沉香亭和长庆殿。今之兴庆宫公园在其南区，也只是兴庆宫园林的一个部分。

凡皇帝之居，朝堂之门多向阳，太极宫和大明宫便是如此，不过兴庆宫突破了中国传统建筑的审美理念：其西面而作，正门兴庆门，对着日落的方位，确实有反常惊世之异。李隆基兄弟宁王、申王、岐王和薛王，献宅有德，遂环兴庆宫而住，栋宇皆在其西。兴庆宫有一个重要建筑是花萼相辉楼，两层，以一街相望并相连于诸王宅。其豪华，不失恢宏。李隆基与兄弟关系亲密，

1910年前的兴庆宫沉香亭遗址

题花萼相辉是以棠棣之意喻兄弟的合欢。史记，一旦唐玄宗闻诸王乐奏，便召其上花萼相辉楼，同榻而坐，击鼓吹箫。

兴庆宫公园有西门，走出去便是卧龙巷，是明清及民国以来的街巷。这一带属于隆庆坊五王子宅的范围，也当为兴庆宫所辖。现在它尽为民房，杂货店、馒头店、手机收费店，零星而设，还停着一辆收破烂的架子车，显得脏和乱。不过在卧龙巷的深处，有一棵巨大的国槐，老皮苍枝，颇有历史感和悠远性。

龙池以北是兴庆殿，巍峨壮丽，为兴庆宫的主体，唐玄宗的外交活动往往于斯进行。可惜未发现他在此接见谁，印度、波斯或高丽的宗教家和旅行家，似乎都没有到兴庆殿来过。当然也可能我有疏忽，没有发现。

兴庆宫公园的北门设于过去的兴庆殿一带，遗憾这里也多是饭摊、麻将摊、鞋摊，人来人往的。越街巷而过，尝是一家印染厂，破产以后，供一家公司盖楼，其宣传策略便是借势：什么皇家故地，什么近在龙池，并可以呼吸兴庆宫公园的芳气。楼起而高，显然会卖得大价。

勤政务本楼应该为前殿或相当于前殿，凡改朔、受俘、宣布大赦、会晤大臣，多在这里进行。不过也未必严正，唐玄宗也喜欢在这里请百官吃饭和赏戏。此楼竣工于唐玄宗开元八年，公元720年，当时李隆基36岁，正是把社会推向太平的日子。

不过也有苗头显示，唐玄宗将自满骄傲，追求享受，直至沉溺声色之中。八月五日是唐玄宗的生日，有大臣发现了征兆，便要迎合唐玄宗，搞一点个人崇拜。到开元十七年，公元729年，逢唐玄宗45岁生日，这一天百僚便表请每年的八月五日为千秋节。唐玄宗同意，并布告天下，遂设宴豪酺，热烈祝贺。群臣竞进万寿酒，王公士庶也纷纷献礼。唐玄宗甚为得意。

李隆基的颓废是在其执政二十五年以后变得严重了。这一年他所宠的武惠妃亡，感情顿然失落。他也53岁了，渐入老境，心理遂倾向消极。大约三年以后,见杨玉环,眼睛蓦亮,虽然她是自己的儿子寿王李瑁之妃,唐玄宗也决定要,不过这需要一番道教的手续。开元二十九年正月二日是唐玄宗母亲窦氏的忌日,杨玉环愿意为窦太后追福,遂度寿王妃为女道士,号太真,住太贞观,这便解除了李瑁和杨玉环的婚姻关系。天宝四年,公元745年,唐玄宗下诏册立杨玉环为贵妃,唐玄宗61岁,杨贵妃27岁。实际上几年之前见杨,杨就侍寝唐玄宗了,不过办理了这些手续,便合法了,杨也就能名正言顺地侍寝唐玄宗了。唐玄宗显然酷爱她,甚至难以割舍。有杨贵妃的生活似乎变成了一种享受,遂把工作都交宰相李林甫了,李亡,便交宰相杨国忠,杨贵妃的堂兄了。这些几乎都是在兴庆宫发生的,它将见证唐的盛衰转折。

兴庆宫有沉香亭,就是以沉香木作的亭。天宝某年春天,牡丹绽放,唐玄宗携贵妃赏牡丹,一时兴起,命李龟年演唱,艺术家便按惯例歌起来,皇帝不悦,说:"赏名花对妃子,焉用旧乐词为!"立即遣李龟年持金花笺,觅翰林学士李白进乐词。李白当时正在酒肆醉眠,然而不敢有违皇帝之诏,遂在陶然之中填词三首以为乐。李龟年持乐词匆匆返兴庆宫,唐玄宗看了高兴,遂呼梨园弟子弄其丝管,李龟年歌之。杨贵妃端玻璃杯浅酌西凉州葡萄酒,微微而笑,含有厚意。唐玄宗兴味更浓,竟吹玉笛以伴奏。

李白所填词三首,其中一首是:

一枝红艳露凝香,
云雨巫山枉断肠。
借问汉宫谁得似,
可怜飞燕倚新妆。

高力士悄悄告诉杨玉环:"以飞燕指妃子,是贱之甚矣!"赵飞燕是汉成帝皇后,可惜没有儿子,乱交,其妹妹又使汉成帝纵欲猝死。一旦高力士如是联系,杨玉环便积怨李白了。李白初到长安来那年,

清苏六朋所绘清平调图

狂狷得很，曾经让高力士为他脱靴，其深以为耻。挑拨杨贵妃憎恨李白比他恼李白有用多了，因为杨贵妃可以在枕边向唐玄宗进其谗言。果然，李白断了仕途，不得不离开长安，浪荡天下而去。

难得倾国倾城之貌，唐玄宗昏昏庸庸，耽于妩媚，陷入凝脂。春宵帐暖，秋夜帷爽，军国之事日日敷衍，直到范阳鼙鼓滚滚而来，大梦方醒。匆匆向蜀避难，过马嵬驿，六军行义，箭杀了杨国忠，接着要求对杨贵妃正法，唐玄宗无可奈何，只得让高力士协助吊杀了杨贵妃，遂入剑阁。唐玄宗一失兴庆宫，二失美人，三失皇帝之位，尤其是唐朝以震荡而衰。

清洪升所著长生殿剧本图

唐肃宗至德二年，公元757年，唐军收复长安，李隆基才愀然归京师，仍居兴庆宫，不过身份已经是太上皇了。当时是冬天，万木萧条，龙池一层白冰。不知道为什么在他78岁那年要从兴庆宫迁太极宫，总之不久遂崩。

随着兵火和风雨的摧残，兴庆宫一路倾圮，剥蚀，悄然湮灭。到清朝终结之前，这里已经蜕为农田，长麦子，长菜。不过毕竟是兴庆宫遗址，遂常

兴庆宫公园湖光

常于斯可以拣到唐瓦和唐砖。到 1958 年，用其遗址的一个部分，轰然造了一个公园。

2011 年 7 月 9 日，我情怡意散，考察了兴庆宫遗址，徘徊公园的桥上与树下，进南门，出北门，走西门，辞东门，唐的痕迹一无所见，唐的气象稀薄近无。几个仿古之亭楼虽为点染，然而欠其韵味，遂显生硬。尤其不堪的是，公园里的儿童玩耍设施随意安放，也有失先进，更在一隅挖潭养鱼，诱客垂竿而钓，钓而火烤，竟使青烟袅袅，随风飘之，变历史感和悠远性之地为平淡的市井之状，让我摇头惋惜。

然而它毕竟是兴庆宫公园，木生几十年，翁郁成荫。凡国槐、雪松、雪杉、侧柏、刺柏、银杏、皂荚、柽柳、三角枫、五角枫、白蜡树、核桃树，往往粗壮难搂，撩云难望。地有起伏，水呈逶迤，在西安也是一种可贵。

滚滚帝陵

关中到处耸立着帝陵，随便走出西安哪个城门眺望，我都会看到烟云托着高坟大冢。踏遍这些帝陵是艰难的，它们分布在广阔的地域。帝陵悠久地隆起于苍凉的田野或山坡，在那里，它们寂寞地向风雨叙述过去显赫的岁月。帝陵的位置由风水先生选择，他们并不是以普通的眼睛选择普通的地点，这是神秘的，关系着皇上的江山和子孙，于是帝陵就可能修建在任何一个地方，不嫌其远，不嫌其偏。当然，这样的帝陵限于那些在位的皇上，王朝是变化的，那些落入对手之中的失败的皇上，往往会被草率地埋掉。在历史上，曾经有13个王朝在关中建都，时间总计千年之久。实际上10世纪之前的中国人，是以关中为圆心而活动的，他们给这里遗留了近乎80个帝陵和800个陪葬之墓并不奇怪。坟冢在这里星罗棋布。坟冢像凝固的波浪在大地起伏。走在这古老的大地上，我感到帝陵滚滚而来又滚滚而去，累累坟冢简直要淹没了我。

咸阳原是帝陵最为密集的地方，西汉的11个皇上，有9个埋葬在这里。汉高祖刘邦的长陵，在渭城区窑店乡。汉惠帝刘盈的安陵，在渭城区韩家湾。刘盈是刘邦和吕后的亲生儿子，17岁继位，但大权却被母亲吕后掌握，其生性仁弱，尽管他对吕后的专横暴戾极为不满，然而无力抗争，终于在24岁那年抑郁而死。汉景帝刘启的阳陵，在渭城区肖家村。刘启在位16年，期间，他严厉打击割据势力，平息地方叛乱，加强中央集权，是一位有作为的皇上，然而他并不仁慈。史记，他继位之后，立即征集10万刑徒修建坟冢，这些人戴着沉重的刑具而从事繁重的劳动。汉武帝刘彻的茂陵，

汉惠帝刘盈像

在兴平县南位乡。汉昭帝刘弗陵的平陵,在秦都区大王乡。刘弗陵是一位有才能的皇上,不过非常遗憾,他短命,21岁便驾崩了。汉元帝刘奭的渭陵,在渭城区周陵乡。刘奭优柔而迷恋声色,常常为宦官所利用,没有什么政绩。在位16年,42岁死亡。汉成帝刘骜的延陵,在秦都区郭旗寨。其46岁逝世,没有比其父亲刘奭长寿儿年。他属于荒淫的君主,初宠班婕妤,后宠赵飞燕,有意作乐,无心勤政。汉哀帝刘欣的义陵,在渭城区底张乡。刘欣在位的时候,王莽施展权术,争取民心,成了炙手可热的重臣,但他却不闻不问,只一味赏悦他的男宠。他与董贤出则参乘,入则卧起,甚至连董贤的脚步之声也能辨别。其24岁便性命哀哉。汉平帝刘衎的康陵,在渭城区大寨村。他是西汉的末代皇上,9岁为王莽所拥立,于是他就注定成为王莽掌中的傀儡,并终于被王莽毒死,可怜才14岁,还是一个少年。

这9个帝陵和它们的近乎500个陪葬之墓,组成了浩荡的群落,沉重地覆盖着咸阳原。咸阳原处于渭水和泾河之间,地势高耸,土层深厚,背靠北山,面向长安,遥远的西汉风水先生认为,这是一片宝地。2000年之后,我曾经几次到这里作旅,我的心情是犹豫的。我带着强烈的批判意识徘徊在帝陵之间,然而,站在这一个又一个覆斗形状的土堆面前,即使站在非常昏庸的帝陵面前,我也总是沉默着。

在一个清冽的冬日之夜,我由一个农民陪着,登上了刘邦之墓。他是一个成功的皇上,不过我反对他的为人,我判定在他的身上,有一种流氓气味。古代政治以运作权术而决定成败,如斯恶劣之习惯,他是要负一份责任的。尽管我作此之想,然而我仍向这个帝陵鞠了三躬才登上其顶。天高而寒星闪烁,地平而冷风吹拂,这是我对长陵的印象。刘邦瞑目之际并不安然,虽然在他逝世之前,召集了文武百官和吕后其人,要他们到一座大庙去议事,举行白马之盟,约定非刘氏为王而诛之,但他终究担心吕后篡权。皇上之位,当然是至高的,然而至高之位并不意味着永固的幸福。刘邦担心的事情终于发生了,白马之盟遭到了破坏,这由不得刘邦。在那个冬日之夜,长陵周围的土地,白水汪汪,红光点点,农民为了小麦的丰收夜以继日地浇灌。朦胧的雾色之中,他们的身影缥缈而动,四周一片寂静。

刘邦的陪葬之墓是众多的,吕后之墓在这里,他的功臣密戚之墓也在这里。由于年代久远,坟冢的标志已经消失,很难区分谁在哪个封土之中。刘邦的所有陪葬之墓都在长陵的东边,萧何、曹参、周勃、张耳、田胜及周亚夫、戚夫人、平原君,皆陪葬在这里。迷茫的夜色之中,座座坟冢罗列如山,尽情铺排。在世的时候前呼后拥,谢世之后,仍处尊位,这便是王者的命运,普通人是绝对不能拥有的。

公元前135年春季的一天,刘邦之陵失火,到了夏季,远在辽宁的刘邦

滚滚帝陵

之庙接着失火,这使朝廷上下忧心忡忡。但董仲舒却窃喜,其原因在于,虽然他提出的天人感应为刘彻所欣赏,不过他觉得罢黜百家而独尊儒术的主张还没有落实,遂打算利用失火之机,盼刘彻推行他的观点。于是董仲舒就认为失火的问题是皇上对儒术重视不够,从而苍天降灾以惩戒。他万万没有料到,刘彻是不接受这种做法的,一怒之下,将得意洋洋的董仲舒抓进监狱,判了死罪。所幸董仲舒为著名学者,而且当时正提倡儒术,杀了董仲舒是不合适的。刘彻为了自己,便免他一个极刑。长陵当年的风貌是难以想象的,我只知道我所在的冬夜,巨大的坟冢一片荒凉,茫茫枯草在生硬的风中瑟瑟抖动。

汉武帝刘彻登基不久便开始修建他的茂陵,一直进行了半个世纪之久。他是公元前87年2月14日在周至逝世的,埋葬他的时候,茂陵已经林木蓊郁,那些粗壮之树,竟不能合抱。这是咸阳原最雄伟最威严的坟冢,我曾经多次到过这里。茂陵高达50米,站在这个孤立的突然而起的封土顶端,风总是强劲地吹着我。村舍散布,云霞低垂,行人和车辆在遥远的道路上运动。我感到这里很是寂寞很是凄楚,常常产生一种对天呐喊对地呐喊的冲动,然而,我的声音刚刚出口,便消失于蓝色的空间了。

汉武帝刘彻像

汉武帝是一位有雄才大略并富于个性的皇帝,16岁继位,71岁逝世。在他统治期间,西汉极为强盛。刚刚登基,他的政治艺术便显示出来,先是削弱其他诸侯的地位,以防谋反,继而召令各地富豪与侠客迁居茂陵,以便监视,并剥夺丞相与大臣的权力。当他在朝廷站稳之后,遂下手解决异族入侵的问题。他命卫青和霍去病抗击匈奴,以稳定北方边境,随之拓展了南方的疆域。他接受董仲舒的观点,用儒术统一思想。他派遣张骞出使西域,沟通汉族与其他民族的关系。为了促进生产,兴修水利,并采取各种措施,发展经济,充实国库。这是一个非常重视人才的皇上,他下诏要求各级官吏将各类人才推荐给他。在汉武帝时代,中国确实出现了很多军事家、思想家、文学家、外交家。他曾经严正地给自己的外甥判了死罪,外甥醉酒杀了人，他不想违背民心，便流着泪水，拒绝了替外甥开罪的人。然而人是矛盾的，这样一个威震四海的皇上，竟非常怕死，从而到处寻找益寿之药，遂难免上当受骗。好在他还能接受大臣的建议，将那些方士终于都赶走了。在晚年，他调整政策，以减轻农民的赋税和徭役。

尽管如此，他毕竟依靠其权力而穷奢极欲，决不会真正地以人为本。造他的坟冢到底花了多少人力和财力，是无法计算的。有这样一种观点，茂陵的封土全由外地运来，为了清除野草之根，这些封土都用炉烧锅炒，并以筛子去其杂质。刘彻喜欢女人，这没有什么大的问题，问题在于数千女子充斥其后宫，而且更残酷的是，他逝世了还让她们继续陪他。他指示后宫数千女子统统置之茂陵，让其慢慢老死。当年经管和守护茂陵的人竟达5000之众，这里实际上已经变成了一个繁华的县邑。然而不管怎么防范和保卫，也未能阻挡盗贼的爪子。刘彻入葬四年之后茂陵便遭掘，地宫的玉箱、玉枝、杂经，遂很快流散民间。大张旗鼓掠其财物的，当然是农民起义部队，西汉末年的赤眉和唐朝末年的黄巢，都挖过茂陵，这可能是汉武帝没有想到的。

1990年夏日的一天黄昏，我到了茂陵。我慢慢地走过荆棘丛生的小道，登上了它的顶端。我突然步入了无边无际的夕阳之中。金黄的夕阳，从远远的地方辐射过来，披挂在我身上。我是从东边攀爬的，这里当然都是阴影，不过茂陵的顶端迎着天空，于是夕阳就无遮无拦地飞翔而至。汉武帝的陪葬墓一个连一个，宁静地坐落在绿色的田野，我约略可以分清他的爱妃李夫人之墓，名将卫青之墓，霍去病之墓，还有名相霍光之墓和金日䃅之墓，其中霍去病墓苍松翠柏，一片葱茏，为纪念他而筑的馆堂，在夕阳的渲染之下金碧辉煌。霍去病先后6次出兵塞外，屡屡打败匈奴的侵犯，深受汉武帝喜爱，可惜他24岁便逝世了。皇上伤悼，建议将其墓置于茂陵旁边，并要以祁连山的形状作基。这样爱其将领的君主，在中国历史上并不多见。为此，我在茂陵向这个皇上致敬，我总是想，没有博大的胸怀和智慧的头脑，是不会这样做的。

西汉别的两个帝陵位于渭水南岸，霸陵在白鹿原，杜陵在少陵原。汉文帝刘恒，是一个比较节俭的皇上，曾经以减少税收的措施促使经济发展。修建霸陵，刘恒提出只用瓦器，不以金银为饰。霸陵是西汉帝陵之中惟一没有封土的坟冢，而且他遗诏治丧期间，不得禁止农民结婚和祭祀。我相信并非所有的君主都是作威作福的。当小人包围君主的时候，往往以为君主是小人，这是一个错觉。汉宣帝刘询，少年并不得意，他的祖父刘

汉文帝刘恒像

据由于造反被杀，不足一岁的他，受连累而被关，难得一个检查监狱的人救了他，并将他托人养大。他幼时流落民间，这使他在一定程度上是同情百姓疾苦的。登基之后，他曾经多次减轻农民负担。执政清醒而机智，赏罚分明，很有政治才能。不过皇上就是皇上，他的杜陵近乎30米高，站在其顶端，我看到云雾缭绕的陪葬之墓，如蚕产卵，既向西排列，又向东延伸。在农民耕耘了2000年之久的田野，杜陵寝殿的废墟仍有瓦砾从土中露出。在坟冢周围的广大地区，小麦长得非常稀落。几块残碑，冰冷地倾斜在墓前，它的威严已经剥蚀殆尽。修建杜陵消耗巨大，然而其结果仍是荒乱。从杜陵下来，我便回家去了，我的家在杜陵以西。在路上，我看到所有的村子都在云雾之中静默，尽管太阳在天上正常运行。这是沉沉的岁暮之时。

丧仪是人类有了组织之后才产生的。我曾经在西安半坡看到了母系氏族社会的埋葬情况，在这里，氏族成员几乎都在公共坟地埋葬。由于没有稳定的婚姻关系，人们便只关心自己氏族的命运，生死都要在一起。在半坡发掘的250座坟墓，没有发现男女合葬，也没有发现父子合葬，而且没有椁室，很显然，埋葬形式是很简单的坑埋。

到了奴隶社会，产生了私有财产，统治阶级占有一切生产资料并占有奴隶，于是他们就将王朝的尊严带入墓葬制度之中。在商代，墓上有了建筑，墓下有了椁室，而且出现了残酷的杀殉之坑。周文王之墓和周武王之墓，现在仍没有被发掘，这是很可惜的，是他们顺应潮流，取代了商代而建立了西周的统治。过去以为咸阳原上的两个坟冢是他们的，实际上并不是。1990年秋天，我登上了这两个高耸的前后对峙的坟冢，我想象着周文王和周武王创造的业绩。他们确切的墓地，是在长安县郭斗镇一带古老的高阳原，史记如此，而且沣河是流经这里的。西周富于个性的周穆王，埋葬于长安县祝村乡一带，清代陕西巡抚毕沅所立之碑，站在荒草之中，霜冻日晒，其石头都风化了。周穆王在位的时候，北方的游牧部落入侵，他不顾朝臣反对，坚持出征，且大获胜利。不过周穆王是以喜欢游历和探险名垂青史的，他远至昆仑，在美丽的瑶池会见了西母王，他们互赠礼品，互对歌曲，富于浪漫色彩。

中国长达300年的春秋战国时代，结束在秦始皇嬴政之手。统一的专制主义中央集权的封建国家，由他创建，随之，他开辟了造作帝陵的先例。秦始皇陵在临潼县，南耸骊山，北压渭水，所在位置空旷而势大。到这里来的人，或在陵前徘徊，或在陵顶眺望，总是感慨系之。

嬴政生于公元前259年，其母赵姬本为吕不韦的宠妾，赵姬结婚之前已经怀孕，嬴政实际上是吕不韦的儿子。13岁那年继位，22岁开始亲政。这是一个有才智有谋略而且心狠手辣的人，他充分利用秦国的政治和经济基础，推行扩张与兼并政策，在10年之内，消灭了其他六国，成为至高无上的始皇帝。

他的功绩是不可磨灭的。中国长达2000年的封建社会统治之术，都可以从秦朝找到渊源。中国始终保持统一的文化，他的改革措施起了主要作用。为了抵抗匈奴入侵，他动员农民及刑徒修筑了万里长城，其建筑现在依然耸立于中国北方。然而他对人民是过分了。王者以什么措施巩固他的统治，似乎都有自己的理由，不过他的措施，应该以让他的人民能够生存而且生存得日益安康为原则，否则王者便是摒弃了他的大任，重要的是，这样的王者不会长久。秦始皇便是如斯。由于他横征暴敛，人民不得安宁，反抗之火有随时燃烧的可能，这是他能感觉的。公元前210年，秦始皇出巡，行至河北沙丘一带而毙命。50岁的生命，结束在夏日的暑热之中，为防叛乱，竟秘不发丧。

嬴政刚刚继位，他的陵墓便在临潼动工了。统一中国之后，他以为功德

秦始皇嬴政像

无量，自称朕，号始皇帝，并加速和扩大其陵墓的修建，一段时间，有几十万刑徒劳动在广阔的工地上。所有的石头都来自甘泉，而木材则来自湖北和四川。1990年冬季某日，我登上了秦始皇陵。漫长的岁月之中，有过难以计数的雨水，这些雨水已经将秦始皇陵从一百余米削低至七十多米。尽管如此，我居高临下，仍明显感到它的恢宏之气与挺拔之势。这是一个四方锥形的坟冢，从下向上仰望，有三层波浪微微起伏，惟一的甬道呈现灰色，它悠悠地穿

过阴湿的斜面，仿佛一线通天。在顶部，寒风搅动乌云，骊山近在眼前，渭水沉于脚底，深厚的土地，满是越冬的小麦。小麦一直延伸在迷茫的雾中，还有一片一片的林木立在那里，树全落了叶子，暗淡失色。那是一些村子，农民的房舍尽为林木所盖。秦始皇将陵墓修建得这样高大，当然是在彰显他至高无上的权力。他活着要独霸世间，死了也要雄居冥府。在他的幻想之中，秦朝的统治是无尽的，他是始皇帝，其儿孙继位，将依次顺延为二世三世，以至无穷。作为始皇帝，他创建了一个庞大的帝国，其神圣与尊严显然要表现在各个方面，包括表现于他的陵墓。无论如何，这是一个不朽的人，他的陵墓也是不朽的风景。

秦始皇陵是以其国都咸阳为模型修建的，这符合秦始皇的性格，他贪婪得即使在阴间也要作威作福。史记，秦始皇陵的地宫堆满了珠玉珍宝，并以汞液为长河大海，以膏为烛。上具天文，下具地理。工匠制作的弓弩，会自动发射，谁走近谁便中伤。不过工匠因为知道内情而被活埋地宫，被活埋的还有那些没有生育的嫔妃，这些女子生供皇上取乐，死为皇上殉葬，生命是何等悲惨。为了炫耀自己的武功和军威，秦始皇给地下埋藏了庞大的兵马俑。1974年有农民打井发现了这些兵马俑，天下哗然，一举成为世界奇迹，各个

滚滚帝陵

国家的有权之官，有财之商，有识之士，皆欣然赏之，没有谁不惊叹此地出土的兵器与武士。史记，秦始皇陵是有殿堂的，分为寝殿和便殿，这些殿堂顶部雕琢着精致的花饰，地面铺着明亮的青石板和鹅卵石，守陵人天天走过这些青石板和鹅卵石打扫殿堂，并恭敬地侍奉死亡的皇上。

秦始皇的种种幻想都是利令智昏的结果，他自感能将国家统一起来，就能将国家掌握下去，而且他的坟冢就会随之永远完好，殊不知在他驾崩四年之后，别的一个英雄项羽便挖掘了秦始皇陵，接着关中的盗贼销椁取铜，使其体面荡然无存。

秦二世胡亥陵，在曲江池南岸和少陵原北缘，此地坎坷而凹陷，缺少那种高耸伟岸之势。继位秦始皇的应该为扶苏，然而赵高和李斯串通，伪造圣旨，拥立胡亥为王。遗憾他没有治国安邦的才能，遂作了赵高的玩偶，并被赵高逼死。不久秦朝便灭亡了，子婴以黔首掩埋了他的叔叔。我到秦二世陵去的时候，是在雨过天晴之际，我站在荒草之中，听四周一片秋虫之声，而天空则长久地排列着瓦片似的灰云。我默默吟诵司马相如的赋，其曰：

持身不谨兮，

亡国失势。

信谗不悟兮，

宗庙绝灭。

秦朝之后，是强大的西汉，其末年王莽篡权，仍以长安为国都，然而，新朝很是短命。王莽的结果是，尸解多块，死无葬身之地。东汉将国都建于洛阳，关中暂时失色。东汉之后，中国出现了数百年的分裂局面，政权更替，民族融合，到处都有称帝的人，然而总难长久。史记，此间有6个王朝在长安建都，近乎20个人为皇上，多数是少数民族统治的王朝。由于风俗和战乱，这些人死亡之后几乎都不起封土，惟西魏文帝元宝炬和北周闵帝宇文觉葬于富平县，他们都是鲜卑族人，其陵也并无什么装饰。

著名的隋文帝杨坚结束了这种长期割据的状况，他是陕西华阴人，袭父之位在北周做官，胸怀大志。公元581年，掌握兵权的杨坚，寻找借口，将皇族召集起来，并统统杀之，接着，在腥风血雨之中登基为帝，隋朝便开始了。隋文帝不朽的伟业是，他重新统一了中国，使社会安定，生活改善。隋文帝在位24年，其泰陵位于扶风县五泉乡三畤原上。夏日的阳光之中，生气勃勃的玉米和谷子葱茏一片。登上高达30米的封土，我眺望关中熟透了的土地。历史的风云远远而去，这里有一种被淘汰和被遗弃的沉寂。杨坚是为儿子杨广所杀死的，杨广急于称帝，便撕下一向伪善的面具，向父亲下了毒手。

然而他本不是王者之料，其不但嫉贤妒能，而且贪图淫乐，终于失去了江山。

唐朝出现，随之关中大地涌起最雄伟最壮阔的帝陵，而帝陵则以其宏大烘托着中国历史最鼎盛最辉煌的岁月。唐代有20个帝陵，唐昭宗和唐哀帝是这个赫赫王朝最后的风雨飘摇之际的皇上，生不得安居，死不能厚葬，他们的坟冢远在今河南的洛阳和今山东的菏泽。别的18个帝陵都在关中，唐高祖献陵、唐敬宗庄陵、唐武宗端陵、唐僖宗靖陵，皆修建于渭水以北的台原，堆土成陵，其他14个帝陵，一律依山为陵。14个陵墓实际上是14座山峰，海拔都在1200米之上。北山起伏于关中平原的边缘，翻过北山，便是广袤而神秘的黄土高原了。在长安遥望北山，只要是晴天，那些断裂的峰峦便会耸立在清澈的阳光之中。唐代的皇上就看中了北山的峰峦，那里崇高而明朗，将自己埋葬于北山，既有恢弘之魄又有永恒之感。皇上在统治人民的日子，无形之中形成了高高在上的心理，他们自命为天子，其葬身之地也都是非凡的。在关中的唐朝帝陵，西起梁山，东止丰山，连绵150公里，呈现着以长安为基点的巨大的扇形，它展开翅膀，铺排于辽阔的渭水北岸。要一个一个地登上这些帝陵，必须有顽强的毅力，它们分布在乾县、礼泉、泾阳、三原、富平、蒲城，共六县之内。其中唐太宗昭陵在九嵕山，唐高宗与武则天乾陵在梁山，唐中宗定陵在龙泉山，唐睿宗桥陵和唐玄宗泰陵皆在丰山，唐肃宗建陵在武将山，唐代宗元陵在檀山，唐德宗崇陵在嵯峨山，唐顺宗丰陵在金瓮山，唐宪宗景陵在金炽山，唐穆宗光陵在尧山，唐文宗章陵在天乳山，唐宣宗贞陵在仲山，唐懿宗简陵在紫金山。这种种生硬的岩石，并没有生长多么青翠的草木，不过它为大地所拥，为白云所绕，便迷惑了企图不朽的皇上，他们葬身于此而使之引人注目。

唐代皇上因山为陵，始于唐太宗李世民。我曾经在一个晴朗的冬日，登上九嵕山，瞻仰了气势磅礴的昭陵。中国封建社会的皇上，真正有所建树的并不多，李世民属于这不多的开明皇上之一。累累高岗包围着昭陵，站在田野之中的我根本发现不了它。通向昭陵的道路很是偏僻，漫长的斜坡全是尘土，我坐着农民的三轮车，汹汹白埃紧追不舍，我到九嵕山的时候，从头至脚，如雪如霜。这里已经是海拔1800米之上，我遥遥而望，辽阔的关中浮于阳光难以穿透的雾霭之中，阡陌细长，村子凝缩，白杨、柳树，一切草木，都落光了叶子，大地一片寂寥。然而，昭陵仍在凛冽的风中巍然挺立。厚实而枯萎的呈为灰色的野草倒伏在昭陵，使这个高耸的帝陵仿佛是用钢铁包裹起来似的。为了修路，不知道什么人将昭陵周围的岩石炸得一片狼藉，不过，它反而使帝陵显得威严并不可侵犯。

我对李世民的故事并不陌生，是他力劝其父李渊起兵图谋大举，并在唐朝建立之后，通过玄武门之变成为太子，近而逼迫其父李渊退位，自己做了

滚滚帝陵

皇上。权力之争是你死我活的，不能以简单的道德标准衡量这种复杂的人类行为，关键是，掌握权力的人使用它做什么和怎样使用它。李世民拥有权力，惟恐失去它，并担心国家灭亡。他除了在政治和军事领域加强统治之外，也非常重视人民，人民为水，水可载舟，也可覆舟，于是他对人民就轻徭薄赋，使人民得以休养和安乐。李世民对人才的重视是显然的，魏征曾经反对过他，不过他知道魏征的能力，依然让他为官。某些时候，魏征直谏，实在使李世民难堪，其中一次竟气得李世民回宫之后扬言要杀了魏征。为他息怒的当然是皇后，她穿上朝服向李世民道贺，认为魏征直谏属于忠臣，有忠臣是因为有圣主。魏征死亡，李世民十分痛心，哀其丢了一面镜子。由于李世民高明地运用其权力，并得利于一种天时地利，使唐朝在他的统治时期强大而富于活力，史称贞观之治。

公元649年4月，52岁的唐太宗死于药物中毒。他幻想长生不老，竟迷信那些神秘兮兮的方士之术。治丧到了夏天，他才葬于昭陵。从长安至昭陵，60公里的路程，不管是步行还是马运，都很艰难，然而，千年之前的唐人就是这样为皇上送殡的，那是一支非常庞大而肃穆的队伍。走在昭陵南部广阔的原野，我看到大大小小的陪葬之墓坐落在冰凉的阳光之中，农民在那里栽种果树，浇灌小麦，气氛是沉闷的。史记，昭陵的陪葬之墓有188座，占地30万亩，这使我惊异那个凄凉的冬日自己竟久久在一群坟冢之间奔走而不觉疲倦！

乾陵是唐高宗与武则天的合葬之墓，耸立在独特的梁山，终年人来人往。位于乾县的梁山有三峰，最高而最峭的北峰是乾陵的主体，其他两峰，一东一西，对峙之势仿佛门阙，浑圆之状俨然乳房。10年之前，我读大学，随着同学攀爬过乾陵。立于梁山之巅，我在秋风之中举目顾盼，不见其脉，不见其岭，只见漠漠田野空旷着向天边延伸，从而猜疑梁山是唐人用石头堆砌的，不然它怎么如此孤独，遂对皇上表示憎恨。实际上梁山货真价实，它是逶迤的北山的一支，是北山顶天立地的惊叹。唐高宗和武则天将葬身之地选在这里，智慧之中藏着滑稽，游戏之中含着严肃。人生如此，确实如此。

唐高宗李治，是一个平庸的人，继位之后，没有多少作为。不过他恋武则天，并将武则天封作皇后，这改变了他的命运，也使唐朝从辉煌走向辉煌。人对乾陵的兴趣，主要是对武则天的兴趣，由于武则天是唐高宗的妻子，他也随之驰名。武则天的父亲是一位木材商人，也认识李世民。其女儿聪明美丽，为唐太宗所悦，便收其入宫。一天，李治见了她，很是喜欢，遂悄悄以观鱼调情。可惜唐太宗驾崩，武则天随之出宫为尼，显然前景黯淡。好在她得到了李治之爱，先将其封为昭仪，后将其封为皇后，从此，她开始参与政治。武则天是中国历史上罕见的具有政治气魄和政治艺术的女人，唐高宗活着的时候，她能取而代之，唐高宗死了之后，她竟连续废掉继位的唐中宗和唐睿宗，自己做了女皇上，从而名正言顺地行使权力。称帝那年，武则天已经66岁。在中国历史上，女人掌握国家权力的，唐朝之前有吕雉，唐朝之后有慈禧，她们皆不如武则天敢于称帝。武则天在位只有15年，可她有效统治中国的时间却近乎半个世纪。在这半个世纪，社会安定，经济发展，少数民族与唐朝的关系得到改善。史记，当时全国的户数竟增加了一倍。

武则天心狠手辣，这既是秉性又是需要。为了让唐高宗废掉王皇后，武则天做了很多手脚。她亲手掐死自己的女儿，随之诬赖王皇后，骗得唐高宗非常生气。接着，武则天做了一个木偶，明指皇上，并给木偶扎满钢针，放于王皇后床下，唐高宗见了更是愤怒。不久唐高宗便废掉了王皇后。在乾陵，有众多的陪葬之墓，其中两个是太子之墓。章怀太子是武则天的儿子，作为学者，他注释汉书，抨击了汉朝吕雉临朝与外戚专权的现象，武则天认为这是影射她，遂遭怨恨，不久武则天便以私藏武器与阴谋政变为由，流放太子并逼他而死。懿德太子是武则天的孙子，由于他议论武则天私通而被武则天处死，年龄不足20岁。武则天对其骨肉都是如此，何况对他人，何况对百姓。不过，武则天确实是重视人才的，她每年举行一次科举考试，并亲自出题，把及第的进士召到殿堂提问。她三令五申，要各级官吏举荐人才。乾陵的无字碑是绝妙的，这个在烟云之中站立了千年之久的石头，永远给人以遐思。武则天临终的智慧，将这个石头擦磨得如此光滑和明亮。

丰山是唐睿宗和唐玄宗的葬身之地。唐玄宗称帝的时候，经常拜谒唐睿宗桥陵，丰山的龙盘凤翔之势使其欣赏，遂吩咐左右，他千秋之后宜于此处。事情就这样进行了，泰陵成了他的冥府。处于鄂尔多斯台地南缘的丰山，它的天空多是晴朗的，桥陵与泰陵，拉开30公里的距离各占一个峻岭，威风凛凛，气贯长虹。我曾经披着夜幕徘徊泰陵，闪烁的星辰之下，泰陵如岗如岸，凝然而默然。在它前面排列的所有石人都丢掉了头，这是住在附近的农民砸毁的，他们认为这些石人永远望着自己的窗口很不吉利。唐玄宗在位发生了安史之乱，到了阴曹仍不安宁，这真是他的不幸！我登桥陵是在清晨，这个平庸皇上的坟冢沉浸在金黄的霞光之中，整个峰峦一片宁静。农民正在修路，庞然的石狮张着巨大的嘴向我笑着，不过我心事重重，不想理它。一丛一丛的干草，铺垫在桥陵风化了的岩石之间，踏着长长的斜坡，我产生了奇异的感觉：它竟是空洞的，我踩出了一串鼓声。

李渊是唐朝的开国皇上，唐高祖献陵坐落在三原县徐木乡。1992年12月20日，我来到献陵之顶。阴云笼罩，黄土漫延，冰冷的野风挟着尘埃在我周围流窜，我感到形

唐高祖李渊像

滚滚帝陵

单影只。史记，献陵是在李渊死后才造作的，初有寝宫，然而公元815年农民起义将这里的建筑烧毁了。那时候，李渊的子孙仍为皇上，不过他们也无可奈何！我在冬日所看到的帝陵已经破败不堪，枯萎的野草成了黑色的块状，封土之上，布满了野草腐烂的斑点。农民将桃树种在帝陵，野风早就扫荡了它的叶子，桃树的枝干扭曲而凌乱。几乎没有什么标志在这里，惟有那个清代巡抚毕沅所栽的碑石，不过它也倾斜了。远处还有一个孤独的石马，它远远地站在荒凉的田野，暮色之中，无声无息，伤感如我。

附记：1990年至1992年，两年之间，我独考帝陵。公交车只到县城，偶尔到镇上，我赴帝陵遂坐农民的拖拉机，所谓嘣嘣车也，也常常步行。仅有少数帝陵迎客，多数帝陵无人问津，然而我愿见识。我便这样走了一个又一个，走了一世又一世，意象是帝陵盘踞大地，滚滚而来，滚滚而去。之后也还独考帝陵，以交通的发展，确实方便了。现在，秦始皇陵仿佛换上了盛装，汉景帝阳陵有了遗址博物馆，隋文帝泰陵属于杨凌区了，乾陵一片焕然。不错，都不错。

周 陵

周陵通常指周文王之墓和周武王之墓，周公是圣人，他的墓也可以列入其中。周成王不敢以周公为臣，周公逝世，遂使其靠近文武而葬。那么周陵在何处呢？

我曾经按图披籍，索其坟冢，在咸阳市渭城区周陵乡周陵村看到了周陵。它们一南一北，相距百米，南为周文王陵，北为周武王陵，皆有毕沅所立其碑。毕沅是江苏太仓人，以科举考试的形式为清政府录用，并为乾隆青睐。清高宗乾隆三十八年，1773年，任毕沅作陕西巡抚。为官一度，除了处理公务，他走遍三秦山川河流，勘察胜迹，收集金石，撰以为书。其人并非附庸风雅，相反，他是真正喜欢学问，对经史诸子多有研究，终于著作等身。陕西几十座帝王之陵，无不有他所树之碑。昔日守土之臣，比肩接踵，然而得以留名的总是十分寥落。凡流芳者和传颂者，当为立德立言之士，立功也可以留名，不过其功必是修路架桥或营造水利之类的千秋万岁之功，急功短利是不行的。毕沅是尊重和维护文化遗产的人，而且颇为奥博，可惜他为周文王和周武王树碑有误。

毕沅之错是有缘故的。一直以来，方志野史或其他著作，皆认为周陵在毕，正确。然而毕有二：其一是渭水以南的杜中之毕，其一是渭水以北的毕原。毕沅显然放弃了杜中之毕，选择了毕原，他说："文王陵在咸阳县北一十五里毕原上。"又说："武王陵在文王陵北。"又说："周公墓在文王墓东。"这便错了，而且以讹传讹，竟产生了乡名周陵乡和村名周陵村。所谓杜中之毕是司马迁所断，其毕指终南之道。颜师古有言："毕陌在长安西四十里。"诗曰："终南何有？有纪有堂。"纪为基，堂喻毕道平正如堂。周文王作丰

周陵

邑,丰邑在镐水西,周武王作镐邑,镐邑在丰水东,其去25里,这一带当为周之本营,在兹祭祀祖宗非常合适,所以周陵当在此地。遗憾毕沅不以为然,纰漏一处,便荒谬几世。

有考古专家发现,毕沅所立碑之周文王陵,是秦惠文王公陵,周武王陵是秦悼武王永陵。当然对此还有待充分资料的证明,不过它们显然并不是周陵。实际上自宋以降,如是两座秦王陵便一直差之为周陵,并修建祠堂以祭祀。明清之际,反复修葺,逐渐扩充,遂有文王坊、戏楼、献殿、过殿、后殿。规模宏大,望之巍然。按礼,明清以来,朝廷以时会遣重臣率守土之臣向文武行祀。毕沅尝向乾隆皇帝报告:因为公务经过陕西各府、各州及各县,凡见帝王之陵必下车拜之。想起来,他一定是要拜周陵的。可惜他拜的是秦王,别的大臣也都拜了秦王吧。孔子曰:"非其鬼而祭之,谄也。"明清之臣,包括毕沅,显然不是向秦王求媚,不过若有灵在,那么文武尴尬,秦王遂会窃笑的。

周陵在杜中,杜中在丰镐一带。不过一再探查并挖掘,周陵都迟迟不现。周陵应该是中国重要的文化遗产,然而它究竟在哪里呢?

当年凿昆明池,出现了很多黑物,汉武帝不知道此为何,很是困惑,有大臣便问东方朔。东方朔佯装不明白,答其西域胡人知道,可以问他们。大约200年以后,汉明帝时,有胡人指出黑物是"劫烧之余灰也"。什么时代的劫烧呢?谁制造的劫烧呢?西域胡人又怎么知道是劫烧呢?丰邑和镐邑,或有周陵,皆在劫烧之中吗?也有论者指出,是凿昆明池沦陷了周的故都,并沦陷了周陵。还有论者认为,秦始皇在丰邑之间营造其宫就已经毁了周的遗存。总之有一点神秘:周陵消失了。

秦始皇陵

时隔 20 余年,我第二次赴秦始皇陵考察,以看一看世事的变迁在这个坟冢上是如何反映的。秦始皇留下了一串遗产,这个坟冢也是。日有百忙,然而我仍不禁会常常想到它。想什么不可以,何故秦始皇陵要反复浮现我的脑子呢?连我也觉得奇怪。

第一次所见的秦始皇陵略呈锥形,其渐然隆起,遂下大而上小,存四方之廓。没有树蔽,便作斜的裸面,显得有一点丑。迎风之处,枯蓬飘摇。然而伸眉而观,它照旧不失高耸之象。顶部总体平坦,不过也陷深深浅浅的坑洞,足迹久叠,已经像夯实且光滑的碾麦场或篮球场了。

我留下的文章有一段是:

> 1990 年冬季某日,我登上了秦始皇陵。漫长的岁月之中,有过难以计数的雨水,这些雨水已经将秦始皇陵从一百余米削低至七十多米。尽管如此,我居高临下,仍明显感到它的恢宏之气与挺拔之势。这是一个四方锥形的坟冢,从下向上仰望,有三层波浪微微起伏,惟一的甬道呈现灰色,它悠悠地穿过阴湿的斜面,仿佛一线通天。在顶部,寒风搅动乌云,骊山近在眼前,渭水沉于脚底,深厚的土地,满是越冬的小麦。小麦一直延伸在迷茫的雾中,还有一片一片的林木立在那里,树全落了叶子,黯淡失色。那是一些村子,农民的房舍尽为林木所盖。

第二次至秦始皇陵,竟有焕然之感。坟冢悉笼松柏,遍体为绿。其多少

秦始皇陵

秦始皇陵

导致了一种视差,因为看起来它下圆而上尖,仿佛标准的锥形了。陵的北面为正,人多在此盘桓。青石筑磴,以作踏道。一级一级地走上来,有平台昂然,也咸为青石所铺。陵前有新立的碑:秦始皇帝陵。碑檐若冠,书为大篆。尽管很是考究,不过总体显得低调。碑后与陵前之间的地界植有草坪,其整齐,幽静,透着一些寂寞。穿过草坪就可以登上陵的顶部,不过松柏密种,无径可循。看起来也没有谁要去顶部,也禁止这样做。

初有火烧,屡遭徒盗,牧者放羊,骚客任践,两千余年,一直荒弃之墓,摇身猝为幻影一般的漂亮。给老魔施以粉黛,老魔遂为怪物。

我不以为打扮秦始皇陵的人别有深意,也许他们只是要卖钱。然而天力和人工所塑造的一种自然的秦始皇陵之容貌,大约也不会影响它卖钱吧!当然,禁止登上陵的顶部是应该的。

赤身的秦始皇陵象征着一种历史批判,以保护之名美化它,也会表达一种态度。文化遗产固有之丑,不妨碍其为遗产。不随便动它,才显示这种遗产的价值。有的东西,即使要卖钱也不能美化它。如果有一天污垢可以卖钱,那么便把污垢加以包装,置于透明的瓶子里让人欣赏,这行吗?也太糊涂,太势利了吧!

多年以后,秦始皇陵的松柏将枝叶峻茂,如此光景,难免以示对秦始皇的一种敬拜。问题是谁在敬拜秦始皇呢?两千余年,中国人一直把他断为罪大恶极的暴君。文武盛地,曾经有封建社会的衮衮知礼之臣于斯守土治民,他们也无一给秦始皇陵培土种树。秦始皇受到了修陵的待遇,一定会在地狱偷着乐吧！

把秦始皇陵建成秦始皇陵遗址公园无错，把秦始皇陵遗址公园和秦始皇兵马俑博物馆整合为秦始皇帝博物院也有道理，此举会增效发挥旅游资源，使产业兴旺。为了达到如此目的，可以巧妙设计，或随物赋形，或给陵的周边种树栽花，植以草坪。也许这就足够了，有意味了。保持坟冢固有的破败之相，把破败的坟冢专门留下，不但不影响提升它为遗址公园，而且能催人之思，给旅游以精神的高度。墓地文化，多一木也有文章，少一土也有文章。即使这是伟大的生态需要，我也认为它不缺此坟冢之松柏。遗址公园的遗址与公园，应该以遗址为重，公园为轻。扩大公园的元素就是削减遗址的元素，使遗址与公园的比例失度，更是不当。

秦始皇帝陵

秦始皇陵遗址公园南北长2220米，东西宽1010米，占地面积2.26平方公里。村子皆迁，用砖垒的围墙爬坡沿沟，使其处于封闭状态，不过遗址公园也留下了我在1990年曾经远远看到的属于村子里的一片一片的林木。我乘电瓶车，顺着环陵通道，近距离地目击了几代农民所种的椿树、国槐、罕有的构树、挂着红果实的柿树，以及连行成亩的石榴树。秋天的黄昏，天长霞绚，地旷雾白。到了春天，这里的树会怎么样呢？苏颋说："可惜庭前树，无人也作花。"草坪太洋气了，太像移植的公园了。

秦始皇陵的风水在乎依骊山所营，衬托其高，追求不朽。以作者之意，秦始皇陵与骊山实际上是融为一体的。不料中国人在21世纪初，用锐利之器修了一条切断骊山与坟冢的公路。汽车方便跑了，不过墓地也闹了起来，尤其是风水遭到了流失。1906年到1910年之间的某天，日本学者足立喜六骑马考察秦始皇陵，惊叹在20里以外也能看到它。1990年，我惊叹在5里以外还能看到它。世事剧变，今之人对此大约是难以想象的了。

秦始皇有一功是万世之功，有一过是万世之过。他在公元前221年统一了天下，并使中国人形成了一种观念：中国统一是正常的，分裂是不幸的，尽管会有分裂，但求得统一却是谁都不敢反对的民族意志。此其功。他推行的焚书坑儒政策，把自己永恒地钉在了耻辱柱上，因为他开了阻止言论自由和迫害知识分子之先河。此其过。正是因为这一点，我在感情上难以接受对秦始皇陵的美化。

秦始皇丧命入土以后，代有谔谔之士借其陵之奢华谴责他。司马迁曰："始皇初即位，穿治骊山，及并天下，天下徒送诣七十余万人，穿三泉，下铜而致椁，宫观、百官、奇器、珍怪，徙藏满之。令匠作机弩矢，有所穿近者辄射之。

秦兵俑头

以水银为百川江河大海，机相灌输。上具天文，下具地理。以人鱼膏为烛，度不灭者久之。二世曰：'先帝后宫非有子者，出焉不宜。'皆令从死，死者甚众。葬既已下，或言工匠为机，藏皆知之，藏重即泄。大事毕，已藏，闭中羡，下外羡门，尽闭工匠藏者，无复出者。树草木以象山。"班固曰："始皇死葬乎骊山，吏徒数十万人，旷日十年，下彻三泉，合采金石，冶铜锢其内，漆涂其外，被以珠玉，饰以翡翠，中成观游，上成山林。为葬薶之侈至于此，使其后世曾不得蓬颗蔽冢而托葬焉。"张华曰：

"始皇陵在骊山之北，高数十丈，周回六里……"郦道元曰："项羽入关，发之，以三十万人，三十日运物不能穷，关东盗贼销椁取铜。牧人取羊烧之，火延千日不能灭。"

窃以为其言难免夸张，但厌恶之气冲冲向天却是真的。对秦始皇苛政之讨伐，已经变成滚滚的传统。天不可违，地不可违，土之心不可违。

汉文帝霸陵

霸陵葬汉文帝，在白鹿原北崖一隅，发现极难。我 32 岁那年，走关中诸朝皇帝陵，曾经一一登临汉陵之巅，惟霸陵未见，是因为寻找不到它。

心有不甘，遂在 2010 年再觅。注意到专家的意见，霸陵在白鹿原北崖的凤凰嘴，向南距其母薄太后陵大约 4500 米，向东南距其妻窦皇后陵大约 1900 米。薄太后陵与窦皇后陵皆堆土为丘，拔地而起，十分易得，白鹿原北崖的凤凰嘴也非常明确，然而还是看不出汉文帝陵。也知道它在今之西安市灞桥区席王街道毛窑院村南侧，可惜循路而至，白鹿原北崖扑面而来，草木以一样的颜色蔓延覆盖，仍看不出何为汉文帝陵。霸陵难觅，是由于它凿白鹿原之峭壁为墓，沟壑纵横，岭起岭伏，没有坟冢之异形。

忽然看到在一个谷口的坪坝上，立有汉文帝霸陵之碑。我遂局限了范围，接着用目光一梁一梁地仔细搜索，终于锁定了霸陵。比较周边之岭，霸陵崭然厚重且壮阔。汉文帝逝世之前下诏曰："霸陵山川因其故，毋有所改。"意思是，白鹿原北崖本是什么样子，就保持什么样子，不要动。其非人所筑，遂很是隐蔽，不过切切甄别，霸陵仍显出它的异形。虽然极难，不过还是寻找到了。

环顾四野，方圆数里，除我之外，这里没有任何人。只闻一家企业的守门狗昏庸地叫一声，歇一声，真是一种应该诅咒的陋习。汉文帝霸陵在秋日的黄昏里，弱光残照，荒凉寂寞。晚风渐起，白鹿原有水落石出一般的宁静。

汉文帝刘恒好道，学习黄帝和老子的思想，以此大智慧治国遂具烹小鲜似的愉快。不追求社稷之丰伟，社会便充满轻松的呼吸。体谅农民之苦，一再卸其负担：汉文帝前元二年，公元前 178 年，下诏赐当年田租税的一半，

汉文帝霸陵

汉文帝前元十二年，公元前168年，又下诏尽免田租税，从而把过去的十五税一减少到三十税一，并成为汉的定制。他还指示逐渐减少农民的其他赋役。汉文帝后元六年，公元前158年，发生旱灾和蝗灾，他便命令解山泽之禁，允许农民自主开发，以补贴生活。当然还放粮救济百姓，也不让诸侯进贡。

汉文帝颇为宽容，废除了相坐法，罪犯不再连累亲属一并受罚，又废除了诽谤妖言法，以鼓励直谏，接受批评，又废除了肉刑法，防止了惩处的残酷和惨烈。

汉文帝深谙世故，即皇帝位，接受有司建议，立刘启为太子，接受薄太后建议，立太子母窦氏为皇后，悉对天下之人有表示，其或大赦，或赐爵，或赐鳏寡者、孤独者、穷困者，或80岁以上之老者与9岁以下之幼者，每人一定数量的布帛米肉，甚至天下之人可以连酺数日，几近狂欢！感激一批朝臣和列侯所拥戴，其按他们功勋的大小，奖励了太尉周勃、丞相陈平、将军灌婴、朱虚侯刘章、襄平侯纪通、东牟侯刘通，封刘揭为阳信侯。不忘其在代国的旧臣，有的封了侯，有的擢官至九卿，各得其禄。也不忘汉高祖的老臣，当加封的加封，当提拔的提拔。如此世故，也是有文化的表现。

汉文帝谦逊，经常反省自己。初有司建议立太子，他说："朕既不德，上帝神明未歆享，天下人民未有嗛志。今纵不能博求天下贤圣有德之人而禅天下焉，而曰豫建太子，是重吾不德也。"两年以后发生日蚀，便联系自己之不逮，说："人主不德，布政不均，则天示之以灾，以诫不治。"当皇帝

14年，蓦地觉得祠官总是为他祷告，遂惭愧，说："夫以朕不德，而躬享独美其福，百姓不与焉，是重吾不德。其令祠官致敬，毋有所祈。"匈奴和亲，国有安宁，不过他仍感到自己德薄，甚至崩前还认为自己不德，无以给百姓帮助，不要百姓为他久哀。

对汉文帝的德行，司马迁赞曰："汉兴，至孝文四十有余载，德至盛也。"班固也赞曰："专务以德化民，是以海内殷富，兴于礼义，断狱数百，几致刑措。"

汉政府以有文帝这样的政策，又以景帝继续执行这样的政策，仅仅39年，进入了武帝时代，汉帝国稳定而强大，成为盛世。小时候受到的一种教育，误以为皇帝都是坏的，反动的，都应该打倒。实际上皇帝也有优秀的，进步的，遂想在皇帝的统治之下，也有奇妙！汉文帝就是一个对人民颇为慷慨的领袖。他的人民，应该会感觉到他的存在、亲和、温暖。

当年秦穆公改滋水为灞水，在乎彰其霸功，并筑其宫，谓之霸城，这大约便是霸陵得名的由来。或曰：灞水经过白鹿原，汉文帝葬于它的半坡，谓之霸陵。

明沈周所绘灞桥风雪图

隋文帝泰陵

在杨凌农业高新技术产业示范区参加文学活动,事毕,便径赴隋文帝泰陵。岁末,2011年12月4日,这样的时候,一般都忌讳野奔,可惜我情发难禁,执意而行。寒流不要紧,惟大雾漫道,司机略有紧张,并数次给黄昏打光。

隋是一个短暂的王朝,只存二世,共38年。不过有隋出现,确实是中华民族的幸运。隋文帝开皇元年,公元581年,杨坚登天子位,不以坐半壁江山为满足,恰恰相反,胸存壮志,要平后梁,灭陈。他励精图治,积累实力,准备统一天下。

到隋文帝开皇七年,公元587年,隋平了后梁,接着讨陈。到隋文帝开皇九年,公元589年,下诏发兵八路,51.8万将士横亘数千里,进攻建康,今之南京,陈的国都。俘陈后主,陈亡。从公元317年到公元589年,总计274年之南北分裂局面,悠然结束。

秦始皇结束的是诸侯国导致的分裂,隋文帝结束的是北方诸族政权与汉族政权的分裂,统一的意义都很重要,不过彼此还有区别。氐、羌、羯、匈奴、鲜卑,所谓的五胡入主中原所造成的分裂,原因复杂且深刻,统一起来也很难,然而隋文帝做到了。隋文帝的统一,不但否定了南北各自为主之势,扭转了历史的方向,而且强化了中华民族统一的意识。自隋以后,中国再无长久的分裂,这不可能没有隋的影响,不可能没有在隋的基础上诞生的唐的影响。在此我认为,隋文帝是一个伟大的人。

隋文帝泰陵在渭河北岸的三畤原上,古者祭神之处。隋文帝仁寿二年,公元602年,独孤皇后薨,葬这里,两年以后,隋文帝崩,也葬这里。泰陵是合葬坟冢,同茔而异穴。史记其高五丈,周回数百步。今之专家勘测其初筑有城垣，现在所存残墙，东西横距592.7米，南北纵距628.9米。其陵为覆斗形，底部东西长155米，南北长153米，顶部东西长42米，南北长33米。

杨坚是弘农郡华阴人，今之陕西华阴一带。其父杨忠从北周太祖宇文泰起义，曾经得鲜卑人的姓普六茹氏，官至大司空，封隋国公，然而这毕竟是鲜卑人的政权。杨坚出生于西魏文帝大统七年，公元541年，质性深沉严肃，素有凛然难犯之威。以父之荫庇，以自己的奋斗，在北周上层社会颇有出息，封大兴郡公，又袭隋国公，可谓飞黄腾达了。不过他的命运显然还存大贵之机。

隋文帝杨坚像

有三个女人总体是杨坚的福星。其母吕氏从善如流，敢交刚刚出生的杨坚于佛教徒养之别馆，因为有尼发现杨坚甚异，不可处于俗间。其妻独孤皇后为鲜卑人，长养皇亲之家，14岁嫁杨坚，不但温柔恭顺，洁身自好，而且天资果敢，具政治直觉。杨坚有一度总损北周朝政，不过也危机四伏，当是时也，独孤皇后指出："大事已然，骑兽之势，必不得下，勉之！"是要他立即行动，登天子位，以成大业。其女杨丽华嫁北周皇太子宇文赟，一旦宇文赟继承大位，为北周宣帝，她便是皇后，杨坚也就由亳州总管拜为上柱国、大司马。北周宣帝宇文赟崩，杨丽华所生儿子宇文衍即天子位，为北周静帝，她便做了皇太后。静帝只有6岁，杨丽华及其父遂居禁中辅政。实际上杨坚已经假以黄钺，为左大丞相，百官皆听命于他。大约是在此刻，独孤皇后鼓励他采取措施，杨坚的同僚也支持他干。以宇文氏诸王有异况，杨坚遂剪除诸王，接着北周静帝禅让，杨坚便在长安城临光殿即皇帝位，国号隋。有学者认为，从来得天下之易，没有像隋文帝这样的，诚然，诚然！

隋文帝也是非常残酷的，即皇帝位，他便尽杀宇文氏王子王孙六十余人，并暗害其外孙北周静帝，以彻底斩断鲜卑人的复辟之途。但他却又多少害怕独孤皇后，甚至常常受制于她。杨坚与独孤皇后初婚感情相洽，发誓不会有异生之子，此含他不近美色之意。然而杨坚为皇帝，怎么可能无宠幸之举呢？问题是独孤皇后妒忌之心甚重，管制太严。有一年隋文帝在仁寿宫见一位少女极妙，便宠幸有加，遗憾独孤皇后获悉此情震怒，竟用阴谋杀了她，这几乎让隋文帝痛苦得发疯。

独孤皇后似乎对纳妾极为敏感。太子杨勇其他还都优秀，就是喜欢美色，有嫡妃元氏，他又纳妾，尤爱云妃，这难免牵动独孤皇后的某根神经，遂厌恶杨勇。恰恰嫡妃猝死，她猜疑是杨勇所干，便起废立皇太子之意，从而向隋文帝进言，让其换太子。杨勇之弟杨广为晋王，早就觊觎皇太子之位，遂勾结大臣杨素共谋。隋文帝信任独孤皇后，也信任杨素，他们都诋毁杨勇，于是隋文帝就废杨勇，立杨广为皇太子。可惜杨广一旦当皇帝就恣意享乐，劳师远征，很快隋便亡。

我在杨凌区所辖的五泉镇的田野看到了泰陵，农民种桃，种葡萄，种庄稼，已经得寸进尺地种到了坟冢的脚上。坟冢不失雄厚，只是风摇枯蓬，显得又芜杂，又荒凉。沿一条曲径一步紧一步地登临顶部，顿感空气冰冷，不过我还是走了几圈。顶部总体平坦，然而也有深深浅浅的坑，深深的坑尤为可疑，不知道是否是盗贼留下的。还有一个混凝土墩子，难道这里尝有什么建筑？附近久居农民，朋友指点着四方说："那是双庙坡村，那是王上村，那是崔家村，那是杨后村！"大雾弥漫天地，染物悉白，不见村子。朋友转身面南，指点着说："远方是渭河，过渭河再向前就是秦岭。"天地渺茫而灰，他的声音像一个石子落在了大海里，连一个浪花也不溅响。

隋文帝陵就是杨陵，杨凌为杨陵所改。

隋文帝泰陵

唐玄宗泰陵

唐玄宗泰陵在渭河北岸的金粟山，在此观其气象，抚其石刻，一而再，再而三，也没有什么特别的意思。

唐之伟大，主要是在唐太宗、武则天和唐玄宗治下达成的，于斯也有震荡，不过社会的总体发展是蒸蒸日上。

唐太宗执政23年，任贤纳谏，轻徭薄赋，为唐的繁荣打下了基础，他也以德名世。

武则天决定百司之命41年，包括当大周神圣皇帝15年。这是一个世间罕见的女人，兼能力与暴力于一身。她的执政也是中国封建社会在唐所孕育的一个怪胎。基于有唐太宗打下的基础，在她治下，社会仍处于发展状态。武则天以奇名世。

唐玄宗执政45年，凡唐的皇帝没有谁像他这样久坐龙椅的。在唐殇帝和唐睿宗短暂的过渡之后，权归年轻志昂的唐玄宗，整个社会有一种复活的舒畅，甚至是焕发了青春。在唐玄宗领导下，疆域开阔，生产跃进，天下户数增加到8412871，人口数增加到48143690，以海内富庶，行万里路，可以不持寸兵。唐玄宗开元二十五年，公元737年，一国之内死犯共58人，几致刑置。艺术创作繁荣，宗教宽容，国际威望甚高，确实是到了极盛。不过也是在他领导下发生了安史之乱，唐缓缓而衰。当然，治乱时也，存亡势也，社会的变迁并非由某个人能决定。唐玄宗以风流名世。

唐玄宗伟岸潇洒，多才多艺，尤懂音律，善八分书。其当皇帝，对群臣并非总是摆一张冷脸，一味的肃然。初即天子位，他便登承天门宴请百官，并令左右向承天门广场撒钱，让诸司三品以上和中书门下五品以上群臣竞赛而得。之后还召群臣聚会太极殿，赐以种种礼物。有一次过生日，唐玄宗在兴庆宫花萼楼宴请群臣，群臣快哉，便提出以八月五日，他的生日作千秋节。又一次过生日，唐玄宗仍宴请于兴庆宫花萼楼。百官贺之以礼，他也赐百官铜镜、珠囊、缣彩或束帛，并欣然赋八韵诗。之后一直保持宴群臣之雅兴：开元二十八年于兴庆宫勤政楼，天宝十三载于兴庆宫跃龙殿门，天宝十四载于兴庆宫勤政楼。有时候他还自己奏乐，极欢而散。唐玄宗好在骊山度假，在太白山凤泉汤沐浴，当然更好在华清宫沐浴。他偶尔也赴渭河一带狩猎。

唐玄宗会欣赏女人，也颇为钟情。武惠妃是武则天家族的姑娘，随例在小时候便入后宫。唐玄宗即皇帝位，她遂渐承恩爱。其少而婉顺，长而贤明，贵而不恃，谦而益光，又生子生女，可惜年四十余而薨，使唐玄宗久久哀伤，甚至后宫数千，他也寻找不到一个新的可意的女人。

杨贵妃倒是让他一见大悦的，是因为此女人丰艳凝润，有绝世之色。其对音律之通，歌舞之精，也符合唐玄宗的趣味。杨贵妃也很聪明，善于撒娇，有小性子，小脾气。一旦宠幸，便如胶似漆，尽管唐玄宗年逾五十或几近六十了。以喜欢杨贵妃，也便喜欢杨贵妃的三姊，并封她们为韩国夫人、虢国夫人、秦国夫人。有一年此三姊在三月三日上巳节于曲江池踏青，濯其足，以祓除不祥，唐玄宗恐杨玉环三姊饿肚子，还派近臣送珍馐给她们，真是骚情得不知老之将至。唐玄宗和杨贵妃之间的小矛盾和小别扭也很有意思。天宝五载，公元746年，杨贵妃以忤旨遭逐，居堂兄杨铦宅。贵妃不在，竟使唐玄宗情绪大坏，半日不思饮食，迁怒左右，高力士知道皇帝之病，便奏请迎接贵妃。夜返椒房，贵妃伏地谢罪。唐玄宗早就既无怨气，又无怨言，遂赶紧抚慰他的亲。天宝九载，公元750年，杨贵妃又以忤旨遭逐。贵妃刚刚离开，唐玄宗便又懊悔了，立即派近臣送馔给她。见御膳，贵妃也泣声道歉，并剪秀发一绺请近臣献上。唐玄宗捧贵妃秀发，慨然惊惋，立即指示高力士召还他的亲。安史之乱，唐玄宗弃长安避难，发生马嵬驿事变，唐玄宗不得不向贵妃诀别。贵妃在佛堂缢死，匆匆入土。失杨使唐玄宗产生了各种各样的痛，常常念

杨贵妃像

之。自蜀归长安，唐玄宗便密令近臣择地改葬杨贵妃。近臣掘墓，获取杨的一个香囊送上，唐玄宗视其为贵妃的遗物，望之凄怆，并令画师绘图挂于墙壁，朝夕注目，眷眷之情深矣！

对唐太宗、武则天和唐玄宗，历史学家的评价会有历史学家的道理，不过若让现代人选其所喜欢的国之元首，我以为唐玄宗的得票会最多。尤其是女选民，也许她们将会像选丈夫一样把票投给唐玄宗。实际上社会的发展是向人性倾斜的。唐玄宗不仅仅具备了一个皇帝应该具备的雄霸、威严和谋略，也具备了一个人应该具备的率真及其对生活的热忱。他觅女人不是仅仅出于欲望，相反，他是钟情的。他的魅力显然超越了唐太宗和武则天，并将成为有唐一代最有影响的皇帝。

三赴泰陵，是 2012 年 10 月 12 日，由我大学一个同学作陪。他是当地人，说："唐玄宗泰陵在蒲城县东北 15 公里处，以山为陵，山是金粟山，海拔 716 米，可惜多次被盗。

金粟山的大势在坐北向南，成环拱之形。它属于五龙山之余脉，自西南向东北延伸过来。以风水之优，唐睿宗用丰山为陵，唐玄宗用金粟山为陵。下午 3 点 19 分，阳光倾泻，天空透蓝，我在几千米以外便看到金粟山的点点白石和白石之间的黄茅。金粟山几乎全裸，草无一茎之绿，木无一棵之生。

当年这里有寝园，城垣之内面积足有数十里，青龙门、白虎门、朱雀门、玄武门，四方而开，筑有阙楼、献殿和便殿。然而这一切，现在皆荡然而湮。荒野之中，惟有神道两边的石刻惶然残存。附近有两个陪葬墓，一是元献杨皇后的，唐肃宗之母，母以子贵，薨而先葬细柳原，后祔葬于泰陵，一是高力士的，在椿树镇所辖的西山村。

唐玄宗泰陵

唐玄宗泰陵刻石

我从左至右，一一数了神道两侧的石刻。枯蓬掠膝，黑刺扎袜，尘埃随移步而如烟起扬。左17件，右10件，全者寥寥。一华表全，其高4.5米，莲花座，八棱柱，遍体草纹，顶部镌宝珠。二獬豸全，它为灵兽，素有辨别曲直之功。一鸵鸟全。此禽初由吐火罗献，有祥瑞之兆，以其石刻始置唐太宗昭陵，遂为传统，表示唐的声威远被，天下顺服。此鸵鸟高1.45米，宽1.93米，厚0.45米，头扭过来贴其翅，羽丰态和，颇为生动。二马全，二文臣武将全。唐玄宗执政，用人特点在文用汉，武用胡，所以这里的文臣握圭，武将持剑，皆长袍高冠，可以一窥唐之正装。

登金粟山，在半坡拣了一块干净的白石坐下小憩。大地空旷，田间种花椒、苹果、柿子，在靠近泰陵的荒野尽种柏，生者翠，死者灰。枯蓬蔓延，偶有野雉纵身出草而远飞，长鸣如哭。问："唐玄宗没有料到他竟是这种结局吧？"答："谁也不知道自己的命运。"

毕沅所立碑为：唐元宗泰陵。元即玄，用元在规避清康熙皇帝的名玄烨。

汉薄太后陵

薄太后陵在白鹿原上，不过要看它似乎应该先进入历史。

刘邦以布衣提三尺剑取得天下当了皇帝，始终口粗，好吃红烧肉，但他对女人却有鉴赏力，喜欢戚夫人一类的尤物。吕后虽然随他南征北战，可惜血气强悍，又色随岁衰，遂见疏远。

问题便出在这里：吕后之类的女人，素居高位，一旦受到丈夫冷落，必然权欲骤胀，以操控大局为得意。刘邦逝世，刘盈接班登基。遗憾汉惠帝质性柔弱，吕后霸道行凶，居然荡瘫了他的精神。吕后遂顺势称制，行使皇帝之权，时逾八年。

然而吕后毕竟要死，其死以后怎么办？当年刘邦与他的重臣宰杀白马盟约："非刘氏而王，天下共击之。"不过吕后称制，渐封吕家诸男为侯王，特别是吕禄和吕产掌有兵权，刘邦打下的江山显然有改变颜色的危险。当是之时，重臣周勃、陈平及灌婴相机，先巧取吕禄的将印，又除掉吕产，再消灭所有吕姓男男女女，海内遂趋安宁。

选谁当皇帝呢？汉惠帝所留的儿子，有的是刘盈的种，也有是吕后抱养过来冒充刘盈儿子的。几个重臣便密谋，以汉惠帝的儿子接班，因为有吕后染指，其长大执政，恐要诛他们的族，遂决定选一位贤明的诸侯王立为皇帝，这样比较安全。

然而吕后所培植的外祖母家的势力以乱社稷的教训，深深影响了他们，从而断然排除一些外祖母家向恶的诸侯王。齐王刘襄固然是刘邦的嫡系长孙，不过其外祖母家姓驷，恶，否定了。淮南王刘长固然也可以，不过外祖母家仍恶，也否定了。

他们便把目光投放在代王刘恒身上。其仁孝宽厚，也是当时刘邦几个儿子中的长者，立之应该合适。尤其刘恒的母亲薄姬，是一个又善良又谨慎的人，当少野心。刘恒宜立，遂派使者北上到代国去迎接刘恒，为汉文帝。

薄姬的命运显然一直不在自己的掌握之中。初为姑娘，母亲便把她送往魏宫为姬，魏王似乎还喜欢。以后魏宫为刘邦的大臣曹参所平，曹参便把薄姬安置在织室。有一次刘邦碰到她，见其面目恬然，遂下诏纳入自己的后宫。也许她并不标志，虽居后宫，刘邦也久未召幸。薄姬与刘邦的其他两个妃嫔赵子儿和管夫人曾经有约，谁得幸富贵了，彼此互不相忘。大约这两个妃嫔告诉刘邦薄姬一直在苦等他，刘邦起了怜悯之情，从而召幸薄姬。不料顺利怀孕，生了刘恒，8岁封其为代王，薄姬遂为代太后。

亲密接触了一次便失宠，难免寂寞凄凉，然而这也恰恰是她的幸运，她的福。如果薄姬像戚夫人一样为刘邦所爱，那么吕后注定嫉妒她，恨她，一旦擅权，非折磨她不可。戚夫人之惨死，便是得刘邦之意惹的祸。薄氏见冷，不但躲过了吕后的锋刃，而且成为皇太后，真是暗中有明，明中有暗，明暗交替！

实际上薄太后并不糊涂。汉文帝固然循礼重道，有其盛德，不过有时候也会做错事情。绛侯周勃是三朝元老，特别是在吕后逝世以后能拨乱反正，有其大功。晚年他居封地，以身披铠甲为郡守所疑，误认为周勃可能谋反，遂报告给汉文帝。汉文帝轻信其言，竟捕之并准备审判。薄太后知道以后颇

汉薄太后陵

为恼怒，因为她推断周勃不会谋反。一天，汉文帝向母亲请安，薄太后一时发火，竟把头巾取下来扔向自己的儿子，说："降侯绾皇帝玺，将兵于北军，不以此时反，今居一小县，顾欲反邪。"其政治之精明昭然于大堂之中。汉文帝颇感悔愧，蓦地醒悟，立即赦免绛侯，送周勃归封地。

汉文帝后元七年，公元前157年，汉文帝崩，46岁。母亲送儿子，一定非常悲伤。汉景帝前元二年，公元前155年，薄太后也走了。汉高祖长陵在渭水北岸，去长安城西北35里，汉文帝霸陵在白鹿原北崖凤凰嘴，去长安城东南30里。薄太后生前留言，希望葬她于白鹿原上，以左望长陵，右望霸陵，足见敬夫爱子之情眷眷，之心拳拳。

春风拂窗，有云聚散，蓦起阅览其坟冢之思，遂邀两个朋友往白鹿原上去寻找薄太后陵。大约在1906年至1910年，日本学者足立喜六考察长安，史记，当年他在西安城也能看到薄太后陵，足证那时候空气的清朗。然而现在天多迷茫，是难见其陵的。薄太后陵状若覆斗，气势宏大，不过树矮草稀，有失苍郁和肃穆。墓地文化一直处在流失过程，中国人越来越缺乏对祖先的敬畏了，否则这里的松柏呢？这里的石刻呢？墓地是祭奠之处，坟冢绝不能踩踏。不过今之人竟用青砖修了台阶，以把四方宾客送上坟冢的顶部，薄太后陵遂如高台，任人信步游目。附近学校的男女相携而至，席地而坐，摆弄着恋爱之姿。我不知道冥府之中的薄太后作何感想。

薄太后陵在霸陵以南大约4500米的麦田，坐落于西安市灞桥区狄寨街道鲍旗寨地界，遂曰南陵，又名薄姬冢。

唐武则天母亲杨氏顺陵

期待了两旬，终于等到一个朗日，遂欣然出西安，过渭水，往咸阳洪渎原去一见顺陵。其坟冢葬杨氏，武则天的母亲。

武则天只不过是中国历史上一个奇异的女性而已。她当女皇帝所使的，几乎都是男性惯用的阴谋和暴虐，甚至有过之而无不及。在她执政的日子，社会的宽容和清明颇少。中国惟一的女皇帝腾声千古，但积极的政治遗产却难书一页。高调美化武则天的人，有的是利而用之，以图窃国，不过多是庸碌而媚俗之辈。也许没有别的伟大的女皇帝，才总是把颂歌唱给她吧！

车进底张镇，顿觉土地平旷，晚秋畅朗，虽然树叶泛黄，白露为霜，不过小麦出芽，万里翠绿，爽气的荡漾使人十分醒悟。顺陵就在这里的陈家村，我已经看到了一个坟冢及其白色的刻石。

武则天的母亲杨氏并非德馨功隆之人，关于她的记录实为点点滴滴。总结起来便是，她生在唐之弘农仙掌，今之陕西华阴，其家尚为富裕，信佛，大约40岁时嫁唐政府大臣武士彟，为继室，因为武有原配相里氏。杨氏有三女，武则天为二。当年唐太宗选14岁的武则天为妃嫔的时候，其母亲还哭哭啼啼。武则天以后对唐高宗怀有热情，辗转入宫，封为昭仪。在其争宠当皇后之际，杨氏曾经接受女儿之示，请求唐高宗的舅舅长孙无忌给予支持，遗憾遭拒。唐高宗总章三年，公元670年，杨氏在九成宫而殁。此间，唐帝国仍由唐高宗执政，不过武则天已经为皇后，渐持权柄，经常参与军国大事的决定。唐高宗逝世以后，武则天便翻云覆雨，废唐中宗，立唐睿宗，进而下诏尽由自己，终于在周武则天天授元年，公元690年，革命成功，改唐为周，自己做了大周圣神皇帝，直到唐中宗神龙元年，公元705年，其驾崩而结束。

杨氏完全是母以女贵。她逝世以后，依王妃礼规葬之，坟冢为墓，因为她的丈夫武士彟是太原郡王，遂称她为鲁国忠烈夫人。不过到了唐中宗嗣圣元年，或唐睿宗文明元年，或唐武则天光宅元年，公元684年，武则天临朝称制，便增封其父亲为太师、魏王，母亲为王妃。到了唐武则天永昌元年，公元689年，又增封其父亲为忠孝太皇，母亲为忠孝太后，从而改父亲墓为章德陵，改母亲墓为明义陵。公元690年，武则天做了皇帝，又增封父亲为太祖孝明高皇帝，母亲为孝明高皇后，并将其父亲的章德陵改为昊陵，母亲的明义陵改为顺陵。

现在，整整1340个春秋以后，我踏着黄壤青苗，悄然步入了杨氏墓地。晚秋的早晨，冷冷清清。华表孤独，迎风而立，不过阳光慷慨，洒满了残破的顺陵，蓝天白云之下，一派亮黄。

顺陵于我，相当耳熟，多是西安美术学院的教授向我推荐的。对这里的石雕艺术，他们评价甚高，认为是唐之一流。我由东到西，从南往北，屈指尽数，见石雕恰有40件，人、羊、马、虎、狮，各居其位。走狮一雌一雄，形神皆存寓意。其雌狮总体是有慈呈和，不过鬃毛飘动，眼睛鼓出，视察深含震怒之气，尤其上牙紧咬下唇，透露了一股威武和豪狠，我以为它多少象征了武则天。其雄狮骨匀肉健，目在微笑，既不失阳刚，又略现阴柔。是什么意思呢？不明白。

我连连惊叹的还是这里的一对麒麟。顺陵坐北向南，神道通其中间，雌在西，雄在东。麒麟各有大约70吨之重，以整块石灰岩制成。高大壮硕，需

唐武则天母亲杨氏顺陵刻石

要仰望。中国传统文化认为，麒麟有灵，能辨识善恶，分别忠奸，并能驱赶妖魔鬼怪，所以帝王之陵多置其兽。顺陵的麒麟非常夸张和变形，它是鹿头、牛身、鹰翼、马蹄，特别是其独角若手托莲花，传达了杨氏对佛的敬奉，也表达了武则天是以佛教为其登基的理论支持。雌比雄小，尽管其目垂下，然而背圆腹饱，嘴唇圆润，大显有容乃大之态。其雄昂首伸眉，傲岸丰伟。在它的两胯之间，竟有卵勃然，当地一个农民说："想怀男孩，摸它就行，灵验得很。"其私处也确实光滑发亮，颜色比别的地方青，大约真有手一再摸它吧。

历史尝大显峥嵘，不过岁月如流，滴水穿石，遂使皇亲国戚灰飞烟灭，寂寞如我在的早晨，甚至圣物也演化为俗了。

唐武则天母亲杨氏顺陵

汉娄敬墓

娄敬墓在秦岭以北户县光明乡的娄村与南什村之间，此为方志所记录，当然无误。约朋友赴田野一阅，可惜只有庄稼，并无其墓。仰天俯地，见秋风猎空，白杨萧萧，如我的嗟叹。

有老者三位，皆白发苍髯，精神矍铄，提着长竿烟袋遥指一片墨绿的玉米地说："前面是娄敬庵，后边是娄敬墓，墓有双碑子。1966年都毁了。"

现在的娄敬庵是1997年由农民集资建起来的，红瓦新房，不过也十分简陋。这里树一通圆头碑：汉关内侯娄敬修道处。其卓然而立，是娄敬庵的旧物。此为明神宗万历年间扩充和修缮娄敬庵之时所制，遂生延续之感。其碑以风化而字泯，颇具沧桑。这里还有几方础石，也属于娄敬庵的旧物，新房不好用，便弃之墙角，以供宾主憩坐。公路旁埋着一块巨大的白石，难明其为何器。老者三位共道："娄敬墓之遗存。"

司马迁曰："古者富贵而名磨，不可胜记，唯倜傥非常之人称焉。"娄敬应该为如此之人。汉高祖五年，公元前202年，娄敬离开陇西军营，到洛阳来，提出见刘邦。有将军告诉他见皇帝不能穿毛布衣服，要穿丝织衣服，从而彬彬有礼才行，但他却不拘细节，坚持被褐见上，保持了自己的本色。

无功不禄，此为世道惯例。在历史上，以言而拜官，封二千户，名传千古的人是罕见的，然而娄敬是的。他对汉的贡献或对中华民族的贡献主要有三。其一，主张建都长安。娄敬强调，刘邦的天下是打下来的，容易发生动乱，所以在长安建都为宜，因为关中被山带河，具四塞之固，而且土膏资富，属于天府。诸侯多是山东人，希望在洛阳建都，其情可以理解，然而洛阳地理形势薄弱，不适合成天下之业。其二，创立和亲政策。娄敬认为，匈奴强大，

娄敬庵

武力不足以征服，用智慧才能阻止其侵犯，其具体方法是以公主，或以宗室女子，或以平民女子，冒充公主，嫁匈奴单于为妻，使匈奴渐变为汉的亲戚，从而软化他们的野心与企图。还要附之以开放市场，交易货物，并清楚地划分各自的辖区，所谓自海以南冠盖之士处之，自海以北控弦之士处之。其三，提出强本弱末。娄敬建议，把过去在山东六国有势力的家族和豪杰，凡十余万人，移民关中。这样不但会集权于中央，也会集土并集财于中央，从而威震宇内，辐射境外。

刘邦采纳了娄敬之谋，不但巩固了汉帝国的统治，而且以其能够资政，产生了深远影响。一国之中，不使边区的力量大于京师的力量，否则将末强本弱，就存在反叛的危险。唐中期和晚期，未能像汉帝国这样强本弱末，节度使大量拥兵，志随马壮，遂失长安，唐玄宗不得入蜀避难。文成公主嫁吐蕃松赞干布为妻，显然就是借鉴了汉的和亲政策，预防了一方震荡。建都长安，使西汉统一并强大214年，并为东汉的统一奠定了基础，尤其是它给以后的封建王朝树立了榜样。发展到唐，便把中国文明推到了鼎盛。

汉娄敬墓

唐杜牧墓

春天娴静,有朋友相邀出城一走,问去何处,答去少陵原。然而大的坟冢一带不想去,此地之烤肉为恶俗,庙宇一带也不想去,因为此地之烟火多私愿。稍加商量遂往司马村去,以看一看杜牧之墓。

杜牧是世家出身,其祖父杜佑曾经任三朝宰相,背景可谓壮矣!但他的仕途却并不顺,也不算广。他当过节度使幕僚,在南方诸州做过刺史,官终于中书舍人。尽管他素怀济世之志,不过因为位小而功小,困踬不振,郁闷不乐,甚至临终自焚文章,足见其心之悲凉。杜甫与杜牧都以诗流芳,有识者呼杜甫大杜,杜牧小杜,当然是据其诗之影响。不过我观其境况,窃谓他们命运的相同之处,还在于都迫切谋官,为政当官,以体现他们的价值。时代如此,他们难以超越,结果事不遂人愿,杜甫几近失态,而杜牧则怏怏难平其气。

少陵原之路,新旧交织,遂迷其途。想问一问路,竟难逢其人。西安城渐远,终南山在望,茫茫大地,有微渺的阳光和雾霭。村子散落,甚为寂寥。麦子还未起身,起身要靠麦子自己,凡男女而青者壮者,都离乡打工了,无人施肥,无人锄草,麦子显然未能使劲长。

实际上杜牧之生,是风流之生。我不是那个意思,然而也包含那个意思。他的风流,全赖其才华。曾经有太学博士吴武陵非常欣赏其才华,竟骑马见唐政府进士主考官崔郾,希望他安排杜牧当状元,由于主考官把状元已经安排了,遂力主其安排杜牧以第五名进士及第,不然就翻脸。才华给杜牧壮胆,所以他指点江山,针砭时弊,从不隐瞒自己的观点,从而尽显刚直本色。杜牧过华清宫有感,诗曰:"长安回望绣成堆,山顶千门次第开。一骑红尘妃子笑，无人知是荔枝来。"其意批评唐玄宗宠杨贵妃过分了。他并非反对唐玄宗对杨贵妃之爱，杜牧只是觉得皇帝是国君，国事荒疏，国将何国？杜牧胆大，他显然不怕受到封杀或迫害。杜牧对女性的一往情深，当时是新闻，后为故事，并历为雅士所乐道。他喜欢谁，就向谁表达，绝不龌龊猥琐。在洛阳任职期间，获悉李司徒有歌女出色，并极慕其中一位紫云，便暗示李，让李邀他参加家宴。其赴会，竟径询紫云是谁，并向紫云赠诗曰："华堂今日绮筵开，谁唤分司御史来？忽发狂言惊四座，两行红袖一时回。"意气安逸，神情沉静，使李司徒及其朋友无不敬佩。唐才子，确实为风流才子。

不知道唐才子墓在何处，而司马村则空空落落，也无人可问。白转一圈，在巷尾碰到一个老头拄一根木棍向着太阳发呆，便走过去打听。不料老头十分热情，引路到村外，扬起木棍，指着一个凹陷的坑说："这就是杜牧的墓！"坑大约20平方米，其底糟烂，有瓦砾柴草沉积。坑的周边，刺槐参差，鸡鸭啄食，然而不见其碑。经了解才知道，农民曾经向墓取土，先夷为平地，后落为坑。少陵原到处是土，就缺唐才子之墓的土吗？我非常不爽。三天之后我想：所谓保护文化遗产，关键是重视人，不重视人，就不会有保护文化遗产的意识。显然，过去那些掘杜牧之墓的人，是根本不把杜牧当什么的。悲夫！

唐杜牧墓所在地西司马村

明秦王陵

少陵原上有礼，过年和过会兴走亲戚。小时候我随祖父祖母出我家蕉村，往舅爷爷家夏殿村或姑奶奶家裴家垙村去，旷野数里，必见浑圆的土丘隆起，南有两排石刻，我也只认得石人和石马。大地寂静，人也敬而远之，悄然行自己的门户。灵魂流浪多年以后，反顾故乡，我才知道少陵原上坟冢累累，我之所见属于明秦王陵。

洪武元年，1368年，明太祖朱元璋在南京当皇帝，坐了江山。为巩固统治，既加强中央集权制，又实行分封制，把其二十四子和一从孙派至宇内各藩国为王。藩国可以组建武装，规定甲兵少者3000，多者19000千，以护卫诸王，也夹辅朝廷。

朱标为皇太子，当然居京师，不过若有必要，也会巡视藩国。

朱樉是第二子，明太祖洪武三年，1370年，封了秦王，以镇守西北，节度将领。陕西、甘肃、宁夏，尽在其统治之下。封朱樉为秦王，反映了西北在明帝国安全方面的重要及其对第二子的信任。少陵原上的明秦王陵便是朱樉与他的子孙之坟冢，共13座，构成了一个完整的谱系。

秦王在南京久住，到洪武十一年，1378年才进西安府，不知道此为何故。西安府在洪武二年，1369年所置，治所在长安和咸宁二县，辖境东至潼关，西至永寿，南至镇安，北至韩城，大于今之西安市。

西安城始筑于洪武三年，1370年，至洪武十一年，1378年而成。随西安城动工，秦王府也就动工了，至洪武十年，1377年而成。秦王府是在元帝国陕西诸道行御史台署的旧址上营造的，它现在也成了旧址，位于今之西安城东北一角，东至尚德路，西至尚朴路，南至西一路，北至后宰门。秦王府有外墙，就是萧墙，周长九里三分，还有内墙，周长五里。萧墙悉为黄土夯筑，内墙的外壁包有青砖，并掘壕沟以为阻。萧墙与内墙各有四门，东外门对体仁门；西外门对遵义门；灵星门，就是外南门，对端礼门；外北门对广智门。中国传统建筑追求的便是这样一种形式和内容，很好！

秦王府内城是秦王处理政务并生活的区域。洪武十一年四月十一日，朱樉在大批扈从陪同下驾到秦王府。尽管早就看了图纸，不过他还是视察了这里的宫室。房舍836间，颇为宏伟，主建筑承运殿、圜殿、存心殿、东殿、西殿、承庆宫、书堂，他都审阅了，还转了一下长春园。朱樉及其子孙将居于此，他比较满意。计有267年，九代，14位秦王曾经于斯行令，作威作福。

明末，1644年，李自成率农民起义军攻下西安城，改之为长安城，建立大顺政权，入秦王府，改之为大顺王府。接着满族人来了，把这里变成满城，内墙之中遂为八旗教场。接着是中华民国，陕西省政府据此行令，其在1927年谓之新城。1930年至1933年，杨虎城任陕西省政府省长，于斯用事，之后任西安绥靖公署主任，仍在此用事。在骊山抓了蒋介石，便先置这里的一座房子，后移置高桂滋公馆。接着是中华人民共和国，陕西省人民政府据此为人民服务。不过这里一直保留着秦王府的残垣，土很硬，磨碎为粉，便是黄尘，会随风而飘。

一旦秦王朱樉到西安来，明太祖朱元璋对他的指示也就到了："关内之民，自元氏失败，不胜其敝。今吾定天下，又有转输之劳，民未休息。尔之国，若宫室已完，其不急之务悉已之。"朱樉当是遵行了。

洪武十五年，他的母亲高皇后薨，遂赴南京奔丧，离开了西安一度。祭奠活动结束，他返西安。洪武十七年，又以皇后大祥，再赴南京，旋返西安。洪武二十四年，以其多有过失，往南京接受问责。此间，皇太子到关中一带来巡视，归京师为秦王有所开脱，遂得以在洪武二十五年返西安。皇太子朱标不愧为兄长，几乎是救了其弟。

洪武二十八年，1395年，洮州动乱，秦王率军讨伐，番惧而降，这使明太祖大悦，给了秦王以重奖。可惜这一年朱樉殁，明太祖白发送黑发，深为之恸，并赐书曰："哀痛者，父子之情；追谥者，天下之公。朕封建诸子，以尔年长，首封于秦，期永绥禄位，以藩帝室。夫何不良于德，竟殒厥身，其谥曰愍。"朱樉葬少陵原，有二王妃也殉身随之而葬。

数世纪之后，吾生蕉村，得以在少陵原常见秦王十三陵。不料世事剧变，少陵原处于开发之中，十三陵不测，遂依文献和调查，录其现在之况状，算是给未来的一个交代。

秦王朱樉陵，在大府井村附近，石刻存。

隐王朱尚炳陵，在东伍村附近，石刻存，碑为农民当牛槽所用。不过其

明秦王陵

为衣冠墓，隐王的真身葬北京。隐王是朱樉之子，有一年朝廷的使者赴西安，他竟称病不迎，见使者又摆架子，显傲慢。明成祖朱棣动怒，赐书曰："王勉之。"隐王很是惶恐，俄奔北京谢罪，第二年便死了。

僖王朱志堩陵，在大府井村附近，陪秦王朱樉而葬。僖王是隐王朱尚炳之子。

怀王朱志均陵，在大府井村附近，陪秦王朱樉而葬。怀王是僖王朱志堩庶兄。

康王朱志𡐤陵，在西康王井村附近，坟冢残缺不全，石刻存，明穆宗遣臣所立祭文碑仍在。康王是怀王朱志均之弟，好古嗜学，崇尚文化。

惠王朱公锡陵，在庞留村附近，石刻存，碑仍在。惠王是康王朱志𡐤之子。

简王朱诚泳陵，在简王井村附近，石刻存。简王是惠王朱公锡之子，自谓宾竹道人，其孝友恭谨，尝建正学书院，又在其旁建小学，择军校子弟比较优秀的得以入小学读书，还作课试。他显然也崇尚文化，并有著作。1989年11月18日有贼盗简王朱诚泳陵，立案侦缉，追回彩绘陶俑和陶马三百余件，遂在陕西历史博物馆陈列。

昭王朱秉欆陵，在大府井村附近，陪秦王朱樉而葬。昭王是简王朱诚泳从弟。

定王朱惟焯陵，在简王井村附近，石刻存。定王是昭王朱秉欆之子，自谓鉴抑道人，好刻书，有贤行。

少陵原·简王井村石人

少陵原·庞留村石马

宣王朱怀埢陵，在三府井村附近，石刻存。宣王是定王朱惟焯再从子。

靖王朱敬镕陵，在三府井村附近，其坟冢不存，石刻也不存。靖王是宣王朱怀埢之子。

敬王朱谊㳅陵，在三府井村附近，其坟冢和石刻皆不存。敬王是靖王朱敬镕之子。

紫阳王朱谊㳅陵，在三府井村附近，其坟冢和石刻也皆不存。紫阳王是敬王朱谊㳅之弟。

朱存枢也是秦王，可惜生在明帝国的末代，李自成克西安，他不得不降之。李自成还授其权将军，然而难考其结局。

除此明秦王十三陵之外，少陵原上还有秦王妃墓、郡王墓、郡王妃墓、世子墓，起码50座余。它们高耸少陵原，累累成群，占坡为雄，在冬天的夜里，总会给我以神奇的想象。它们穿越了几百年未毁，遗憾终于遭遇了一批信仰唯物主义和拜金的人，显然在劫难逃了。

在西安，凡秦王的子孙，生二岁，便开始作陵。陵成，要留下一个天井，等其主入土以后才封之。称陵为井，或以井指陵，是一种避讳，大约是从护卫明秦王陵的甲兵传下来的雅号。按规定，一井有两个营的甲兵护卫。一营为一寨，两营两寨，九井便是十八寨。谚曰：九井十八寨，个个有由来。这显然是有道理的。

我所知道的少陵原上的九井是：大府井、二府井、三府井、四府井、五府井、

少陵原·三府井村石人

康王井、庞留井、简王井、世子井。由九井而出的十八寨渐渐衍化为自然村，村有分裂和组合的变迁，且有消亡，要一一指出也难。

  2012年的一场秋风把我吹到少陵原上，道纵路横，若陷迷阵，不过也终于再见秦王朱樉陵。2006年春天，我所看到的朱樉陵还静卧麦田之中，毕竟有一点墓地的肃穆，尽管它也很是败落了。匆匆几度岁月，朱樉陵竟完全荒凉、焦敝，如为世所弃，甚至如遭暴徒所辱。

  神道上杂草丛生，去年朽烂的麦秸与今年堆放的玉米秆各占其位，准备得霜雪之后，腐蚀于斯，不过明帝国工匠所雕的石刻，也还能从乱茅之间挣扎露面，以示它风化的惨白。为朱樉所立之碑已经无影无踪了，然而驮碑的赑屃状石刻仍存，不知道是谁把它竟挖了出来，转下其背，翻上其胸，蛮抛在黄土之中，遂难免车碾的痕迹。有一间红砖简易房舍，也闲置着，不过它偏偏要撑在朱樉陵之前，似乎是表现自己的尊贵。贪婪的农民挖陵取土，以扩张其亩，种麦、种玉米、种树，这使朱樉陵渐渐损毁、收缩且矮小，并裸其干硬的断面。

  陵的顶部有酸枣树枝斜柯曲，杂草乘虚狂长，细辨可见东南角丰茂，西北角以风劲而稀疏。有两足兽居然登上朱樉陵如厕，并留下斑斑污秽。举目而望，陵的北面竟是巨大的商业混凝土供应站，机器轰鸣，车来车往，灰尘四涌。难怪农民在向朱樉陵周边广植其木，也许他们估计这一带会开发，土地将为富豪所用，遂等拆迁赔偿捞一把吧？也许会以文化遗产把朱樉陵保护起来吧？然而秦王之陵，共13座，已经有几个被夷平了。

  我回头数了数神道上的石刻。右侧七件：华表一，马三，人一，狮二。左侧九件：华表一，马三，羊一，人二，狮二。石刻尽在石墩上，有的石墩在而石刻失，有的石墩坏，遂用混凝土填补，这透露了文物保护的意思，遗憾粗陋之极。

  少陵原上的明秦王陵及其前朝后代的成千上万的文化遗产，无不处在危机之中。一个民族是否有未来，并非在其有钱，关键在其能尊重自己的文化遗产，熟悉自己的历史，并善于从中提炼有益的智慧。秋风把我从少陵原上吹到明德门的窄门堡，我作如是想。

明秦王陵

楼 观

终南山林深峰秀，久有声誉。楼观台在此营造，遂为道教盛境。尽管我不敢成仙，然而道教文化蕴含着处世的智慧，便常常登临，以治吾愚。有时候北京或上海的朋友到西安来，也携他们往楼观去。76公里的路程，远哉乎？汽车奔驰，真是十分的近了。

楼观之所立，在乎老子曾经于斯活动。老子就是李耳，字聃，应该是一个耳朵颇长的人，出生于楚国苦县厉乡曲仁里，今之河南鹿邑。任周朝藏书室的史官，洞察了天下兴衰，发现周朝将亡，便寂然西游。

崤山以西有周朝的大夫尹喜，居终南山，结草为楼，以观天象。他见紫气东来，窃谓将出圣者，便切切盼望。老子翩然而止，其超尘拔俗之象，使尹喜惊叹并敬仰，遂迎老子入庐，并筑授经台，曰："子将隐矣，强为我著书。"老子便著书上下篇，论道德之意，足有五千言，之后不知究竟。有人认为，老子著书既毕，选邃密之高岗乘云升天了。司马迁对李耳有论，他说："老子深远矣！"

楼观的精华在授经台一带。2012年7月24日，我再次登临授经台，以追渺渺之贤。可惜红门紧闭，不得入内。四顾遍问，在此拉客骑马上山的一个妇女说："有画家给宝殿绘图呢！"我想大约是在修缮吧，观之难了，遂在授经台以外盘桓。

在我的印象之中，授经台为庭院，筑有钟楼、鼓楼、老子祠、藏经阁、救苦殿。老子祠飞檐斗拱，砖墙有雕，庄重而典雅。不过世事变化极快，近乎两年，我未至授经台了，不知它是否旧貌换了新颜？

这里旷然敞亮，客多于斯小憩。也有道士等待其客抽签，以答吉凶福祸之间的,也有道士身披灰袍,悠然往来的。授经台前作有水池,池深水浅,硬币散乱。水池旁建一亭,亭里树一碑,刻曰上善池。辨析款识,是赵孟頫的字。想看一看碑阴,便绕过去。蓦然目击一位妇女坐在亭的台基上,对面是一位道士,其半躺软椅,腿伸过来,恰恰搭在亭的台基上。见有秘事,遂没有完全转至碑阴。我朗声对道士说:"兵者非君子之器也,不祥之器也,不得已而用之。"道士拧过来半个脸,睨视着我,笑曰:"无为而无不为。"这一带还有别的碑,以欧阳询的隶书为珍。

当然,我一向喜欢古木,遂走了一圈,浏览巨大的青檀、巨大的银杏、

楼观上善池

七叶树、栾树,并将其形象一一存诸脑子。徘徊之处,皆是青石,混凝土,觉得很干燥。地气不足,便乏温润。

道教之主为老子,然而老子并没有创立道教。根据司马迁的记录,老子当是春秋末期的人。道教产生于东汉末期,它距老子在世之时晚了数百年。但老子的种种认识却是道教的理论之源。只有老子是不够的,还需要黄帝的支持,以加强道教的力量,于是黄帝就被尊为道教之祖。把黄帝和老子进行联结的是庄子,足证其人之聪明。实际上道教的理论之源,还有鬼神崇拜。儒家的伦理思想,墨家的尊天思想,对道教也有助益。道家也吸收了邹衍关于阴阳五行的观点。道家尤其欣赏神仙思想,并把长生不死以至当一个神仙视为追求的目标。它信仰的是道,自有一套修行的方法。它为中国文化所孕育,也是中国文化的融合和精炼。中国的宗教多是西方传来的,惟道教是本土所产生。

炼丹炉在炼丹峰,我一直没有上过,现在要上。坐在荫凉中的妇女猜测了我的所思,立即动员我骑马。骑马也是可以的,不过有人牵缰绳会打扰我想问题,遂拒绝了。海拔千米,不易上,因为盘道皆砌石为蹬,累累成梯,得强迫躯体做固定且连续的运动。然而上46分钟,终于到了。汗水发背,浸透了衣服,不过心有喜悦。

炼丹峰耸然而出,其顶为坪,几十平方米的样子。中央有小庙,坐北朝南,奉老子像,其砖座,砖墙,但屋脊却为混凝土,灰色泛白,顿失和谐,也欠肃穆。周围尽摆小摊,卖香,卖蜡,卖饮食,杂乱如闹市。我问:"老子的庙怎么是这种版式?"身穿蓝袍的道士说:"1966年红卫兵扒了屋脊。"我拍了一张照片,便赴小庙以南的炼丹炉,也想为它拍一张。刚举照相机,一个经营小摊的农民就说:"炼丹炉是新的。红卫兵当年也砸了炼丹炉。"既然我来了,也便选了角度拍了一张。炼丹峰属于前东明村,从事经营的人,皆是当地的。

踌躇炼丹峰,凭高据深,足以四望。向南,重峦叠嶂,一片葱郁。固然养目,不过看久了也显单调,遂回头向北。关中平原八百里,遗憾雾霾如盖,我只看到靠着终南山的一绺。黄壤之上,栋宇竞起。楼观对面,恰恰是浩瀚的宗圣宫,过环山公路,便又是澎湃的赵公明财神庙。其他地方,一块一块的,也都在造什么楼,营什么厦。有一道山梁,显然也铲而为坪了,遥见或圆或方的混凝土工程,大约很快就是一个堂,一个馆,或一个店吧!把视线缓缓摇向终南山北麓,隐隐看到田峪河、闻仙沟、塔峪沟,其道仍在,可惜几乎都不流水了。

夜归读老子,感到他的一些观点仍不失为启示。论治国,他说:"江海所以能为百谷王者,以其善下之也,故能为百谷王。"又说:"受国之垢,是谓社稷主;受国不祥,是为天下王。"论处世,他说:"揣而锐之,不可常保；金玉满堂，莫之能守；富贵而骄，自遗其咎。"又说："知足不辱，知止不殆，可以长久。"他观察万物的角度是辩证的，说："有无相生，难易相成，长短相形，高下相倾，音声相和，前后相随。"又说："祸兮福之所倚，福兮祸之所伏。"老子相信宇宙是靠道而生成的，他指出："道生一，一生二，二生三，三生万物。"道是什么，他只有神秘的比喻，未作详细解释，遂使异口异论。他像一个2500余岁的久坐诊室的老中医，脸冷、眼睛毒，神情偶尔闪烁着一丝傲岸和鄙夷，沉默，戒备，不过断病极准，并会开出自己的药方。当然，听不听由你。

1910年前的楼观山门

楼观

草堂寺

这是2012年的一天,微风细雨,澄然起巡草堂寺之心,遂往之。作伴的,朋友周博学,学生郝彦丰。走西安至太平峪公路,30公里,不紧不慢的言语之间也就到了。

有一年的隆冬,我独探草堂寺。坐长途汽车到户县,再坐农民的三轮车到草堂镇,于斯以积雪封路,三轮车不驰,我便步行。地平野旷,乡村荒径,尽是白色。我不顾一切地向前,血液里充满奋发之力。当时留下的记录,显然透露了一种清明的信息。

> 1992年一场大雪之后,我瞻仰了草堂寺。尽管天气晴朗,阳光明亮,但秦岭的圭峰之下却冰滑霜脆,茫茫一片。草堂寺的红墙燃烧在阴冷的田野之中,挺拔的古木伸向宁静的天空,远远地圭峰凝然而寒冷,所有的雪都落在了岗峦和峡谷,草木一律染成了白色。草堂寺的红门紧紧关着,连一个缝隙也没有。我敲门呐喊,并反复呐喊敲门,才有僧拉开了红门。一个中年和尚,身披灰袍,拿着佛书,缩着脖子,似乎不悦,但他却终于敌不过我的诚意,便放我进去。和尚随手推关了红门,那红门发出的悠悠的响声,划破了这里的静谧。一方小小的佛院,晶莹而剔透,松、柏、槐、杨,颜色黯淡,悄然立于甬道两旁的空地,根部都壅着雪。甬路狭窄,仅能移步,不过笔直而四通八达,路面的雪已经扫得干干净净,只是我不见行人。

我看到的草堂寺仍是红墙,不过隔公路而筑的,是一排经商的平房,镶

草堂寺雾井

嵌着白色的瓷片,既张灯笼,又扬旌旗,如在御内常有的范式。可惜它恰恰阻断了视线,不见秦岭,何有圭峰。红门面山,也还紧紧关着,然而旁开小扉,可以进庙。投身跨槛,便闻老声要求买票。循声而盼,见有数平米的小屋,媪坐窗里,手伸窗外。一张票20元人民币,付讫便速去。

我想以过去的印象套合今之景物,然而不行,它总是出现差异。

对着红门的是天王殿,两边各有偏房。右边的格子门、格子窗,尽涂朱色,檐下铺麻石,左边的正在修葺,门窗皆木,呈为白色,檐下的台阶由混凝土所铸。此处显然是一个单元,庭院所覆都是机器切成的青石,咸备这个时代的特点:没有灵魂,呆头呆脑。

向北,过天王殿,左钟楼,右鼓楼,俱为二层,廊回角翘。在钟楼和鼓楼一带,刻石嶙嶙,其中有一尊记录清世宗雍正皇帝敕封大智圆正圣僧禅师之碑,反映了草堂寺在清帝国的演化。遗憾的是,此碑在1979年搬运之际,倒地震裂,分为数块。现在所见之碑,是经修复的,残痕焉在。

向北,上七个台阶,为大雄宝殿。目击一瞬,我便感觉它是新的建筑。任何时候都会有新的建筑,不过此宝殿的十楹尽由混凝土所制,圆形,多显斑驳,有的漆皮剥落。这里供奉三佛,中是释迦牟尼佛,左是东方琉璃世界的药师佛,右是西方极乐世界的阿弥陀佛,两侧是十八罗汉。中堂正大,蜡烛静照,遂闻远方鸟鸣嘤嘤。蓦地有僧入中堂,其穿灰袍,穿灰鞋,悄然擦拭条案上的香灰,旋即而去。我自问他是不是那个隆冬给我开门的和尚,不等自答，我便摇头否定了，说：怎么可能呢？

向北，过大雄宝殿，又是一个单元，仍为庭院，大且朗然。这里有大悲殿，供奉观音。其东是客堂，西是服务中心，都锁着门。

向北，过大悲殿，又是一个单元，仍为庭院，顿感宽敞。其东为地藏殿，西为三圣殿，中间立了一尊佛陀诞辰图刻石。刻石下端流水如瀑，刻石背后是法堂。这里供奉清净法身毗卢遮那佛，金碧辉煌，颇为森严。

向北，是一个正营造的建筑。我问席地而坐的三个工人，他们说："这是马上竣工的藏经楼。"藏经楼背后，天空虚无，云雾濛濛。

我的感觉是草堂寺扩充了，阔气了，是这个时代的庙了。它也冲淡了当年的草堂寺：像一个四合头庭院，大雄宝殿的东西各有几间配室，外为绿树拱围之红墙。现在它真是大变样了，如果有人指出这是别的什么庙，那么我认为是的，因为它与别的什么庙在格局上确实相像。

不过我觉得草堂寺的大树仍很亲切，也多能辨识。踏进红门，便见皮上青苔成堆的国槐、椿、泡桐、柏，它们粗且高，有的根歪干斜，透露着自己艰难的成长过程。附近的一排棕榈，叶硕而怠，又积尘埃，不清不明的。在钟楼与鼓楼之间，柏老而坚，集聚成列，呈一种让人振作的气象。只可惜以青石覆地，总感到大树仿佛是从青石上冒出来的。环法堂之数柏，显然更老，都挂着牌子，以示受到保护。苍劲刚健，质如巉岩。

那么鸠摩罗什舍利塔在何处呢？一个年轻的和尚指着此庙西边的幽林说："法师舍利塔在古木之间。"草堂寺显然经过了一番新的规划和调整，当年比较疏散，大树杂列于大雄宝殿与舍利塔之间，今之建筑尽沿红门一线幢幢而起，把西边归为沉思与遐想之境，这也好！我便遵示向舍利塔而去。

曲径砖砌，悠然伸入一派修竹。雨润青苔，必须脚作扒状，以防滑倒。环境改变人，在这里是不能趾高气扬的。此地固然竹多，密布成片，不过也有大树拔萃于修竹之上，它们是国槐、梧桐、泡桐、柿、柳，统统本土化，家常化，亲切之极，也森然葱郁，遂使凉意染肌。俄有一个六角亭耸然拦路，审视之，目贴玻璃窗定睛辨识，到了，是鸠摩罗什舍利塔藏于斯。

此塔高2.33米，共8面，12层，以大理石所雕。大理石之色呈青，呈白，呈黄，有镶之为美的意思。其塔之下，是基座和云台，饰以花草。龛之上有盖，若屋脊，为珠顶。其盖之下是阴刻佛像，工艺甚精。仔细读之，所题字是：姚秦三藏法师鸠摩罗什之舍利塔。

鸠摩炎是一个印度人，颇具慧根。有一天顿悟，便弃相位，毅然出家，翻越葱岭，往龟兹国去，今之新疆库车一带传播佛教，并升为国师，娶了龟兹国公主为妻。他们所生的一个儿子就是鸠摩罗什。其7岁随母亲出家，学习小乘佛教，领会超群。12岁转而学习大乘佛教，入庙求师，遂知识奥博，

草堂寺

草堂寺

腾声西域，驰名长安。大约20岁受戒，发愿向东方布法，以普度众生。

前秦王苻坚，氐人，在长安获悉鸠摩罗什之法大，推崇之至，派大将吕光破龟兹国，得到了法师。可惜公元385年苻坚被杀，吕光无所归附，便经营凉州，立后凉国，享皇帝之尊，凡17年。吕光粗鄙，不知道鸠摩罗什的价值，任其自流。法师并未蹉跎，不定之间掌握了汉语。

后秦王姚兴，羌人，在晋安帝隆安五年，后秦姚兴弘始三年，公元401年，遣兵消灭后凉国。十分惊喜的是，在姑臧，今之甘肃武威，发现了鸠摩罗什，姚兴便迎之到长安来。姚兴信仰佛教，遂以国师之礼相待。得到姚兴的支持，鸠摩罗什便按计划工作。大约公元401年到公元405年，鸠摩罗什多在逍遥园进行佛经汉译，大约公元406年至公元413年，鸠摩罗什多在长安大寺进行佛经汉译。法师共译佛经74部，384卷。

姚兴似乎是一个狂热的佛教徒，其组织了三千余人的团队以辅佐鸠摩罗什，这些人当然也是法师的弟子。姚兴还收集了过去的佛经版本，让法师参考。尤其奇怪的是，根据美国作家比尔·波特提供的考证，姚兴认为鸠摩罗什智慧甚高，要保护此智慧，便选了10个宫女，送其入室，要她们与法师生儿育女。比尔·波特分析，鸠摩罗什默受了。大约70岁，法师逝世，其火化而舌不坏。

我曾经认为草堂寺出于逍遥园。实际上草堂寺是出于长安大寺的。长安大寺似乎在公元4世纪中叶就有了，鸠摩罗什迁于斯，以蒿苫顶作棚，谓之草堂。在此，他进行佛经汉译，并授其弟子，之后发展为草堂寺。大约北周明帝时，公元557年至公元560年，草堂寺便出现在笔记之中。当此之际，印度高僧阇那崛多在长安，便居草堂寺。

草堂寺在历史上屡有演变。唐改为栖禅寺，五代改为逍遥寺，宋改为清凉建福禅院，清改为圣恩寺。它们皆为别名，此庙之大名永为草堂寺。

所谓三论宗，指以印度佛教大乘学者龙树和提婆的三部经论为立宗根据的佛教流派。三论宗认为，思维和语言具分别有无及是非的特点，但它却并不能反映独立于意识之外的本体。它有三种法义：其一，破邪显正。破邪就是破有所得之念，显正就是显无所得之念。其二，真谛和俗谛。真谛和俗谛皆是假名，是一种教化上的方便，并不能达到对绝对真理的认识，从而不必执着，不必过分在乎得失。不过佛之言教，圣贤之高论，众生之见解，也都有一定的真理的元素。其三，八不即是中道。一切事物皆因缘聚散，遂不生也不灭，不常也不断，不一也不异，不来也不去，总之，本体不可知也。如是追究，让人纯粹而高尚，脱离低级趣味。

三论宗的发端在鸠摩罗什。龙树和提婆的著作都是梵文，是鸠摩罗什作了汉译，并向弟子孜孜授业，点铁成金。其弟子甚众，对三论宗弘扬有功的弟子是僧肇、僧睿、昙影、僧导，尤以僧肇为杰出。还有一个僧朗，先在关中学习三论宗，后往江南去推广，尝受南朝梁武帝赏识。僧朗有弟子僧诠，僧诠有弟子法朗，都是三论宗的专家。他们誉满江南，并使三论宗成为南朝陈的官方哲学。法朗有弟子二十五哲，尤以吉藏为峰。吉藏，安息人，尝在会稽嘉祥寺研究法义10年，深受隋炀帝器重，遂在大兴城为吉藏建日严寺让其居，并组织论坛，使其宣法。吉藏也是唐的大德，尝住实际寺、定水寺、延兴寺，公元623年逝世。吉藏集三论宗法义之大成，卒在长安创立了三论宗。若要指出三论宗在中国的传承，那么它当是：鸠摩罗什—僧肇—僧朗—僧诠—法朗—吉藏。

草堂寺之所以是三论宗的祖庭，是因为鸠摩罗什及其弟子汉译龙树及提婆之三论，始于斯，终于斯，他也圆寂于斯。鸠摩罗什及其弟子的努力，显然为三论立宗奠定了基础。吉藏对三论宗法义之大成，就是以鸠摩罗什及其弟子之观点为发轫的，继之并升之，终于完成了对三论宗的创立。

唐之诗人，其多好佛，遂有体验草堂寺之作。白居易、贾岛、温庭筠，都曾经赴此庙拜佛。我喜欢温庭筠的诗，其曰："山近觉寒早，草堂雾气晴。树凋窗有日，池满水无声。果落见猿过，叶干闻鹿行。素琴机虑静，空伴夜全清。"难得这样一种生态啊！

一千余年，在草堂寺归西之僧究竟有多少？不可知。资料显示，圆寂以后，他们一般都会葬兴福塔院。其广40亩，在草堂寺以南。这里尝有茔塔近50座，圭峰禅师的茔塔也在此。遗憾20世纪有一度农业向大寨学习，整田种粮，便毁其茔塔，夷平了兴福塔院。

离开草堂寺，雨随我行，越下越大了。

草堂寺

华严寺

华严寺在少陵原南坡的四府村，俯察樊川，远望秦岭，难得有如此宏阔且透彻的视野。

华严宗之根，深扎印度佛教。大约公元2世纪前后，东汉之际，进入中国。到公元3世纪，在三国，便有人汉译佛经了。西晋继续，到东晋，汉译佛经之人更多。到南北朝，公元420年至589年之间，印度佛经的华严思想便吸收了中国观念。以其结合中国人的心理和情感，华严宗渐渐中国化。

华严宗初祖杜顺，雍州万年县人，今之西安人，南北朝时代，陈武帝永定元年，公元557年生，18岁出家，广劝天下之人念阿弥陀佛。他有著作，其在观行方面的无尽缘起说，即法界缘起说，在判教方面的五阶次第说，为华严宗奠定了理论基础。弟子颇多，智俨最为出色。

华严宗二祖智俨，天水人，12岁受杜顺欣赏，收为弟子，14岁出家。曾经发愿专治华严理义，并勤于著作，腾声空门。唐高宗总章元年，公元668年，在清净寺圆寂。弟子颇多，以法藏最为出色。

三祖法藏本是康居国人，其祖父流寓长安，他也就生于长安了。智俨讲经，其心领神会，为智俨所喜欢，收为弟子，觉悟甚快。28岁便讲经于太原寺、云华寺，大名鼎鼎。周武则天万岁通天元年，公元696年，女皇帝诏京师十大德为授具足戒，并赐其贤首之号，为贤首国师。参加佛经汉译，他任证义。他还遵武则天之示，在洛阳讲经。唐睿宗延和元年，公元712年，在长安大荐福寺圆寂。其以懂梵文，著作极繁，尤以发展了智俨的华严思想，完善了智俨的理论，成为华严宗的实际创立人。弟子颇多，澄观最为出色。

四祖澄观，越州山阴人，今之浙江绍兴人，11岁出家，广习佛经，尤重华严。

华严寺

尝在五台山大华严寺讲经，誉达京师。唐德宗贞元十二年，公元796年，应皇帝之诏入长安，汉译华严之佛经，得教授和尚之号，并获紫袍。奉命在草堂寺疏义，旋即受召，进宫室为皇帝讲经。唐德宗朗然觉悟，赐其清凉国师之号。唐顺宗也以国师之礼相待。唐宪宗元和五年，公元810年，有答皇帝之问，述华严妙旨。唐宪宗惬意，赐其僧统清凉国师之号，任国师统，勅有司铸金印。唐文宗开成四年，公元839年，澄观圆寂。著作宏丰，不只对佛教，对中国思想文化，皆有价值。弟子颇多，以宗密最为杰出。

华严宗五祖宗密，果州人，今之四川西充人。唐宪宗元和二年，公元807年，赴京师参加贡举考试，幸逢道圆大师，竟放弃加官晋爵之途，出家修行。偶读澄观篇籍，深感精邃。唐宪宗元和七年，公元812年，其诣长安，见澄观，昼夜随侍有两年。以后入终南山智炬寺，穷经而作，久不出岩穴。曾经居兴禅寺、草堂寺、丰德寺，迁圭峰山小庙。唐文宗知其高深，诏其进宫室，问其真谛，所答如意，皇帝遂赐紫袍，赐大德之号。唐武宗会昌六年，公元846年，坐化于兴福塔院。其弟子数千百人，可惜俄顷发生法难，佛教受到沉重打击，华严宗也惨遭摧残。

唐亡，佛教在长安的灿烂岁月便过去了。不过中国佛教之华严宗，自有其对中国哲学的重要贡献。理事、体用、总别，是它自觉和广泛运用之范畴，这相当精彩地解释了个别与一般的关系。

华严宗又称贤首宗，因为法藏大师是华严宗实际创立人，他有贤首之号。

又称法界宗，因为华严宗的根本教义是法界缘起说，指出一切事物或现象都是佛智慧本体的表现和作用，其相互依存，相互关摄，相互平等，圆融无碍，和谐统一。又称圆明具德宗，因为华严宗把自己的理论判为释迦牟尼教法的最高境界，谓之圆明具德。

华严宗初祖杜顺之圆寂，在唐太宗贞观十四年，公元640年，葬少陵原，筑华严寺，起杜顺灵骨塔。宋学者张礼尝游长安城南，读了华严寺的唐碑，说："华严寺贞观中造。"据此推断，唐太宗贞观二十三年，公元649年，是华严寺最晚之筑时，唐太宗贞观十四年，公元640年，是华严寺最早之筑时。张礼所读唐碑，现在存西安碑林博物馆，其记录了杜顺的行业。智藏是豫章上高人，今之江西南昌人，13岁出家，大约在公元780年至783年之间入长安，有一度为华严寺住持，可惜他在此没有一物所留。宋人和明人的笔记可征，当年华严寺有法堂、会圣院、澄襟院、东阁。除有杜顺灵骨塔以外，还有二祖智俨塔、三祖法藏塔、四祖澄观灵骨塔、五祖宗密塔。华严宗的祖庭当在这里，可惜天地大化，岁月剪裁，此庙现在仅存杜顺灵骨塔，在东；澄观灵骨塔，在西。

我小时候一再过华严寺到樊川去，塔高塔低，塔大塔小，风铃在响。1992年，华严寺和我的感情是这样的：

> 华严寺伶仃的两座砖塔背负红日默默相对，它们一大一小，一高一低，以衰弱的姿态，抗拒着风雨的浸泡和反复滑坡所带来的威胁。这种情景令我感动，站在那里仰望着，忽然茅塞顿开，一下明朗起来。我踩着乌黑而潮湿的土块，艰难地爬到砖塔下面，用手抚摸着唐代的遗产。锈迹斑斑的风铃微弱而鸣，仿佛是宇宙的私语，一种苍凉之感让我辛酸。

恰恰20年之后的一个清晨，我至华严寺，看到杜顺灵骨塔和澄观灵骨塔仍在。此庙似乎还增加了宝殿及其堂阁寮室，然而拘于其墟，皆比较简易。尽管少陵原南坡狭陡，不过久有僧于斯修行，尤以光慧僧可贵，这里增加的设施似乎多是他发愿所为。可惜难禁的掏崖取土，使华严寺的基础一直在缩小。渗水也导致塌方，它迫在眉睫地威胁着两座砖塔的安全。显然意识到了危险，有人正在砌其南坡，以加固此庙的基础。大约是为了防晒，巨大的黑布覆盖着由混凝土弥缝的斜面。不过也有人以垃圾填坑，或偷倒垃圾，遂使华严寺下方一带肮脏不堪。一辆汽车沿华严寺周边的弯道蜿蜒而行，白尘如烟，弥漫半空。一旦风吹，浮灰俱净，遂可见少陵原南坡裸露斑斑，只有某些阴处长着野蒿或野花。我独吟着：国在山河破，形胜草木疲。

附记：

至相寺

至相寺也是华严宗的祖庭。其在天子峪，或曰田子峪，或曰楩梓谷，或曰便子谷。所谓终南正脉，结在其中。峰众路曲，不过可以通车。在此庙所见山门、观音殿、地藏殿、钟楼、鼓楼、大雄宝殿、侍寮、云水堂、法堂，或诸僧生活之区，皆是新的建筑，混凝土用得十分娴熟。法堂前一国槐，法堂后一银杏，皆是隋唐之木，经千年风雨，皮老苍苍，枝叶青葱，让人敬仰。

有僧在洗衣，其搓毕，提灰袍出水池，持架子撑开，悬挂铁丝上。有三僧从麻袋取白菜，置竹席上晾之。有一个年轻的和尚，两指捏着一只尚未长毛的其喙发黄的死了的麻雀，连连念着："阿弥陀佛，阿弥陀佛。"疾步入林，选一白杨根部，挖土埋葬。

当年北周武帝宇文邕禁断佛教，有静蔼僧隐居于斯，之后有普安僧投奔过来，遂引三十余僧相携修行。到隋恢复佛教，僧便纷纷出山，不过有静渊僧不去，随之借势筑至相寺。不久智正僧至此，拜静渊僧为师。华严宗初祖杜顺是否在至相寺住过，难考，但杜顺弟子智俨却是住过至相寺的，并随智正僧修行。智俨在此还有两个弟子：一是法藏，华严宗的实际创立人；一是义湘，新罗人。唐高宗龙朔二年，公元662年，义湘到至相寺来，十年以后，返新罗筑浮石寺，成为海东华严宗的初祖。凡此大德，博探佛法，多以华严宗为重。

白云过目，忽闻鸟鸣，循声而望，见有两只喜鹊彼此照应着觅食。发现受人注意，喜鹊遂展翅而飞。至相寺西坡林深如海，多是橡树，蔚然而邃密。

至相寺

大慈恩寺

　　大慈恩寺极尽豪华，其周回数里，青石铺地，多植嘉木。南广场隆然而起，朝夕有舞。北广场宏阔宽展，望之茫茫，昼去夜来，一旦到点，便音乐哗然，水撒长天，众相汇聚以欣赏。

　　进山门，玉兰、石楠、女贞、雪松，画线而植，蔚然呈绿。东钟楼，西鼓楼，尽管是旧物，不过都添了彩，遂仍显辉煌。向北，东有客堂，西有云水堂，皆刚刚建成，灿然争光，彼此映照。再向北，是大雄宝殿，瞻之巍峨。登11级汉白玉台阶，又登11级汉白玉台阶，便可以款款入宝殿。其屋宇高深，凡栋槛梁角，门窗墙壁，无不明亮如洗。再向北是法堂，其正在整修，木白香沉，瓦灰待覆。法堂东南方是财神殿，西南方是观音殿，颜色浓艳，焕然而立。再向北，是大雁塔，其格调厚重而严谨，以一古抵万今。再向北，是玄奘三藏院，显然是新作的，其漆味竟冲冲刺鼻。

　　统统走了一遍，足至之处，几乎咸为青石，只在钟楼与鼓楼之间有一块地方铺着老砖，当然，种木种草及养花的地方也还见土。

　　大慈恩寺是为文德皇后追福而筑的，固然是皇家的庙，壮丽之极，不过它不可能满铺青石，以汉白玉作栏。玄奘遍游西域之刹，返唐以后，除京师的大慈恩寺之外，凡长安的弘福寺、西明寺，坊州的玉华寺，都设有他的佛经汉译场，不过玄奘难以想象，千年之后他曾经工作过的一个地方，竟会如此堂皇。乔达摩·悉达多，大约公元前6世纪的一个印度王子，坚决摒弃了晏安享乐的生活，扔掉了财富，苦坐菩提树下，为众生所谋，终于成佛，然而他也难以想象，千里之外的敬他的一个地方，竟会如此之美！

　　这里的树还是颇有生气的，十年百年的大树尤其静穆。已经稀罕的皂荚

大慈恩寺

树，庙东一棵，庙西一棵，皮黑皮细，枝俏叶圆，沧桑之态让我肃然起敬。法堂前有两棵侧柏，躯扭体拧，叶发白，别具风骨。东边的砖塔和刻石一带，有银杏、雪松，森然竞高，苍翠蓊郁，惟鸟笼悬枝，所囚之禽的叫声若泣若笑，使我惊悚。西边辟园植牡丹，旁有楸树、椿树，并有紫藤缠绕的国槐。

玄奘自印度归来，素居京师长安诸庙，皆设译场，不过他率团队久在大慈恩寺工作。尝几次转移译场，然而大慈恩寺的学问僧多能伴他左右。唐高宗永徽五年，公元654年，窥基为僧，向玄奘求法，便住大慈恩寺。窥基对佛经注疏释义，见解颇丰，卒成慈恩大师。

玄奘从印度所取佛经甚众。他的汉译，凡1335卷，当然不限于法相宗，但法相宗的创立却是在大慈恩寺译场毕其功的。基于此，大慈恩寺为法相宗的祖庭。

那么什么是法相宗呢？总之，它是探究一切事物的相对真实和绝对真实的。强调无心外之境，万法唯识，也就是唯识宗了。其以玄奘长期在大慈恩寺进行佛经汉译，反复琢磨，日夜推理，法相宗或唯识宗成于斯，遂也为慈恩宗。法相宗之根在印度大乘佛教。

大雁塔是为玄奘藏其佛经和佛像所营造的，几经变迁，仍耸黄壤之中，并名重四海。

附记：

兴教寺

在少陵原半坡的兴教寺，以葬有玄奘及其弟子窥基和圆测之灵骨，并起塔纪念，也当是法相宗的祖庭。

兴教寺

净业寺

水以谷出，路以水行，这样便到了沣峪的净业寺。山门为石壁瓦脊，翼然向天，显得典雅而无俗，庄重而含威，是由张锦秋女士设计的。

我从西安出发，乘汽车走了55分钟，遂想当年的道宣法师坐牛车或慢或快大约也会走一天吧！

律宗是由高僧道宣创立的。公元624年，就是唐高祖武德七年，道宣法师到终南山来觅一处岩穴研究戒律，徘徊之间，有神指点净业寺呈宝势，并告其在此道当成。我沿着台阶蜿蜒而上，进柳林坪，登凤凰山，遂看到了净业寺的屋脊。

早春二月，终南山的余雪还像盐一样洒在各个角落，风也生硬，好钻裤筒，专冷两腿。不过岩缝崖隙偶尔会有一枝梅红，几根竹绿，尤其黄壤之中的野草在欣然萌动，遂荡漾了一抹生气。城里温度高，玉兰有的都白了，但这里的玉兰却还羞涩含苞，蒙着一些灰绒。净业寺墙外，有一棵国槐足有三搂，枝干皆黑，鹊巢空悬，便疑惑着自问这是什么时候的树，一个僧人喜悦地说："唐代的。"

那天恰逢菩萨的生日，有信徒从西安来，甚至不远千里万里从北京和福建来，敬拜其佛。我还有幸观察了一个皈依仪式。本如法师邀21个信徒进入天王殿，分两排站立，合手鞠躬向天王、弥勒和菩萨致礼。忽然磬响钹鸣，梵乐悠扬，住持天空法师飘然而至，先行跪礼，绕场一周，又行跪礼，后依柱静立。其30岁的样子，身材颀长，神情恬淡，脸一色瓷白，眉二道漆黑，唇似红丹，睛柔似水，确实太俊了，太帅了，是十足的玉树临风，天降美姿。本如法师便让皈依的信徒向佛作跪礼，洒圣水，接着领他们立誓。本如法师

净业寺本如法师与天空法师

说:"不杀生。"信徒说:"不杀生。"本如法师说:"不偷盗。"信徒说:"不偷盗。"本如法师说:"不邪淫。"信徒说:"不邪淫。"本如法师说:"不妄语。"信徒说:"不妄语。"本如法师说:"不饮酒。"信徒说:"不饮酒。"我久闻本如之大名,一晤之下,觉得他比我所想象的更是活灵活现。其戴一副大眼镜,岁在中年,潇洒而不越矩,是完全可以请教的高僧,尽管我不是释迦牟尼的信徒,然而凡智慧,我都渴望。

遵本如法师之示,我随净业寺僧人共进午餐。天空法师独坐主席,其余分两排用饭,有米有馍,菜皆素。用饭之间,无一僧人言语。餐具自己洗,我也随僧人洗了自己的碗筷,感到新鲜。

净业寺攀缘而高,左右延伸,还有别的建筑,包括祖师殿、药师阁、云水寮、门头寮、伽蓝殿、禅堂、客堂、鹤歇处、五观堂,我都没有入内,是想要留下空间,也许以后还可以近之。知珍堂为两层楼房,在它的一根椽上挂了一个鸟笼,有一只鹦哥其声清脆,乌羽褐喙,是僧人所养,逗之弄之,聪明得竟能交流。在一片萧条的林子里,有白居易衣冠冢,没有人知道其究竟,也没有任何词语记录白居易与净业寺的关系。

那时候道宣法师在终南山研究律宗,并非止于净业寺,相反,他在沣峪的丰德寺和灵感寺都有活动,或立坛传戒,或秉烛撰律,所以它们都是律宗的祖庭。不过他在净业寺住持得久,又有他的舍利塔矗于斯,僧人遂共识此庙为祖庭。

广为流布的一个故事非常有趣，也透露了佛教数派相争的消息。相传道宣法师曾经邀牛头禅寺的遍照法师到净业寺来赴宴，遍照明白道宣意在比较高下，便背了一个牛头前往。道宣以礼迎接，赶紧下厨，遗憾的是柴湿火弱，菜难以做成。遍照催促了道宣以后，就提议吃他所带的一道菜。只见遍照把牛头放到案上，动手且动口，欣然大嚼，饱腹便告辞。道宣在惊诧之间，悄然送行。出了沣峪，有河在流，其潺潺清浅，澄净如练。遍照竟过去执刀破肚，撩水洗肠，神情安之若素。这一切，似乎都显示了遍照的道行。

有朋友召唤我注意终南山的气象。远远而望，纵的峰，横的峰，扭曲纠结，仿佛到处都是漩涡。余雪斑斑，突出了连绵的峦嶂的苍黄，然而有阳光的地方毕竟染上了暖色。

净业寺

香积寺

香积寺距西安南门 18 公里，踞神禾原，临子午谷，峰在视野，潏河与滈河交汇以后汤汤绕其院墙。邃密之境，让我喜欢。

2012 年 5 月 20 日，农历壬辰年四月三十日，小满，我登磊磊台阶，站山门檐下，回头一看，见黄色拉土车轰鸣往来，白尘弥天，欲盖屋脊。台阶之

香积寺

间嵌有刻石，想是为庙增威，可惜刀法粗了，莲失韵，龙无鳞。窃以为此乃机器所雕，毫无人的虔诚。即使手雕，缺乏对佛的感情也难以使刻石充盈生气。我相信心灵便手巧，手巧便具艺术。

进山门向北，是天王殿，东一柏树，一石狮，西一柏树，一石狮。有客烧香，其直身须臾，便屈膝为跪，并连连磕头：一下，两下，三下，四下，五下。向北，庭院空阔，东西两侧各筑长廊，碑碣多参差，尽为佛颂。向北，东一钟楼，西一鼓楼，周围植柏、松、棕榈，还有怪柳、女贞。微微泛黄的草坪上有经幢、碑、碣、舍利塔，皆矗然陈列，遂生旷远。向北，东客堂，西祖师殿，阳光照射，有三僧在盘桓。向北，是大雄宝殿，凡台阶并檐下，悉铺红毯，门、窗、栋、楹，咸披红绸，顿觉这里一定将有喜庆之事，然而大雄宝殿里无一客，也无一僧。悄然而望，金碧闪烁之中，供奉着阿弥陀佛接引站像、善导大师坐像，神秘，神圣，肃然一片。

入圆形西门，有客进出，诸僧或穿黄袍，或穿灰袍，有的独思，有的私语，其颜色无不自得。问僧："香积寺有什么喜庆的事吧！"僧说："这里的住持本昌要任方丈了，正准备举行一个仪式。"难怪要铺红毯，披红绸，并给这里的银杏和杜仲之类嘉木都缠以黄缎。走尽甬道，便是一尊巍然而立的久经风雨剥蚀的善导大师供养塔。我数了数，11层，显然有断顶。问僧："供养塔究竟多少层呢？"僧说："你数多少层就是多少层。"颇感迷惑，遂存其疑，继续游我的魂。这时候有三僧齐头并肩走过去，向供养塔上香叩首，之后席地坐松下。

我不拜佛，然而尊重佛文化。我曾经数至香积寺，其印象尤以1992年冬日为深刻：

> 我到香积寺的时候，刚刚开始下雪，庙里的路由灰变白。暮色之中，数僧独来独往，或扫地，或打水，都低着头，默默看着脚下的雪。所有的草木一律枯萎，雪落在干硬而垂落的叶子上一片沙沙之声。在一间禅房的檐下，晾着黄色的法衣，一层晶莹的冰屑将它绷直了，似乎一点也没有布帛的柔和与飘逸。斑鸠在房顶上悄悄地蹦蹦跳跳，不发一声。整个庙里惟有木鱼在响，它是从一间关门闭窗的禅房传出来的清音。木鱼急骤如雨，轻快如舞，在零星飘扬的雪中，我能朦胧感到它所带出的一种兴奋。侧耳而闻，难解其味。

在印度宗教史上，关于净土的观念渊源颇深。不过到公元前12世纪，随佛教之大乘的酝酿，净土思想才形成了体系。何为净土宗呢？佛教著作指出，众生所居，又烦恼又肮脏，谓之秽土或秽国。不过有佛教认为，还存在着一个西方极乐世界，由阿弥陀佛所主导，谓之净土或净国。在这里，法音微妙，饮食丰富，精舍相连，玉树参差，并尽饰七宝。阿弥陀佛一直于斯进行教化，所以在此之人无不品洁智足，貌端容光，没有什么痛苦。净土净国，广袤无涯。人通过一定的修行，是可以往西方极乐世界去的。如是佛教之派，便是净土宗。

至迟公元 3 世纪之前，印度佛教的净土观念便在中国传播了。到南北朝，公元 5 世纪以后，净土思想已经比较完整地流布中国。慧远大师曾经在庐山设坛作庙，感召诸僧，结成白莲社，钻研净土法门，以期共赴西方极乐世界。基于这种精神活动，净土宗也谓之莲宗，慧远大师所修行的东林寺，也就是中国佛教净土宗的发源。可惜慧远大师圆寂之后，净土信仰渐渐沉寂了。

经过南北朝的昙鸾大师的净土信仰实践，隋的道绰大师的净土信仰实践，终于发展到唐，有善导其人，虽然年轻，胸存远志，并久攻佛教经典。一旦接触净业著作，遂怦然而动，欣然灌顶。于是他就遍觅高僧，以请教净业思想的精髓。善导卒在并州，今之山西太原一带石壁山，拜道绰大师，孜孜以求，从而得净业之奥义。唐太宗贞观十九年，公元 645 年，善导自玄中寺到长安来，先居终南山悟真寺潜默修行，以体验阿弥陀佛的盛意，之后居光明寺、大慈恩寺，致力于净土信仰的弘扬。长安之僧纷纷参加他的道场，读他的书。知其修行之深，唐太宗对他也颇敬重，唐高宗也很推崇他。善导 30 年远避名利，固守素朴，受化之人甚众。晚年居实际寺，唐高宗永隆二年，公元 681 年，圆寂于斯。

善导的弟子怀恽，哀伤绵绵，思念悠悠，遂携诸僧在神禾原起灵塔，依灵塔筑香积寺。当年此庙之殿崇，之堂广，极尽峥嵘。资料显示，善导供养塔初为 13 层，夜观星云，以明天象，此为绝胜之地。断顶之后，存 11 层，高 33 米。以善导大师净土思想之大成及其净土信仰实践，净土宗当然属于他所创立，香积寺当然就是净土宗的祖庭。

公元 12 世纪，日本有僧法然，在其所居岛上创立日本净土宗，不过他的理论取之于善导大师，遂奉善导为高祖，认香积寺为祖庭。香积寺之影响，以此足征。

我当回家了。日暮霞涣，鸟倦花敛，我怡然出香积寺山门，循大道而返。

附记：

悟真寺与实际寺

蓝田县境，终南山有悟真寺。隋唐之际，诸僧包括善导大师，曾经在此修行净业法门，悟真寺也应该属于净土宗的祖庭。唐诗人好游此庙，读唐诗，可知来者非一，李白、钱起、卢纶、白居易，似乎都尝登临。今之悟真寺分上寺和下寺，其相距大约 2 公里。下悟真寺的水陆殿，就是现在的水陆庵。

实际寺在今之西北大学太白校区，善导大师于斯逝世，那么实际寺也应该是净土宗的祖庭。

香积寺

大兴善寺

过大兴善寺，见黄线围墙示戒，有挖掘机推房子，很是诧异。一个戴安全帽的人昂然指挥，便走上去问："怎么拆庙呢？"他注目向我，转瞬便说："领导让拆就拆。"问："庙是神居的地方，不可随便拆吧！"他说："老虎的屁股也敢摸，庙算什么。"知道这是一个信仰唯物主义的人，遂敬而远之。

恐大兴善寺有变，便从菩提门入内，缓缓而览，徙倚至昏。

隋的将作大匠宇文恺设计大兴城，其所选地址恰有土冈六条，横贯东西。以易理，此六条土冈自北向南依次为九一、九二、九三、九四、九五、九六，象乾卦六爻。处九二的土冈宜置宫室，帝王居之，处九三的土冈，宜置百司衙署，以应君子之数，处九五的土冈，属于飞龙，是贵位，遂以朱雀大街为轴线，东筑大兴善寺，面积占满靖善坊，西筑玄都观，面积占满崇业坊，以镇帝王之都。

还好，大兴善寺保留下来了，虽然落在小寨商业圈里，周围全是高楼大厦，车流淤塞，人流涡漩，根本看不出土冈之势，不过毕竟其庙在。遗憾的是玄都观早就湮没了，甚至连一块砖也未保留下来。

大兴善寺为隋文帝所支持才得以作，显然它属于国有。在唐，也是皇家之庙。唐长安当时是佛教的圣地，有三大佛经汉译场，大兴善寺是最早的，别的译场在大慈恩寺和大荐福寺。唐高祖武德九年，公元626年，印度高僧波颇到长安来，便循令住大兴善寺。到唐太宗贞观三年，公元629年，波颇发轫进行佛经汉译。波颇任主译，有19位学问僧为其助手。唐政府大臣房玄龄、杜正伦和李孝恭负责定稿，太府卿萧璟担纲总监护，足见此乃盛事。

公元713年至公元741年，是唐玄宗开元时期，此间有三大士：善无畏、

大兴善寺

金刚智、不空，在长安弘扬密宗。

善无畏是东印度人，深谙密宗法理。他至长安，在唐玄宗开元四年，公元716年，已经79岁。兴福寺、西明寺、大兴善寺，他都住过，并孜孜于佛经汉译，遂享国师之礼。

金刚智是南印度人，至长安是唐玄宗开元八年，公元720年。其大有工夫，佛经汉译十余部，23卷，尽含密宗之精髓。

不空是北印度人或狮子国人，金刚智弟子，陪师至长安，对密宗思想多有研究和体验。其为僧之高者和通者，是非常特殊的人。遵唐玄宗之示，他居大兴善寺，汉译密宗的经典。安史之乱爆发，不空心系唐皇帝，遣使者向唐玄宗通报情况，提出建议。唐肃宗即皇帝位，也继续递讯。唐政府收复长安以后，不空深受唐肃宗敬重，诏他进皇宫，行灌顶之法。当是时也，大兴善寺佛经荟萃，皆由不空主译。唐代宗宝应二年，公元763年，不空上表请求以大兴善寺作国修灌顶道场，获唐代宗批准。此庙遂大德云集，香火天腾。若逢吉日，不空便作灌顶。唐代宗十分景仰不空，授他特进鸿胪卿，号曰大广智三藏。再封不空为肃国公，食邑三千户。唐代宗大历九年，公元774年，不空在大兴善寺圆寂，唐代宗伤感，竟辍朝三日。大师的火葬仪式在少陵原举行，旋即在大兴善寺起不空舍利塔，谥曰大辩正广智不空三藏和尚。

除此三大士之外，一行对密宗著作的汉译也大有贡献。他或是昌乐人，今之河南南乐人，或是巨鹿人，今之河北巨鹿人，待考。一行为天文学家，才茂识博，唐玄宗遂强征至长安，安排其住光天殿，以询治国安民之道。一行尝随善无畏和金刚智学习密宗，协助其汉译，传播密宗甚为给力，作用也非凡。

密宗有很强的实践性，必须师徒相传，并具谨严的修行步骤，颇为神秘。即身成佛，是密宗修行的目的。密宗认为，不一定要经过累世修行，今生便能成佛。这真是拨云见日，豁然开朗，让人看到了希望。

唐玄宗开元时期三大士所创立的密宗，尤其是不空在大兴善寺的汉译工作，不惟把密宗经典的汉译推向最后一个高潮，也使密宗成为当时中国佛教最火的一脉。显然，大兴善寺是密宗的祖庭。

我所看到的大兴善寺，是2012年的大兴善寺，霞光徐落，长天澄明。天王殿很是宏伟，也很是辉煌。我进其东门，出其西门，接着阅平安地藏殿，览救苦地藏殿，仰望钟楼，高瞻鼓楼，便向大雄宝殿，以观僧之晚课。敲钟振鼓，有僧匆匆，当然也有僧姗姗，来迟的要对佛像补礼，加礼，之后入列。诸僧皆穿紫色袈裟，相当于官员的正装吧，其面佛像而跪，出声诵经。乐器有三，木鱼、铃、磬，分别打击，同音为穆。氛围严正，应该有助于摒除邪念。当此之际，有一家三口入大雄宝殿，五体投地，叩首作揖，掏钱捐款，以求观音菩萨的保佑，神情颇为虔诚。有一僧领读，其他十八僧跟读，终于乐器剧响，由读而唱，晚课结束。离开大雄宝殿，我绕观音大士殿一周，赴大兴善寺的深处诣法堂。法堂坐北朝南，以坡势顿起，有高高在上之感。

我在20世纪80年代及90年代，皆有大兴善寺之游，留下的印象是地旷木苍，黄壤透幽。现在这里仍有老树，天王殿以北，柏坚松峻，钟楼旁，大雄宝殿旁，国槐皆壮，非合四臂不可搂。尤其是在观音大士殿与法堂之间，有柏八九棵，松十余棵，皆干扭皮裂，枝勾叶连，森然一片林荫。

大兴善寺历史悠久，遂灵异自显。当年有一个和尚素，所居庭院植四桐，逢夏日便渗汁滴液，沾衣难洗。一个姓郑的官员赴庙，桐竟染其衣，郑不悦，建议素用松取代桐。晚上，素告四桐曰："我种汝三十余年，汝以汗为人所恶，来岁若复有汗，我必薪之。"自此四桐遂不渗其汁，不滴其液，足见素的修行之深。当年不空舍利塔前多巨松，一旦天旱，官员就折其枝，做龙骨以祈雨，辄降甘露。可惜我在不空舍利塔前未见什么松，然而我不疑古者之言。现在有科学技术了，通过飞机喷药的方式便能促云为雨。谁有效呢？不可知。

大约在晋武帝泰始元年，公元265年，有僧在汉长安城之南筑遵善寺以修行，也竟躲过了北周武帝对佛教的禁毁。隋文帝执政，推崇佛教，营造了大兴善寺。其所选地址便是遵善寺的旧址，不过由于是国有，它的规模甚大。隋文帝曾经为大兴郡公，从而筑大兴城，作大兴善寺，当是顺理成章了。

唐对隋多有继承，大兴善寺遂能香火绵延。不过经唐高祖、唐太宗、唐高宗及周武则天，到唐中宗执政，竟一度易之为鄞国寺。至唐睿宗，又恢复其为大兴善寺，终于至唐玄宗，得三大士的琢磨提炼，密宗而兴。经唐肃宗，到唐代宗,其璨然为盛。唐灭,长安不为国都,大兴善寺香火渐衰,不过其庙久存。

五代十国、宋、元,大兴善寺罕见高僧。至明,有云峰禅师居之,德满禅师居之;至清,有云峨禅师居之,不过他们皆持禅宗。到了中华民国,大兴善寺遂处抱残守缺状。中华民国十三年,1924年,康有为到西安来,视其破损,唏嘘不已。然而佛教毕竟是中国文化的一流,遂有朱子桥于中华民国二十八年,1939年,奔走筹资,以期修缮。太虚大师也于中华民国三十四年,1945年,在此建世界佛学苑巴利学院,一瞬引万目关注,遗憾到1949年便停办了。

这里所藏一部巴利文佛教著作,十分珍贵,可惜其在1966年不得不送造纸厂火化。时极而转,10年以后,乾坤有旋,大兴善寺便又传诵经之声。1984年,慧雨法师住大兴善寺,至1996年,再兴密宗之灌顶。

经询我才知道,挖掘机拆庙只是为了改造。要建一个地下停车场,大兴善寺临街的部分栋宇,必须拿出来。当年宇文恺认为这里贵位,人不可居,遂置以佛教和道教之神而镇之。大兴善寺山门之上有题额曰五冈唐镇,便是证明。今之人掏空庙之基,以作地下停车场,也确实是敢想敢干!

附记:

青龙寺

乐游原上的青龙寺,以惠果大师精求密宗,也属于密宗的祖庭。唐德宗贞元二十一年,公元805年,日本学问僧空海景仰惠果,至此随之修行,学成以后,返岛上推广密宗,为弘法大师。由于青龙寺完全毁弃,没有任何标志,于是日本学者足立喜六,日本之僧和田辨瑞及加地哲定,还有20世纪30年代在陕西赈灾的朱子桥,就以讹传讹,误以为祭台村的石佛寺为青龙寺,并有纪念活动。非也!1973年,经中国社会科学院考古研究所西安工作队勘察,确立了青龙寺在乐游原上的地址,谬惑遂解。1984年青龙寺得以恢复。

1910年前的大兴善寺

卧龙寺

卧龙寺颇为深广，南北有数院，东西还设置有经堂和斋舍，其间刻石插而立之，可谓势大不凡，气幽不透。

在天王殿檐下，两僧面壁而坐，悠然晒背。我过去问："师傅好！当年的卧龙和尚是叫惟果呢？还是叫惠果，资料不统一啊。"左侧的僧回头看我，指着右侧的僧说："请教他。"右侧的僧转身挥手说："碑文有记录，你自己查吧！"

我便读碑文，可惜清晰者少，漫漶者多。大雄宝殿前的刻石比较新，遂近而览之。一个穿立领棉衣的男子忽然挺胸昂首溅唾锐声说："撰此碑文的人绝对没有良知。卧龙寺曾经辟为工厂，挪作殡仪馆。这是什么时候发生的，谁导致的？碑文只指出卧龙寺遭遇浩劫，不交代缘由。这样做没有良知，难有善报。"见他偏激，我说："今天风寒，不过阳光还明亮。"退避而去。

此庙在汉灵帝时立，当是公元2世纪的佛教盛事。隋建福应禅院。唐以画家吴道子于斯绘观音像，改之为观音寺。宋初为龙泉院，宋太宗时，有僧叫惟果或叫惠果的做住持，终日大卧，佛教徒呼其为卧龙和尚，遂有卧龙寺。

传五代十国，传元，传明，到明武宗正德十六年，1521年，秦王朱惟焯主持修缮了卧龙寺。传清，到清穆宗同治五年，1866年，附近的火药局起火爆炸，殃及卧龙寺，凡大雄宝殿、经堂、斋舍，多有震塌。两年之后，接受捐资，乃得恢复栋宇。

慈禧太后避难西安，给卧龙寺以兴旺发达的机遇。慈禧赐银千两，以增其宝殿，并筑石碑坊。慈禧给石碑坊题额曰慈云悲日，为山门题曰敕建十方卧龙禅林。清德宗光绪皇帝追随慈禧，也题额曰三乘迭耀。见慈禧和皇帝如此重视卧龙寺,西藏与蒙古的喇嘛及王公,也很重视,纷纷于斯致礼。一时恢宏壮丽,香火骤旺。

中华民国时,有僧常常光临卧龙寺并讲经。妙阔法师、太虚法师、慈云法师,都到这里来过。朗照法师曾经是卧龙寺的住持,1949年以后仍为住持。遗憾逢"文化大革命",历代佛像及经幢,宋铸幽冥钟,尽遭毁坏,令朗照法师深痛难忍,自绝而逝。

我对卧龙寺的兴趣起于康有为在这里的尴尬和蒙羞。1923年11月6日,中华民国时,康有为游西安。受吴佩孚推荐,任陕西督军的刘镇华邀请其到

卧龙寺

陕西来。康赞长安是数千年第一文化之区，当然要到处看一看。在陕西，也有一批他的故旧和门生，宋伯鲁、李岳瑞、雷延寿、刘古愚、王典章、陈涛、张扶万、龚性田、宁述喻，赫然皆是也。前呼后拥，康有为在陕西展开了种种文化活动，不过毁誉参半，也有推崇，也有反对。

康有为居五味什字的中州会馆可园。有一天，他派可园的职工赴卧龙寺拉藏此庙的宋版佛经。佛经装上轿车，运抵可园。佛经一去，卧龙寺之僧定慧忽然感觉不对，便紧急呼吁，要收回佛经。消息迅播，西安的社会贤达，包括水利专家李仪祉和西安红十字会会长杨叔吉，立即成立了陕西古物保存会，并见陕西省议会议长马凌甫，请求支持。他们还以陕西省古物保存会的名义，通过律师陈松生向法院起诉康有为盗窃佛经。法院依程序，由法警送康有为传票一份。不日，上海便有报纸刊登漫画，披露陕西人声索康有为偷其佛经。须臾之间，一城风吹，举国浪涌，西安变成了康有为的滑铁卢。他怏怏缴其佛经，别陕西而奔武汉。

凡智者都不会把康有为之举定性为盗窃，否则陷于轻率。康有为在卧龙寺发现了宋版佛经，十分喜欢，希望一存。他与定慧和尚还共进素餐，有所交涉。资料证明，他提出以自己所藏佛经交换卧龙寺所藏宋版佛经，不但定慧和尚同意了，而且签订了交换合同。定慧之所以呼吁收回，主要原因是他反悔了。当然，可园的职工贸然多装了一些佛经，也使定慧的收回增加了一些道义。

不过反悔就反悔，收回就收回，为什么会大张旗鼓，闹得惊天动地呢？康有为在陕西表现了知识分子的傲慢，这让人讨厌。有收藏家让康有为品评古玩，他以聪明装糊涂，视之为相赠，顺便塞进行囊，这让人鄙薄。刘镇华在陕西恶行多，善举少，但陕西人抨击刘镇华却不容易，便通过贬损康有为旁敲侧击刘镇华，因为康是刘邀请的，康至陕西难免要表扬刘几嘴，这让人恼火。康有为的政治思想显然落伍了，其复辟君主统治之论是逆潮流的，有先进文化之士，无不会借机谴责。我以为，凡此种种，是康有为惨败陕西的缘由。

卧龙寺所藏宋版佛经，实际上是明刻的，当然这也价值连城了。

西安的冬天有时候阳光真是特别明亮。山门两边的墙下，坐着满满一排卜者和乞丐，看起来年龄都大了，有的白发苍苍。席地而坐的，带凳而坐的，一概猥琐、潦倒、落魄，缺乏卜者和乞丐当具的一种风度。阳光颇冷，照也不暖。

仙游寺

某年早春，长安文艺官员田措施、周至文艺官员赵永武，共邀作家诸位进行文化考察，我在其中。驱车奔走，行迹斑斑，卒有仙游寺令我回味。

其庙曾经藏终南山黑水峪，史书方志皆云，翠峦相拥，清溪独翩，为隋唐宝地，明清胜景。可惜20世纪80年代以后，西安缺水，决定修金盆水库，以引流入城，不得已而迁其出峡谷，建之于一面朗然的高坡之上。未能仰观昔日之仙游寺，多少是有遗憾的。

仙游寺声誉之重，我看是出在文化元素的一再增加。它原本属于隋文帝的仙游宫，是满足一个皇帝玄想修道需要的，也不算什么瑰伟绝特之作。不过唐筑仙游寺，有僧人居焉，这便增加了一道佛光。又有秦穆公女儿弄玉吹箫引凤之论，又增加了一层神话色彩。又是白居易为玄宗贵妃作歌之地，辞曰："汉皇重色思倾国，御宇多年求不得。杨家有女初长成，养在深闺人未识。天生丽质难自弃，一朝选在君王侧。"激情荡气，缠绵悱恻，又增加了一段骚客韵味。又有苏轼取泉煮茶之闻，又增加了一件才子风雅之好。此庙文化元素的累积，显然具马太效应，从而为天下所知，并传之广远。

倾慕而来，不过由于仙游寺是移植于高坡之上的，径荒殿粗，信徒寥寥，香火薄弱，遂情怯心忧，深恐出乎我的审美想象，竟不敢也不愿意靠近。我只是遥望着一根孤独的法王塔。微雨初敛，蓝天染白，柔丽的阳光投射在它的七层砖壁，苍黄炫目，哀怨浸怀。缓缓登临一个土堆，见秦岭尽绿，关中泱茫，思之久久难明。

广仁寺

公元1703年,清康熙皇帝巡视天下。冬日渡黄河,过潼关,抵达西安。他接见了驻防官兵,作了盛大的检阅。此间他还做了一件事情:敕建一座喇嘛教之庙,并为之拨款。

春秋两度,到公元1705年庙立,这便是广仁寺。皇帝显然十分重视,御制碑文记之,还赐匾额曰:慈云西荫。

走尽长长的习武路,我在西安城西北角目击了广仁寺。算一算,此庙已经逾300年,然而看起来它一切都是新的。山门之前,是一个广场。春风提升了气温,有妇女带着孩子学步,有人或立足,或移趾,以锻炼身体。喇嘛教的旌旗高入云天,可惜不招春风,便任其垂落。由主持仁钦扎木苏上师发愿,得信徒资助,2007年所敬营的佛祖宝塔,东四尊,西四尊,白石灿然。尚未使用的售票亭油漆晾干了,只等开其窗口。

资料显示,广仁寺过去占地16.4亩,果园发香,花圃流芳,列殿堂与房舍101间,屋脊错落,门洞相连,森然一片。现在缩小了,不过还好,毕竟可以修其残垣,复其旧制,当飘扬的时候喇嘛教的旌旗就会飘扬。20世纪50年代到70年代,中国的宗教场所几尽关闭,广仁寺只能遭封。

山门呈红色,由于有西城墙和北城墙为背景,遂不显宏伟,然而它的两重飞檐,也足长气势。四根圆柱也呈红色,按点而立,恰到其位。总之,山门是俊秀的,庄重的,得体的。

进入其庙,一道影壁迎面而立。南为平砖,北为立砖。立砖尖上尖下,落落大方。大约是恐裂缝或坍塌,以铁扒固定着。抬头仰观,十八罗汉在影壁之顶。

广仁寺曾经遇到何等破坏，不知道。然而康熙皇帝御制之碑，确实是打碎了。有一个八角形的建筑，为康熙碑亭。所立之碑是克隆的，固然它的雕刻也颇为精致。可惜它是仿碑，仿碑自有仿碑之弱。原碑打碎了，也难以觅得它的片断。所幸有一年掘地取土，其碑头竟从黄壤之中赫然而出，遂为文物。无非是两龙盘绕，不过汉白玉极为厚重，雕刻不但细腻，而且含灵流韵。此碑头现在置康熙碑亭之前。

广仁寺的天王殿一带比较阔朗，东一放生池，西一放生池，皆有鱼游。玉兰树虽然还没有开花，不过已经含苞待绽，雪松冬天不凋，春天将一定更翠。

长明灯蹲放于亭，我过去欣赏，这时候身穿朱色袈裟的僧人伸手打开了门，我说："谢谢！"他说："不客气。"铁铸的长明灯呈黑色，很是坚实，大如桶，上细下粗，因为未燃，也没有什么特别。僧人倒是有趣，我便问他："你叫什么名字？"他说："……"他也知道我不懂蒙古语，遂在自己掌中写：呼德日扎那。问："出家多少年？"答："18年。"显然是一个善良而诚恳的僧人。他东一指护法殿，西一指长寿殿，说："这些都可以看一看。"

在主殿中央供奉着绿度母菩萨，东边供奉普贤菩萨，西边供奉文殊菩萨，其像都很大。房顶绿色偏幽，气氛神秘玄奥。我在这里看到了康熙皇帝所题的匾额：慈云西荫。其书端正，稳妥，绝无浮华。在主殿的回廊上，装有经桶，僧人或信徒可以绕回廊顺时针走，并顺时针转其经桶。几年之前一个农历正月的晚上，我于斯巧遇一场祈福法会，见数百信徒在地上点亮了成千上万的酥油灯，光焰闪烁，明冲黑暗。有的信徒便在绕回廊，转经桶。以喇嘛教观点，

广仁寺

转经桶走一圈，相当于念十万遍六字真言：嗡嘛呢叭咪吽。那天晚上，广仁寺没有一点喧闹，惟有经桶像风一样呼呼响着。不过现在的经桶颇为安静，是黄昏了，只有几只鸽子渐渐落脚主殿的梁上，以夜能栖居。

千佛殿供奉宗喀巴大师及其两个信徒。其像由缅甸红木雕刻，一律镏金，遂显一片辉煌。喇嘛教就是藏传佛教。大约公元7世纪，佛教进入西藏，以结合本土固有的苯教，发展为喇嘛教。不过在渊源上，它仍属于佛教。藏传佛教有四派，除宁玛派、萨迦派和噶举派外，还有宗喀巴大师创立的格鲁派，就是黄教，其强调严守戒律。

在千佛殿前有玻璃罩所护的一口白大理石莲花缸，包浆很厚，呈老相，也是文物。直径1米，高也1米。莲花生动，有勃郁之气。蔓草为饰，有传统之美。这里的一棵紫荆树屈曲扶摇，足有百年。不过这里更奇的是一棵双叶柏树，既长侧柏叶，又长刺柏叶，令植物学家也感到震撼。

金瓦殿壮丽之极，可惜刚刚竣工，还未启用，我未能入之。数千卷明版经书将收藏于斯，不过我只能等有机会再一瞻了。难得闲暇，什么时候是再有机会呢？

当年皇帝敕建广仁寺，实际上是给从西部往北京去的喇嘛教信徒一个投宿的地方，当然也可以举行法会。沧海桑田，因为飞机和火车的出现，不管是从拉萨走还是从格尔木走，喇嘛教信徒赴北京都不必在西安城过渡了。但广仁寺却成了此地一个活的文化遗产，这是幸运。

西安清真大寺

1992年12月的一天,我赴西安清真大寺,当时留下的记录有一段是:

> 在7世纪初,关中处于隋朝灭亡和唐朝兴起之际,此时此刻,在阿拉伯半岛,穆罕默德创立了伊斯兰教,并传播安拉的声音。到了8世纪初,唐朝很是鼎盛了,阿拉伯商贾便通过丝绸之路进入长安,在这里经营生意。公元755年,发生了安史之乱,回纥士兵参加了唐朝的平叛。社会秩序恢复之后,回纥士兵就留在了长安。大约在这个时候,伊斯兰教开始在在关中传播,现在已经有1200年之久了。在西安的化觉巷,有一座宏伟的清真寺,伊斯兰教的信徒定时在这里做礼拜。

此清真大寺是一个完整的建筑群,我经常到这里来欣赏它的艺术。2012年7月16日上午,天不是酷热,以想看一看这里足有几百年的皂荚树,遂悠然入之。

清真大寺为东西向,长方形,占地面积逾13000平方米,共4个进院。有人独观,有人同游,自存它的安静。

一进院的木牌坊高9米,卯套卯,节节连接,段段延伸,便隆然而起,呈雄壮之势。立柱粗广,横梁通直,各得支点,遂力使遍体。翅角飞檐,增加了它的灵性。以琉璃瓦覆盖其顶,显示了贵气和豪华。

向西,过五间楼,就到了二进院。这里的石牌坊以四柱所组,形成三间。中楣镌:天监在兹。南楣镌:虔诚省礼。北楣镌:钦翼昭事。两边各有踏道,

西安清真大寺石牌坊

围以石栏，又规矩，又典雅。附近有龙头碑两通。一为明万历三十四年，公元1606年所树，刻米芾手书：敕修清真寺。一为清乾隆三十三年，公元1768年所树，刻董其昌手书：敕赐礼拜寺。石牌坊坚固而精致，生顶天立地之感。此地有国槐、玉兰树，尤有两棵壮丽的合欢树，它们冲天而上，超越两通龙头碑。其冠阔朗，风吹枝叶便拂，若海浪轻溅。五间楼有三门，门墩悉为石雕，简洁而饱满，不可多见。

向西，过敕赐殿，就到了三进院。环顾四周，见数棵椿树，散落各处，其皮黑，高且粗。也有银杏树、核桃树、柏树、国槐，皆呈盛态。敕赐殿坐落其中，红门敞开，方砖垫地。这里的重点当然是省心楼。它两层，三檐，八角，琉璃瓦攒顶，又挺拔，又安然，十分绚丽，确实别有一种风度。

向西，过连三门，就是四进院了。此处的凤凰亭由三部构成，其巧妙地容纳了牌楼之元素，显得瑰伟绝特。中央是主建筑，属于地地道道的亭，六角形，飞檐，顶圆而尖。左右的建筑完全对称，皆是三角形，仿佛牌楼，飞檐如拍翼。三部相连，貌若凤凰展翅，谓之凤凰亭。它的南北两侧各有面宽七间的厢房，从而使凤凰亭在凌空之际添了稳重。我想看的两棵皂荚树便在凤凰亭一带，至少有300年了吧，干撑其冠，揽云为饰，以俯察天下。其木看起来颇含坚硬与坚韧的品质。仰观其冠，真是古贤人所赞的根柢盘深，枝叶峻茂。

向西，走中间的踏道或一左一右的踏道，都可以登临月台。月台亢扬而广阔，南北54步，东西33步，几乎全铺以青石。中间的踏道是白大理石，它从四进院的凤凰亭引伸而来，穿过月台，一直延至礼拜大殿的庭前。大殿进深九间，飞檐姿健，斗拱气壮，一色蓝琉璃瓦苫顶，望之巍然而神秘。西安化觉巷一带的穆斯林，多在此礼拜。

伊斯兰教认为：安拉为独一主宰，除安拉外，再没有神。无论是宇宙还是人，都是安拉的造化。先知是安拉所造化的优秀者、智慧者、劝诫者、报喜者。他们受安拉启示，向人宣示教义。安拉给先知的启示，便是伊斯兰教的经典，它也是其伦理学、历史学、阿拉伯语言学与修辞学等等学科赖以建立的基础。人在现实世界结束以后，还有一个未来世界。今世和后世，便来于斯。在审判日，亡灵都会复活，其以过去的善恶接受安拉的审判，信仰并行善者入乐园，背信且作恶者进地狱。万事万物的产生和发展，皆由安拉前定，人的意志不可违抗。此为几个信条，凡是伊斯兰教信徒，凡是懂得一些伊斯兰教文化的人，都当知道此基本知识。

西安清真大寺的建筑，多在中轴线上。中轴线东铺以麻石，中间铺以青石，西铺以白大理石，其变化带来了一种神韵。这里的照壁、牌坊、楼、殿、亭、台、厢房，疏密相宜，错落有致，通看分看，都有其布局。此完整建筑群，当是伊斯兰文化与汉文化融合的产物。这些是我一再考察所得的体会。

我在1992年认为，伊斯兰教传播关中，当发轫于安史之乱以后。清真大寺所存碑文显示，穆斯林的这个活动之地，出现在唐玄宗天宝元年，公元742年。那么，伊斯兰教在长安的传播，至迟也是从这一年开始的。我愿意用现在的观点，取代过去的观点。

礼拜堂

我想看一看西安市南新街的基督教礼拜堂，郭牧师在电话里建议，可以星期天去，因为信徒当日有活动，要做三次礼拜，牧师也在。不过我的行事有自己的节奏，遂在星期四，2011年4月7日下午到了礼拜堂。

在大学时候，我就来过这里，是由老师带领，先参加教学实践，接着顺便率学生体验了一下礼拜堂，20分钟左右吧。那天有牧师布道，几十个信徒坐在椅子上听着，牧师朗诵曰："我是葡萄树，你们是枝子。常在我里面的，我也常在他里面，这人就结果子；因为离了我，你们就不能做什么。"依靠礼拜堂的墙壁稍站片刻，我就记住了这段论语，它真的像天音一样顷润心灵，有一种奇妙之感。可惜我是政治教育系的学生，正在接受马克思主义的思想，不能相信神在，遂使礼拜堂飘缈而去。然而一旦我把葡萄树与枝子的论语录制吾心，就再也没有磨灭。多年以后，我才知道这是耶稣给其信徒传道所用的比喻。

起于1989年的逆境，长逾10年之久，曾经上下求索，希望有一个精神的出路，或是觅得一个精神的避难所也行。有一度我便常常到这里的礼拜堂来，以疗治创伤，得到安慰。平安夜的颂歌尤其能感染人，它似乎有一种特殊的温暖，会净化你，扶助你，提升你，我不禁热泪涌流。不过终于以我的血液里有毒，便一直在尘世流浪。然而天国总是使我向往的，我也一直咀嚼和消化着耶稣的论语，甚至我就是凭神的指点而活着。

礼拜堂几乎还是我30岁所见的样子，仿佛也是我20岁所见的样子，推开一个红铁门，便是院子。混凝土地面，难免干燥，它也抹去了黄壤所蕴含的一种生气，然而毕竟有一棵皂荚树在此，尽管弯曲为弧，是黑皮，但它却经风受晒几十年，并未倒下为木做柜，或成柴烧了火。院子逼仄，大显局促，也有一种背离经济增长率的破败和落寞，不过院子毕竟还有一座礼拜堂。

它是一座砖木结构的建筑，南门为正，东门为偏，拱形红框，高耸有威。尖顶坡檐，灰瓦铺而排之。砖砌墙壁，浑然为素，显得十分肃穆和庄重。礼拜堂装有20扇窗子，即使不开灯，我也完全可以看得清楚礼拜堂里的12根木柱、宽阔的红天花板、密度颇大的红条木椅子。曾经见有信徒坐在这里祷告，我也曾经在此以平安夜的颂歌而激动，不过现在礼拜堂除我外一个人也没有，惟见几片春天的阳光投放进来，敞然而亮。

基督教礼拜堂

问郭牧师："这个礼拜堂信徒的年龄如何？"她说："以中年人和老年人为多？"

问郭牧师："那么性别呢？"她说："以女性为多。"

问郭牧师："他们的文化程度呢？"她说："一般。"

问郭牧师："他们以什么原因信仰了耶稣？"她说："各种各样的原因，不过似乎由于家庭有问题的最多。"

问郭牧师："信徒趋向多还是少？"她说："应该有发展。"

耶稣是犹太人，生在伯利恒，长在拿撒勒，从而世称拿撒勒的耶稣。大约30岁前后，他自谓弥赛亚和基督，在加利利，并往耶路撒冷去传道。由于治病救难，又能出奇制胜，遂有信徒追随。他显然也是一个令人喜欢的青年，爱儿童，爱花，尤其不辞帮助那些患者、犯罪者、遗弃者。当时犹太人处于罗马帝国的统治之下，苦难深重，切盼有先知能把自己解救出来，可惜耶稣要建立的王国显然不属于这个世界，遂使他们抵制。犹太人也反对耶稣有上帝之子的一种权威。争执哄然而起，犹太人便向总督彼拉多告发耶稣，指控他蔑视罗马帝国，企图立己为犹太人之王，并要求彼拉多处死耶稣。大约在公元29年至公元33年之间，逾越节那周的一个星期五，在遭遇尽极的侮辱之后，耶稣被钉在十字架上，被钉的还有两个小偷。不过两天以后，星期天，耶稣复活了。信徒看到他便走上去致意，也有人看到他和信徒在一起。40天之后，他升天而去。复活之事，意义极大，它使耶稣的信徒把沮丧变为欢乐，把恐惧变为勇敢，把失败变为成功，并给了他们一种光明和希望。这也一直鼓舞着基督徒。

基督教传播最关键的环节是耶稣拣选并教诲的那些信徒，他们坚信耶稣的真理不仅仅是给犹太人的。他们离开故乡，往埃及去，往小亚细亚去，最壮烈的行动是乘船渡海，往罗马帝国的中心去，在凯撒的王宫门前传播真理。他们无不殉道而死。足有300年，罗马帝国视基督徒为异端，石砸信徒，绳绞信徒，火烧信徒，刀砍信徒，狮食信徒，然而他们绝不停止对福音的宣扬。公元1世纪，在罗马帝国的主要城市里都有了基督徒。公元2世纪，基督徒已经占罗马帝国人口的百分之五。公元3世纪，基督徒虽然仍是小部分，不过信仰基督的分子已经有律师、医生、军官、文官，甚至还有总督。公元4世纪，是基督教神奇的转折岁月：皇帝戴克里先曾经处死了成千上万的信徒，然而公元311年，皇帝伽列里乌斯便下诏要求结束对基督徒的迫害。接着是公元313年，皇帝君士坦丁堡敢然颁布米兰敕令，明确规定："任何人不论他选择什么信仰，均有充分的自由。"临终之际，他也接受洗礼，公开承认自己是基督徒。至公元380年，皇帝狄奥多西乌斯宣布以基督教为国教，他当然也是一个基督徒。基督教取得了决定性的胜利，而且一直在发展。现在，全世界有数十亿信徒，诚如耶稣所言，它是属于万邦的。

基督教的流行在于耶稣所弘扬的真理符合人性。他强调爱、公正、平等、诚实、节制、尽责、勤劳，确立了人和上帝的关系及其人与人的关系，指出人当爱上帝，并要爱人如己。他告诫信徒："你们愿意人怎样待你，你们也要怎样待人。"他认为天国是有的，它在那些愿意悔罪并行上帝之道的人的心中。基督教有一种文化的力量，它曾经给了世界一个充满希望的方向，今天它显然仍有其宝贵的价值。

中国从来就没有拒绝基督教，这恰恰证明了它的伟大。资料显示，耶稣的信徒圣多默在公元1世纪就赴中国布道，可惜这在中国缺乏实证。不过有碑文记录，基督教在唐代确实进入了中国。事情是这样的：公元5世纪，君士坦丁堡的主教聂斯脱利的神学观点被罗马帝国斥为异端，驱逐他而去。不过聂斯脱利没有放弃自己的主张，恰恰相反，他在波斯及其周边继续布道，并沿着丝绸之路到中国来了。受派遣，波斯传教士阿罗本在公元635年到达长安。唐太宗李世民不愧为开明之君，他令宰相房玄龄欢迎阿罗本，又邀其到皇宫去。考察了两年，到公元638年，就是唐太宗贞观十二年，李世民认为基督教济物利人，宜行天下，遂批准阿罗本传而扬之，并划地拨款，同意其在长安城义宁坊修建波斯寺。唐玄宗执政，也支持基督教，还把波斯寺改为大秦寺，尤其有趣的是，他吩咐把先君像置于基督教礼拜堂之中。唐德宗建中二年，就是公元781年，在终南山北麓一带立碑，彰显基督教在中国的流行。碑文记录的是景教，实际上景教就是基督教，是其在底格里斯河与幼发拉底河流域传播的一个教派。遗憾到唐武宗会昌五年，公元845年，大肆灭佛，景教也受到打击，遂在历史之中消失了。幸而其碑在1625年出土，否则难以知道基督教在中国的初状。此碑华严而壮阔，现在藏西安碑林博物馆。

基督教在其发展过程形成了三大教：天主教、东正教和基督教新教。不过它们都属于以耶稣的思想为基础的宗教信仰体系。元世祖至元三十年，1293年，传教士约翰·蒙高维诺乘船渡海到泉州，之后辗转抵大都，会当元成宗掌权，经其同意，天主教开始在中国传播。大约1238年，也有传教士到西安来，这也是马可·波罗所注意到的。清圣祖康熙四年，1665年，俄国人侵占了黑龙江的雅克萨，接着便有俄国的基廉斯克修道院长叶尔莫根在此建礼拜堂，举行基督教活动。至清圣祖康熙十年，1671年，叶尔莫根又在雅克萨的磨刀石山建仁慈救世主修道院，东正教遂开始进入中国。清帝国武装力量收复雅克萨以后，押俄国俘虏至北京，把其编入在胡家圈胡同的满族人的军队，并改这里的关帝庙为尼古拉教堂，信奉的当然是东正教。在中国的东正教属于俄罗斯的正教系统，其一旦进入中国便长足发展。清仁宗嘉庆十二年，1807年，传教士马礼逊到了广州，标志着基督教新教开始进入中国了。清文

礼拜堂

宗咸丰四十五年，1861年，基督教英国浸礼会至中国，总部设上海。清德宗光绪十七年，1891年，传教士邵涤源、郭崇礼和莫安仁到了陕西省三原县传播福音，并筑教堂。渐渐地，基督教英国浸礼会便进入西安。

西安市南新街的基督教礼拜堂，便是在这样一个背景之下产生的。已经无法知道是谁捐资，是谁设计的，不过可以知道它在1914年动工，中华民国八年，1919年，投入使用。当时以礼拜堂为邻，还有一座崇德小学，也是基督教英国浸礼会所开办。1949年，此小学由共和国接管，不过礼拜堂仍为信徒的活动之地。遗憾1966年有"文化大革命"，包括基督教在内的一切宗教活动都停止了，这个礼拜堂也遭关闭。然而宗教的自由总有强大的力量在推动，禁锢不管多么持久，都是暂时的。1981年，在此举行了沉寂15年之后的一个圣诞节典礼。这是礼拜堂使用的恢复，也是一个新的开始，很多信徒都哭了。

我在礼拜堂徘徊了一个下午，形影相随，仰天而思。走的时候，我买了一本论神的书。这里有一个仅仅一间房舍的书店，尽是关于基督教文化的著作。出门之际，碰到一个年轻姑娘，要买福音书，其声柔和，仿佛照在一只麻雀羽毛上的夕晖。

大雁塔

在唐人留下的建筑中，大雁塔是最高的，甚至在1911年之前，帝国留下的所有遗产中，它也是最高的。形胜之地，若是少了大雁塔，那么一定会逊色并失神吧！

大雁塔造于唐高宗永徽三年，公元652年，是应三藏法师玄奘请求而作，依印度的版式设计，放置佛经和佛像。看起来唐太宗和唐高宗对玄奘都比较尊敬，唐高宗尤甚。造大雁塔，无唐高宗的支持是不能的。

玄奘像

此塔初作五层，砖表土心。长安雨沛，往往渗透砖表，进入土心，催化固有的籽粒和根苗，使草木萌发其中，并由里及外，生而茁壮，便渐渐把塔撑破为废了。到周武则天长安元年，公元701年，女皇帝出资并动员王公贵族施钱，重建此塔，作十层。唐人章八元之诗曰："十层突兀在虚空，四十门开面面风。"便是见证。可惜唐末屡遭兵火，遂有所坍塌，残为七层。之后，大约在公元930年至公元933年之间，有安重霸，为五代后唐的京兆尹留守，对此塔做了修缮。其量力而行，亦未增，亦未减，维持为七层。今之大雁塔就是10世纪留下的样子，经测64米，这当然指它从塔底至塔顶的高度。

览唐人文章，发现在8世纪以后才有登兹而兴叹之诗，多惊悚此塔摩天入云，足以望尽八百里秦川，舒其幽情。浩浩文章，盛世之颂鲜见。杜甫敏锐，身在盛世也胸怀百忧。岑参也是盛世的官员，但他却存挂冠归隐之念。天才的作家都有非凡的观察，并会在其文章之中流露俗子不可看到的症候。他们慎作盛世之颂，是由于社会矛盾已经对立。

从少陵原上向北，下坡，行数里，过曲江池，就是大雁塔。几十年以来，虽然居有迁徙，不过皆在大雁塔周边，想登兹便从其南门入塔，沿木梯盘旋而上。此塔各层皆有砖券拱门，可以凭栏极目。越向上空间越窄，因为塔身是渐升渐束，悠然收缩为巅的。一层最低，空间最大，但人却最少。七层最高，空间最小，但人却最多，都想远眺神州沧桑之地。站在大雁塔上，确实会有骋怀游魂之感，尤其春见紫气东来，秋闻箫声西至，夏有一山横贯，冬有万厦成粒，所观之季，各呈绝妙，即使郁闷，也能消解。当然今之所目，无不是西安的扩展、漫延，堙畔埋沟，甚至要跨河逼谷。常有雾霾，也难以远眺。

大雁塔台基的周长100米左右，砖券拱门皆以青石为门楣，为门框，上

大雁塔

有或出自阎立本之手的线刻，花卉如梦，蔓草若飘，龙翔云淡，其佛体硕，佛态祥。在人进人出的南门两侧，各有一龛，一嵌唐太宗所撰文碑，一嵌唐高宗所撰文碑，皆为褚遂良所书，都是关于三藏圣教的。其书清晰、雅丽，欣赏起来让人气和神安。碑额和碑座之浮雕，也精致得让人赞叹。塔势若涌，檐翘若翅，在各檐之角悉悬铁铃，风摇疏响，咸为古韵，使塔周边熙熙攘攘之人顿显野蛮。塔色如土，浑然而朴，昂然而威，是唐人为中国留下的文化遗产，也是西安的标志。

据我的考察，大雁塔之得名有三种由来。塔形像雁，谓之，其一。释迦牟尼化身为鸽，鸽与雁具为贵禽，唐人好雁，凡好鸟皆视为雁，谓之，其二。印度有僧信仰小乘，他们是食肉的，然而有一天做饭，未觅得任何肉，遂仰天慨叹。适逢众雁飞过，一雁便断翻坠地，以供僧食。沙门皆惊，认为是菩萨显灵，遂在其雁牺牲之处作塔纪念。玄奘以它为标榜造于长安，谓之，其三。究竟所依何在？大约不必执迷吧！

在唐人的文章中，大雁塔称慈恩寺浮图，或称慈恩寺塔，是因为此塔作于慈恩寺的西院。隋有无漏寺，可惜在唐高祖武德年间便毁了。不过其旧址临黄渠，曲江池也具竹泉之邃，太子李治为追思自己的母亲文德皇后，就在无漏寺旧址上修建了慈恩寺。唐蒸蒸日上，所以皇家之庙当然宏伟壮阔，有庭院13进，有屋舍1897间，遂敕度三百僧于斯修佛。重楼复殿、云阁禅房，多有阎立本和吴道子所绘壁画，真是美轮美奂了。慈恩寺竣工启用之日，太子李治亲幸，凡佛经、佛像、法器，一律从皇家而出。梵乐喧天，祈福动地。玄奘从印度返长安，希望有一个合适的佛经汉译之处，经唐太宗批准，他旋即从弘福寺搬至慈恩寺。当时举行了隆盛的庆典，玄奘安详乘舆，有彩车千辆行前，有伞盖数百随后。长安各庙之僧持花诵经，步步护送。沿途人山人海，竞观玄奘。唐太宗也以得体的方式，参加了庆典。他率太子李治及其嫔妃站在皇城安福门上，焚香致礼，不亦诚哉！几年以后，经唐高宗同意造此塔，唐人一直称之为慈恩寺浮图或慈恩寺塔，大约150年以后，才有作家呼此塔为雁塔。当年进士及第，必在雁塔题名，以示光荣。随之转身而去，赴曲江池之宴。

慈恩寺位于唐长安城晋昌坊，今之西安和平门以南4公里处。北墙以外是2003年作竟的占地一百余亩的喷泉广场，流行音乐一起，水遂注射空中，声沉水沉，声扬水扬，引得天下男女围而观之。山门为正，在南，其匾额由江泽民题，是金字。山门之前是广场，时时有少妇老妪甩手蹈脚，动作整齐，面情内敛，恰是中国之特色。佛是喜欢安静的，不过既然要普度众生，那么让众生闹一点也无妨，全当是为人民服务吧！

荐福寺也有塔，小于此塔，此塔遂为大雁塔。

大雁塔

小雁塔

小雁塔寂寞，荐福寺清幽。

每一次想起来就是这种感受，每一次登临其塔或远望其塔，每一次游其寺或见其寺，也是这种感受。

很久了，唐高宗逝世百日，皇亲国戚捐款，修建了献福寺。事在唐睿宗文明元年，公元684年，对唐高宗纪念，也给武则天示威，因为迹象表明，唐高祖的江山将有可能变成女皇帝的。

然而武则天也极有算计，终于在周武则天天授元年，公元690年，篡唐立周，登基为神圣皇帝。日理万机，不过女皇帝还是难忘几年之前李氏家族所造献福寺的意图，遂把献福寺改为荐福寺，以彰显她的权势。

荐福寺在长安城的开化坊，唐太宗的女儿襄城公主，曾经有宅邸于斯。荐福寺初成，便敕度二百僧在此作业。东为放生池，推测当为汉之洪泽陂。从唐中宗神龙二年，公元706年起，法师义净于斯进行佛经汉译。他是范阳人，曾经由海道往印度去学习，凡25年。他带400部佛经归国，并孜孜以求，把梵文译为汉语。对真理的探索，使他成就伟大，让人钦佩。

李显是唐高宗的七子，武则天为其母。他以太子的身份，即皇帝位于父枢之前，是唐中宗，然而旋即就被武则天废为庐陵王。到唐中宗神龙元年，公元705年，武则天去周，不久病亡，李显得以复唐，即皇帝位。两年以后，唐中宗在长安城安仁坊造了一座浮图，就是所谓的小雁塔，以追思并告慰唐高宗。安仁坊与开化坊以一街相望，小雁塔所在院子的山门北向，恰恰对着荐福寺，当然意味深长。

一边是寺院，一边是塔院，白云一片，磬音以闻，想起来是颇有气象的。

小雁塔

可惜世界是变化的，到了唐末，兵火频频，荐福寺不耐，便倾圮为墟，然而小雁塔仍矗立着。

有僧认为荐福寺毕竟是一座重要的庙宇，遂争取社会力量的支持，再修建了荐福寺。不过是以安仁坊的小雁塔为中心修建的，山门南向，并筑禅房经堂，虽然没有当年的荐福寺宏阔，可以容纳二百僧，但其宝殿却也肃穆，尤其是代有高僧。明洪武年间的古梅法师，清康熙年间的大峨法师，皆是戒律精严，所思奥博的。

遗憾我看到的荐福寺，山门紧锁，僧无踪影，庙宇遂成空壳。可以动情的是这里有七棵国槐，树龄咸逾千年，极呈老态，也尽显古道。特别是小雁塔，披星戴月，迎风冒雨，屹然立于天地之间，每每使人喟然。

荐福寺毕竟是胜境福地，于是西安博物院就插足而入。还好，它只有两层，圆顶如盖，走廊如砥，瓦小，瓦绿，密如鳞片禽羽，以滴雨水，为张锦秋所设计。依靠小雁塔，并借小雁塔之风光、之格调。当然，它也以自己的厚实给小雁塔增加了一种活力。树有参差，茂盛为林，并使建筑的新旧融为一体。还好！

小雁塔之美在其塔姿娟秀，塔神飒爽。看起来它是13层，不过资料显示，其初作15层，可惜几百年之后的一次地震挫折了两层，真是峣者易缺，细者易断。然而13层并不失其美，甚至有残反而丰富了它的美。正方形，以砖所砌，表里皆砖。每层檐出，每层窗亮，遂使此建筑有了灵性和动感。小雁塔大约就是这样养成一种气氛的，并孕育其美的。越向上越收缩，遂立而矗。

小雁塔

台基也是正方形，显得很坚固。南北以砖券拱门，门楣为青石，雕有蔓草花卉及天人供养之图。有木梯可以登临，不过以我的经验，登临不如绕其仰观，一个角度会有一个角度的发现。然而看到小雁塔，谁不想登临呢！

　　这个建筑自有它的故事。1487年，陕西临潼发生地震，塔摇而裂，不过未倒，这便奇了。然而这次地震也挫折了它顶端的两层，足见其力之巨。为什么？因为它的台基之下，夯成了一个半球体的土堆，地震固然力巨，不过冲过来就把其力均匀分散了，从而塔摇而未倒。小雁塔还有它的奇：塔摇而生缝，其缝卒以地震而复合。此有咸宁县志为证，其曰："嘉靖乙卯地震，裂为二；癸亥地震复合无痕，亦一奇也。"嘉靖乙卯的地震，指明世宗嘉靖三十四年，也就是1555年的关中地震；癸亥地震，当指明世宗嘉靖四十三年，也就是1563年的地震。然而癸亥是否有地震，地震是否使小雁塔之缝复合，待考。

　　在荐福寺有一口铁钟，铸于金章宗明昌三年，1192年，重10000斤，字1000个，撞之声亮，足以传播十里。漫漫长夜，当年有多少人就是闻其声而醒起呢！所谓的雁塔晨钟，便是小雁塔黎明而敲的铁钟。

　　荐福寺塔45米，低慈恩寺塔19米，彼此比较，遂谓之小雁塔。

荐福寺

寻找蓝田人

我将手上的工作放下,将胸中的情绪理顺,将正在进行的一切都截然中断,并封存起来,之后我给提包里装了一把布伞,三册书籍,拎起它,就启程了。

我望着西安,只见20世纪最后几年的乌云在古都上空盘旋,几滴生硬的冷雨,敲打着稳重的钟楼和灰色的城墙,大街小巷,车辆奔驰,人群拥挤。不过,半个小时以后,建筑就稀疏而低矮了,绿色也在田野到处散布。地平线上,台原起伏,沟坎纵横,水随形势潺潺流动,山在远方渐渐上升,树木便耸立于道路两旁,构成了绵延千里的曲线。广袤的自然,洗涤着我的身与心,我忽然感觉,我的流气与俗气恰似古旧家具的漆片一样在剥落。这空旷的原野,使我产生了一种新的体验,我宁静而沉重。

汽车将西安远远地抛在那里,它带着乘客,一步一步地接近蓝田。这是位于秦岭北麓的一个县城,古已有之,因为盛产美玉而得名,秦始皇以其制作玉玺,杨贵妃以其制作玉带。但我到这里来,是要寻找蓝田人,它是生活在大约115万年之前的一种直立人。其是猿群向人类过渡时期的一种人,20世纪60年代,有考古专家在蓝田境内的公王岭掘出了一个头盖骨,遂命名为蓝田人。现在,我所坐的汽车,正行驶在蓝田人曾经活动的土地上,我不顾风吹地打开窗子,眺望着人类祖先的故园。3月的麦苗刚刚起身,一片葱茏,不过竟没有几个锄草的农民。有的地方,一片黄色的土壤会裸露而出,仿佛是谁剥掉了地球的皮。秦岭在白色或灰色的云团的抚弄之下,阴沉而峥嵘。

到了县城,乘客便挤下汽车,一哄而散,消失在泥泞的街巷。我在车站徘徊了一会儿,决定不在县城住宿。我想继续前进,直接到公王岭去。天上有云,云聚云散,全由着风调动。天上蓦地也会露出一片瓦蓝,它高得仿佛是用力吸了上去，不像云那么低垂。风从河谷和山口吹来，怒气冲冲地掀动着搭在地上的帐篷，那是农民卖饭卖水卖烟卖果的，也掀动着衣服和纸片。我在人影憧憧之中，发现有一辆路过公王岭的汽车就挤了上去。我望着窗外的风景，看到房舍、羊群、树木都在移动，奔驰的汽车甚至使地面都在旋转。岿然不动的，是连绵的秦岭——一座一座的山峰，刀削斧剁似的亮出自己的棱角与斜面，皑皑白雪，将反光映得很是遥远，这使我身上油然生出阴冷之感。沿着秦岭，堆积着一个一个的台原，没有规矩，高高低低，有的草枯，有的石烂，但半坡之上，却往往就有一个村子，树木簇拥在一起，颜色阴阴的。一个农民告诉我：公王岭到了。

站在灞河之滨，感到南边的秦岭与北岸的横岭向我挤压，需要仰望，我才可以看见公王岭。公王岭雄踞于川道之侧，攀援在山峰之脚。它的两边，一个连一个的台原波浪似的起起伏伏，伸展而去。公王岭的独特之处在于各种各样的树木——有的铁青，有的嫩黄，像蜡染的布料一般覆盖其上。早春的风，不但翻卷着秦岭之巅的白云，而且撩拨着秦岭之腰的白雾，所有的树木都随风摇曳，公王岭充满了动感和生命气息。

蓝田猿人复原图

我肃穆地攀登着公王岭，蜿蜒的道路两边，柿树黑色的枝干像铁像炭一样坚硬挺立，这是逝去的冬日的意象，不过桃树已经在自己的根部洒着粉红的花朵，从而传播着春天的信息。偶尔，一个农民背着干柴，从半坡的小径走下来。无穷无尽的砾石，大者如桌，小者如杯，星星似的镶嵌于断裂的层面，这层面当然是洪水切割而成的，洪水浸泡与流泻的痕迹仍隐隐在动。砾石包裹起来的土壤，是沙质的，它的酥松程度，似乎手掰一下，脚踹一下，就可剥落。公王岭是那些覆盖秦岭的杂物在洪水冲刷之后而堆积的，它上面一层一层的黄土，是西伯利亚的狂风带来的蒙古高原的尘埃。这种种事情发生在 115 万年之前。

那时候，这一带的气候温暖而湿润，地貌也并不剧烈起伏。秦岭的高度大约只在一千米左右，它远远不成南北大地的屏障。这里是一片广阔的浅沼和平地，处于森林与草原的交接地带。灿烂的阳光和充沛的雨量，把公王岭哺育得花果累累，草木葱葱，成为各种动物的汇集之地，其中既有森林动物，也有草原动物。正在进化的蓝田人就生存在这里。大角鹿、古犀牛比之蓝田人，它们高大；苏门羚、剑齿虎比之蓝田人，它们凶猛。但蓝田人却产生智慧，他们巧妙地周旋在动物之中，挑拨离间，让它们争斗，撕咬并残杀，使自己得以生存。茂密的森林，长满了胡桃属、卷柏属、石竹科、莎草科等植物，蓝田人攀援在其中，并巢居在其上，艰难而悠然地生活在蒙昧时代。不过，自然是演化的，在这里，突然出现了一个持久的寒冷期，它使众多的草木在冰霜的摧残之下，枯萎而死。一些动物逃跑了，一些动物绝灭了，蓝田人也遇到了危机。

然而，任何生命一旦形成，它就产生了顽强的生存本能。一根甘草，破土而出，若石头压迫了它，那么它会从石头下面穿过，横向延伸，之后生长起来。一群蚂蚁，面临着大火的烧烤，它们会迅速地集合，靠拢，抱成一团，像黑色的圆球一样，勇敢地迎着大火滚动。圆球表面的蚂蚁显然会焚身而死，但它们却终于冲出了大火的包围，将自己的种保存下来。不过，蓝田人所遇到的困难，要比这些甘草和蚂蚁巨大得多。由于冰雪的降临，蓝田人所吃的果实一下减少了，那些可以捕捉的幼小的动物，也一下减少了。饥饿使他们将自己的前肢从树上移到树下，他们不但采集果实，而且需要挖掘草木的根茎。根茎已经成了他们扩大的食品。他们曾经捡起石头，打击企图欺负自己的野兽，石头渐渐地成了他们熟悉的工具。他们在开始挖掘根茎的时候，手脚笨拙，十分吃力，效率当然很低。一个聪明的蓝田人突然发现石头可以帮助他们挖掘，其他的蓝田人就模仿他。有了工具的帮助，效率便提高了，只是地上不会摆着现成的石头供他们使用，这样，就出现了一个打制石头的蓝田人。当这个蓝田人直立起来并行走着，显示他的创造的时候，文明的曙光就照耀在黑暗的森林了，从而他们发现了一条走出森林的道路。他们探索着，艰难地走了出去，一直走到今天。在公王岭，我用坚硬而柔韧的手抚摸着他们的石头，我感觉这石头依然是温暖的，我不但闻见了蓝田人的血汗，而且看见了蓝田人的毛发，我像握住了遥远的祖先的手一样激动，他们将劳动的真理直接传递给我。我站立在稀薄的阳光之下，野风吹拂，感慨系之。我久久地端详着自己的双手，我知道它们能够绘画，能够作文，能够弹琴，能够安装精密的仪器，能够感受寒热，感受细腻的爱的颤抖和恨的痉挛……这一切，都是一代一代劳动的结果。我感觉，我的所有的神经都连接着蓝田人的神经，所有的血管都连接着蓝田人的血管。

蓝田人手的发展，当然要引起躯体的变化，他们会更灵活，更巧妙，而且为了抵抗其他动物的侵犯，为了获得足够的食品，他们常常是结成一个群体。为了招呼落伍的一员，帮助倒在树下的儿童，共同围猎一只动物，或者共同构筑一个窝棚，突然发现了一头猛兽，或者突然看见了一片火光，都需要表达。这样，寂静的草木之中，就响起了简单的音节，那是从蓝田人粗糙的咽喉发出的，然而，它是美妙的歌声的原始。蓝田人要表达的意思越多，他们的音节就越丰富，并有了抑扬顿挫，这便是简单的语言。劳动产生了语言，语言又扩大了劳动，它们一起促进蓝田人脑髓的发展，于是感觉就有了它的器官，意识就有了它的物质。一头象因为它的高大，能够穿过枝叶的空隙发现一只熊猫，不过只有蓝田人会组织起来将熊猫捉住。一只狗能够闻见透过落叶传来的气味，不过也只有蓝田人会辨别它是腐肉导致的。蓝田人就因为这些而使自己高明于动物，并脱离于动物。动物仅仅是利用自然界，可蓝田人是为了自己的目的，在渐渐地改造自然界，支配自然界。他们打制了粗糙的石器，并以它们为工具提高自己的生活。

蓝田人的家庭处于杂婚状态，男子多妻，女子多夫。当然这种家庭在以后渐渐发生了变化。美国学者路易斯·摩尔根认为，家庭的变化呈现这样几个阶段：血缘家庭，普那路亚家庭，对偶家庭，一夫一妻制家庭。恩格斯赞同这样的观点，不过他进而指出：以爱情为基础的婚姻是合乎道德的，而且继续保持爱情的婚姻才合乎道德。在公王岭想到这些观点，我隐隐感觉人类的婚姻形式仍会改变，现在这种婚姻形式并非完美无缺。人类是一种向善向美的高级动物，它能够纠正和克服自己的一切，其中包括婚姻的弊端，从而永远处于进化的过程。

在公王岭，我看到了黄土埋藏115万年的蓝田人的化石，看到了牛头的化石和虎头的化石，看到了几层片状的青岩缝隙夹着难以辨别的动物的骨质。在这个高临灞河的台原一角，风动荡着这里的柳树、槐树、灰白的枯草，而云则在秦岭之巅反复地铺展或收卷，我的心鼓满了原始时代的气息。公王岭可能是蓝田人长久生活的一个地方，不然，这里就不会出现众多的动物化石。这些化石是集中的，重叠的，一团一团。蓝田人白天在草木之中活动，黑夜就到树上居住，并把动物的骨头丢弃树下。公王岭到处都有这样的化石，洪水冲决了台原，断层之中的化石便暴露而出。这里的农民认为所有的化石都是龙骨，遂捡到它们当做药材售卖。考古专家便是根据农民的指点，在这里发现蓝田人的。蓝田人的头盖骨处于红色的沙壤之中，其周围都是深厚的黄土。这个蓝田人是一个女士，她怎么倒下的，已经难以判断，然而沙壤肯定是突然掩埋了她，使她和空气隔绝了，接着地下的水输出了她的有机物，随之将土中的碳酸钙输入，这样的替换使之变成了化石。

在秦岭北麓，在灞河两岸，在横岭周围，已经发掘了众多的动物化石，特别是发现了几处蓝田人的化石：在陈家窝发现了一个颌骨，在涝池河发现了一段肱骨，在桐花沟发现了一点额骨的断片，在冯家村发现了一个脚骨。这一处一处的化石，像一个轨迹，像一条线索，像一行足印，记录了蓝田人迁徙和转移的途径。他们走出森林，走下山岗，离开了公王岭，寻找新的食品。他们渐渐地来到关中平原，在这里，他们可以清楚地看到太阳，看到月亮，看到夜的天空闪烁着无数的星星，这些既成了他们的朋友，又成了使他们迷信和崇拜的神灵。蓝田人的游动是茫然的，他们在一步一步地探索，陌生的地貌和生态环境制约着他们。他们必须逐水而居，水是他们需要的，这样，他们的迁徙和转移就只能是曲折地向四周辐射。在公王岭，我眺望着秦岭北麓的这片土地，柔弱的阳光之下，空濛的雾烟掩盖着蓝田人遗留的斑斑痕迹。实际上这些痕迹就是一个民族生存和发展的序列。我确信，蓝田人不是偶然出现的动物，他们长期在这里生息，劳动，繁衍，从而形成一个进化的谱系，公王岭便是这个谱系的核心和开端。他们从公王岭出发，艰难而坚韧地跋涉，开拓新的生存基地。在中国，流传广泛的一个神话是，补天的女娲和结网的伏羲相婚而生人类。若追寻他们的母亲，那么是华胥，她曾经在秦岭北麓一带活动。在这里有一条美丽的华胥沟和一个古老的华胥庙，我默默地告诉自己：华胥出现在这里显然不是偶然的！

　　蓝田人在沉寂的公王岭静静地凝视着我，尽管她已经从动物之中脱颖而出，然而她仍带着凶猛的残痕。她前额低平，眉脊粗壮，鼻梁扁塌，吻部突出，而且张着大嘴，那硕大的牙齿，纹理复杂，仿佛刚刚咀嚼了果实或根茎。蓝田人的脑量不足800毫升，少于我——一个现代人的脑量的一半，但我却丝毫没有鄙视蓝田人的感觉。我知道，我是沿着蓝田人开辟的道路行走的，已经行走了115万年之久。悠悠岁月，磨光了我身上的长毛，剥去了我脸上的野性，而且赋予了我一颗多么丰富的灵魂。我的额头是如此的尊贵，眼睛又如此的明亮，我的结构如此合理，动作如此灵活，我有如此美妙的声音，如此激越的神采，我的悟性和感情达到如此高的程度，我的思维和理性又达到了如此深的地步，我不但能够了解遥远的过去，而且可以猜测遥远的未来。不过这一切，都是从蓝田人开始的，从蓝田人打制石器和直立行走开始的。

　　我告别了蓝田人，但蓝田人却栖在了我的心中。从公王岭出发的道路，泥石混杂，曲曲弯弯，一边为沟，一边是崖，到处覆盖着没有萌芽的衰黄的蒿草。不过几棵挺立在坡坎上的杨树，点染着金黄的阳光。阳光从迅速解体的灰白相杂的云的缝隙流泻而出，显现着灿烂而宁静的斜面。天空高远，令人伤感。铁一般凝重的秦岭与横岭遥遥相对，而灞河则走过古老的峡谷。阳光之下，我看见白练似的石头，石头之河蜿蜒在绿色的原野，那样子很像一条正在脱皮的蛇。长年累月堆积起来的石头，压迫着浅薄的流水，可石头毕竟能反射一些阳光。灞河从山沟出来，消失在烟雾之中。峡谷及灞河两岸，坐落着一个一个的村子，在横岭的半坡和凹地，树木簇拥一起，那便是人家。他们被棋盘似的麦田包围着，被精心梳理的幼小的庄稼连接着。孤独的情绪，浸透于清冷的空气，空气透明如水，走在云下，我仿佛走在海底。我成了历史塑造的一块活的化石。时间在变，空间也在变，一百万年之间秦岭升高了2000米，

寻找蓝田人

一举隔阻了大陆的南部和北部,阻挡了气温的交流。冬日的雪依然凝结在秦岭顶峰,它严峻地证明着宇宙的沧桑。当然,年年消瘦的灞河和岁岁减少的植被也在证明。蓝田人看到了这一切,而且蓝田人参与了它的过程。

  到处都是劳动的身影,在这片土地的所有角落,都留下了人的意志。处于河岸和岭下的村子,屋舍的瓦片从树木的空隙露出,袅袅炊烟被习习的野风拉直又被它折弯。一座红色的楼房耸立于厦房一边,在其平台站着一个眺望行人的妇女,她剪着短发,一副满足的神情,慢慢地收起晾晒着的衣服。尽管天气并不暖和,然而杏花粉了,菜花黄了,柳树娇嫩的叶芽开始散发一种浓烈的香气。犬吠的间隙,是男人粗哑的声音,他可能在训斥贪玩的儿子吧。一座新的楼房正在竣工,农民在墙上制作了大红大绿的图案,它们表达着吉祥和长寿的愿望。临街的墙头,插着玻璃的碎片,狼牙一般,准备咬烂盗贼的双手。汽车在公路奔驰,有的拉着乘客,有的载着杂货,四轮之下,尘埃滚滚,这使那些立在公路两旁的孩子连连退却。修鞋和修表的人围在一起,各干各的活,晚上就回自己的家,他们都是这里的农民。饭馆和发廊的门面充斥着招徕顾客的图片和画报,而且播放着音乐,是流行歌曲,不是悠久的秦腔。田野当然是没有荒芜,已经越冬的小麦准备起身,农民忙着为它们施肥。世代耕种的土地海绵一样柔和,脚一踏就陷下去,不过也能弹起来,滋润而膏腴。羊在寻觅着星星点点的野草,它那吊在脖子上的铜铃在风中来回摆动,清音洒落旷野。农民将拖拉机和三轮车开到灞河,他们脱去绒衣,只剩一件油腻的单衫,汗水将黝黑的脸腮洗得通红。他们用铁锨翻开石头,装运那里的沙子,这是制作水泥楼板的材料之一。清澈而湍急的水中,闪烁着几双洗衣妇女的纤手。她们双脚踩着牢固的石头,低头弯腰,专注地在水中揉搓。不知不觉,一个姑娘红色的毛衣缩了上去,将洁白的腰的一处亮在那里。阳光渐渐地收敛了,彩霞开始登场,我看见秦岭北麓的雾烟仿佛开了闸门似的,涌动着笼罩了公王岭。蓝田人的故园,如梦如幻,梦幻之中,漂浮着他们遥远的呼声。

  夜晚,我投宿在一个农民之家,这是公路旁边的楼房,窗子面对着秦岭与灞河。显然这里不是常常有人光顾的,作为行者的房子,在楼上摆着四张床铺,都落满了浮尘,这没有使我觉得肮脏。尽管如此,这家的姑娘仍给我换了被子,并用自己的笤帚扫了床单,而她的弟弟则给我搬了方桌,打了开水,为这里的简陋抱歉了一番就出去了。空空荡荡的客舍,我独立其中。这张床铺一天的宿费是两元,但他们的热情和诚恳却是含金的,我想。寂静充盈着悬挂了罗网的屋子,门一开一关,这些罗网就会飘浮起来,也控制着填满雾气的窗外。黑色将山峰的折皱拉平了,所有的台原,包括公王岭都融化在黑色之中,惟有灞河与风在鸣响。我喜欢这里,喜欢这样的环境和气氛,它非常适宜我此时此刻的情绪。我躺在那儿，迷迷糊糊地将要睡去，我感觉困倦触动着我的脚和腿。蒙眬之中，我看见的，全是蓝田人的影子，是火，是石器，是劳动的铿锵之声，是森林，是阳光照耀的草原浅沼。蓦地醒来之后，我听见楼下在热闹地谈笑，断断续续的话语，仿佛音符闪烁在昏暗的灯光之中。时间还早，但我却像是睡去又醒来的样子，确实如此，我兴奋之极。我走出客舍，更响的河水和更凉的夜风扑面而至，望着星空之下的这片原始的土地，我一遍一遍地问自己：蓝田人究竟为什么出现在这里？他们从攀援到直立究竟经过了多少年代。那些孕育和促使他们进化的生态是如何变化的？他们怎么应付自然的灾难？他们怎么对待相互残杀？他们是一代接着一代繁衍下来还是出现过断代。他们是一程接着一程远离而去还是有过回归。他们对这片土地到底是憎恨还是感激，到底是恐惧还是依恋。在寂寥的夜晚，我的思绪如石头撞击了山岩，它响亮而没有回声，于是我就这样想：这一切只有天知道，地球和我是难以明白的，我所知道的仅仅是，人是从自然界诞生的，也是由自然界哺育的，然而人总是叛逆它。人一步一步地强大起来了，一点一点地聪明起来了，只是那片开着奇异花朵和结了硕大果实的森林呢？那片水草丰美的草原呢？那些明净而充沛的溪流呢？那种温暖而湿润的气候呢？这一切都从我凝视的这片土地消失了。茫茫宇宙，转动着它的轮子，地球便日夜变化，特别是人对自然界的攫取，搞得它支离破碎，而且人遗弃着越来越多的难以消化的垃圾，它已经充斥着所有的地方，甚至遥远的南极都不是净土了。然而我怎么抱怨呢？我只能告诉自己，人是一种不愿意回头的动物，为了自己的生存，它对自然界的掠夺一直不顾后果，我的祖先就是这么干的，我的同胞正在这么干，我的子孙也将这么干，即使自然界恶毒地对人报复，人仍会这么干。关键是，在这片蓝田人曾经生活和死亡的故园，有了美的结构的房子，有了延伸双腿的汽车，电视可以将世界上任何地方发生的事情浓缩在一方屏幕，电灯可以驱散沉重的黑暗，机器纺织了漂亮的布料并缝制了漂亮的衣服，甚至可以有计划地生育，不为种族的繁衍仍可以进行性交，于是，在这春意绵绵的黑夜，就随时随地都会有爱的高潮。这一切，都是人创造的，而且人创造的事物越来越多。我相信，如果某年某月地球会毁灭，那么人将能够在某日某时迁徙于其他星系。然而，115万年之前蓝田人曾经活动的这片土地，我发现，它的黑夜是如此深邃，如此宁静和如此恐惧，除了一带水的涛声和几点星的白光，我什么都捕捉不住。这片古老的土地毕竟还很贫穷，还很落后，像我投宿的这户农家，其每个房间的每扇窗户都没有帘子——他们已经睡着了。

附记：寻找蓝田人的经历以后一再浮现，它让我感到生活曾经是如此朴

寻找蓝田人

素和恬淡，宜于身心。当时是1992年，中国人正准备甩开膀子以务经济。2007年我又赴公王岭考察，路宽道畅，但这里却仍处冷清之中，使我惊喜。实际上从1992年开始，中国人已经用所有的东西赚钱了。尚未发现公王岭的商机，这是蓝田人的幸运。

半坡人的遗产

我一再到半坡人曾经生活过的地方去，他们在此留下了丰富的遗产，考察也好，欣赏也好，或是随便走一走也好，无不给我的心灵以一种静，一种动，一种澄明的空间。

实际上半坡人究竟是谁，他们从哪里来，又去了何处，他们的血液流在了谁的身上，都是一个谜，我不知道，考古工作者也不知道。然而他们的遗产又丰富又神奇，值得研究并敬仰。

旧石器是打制的，比较粗；新石器是磨制的，比较细。人类一旦使用了磨制的石器，便进入了新石器时代。半坡人大约生活于6000年之前，属于新石器时代，为母系氏族社会。他们的遗产多掩埋在西安浐河东岸的一片台地里，是半坡村的田野。一朝出土，天下兴叹。

他们留下的也有打制石器，不过磨制石器显然为众，有石斧、石锛、石凿、石锄、石刀，青色偏黑。它们的材质仿佛不是山石，应该像陨石，其离开银河系或宇宙的某个角落，并穿过大气层，于是燃烧的火就把它炼成青色偏黑了，十分的坚硬。骨器有矛头、箭头、针、梭、鱼钩和鱼叉。濒临浐河而居，显然是注意到水中的鱼，遂要钓之，捕之，以鱼为食物。所制鱼叉很巧，鱼钩尤其精，完全是今之鱼钩的原型，今之鱼钩不过是半坡人鱼钩的置换变形而已。半坡人的劳动工具虽然还很简单，不过足以让其定居于斯了。

岁月已经湮没了他们的建筑，然而屋室之痕存焉。一种半穴居圆形的房子，以炕壁为墙，是方便营造的，不过雨水易浸，也潮湿致霉。于是他们就渐渐把房子作于地面，又干燥又通风。其竖的为柱，横的为椽，安门装窗，想起来是有难度的。绕着一片废墟徘徊，见柱洞斑斑，椽断为片，难免感到寂灭和伤逝，并追问他们从哪里来，又去了何处呢？有时候会突然看到他们在此生活，忽然是一个青年提着鱼过来了，忽然是几个青年抬着兽过来了，妇女或在哺育孩子，或在织布碾粟。阳光灿烂，和风惠畅，处处是天真质朴的秩序。天黑了，便点燃篝火，幼者拥长，尊者传道或颂祖。在屋室周围，有人拉弓持箭，警惕地望着远方，是做保安的。虎啸深林，猿吼幽壑，似乎并非都是诗意。在灶台旁边，残遗着灰烬、果壳、骸骨，还有大量的陶器。然而谁能告诉我半坡人呢？他们为什么离开这里？是什么时候离开的？他们迁徙到什么地方去实现自己的希望了呢？

半坡人的寿命最高也不过40岁，因为猎难打，粟不丰，鱼也不可能一网多打，夏热冬寒，医疗欠缺。在墓区可以看到一个瓮棺群，凡夭折的孩子便装其中埋之。瓮棺也就比篮球大一点，所以孩子一定幼稚。有多少生命还没有成长就殁了，不知道。半坡人是整个人类发展过程的一个阶段，虽然每一个阶段都有它的困难，然而望着黄壤上的瓮棺群，我仍感悲怆。墓区有的是合葬。从身体形态看，这里还有俯身葬、直肢葬、屈肢葬。头成骷髅，白骨散乱，然而毕竟久矣，也就不觉惊心动魄了。这里显然透露着文明之光。半坡人给瓮棺特意开了洞孔，目的是希望孩子的灵魂能回到氏族之中。那时候便产生灵魂的意识了吧！凡合葬男女有别，从而反映了半坡人的一种婚姻形态，就是对偶家庭，妇女支配一切，男子招之即来，挥之即去。为了氏族的生存，那时候必须如此立法。

半坡人的陶器是四海有誉的得意之作。凡生活所需的盒、罐、瓶、壶、钵、甑、哨，尽是烧制的。陶窑不大，然而颇为科学，掏土作窑室以放其器，通过火眼生火，把柴塞进火膛，烈焰窜入火道，使温度达到900℃以上。几千年过去了，火熄灭了，然而在火膛和火道留下了烈焰烤出的青色和红色。想起来做烧制工作的人都是有技术的。

半坡人在陶器上充分表达了自己对美的向往。陶器是实用的，然而他们给其染色，并作以锥刺纹、指甲纹，或附加几道堆纹，遂使实用之物变成了艺术品。尤其是在陶盆上所绘饰的各种各样的鱼，有的具体，有的抽象，有的作了变形。鱼生动、纯净、愉悦，简单而不失蕴含，这是我一贯的感受。半坡人显然是以美的法则在创造生活！我以为现代人应该感到惭愧，因为他们往往会背离美的法则，给生活之中注满了功利。一事当前，盘算的先是人民币，之后才是别的。生活异化了，遂并发兽性。现代人当通过种种艺术形式重温自己遥远的来路，或是重温一下半坡人的生活，以矫正自己的一种症候。

那么是什么心理使他们以鱼绘饰其陶盆呢？鱼显然对他们的生存是重要的，既构成了物质之需，也构成了精神之需，也许精神之需还是多于物质之需的。有一段时间，毛泽东的像和语词充斥了中国，书以印之，墙以刷之，木以刻之，桌以喷之，甚至病历、信封和烟盒上都尽是。为什么？因为毛泽东演化为神了。半坡人还没有神，也不需要神，然而面对食物的巨大匮乏，突然而来的雷电，无边无际的黑暗，他们是需要一个依靠的，甚至崇拜的，遂选择了鱼。所以认为鱼是半坡人的图腾，应该有它的道理。

然而半坡人到底如何，仍是一个谜，我之所论也多为推测。不过恰恰因为它有其谜，才对我产生着诱惑，只要有暇，我便还会到半坡去欣赏并考察。养目并润心，何乐而不为呢！

半坡读陶

雨刚刚发作完毕，风就带跑了乌云，终南山和白鹿原随之浮出。天空湛蓝，乌云的残片失魂落魄。阳光照耀着西安，那里有黑森森的建筑与黑压压的身影。我就是从那里到半坡来的。虽然半坡仍属于西安，不过我总觉得它是异于其城的一个地方。此为母系氏族部落的遗址。浐河流过黄壤，阳光的红晕掺进了它的白浪。草木与庄稼已经连成一片。随风滚动的，不是噪音，不是流行歌曲，是一阵一阵的泥土气息。

我往半坡去是读陶的。我曾经多次至半坡。对文化遗产，对长安器物，我最喜欢最迷恋的是陶器。半坡的陶器以老为盛，是6000年之前的原始人所使用的。母系氏族社会的人，用粗稚之手所作的这些陶器，我怎么读它，都不得透彻。然而，怎么读它，都充满远意。

在我读陶之际，一再有人从周围走过。他们也是读陶的，来自中国内地各处，或台湾与香港，其中一些人领着孩子，用通俗的语言答孩子之问。先民的故事就这样流传了，而且先民的形象得到了新的塑造。偶尔会有成群结队的欧洲人出现，他们高大、健壮，但衰老折弯了他们的腰。他们显然是别的一些民族，然而人类对美的追求既是共通的，又是永恒的，于是他们就或多或少感受了这些陶器的艺术，有的竟偷偷拍照。尽管存在着语言的障碍，不过他们的神情仍很认真，甚至惊讶、赞叹。

感谢在半坡从事研究工作的李诗桂女士，她年近花甲，戴着一副白边眼镜，由于她的指点，才使我得以顺利地读陶。

读尖底陶瓶

尖底陶瓶是一种水器，褐色，没有任何装饰。圆口，厚唇，特殊的是它的底部倾切为尖，以大约45°的斜面构成了它的角，而中间则鼓了出来，很饱满的样子。左右有两个环儿，显然是系绳的。

这样的尖底瓶很多，有大有小。氏族人制作这样形状的陶器，当然是为了打水。它的底是尖的，重心居中，这便使它容易下沉汲水。他们居住在半坡，村落距浐河只有几百米之远，可能就是认为浐河在附近而打水方便的缘故吧。腰间围着麻片的妇女，三五成群地提着尖底瓶到浐河去打水，一定很快乐。

半坡尖底瓶

在黄土覆盖了的村落之中，氏族的房子隐隐可见，数之，达46座。几乎每座房子里都有尖底瓶，或者是完整的，或者是残破的。

读葫芦陶瓶

葫芦陶瓶高不足一尺，形似葫芦，中间凹细，两头粗凸，一个圆而小的口。它是这样的一种颜色，仿佛是微弱的火正燃烧着，突然就凝固在那里，不明也不暗。它的表面基本是平滑的，用手抚摸没有坎坷之感，但细碎的斑点却在颈部密布着，像蚂蚁咬了一样。

我推测，这是狩猎的男人使用的，他们出发之前，用它灌满了水，然后以绳系之，拴在腰间，渴了便可以喝水。狩猎的时候，到底是一个男人独行还是几个男人同行呢，妇女参加狩猎吗？在半坡的氏族村落，妇女是处于领导地位的，由于她们在生活和生产之中的主导作用，才形成了家庭和氏族。男人是游移的。氏族人之所以能够定居在浐河之滨，是因为有了农耕，不过，他们是从狩猎和采集发展过来的，于是狩猎和采集的生存方式就得以残留，采集当然以妇女为主。我想的是，氏族的妇女为狩猎的男人送行吗？她们产生了感情吗？

读陶瓮

这是一个倒立的鸭梨，当然比鸭梨大得多，其高足有一米，从它的底缓缓地开放上去，之后迅速收敛，形成一个巨大的口。瓮口的直径几乎是瓮底直径的一倍，口是薄唇，光洁，不匀称。然而这个陶器，除瓮口是光洁的之外，全身都是划痕，那是一种规则的斜面似的刻印。这简单的线条竟使这个拙笨的陶器艺术起来。制作它的，也许是一个妇女。在完成了这个已经可以使用的陶器之后，她怎么想起给它增添一些线条呢？她是用树枝刻划的还是用石片刻划的。对她的作为，其他妇女是欢呼还是指责呢。开始在陶器上刻画线条，不管它多么粗糙，毕竟是一种创造。若没有一种轻松和鼓励的气氛，也许如此创造会遭到扼杀。那些压制制造冲动的人，显然是连氏族成员都不如的。

在半坡的氏族村落，其方形或圆形的房屋，依然有墙可见。大小不同的陶瓮，就曾经置于房屋的墙下，其中装着氏族成员的粮食，这就是粟。粟是在半坡发掘出的惟一的谷物。菜有两种，芥菜和白菜。它们的种子粘在一些陶器的内壁，尽管岁月已经将其腐化得不成其形，但科学仪器却终于鉴定它们是粟，是芥菜和白菜。

我感到奇怪的是，在村落的某些地方，氏族的人用陶瓮作棺埋葬孩子。陶瓮直立，其头向上。在瓮底，凿有小小的洞孔，好让孩子的灵魂出来作游。我作如此设想合理么？那时候已经有了灵魂这种观念吗？

读陶缸

我对我面前这个缸的突出印象是,它的裂纹纵横,恰似一片一片缝合而成。也许其初它并不如此,只是后来氏族迁徙了,村落空空荡荡,成为废墟,而且相当悠久的时间没有谁光顾它,惟有野兽,惟有风、雨、太阳,到这里来参观,于是它就渐渐陈旧了,一个世纪又一个世纪为黄土所掩埋。突然发生了一次地震,周围的黄土塌陷捂之,使它分崩成这样了。当然,也许有妇女在制作它的时候,就已经打破了它,不然它的裂纹上面怎么会有几片泥巴,它似乎是附加在裂纹上面的,而且,它的灰色与整个缸的灰色不尽相同,这几片泥巴的灰色,显然要淡一些。这个缸的口很大,直径足有二尺,其唇厚而向外翻卷。

读陶罐

陶罐高有一尺,口的直径约五寸,平底,中间的部分鼓胀如孕妇之肚,它的颜色是红与灰的相杂。其罐引人入胜之处在于,鼓胀的地方附加了四条绳似的堆纹。它们不很匀称,显然不是特意附加的,仿佛是制作它的人在完成这个罐之后,灵机一动,抓了几把泥,搓成条子贴在那里的。其人的心情一定是很轻松的。附加四条堆纹,并非为了坚固这个陶罐,所以没有任何功利目的,只是其人忽然想这样做吧,于是他就这样做了。阳光照耀着窑场,参加劳动的人都愉快地瞅着那双为它堆纹的手。

读陶甑

陶甑口大底小,腹壁斜直,特点是:在它的平底上穿有18个眼,大小不等。颜色黑红相间,有手指涂抹的痕迹。

这是一个炊器,人类走过了漫长的春秋,终于可以取火,并为自己服务。在半坡氏族村落,有几处灰烬掺于黄土之中,那是原始社会的人遗留的。我曾经轻轻地触摸它,虽然有一些暖意,不过不能印上颜色。它已经是变质的灰烬了。它是氏族的成员用其甑煮食或者蒸食留下的灰烬吗?我望着它,暗暗地问自己。我是回答不了的,但我却可以继续问自己:这么小的一个炊器,蒸什么呢?煮什么呢?为几个人蒸煮呢?为孩子做饭吗?孩子是不知道自己父亲的,只有母亲为孩子操劳,那么孩子就在他们的房屋里外嬉闹吗?在半坡,氏族的房屋有的盖在地面,有的仍是一半埋在地下,似乎正在脱离穴居。

读陶碗

它像一朵向天空盛开的喇叭花,只是大得多,碗壁从碗口斜向碗底,一些沙子的痕迹隐隐可见,有一些粗糙,但制作人的匠心却是存在的。我看到,在碗底出现了几个粗笨的齿轮，显然这是为了容易把握它。

读陶杯

把紫红紫红的一个茄子切开一半，掏去瓤，使其中空，然后，大头向下——就是这个原始杯子的造型。

我想象着用它喝水，尽管它臃肿的唇会磕撞牙齿，然而没有它显然很不方便。一切都是从简单开始的。人类所使用的杯子，已经千变万化，美而精致，不过它依然是以这种杯子为原型而发展的。哪怕最丑陋最拙劣的创造都是伟大的。世间没有几个人可以进行别开生面的伟大创造，一般的人，都是遵循着固有的思路。

读陶哨

灰色，灰得深重。口小而底圆，其壁从上到下渐渐增厚，手攥之恰恰合适。我定睛注视着那个口，它仿佛是一根筷子扎出来的。如果人的嘴对着它吹，那么气流在它中空的地方打一个折，就形成一个声音，或者细长，或者粗短，或者舒缓，或者迅急，全由气流而定。它可能主要是为了呼叫。这是氏族村落的声音，原始的人曾经为之兴奋，为之惊奇。

在半坡的氏族村落有一个公共场所，是人们议事和聚会之地。分别居住在几十座房屋里劳动和休息，属于氏族成员自己的事情，然而突然出现了什么变故，需要大家商量，迅速通知氏族成员是必要的，于是首领就让周围一个人吹哨，它的声音便将他们召集而来。不过，即使平常的聚会，也仍要以吹哨通知。如果仅仅是几个人的村落，是一个家庭，那么通知他们就没有必要吹哨，然而一个氏族，一个成员众多的村落，就应该有一个统一的信号。陶哨的出现不只是简单的传呼器具，实际上它是人的社会化组织化的产物。

陶哨的用途可能还有很多。我想，狩猎的人走进深山老林，遇到了企图伤害他的兽群，或者打死了肥大的猎物，都可以吹哨联络，请求帮助。在祭天的时候，在葬人的时候，它的声音甚至是一种音乐。我的先民，是这样么？

读陶钵

此器具为浅腹薄壁，直口平底，形似半球。沿着直口向下，是一圈横向的宽带，颜色深红。它表面光平，不过也有修磨之印。

我惊叹在几乎所有的陶钵的宽带上，都刻画着符号，那些刻画了符号的器具，共有100件之多。将打碎的刻画了符号的陶片收集起来，竟是大大的一堆。这些符号有的是一条横道，有的是一划竖道，有的是并列的几个横道或竖道，有的是一个竖道上下带钩，有的是一个横道左右带钩，有的是两个斜道交叉，有的是竹叶形，有的是牙齿状，而有的则像残缺的字母。我难以判断这是记事还是记数，然而，我知道这些符号不是半坡氏族人的无聊的产物。生产和生活，已经使他们有了表达自己意思的必要了，于是他们就要使用符号。中国文字是长期发展而来的，半坡氏族人的符号很可能就是始创。如果确实如此，那么就可以通过它而触摸原始人的思维方式了。那是多么稚嫩又多么古老啊！

读鹿纹陶盆

此盆为直口，边沿向外翻卷，盆底略小。在它褐色的内壁上，饰有四只黑色的小鹿，腿长尾短，两角叉开，或作奔跑之状，或作行走之状，或作睨视之状，或作扭头之状，格调简单，形象生动。这些鹿当然是先民曾经追赶和捕获的动物，他们对其了如指掌。用鹿饰以器具，是表示对它的征服还是表示对它的喜爱，这是一个难解的谜。然而，它所透露的气息，是一种美的呼唤和启示，它愉悦了人的精神。它展示的，是人类心灵跋涉的道路，这就是美。原始人都能把美引入生活，那么，已经发展了的现代人，如果忘记了美而生活，那么它就是退化。

读波纹陶盆

其直口较大，平底微小，薄壁向外鼓突，修磨得很是光平，几条波纹似乎随风起伏着。波纹是由横线曲折而成，但我望着它，却感觉很有灵气。我首先想到了浐河，似乎只有浐河才会荡漾这样的波纹。半坡位于浐河东岸，先民饮其水，捕其鱼，朝夕相处，春秋相见，遂很熟悉，于是，在制作器具之际，将其看见的水描画出来。将浐河凝聚为几条曲折的线条，当然是一种能力，没有智慧是做不到的。

读网纹陶盆

其盆形似半个西瓜，口大，底小而圆，外壁内壁皆光平，褐色，四片对称的网纹在其内壁。很可能是渔网，它线条交叉，不很整齐，也不很零乱，因为是黑色，所以非常清晰。用渔网饰以器具，除了艺术价值之外，它也透露了半坡氏族人的生活，我仿佛看到了先民在浐河结网捕鱼的情景，其繁忙的场面，似乎从遥远的岁月浮现而出。

读鱼纹陶盆

之一，这是过去打碎的陶盆，不过专家把其组装起来了，现在尽管裂满缝隙，但望之却依然完整。满是红色，外壁有五条鱼，大小相等，作浮游之状，其首尾连接，似乎是在追逐，皆张口，睁目，翘鼻，悠然自得，不慌不忙。

半坡鱼纹盆

之二，此陶盆很大，红色的外壁，是两条重叠在一起的鱼。当然，重叠的只是鱼身，鱼头与鱼尾仍外露并清晰。线条简洁而率直，似乎制作它的作者正进行着抽象的思维。

之三，该陶盆依然是红色，口与底一样大小。其壁对称地向外鼓出，饱满如帆。在这里，有着难以破译的人面鱼。它是这样的：人面为圆形，眼、耳、鼻、嘴皆以黑色表示，其神秘之处在于嘴的两边各噙一鱼，两个鱼头在牙齿之间，两条鱼身在嘴外摆动。人的头顶盘着一团束发，并有笄子穿过。把鱼噙在嘴里，到底是什么意思呢？一个氏族迁徙到浐河之滨而居，首先要考虑的问题是食物，当时的关中，水草丰美，森林茂密，而且有土地耕种，但食物却依然是氏族的最大困难和最大障碍。浐河及沼泽有众多的鱼，终于在一天的某时某刻，先民发现鱼是可以吃的，他们便开始捕捞。种粟种菜，不能保证年年收获，但水中却是常常有鱼的，鱼便成了氏族部落重要的食物。先民从而崇拜它，将它含在嘴里，当做图腾。实际上在中国人的心中，是没有什么神圣之物的，对所有那些要敬仰的东西，过了敬仰的阶段，他们就弃之一边。他们的敬仰是让社会参观的，自己并没有敬仰的真情。对龙，对王，皆是这样，甚至孝父孝母，都是给自己沽名钓誉。陶盆上的人面鱼，对鱼既敬之又食之，大概就是这种心理的原型吧？不过，嘴里噙鱼，也许还是表示希望得到更多食物的一种心愿吧！

灵 台

灵台并不惟一，汉也有灵台，我要看的是周灵台。

周人姬昌不过是商纣王的诸侯，在岐下发展，有实力，有威望，遂为西伯。其以耕植为重，菽麻甚丰，存仁行义，士多归之，别的诸侯也常常向往之，甚至孤竹国的伯夷和叔齐也远远奔之。

西伯昌也是有雄心的，取代商纣王是他固有的战略。一旦获得征讨的权力，他便连灭数国，终于也灭了崇国。崇国在沣河西岸，土地平旷，沃野一片。可惜崇国的诸侯不善，以其所进谗言，商纣王还尝把西伯昌关了一段。平崇国以后，西伯昌便在沣河西岸营造丰邑为国都，并把周人从岐下迁徙过来。据其功德，周人谥西伯昌为周文王。

我要看的灵台就在沣河西岸。

当地的朋友在西安钟楼附近接了我，驾车向西南行四十里，城隐村峙，白杨夹道。刚刚入夏，小麦苍苍。过了沣河，路寂尘稀，深感和畅。悄然转弯，车进一个院子，朋友说："灵台到了！"

院子是平等寺的院子。佛乐出殿，悠扬玄妙，当是僧做法事，不过我没有趋之投目以观。什么时候建平等寺的，无案，也难考。可以推测的是，此乃佛教徒借灵台立的庙。很好，这保护了灵台。庙陋且残，不过无此庙，也许灵台早就成了平地，种了小麦。

有当地的乡吏和乡贤筹资盖了一个文王阁，并树碑纪念西伯昌筑此灵台。文王阁的基础比平等寺的高，有台阶递升，可以移趾。红门灰瓦，新且突兀。站在文王阁前，抚其石栏，见院子散栽以桐、洋槐、椿、松、柏、国槐、紫薇，觉得这里空明、疏朗、朴素，如在农家。

史记，灵台高二丈，周回一百二十步。筑灵台是要晋身近天，听天之命。周人相信天是万能的，天就是神，是上帝。天令风令雨，驱使雷电，也降灾降福，有自己的意志。为了周人的前途，必须观祲象，察氛祥。所谓祲象，是一种阴阳相侵之气，所谓氛指凶气，所谓祥指吉气。凡此种种，都是天的信息。是否合适作屋、狩猎、婚嫁、出殡，都要问天。周王，包括周文王，都是天子，惟天子才能登灵台听天之命。当然，还当祭天，负责祭天的也非周王莫属。对天的崇拜，不以周始，不以周止。周人继承了如此信仰，更发扬了如此信仰。崇拜天，是中国的传统文化。

诗曰："经始灵台，经之营之。庶民攻之，不日成之。经始勿亟，庶民子来。"诗曰："王在灵囿，麀鹿攸伏。麀鹿濯濯，白鸟翯翯。王在灵沼，於牣鱼跃。"通过庶民踊跃参加灵台的修建及其鸟兽之悦，周人歌颂周文王的大德。当年

镐京观

是何等兴旺！遗憾岁月摧物，周早就化为灰烟，其灵台也沦为农家的样子了。

实际上在20世纪50年代以前，这里的建筑还颇多。除文王阁和平等寺以外，还有关帝庙，有钟楼和鼓楼。此皆在土夯的城墙之中。山门面东，砌以青砖，气象很是壮丽。1952年土地改革，丰台所有的财产都分给了北张村、贺家村、邱家庄、吴家村，由其共管。农民渐渐演化为互助组、合作社。一旦组织起来，感情就容易激烈，力量就强。以种种理由，山门前的一棵千年皂荚树被伐，城墙里的百年千年的柏树被伐。大约1955年，关帝庙被拆。大约1957年，邱家庄和吴家村拉走了钟楼上的铁钟，悬挂于木，敲之以召人开会，到1958年，便砸它以炼钢了。钟楼没有了，鼓楼何用，于是鼓楼上的皮鼓就不知去向了。现在的树又嫩又鲜，看起来都是新种的。

出院子，穿小麦之间的土径，走到沣河岸上，以远望灵台。夕日欲颓，碎云布空，有村一堆一堆的，静默着，撒向天边。以武伯纶的调查，沣河西岸南至秦渡镇，北至客省庄、张家坡、马王村，十里田畴，繁见绳纹陶片，有的陶片显然像鬲、豆、罐、盆，多存周器的特点。

在沣河岸上，有一个妇人放羊，其61岁，曾经是民办教师，她说："灵台所在的地势是凤凰展翅。灵台恰恰在凤凰头上！"她的风水之论，把我和朋友吓了一跳。茫然之中，我发现灵台一带确实是隆起四方的。

妇人蓦地说："风水现在破坏了。挖沙子把这一带搞得像狗啃了一样烂！看，垃圾也倒进沣河了。我初结婚的时候，经常在沣河里洗衣服，清亮的水从脚面流过，腿腕两边一片一片的鱼。岸上的野花无穷无尽，树很茂盛，风吹着芦苇，白鹭飞来飞去的。现在什么都没有了。"

天不言，灵台也不言。

灵台

兵马俑之气

我14岁那年，中国北方有几个农民在田野打井，他们已经打了九眼井。村子周围的那片地球，到处都是窟窿，不过他们还想挖一个。他们认为，井多水多，水多便能抗旱。

打井是响应毛泽东的号召。当然也不是毛泽东直接指示这么干的，他才没有时间考虑打井的事情。他谋的主要是阶级斗争，而且他在那年患了白内障，失明的危险逼近了他，他不得不躺在中南海的游泳池，耐着性子，接受一位医生的治疗。然而农民有一个榜样是他树立的，他让农民学习大寨，农民只好学习了。关中为平原，修造梯田显然不合适，那么就打井。打井抗旱，是陕西临潼人学习大寨的具体做法。

那几个农民把最后一眼井的位置选在了一片坟滩。这里很是荒凉，柿树老朽，茅草飞飘，狼会在半夜跑下骊山，蹲在一个破丘上嚎叫。那些农民用铁锨挖着，累了便休息。坐在坟滩，只要抬头就会看见秦始皇陵。它黑苍苍的，高耸天空，雄赳赳的，重压大地。农民触景生情，总要议论一下秦始皇。挖地1米，土色变红了，这使他们有一点奇怪。深至3米，竟出现了零乱的陶片，陶片居然是破碎的人手人腿，马头马尾。杨志发看着它们，忽然想到十八层天十八层地的故事，遂毛骨悚然，冷汗涔涔。他扔下铁锨，爬了上来。

村子的人不知道陶片为何物，纷纷参观，参观之后便害怕。他们三人一聚，五人一围，窃窃议论，有的便担心这是不祥之兆。其史书不记，圣人不语，谁也不知道它们是什么，那些打井的农民当然不知道这就是秦始皇兵马俑！

秦始皇陵的营造开始于秦嬴政即位那年，不过到他死，其陵也没有完成。它显然是一个巨大的工程，结构如何，棺椁又如何，地宫如何，珍藏又如何，都是一个谜。不过有一点可以猜测，秦始皇在某年某月某日接受了一个大臣的奏章，这个大臣可能就是李斯，原因之一是，秦始皇即位以后，由他负责其陵的修建工作，也许是他提出了在陵的周围搞一些地下军阵的建议吧。秦始皇的将士，是他实现统一中国的基础，满足野心的资本，施展战术的工具，也是他安全的保障。秦始皇是得意于其将士的，这使他欣然接受了李斯的建议。

于是秦政府就招致工匠，组织劳力。劳力多得是，刑徒干粗活，出身低微的人也干粗活，由于违法而遭受惩罚的人以劳役代替钱财还干粗活。他们主要是关中的，分布在咸阳周围。除了关中的，还有河南和甘肃的。

兵马俑是在别的地方烧铸的，其温度必须在1000摄氏度以上，而且火候要恰到好处。温度低了，缺乏光彩，温度高了，容易炸裂。放置兵马俑的坑里有一道一道的隔墙，它的上面横着圆木，圆木或松或柏，密集排列，盖以竹席，构成棚子。坑里铺着青砖，兵马俑就站在这些结实而著名的青砖之上。

滚滚黄土掩埋了兵马俑，使它们无声无息，在地下一呆就是两千年之久。如果不是打井的几个农民发现它们，那么它们可能将继续呆在地下。覆盖它们的黄土长着树，生着草，野兽出没，家畜游牧，成了兵马俑绝妙的伪装。面对一片阴森的坟滩，谁会想到它下面有一个庞大的军阵呢！

兵马俑一朝出土，天下为之震惊。看吧！它们都是高大的，兵比真兵，马比活马，兵马俑皆有姿态。兵所穿衣服，衣领交口，衣襟斜叉，衣角微微翻卷。鞋是布鞋，鞋底的针线该密则密，该疏则疏，用针用线的原是脚掌用力的程度。这种做鞋的方法，现在的关中妇女依然在用，其孩子所穿的布鞋，往往是母亲以针线而缝的。兵所戴的铠甲，禁锢了前胸和后背，串连铠甲的钉子密密麻麻，使铠甲坚固得足以防御冲击过来的任何兵器，它甚至还会把兵器反弹回去。这铠甲让人产生一种幻想，似乎有兵器敲打它的声音隐隐在响，如爆如裂，如雷如雨。

兵的额头都不大。有的已经老了，起着皱纹。有的还年轻，年轻的也留胡须，络腮胡须、山羊胡须、八字胡须，有一点滑稽。兵的眉毛因眉骨而异，有的是柳叶，有的是弯月，有的是山岳，有的是三棱，其野蛮之感。马一般都脸面方正，耳朵短促，一鼻直通，两目圆睁，完全符合伯乐相马的要求。

倘若兵马俑是随随便便放置在坑里的，那么世间对它的惊奇一定会减少三分，尽管它们是高大的，有两千年之久的地下生活。不过如果不按一定的规律编排它们，那么兵马俑便无以显示整体的力量。兵马俑编排成形。兵马俑在所有的坑里都表现为军阵。军阵的森严和强势，军阵所显示的一种威慑，使人惊奇而沉思。

孙子曾经把军阵分为很多架势，其中别致的就有锥形之阵、钩形之阵、雁形之阵，还有火阵和水阵。军阵之多，无非证明着兵法之精，战事之繁，

兵马俑之气

不过其显然都成了兵法之精的源泉。

秦始皇便是依靠他的将士,从一次又一次残酷的征服之中走过来的。在一号坑,兵马俑组成了一个长方形的军阵,其以步兵和车兵为主。步兵与车兵离间为队,38路全副武装,似乎一声令下,便可出击。在二号坑,兵马俑是一个曲尺形的军阵。它的特异之处是,其包含了4个兵种,它们既互相勾连,又自为独立,必要的时候,可能会调出一个自由行动。那4个兵种是车兵、弩兵、骑兵和混合兵。三号坑像一个指挥部,有兵相向而立,成迎接状,成站岗状,只是不见统帅出现。于是我就想:也许统帅就是秦始皇,也许统帅还在接受秦始皇的任命,也许统帅已经走在通向指挥部的路上了。

兵马俑在地下一呆就是两千年之久,而且数量之多,规模之巨,形象之逼真,无不挑起人的好奇,遂引人参观,熙熙攘攘如风起云涌了。兵马俑出土在陕西,陕西自然有近水楼台的优势,能看的都看了,并以看兵马俑为荣,以不看兵马俑为陋。过去,陕西人见面问吃了没有,兵马俑出土,陕西人见

兵马俑

面便问看了没有。一个法国政府的官员看了兵马俑惊呼,这是世界的奇迹。一个日本学者看了兵马俑慨叹,不到西安,就不算到中国,不见兵马俑,就不算到西安。如斯二言,在世间广泛流传,显然是为兵马俑作了绝妙的广告,这使参观兵马俑的人一天多于一天,一年多于一年,仅仅世界各国的元首就能排成一个长队。

兵马俑门庭若市,甚至在春季和秋季形成拥挤之势,竟使一个人想在这热闹的地方寻死。那是陕西铜川的一个青年,生活不顺,产生了自杀的念头,但他却又不甘心自己死得无声无息,遂选择兵马俑博物馆为自杀地点。他知道,这里总是滚滚涛涛,人呈各种肤色,口出各种语言,死在这里,显然是能扬名天下的。他便以照相为借口,站在了一棵柳树下。摄影师不知道他腰上绑着炸药,只用镜头向其瞄准。一按快门,竟启动了雷管。一声巨响,他便结果了自己,也伤害了别人。

兵马俑声名鹊起,作用超出了文物的范畴。那当然,文物工作者及文化工作者对它的研究不但热衷,而且深入,兵马俑当然还成了一种可以经营的商品。兵马俑所在的临潼人,仿造了大大小小的兵马俑,他们把小的卖给游客,大的卖给饭店和公司,饭店和公司将兵马俑多立于门庭以炫目。兵马俑甚至红火到了这样的程度,有人以兵马俑为题排舞,以兵马俑为题演戏,还有人以兵马俑命名自己的瓜子和奶粉。以兵马俑命名乳罩的,我以为不雅。

在兵马俑发现两年之后,毛泽东逝世了,那几个打井的农民,遂对学习大寨失去了兴趣。为了致富,他们转而借助兵马俑,无非是仿造并兜售而已。其特别之处是,他们都有一张兵马俑发现者的荣誉证。一个偶然的机会,这

兵马俑坑

些荣誉证发挥了作用。在兵马俑博物馆一带经营字画、印章及工艺品的老板，灵机一动，图谋让这些有荣誉证的发现者促销其生意，遂让其给游客签名。他们何乐而不为呢！签名一举，使他们每月都能获取老板支付的几百元人民币，而且每天还能得到一些小费，小费偶尔会是美元或法郎。那个被兵马俑吓得冷汗淋漓的杨志发，早就穿上西服，戴上眼镜，一副鸟枪换炮的样子了。

兵马俑的热闹，给秦始皇蒙上了一层温情脉脉的面纱。他的形象在世间变得多少有一点朦胧，评价他的语词通常是千古一帝。兵马俑产生的经济效应及其人所固有的对钱的崇拜，竟使秦始皇演变着，这便是，除了冷静的学者之外，一般人对秦始皇多少产生了暧昧印象。

秦始皇固然有其兵马俑，中国的统一固然是在秦始皇手下实现的，不过他统一中国的动机，实际上完全是由霸权主义的心理出发的。从结果分析，他根本没有考虑中国人的安居乐业。他所统一的中国，只是一个扩大的供他耀武扬威的领域而已。统一之前，天下混战，中国人生不如死。统一以后，中国人依然是灾深难重，生不如死。秦始皇统一的中国，实际上对中国人是没有什么意义的，中国人并未从统一的中国获得利益，中国人当时甚至连平静生活的愿望也不能实现。

悲惨的是，秦始皇消灭了列国之后，便把警惕和怀疑的眼睛对准了中国人。他迅速收缴流散在民间的兵器，把它们化之为铜，塑之为像。他制定的法律，也完全是拘禁中国人的，它使中国人只能在狭窄的条条框框活动，稍微越线，便要惹祸。在秦始皇的天下，中国人有的主要是繁重的徭役，苛刻的政治。他们战战兢兢，如临深渊，如履薄冰，甚至偶语妄言也会违法。

秦始皇焚书坑儒的举措，是对人的深刻轻蔑，对人的言论自由的凶残剥夺，对人的精华和良知的彻底否定。其反动不亚于以毒投井，以刀除根，以火毁林，是愚昧人的可耻行径。在人的眼睛里，动物是可以奴役的，在秦始皇的眼睛里，人就是他的动物。人凌驾于动物之上，违背上帝的旨意，秦始皇把人当做动物，完全是丧心病狂了，而且这只能遭到上帝的窃笑和愤怒。秦始皇逝世之后，陈胜有言，其充分展示了秦始皇时代的黑暗，陈胜说："天下苦秦久矣！"

我曾经多次参观兵马俑，甚至有幸抚摸它们的臂膀和脊背。但我却没有一次赞颂它们，我始终没有这样的激动。在我看起来，兵马俑不是自由创造的产物。它们只是秦始皇陵一批阴沉的陪葬品，是缺乏美感的。如果烧铸者能将自己的热情灌注于兵马俑，那么它们大约会生动一点。可惜烧铸者多是受到逼迫的，他们只是依劳动的本能在从事自己的工作，而且这工作充满危险，他们干得胆战心惊。固然，有的兵俑显得喜悦，有的兵俑显得和善，甚至有的骑兵俑牵着缰绳，昂然而立，有的立射俑左腿微拱，右腿稍绷，稳定着躯体，有的跪射俑脚尖点地，挺胸抬头，眺望远方。特别是那个站立的将军俑，尽管显出一些派，然而我仍感到他有一种尊严中的胆怯，抑制中的得意。固然那些兵马俑在努力展示秦始皇将士的风采，不过很是遗憾，它们仍然显得拘谨和木讷，甚至有一点古怪和邪恶。

那些将士都是拿着兵器的。那些金钩与铜戈，那些戟和铍，在地下埋藏了两千年之久，竟不生锈。那把长长的青铜剑一直压在一堆倒伏的兵马俑之下，早就被压弯了，然而搬走这些兵马俑，它居然能一下反弹过来，恢复其直。

我相信，秦军的兵器是精良的兵器，问题是，那些将士拿着兵器的样子，总给我一种疯狂的感觉，变态的感觉，人的异化的感觉，饿兽寻觅猎物而准备捕食的感觉。望着它们，我会想起秦军活埋40万赵军的情景。我想象着秦军把俘虏推到深坑，把土填在俘虏的身上，土盖了脚，盖了腿，土渐渐壅到了俘虏的腰和胸。我想象40万俘虏翻着白眼，吐着青舌，作最后的挣扎，直至窒息，遂不寒而栗。我得提醒自己，秦始皇已经腐朽，秦军已经灰飞烟灭，我看到的坑里的将士不是活的，它们只是一些出土的陶属兵马俑而已，它们不会举着兵器冲到坑外。

天生之物，赋其形，贯以气，水土山石，禽兽草木，无不有气。不过物不同则形差异，形差异则气不同。我感到的，海有浩荡之气，原有静穆之气，深沟有阴气，洞穴有霉气，雁有高洁之气，龟有神秘之气，春花有骚气，老林有衰气。人为万物之灵，凭其智，游万物之间而吸万物之气，贤慧者，气以清主，恶劣者，气以浊主。人工之物，必带人气，那么兵马俑是什么气呢？

兵马俑以秦始皇的将士及其所骑之马作模范，捏造以泥，烧烤以火，为秦始皇陵的陪葬品。非常明显，我感到的兵马俑之气，是混合着一种秦始皇时代的特殊之气，这就是杀气与腥气，还有其死气！

兵马俑之气

寒 窑

我对寒窑颇为熟悉。家在少陵原，得其地利，小时候便放浪曲江，进出寒窑。可惜过去并不知道曲江是皇家林苑，唐文化曾经于斯展其风流，更不知道王宝钏是某种观念孵化出来的女性。

一些流传的资料显示，王宝钏是唐政府大臣的女儿，排名老三，艳丽为冠，当然也有个性，遂以抛绣球的方式选薛平贵为夫。然而薛贫贱，几近是乞丐，其父便硬性反对，甚至断绝了他和王宝钏的关系。不过王宝钏坚持中鸡嫁鸡，中狗嫁狗，遂私奔而去，住进了曲江一带五典坡的寒窑。寒窑者，聊以栖身之破洞也。王宝钏似乎闪烁了一线精神的灵光，让一向麻木马虎的中国人的眼睛为之一亮。然而为求功名，薛平贵竟参军戍边，把浪漫的美人置之一隅。薛不但没有战死，皮革裹尸，尽显悲壮，而且居然交了桃花运，做了西域一个酋长的驸马。返回长安已经是很久很久以后了，似乎取得了功名，从而受到皇帝的接见。王宝钏春嚼荠菜，秋咽黍糠，望夫18年，终于他妈的团圆了。遗憾旬日之间，竟凄惨病逝。

我一直比较反动，幼年就不相信这个故事，现在更是不相信。但其故事却一直在流传，显然不以我的怀疑而中止。不过我还是不相信，尽管它仍在流传，甚至还有新的媒介对它进行新的包装。这个故事尤其不怎么美。艺术的虚构并非罪过，关键是要美。我认为王宝钏之举违背世情，薛平贵之行悖逆人性，此乃故事不美之要害。

按我的想象，王宝钏和薛平贵的故事应该如此才好：赢得王宝钏的爱，使薛平贵无比幸福，然而幸福的日子从来都是短暂的。半年以后，唐政府遣吏抓丁，要求薛平贵出征平乱。他珍惜王宝钏更甚于王宝钏珍惜他，所以坚

寒 窑

决不去，不忍其妻独守空炕，遂持棍以抗，也防止他们扰妻。其吏暴戾，企图放火生烟，熏出其妻，挟美人以强迫薛平贵入伍。怎么办？如何选择？分离是不行的。薛平贵携美人进入寒窑深处，毅然以土绝路，相拥而死。如果是这样，那么窑固然寒，不过人的精神豪华，从而大显其美。如果这样，那么即使我皱纹贯脸，白发蓬头，也愿意在这里补办一次婚礼，因为寒窑昭示了爱的意义。

  我小时候看到的寒窑是在一个沟壑的凹陷之中，黄壤如削，野草点染，杂木有大有小，随便生长，夕阳斜照，难免让人起思古之幽情。然而几个泥塑粗糙得很，怕其败兴，便赶紧跑开了。2006年4月，我为寒窑照了一张相，不过没有什么幽情，遂未在此留恋徘徊。实际上凡属于少陵原的村子及历史遗产，在那年的4月，我无一漏掉地都照了相，以作永久的纪念，因为我知道村子即将消失，寒窑也会原貌变时颜。几度春秋，完全见证了我的预料，亦喜亦忧，喜轻忧重。对于少陵原、曲江、寒窑，我相信文化是产业之母，文化的价值大于经济的价值，人是文化之标。

寒窑

241

西安碑林

唐石经是西安碑林的奠基之作，其有二：一为由唐玄宗所书并序的石台孝经，是曾子与孔子关于孝的问答；一为由唐文宗所支持的开成石经，是12部儒家经典著作。

长安城的彻底毁坏是朱温干的。唐昭宗龙纪元年，公元904年，朱温挟唐昭宗往洛阳去之际，指示其部将张廷范拆除宫室、官署、衙门、民宅，以木料作筏为舟，载物及长安男女顺渭水和黄河漂之洛阳。从公元618年唐高祖得长安，到公元904年唐昭宗失长安，唐帝国于斯经营286年，曾经使其城宏伟壮丽，美轮美奂。然而朱温暴殄京师，使其一朝为墟。朱温属于野心家。野心家是会冒天下之大不韪的。

时任佑国军节度使并兼任京兆尹的韩建，遵命收拾残局。他放弃了皇城以北的宫城和皇城以南的外郭城，惟将皇城修缮，为新的长安城，以作办公和驻兵之用。当然也是民居之地。长安的人少了，城也就小了。唐有二方伟碑，石台孝经与开成石经，皆立务本坊的国子监，供生员学习，也方便拓印并研究。一旦国子监留在长安城以外，此二伟碑就几乎遭弃了，这使韩建不忍。他知道石台孝经为碑的分量及其造型之端庄与堂皇，遂把石台孝经碑从城外移至城内的一座文庙。文庙在唐政府尚书省界面，今之西安市鼓楼附近的社会路一带。韩建所行是善举，英明之举。几年以后，梁政府派刘鄩治长安，他见煌煌之开成石经碑仍在长安城以外的国子监蓬蒿之中，便也移它至城内的文庙。唐二伟碑就这样避免了破损或丢失。然而此二伟碑之集中，远远不成碑林。

宋政府有大臣吕大忠，曾经任陕西转运副使，属于重道之士。其弟吕大防喜欢金石，以赫然之碑为国家遗产，遂在宋神宗元丰三年，1080年，把置唐政府尚书省界面文庙的几方碑运至京兆府学。不过唐二伟碑仍在文庙，因为其巍然高大，庄重且存谱系，不能妄动。问题是文庙一带有民居焉，地势也低，难阻雨水冲注，遂使其碑仆倒，埋于腐土，非常的不敬。到宋哲宗元祐二年，1087 年，身为陕西官员的吕大忠便指示京兆府学教授李持负责，把唐二伟碑迁至京兆府学之北墉，就是今之西安市三学街孔庙之中。李持作了设计，并填平沟堑，夯筑地基，以建亭、造庑、盖房，阵列其碑。洗碑之泥，刮碑之垢，补碑之残字和缺字。不但迁唐二伟碑于斯，而且还搜选了其他唐人书碑而徙之，包括欧阳询的、颜真卿的、柳公权的、褚遂良的、徐浩的。他还收集了宋人偏旁字源碑和千字文碑，也恭然徙之。吕大防与吕大忠之举显然扩大了其碑之种类，并初具碑林之格。到宋徽宗崇宁二年，1103 年，虞策其人主持对京兆府学与孔庙作新的规划与改造，当此之际，特别辟出专位置碑，使碑林得以升级。

然而众碑并没有永享安宁。碑所遇劫难，主要有人祸与天灾。宋有人以碑为甓铺地，或以碑修桥。在元代，由于土虚坑陷，众碑竟有两次侧而卧之。明世宗嘉靖三十四年，1555 年，关中地震所摧裂之碑，以百有十而计。

碑 林

好在众碑总是能逢保护自己的智者。明有西安府学生员王尧典，其在明神宗万历十六年，1588年，按众碑旧文，集其缺字和残字，刻于小石之上，进行整修。有的字以反复拓印而变浅，也加深其笔画。清有毕沅，是陕西巡抚，又是学者，对碑林之保护更为得力。清高宗乾隆三十七年，1772年，他赴碑林以欣赏刻石，见栋宇倾圮，众碑弃之榛莽，十分痛惜，遂吩咐陪同的官员当尽快整修。于是他们就修建堂廊，编排目录，围众碑以栏楯，并筑起三楹，存明清之刻石，这便延伸了众碑的时间下限。设专职机构管理，并有防卫措施。拓印也不能肆意为之了，冬季天寒，容易裂碑，所以应该休业。毕沅的方法很是进步，遂使碑林大成其格。

文化是人创造的，不过人也为文化所弘扬。凡是创造了文化的，传播了文化的，或保护了文化的，其人皆会不朽。韩建、刘鄩、吕大防、吕大忠、李持、王尧典、毕沅，未必无过，也未必发展了经济，然而保护众碑，遂能流芳。文化之谋，无往不福君子。当然，伪文化与俗文化不行。

西安碑林现在收藏其碑和墓志及别的刻石，共一万一千余件，经常展出的有一千余件，属于天下之最。把文章或图画刻在石头上，立起来以作纪念，谓之碑。众碑密集，森然成阵，谓之碑林。

开成石经

碑林嚼字

我常常会想，中国人当然是不乏创造才能的，这表现于对待汉字，竟能在其中艰辛地炼丹，使之结晶为一种书法艺术，而且求其不朽，要将汉字刻于石头之上。

中国的碑便是这样一种石头，其镌着汉字或图画，立于黄壤，以作纪念。随着岁月的流逝，它们也可能散失，遂出现了防止其毁的方法，就是收集起来，用以保存。开始要保存的两方碑是唐朝的，一是石台孝经，一是开成石经，尝立本务坊。唐末，京师受到起义部队破坏，唐将领韩建为便于防守，缩建了长安城，竟把本务坊划到城外了。然而石台孝经是碑之瑰宝，于是他就将其迁至城内。不久有刘鄩在长安用事，又把开成石经迁至城内。这是1600多年之前的措施，甚妥。经世代收集，在西安的碑越来越多，终于决定尽移孔庙，而且盖房筑亭建廊以藏之。碑林便这样产生了。

碑林所在区域，是西安城内，但闹市却十分幽静。孔庙的一堵砖墙，周围的几棵国槐，这些国槐足有千年，秋日的夕阳，将它们密密的椭圆的叶子，涂成了一种透明而浅淡的黄色，它们像巨大的翅膀，飞翔在一片平房之上。砖墙和国槐便给碑林定下了一个古色古香的基调，特别是国槐的主干，有的开裂，不得不用混凝土塞住，否则将腐成空洞，有的已经朽成空洞了。粗糙的黑皮化为直立的壳子，站在铺路的青石之上，那些青石的接缝之间悄然渗透着苔藓，站在这样的青石之上，望着老得空洞的国槐，无论如何都使人感到一种日子的悠长和惨淡。繁华是遮掩不了惨淡的，此乃历史从这里走过而不可驻留的体验。在这里，到处都是书画店、印章铺，民间工艺品也是应有尽有，它们悬挂在店铺的墙上，一片缭乱，不过即使在缤纷之中，它们也有一种遥远岁月的味道。

石台孝经在碑林占有重要的地位，其独居一亭。亭是红柱绿栏，飞檐翘角，为夕阳所照。我惊异石台孝经之碑的高大。它由4块石头组合，色如黑玉，光可反照。其碑头祥云涌动，瑞兽优游。碑座是深入地下的三层台基，香草舒卷，雄狮劲啸。此碑的总体感觉是雍容华贵，气宇轩昂。当然了，这不是普通的碑。孔子的学生曾参，有录曾参与孔子的问答之辞，主要是关于孝的道理。以此为内容，其碑自会珍贵。唐玄宗为它作序且作注，并以自己擅长的八分隶体所书而成。往碑林去的人，无不在这里踌躇，之后仍留恋于斯。

不过，给人以冲击力量的还是开成石经。此碑由114块巨大的石头所构，上镌12种儒家经典，共计550252字。这些碑按次序立宽敞的屋舍，如墙如

石台孝经碑

岸之碑，真是太厚实太沉重了，甚至使整个屋舍轻飘得似乎没有了分量。开在高处的窗子，采撷着有限的阳光，所以惟西边的几方碑是明亮的，其他众碑多处阴影之中。汉字刻于碑的两面，在一边浏览的人，既看不到另一边人的身影，也听不到另一边人的声音，遂以为人很稀落，实际上是碑遮挡了人，或是人淹没在碑之间了。在这里，我的心情是复杂的。我既感到一种伟大的精神，其精神使人以石头制籍，显然要坚决而固执地让它存在下去，传播下去，又感到一种压抑。冰冷的碑和镌于其上的观点，似乎要夺了人的个性。我觉得如果人不从碑林走出，那么就有可能要被碑林吞噬。开成石经是唐文宗接受郑覃和唐玄度的建议所制的，历7年得以完成，为中国封建知识分子必读的范本。这些碑充斥着残破之痕，缝或如闪电，或如刀光，不过往往是面断而连，角损而补。史记，明世宗嘉靖年间关中地震，裂此碑40方，更有崩毁的。之后西安一个秀才填充其缺，从而保持了开成石经的完整。透过罩着它的玻璃，我看到的不仅仅是硬币大小的汉字，而且看到了重重叠叠的指纹。

那些展示书法艺术之碑，在此参差而立，各领风骚。

峄山刻石，为秦丞相李斯以篆体撰之，是颂秦的。其字骨气丰匀，方圆咸妙，似长风万里，鸾凤在飞。

著名的隶体之碑有仓颉庙碑、仙人唐公房碑、曹全碑。曹全碑作于汉灵帝中平二年，公元185年，仍颇端正，其黑亮若抹了油，谁欣赏它，它便映出谁神情。其书秀丽流畅，神韵飘逸，如行行白鹭，翔于晴空。

张旭以草体为盛，我看到了他的作品断千字文。其镌之于5块长方形石头上，仗势翻转，连绵回绕，活灵活现一个张旭的影子。他是吴县人，今之

碑　林

江苏苏州人，每每酒醉而呼奔，随之挥毫，杜甫十分推崇其淋漓之气。怀素也善草体，圣母帖、藏真帖、律公帖和千字文，皆为碑林增辉。其小字如蕾乍绽，大字如剑在舞，沉默的石头因为怀素之书透出了灵光。李白赞曰："墨池飞出北溟鱼，笔锋杀尽山中兔。"

楷体的特点是字方正，在唐代，欧阳询、虞世南、褚遂良、颜真卿和柳公权，都是楷体的高手。出自他们之笔的，碑林有11方。皇甫诞碑，欧阳询书。其字有手一般大小，峻峭绰约，初看如草里蛇惊，云间电发，再看似金刚怒目，力士挥拳。欧阳询是潭州人，今之湖南长沙人，曾经为弘文馆学士，弟子颇多，高寿84岁。孔子庙堂碑，虞世南书。其字坚挺硬朗，外柔内刚，安详而富于韵味。此碑记封

大秦景教流行中国碑

孔子的33代孙孔德伦作褒圣侯之事和为孔子修庙之事。虞世南声誉极隆，甚至唐太宗学书也选他为师。同州圣教序碑，褚遂良书。此碑高于周围所有的碑，巍然之势，让人渺小。褚遂良其书遒劲刚直，正如他响亮而耿介之性。他是钱塘人，今之浙江杭州人，以反唐高宗立武则天为皇后而遭贬。唐太宗也颇为喜欢褚遂良的作品。虞世南逝世以后，唐太宗遗憾叹息，一旦魏征呈褚遂良书，他竟顿然开颜。但唐高宗却不给他面子，当然，他也未给唐高宗面子。多宝塔碑、颜氏家庙碑、郭家庙碑、颜勤礼碑和臧怀恪碑，皆出自颜真卿之妙手。争座位帖也是他的作品，不过此碑为行体。他为京兆万年人，今之西安人，小时候家贫，缺钱买纸，便在墙上练功，终于进士及第，有了职务。安禄山叛乱之后，颜真卿起兵抵抗，响应者拥护者甚众，从而为盟主。唐德宗贞元元年，公元785年，李希烈杀害了颜真卿。多宝塔碑，44岁书，工整严谨，稳妥平健，是他早期风格的代表。颜氏家庙碑，72岁书，刚劲笃实，外显丰腴而内寓骨气，显然已经炉火纯青，是他晚期风格的代表。郭家庙碑、颜勤礼碑、臧怀恪碑，处于过渡阶段，有的锋芒锐利，有的姿态峥嵘。玄秘塔碑、冯宿神通碑和回龙观钟楼铭，皆为柳公权所书。柳公权是京兆华原人，今之陕西耀县人，官运亨通，至太子少师。他曾经深入研究学问，尤为好书。史记，他的财物，属于笔砚之类便自己管理，属于金钱之类任仆管理。当时达官显贵为祖先立传，多以柳公权所书而得意，甚至外国人也附庸风雅，求他的字。玄秘塔碑，为纪念高僧大达法师所立，清瘦挺拔，仿佛冬夜枣树的枝梢叉于月光朗照的晴空。

行体简易流利，介于楷体与草体之间，碑林最富魅力且最有影响的行体当是三藏圣教序碑。玄奘跋山涉水，往印度去取经，返长安以后，遂佛经汉译，工作起来夜以继日。三藏圣教序碑，便是唐太宗为其汉译佛经所作之序。这是怀仁法师一金易一字，集王羲之的字而成的。此碑虽为摹镂，然而仍是飘若浮云，矫若惊龙。其他行体之碑：宋黄庭坚所书七言诗碑、元赵孟頫所书游天冠山诗碑、明董其昌所书秣陵舍送章生诗碑、清林则徐所书游华山诗碑，无不是过目入心之作品。

宋徽宗在皇帝任上渎职失职，甚至荒唐到微服幽会李师师，但其书却是永存的。大观圣作碑，为他所撰并书，瘦直挺拔，纤细清华，横划带钩，竖划带点，撇若匕首，捺如切刀，确实是独一无二的。

正气歌碑，是于右任的作品，其苍劲雄霸之神，完全是精气涌动之表现。他是陕西三原人，1964年在台湾逝世，临终之际，吟诗以念其故乡。我观其书，颇能觉悟，若推轩见天，产生无穷无尽的想象。

书法是灵魂的流露，有什么样的灵魂，就会写什么样的字。书法也是时代之风的折射，随着社会的发展，字有微妙的演化。窃以为秦代之字，法度谨严，唐代之字，多姿多态，清代之字，平庸者多，创新者少。

碑林嚼字

墓志也陈列于碑林，遂给这里增添了一种阴气。尽管人在周围逡巡盘桓，不过望着黑色的墓志，难免起悚然之感。墓志在黑暗之中度过了漫长的岁月，终于在某一年出土，以重见天日，然而它终归黑暗。细摩之，我觉得墓志的纹饰及其石头上多姿多态的字，可以冲淡乍现之下的阴气。元桢墓志，北魏的，其字俊秀清朗。元晖墓志，仍是北魏的，但字却沉重劲拔，严肃之中有奔放之势。装饰元晖墓志的是四种灵物：青龙、白虎、朱雀、玄武，其间有云在浮，造成一种韵律。李和墓志、民那提墓志和田行达墓志，皆为隋朝的墓志。其书法艺术渐渐提升起来。比较突出的是李和墓志，其字既有隶体之意，又有楷体之味，分明是隶体向楷体的一种过渡。在碑林，唐朝的墓志极多。南川县主墓志，韩择木书。张去奢墓志，裴冕书。屈元寿墓志，张少悌书。会王李钟墓志，为白居易所撰。李虚中墓志，为韩愈所撰。杨执一墓志，为贺知章所撰。凡书者撰者，多是一代名士，从而看得出来，葬主不是一般的平民百姓。制其墓志之石头，都很坚韧且光洁，显然是严以选材，精以做工。也有一些墓志以砖所为，十分简朴，葬主当是庶人吧。李文都墓志，1954年在西安发现。其字平拙陋粗，流露着社会底层的气息。刘世通妻王氏墓志，有可能是直接镌之于砖，匆匆之痕非常明显。阿娘墓志，其砖竟是半块，长不足15公分，宽不足5公分，烂得已经掉渣。当是儿子为母亲所作的，其字生硬显稚，然而情深意切，望之使人感动。唐工部尚书杜公女某柔墓志，1983年在少陵原上的司马村发现，其信息显示，葬主的曾祖父为杜佑，宰相；祖父为杜式方，司徒；父亲杜宗，工部尚书。杜牧是她的叔父。墓志与事实吻合，其足为考证杜氏家族演变之征。我以为，一个家族兴衰所含的意义，一定是非常丰富的。外国人的墓志显然带着异质元素，颇为有趣。

塔铭为僧专制，立在佛庙。可以树于塔前，也可以嵌于塔中。碑林所藏塔铭，以香积寺善导法师之塔铭甚有价值。弟子所为，以纪念师傅。

在碑林，我看到的经幢是一种其字已经剥落的石头。幢身八棱，幢座为莲，刻梵文和汉语对照的佛经。有观点认为，人触经幢，甚至人触经幢的影子，或人染经幢之尘，皆会消灾。于是世间就有了经幢的流行，不仅仅佛庙立之，而且闾巷通衢两侧立之。梵文汉语的陀罗尼真言经幢，虽然有残，不过人皆爱之，见它之男女无不抚之摸之，遂明亮极了。

碑林的造像，一种极具佛教文化的石雕，我惟一喜欢的是达摩面壁。达摩端坐，其情肃穆，其神充盈，似乎要离其黑色的石头升天而去。它是明朝的一位疯和尚所绘的。

碑林在西安，其位置决定它会多藏具地域特色的刻石。荒岁歌碑，反映了18世纪韩城的灾情与民患，字字是泪。平利教案碑，尽录清政府的暴行，其有罪恶，遂字字为火。张化龙碑，以纪陕西扶风青年张化龙的功德。扶风与岐山一带官员极贪，他们反复提高路捐，盐价也狂涨，遂使农民深陷困境。1906年冬季的一天，张化龙率农民到衙门去请愿，竟遭拒绝。是可忍，孰不可忍也！万般无奈，他便领导扶风与岐山农民汇集于太白山起义，卒以清政府的残酷镇压而失败。为掩护群众，他挺身而出。清政府机关逮捕了张化龙，杀他于过年之间。张化龙碑是农民仪义而立的，字字含怒！

我走出碑林，仿佛走出了邃密的历史之穴。碑林弥漫着中华民族的理想、希望、追求、苦难、信仰，及其美的趣味。他们将这一切，统统凿在石头之上，是盼其恒久无灭。然而石头性寒，我不觉得它们会有温度。我感到自己的脚像石头一样冰冷。幸而夕阳还在，有斜晖穿过树隙，给地上投下了余热。我带着迷茫在碑林的甬道徘徊，以用时间暖自己的脚。

西安城墙

在悠扬的音乐声中，恬然走过西安城墙的海墁，通过垛口远瞩城外的高楼大厦汹涌澎湃，回首在城里游目，寻找得以幸运保留下来的一片老屋、几棵老树，或一条老街道、老井台，时空交叠，形神朦胧，念天地之悠悠，思世事之无常，应该是一种精神的享受。

城墙顶部的平面就是海墁，是当年用于士兵巡逻和交通的。明太祖洪武三年，1370年，造其城墙，八年之后竣工。那时候的城墙以黄土夯筑，还没有砖砌。到明穆宗隆庆二年，1568年，张祉任陕西巡抚，其修葺城墙，才给外壁包了砖，并以砖铺了顶部。使海墁彻底变化的是毕沅，他于清高宗乾隆四十六年，1781年，修葺城墙。先以石灰、细沙和麦秸掺入黄土，并注以糯米汁，搅拌匀和，层层夯筑，坚且硬，后铺砖两层。为防雨水沉积，海墁统统内倾大约5度。城墙内壁广作直立的流水槽，以泄海墁之雨水。走过海墁，略有腿歪身斜之感，原因在于此。

顶部的砖皆宽厚，灰色，然而毕竟几百年了，难免砖剥为残，有的甚至砖失成凹。残与凹都能填补，可惜凡填补的地方都用了混凝土，工艺也粗，看起来像是异物。为什么不用相似的砖填补呢？中国人的心似乎真的变粗了。

阳光很亮，有几个西方人骑着双座或三座的自行车狂奔。显然，西安城墙的海墁成了他们在东方的尽兴之处。很好，寓教于玩乐，让他们了解一下过去的西安。也有中国青年在骑的，他们多在恋爱之中，其情还火。

明西安城墙是一个严密的防御体系，统治集团以农民为寇，总是害怕寇入其城。城设四门，东曰长乐门，西曰安定门，南曰永宁门，北曰安远门。城壕环绕，城壕上架吊桥，按点拽下，放人往来。依规定，吊桥晨降暮起。

一旦发现寇入其城，拉起吊桥便断了他们的路，从而城得以守。在相当长的时间里，吊桥是西安人惟一的通道。吊桥的拽下或拉起，由守城士兵掌握。民国以前，吊桥尽毁。现在的南门，即永宁门，置有吊桥，是1990年恢复的。工程师接受了学者的建议，它应该不失古之吊桥的大意，体验一下也颇有趣。

过了吊桥便入月城。临河筑城，两头抱水，其形如月，谓之月城。它是外拱卫瓮城的小城，上作闸楼，有守城士兵驻扎。吊桥的起降，便于斯操作。城里当年有牲畜，牧归晚了，牲畜便可以在此过夜，所以月城也谓之羊马城。四个月城皆废于民国，真是可惜！现在的永宁门，即南门的月城，也是1990年恢复的，其资金是日本人藤田一晓先生所捐。

经过月城，便入瓮城。其或圆或方，视地形而筑。明西安城的四面皆有瓮城，是外拱卫城门的小城。瓮城之上作箭楼，其往往是歇山式建筑，遍开窗子，以扼城门。我所见东门和西门的瓮城，是保留下来的。南门的瓮城丧于1926年的军阀战争，现在仅存础石。北门之瓮城在1983年作了修葺。瓮城是城墙防御体系中的坚强堡垒，一旦有寇入城，驻扎在箭楼的士兵便居高临下，集中火力将其围歼于瓮城之中。

经过瓮城，才能进入城门。城门之上各营正楼，是一种二层三重檐歇山式建筑，为守城指挥官的坐镇之所，巍然威严。西安城东门和西门之正楼，仍屹立于其城门之上。北门之正楼，1911年10月22日，西安人进行辛亥革命，围攻满城之际，遭炮火之焚坍塌了。南门以其多有活动，屡屡修葺，从而虽是古物，也难免旧中有新。南门的长方形石门楣上，刻有民国元年陕西督军张凤翙所题的三个字：永安门。

西安南城墙

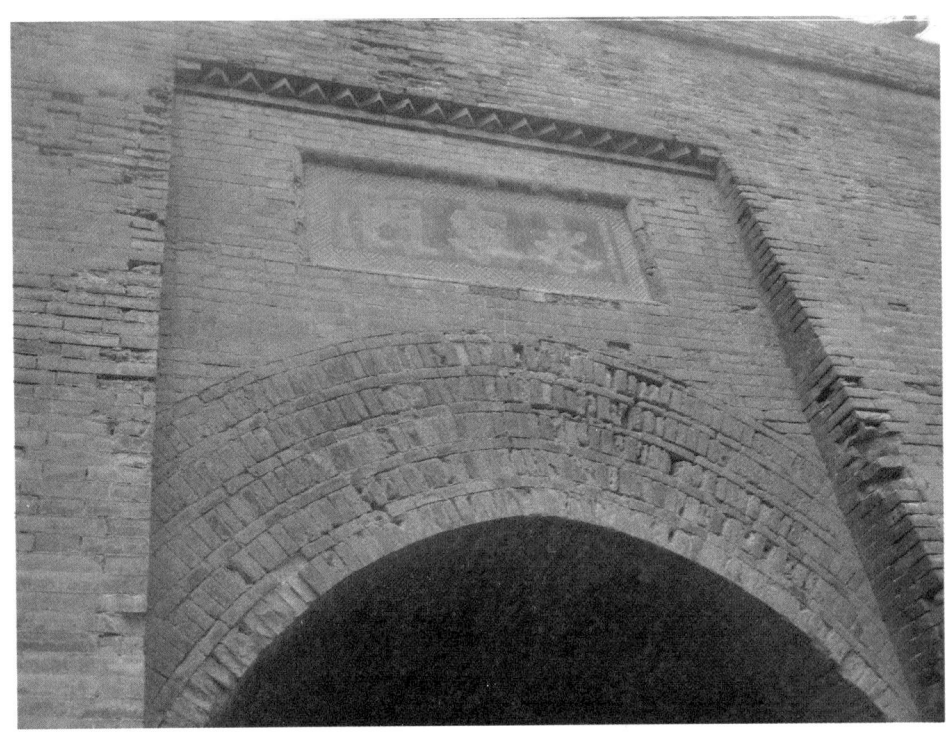

西安城永宁门

城墙四隅各有角台，上筑角楼，驻扎守城士兵。有寇攻城，这里便是杀敌的战场。西安城墙的角台俱在，不过角楼只恢复了东南、东北和西北的角楼。所谓敌台、墩台、墙台，或马面，都为一种东西，就是城墙外凸的一种建筑，它会形成三个面。敌台之上造有敌楼，二层重檐歇山式。这里便于瞭望，并能有效狙击迂回于城下之敌，当然也驻扎士兵。明清之敌台及敌楼皆为98座，平均间距120米，彼此的火力交叉点60米，恰恰皆在抛掷武器的杀伤范围，弓箭、弩、飞钩、掷枪、礌石，都可以得力使用。现在城墙上有敌台93座，敌楼12座，其中南城墙7座，东城墙5座，是20世纪80年代按明的模式恢复的。城墙上的矮墙就是所谓的女墙，顶部内沿的为宇墙，外沿的为垛墙或雉堞，为守城士兵的屏障。他们凭借垛墙或雉堞之间的垛口进行探视，有寇来犯便射击。一切都在变化，当年森然的垛口现在成了欣赏世界的美妙角度。骑自行车也很好，既身体放松，又精神放松。

西安城的根底与唐长安城的根底在西南一带是重叠的。公元904年，就是唐哀帝天祐元年，佑国军节度使韩建留守京师，出于管理之需，以皇城为范围筑其新城。新城摒弃了唐的宫城和外郭城，从而紧凑了。新城还是长安城，不过它小多了，也转瞬即逝。

唐长安城之后便是京兆府城，五代、宋、金、元，多以京兆府城为用。元仁宗皇庆元年，1312年，改为奉元路城。到明太祖洪武二年，1369年春天，变奉元路为西安府，遂有西安城。洪武三年，朱元璋分封朱樉作秦王以后，便指示建设西安。西安城墙就是在这样的背景之下筑起来的。

数据是乏味的,然而我必须指出:西安城墙的东城墙长2886米,西城墙长2708米,南城墙长4256米,北城墙长4262米。其周长13912米。城墙高10—12米,顶部宽12—14米,底部厚15—18米。

主持修建城墙和修葺城墙的人有:明太祖洪武三年,1370年,长兴侯耿炳文、都督濮英,是他们启动了城墙的改造和扩展。明太祖洪武七年,1374年,宋国公冯胜加速了城墙的营造。明世宗嘉靖五年,1526年,陕西巡抚王荩重筑四个城门。明穆宗隆庆二年,1568年,陕西巡抚张祉对城墙修葺开始用砖,这便提升了城墙的品质。明毅宗崇祯九年,1636年,陕西巡抚孙传庭大作关城,以防起义的农民。李自成改西安为长安,并迅速修葺了城墙,有意久居,可惜事变,只能由事,不由他,遂丢下长安,匆匆而去。清政府军政官员陈极新、白如海、贾汉复、崔纪行、鄂弼、毕沅、曾望颜、穆腾阿奏、袁保恒,都主持修葺过城墙。其中以陕西巡抚毕沅最给力,成绩最显著。凡补损固颓,削宽加窄,在城墙根底垫其石条,重包外壁之砖,加固海墁,设流水槽,改造正楼、箭楼、闸楼、敌楼、角楼,都有他的心血。城墙成为文化遗产,毕沅的功劳极大。清政府268年,有多少巡抚在陕西工作,然而谁知道他们呢?他们一个个都像过客似的湮灭于一个个冬去春来的岁月之中,惟毕沅活在一个个辈辈翻新的著作之间,因为他是一个爱护文化遗产的人。

我上下徜徉,左右盘桓,反复沉吟着:古人无欺,古人无欺!城墙根底的石条错落而压,钎印斑斑。其砖夏晒冬冻,尽管有的坏朽,有的蚀然如蜂窝,不过它多是规整方正的。砖大,其长40厘米,宽20厘米,厚10厘米,以特殊之法使它质密,承压性强,吸水率小,颇为坚固。我无法看到当年夯筑的黄土之垣,它已经完全为砖所盖了。资料显示,古人选纯净黄土,用筛子过滤了杂质,并按一定比例掺入别的凝固之材,作成城墙。竖插木柱,横贯木梁,

1910年前的西安南城墙

使密密麻麻的夯筑之窝茬茬咬合，以增加城墙的推拉力和稳定性。遗憾今之人利用城墙很是轻率，随便钻孔、打洞，附加材料也不考究是否相配，尤其是乱抹混凝土，让我一再摇头！

西安城墙的实用功能一旦消失，它的审美功能便产生了。考察它的结构，欣赏它的格调，轻轻摸一摸它的砖以试探其独具的质感，在一片明月下沿着城墙而行，体验它的宁静和沉默，可以发现人是一个有灵魂寓体的生命，甚至会惭愧自己把宝贵的日子都忙丢了。

城墙赏月夜

某年秋，出某单位，走在长安路上。暮色忽染，华灯初亮，古都深沉而饱满。车轮飞转，脚步匆忙，一片熙熙攘攘。蓦然抬头，见城门洞开，城阙巍峨，遂起登高以游目舒心之思，不料竟在城墙上发现明月驰天。

有河水隔阻，花木遮蔽，城墙一带，显然比所想的宁静，也比所想的畅朗。建筑纵横铺排，红灯上下缤纷。月出浮云，月辉似霜。月行空中，月照楼巅。月远天边，月近眼前。何处无月？然而骚客雅士，总是推崇张若虚江面之明月和苏东坡山间之明月，岂不知城墙上的明月，是兼容了宇宙泱茫与尘世温暖的。

心有所得，便想交流，遂用手机发短信，邀学子二三人，到城墙上来共享明月。租桌椅，购茶水，围坐一起。这时候，和风微送，清气缓流，身有妙感。月光之下，仰观白星远茫，俯察青砖古色，足以助兴。向他们了解赏月的体验，其一一道之。有言尝在青岛赏月，海大无边，海波漫涌，月小而晕，顿觉飘然。有言尝在黄山赏月，风卷气流，松声似涛，云碎似屑，月近在身，揽而不能。有言尝在草原赏月，旷野寂寥，以月为伴，惟月可亲。

问曰："城墙赏月，特点何在？"我答："海边之明月，使人欲仙；山上之明月，使人高洁；草原之明月，使人眷恋，固然各有其妙。不过城墙赏月，使赏月生活化、日常化了。其仅仅如此吗？不然。赏月是一种追问，是问天，问宇宙，问遥远，此问可以在高山之上，大海之滨，草原之中，也可以在自家窗口或床前，也可以在西安城墙。何处无月，何处不可以问，关键是问。城墙赏月，脚下有历史，四边有人类，看长安路梧桐列队，新楼竞耸，寻大雁塔，觅小雁塔，回首钟楼与鼓楼。月行高处不寒，月洒故地不俗，心在盈虚，

城墙赏月夜

可飘飘乎得羽化之幻,身处闹市,可避哄哄乎名利之扰。"

问曰:"城墙赏月,仅仅为视觉之娱吗?"我答:"古人赏月,仅仅是在赏月吗?实际上是在审美,是在艺术地生活,是在款待灵魂。惟有人能够审美,而艺术地生活,则是中国文化固有之魅力。可惜今人多为物所累,往往冷落着灵魂。人的灵魂枯萎了,人是何人?生活并非快餐。生活应该有赏月的情调!"

学子激情而浪漫,便一声接一声地诵:"秦时明月汉时关,万里长征人未还。"诵:"长安一片月,万户捣衣声。"诵:"露从今夜白,月是故乡明。"不知不觉,秋凉夜深,遂对月致谢作别,唤二三人走下城墙。

城　墙

西安城墙的利用问题

市场经济的风暴,使一切都打上了商品的烙印,打算开发西安城墙,因利而用之,也很正常。不过以什么角度开发,开发到怎样的程度,如何开发,都需要人文主义的思维。在对城墙的利用上,最时尚的莫过于技术性思维了,最危险的也莫过于技术性思维。

西安城墙的原始意义,在于它是一个地方政府的防御设施。它是保卫城

城　墙

墙里面的明政府西安当局首领及其办公机构的。城墙上的箭楼、闸楼、敌楼、角楼，用以驻兵，城墙上的雉堞，用以掩护士卒，而城墙上的垛口则是为了瞭望和射击。非常清楚，在1378年竣工的城墙，具有军事性质。

时过境迁，换了人间，城墙的本来作用早就完毕。这是常识，谁都知道。那么，西安城墙现在的价值在哪里呢？我以为，作为先王、先贤和先民的遗产，它具有建筑上的价值，文化上的价值，艺术上的价值。对城墙的任何利用，都必须考虑它的价值所在，不能随意开发，从而损害了它。

我认为应该把西安城墙的利用与城墙的沿革联系起来，把西安城墙的利用与13朝国都的地位联系起来，把西安城墙的利用与家国结构和民族心理，甚至中国人的权威观、宇宙观联系起来。西安城墙不是孤立的，不是没有基础的。实际上它的基础是唐长安皇城之垣，它现在惟一的转角就是皇城的纪念。忽略了唐长安皇城的这个转角，它对唐的继承便斩断了。还有，西安城墙只是西安这个古都的一个部分，而这个古都则不是普通的古都，除了历史悠久之外，它还是13朝国都。对于一个以浑厚并苍茫的国都作其背景的城墙，它的继承者和享受者，不能不怀敬畏之心。西安城墙当然已经不为帝王所服务了，但它所在之地却反映了中国人的隐秘心理与微妙意识。其所在之地高亢而不卑湿，有山有水，土为黄壤，有当国都的自然环境，而且它居天下中央，是交通要冲，宜守而能控。在这里，曾经有神意，有天街，有纲纪。西安城墙显然是扎根于形而上了。总之，要利用它，匆忙不得，草率不得，否则也许会得小利失大利。

在对城墙的利用上，我有三条建议：一是保守利用。由于今人都只是过客，不具有西安城墙终端或完全继承者和享受者的资格，所以其权力有限。有限的权力，只能有限行使，不然就像今人指责往者损害了西安一样，来者也将指责今人。今人比往者有视野，来者也将比今人有视野，这便需要留下足够的空间让来者行使其权力。假设往者在他们的时代拆毁了西安城墙，今人将是如何的感受？人同斯心，心同斯理。德国慕尼黑通过市民公决的形式确定不在中环以内建造高于100米的楼房，并确定城市中心著名的圣母教堂的塔尖是慕尼黑其他建筑的标准，以保护慕尼黑的风格。这个古都的做法应当对西安有启示。保守利用显然是优于积极利用的，我甚至认为不利用才是最大的利用。二是因势利用。所谓因势利用无非是根据西安城墙的现状而利用，这也是文物保护法则的要求。要防止简单利用和粗蛮利用。西安城墙不是一宗生意，千万不能把它变成销售工艺制品和摆设茶水的商业走廊。有朋自远方来，希望登临城墙而发思古之幽情，其愿望当然可以满足，然而城墙绝不是简单的旅游产品，必须遏制那种在城墙上安设缆车的念头。因势利用显然优于简单利用和粗蛮利用。三是动态利用。效果甚美的仿古入城仪式就是动态利用的典范，瓮城演出也属于一种动态利用。实际上西安城墙还有动态利用的巨大潜力，地域文化专题展览，以节令为主旨的系列活动，都是充满智慧的建议。不能在城墙上搭建有钢铁和塑料的房舍，甚至楔一颗钉子都应该再三斟酌。动态利用显然是优于固态利用的。

保护城墙就是保护西安，而保护作为古都的西安则是保护一种历史，甚至是保护作为文化的中国的柔性实力。

附　记：20世纪90年代，曾经有学者建议在城墙上安设缆车以赚钱，十分反对，遂有此言。这个时代的人想赚钱真是把脑子想坏了，不是，是把灵魂想坏了。这种人即使富甲天下，也是病夫。

西安城墙的西南角

钟 楼

上钟楼一次，是早就计划好了的，恰恰 2011 年 7 月 31 日有雨。晴朗有晴朗的气象，下雨有下雨的氛围，有雨也要上。

穿过钟楼的地下盘道，觅得一个面南的出口，踏其台阶，一步一步升至地面，便见石磴赫然向北伸展，以供人登临钟楼。

西安钟楼有一个变化的过程，当然是随着其城的变化而变化的。

1368 年，就是明太祖洪武元年，明军攻克大都城，元亡明立。然而在关

钟 楼

中的奉元城仍由蒙古人掌控，真是岂有此理！明将徐达遵旨率军横渡黄河，迅速占领奉元城，并在洪武二年三月，1369年暮春，改权力机构奉元路为西安府，于是关中就出现了一个西安城。

明太祖洪武三年，1370年，朱樉被封为秦王，遂启动了对西安城的改造。主要是筑秦王府，并把东城墙和北城墙分别外延，扩展了其城的范围。这样便形成了新的中心：东西大街和南北大街的交汇之处。

西安固有一个钟楼，在今之西大街广济街口的迎祥观里，作于明太祖洪武十七年，1384年。此地是奉元城钟楼的旧址，在唐长安城承天门一带，南对唐长安城的朱雀门，北对唐长安城的玄武门，布局有据，当然是比较合适的。不过一旦西安城改造并扩展，它的位置便显得靠西，有所偏差。钟楼当在西安城新的中心，所以应该纠正，需要东迁。然而干起来，也不容易。

到明神宗万历十年，1582年，陕西巡抚是龚懋贤，其发文征召咸宁和长安二县令，责成他们具体负责钟楼的东迁，选点在四条大街的交汇之处。除基座以外，无改形式。于是钟楼就雄踞西安城之中心，四条大街辐射而去，千路作经，万巷作纬，网络通达，遂往来自由。钟楼竣工，龚巡抚喜悦，便作歌并序，以记东迁之事。有碑嵌于钟楼的西墙之中，读龚巡抚的文章，完全可以读得一种欣然之心。

当年还发生了一件颇有趣味的事。钟楼落成，便把挂在迎祥观里的一口铜钟徙悬于钟楼横梁，以撞之报晨。此铜钟造于唐睿宗景云二年，公元711年，重达6000公斤，一直洪声动地，然而移吊以后，竟撞之无音。空空如也，使人惊悚。无可奈何，便把铜钟取下并送回。此铜钟现藏西安碑林博物馆，似乎并无异常，不过当年确实是敲而不响，从而辄有猜测和推理，以求原因。无果，置之，然而也使它蒙上了一层神秘色彩。

钟楼矗立西安城的中心仅仅62年，明的江山便易主，为清所有了。资料显示，清圣祖康熙三十八年，1699年，对钟楼作了修葺；清高宗乾隆五年，1740年，又对其作了修葺。江山继续易主，从民国到共和国，钟楼还是钟楼，不过其容素有彩绘，因为它实际上已经是西安的一个标志了。

它的基座为正方形，以石为底，由砖所砌，显得又厚实又坚固。四面各有砖券之洞，通透见影，然而不批准不得入之。

钟楼起于基座之上，也是正方形。木套而成，看起来很是轻松。外是三层重檐，斗拱所施，四角攒顶，大展凌云之势。内是二层栋宇，宽敞宏阔，门窗尽朱，藻井悉花，足显豪华之气。

钟楼之巅是一个圆柱，木为心，铜为皮，箔敷以金，阳光灿烂的日子颇为炫耀，下雨的日子遂很是暧昧，朦胧之中有一种通天的玄妙。

钟楼高36米，其中基座高8.6米，顶高5米。它的总体风格是典雅、庄重，

钟楼

威严。

　　我从石梯走到基座上，看到它的西北一隅置架，横梁上挂了一口铁钟。恰恰有父子二人猫腰，共送方柱撞之，撒手以后，笑着而去。这一口铁钟，铸于明宪宗成化二年，1466年，重达6800公斤。我走过去抓住方柱，也想撞它一下，然而转念放手，卒未扰之。几百年的建筑了，难免有砖裂砖残，其所补竟尽抹混凝土，填缝塞洞，无不狼藉。拉电缆，装水阀，并未贴墙贴地以走直，便很毛糙。应该惭愧，因为明人和清人的做工是卯对卯，茬接茬，不留马虎之痕的。

钟楼观钟

我缓缓到了二层，四海之宾，多在此徘徊或照相。回廊也是一个正方形，四面连通，俨然成环。栏杆是木质的，结实平整，足以依偎。投目而望，满城是各种各样的楼，在西北方向250米处是鼓楼，其他都是商业楼和住宅楼，以钟楼为中心，密密麻麻，渐远渐高。凡楼多有空调铁机与胶管，又撑广告牌，遂显杂乱。南大街直而短，虽然雨茫，不过南门的城楼仍脱雾而出，耸然呈其轮廓与线条。北大街并不是最长，其北门的城楼隐隐约约，观之吃力。东门看不到，东大街最长，西门也看不到。不过东大街和西大街国槐成行，雨濯之中，叶青花白，悠然为一种古调。

站在钟楼上会有一种遗世独立之感，或是获得一种超然。久在沼泽跋涉，一瞬处于水皋之间，成了一个观察者，观察跋涉者在跋涉，颇有意思。车流滚滚，驰不得不驰，止不得不止。万千伞盖，迟迟漂移，出转门，入晶户，彷徨歧途，谁不忙碌。我也是一个忙碌的人，然而须臾之闲暇竟会发生顿悟，获得了调整生活的启示。我上钟楼，大约每隔十年一次，共五次了。社会在变，我也在变，不过站在钟楼上看社会，往往可以明心并放心。

钟楼之钟

钟楼在过去用以报时，一旦打仗，也可以据其瞭望、联络，进行指挥。它与四个城楼上的防务力量也能紧密呼应。但愿不打仗，和平的日子能无际无涯。

钟楼

鼓 楼

鼓楼横跨北院门街，于斯往来，不管是人行还是车驰，都要从其洞穿过，空气摩擦，遂嗡嗡作响，并有回音，难免担忧它坍塌。基座东西长52米，南北宽37米，面积1924平方米。砖券其洞，左右6米，上下6米，南一孔，北一孔，居基座之中。

不过我登临鼓楼的时候，其洞已经围以铁栏，不得穿鼓楼而过了。有青石盘道环之，人行北院门街，绕鼓楼而走，禁车驰之，以保畅通。

夕阳残照，颇得我意，也非常适合鼓楼的风格。我遂沿鼓楼顺时针走一圈，逆时针走一圈，徙倚徘徊。偶尔会摸一摸它的红柱或灰砖，不无舒服之感。基座底为石筑，高9米，虽然历经风雨，仍浑然呈壮。

鼓楼起于基座之上，共两层，含基座高34米。属于歇山顶重檐滴水木质结构，外檐的斗拱饰有彩绘。其顶盖以灰琉璃瓦，遂显厚重朴素。鼓楼之总体，若禽展翅，有一种灵性。

两层面阔各为七间，进深均为三间。一层有南北二门可以入其堂，到二层去，当进西门，沿混凝土台阶旋转上而入之。资料显示，这些台阶原为木梯，大约是某次修缮作了如此之改。改为混凝土，改得很荒谬！两层之堂皆大，可以演戏，可以藏兵。适会一层大堂有瓷器展，二层大堂有家具展，男女之宾，尽管巡游，然而兴趣稀薄。其回廊，一层的敞，二层的精。二层高，人遂多在二层的回廊踟蹰眺望。实际上天地之间，茫然一片，不过万千广厦而已。

当然文章总是有的，这要会发现。北顾是北院门街、化觉巷，南瞻是西大街、竹笆市街。我以为足观的是北院门街的两排国槐，树冠相交，遮蔽其道，凭高俯察，不见人面和人背，只见枝叶翠微，有花点染，悠悠而去，是西安城

鼓楼之夜

难得的两行诗。

忽然有谁喊我，循声看过去，巧，竟是我的学生带着她的两个美国朋友。

学生问："可以请教一些问题吗？不付费的。"我说："完全可以。"学生便问："鼓楼是哪年修建的？"我说："明太祖洪武十三年，1380年。奠基的时候还下雨，小雨，微雨，秋雨，这让人喜悦。主持修建工作的是长兴侯耿炳文、左长史文原吉、右长史汤诚之、陕西布政司左布政王廉、西安知府王宗周。因为此举，他们的名字将世世代代传播啊！"学生又问："几百年下来，鼓楼一直这样完整吗？不会吧？"我说："当然不会。鼓楼曾经有数次修缮。一次是明英宗正统五年，1440年，一次是清圣祖康熙三十八年，1699年，一次是清高宗乾隆五年，1740年。日本人的飞机炸断过它的一根横梁，所以1952年，西安市人民政府也修缮了一次，并使之复原。有意思的是，乾隆五年修缮鼓楼以后，皇帝为其题额曰文武盛地，此扁现悬第三檐之下，南边。当时由咸宁县文士李久宽作了复制，此文士忽发灵感，又书匾曰：声闻于天，也悬在第三檐之下，北边。"学生大呼看到了，看到了，并翻译给美国朋友。受其感染，他们也很惊叹。学生问："那么，鼓楼的用途呢？"我说："所谓晨钟暮鼓，就是指击钟报晨，击鼓报暮。古人以击鼓分其夜，夜有五更，遂要击鼓五次以示五更。"学生大呼："神奇！"我说："鼓楼还有一个用途：防务！"学生讶异着，对美国朋友作了翻译，可惜他们困惑地摇了摇头，表示不懂，学生似乎也不懂。

鼓楼

以我的体会，上鼓楼固然好，不过在附近一个咖啡屋坐着，一边喝咖啡，一边欣赏鼓楼，也许更好。世界上有一些事情，真是动身不如注目。

鼓楼有二碑，一由秦简王朱诚泳撰文，一由陕西巡抚张楷撰文，值得一读。其碑嵌于墙，读之必赴鼓楼。

鼓　楼

西京招待所

很好，我在一个有趣的时刻考察了西京招待所：陕西省人民政府外事办公室使用多年以后，正从这里搬离。

此招待所初建尚仁路。中华民国十六年，1927年，西安市成立，萧振瀛任市长，筑尚仁路及其以东的尚俭路、尚勤路，以西的尚德路，大约有弘扬中华传统文化的意思。中华民国三十四年，1945年，陆翰芹任市长，改尚仁路为中正路，是纪念抗日战争胜利，表达对蒋介石的敬意。1949年贾拓夫为市长，改中正路为解放路，强调的是国民党退出舞台，共产党执政了。我是一个人文主义知识分子，希望自己的阐释不失其度。解放路、中正路、尚仁路，显然是一条路。实固而名易，是时代意志的反映，也是有中国特色的政治游戏。人类多如斯，没有什么奇怪的。

20世纪30年代的西京招待所

招待所虽然属于解放路，但它却背靠西北，面向东南，是略有倾斜的。西安的建筑追求的是正南正北，以示规矩，此招待所有意旋转，便产生一种动态和灵性，并从千篇一律的模式之中脱颖而出，摇曳着自己的独特。

现在的门口，东侧有房，小小的一个屋子，为传达室。过去的门口，东是警卫室，西是传达室，其房对称，屋子要大。现在的院子，简单、平易，虽然青藤爬墙，但它却难抑一种寂寞和衰败。过去的院子是一个花园，镂砖砌墙，把它包围起来，其中央，水池有波，立石为山，又宽敞又幽雅，自有设计的艺术。不知道是谁指示夷平了花园，也不知道花园有何妨碍，更不知道院子东半圈和西半圈两个月牙形的花坛是如何得以保存下来的。日晒雨淋，石色已经淡化发掮，但却蕴含了一些味道深长的老气，足以让人想象。现在的前庭，有一片铺着鸡血色的地板砖，鲜艳、漂亮，难免有滑脚之感，我推测21世纪的某年，进行了一次修缮，遂用了颇为流行的如此材料。过去的前庭当是一通的水磨石，它与张学良公馆和杨虎城公馆前庭的水磨石应该相似，它与高桂滋公馆前庭的水磨石也应该相似，因为这些建筑基本上都是一个时期的。水磨石厚重，地板砖尽管灿然发明，但它却闪烁着一些轻浮。现在的大堂和房间皆铺复合木地板，有的皮裂且翘，但它过去却铺马来西亚木地板，一定很是气派。房间悉装木窗，现在的插销多是铁制的，粗糙卑陋；不过也有几个是过去留下的，属于铜制，光滑精巧，摸着颇为坚固。穿过大堂，见红门两扇，锁着，推而成缝，窥之遂见一个圆形八角大厅，其八根红色木柱对称而立，造成一种既高贵又优逸的氛围，尤其那几个木窗之外的铜窗，尽露20世纪30年代工业文明的情调。不但有中国人，也有美国人和欧洲人，曾经在此吃西餐、跳舞，或举行聚会，一度成为时髦。沿着拐弯楼梯，可以上二楼并三楼，遗憾二楼有红门关闭，不能登之，遂喟然返回。红色的扶手微微偏扁，木质当然有木质的亲和，让肌肤舒服。房间的红门锁的多，不锁的少，能入内的房间已经虚无一物，甚至连一片废纸也没有，腾得真细。然而我还是发现有一双女鞋弃在一个房间，不知道其人搬离的时候为何不带上它呢？足是人体一个羞涩的部位，女鞋是护卫它的，所以女鞋自有它的价值。前庭与大堂之间有过道，墙上的镜框里，张贴着保密原则。外事工作涉及外交政策，当然是要保密的，从而连一片废纸也没有，除了女鞋。

站在院子仰观此招待所，见其主楼为三层，居中，副楼均为二层，居两翼。联袂而成，三部一统，看起来像一架飞机凌空落地。它的建筑面积也不过三百余平方米，房间46个，其中两床房间12个，专设浴室和卫生间。此为民国时期西安第一家高级旅馆、第一家高级酒店，权贵出入，商贾聚散，绅士和淑女翩然来往。这里置有理发室和洗衣房，以提供服务，也有小汽车恭候，还可以收发电报。可惜挪用为办公室，便拆除了原配的警卫室和传达室，并改造了房间。外事办公室当然也需要传达室,遂在东侧盖了小小的一个屋子,有老头把脸贴在塑钢窗玻璃上张望。2012年8月2日下午3点55分的阳光直射屋顶,美国生产的淡红色凹楞铁皮经过跨世纪的雨雪霜露浸润之后,已经大为颓废,尤其外事办公室的搬离给此招待所增加了孤独。好在青藤爬墙,它们尖状的绿叶重叠交叉,保持着一种生机。

1923年,黄浦江沿岸出现了一家上海储蓄银行旅行部,从代理几个外国轮船公司的客票,发展到代售中国铁路客票。1927年,上海银行融资给它,遂成立了中国旅行社,归属上海银行。到1933年,上海银行在西安开办分行,其所辖的中国旅行社也便进入西安开展业务。这里有一个背景,当时国民政府行开发西北之事,西安也处于陪都的筹划过程。1934年春天,中国旅行社在尚仁路西侧购地11亩,填土奠基,造招待所。陇海铁路已经延伸到西安了,尚仁路的北端为火车站,在此建招待所当然图其方便。时任陕西省政府主席的邵力子,知道其情,支持其功。打穿尚仁路与火车站之间的城墙,筑中正门,门外门里皆是广场。1935年1月1日,陇海铁路长安火车站,今之西安火车站,举行了通车典礼。一声汽笛,它便点火营运了。这促使招待所加快施工,所需的装修材料,扶手啦,铜窗啦,水暖器械啦,洗漱设备啦,甚至木质家具啦,都采购于上海,运输而来。覆盖屋顶的美国凹楞铁皮,当然也是从上海运输而来的。到1935年11月16日,西京招待所正式营业。尽管位于西安的尚仁路,不过显然,其产权为中国旅行社所有,或为它的上级单位上海银行所有。然而究竟谁是主呢?一切都是变迁的。

1936年12月4日,蒋介石率国民政府要员和部队高官自洛阳到西安来,为消灭共产党和追剿红军进行部署。不知道是谁安排蒋委员长住临潼的,差一点毙命了。美国女记者史沫特莱本居华清池五间厅的5号房间,因为蒋委员长下榻于斯,遂搬到西京招待所住了。随蒋而来的三十余要员和高官已经订了此招待所,她与他们便共住在这里,真是难得的巧合。

时任国民党17路军总指挥和西安绥靖公署主任的杨虎城,不赞同蒋的政策,主张中国人当共同抗日。他也忧虑蒋介石的西安之行,包藏着他不攻击红军就遭整编的结果。1930年,杨虎城开始主持陕西工作之际,便告诫自己的亲信,蒋介石并不信任他们,只是由于还没有合适的人,才把权力交给了他们。这次蒋得意而来,更加深了他的忧虑。

张学良是所谓的国民党西北剿匪副总司令,受蒋之命,1935年冬天率东北军从长江中游移师西北。他迫切希望率士兵杀寇,以卸掉不抵抗将军之帽。他的士兵无不希望打回老家去。他还曾经在洛阳苦劝蒋放弃所推行的政策:攘外必先安内。他强烈表示东北军宁愿战死在抗日前线上,也不愿以打中国人而活着。对此,蒋斥责他无知,当然拒绝了。

西京招待所

张杨都希望立即抗日，这是他们结盟捉蒋逼其改变固有政策的思想基础，不过张杨对蒋的态度还有微妙的差别。张怨中带怒，怨多恨少。杨恨中隐反，怨少恨多。他们都是遵照蒋介石的指示对付共产党及其红军的，然而他们都对共产党及其红军比较亲和。他们与共产党所领导的红军都达成有互不侵犯之协议，并同意给红军以方便，目的是一致抗日。他们有可能不知道彼此与共产党都保持着联系，或心照不宣。对共产党的交往，杨比张深。对蒋介石的感情，张比杨真。捉蒋的打算，杨先张后，是杨向张提出来的。资料显示，1936年11月7日，张自洛阳见蒋苦劝不果，返回西安，满脸的沮丧，杨提出可以行挟天子以令诸侯之事，把蒋扣起来。

　　蒋至西安，宿华清池。张杨分头见之，皆陈停止内战的必要，倾诉联合抗日的情理。蒋不但无动于衷，反而强调，不消灭红军，东北军调福建，17路军调安徽。于是西安事变就发生了。张杨商量决定，张负责抓蒋，杨负责在西安城的行动，包括其一，囚禁住在西京招待所的要员和高官；其二，解除国民党中央军、宪兵、警察和特务的武装；其三，包围西安飞机场的50架战斗机，以阻其升空。

　　西京招待所当时的安排颇有秩序。一楼东侧南向：103室，剿匪总部招待室。105室，许师慎。107室，陈继成夫妇。109室，陈继成随员。111室，蒋作宾。113室，邵元冲。一楼东侧北向：115室，李基鸿。117室，蒋作宾随员。119室，王新衡。121室，Esse Immamn。123室，王芃生。一楼西侧南向：104室，毛

西京招待所庭院

家骞。106室，卫立煌随员。108室，郭卫。110室，缪澂流。112室，卫立煌。114室，陈诚。一楼西侧北向：116室，陈诚随员。118室，陈诚随员。120室，张学文。122室，张淮南。124室，蒋百里。二楼东侧南向：203室，施爱义。205室，鲍文樾。207室，蒋鼎文。209室，胡若愚。211室，万耀煌夫妇。213室，于学忠。二楼东侧北向：215室，蒋鼎文随员。217室，张衡若。219室，于学忠随员。221室，蒋鼎文随员。223室，胡若愚随员。二楼西侧南向：202室，曹伯英。204室，朱绍良随员。206室，蒋光堂。208室，朱绍良。210室，张冲。212室，马占山。214室，陈调元。二楼西侧北向：216室，陈调元随员。218室，马占山随员。220室，马占山随员。222室，张沅恒、聂庆璋。224室，朱绍良随员。三楼：301室，Enese。

这份名单由住105室的许师慎提供。他是国民政府国史馆秘书，经历了西安事变。1937年他随团祭拜黄帝陵，又至西安，把此名单交给了西京招待所经理周天承。我忍耐其烦，一一展示房间号和所居之人，无非是此名单还有一些国民政府的信息，如此而已。

杨虎城一声令下，士兵便冲进去一网打尽，除了那天晚上有事不宿于此招待所的。要员和高官都在餐厅里囚禁着，一经清点，未见陈诚，便立即搜查，终于在餐厅背面的洗盆室发现了他。有意思的是，卫立煌躺在了其妻所居房间的衣柜里。不幸的是，猝闻枪响，邵元冲越窗以逃，竟中弹倒地，送医院救治，无效而亡。此先生任国民党党史编纂委员会主任，肚子一定装有很多故事，可惜他都带走了。

西安事变，天下哗然，尤其西方不知道真相遂胡猜，议论纷纷。幸而有史沫特莱住此招待所，她携操英语的人以英语播报了消息，才扑灭了关于中国的谣言。住203室的施爱义，应该就是史沫特莱，因为她是许师慎惟一注明的美国女记者。

之后国民党和共产党便合作抗日。

之后西京招待所继续营业。抗日战争全面展开的时候，美国有航空兵援助中国，当此之际，他们便住此招待所。长江流域有的地方沦陷了，其资本家不得不到西安来避难，也住此招待所。房间供不应求，似乎有鼎沸之势。日本投降，内战爆发，此招待所仍在营业。

1949年5月，共产党接管西安并迅速执政，此招待所的领导一时茫然，甚至惊慌，遂暂作歇业。贺龙和彭德怀先后巡视并给其鼓励，才又渐渐恢复了营业。1950年西北军政委员会举行会议，西京招待所便负责接待工作。达赖和班禅往北京去经西安，也尝居此。1952年苏联有专家在西安援助建设，也就住此招待所。西安人民大厦建成，他们才退此房间。

1952年，上海银行并入了公私合营的金融机构，中国旅行社便丧失了上级单位，彷徨且惶惶。到1954年，中国旅行社黯然停业，西京招待所遂随之停业。经估量，共和国政府以30万元购得了此建筑，更名西安招待所，成为西安市人民政府的一个事业单位。它还有接待任务，不过几经调整，终于演化为陕西省的外事办公之地。

陕西省的外事部门，曾经多有变化：1968年9月至1970年6月，陕西省革命委员会办事组外事组。1970年6月至1974年1月，陕西省革命委员会外事组。1974年1月至1978年11月，陕西省革命委员会外事办公室。1978年11月至2012年8月或n月，陕西省人民政府外事办公室。其皆在解放路272号，过去的西京招待所处理政务。现在，这个机构正在搬离，此地空空荡荡，惟白云悠悠。

在院子盘桓着，看一看它的主楼，再看一看它东侧的副楼和西侧的副楼，暗示自己静一静，这时候我仿佛听到了它的呼吸。忽然我产生了一个强烈的愿望，盼能把此招待所作为文物保护起来，因为它不仅是西安城演化的见证者，而且是社会演化的见证者。实际上它就是历史。

北院门

北院门159号是一个幽深的庭院，几个世纪以来，它一直都作衙门，或是官员办公之所。

现在它驻西安市莲湖区权力机构五个。中国共产党西安市莲湖区委员会、西安市莲湖区人民政府、西安市莲湖区人民代表大会常务委员会、中国人民政治协商会议西安市莲湖区委员会、中国共产党西安市莲湖区纪律检查委员会，皆在这里。

2011年3月1日之前，西安市人民政府据此办公。第一任市长贾拓夫1949年5月25日开始于斯掌权，最后一位在这里履职的市长是陈宝根。2011年2月28日，陈市长率其官员咸迁西安市未央区凤城八路。

1949年5月20日西安市人民政府成立，以前这里为中华民国西安市政府所有，由市长王友直指挥的西安市民众自卫总队在此，西安市军警宪特联合汇报秘书处在此，西安绥靖公署交通处在此。陕西省卫生处和陕西省卫生材料厂，也在这一带。

1933年至1936年，邵力子任陕西省政府主席，在此办公。1918年至1925年，刘镇华为陕西督军，在此办公。1914年至1917年，陆建章受袁世凯重用，长陕西，在此办公。1912年至1914年，这里为陕西都督府，都督张凤翙于斯办公。1911年至1912年，中华民国秦军政分府驻于斯，大都督张凤翙在此办公。

1911年的辛亥革命以前，因为慈禧太后携清德宗光绪皇帝一度居这里，遂成了行宫，猝然变得神圣起来。慈禧返北京，这里一直受到保护，有供奉的意思，陕西当局竟不敢用。实际上慈禧一伙之赴西安，是清政府的流亡，甚至是逃难。

北院门

这种结果，是由于清政府的决策出了问题。当时危机四伏，大厦摇晃，清政府有人企图利用一下义和团的力量维护其统治。

义和团属于群众组织，成分复杂，暴民颇多。其起源于大刀会或白莲教，主要活动于华北地区，尤以山东与河北为盛。它以扶清灭洋为宗旨，到处焚教堂，杀外国传教士，也杀中国的基督徒。

清政府本有新派与旧派之争。新派以光绪皇帝为中心，以康有为和梁启超为策划，也是骨干分子。旧派以慈禧为头子，她欲把义和团作工具，既对付新派，又对付外国侵略集团。大臣载漪让慈禧相信义和团是清帝国之福，遂命刑部尚书赵舒翘引义和团进北京。

数万义团群众在北京毁铁路，断电线，凡中国人藏洋书和学洋教的，老少皆杀，也杀外国使节，倾泻对侵略集团之憎恨。慈禧窃喜，自大而狂，竟在1900年5月25日以光绪皇帝之名，下诏向列强宣战。德国、奥国、美国、法国、英国、意大利、俄罗斯、日本，组成八国联军，在1900年8月4日兵发天津，到8月14日便攻陷北京。不料如此，8月15日，慈禧携光绪皇帝及其亲信乘几辆骡车出北京，避难而去，至10月26日抵西安。陕西巡抚端方早就把陕西巡抚部院署装修一番，迎驾于斯。然而慈禧嫌其不敷，遂改居陕西总都部院署，就是所谓的北院。

慈禧到西安来仍要享受，在北院，仅仅膳房便分荤局、素局、菜局、饭局、粥局、酪局、茶局、点心局，各有太监负责。冬有六头乳牛献其喝鲜奶，夏取太白冰雪以制杨梅之汤，做寿辰便调南方绫罗绸缎为她缝衣。虽然意识到自己蒙尘于外，不过照旧卖官鬻爵。浙江施某欲捐道员之职，由李莲英操办，慈禧认为道员之职可以擢两司，价不能少于万金。此贼何等之邪，又何等之毒，又何等之贪，完全是国家之祸！

一旦行宫设西安，西安便为中国的政治中心。海内进贡，纷纷相拥，于是北院门就出现了种种银号，并有店铺应运而生，以售稀物。

清政府以奕劻和李鸿章为全权大臣，应付八国联军的勒索。他们提出了一个名单，要求惩罚。慈禧怕列强制裁她，便一再让利讨好，为八国联军处死官员多位。尤其可恶的是，清政府以列强之意，把刑部尚书赵舒翘列为祸首之一，指示："斩立决。"赵舒翘是陕西长安人，随慈禧而动，当时就在西安，消息出行宫，绅民统统不服。初有数百人在军机处为赵舒翘请命，接着有数万人聚北院门示威，军机处见势汹汹，请示慈禧，慈禧便下诏赐死。不过赵舒翘到底是如何而死，卒为悬案。

八国联军觉得要求满足了，便在1901年9月7日签订了一个条约，清政府也盖了印。列强撤兵，慈禧估计北京已经安全，便决定回归紫金城。陕西当局令西安人悬灯屈身送驾，北院门热闹之极。10月6日慈禧太后携光绪皇帝及其文武大臣昂然出行宫，毫无羞耻之色。特别可憎的是，足有3000辆马车随其而驰，御内所进贡和爪牙为主子所搜刮的金银珍宝，尽装马车之上。

清德宗光绪二十六年，1900年，在此以前，这里驻陕西总督部院署。由陕西巡抚叶伯英主持，在清德宗光绪十四年，1888年，实行南院和北院的对调，就是把陕西总督部院署从南院移北院，把陕西巡抚部院署从北院移南院。

清德宗光绪十四年，1888年，在此以前，陕西巡抚部院署一直在此办公。一旦清取代明，清的权力机构便堂皇而用明的办公之所。清圣祖康熙二十四年，1685年，陕西巡抚鄂恺尝对这里的建筑作了增修。

清沿明制，以总督为地方最高长官，驻总督部院署。陕西总督部院署在清世祖顺治元年，1644年，驻固原镇，又徙驻汉中，至清圣祖康熙初年整合为山陕总督，辖陕西，兼辖山西，又移驻西安。其位于明朝留下的正学书院一带，在陕西巡抚部院署以南，为南院，门外就是南院门。反之，陕西巡抚部院署在陕西总督部院署以北，为北院，门外就是北院门。总督以时而易，也多有调动，不过在西安久有总督行台。巡抚可以迁南院，总督可以迁北院，然而南院还是南院，北院还是北院，出出进进的都是官员。

清世祖顺治元年，1644年，在此以前，这里驻明政府的陕西巡抚部院署。明宣宗宣德七年，1432年，动土营造，巡抚部院署的建筑初具规模。明世宗嘉靖二十一年，1542年，陕西巡抚赵廷瑞再动上增其旧制，使巡抚部院署的建筑巍然扩张。他还引通济渠入西垣，出东垣，严峻的衙门就吹拂了园林之风。

有明一代，北院门东边，设布政使司署，北院门西边，置按察司署，清

北院门

一代便尽沿用之。明的布司理问所廨、布司经历司廨、布司照磨所廨、库大使廨，也尽为清所沿用。凡此权力机构，皆列北院门，在今之西华门大街南侧。

岁月是残酷的，它把种种应该湮没的都湮没了。明的文化遗产，我在北院门看到的只有鼓楼、高岳崧故居，就是所谓的高家大院，还有今之西安回民中学门前的一棵国槐，其干倾斜，根部之皮剥落，十分苍劲。

在明建西安城以前，穿越元，穿越宋，穿越五代十国，穿越韩建所缩建的长安城，北院门一带属于唐的尚书省，仍是衙门。那时候这里就有鼓楼，当然是唐长安城的鼓楼。在尚书省上班的大臣颇多，有进有出，熙熙攘攘。鼓在楼悬，按规定，鼓响而作，鼓鸣而息，他们是不敢马虎的。李贺闻鼓有感，吟诗曰："晓声隆隆催转日，暮声隆隆呼月出。"

北院还是北院，坐落在西华门大街上，南面而盘，直视鼓楼，现在为西安市莲湖区五个权力机构所用。然而一切都是变化的，如此格局恰恰是变化的产物。西华门大街的南侧，左有陕西省中医医院，又有社会北路，右为民宅，通大皮院、西羊市、化觉巷。在明，在清，这里应该都属于北院门的范围。不过认为北院门仅仅是北院与鼓楼之间的一条街、一条巷、一条道、一条路，我觉得也可以。

此街，此巷，此道，此路，在西安独一无二。它铺以大块青石，冬发寒光，夏生清凉，这也罢了。在这里可以轻松地抬趾移步，没有一辆汽车往来，身心安全，这也罢了。它的两边悉为仿古屋舍，高低错落，窗皆成格，门有水准，这也罢了。它的奇特在于饮食甚繁，几乎都是回族人的经营，炉红望得见，勺响听得见，菜香闻得见，千般吸引，万般招徕，天下之徒，客不分海内与境外，只要到北院门来，不吃一种两种或三种，真的无法向自己交待。此地也是西安从20世纪80年代开始，一直通宵经营饮食之所。在过去的漫漫之日，其他餐馆都打烊了，凡夜班工、舞女、赌徒、出租车司机、恋爱中的男女、单身汉、梦游者、写作者，会从四面八方云聚于斯，享受了砂锅、炒米、煮馍、烤肉、烩丸子、拉条子，解馋擦嘴，满足而去。除了饮食，当然也卖西部特产，凡红枣、花生、核桃、瓜子、葡萄干、果脯，要什么货，供什么货。玉器、古玩、文房四宝，也各有一家。国槐两行，不过都算孙子，祖父在西安回民中学门前，那一棵国槐确实够老了。

孙清云任西安市人民政府市长的时候，我曾经往北院门159号去。2004年春天，中国南京世界历史文化名城大会设其论坛，乔征先生、肖云儒先生和我，代表西安出席大会，并各上一个论坛。孙清云市长要接见一下，以壮南京之行，遂能进政府驻室。庭院幽深，可惜当注意风度，目不可以两边放任流盼，所以也未看到什么。有印象的是，一棵或两棵古木，在栋宇之间尽竞其绿。

书院门

书院门实际上是一条街，或一条路，其东起安居巷南口，西以永宁门里环岛为界，长大约三百余米，西安人都熟悉的。它的大致方位是，进永宁门东行，或从三学街西行，皆可以至也。

书院指关中书院，现在为西安文理学院所用。由于有学生，门看得极紧，不得轻易而入。

冯从吾是陕西长安人，生于士大夫之家，受父亲影响，以儒学为立身之本。

明神宗万历十七年，1589年，他进士及第，赴北京任职，由庶吉士授御史，负责纠察治安一类的工作。给士中胡汝宁不法，虽然有皇帝偏袒，冯从吾也坚持按规矩办，皇帝不得不罢胡汝宁之官。

在明朝履职几年，他便发现了天子的毛病。冯从吾上疏批评明神宗，认为皇帝不祭上帝诸神，不参加朝会，不处理奏章，尤其是罔顾南北安全。他揭露皇帝以身体违和纯属掩饰。他说："陛下每夕必饮，每饮必醉，每醉必怒。"他凛然对皇帝提出建议："愿陛下勿以天变为不足畏，勿以人言为不足恤，勿以目前晏安为可恃，勿以将来危乱为可忽，宗社幸甚！"明神宗顿恼，要施以廷杖之刑，恰逢仁圣太后寿辰纪念活动，大臣也纷纷劝解，冯从吾才得免刑。然而还是冒犯了皇帝，遂以病还乡。此事在明神宗万历二十年，1592年。

士大夫之志是难移的。不能辅政，便通过讲学以启民智，改良世风。此乃冯从吾的计划。

进永宁门可以看到一座塔，为五色塔。这里曾经是隋文帝时的宝庆寺，唐取代了隋，但香火却在延续，所以唐文宗时起了五色塔。庙已经废，不过五色塔得以存，真是幸甚，幸甚。五色塔砖多残破，然而侧耳倾听，风铃犹响，颇为玄妙。

书院门

当年冯从吾便在五色塔一带招徒讲学。结盟讲学的还有萧辉之、周淑远，都是西安的鸿儒。为学识风范所召，四方才俊云集，甚为鼎盛。至明神宗万历三十七年，1609年，任布政使的汪可受、按察使的李天麟，参政熊应占和闵洪学、副使陈宁和段猷显，便商量决定，在宝庆寺以东的小悉园筑馆建舍，遂有讲堂六楹，题匾曰允执堂，取允执厥中之意，成立了关中书院，请冯从吾主持。明神宗万历四十年，1612年，汪道亨任布政使，在此增修一座斯道中天阁，立孔子像，以祀之。当时的学生，除陕西的以外，还有河南的，甘肃的，四川和河北的，足见影响之深远。

书院门

冯从吾虽然还有几次应诏赴北京为官,不过仕途坎坷,皆很短暂。一生之中,他共有二十余年致力于讲学。他要求学生:"无驰于功利,无溺于词章,无夺于毁誉。"他说:"学者须是有一介不苟的节操,才得有万仞壁立的气象。"他所录的一副广为流传的对联是:"做个好人,心正身安魂梦稳;行些善事,天知地鉴鬼神钦。"

明熹宗天启六年,1626年,乔应甲任陕西巡抚,其为了向魏忠贤谄媚邀功,竟毁书院,弃孔子像于城隅。冯从吾不胜悲愤,吁嗟而坐二百日不寝,饮恨而疾,明年便死。1556年至1627年,72岁。

正直,明智,为真理,为国家,敢于发声,冯从吾乃古者之雄士,古者之贞士。长安文化多育此等人,可惜今之士弱,越来越弱,士诈,不得不诈,唯唯诺诺,求利而来,求利而往,悲夫。

关中书院在清得到恢复,尤在清圣祖康熙时发展颇大。贾复汉任陕西巡抚,便令西安知府叶承桃和咸宁知县黄家鼎增而修之,并封西门,开南门,立石牌坊,题额曰关中书院。鄂善任陕西总督,邀李颙为书院主持。其一旦登场,进士举贡,德绅名贤,文学之子,便蜂拥而至,环坛而聚,闻道洗心。有一度书院为督学使署,教育官员于斯办公,凡20年。不过终于再为关中书院,还把正学书院的师资并入,扩充了它的规模。

清世宗雍正时,政府有1000两银子拨给书院。乾隆皇帝一向附庸风雅,也尝给书院题额曰秦川浴德。正是在乾隆执政时,毕沅任陕西总督,他不但增修了书院,而且为振兴书院,从江宁请来进士戴祖启当主持,选陕西一批才俊学习于斯。几年以后,他们参加各类考试,出类之人过半。

书院随时代变迁,这也非常正常。清仁宗嘉庆至清宣宗道光之间,书院还有维护,然而清文宗咸丰以后,清穆宗同治初,书院式微,几近关闭。到清穆宗同治十二年,1873年,陕西布政使谭钟麟举一方之力,再助书院,提出了一套方针:重躬行,讲经义,稽史事,通时务,严课程。清德宗光绪时,陕西巡抚冯誉骥在书院设志学斋,择优入之。几年以后,陕西布政使曾龢和陕西按察使黄彭又联合营造栋宇,广购图书。为教育顺应世界潮流,清德宗光绪二十九年,1903年,陕西巡抚升允改关中书院为陕西第一师范学堂。其设优级,培养中学师资,设初级,培养小学师资。课程以中学为主,西学为辅,注重封建道德之培养。这显然是垂死挣扎。

中华民国元年,1912年,设在关中书院的陕西第一师范学堂改为陕西省第一师范学校,民国二十三年,1934年,又改之为陕西省立西安师范学校。显然都是培养师资的,然而三民主义思想进来了。

中华人民共和国成立,关中书院仍有其用。1949年,于斯设陕甘宁边区师范学校,旋改其为陕西省技艺师范学校,开始加入马克思主义和毛泽东思想。

书院门

关中书院

关中书院

根据形势需要，1963年奉命撤销，关中书院遂空空荡荡。1985年设陕西省西安师范学校，为中学培养师资。2006年改之为西安文理学院。

虽然是西安文理学院，不过石碑坊仍在，题额曰关中书院，左刻：尚德，右刻：崇文。沿甬道向北，进红门，豁然出现深深庭院。甬道尽头是允执堂，两边各有一亭，并有自由生长的国槐、皂荚树，皆显数百年之老。允执堂实为西安文理学院的图书馆，其砖木结构，明柱飞檐，颇有雅意。它的前边，左有四国槐，右有四国槐，皮粗干空，也有数百年之老吧！仰望其冠，仿佛在仰望一种精神，甚至像是为冯从吾招魂。

在甬道西边，有一黑板，公布学生违纪之事。我诧异地看到了一行字。学生：王宝宝。班级：六·二。违纪情况：泡妞。我照了一张相，窃以为即使这是恶作剧，开玩笑，也反映了一种意识和趣味。

出关中书院就是书院门了。东走可以游安居巷、三学街、西安碑林博物馆、长安学巷、府城学巷、咸宁学巷、柏树林、文昌门。西走可以出永宁门，进南大街，游湘子庙街。

书院门在1966年遭遇革命，改之为健康街，不过1972年便恢复为书院门了。它路短街窄，两边的仿古屋舍相逼，凡铺子必有生意，甚至巷道中央也置货架，密密麻麻，若一片彩云。阳光难得，空气盼流。好在这里多售笔、墨、纸、砚，字帖尽有，拓片可得而藏，玉器反光，书画生辉，印章之篆技艺超强。文化就是阳光，就是空气，然而书院门如果更开阔，更敞朗，西安不就更大气吗？北院门111号是民宅，门小院深，众家蜗居，遂昼晦夜幽。其以不足五尺之径相通，局促之至。北院门105号也是民宅，其径斜且弯，聊以踏之登堂入室。铺以大块青石，不过流动的钱比人快。

若有改造的机会，那么我希望书院门要变得大气，尤其这里当有国学的余芳！

书院门

端履门

北行，走到柏树林的尽头，就是端履门了。它是街，是路，不过两边的建筑也当包括在端履门之内。以街以路论，沿其北行，10分钟左右便能走到东大街，在此它也就截止了。立足北望，目穿南新街，可见新城广场，巍峨的陕西省人民政府办公楼茫然泛黄。

唐长安城经韩建的缩筑，谓之新城。历五代十国、宋、元，共四百余年之后，朱元璋享有天下，封第二子朱樉为秦王，在西安城东北营造了明秦王府。其设四门：东体仁门、西遵义门、南端礼门、北广智门。

端礼门在萧墙上，灵星门在外墙上，彼此相对。南为正，凡西安府官员或缙绅处士要见秦王，都进灵星门，再进端礼门。端礼门旁设朝贺堂，他们在此传讯恭候，并扶帽整衣，以示举止检点。

近乎三百年以后，满族人统治天下，其仍用西安城。他们在明秦王府的基础上拓筑满城，以显其贵。资料有证，拓筑满城发生于清世祖顺治六年，1649年。当时尽推明秦王府栋宇，不留一物。满族人居于斯，自成体统，怡然为高。这里还是八旗练兵教场，所以满城也谓之八旗驻防城。满城比较怪，开了五个门，而且改明秦王府端礼门为端履门。由于满城是拓筑，便把端履门南移至明秦王府外墙上的灵星门一带。西安府的权贵见满族人的首领，要进端履门，必须正帽顺衣，鞋也当穿好，以示敬重。

中华民国成立，张凤翙长陕西，推倒了满城，也推倒了端履门。不过街仍在，路仍在，交通更畅，这一片也仍为端履门。

端履门东有一家西安慈爱妇产医院、一家卧龙大厦。端履门西有新华书店、瑞晶商务酒店，其余多是住宅楼，一层往往为店铺，无非经营餐饮、电器、鲜花、超市之百货，生意都小，糊口而已。有的地方正在拆迁，工人又砸又钻，上下皆响，远近有声。有的地方正在盖什么大厦，塔吊不可一世地作弧形旋转与升降。车窜人躲，在端履门惟一有风度的是两排国槐。

端履门

蓝武道

蓝武道就是蓝关至武关之道，其穿秦岭，每每崖悬谷深，缘溪而行，是十分的险峻。

中国人是何时打开此道的，颇为难考，不过在战国时代，秦楚之交通就已经赖此。

从汉长安往大陆东南去，从唐长安往湖广去，赴今之湖北、湖南、广西、广东、贵州，以至海南，都要走此道。大陆东南和岭南一带之人到唐长安来求官、赶考、经商，也都要走此道。

宋以降，此道仍在行。明世宗嘉靖年间，郗元洪任陕西巡抚，曾经主持过西安府至商州道的整修。清高宗乾隆十年，1745年，由陕西巡抚陈宏谋领导，凿壁堙沟，拓宽蓝田七盘坡至商州胭脂关道。中华民国年间的长坪公路、今之312国道，西沪高速公路，难免截弯取直，然而其基本脉络还是蓝武道。

蓝关多有移动，实际上它就是蓝田关、峣关、牧护关，在今之陕西蓝田东南。武关是秦国的南门，其在春秋时代为少习关，处今之陕西丹凤武关河的北岸，东望河南之南阳。1992年，我独旅武关，初作考察，2002年，我带中央电视台的一个摄制组赴武关取景，再作考察。武关自雄，不过独旅的印象比群跋的印象味厚，吾好独旅。

蓝武道也就是武关道。所谓秦楚三关道、商山道，也都是蓝武道。清人毛凤枝尝对蓝武道有研究，其指出："由蓝田县东南行15里七盘坡，又20里北渠铺，又20里蓝桥铺，又20里新居铺，又20里牧护关，又20里郭家店，又30里太商原，又10里泥谷店，又30里麻涧铺，又20里梁家原，又20里商州城，又东180里至武关。"由鄂豫出商州至长安，穿秦岭，走的就是武关道。

秦楚相争，多由蓝武道发生。秦惠王拜张仪为相国，出使楚，提出楚齐绝交，秦楚结盟，秦将割商於600里土地给楚。楚怀王信以为真，便断齐，派逢侯丑往咸阳去接收秦的土地。但张仪却说："臣有奉邑六里，愿以献大王左右。"秦明目张胆地耍弄了楚。秦昭襄王八年，公元前299年，秦昭襄王致楚怀王信曰："寡人与楚接境壤界，故为婚姻，所以相亲久矣，而今秦楚不欢，则无以令诸侯。寡人愿与君王会武关，面相约，结盟而去，寡人之愿也。敢以闻下执事。"楚怀王犹豫再三，还是决定赴武关会晤秦昭襄王。武关早就埋伏了秦兵，一旦楚怀王现身，便抓而送之咸阳。秦要割楚的土地，楚怀王不给，不给遂拘留他。几年之后，楚怀王积怨逝世。秦诡取不成，就发兵夺取楚的土地。终于由王翦灭了楚，时在秦王政二十四年，公元前223年。

刘邦反秦，率起义部队破武关，再破蓝关，至灞上，抵达咸阳，再返灞上。唐末，唐军不敌朱温，便据守蓝桥一带。明太祖洪武二年，1369年，明将徐达率兵占领奉元城，元的游勇便弃城逃至七盘坡负隅顽抗。清初，李自成见清军过潼关，遂辞西安，向蓝关，出武关，失利武昌，奔九宫山，到底匿踪，悲壮而死。蓝武关显然素为用兵之地。

唐为盛世，不仅仅长安成了富贵之乡，而且也在乎江南和岭南的开发，尤其是四海之士，不管其擢升为官，也不管其龙门落榜，也不管其获罪贬谪，纷纷以蓝武道进长安或出长安。他们匆匆之神情，诗足以反映："商山名利路，夜亦有行人。"

自早唐至晚唐，有数十骚客曾经走蓝武道，多损容颜。李白30岁左右过武关，入长安，以求职位，未遂，便乘桴浮黄河而东。其42岁那年，以道士吴筠举荐做翰林供奉，由于受谗，一年之后出长安，过蓝关，回到安陆。孟郊出生湖州，今之浙江德清

武关遗址

人，屡屡沿蓝武道奔长安考进士，46岁才登科，遂由羞愧顿转放荡。白居易左迁江州走此道，左迁杭州还走此道。柳宗元以改革获咎外放永州，当司马10年返长安，估计形势偏好，不料旋遣永州。唐宪宗元和十年，公元815年，极度悲愤的柳宗元便经蓝武道赴其刺史的任所，几年以后在柳州故去，仅仅46岁。元稹七行武关，四次是左迁远仕，一次是返京师。温庭筠外放随县当县尉，走此道，其留诗曰："晨起动征铎，客行悲故乡。鸡声茅店月，人迹板桥霜。槲叶落山路，枳花明驿墙。因思杜陵梦，凫雁满回塘。"李商隐久陷窘境，在长安出头之日渺茫，遂到处依傍地方官员。有一年，他由桂州郑亚幕府返京师，脚踏商於，期盼在心，吟诗曰："六百商於路，崎岖古共闻。蜂房春欲暮，虎阱日初曛。路向泉间辨，人从树杪分。更谁开捷径，速拟上青云。"

韩愈文起八代之衰，不过他的蓝武道实属惨绝。尝以关中大旱，上书请求缓征百姓赋税，惹恼了唐德宗，遂贬至连州阳山，走的就是此道，这也罢了，因为当时他才36岁，还年轻，扛得住。唐宪宗元和十四年，公元819年，他上书谏迎佛骨，又得罪了皇帝，遂再贬至潮州，走的仍是此道，可惜他已经52岁，难免纠结。至蓝关，雪厚路障不得向前，便作诗以示韩湘曰："一封朝奏九重天，夕贬潮州路八千。欲为圣明除弊事，肯将衰朽惜残年。云横秦岭家何在？雪拥蓝关马不前。知汝远来应有意，好收吾骨瘴江边。"真是慷慨之歌了！他刚刚离开长安，便有卒吏登门逼其妻及儿女也得随他离开。其女12岁，恰恰卧病在床，惊恐之下，病遂加重，然而不可拖延。迎雪走蓝武道，至层峰驿，其女便咽气了，就草草葬于岩下。韩愈不日从潮州调袁州，一旦唐宪宗崩，唐穆宗立，他便获诏任国子祭酒。其返长安，依然走此道。过层峰驿，觅岩下墓，悲泣之极，也只能向女茔供一饭，以示父祭。可以想象韩愈的伤痛，当然他还留下了一首诗："数椽藤束木皮棺，草殡荒山白骨寒。惊恐入心身已病，扶舁沿路众知难。绕坟不暇号三匝，设祭惟闻饭一盘。致汝无辜由我罪，百年惭痛泪阑干！"唐固然是盛世，然而它非民主制度，权力决定命运，从而士皆动辄得谤。

在有意考察武关之前，我曾经以私多次走商山道。一般乘长途汽车，不过也拦卡车，有一次竟坐了邮车。

邮车大妙，我永远感谢那位司机。人居水边，商山道沿河修建，所以邮车缓缓而行，有邮件司机就停下投寄，从而我可以充分欣赏林壑云峰。

那是20世纪80年代，商山道当然还比较原始。小径随水引伸，秦岭北侧，其水北流；秦岭南侧，其水南流；北侧干硬，南侧温润。一段平旷，一段崎岖，万丈峭壁之下，常有摔毁之车。直角拐弯，司机无不眉皱而焦心。相向之车擦身而过，谁都会把一只苦胆骤吊起来。不过风在树枝窜，鸟在花丛鸣，蝴蝶自娱，蜜蜂自乐，鸡游滩上，狗卧门前，打柴者背柴，采药者背药，也尽显秦岭深处的风俗。

至为可敬的当然是司机，凡家书、包裹，他都一一送到。似乎每家都认识他，也许商山道的男女本就很热情，我没有问他，总之，当他停下，拣了邮件，把东西交给其主的时候，男的让他烟，女的请他饭，亲切、真诚，若朋友，若邻居。那是一个年近五十的司机，戴着眼镜，方脸，红腮，胡子茬硬发黑，身体和精神都很健康。声音洪亮，略带沙哑。我想请教一些男女之隐，甚至想窥探他是否在商山道有艳遇，觉得他颇为正派，遂不便开口。

我是在灞桥坐上他的车的。见有邮车过来，我便挺身展臂，招手呼他停下。大约看我恳切，而且是下午两点以后，也确定再无长途汽车了，可敬的司机便同意带我。我就坐邮车进了蓝田，走商山道，往丹江去。这样的机遇，注定是我当世自始至终的惟一。向您致礼了！

蓝武道

子午道

子指北方，午指南方。子午道指秦岭一条子谷通午谷之道。

起码在秦以前，子午道谓之蚀中，是用天文表达地理的正南正北之意。中国人有严正的方位观念，不管是蚀中还是子午道，由于它贯穿南北，当然重要。

子谷面北，距西安城大约40里。我所看到的子谷，水流不息，夏秋还可以起坝截流，形成水库，并映照遍野的草木。可惜量不大，冬日是小溪，春天也是小溪，不绝如缕罢了。干缩之季，河床裸露，河滩上乱石发白，沙子发黄，蓬蒿倒伏一片，水流蜿蜒，其细如绳，行如蛇。两岸为峡，不宽，也不窄，比较合适，因为太宽泄气，太窄局促，乏回旋空间。两侧峰峦，互相参差，彼此照应，其顶也不危，也不险，完全是一副终南山在黄土高原边安卧或静坐的样子，然而足具俊秀之美。在子谷顾盼，东坡松柏森森，西坡杂树成林，鸟也自有选择，遂群栖松柏之间，不见其翔，只闻其鸣。偶尔众鸟乘风齐飞，子谷便涨满了灵性。一年之中，始终有少壮男女沿此道进出秦岭。他们背着包，拄着拐杖，往者精神抖擞，归者躯体疲软，这是西安人所好的一项有娱乐元素的运动。

午谷面南，在汉中市所辖西乡县东北70里一带。秦岭于斯渐渐收尾，岗小涧缓，丘陵疏布，草木皆绿，充满了朗润之质。午谷之水，昼呈清澈，夜以潺湲，从容而前。

子午道久为关中通汉中和安康的捷径，长安通巴通蜀的主要之道。杨贵妃喜食荔枝，长安不产，遂需从涪州或岭南传送而来。涪州所产新鲜荔枝，以置骑而递，取子午道，数百里，三天便至。即使从岭南而来，取子午道，数千里，到了京师，荔枝之味也未变。唐玄宗是皇帝，也只有他这种权力无限的人，才能对所宠之女昂贵付出，吾辈不行！当世有包养情妇之徒，多是官员，也因为他们有权力才会巨资付出，吾辈仍不行。唤子午道为荔枝道，根据就在这里。

1958年建西万路，要采点定线，经反复勘探，仍循子午道而筑。从西万路当然也可以往汉中去。

王莽执政，以子午道之用，设子午关。然而有汉一代的子午关究竟在何处，难以确定。喂子坪地势开阔，宋置子午关于斯。清有石羊关，在喂子坪以南近乎20里的幽涧之中。石羊关分一岩为二，中空为峡，恰恰能泻沣河，真是又诡又刁。两岩相对，其状若门，不过它只放一水而过，遂颇为激湍。两岩都很大，是巍然屹立，势冲青天。两岩看起来像两顶钢盔，又像两根剥了皮的干干净净的竹笋。沣河西侧的岩上没有什么特别的，但沣河东侧的岩上却有石若羊扬头，白毛栩栩，据此谓之石羊关。石羊关峻峭是峻峭，布一兵能抵百兵，遗憾这里不留余地，也存在有兵难布的问题。

子午道是猎道、柴道、药道、商道，也是军事之道，曾经屡屡作战。

汉高祖元年，公元前206年，项羽分派刘邦为汉王，宫室在南郑。刘邦审时度势，匆匆从杜南入蚀中。杜南就是秦杜县之南，今之西安市雁塔区杜城村之南也。当时蚀中有栈道，张良建议："王何不烧绝所过栈道，示天下无还心，以固项王意。"便毁了栈道。

蜀汉后主建兴六年，公元228年，蜀汉将魏延请兵五千，想走子午道至长安，偷袭魏安西将夏侯楙。诸葛亮认为此计悬危，拒而不用。

魏元帝景元四年，公元263年，魏将钟会率兵十万余，分别过子午道、傥骆道、褒斜道，以征蜀汉。抵抗则杀，投降则生，终于灭之。

晋穆帝永和十年，公元354年，晋将桓温伐氐族人的前秦。其遣梁州刺史司马勋沿子午道赴长安，并占领了终南山以北之地。可惜遭前秦猛袭，遂退守女娲堡，御而不敌，还是被破。

五代后蜀广政十年，公元947年，后蜀将李廷珪率兵出子午道，以应付后汉高祖刘知远即皇帝位对长安造成的影响。

明思宗崇祯八年，1635年，明将贺人龙受洪承畴指示，率兵奔子午道，以阻挡可能侵犯西安城的农民起义军马光玉之部队。

从子午进终南山，经七里坪，越土地梁，斜而向西，过碌碡坪，出石硖沟，或过摘儿岭出红草河，忽见沣峪顿开，由此便逆沣河而南，翻秦岭而去。自开子午道以来，人多依此线而行，是因为沣峪口到高砭子和二道桥一段，悬崖狰狞，峭壁嶙峋，水湍而急，难以攀援，甚至连落脚之处也没有，不得不绕而行之。当年修路自西安至四川万源，在这一段炸崖凿壁，垒基立坝，

子午道

硬是筑了一条路。一旦西万路通，从子谷至石硖沟或过摘儿岭出红草河此线便荒废了。

午谷一带有汉中市所辖西乡县的子午镇，在此耐着性子钻沟逾梁，艰苦跋涉，终于翻秦岭而北，30里曰石羊关，又20里曰喂子坪，又30里便出子谷，坡慢地广，黄壤展现，骤然见天之朗。这里有一个豆角村，古为乡肴野蕨集散之地，现在老柏尚苍，石像仍威。由此而北，又10里为西安市长安区的子午镇。平原空旷，阡陌纵横，故都缈缈在望。

子午道

傥骆道

秦岭北麓有峪曰骆谷，南麓有峪曰傥谷，遥遥相对，屈曲而达，为傥骆道。

骆谷在西安市所辖周至县西南30里，傥谷在汉中市所辖洋县北30里。由骆谷进秦岭，越十八盘，过骆谷关，经厚畛子、华阳镇，沿傥谷便脱然而出秦岭。

傥骆道是过去雍州通梁州的主路。从长安到汉中或到成都，走此道都很快。其以军事推动，兴于三国，之后久有大用。唐高祖武德七年，公元624年，在老君岭置骆谷关。唐太宗贞观四年，公元630年，把设在老君岭的骆谷关南移10里，大约位于今之关城子村一带。有唐一代，此道5里一堠，10里一站，配备专门机构管理，客舍、邮亭、铺子，也是应有尽有。至宋，陕西与四川之往来，仍走此道。一旦女真族人所建立的政权向南宋逼进，秦岭遂为对峙之线。南宋军在傥骆道营造了雄伟的石佛堡，以扼制女真族人逾越秦岭。大约这时候，

傥骆道北段谷口示意图

出现了新骆谷，其在原骆谷以东，为东骆谷，原骆谷便为西骆谷。西骆谷峻峭，东骆谷略缓，人性趋吉避凶，遂会优选。元以降，此道的军事意义偏低，然而它仍为贸易所大需。明在十八盘设置巡检司，反映了一种谨慎的态度。清以秦岭的资源为开发，此道遂繁运木料、药材和矿石。至中华民国，此道常有四川人担乡肴野蔌到西安来，再担盐而还。1958年在原骆谷口，也就是西骆谷口修了一个水库，此道尽息。不过现在的108国道，实际上是循傥骆道而行的，足证祖先目光之准。

今之华阳镇，是傥骆道的枢纽。唐玄宗开元十八年，公元730年，以其要冲之形势，开始设置华阳县。不过根据时局的变化，华阳县也是忽立忽撤，但其为傥骆道之枢纽却是坚固的。清在这里置华阳分县，中华民国随其建制，也曾经设华阳分县。之后由区演化为镇，虽然为镇，也是具潜在军事价值的一个镇。

华阳镇水环林茂，有珍稀动物，文化遗产，可以一游。其南行150里是洋县，北行520里为周至县。它的东北接周至县太古坪，西北接周至县二郎坝，北接佛叶坪或佛爷坪，这里的厚畛子有一个县城已经废了，曾经是清佛坪厅治所、民国的佛坪县治所，残垣断壁，荒院破庭，皆能启发幽情。

魏齐王正始五年，公元244年，魏将曹爽率兵数万至长安，入骆谷以伐蜀汉。可惜民不给力，车不能输，牛马骡驴饥疲多死。未出傥谷，便遭遇蜀汉部队。他们居高据险阻击，使魏兵难进，遂不得不退。

蜀汉后主延熙二十年，公元257年，蜀汉将姜维率兵数万伐魏，走傥骆道昂昂而来，并长驱沈岭。然而受到魏将司马望抗击，并有魏将邓艾增援，姜维久久无果，遂还成都。今之骆谷口有方形土梁谓之姜维岭，便是对姜维的纪念，实际上它就是沈岭。

魏元帝景元四年，公元263年，魏将钟会率兵并驾褒斜道、傥骆道和子午道，以攻成都，优势颇大，蜀汉遂亡。

晋穆帝永和五年，公元349年，梁州刺史司马勋欲打羯族人的后赵，从傥骆道调兵，一举破其石遵。

盛唐一旦变为弱唐，它的皇帝就不好当了。唐德宗兴元元年，公元784年，天下动乱，失京师之所，国之元首遂入骆谷，出傥谷，到了兴元，今之汉中，躲过一劫。96年以后，唐僖宗又往成都去避难。末代的皇帝甚至连盛世的轻卒贱吏也不如啊！

2010年冬的一天，我考察了骆谷。先至东骆谷，就是新骆谷，恰有长途汽车进秦岭，遂久望其尾灯消失。赴城固的汽车，将沿周城路而行。至汉中，至成都，也可以走此道，为108国道。沥青厚实，护栏强硬，状态颇威。后至西骆谷，就是原骆谷，大约从10世纪起这里转颓。数里以外，便见大坝高筑，知道骆谷已经变成了水库。稍一斟酌,绕大坝向骆谷西岸走,逢集,乡民拥挤,喧嚣四溢。过来福寺、玉皇庙,皆萧条冷清。以建水库,教场皆迁至西岸宽敞之地。库大水少,寒风浩荡,然而有鸭子结伴觅食,不知道它们是野生的还是家养的。沿西岸向里走,其峪渐渐收缩,树越来越多,凡松、柏、国槐、楝、白杨,一个比一个粗壮。河滩甚阔,但水流却小。应该是为了节水,修了渠,聚流于一混凝土圆管,清溪遂顺其渠注水库。有一对夫妻在挖沙,河滩坑陷,显得糟乱。曾经有人于斯淘金,他们发财而去,留下的石盘和石磙还弃在河滩。踏着乡民的足迹过河滩,登上了骆谷的东岸,见房舍散于杂树之中,门前有的停摩托车,有的停挖掘机。问一个老者,说:"这是龙窝村,建水库迁到东岸的。"再问,老者说:"还有骆村,迁到下游了。过去这里是骆国的地界,还有骆谷驿呢!"老者有病,腿跛嘴黏,也许是脑溢血或脑血栓所致,但他却兴致很浓,连父亲在1953年被镇压也想倾诉。感谢了老者,沿东岸向外走,骆谷顿开。过了大坝,遂为缓坡,仰望尽是平原上的村子。

傥骆道

长安路

出西安城的永宁门,即南门,便是长安路。天高地阔,青葱数行,尤其双向八车道,让人顿生浩然浪荡之畅,脱然放纵之酣。

高楼如峰,东西耸峙,一时东峰压倒西峰,一时西峰压倒东峰。世纪金花时代广场的建筑冉冉向上,不知道它将展示什么内容。城堡酒店显得幽深,窗灯更是神秘。长安国际横空出世,森然一片。其玻璃幕墙、玻璃转门,湛蓝似海。它的电梯带客登堂,流水送客远行,大呈时代之风尚。农业银行形如麦穗,耸天撩云,虽然其起已经有十年之余了,不过仍很强势。陕西省人民代表大会常务委员会是权力的象征,巍然而重,庞然而雄。它的前庭立有八柱,既给此建筑注入了灵性,又增加了美感。体育馆南路向东,围墙巷向西,过之,过之,长安路继续向前。

长安路在南关一带有十分漂亮的中心绿地。树植雪松、石榴、小叶女贞、大叶黄杨。花种紫薇、月季、绿篱。物竞天择,冬麦茂盛。冬麦是一种草,它足以承受干冷的气候。法国梧桐壮硕夸张,国槐严谨蕴蓄,各据其位,各展其姿,一向为我所喜欢。在西安商贸旅游学院和南关葫芦头附近,有一排白杨,其粗双臂难搂,皮光疤深,枝摇叶响,当是几十年的老木了。长安路一再拓宽,能留下的老木都留下了。不能留下的,往往伐倒为灰,它们大约皆是长错了地方的树。生而为树,显然也有自己的命运。

长安路掠南郭路的西安市红十字会医院而过,继续向前,便进入南稍门。所谓南稍门,南关四关之南门也,明末筑,处永宁门与今之南稍门一带。这一带银行扎堆,中国银行长安路支行、西安银行、交通银行、华夏银行,都在此营业。铁门铜窗,无不坚固。逢押送钞票之际,每每有警察荷枪实弹站在两边，其眼睛左右扫视，骤起紧张气氛。其泛美大厦有一度驻西安电视台，遂娥眉往来，轿车竞拥，惹乡野之徒频频注目，且走且看的竟不慎把脸碰到树上。树以法国梧桐和国槐为主，偶见白杨，仍为老木。

　　长安路在唐为安上门街或安上街，十分的繁荣。这里的斗鸡场热闹非常，宋之问任宰相，其下班以后，还尝在此看斗鸡比赛。城南韦杜，离天尺五，指唐之韦曲和杜曲多居高官贵族，就在皇帝左右。确实如此，唐的宰相，自韦杜两家而出的竟三十余位，著名的有韦巨源、韦安石、杜如晦、杜佑。也出诗人韦庄和杜牧，当然韦庄既是宰相，又是诗人。他们朝拜皇帝，或骑马，

长安路南稍门段

或乘车，从韦曲或杜曲昂然发踪，几乎都走长安路。宋人张礼在1086年游唐长安城南，所选也是长安路，以畅观沿途之胜迹。

在南稍门有友谊东路并友谊西路，过之，长安路便进入草场坡。唐有官马，其草市在横冈上，遂为草场坡。过之，小寨在望。这一段长安路甚显疏广。其东侧有西安中国旅行社、唐乐宫酒店、陕西省环境科学研究设计院、开成集团、由薄一波题名的中陕国际大厦。其西侧有以小雁塔为背景的西安宾馆、太平洋酒店、陕西中工电子市场、财大气粗的高速经纬大厦、陕西省体育馆、由张锦秋设计的既表现中国风格又杂糅西方元素的陕西省图书馆。这一带之草木仍保持了长安路一贯的模式，不过在环境科学研究设计院门口所生的几棵白杨，抱需三臂，显然是几十年的老木了。

穿南二环的长安立交桥而过，就是小寨。这里初为西安城南之集市，现在已经发展为火爆的商业圈，青年多，学生多。这一段长安路以东有长安大学、西安国际旅行社，其楼高近乎30层，以西有西安音乐学院、西安儿童艺术剧院、文化大厦、西安歌舞剧院、一个日夜萎缩的新华书店、中国电信小寨营业厅。

小寨有大兴善寺东街和大兴善寺西街，这一带的长安路总是摩肩接踵，熙熙攘攘。窃贼在此容易得手，青年和学生抗议日本也喜欢在此示威。大兴善寺成于隋，隆于唐，振作于明清，是汉传佛教密宗的祖庭，誉满天下。1936年，蒋介石走长安路朝拜大兴善寺，可惜缘分不到，竟由于所乘轿车深陷泥坑而未入其山门。如果他于斯烧香，并会晤此庙的大德，那么也许能避免骊山之梦吧。蒋离开西安以后，当局才以石子铺了这一段的长安路，不过它对蒋无用了。

长安路在小寨的中心绿地突兀而出，平旷而立，有丝绵木、白杨、松、柏、银杏，尽显气派。夏成浓荫，冬聚萧气，是比较特殊的。

长安路穿小寨东路和小寨西路而过，略显清爽，不过这一带似乎大有形成人海人潮之势。其东有西安国际贸易中心、嘉汇汉唐书城、阳明国际，西有陕西省军区及其周边生意红火的服务社。

长安路过小寨而越纬二街，东见大雁塔，西见西安美术学院，悠远之感旋涌。向前，是八里村的地界。在中华民国时候，这一段的长安路两边有国槐相夹，郁郁非凡。20世纪80年代，我在此等3路汽车，还曾经一再欣赏生于斯的国槐，觉得森然，具沧桑相和沉厚感。不知道什么日子这里的国槐消失了！一旦老木无存，便显其荒。现在的长安路两边也有国槐，只是都甚细弱，不给故都增色。这一带也才在发展，楼陋楼低，八里村也正处于拆迁之中，惟东侧的西安邮电学院与西侧的陕西广播电视中心，尚为雅观。向前，东有西安外国语大学、陕西师范大学，西有西北政法大学，属于文化与潮流之域。

长安路向前，便是长延堡村了。经过改造，平房尽毁，高楼横空，几乎城市化了，不过它看起来仍是一副土头土脑的样子。在唐，这一片是安上门街或安上街的南端，今之瓦胡同村，藏有天坛遗址。在明，此为南十里铺或吴家杏园铺，也就是吴家坟，不过吴家坟听起来真的让人愀然。清以后，长延堡渐渐取代吴家坟，然而难免兼用。到1981年，政府确定这里为长延堡，并赋予法律承认的力量，吴家坟遂彻底退出。

向前，长安路逾天坛东路并天坛西路，一箭之遥，是一个环岛，电视塔耸于霄汉，之下为陕西自然博物馆。馆里的展品值得一看，馆外的草木也值得一看，有竹、云杉、刺柏、龙柏、千头柏、红叶李、白皮松、水杉、枇杷、玉兰、雪松、垂柳、鸡爪槭、碧桃、紫荆、菊，无不可以审美。白皮松疏，雪松俊，碧桃让人想到风流之鬼。也有棕榈，不过我一向讨厌这种海滨植物，其吸收尘埃，很容易脏。尤其它为了繁衍，大露黄色的生殖器，不知道羞耻。这一带东有西安市交通职业培训中心、西安曲江国际会展中心，其广场颇大，还有西安市结核病医院及一个新都酒店，西有西安市第八医院、社会主义学院，更有迅速崛起的一片稠密得让人胸闷气喘的楼盘。

继续向前，便是南三环的长安立交桥，接着穿三爻村而过，长安路蜿蜒爬坡，登临了少陵原。境界高亢，八风携云，出雁塔区，进长安区，于是长安路就变为长安街。下了少陵原，便是韦曲。唐之富贵温柔之乡，立即袭来一种热腾腾而乱哄哄的镇的风俗。

长安路北段隶西安市碑林区，中段隶西安市雁塔区，南段隶西安市长安区。

长安路

青年路

中国共产主义青年团西安市委员会地址在青年路49号，这容易使人想到青年路得名于斯。实际上1947年便有青年路了，是因为中国国民党三民主义青年团西安机关在此办公。品味其变迁和沿袭，颇有意思。

青年路为东西向，长大约1300米，宽大约14米。其南有莲湖路，北有糖坊街，平行于它们，不过青年路比莲湖路和糖坊街都早，也甚为显赫。

在唐，这一带曾经是太极宫的范围，不过韩建的新城隔其于外了。明西安城以外放它的北城墙，又括其于里，民宅遂竞起。

青年路西段尝为明秦王的豪第，或以有九邸而为九府街，或以是明秦王第九代之邸而为九府街，总之是明秦王有豪第于斯。认为明秦王朱樉的第九个儿子在此所居而得名九府街是不准的，理由是朱樉只有六个儿子。当年明秦王引通济渠之水造其园林，为莲花池，大种其荷，巧制亭台，以供王子王孙在此游乐。大莲花池街与小莲花池街，皆以其临明秦王的莲花池而得名。到1959年，以玉祥路临莲湖公园遂改之为莲湖路，并拓宽它，于是小莲花池街就消失于莲湖路之中了。

青年路东段尝是清将梁化凤的庭院，遂为梁府街。梁是陕西长安人，生于清世祖顺治和清圣祖康熙执政之际，为保卫清政府的统治屡立战功。他打过反清的大将姜瓖，打过反清的大将郑成功，累官江南提督。清圣祖康熙十年，1671年，梁死，得赠少保，得谥敏壮。有一年清圣祖巡西安，还派官员祭其墓，足见清朝对他的感情。

杨虎城曾经任陕西省政府主席并西安绥靖公署主任，处蒸蒸日上之势，遂在今之青年路中段筑公馆曰紫园，大约取紫气向他萦绕之意。不久蒋介石把他的主席之职免了，留其主任之位，杨虎城遂改紫园为止园，大约有仅止于斯之意，不过也有止戈为武之意吧。天机深藏，卒在1936年发动了西安事变。周恩来应邀在止园见杨，商量如何处理事变问题。杨入狱以后，胡宗南住过止园。20世纪50年代，张治中也住过止园。止园檐翘如啄，廊曲如腰，春木秋风，夏荫冬雪，想起来颇为幽雅，可惜杨虎城总是匆匆忙忙，不得闲逸。止园现在为杨虎城将军纪念馆，偶尔会有人在此一览。

这里有以止园而得名的止园饭店，1980年开业。不过在1950年以后，它就是陕西省人民政府招待所，国家领导到西安多下榻于斯，周恩来、朱德、

青年路

胡耀邦，都在此住过。虽然止园饭店欢迎天下之客，但它却仍是政府的招待所。

非常荣幸，我也住过此饭店。1984年我大学毕业，在陕西人民出版社当编辑，没有宿舍，管总务的金利平便安排我等先住莲湖饭店，后住止园饭店，近乎两年。那时候的青年路朴素无华，清正有致。我上班而往，下班而返，常常见国槐下有老者静坐，小孩玩耍，一旦门开，便看到院子有妇女或在扫地，或在洗菜，或几位相围而坐，一边打毛线，一边聊天。汽车少，尘埃也少，生活很是惬意。

岁月如流，我竟多年不走青年路了。2011年2月16日，也就是元宵节的前一天，朱文杰约我参加在北大街的一个朋友聚会，有意绕道而行，重温了一下青年路。

我从西北三路进入青年路，此是其西口。变化颇大，拓宽了，豁然敞亮了，似乎昔日是长在谁家院子里的一棵椿树，已经赫然站在墙外，有一座含光君悦酒店也拔地而起，高得需要仰望。铺子排立，尽是买卖，尤其是汽车相连，轰然穿梭，显示了时代情景。不过从青年路向北而去的青年三巷、青年二巷、青年一巷，看起来仍有破败之相。莲湖区代代红幼儿园戒备森严，西安市第44中学恰恰下课，一派青春气象，几家书店的生意也比较兴旺。从青年路向南而去的是从新巷，其通莲湖路。青年路还驻陕西省监狱管理局、陕西省产业投资集团有限公司、莲湖区青年路办事处、西安市公安局交通警察的一个机构。这里尝有雷神庙街，1966年改之为立新街，其一端向北通糖坊街，一端向南通莲湖路。五豪商务酒店、陕西省农村经济管理网络服务中心，其建筑都有发光的磁片。陕西省莲湖教师进修学校、西安激扬彩印包装公司，似乎都流露着一些职业的安静。总之商业味道很重了，不过两排国槐仍活着。我惊喜的是，一个自行车修理点竟还保留着，师傅老而干瘦，戴着蓝色袖套，聚精会神地磋磨着皮胎。如是情景，让我感到一种生存的真实。青年路的东口连接喧哗的北大街，我当在此拐弯而去。我左顾右盼，见青年路北侧，临北大街，有一个建筑已经耸立，不过门窗尽闭；青年路南侧，临北大街，是一个有吊塔在空中游移的工地。等围栏拆除以后，我才发现此工地变成了一个地铁口，其在青年路与莲湖路之间。

青年路隶西安市莲湖区。

建国路

尚勤路跨东大街而过,摇身一变,遂为建国路。其南北向,长不足800米,宽大约20米,见证了历史的变迁和斗争的惊险。

现在的建国路69号或金家巷1号是张学良公馆。1935年秋,他奉蒋介石之命从汉口到西安来,没有自己的官邸,便租当时的金家巷5号西安通济信托股份有限公司作公馆而住,楼有3座。西安事变发生以后,共产党代表周恩来一行赴西安,便居这里,用其东楼。1936年12月23日至24日,周恩来一行与国民党南京政府所派宋子文及宋美龄一行进行谈判,达成了共同抗击日本侵略的相关协议。接着张学良陪蒋介石往南京去,给西安留下了永恒的背影。

今之建国路83号为陕西省作家协会,主席是贾平凹。曾经担任过主席的有马健翎、柯仲平、胡采、陈忠实,他们的脸都偏长,贾的脸也偏长。路遥有一度几乎要当主席了,但他却卒以病逝而失鹿,因为他的脸偏圆。不过路遥的豪迈故事一直在建国路周边流传,他且吃馍嚼葱且移趾拖身的形象,尤其使人慨叹。

陕西省作家协会这个院子,在1936年那时候是高桂滋公馆。高任国民党第84军的军长。兵谏之初,囚禁蒋介石于杨虎城的西安绥靖公署,就是现在的陕西省人民政府院内的黄楼。张杨觉得此处扰攘,怕有意外,便把蒋转至高桂滋公馆,当时此建筑刚刚竣工,木器味还颇浓。宋子文和宋美龄也是在这里看到了危难之中的蒋中正,并给蒋以信心。多年之后,高桂滋成了共产党的领导,并在1951年捐赠了此公馆,又掏钱购买了一架飞机交中国人民志愿军以援助朝鲜,结局属于善终。高桂滋能与时俱进,是有智慧的。1985年丁玲在西安为作家作了一场报告,地点便是此公馆的客厅。我看到的丁玲满头白发,风度比思想好,窃以为不见遗憾,见也遗憾。此公馆脊突坡斜,覆盖以瓦,有廊柱,有栏杆,近乎 80 年仍显端庄和秀丽,地板也还平整,足证不是豆腐渣工程。

建国路的方位在西安城东南一隅,处于长乐门与和平门的夹角。1949 年以后,中国共产党中央西北局机关和中国共产党陕西省委员会机关在这一带办公,难免望而生畏。不过 1966 年有几位官员受到群众的批判,西北局书记刘澜涛还遭遇了站台指摘。1966 年 9 月的一天,晚上 7 点以后,数万大学生绝食静坐,要求罢免西安工业学院的领导郭蕴,陕西省委员会第一书记霍士廉现身学生之中表态:郭蕴若有问题,那么当罢免就罢免他。1967 年 1 月 25 日,有群众组织昂然宣布夺权,并责令霍士廉及别的主要官员李瑞山、章泽和肖纯交待问题。1976 年以后,形势剧变,中国共产党陕西省机关郑重宣布,凡此大学生和群众组织的行为都是错误的,有的还是犯罪。

在此办公的单位,撤销的早就撤销了,搬移的已经搬移了,不过仍有几个驻于斯:中国人民政治协商会议陕西省委员会在此,中国共产党陕西省委员会机关印务中心在此,中国共产党陕西省委员会档案局在此,中国共产党陕西省委员会招待所即雍村饭店也在此。

这一片在唐属于外郭城的崇仁坊,韩建筑其新城以后,把这一片置于精简了的长安城之外。明作西安城,规划此处为邠阳王朱楹之府,建有南街和北街。龙首渠经过这里,邠阳王便造了玄风桥,以勾连其府。街以玄风桥名,遂为玄风桥。现在这一带仍有巷曰玄风桥,国槐两排,幽雅之极。清设了大差市,三秦尽知,那么小差市在哪里呢?答:在今之建国路。街以小差市名,遂为小差市,并沿袭至中华民国。其为尽端式街巷,是以城墙耸立,南有阻。依王民权的考证:到 1939 年,日本飞机轰炸,为有效疏散群众,便凿空小差市外通的城墙。1943 年至 1944 年,中国社会抗战建国之声正响,于是建国路就取代了小差市。1949 年以后,仍用以建国路,不过由于这里驻执政机关,城墙遂封闭。依杨绍武的调查:到共和国发生"文化大革命",才又打通了城墙,以方便群众进出游行。1985 年,券城墙的豁口为三洞,曰建国门。

建国路东侧,从北至南有六巷。建国一巷,"文化大革命"之前是忠孝巷。建国二巷,"文化大革命"之前是启新巷。接着是金家巷,不过它在"文化大革命"中改为先锋巷,继而改为建国三巷,1981 年又恢复今之金家巷。建国四巷,"文化大革命"之前是仁爱巷。建国五巷,"文化大革命"之前是仁里巷。建国六巷,中国人民政治协商会议陕西省委员会便驻于斯,不过它在"文化大革命"之前是信义巷。

建国路以民宅为多,窗装护栏,以防贼盗,门面尤其繁密,吃的饭,饮的茶与咖啡，理发、银行、花卉、宾馆、电焊，无所没有，惟缺书店。不过在鱼鳞一般的铺子之中，毕竟还有一所西安市第26中学、一所西安市建国路小学，还有一个陕西民族乐团。生活应该颇为方便，只是略显破败。不过破败之中是藏拆迁和改造之机的。

建国路短，我不知不觉便出了建国门。城河水寒，石桥横卧，十几棵白杨树自由而立，以风貌高迈，遂呈倚老卖老之态。

建国路隶西安市碑林区。

建国路

北大街

我的职业生涯由北大街发踪。这一带像水一样淹过我，盐一样浸过我，火一样烧过我，凡经北大街，无不百味涌胸。

1984年7月，大学毕业，我接受派遣往陕西人民出版社去当编辑，地址在北大街131号，今之北大街147号。我于斯进出三四个单位，轮换五六个办公室，都是当编辑。

那时候的交通工具主要是公共汽车和自行车，尤其是上班下班之际，此街的自行车一潮向北，一潮向南，其势浩浩荡荡，壮观之极。轿车零零星星，出租车根本没有。即使白天，北大街也比较空旷和安静。到晚上10点以后，门面基本上都关闭了，偶尔在莲湖路口或西华街口有卖馄饨或卖腊肉的，以汽灯为亮。见夜深人稀，他们也就收摊了。趁西安城都睡了，拖拉机便过此街，柴油发力会弄出爆破一般的音响。这里也跑马车，凌晨的马蹄声嗒嗒嗒地会把我带往少陵原，因为马车多走乡野。

在通济坊一带，有1936年的建筑群，其属于冯钦哉所创立的西安通济信托股份有限公司。楼高四层，足以凌空。为混凝土兼容砖木结构，人呼通济大楼。1949年社会巨变，便渐渐演化为西安市百货公司批发部，在北大街东侧，我尝登临之。这些建筑群周边全然铺砖，那些导向通济坊的三条小巷皆是横向，慢坡，也尽铺砖，遂有伤感的情调。三条小巷为通济南坊、通济中坊、通济北坊。坊与坊之间有漂亮的庭院，为富贵之士所居。1967年，通济南坊改为灭资南坊，通济中坊改为灭资中坊，通济北坊改为灭资北坊。20世纪90年代，一声令下，通济大楼便尽腾地方。

那时候审稿子审累了，便会站在出版社的阳台上放目环顾。南望，钟楼突兀。北望，安远门巍峨。向西看，青年路一带悉为平房。敛目俯视，临北大街西侧的平房都作了铺子，主要经营款式陈旧的衣饰，也夹杂有一家水果，两家饮食，规模毕小。黄叶落瓦，难免萧气，虽然老板脸腮白净且厚，不过并无得意之色。

2002年7月，我调动了单位，也离开了北大街。此刻，公共汽车增加了，轿车更多，出租车先以红色现身，后以绿色登场，发展极为迅速，然而一直也未满足需要，因为总是乘之有难。我在北大街丢过三辆自行车，由于越来越受汽车排挤，自行车的队伍减而少之，我也不骑了。

从钟楼至安远门，北大街之长一直是1940米，但宽却有变化。20世纪70年代以来，其宽38米。它在1998年得以拓展，不过钟楼至西华街一段宽是80米，西华街至安远门一段宽是50米。

北大街的路面曾经铺以石条，当然它是有间断的。中华民国二十五年，1936年，路面铺以石子。1953年，路面浇铸以混凝土。到1998年拓展之际，全线制以沥青，现在仍是。沥青在一口铁锅里，点火熔而为液，用盛器倾泻路面，稍凉，便有碾路机过来作业。气味刺鼻，筑路工都戴口罩。我好奇，忍而观之。

即使再三拓宽，这里还是拥挤，也非常喧闹。20世纪90年代，在北大街与莲湖路和西五路的交叉地界，已经筑了天桥，钟楼地界也有了地下通道，都是缓堵的措施。北大街的建筑也拔地耸天，彼此竞华。

我进入北大街那年，这里最高的是陕西人民出版社的8层楼。我退出北大街那年，这里最高的是陕西出版发行大厦的15层楼，仰观会生眩晕之感。

北大街

昔日站在出版社的阳台上，可以透览的青年路一带的平房及临北大街西侧的平房作的铺子，几乎都推倒了，有的营造了新的建筑，有的立以围栏，久久不动。夏天，北大街阳光满贯，显得很热。

北大街古既有之。在唐，它为安上门街，北连宫城，南过皇城，直达安上门，是皇城东南的主要之街，并引伸外廓城。以忌安禄山之名，安上门在唐肃宗年间一度呼光天门，不久又恢复为安上门，其大约在明西安城永宁门即南门处。韩建摒外郭城与宫城以筑新城，北大街仍留长安，还是安上门街。不过由于弃宫城，安上门街北连宫城的一段便迅速丧失其功能，遂民宅相拥，尘俗而起。明作西安城，外放其北城墙，北大街也随之外延了大约800米，并营造安远门为北门。安远门与永宁门相望200年以后，当局移钟楼于今之地址，北大街与南大街才有了明确的分壤。

明秦王府是沿北大街中轴与东大街南缘修建的，其西侧的萧墙临北大街，设西华门，在今之西华门大街东端。清满城是依明秦王府之基础所修建的，当然，它还开了一个新西门，大约在今之后宰门。经辛亥革命，诞生了中华民国，遂拆除了满城的西墙和南墙，西安城格局一广，游之畅然。

北大街是西安城的一条通衢，凡有事必于斯产生反应。1911年10月22日陕西武装起义爆发，次日的任务是取得满城。张凤翙任秦陇复汉军政府大统领，率军从钟楼至长乐门一线向满城进攻。其遭遇抵抗，不过终于在大差市与小差市之间觅得缺口而入之。哥老会龙头钱鼎和万炳南为秦陇复汉军政府副统领，率军从钟楼至安远门一线向满城进攻，卒在新西门发现薄弱环节而入之。安远门附近有清兵火药库，轰炸之际，有炮弹飞到安远门城楼上，起火大绕。安远门城楼之毁，是辛亥革命难免的损失。推动社会进步，义举之兴北大街，当然还有很多，这是由此街的形势所决定的。

2012年秋天，我分两次走北大街，一次从钟楼起步沿街东而北行，一次从钟楼起步沿街西而北行，以观其景，察其风。

街东：西安市邮政局钟楼支局，临北大街，四层全为商业之用。向北，过西一路，是楼高10层的中国石油化工股份有限公司、名流天地大厦、国美电器、西安人民剧院、楼高16层的新时代广场。这一带平淡无趣，惟西安人民剧院还让我留恋。此乃1954年的建筑，由西北建筑设计公司负责设计，陕西省第三建筑公司承担施工。它是在长安大剧院的旧址上营造的。廊柱涂红，门窗制格，尽管矮于两边的玻璃房子，然而不失其威，尤其以墙上的青藤叶为秋风所吹干，瑟瑟成韵，自有神奇。经北大街与西华街东南角的花园，过西华街，见北大街与西华街东北角的交通银行，觉得十分贵气。凡华美达酒店、国花酒店、西安中心戴斯酒店，表象华丽，风格相似。通济坊那些1936年的栋宇已经完全消失，取代它们的就是这些楼高逾10层的建筑。光辉巷在明初为九曜街，之后拆了修建明秦王府。其在清为北祁毛巷，渐然演化，到 1936 年便为平民坊，1966 年改之为光辉巷，以突出一种政治意义。过光辉巷是喜隆大酒店，它曾经为陕西省广播电视厅所用，我认识骞国政于斯。当年其任厅长，春节之前，每每示我召集文学之士，设宴飨之。过西五路，便是陕西省新闻出版局和陕西出版集团属下的几家出版社。我尝在陕西人民出版社当编辑的办公室，已经成为出版宾馆，置有休闲娱乐设施，其中一项是洗脚。过后宰门街，是西安市莲湖北大医院、西安秋林商业大厦、西安和平电影院。过西七路，是陕西华山国际酒店、陕西建工集团有限公司、陕西古建园林建设有限公司、陕西省建筑设计研究院有限责任公司。这一带的建筑多飞檐翘角，多用砖瓦，少用瓷片，遂显传统一点。过顺城北路，便是北城墙、安远门。

街西：世纪金花广场，临北大街，其以物价昂贵产生纷然之常议。向北，是韩国城、陕西省美术家协会、焕然之民生国际购物中心、森然之宏府地产。过西华门大街，是中国工商银行，其处北大街与西华门大街西北角。西华门大街启于西华门，曾经驻中华民国秦省都督府，其以后改为陕西都督府，之后又改为陕西巡按使公署，1916 年由西华门大街迁社会路，又改为陕西省长公署，1927 年又改为陕西省政府，移新城。今之陕西省人民政府，便是它的置换变形。这一带的凯爱服务型办公室、假日国际商城，都很是璀璨，为北大街增色添亮。过二府街仍是宏府地产，足证其强。明秦王朱樉第二子尝在此有邸，遂为二府街。莲湖一社区临北大街，二层的门面与七层的民宅如山峰山谷交替出现，颇有个性。当年到处都是平房的时候，这里绝非一般百姓所能居住，现在它显然有了颓废之态。过莲湖路，再过青年路，临北大街的是楼高八层的一个建筑，尚未使用，不知道会干什么。西安五四剧院是 1954 年的作品，门楣：五四剧院，为梅兰芳所题。当年工商诸贤捐款集资，才有此戏台。可惜现在它上上下下装满了玻璃，遂显滑稽。中国银行也很贵气，虽然其总是安静的。过北曹家巷，庞然一排大厦，遗憾经营惨淡，有待兴旺。糖坊街起码在明熹宗天启六年，1626 年，便可以交通了，这里有德国人金尼阁所筑天主教堂为证。过糖坊街是锦苑富润大饭店、中祥大厦。过顺城北路，北城墙迎风屹立，安远门从一片国槐之中隆然而矗，雨雪痕深，日月气爽。躲过几辆汽车，我过去摸了摸北城墙和安远门的老砖，手指上有一种解渴解馋的满足。

北大街的一个质变是有地铁了，这当减轻它的负荷。我已经数次乘地铁赴这一带办事，真是快捷。北大街地铁站，一在北大街与西五路的东南角，一在北大街与西五路的东北角，一在北大街与莲湖路的西南角，一在北大街与莲湖路的西北角，接青年路。由于之前缺乏远见的规划，不留余地，地铁站遂不得不破门劈墙而筑，有的局促显陋。

北大街

我初登社会，是在陕西人民出版社编辑一本文学刊物。杂志社有八人，我最小。最长的刘，从出版社晋升至出版局，调动至陕西省作家协会当领导，晚年到了美国，随儿女一起生活，健康而喜悦。男李才气逼呈，坐牢，出狱，皮包骨头，白髯垂脐，不失其贞。女李过五十而逝。葛七十而自缢。陈的调动程序尚未完成的时候，住在办公室，驰骋北大街的拖拉机总是吵他，难以作其小说，遂一再动怒。有一天，他臂交胸前，认真地说："我当了国家主席，第一号令便是消灭这些铁器！"20世纪90年代，依据对知识青年的相关政策，他携妻女返北京了。离开西安之前，他清理了办公室，把自己久坐的一把椅子砸了。孙是工科出身，研究阴道镜，到出版社来实难，不过他终于快乐退休，素有活力。陶是美术编辑，一旦深圳招贤纳能，便携夫人而骏奔。我在出版社工作了18年，积稿和图书档案颇多，去岗之际，我把它们分门别类以时间顺序作了整理，郑重交办公室。我连出版社的热水瓶的一个木塞也不带走，何况北大街的一片云。然而经北大街，我总是感慨万千，沉而吟之。

北大街隶西安市莲湖区。

正 学 街

正学街南起马坊门,北抵西大街,长180米不足,宽5米不足,小小的,真是短且窄。

但它的位置却极为优越。站在正学街南端,左顾可见竹笆市,右盼可望南院门,走到其北端环视,西大街、鼓楼、钟楼,便尽收目中。国槐两行,青砖铺地,以禁行汽车,遂有数鸡游食,处于闹市,竟享受了乡野的幽静。

这里的商业颇为兴旺,主要经营锦旗、标牌、灯箱、名片、篆刻、印刷,还有剧装之类,悄然交易,总是显得安宁。

铺子几乎都在西半边。进入正学街,便看到各家门前挂着作为样品的锦旗。有意思的是,他们多悬锦旗在树上,遂成绚丽气象。西半边的房子皆为二层,砌砖为墙,斜坡作顶,瓦有蓝有红。房子与房子之间没有空隙,伙墙高檐三尺余,便是彼此的分界,也是一种装饰。铺子在一层,攀梯上二层可以坐卧居之。两堵伙墙之间为一户,一户往往要隔成三个铺子。刘庆76岁,他家的房子是抗日战争胜利以后,其父亲花三千大洋买下的。父亲从山西过来,当年开诊所镶牙赚了钱。他家的铺子现在也出让了,自己不经营。经营铺子的多是河南人,有一个干瘦的男子在门前溜达着揽活,我问:"情况怎么样?"他说:"差不多吧!一家吃了,喝了,租金交了,还能落几个!"

正学街一带绝非等闲之地。唐,这里是皇城,大约尚书省礼部在此。至宋,理学大师,陕西眉县横渠镇张载,立正学社于斯,宣扬真理,吕大钧曾经受教,并得其传。至元,许衡任京兆提学之职,也是理学家,尝在此讲学。到元仁宗延祐元年,1314年,有士为纪念许衡的学术活动,在此筑鲁斋书院。许衡,字仲平,号鲁斋。鲁斋书院颇为宏阔,设祠祭许衡,当然也祭张载,还祭一些乡贤。朝廷赐其书籍,拨给学田。以这一带多有知识分子往来,书籍的梓版刻印便很发达,并腾声三秦。至明,鲁斋书院荒废既久,故址半为民居,秦简王朱诚泳指示迁民别居,在此立正学书院,并在旁边营造小学,让军校子弟读书。具体主持的,是明大臣杨一清,其为山西按察佥事,以副使督学陕西,时在明孝宗弘治九年,1496 年。正学书院在明西安府长安县治东南,今之陕西地方志馆与中国共产党西安市委员会大约都是它的辖区。曾经砌有围墙,装门两重,横渠祠在前,会馔之所在后,左右为学生诵览之精舍。有明一代,陕西的进士多于斯而出。至清圣祖康熙元年,1662 年,总督部院署

正学街

拓展，用正学书院故址，正学书院便倾向式微，不过它仍在。清圣祖康熙六年，1667 年，贾汉复为陕西巡抚，他在任上还对正学书院作了一次修缮。到清德宗光绪二十八年，1902 年，正学书院以北起亮宝楼，成为文物古玩陈列之处。中华民国四年，1915 年，陕西省图书馆从梁府街，今之青年路，移入南院门街的劝工陈列所，也就是亮宝楼的南院。2001 年陕西省图书馆从西大街迁长安路，2009 年这里改为陕西省地方志馆。

鲁斋书院在清德宗光绪十一年，1885 年，得到恢复，此为咸宁县令樊增祥之功。他在今之东关长乐坊一带建了鲁斋书院，可惜遗址已经无存。

正学街在清末是一条小小的道路，因为满是毛笔铺子，世称毛笔巷。到中华民国二十一年，1932 年，凿空毛笔巷的南端，改其为正学街。随着社会的发展，这里渐兴印刷店，一度甚盛，当然也有百货竞售。

1949 年以后，公私合营，政府动员印刷店悉进东大街的解放市场，以方便管理。正学街的生意骤然绝迹，两边的铺子都成了宿舍，有人还把灶台盘在自己门前，实际上门前就是街。1966 年，改正学街为反帝一巷，到 1972 年又恢复正学街。

1978 年以后，社会巨变，正学街有人把一层的房子改为门面，再做印刷店。其从无到有，从少到多，慢慢成了气候。20 世纪 90 年代，有人发现锦旗需求大，遂经营锦旗，又制作标牌，终于使正学街发展为此类商业的集散之地。早就发了财的人，要做更大的生意，便出让铺子，收其租金。

东半边改造了，其高楼庞然遮天，形成威势，不知道西半边这些朴素的蓝瓦红瓦常常落着树叶的房子，能否保留下来？

正学街隶西安市碑林区。

案板街

案板街毫无城市的派，也几乎没有故都的严正，充盈它的完全是一种平凡得仿佛小镇所具的生活气息。

街两边的门面经营百货，广告杂出，五光十色。有人坐在小凳上频频转着眼睛，随时准备给手机贴膜。街南口一带，有报亭，烤肉摊上总是围着几个大啖脍炙的壮汉，好吃油炸豆腐的多是服饰时尚的姑娘。街北口一带经常会并停几辆摩托车，司机歪着身子彼此聊天。有人想赶路，价码论定便跨腿而坐，一按油门，摩托车遂若箭离其弦，飞向目标。偶尔起盗，只听一声："抓小偷！"四下齐应："抓小偷！"便有众勇把小偷挤在墙角揍一顿，缴了赃物，以还失主。

21世纪以来，此街发生的两个命案，影响甚广。2004年8月12日下午4点15分，街北口突然出现四五个青年持刀冲向一辆面包车，其窗玻璃骤碎。车里三四个青年争先而下，鱼贯而逃。持刀的四五个急追，冲上去砍死一个，砍伤两三个。俄顷紧张，不过半小时以后这里一切如故。2012年6月21日下午6点刚过，在街南口一个姑娘与一个收破烂的小伙子相向而行，以身体触碰发生口角，小伙子便从架子车上抽出菜刀，连连向姑娘脖子猛砍。姑娘旋死，小伙子收起菜刀再放回其架子车上，绕钟楼向北，至西华街一带见花园有水，便从容洗其菜刀。警察逮捕他问："为什么杀人？"他说："我不想活了。"尽管如此，案板街自有热闹和繁华。

案板街在唐皇城之内，当颇为壮丽。不过唐昭宗天佑元年，公元904年，佑国军节度使韩建缩建长安，筑为新城，百姓遂渐渐汇集，从而民宅连片。虽然案板街在明西安城里，并靠近钟楼，但它却处明秦王府之外，偏向其西南。

清建满城，圈案板街于其中。至中华民国，一旦拆除满城，这一带便扩民宅，兴市场，终日熙攘。它经历了1949年以后的所有变迁，1966年改其为工农街，大约不妥，遂在1972年恢复为案板街。

案板街之得名，在清世祖顺治年间，有各种各样的案板于斯盛售。木有香，案板街应该久飘木的味道。不知道何时案板无售的，而且断然而绝。2012年10月24日我走此街，甚至20世纪80年代之后我多次过此街，从未发现一块案板。

此街长大约235米，宽大约8米，南发东大街，北抵西一路，明显从南向北倾斜。因为比较短，举目而望，一看可以看透，二看可以看清。在案板街南口，左瞻东门，右视钟楼，都很方便，不过男女相拥如流，尽是脸和背，也没有什么能悦目的。移趾穿东大街就是骡马市，然而骡马市不像案板街有浓重的烟火气息。出案板街北口，西行可以往北大街去，东行可以往南新街去。案板街只有两三棵树，不过进入东大街或西一路，皆国槐成列，漂亮得很。

案板街之东之西多有庞然建筑。过去的唐城百货大厦，现在的国美电器唐城店、西安市新城区中医医院、博通吉庆酒店、南方酒店，悉在街东。在博通吉庆酒店和南方酒店之间，还有一条窄细狭小的吉庆巷，东西向，引伸社区。德发长酒店、交通银行、易俗大剧院，咸在街西。给案板街增以文化特色的当然是易俗大剧院，制水磨石为磴，15阶，分两平台，可以登临前庭。有方柱10根，顿使其大显宏阔之势。金碧辉煌，檐牙高啄，尤出雅韵。

案板街隶西安市新城区。

案板街

咸宁学巷

咸宁学巷又短又窄，是小小的一条巷，然而小有小的特色，并能以小见大，折射文化之丰富。

明清以来几百年，西安府是以咸宁县和长安县东西分治的，其大体以钟楼及南大街与北大街一线为界，东为咸宁，西为长安。西安府学是西安府所立之学校，在今之西安碑林博物馆一带，遂有府学巷。随之而来的是咸宁县学，在府学巷以东，得巷为咸宁学巷，长安县学，在府学巷以西，得巷为长安学巷。

西安府学、咸宁县学、长安县学，此三学并列，其所驻之巷同抵之街曰：三学街。三学街东西向，东起柏树林南口，西至安居巷南口，显而易见南城墙。

咸宁学巷长156米，宽10米左右，南北向。南自三学街，北有屋舍相阻，属于尽端式之巷。喜欢这里，遂经常在此走一走。国槐三四棵，泡桐三四棵，柳一两棵，紫藤几丛成篷。冬洒阳光，灿烂温暖，夏有荫庇，幽深清爽。两边是民宅，尽有庭院，可惜近年多改造成了铺子，一般高不过两层。其或是前店后宿，或是下店上宿，主要经营字画、碑帖、玉器、笔砚，也有一家饭馆吧。不旺不息，不俗不闹，安静而风雅，是难得的大有意味之地了。

在西安要寻找传统的建筑，欣赏它的一种空间布局，或是感受其文化，我以为三学街、咸宁学巷、长安学巷，及其两边的民宅当是珍贵的标本。因为它还活着，尽管也是一副苟延残喘的样子。

三学街是公共场合，男男女女，三教九流，白皮肤或黑皮肤，互不相识，偶有巧遇，可以匆匆而过，可以徙倚徘徊，比较自由。但咸宁学巷却属于邻里场合，保持有公共元素，不过也注入了一坊之间且团聚且约束的元素。咸宁学巷两边的民宅显然是私密场合，属于家庭成员的活动之地，想做什么就做什么，身心完全放松。这样的一种三级结构，既有所区别，又把社会、邻里和家庭融为一体，是一个情理兼容的复合环境。想起来此生活是具其诗意的。

遗憾20世纪50年代以后，此生活发生了变化。过去咸宁学巷皆为独门独户，院门在外，庭门在里，人进院门，绕照壁再进庭门，以登堂入室。房子是坡顶苫瓦，土漫其墙，屋檐面巷，有错落感、亲切感。以财富瓜分之故，突然一门多户，尤其人多破壁以作铺子，更在这几年变平房为二楼，甚至三楼，只在北之尽端剩下了一座不开铺子的庭院。尽管如此，咸宁学巷仍为难得的标本。

咸宁学巷

三学街向南，翻南城墙再向南，在唐长安务本坊一带，今之永宁门外，长安路北段偏东，设有唐政府的大学。宋降为府学，元沿袭之，明和清也作府学。府学也好，咸宁县学与长安县学也好，都当在西安城墙以内，并应该筑孔庙，就是现在的西安碑林博物馆一带。

　　曾经有士感于这里的风水，集资在咸宁学巷修建了一座奎星阁，供奉香火，向主宰文运的神祈祷，以赐智慧给西安的才俊。然而有人扩充自己的房子，起其墙，升其壁，无视奎星阁的价值，竟把它包围了。白先生说："小时候，我远近都可以看到奎星阁，还在它周边玩耍。现在看不见了。只有登上南城墙才能看见。"

　　我甚为失落，不过还是按白先生所示，买票登上南城墙，调整角度，探而望之。终于发现民宅之中藏有奎星阁，它显然矮了下去。

德福巷

在西安喝茶或喝咖啡，到德福巷去是一个风雅的选择。西安遍地都有茶馆和咖啡屋，酒店的品位应该更高，会大摆时代的豪华，然而德福巷以纯粹而胜出。其自头至尾，长500米不足，宽20米不足，铺子竟达30片有余，经营的多是茶和咖啡，氛围颇浓，甚至每扇门，每扇窗，都闪招徕的脉脉之情。

西安的道路街巷，或大或小，多是直的，不过德福巷一弯再弯，遂有趣，生曲径通幽之妙。铺以青石，脚踏上去，有沉厚感，也有坚定感。两棵国槐，一棵皂角树，别的都是合欢花树。

在唐，这里为皇城所辖，太常寺位于今之湘子庙一带，其掌礼乐、效庙和社稷。韩建整合长安以后，此处渐为民宅。在明，这里有黑虎阁，遂为黑虎巷。清改为德护巷，志在教化。中华民国改为德福巷，并沿袭到现在，是吉语，具福赢德兴之意。

虽然愿嘉，不过德福巷一直阴之如涧，深之如谷，井台辄生苔藓之绿。打了水，桶蹲车上，拉向各户，除了轱辘在响，一片安谧。然而十分的干净，总是墙身刷白，墙裙刷灰。1995年德福巷得到改造，专售茶和咖啡，以吸引越来越多的中产阶级于斯休闲。

其南起湘子庙街，北抵粉巷，两端皆立青石所作牌坊，书曰：德福巷。韩湘是韩愈之侄孙，尝有学历，并获职位，不过好道并成仙，遂多有追随。唐德宗年间，其携妻尝居于斯，之后崇拜之徒便筑湘子庙，以祀韩湘。湘子庙街者，以湘子庙而成也。德福巷拂一棵柳树而过，贴其庙墙向前，以示它的全貌。

德福巷呈古调，两边的房子几乎都是小瓦斜檐，当然也显老派，但这里

德福巷

的茶馆和咖啡屋却尽染欧洲之色。壁炉拟燃，廊柱矗立，拱门、落地窗，有的作哥特式尖顶，尤其是自暮春至深秋，众铺子会在门外窗前搭起凉篷，把条桌或圆桌搬出来放之于青石上。霓虹灯明而渲晕，风笛声或铜号声隐隐约约。西安不自吹，不自擂，便展现了一种时尚，一种浪漫，一种文化的宽容，一种东方之中的西方，西方之中的东方。

一年之中，初夏的德福巷最为潮，一天之中，黄昏的德福巷最有味，是因为这时候要一壶茶或要一杯咖啡，坐在临轩的二楼或三楼，赏蜂蝶戏蕊，望云霞横空，会觉得天长地久，心旷且澄。

有一个故事流传极远。一家传媒公司的主管，曾经约其女朋友到德福巷去喝咖啡，不幸女朋友途中遭遇车祸而亡。其为钟情之士，不管多么忙，三年如一日，他每天会在这里要一杯咖啡等他的爱，等了整整三年。还有一个故事正在进行之中，遂知道的寥寥。一位作家久在德福巷的一个茶馆写其小说，共三部，不过他认为陈忠实和贾平凹誉满三秦，现在发表自己的小说，即使艺术质量比陈贾的高，也将被陈贾所淹没，卒要伏之于下，所以存储密室，敬待天机。呵呵，它是怎样的小说呢？有这样谋事的吗？

这里也有酒吧，并备音响，以应饮者的狂欢。

德福巷

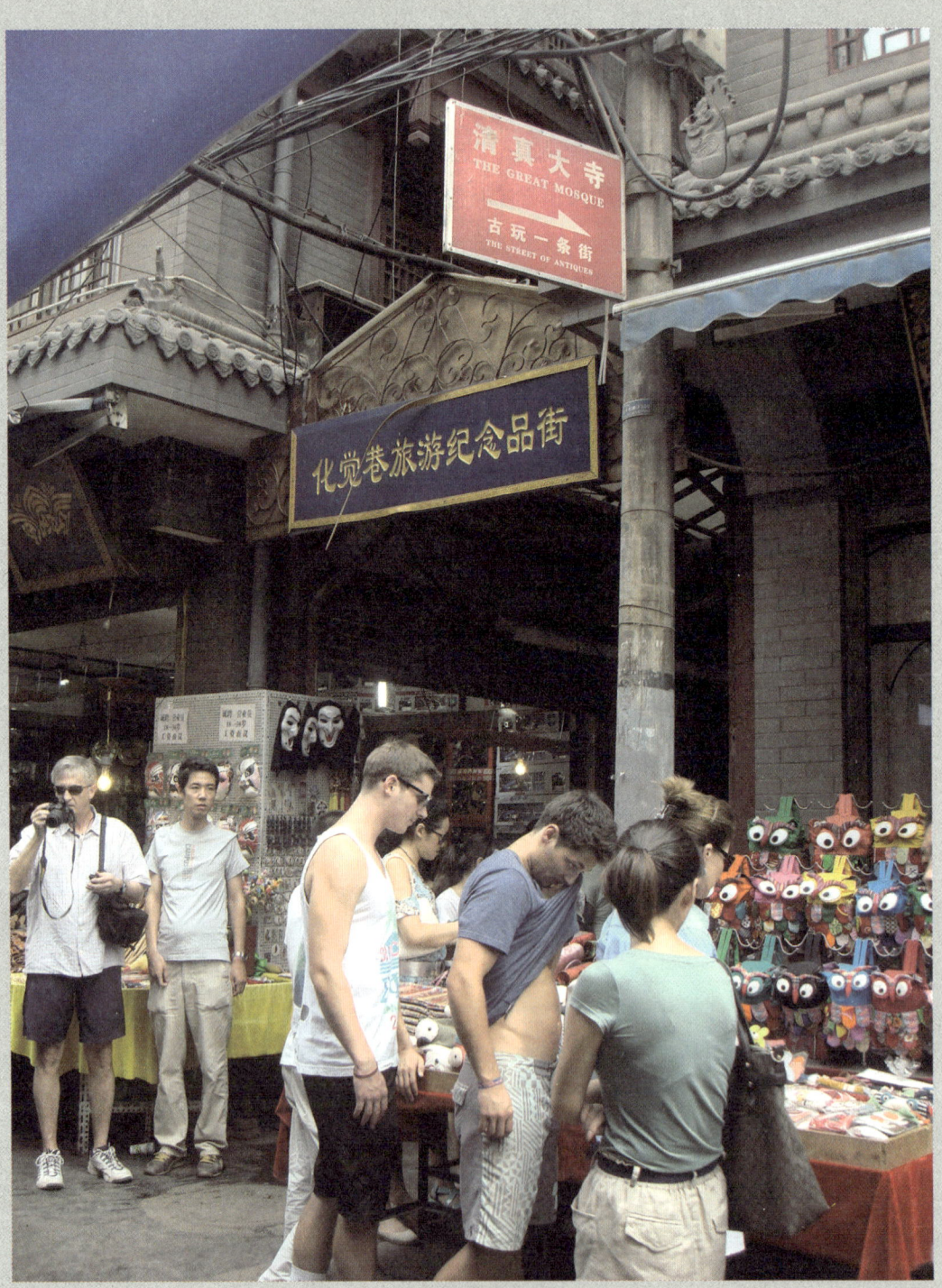

化觉巷与西羊市

化觉巷

西安有数万回民，集合而居，主要生活在由西大街一线与北大街一线构成的扇面之中，其家多安于这里的化觉巷、西羊市、大皮院、小皮院、大学习巷、小学习巷、洒金桥、香米园、大麦市街。回民喜欢食牛羊肉和含糖的豆糕，男好穿中式对襟上衣，戴白色平顶圆帽或黑色平顶圆帽，体貌魁梧，行动敏捷，女习惯用纱巾或丝巾包其头发，利落清爽，庄重大方。他们经营餐饮，销售杂货，也以三轮车往返送客，不欺生，有热情，信仰伊斯兰教。入区见俗，俗有特色。

化觉巷南以鼓楼始，北以西羊市终，属于南北向，大约300米长。

我在晚上走过这里，铺子都关闭了，惟见门面相逼，显得窄而幽深。几乎不遇人，偶有人出户入邸，庭院的灯光乍现并闪烁，顿生异乡之感。

不过白天的化觉巷，大为热闹。早晨八点以后，铺子便陆续开业，一店挨一店，东一排成片，西一排成片，漫延而去。满目琳琅，顾而不及。自由选项，然而归纳起来大约有玉器、瓷器、铜器、字画、包箱、服饰，及各种各样的工艺品。他们把生意的希望寄托在旅行西安的人，尤其是到清真大寺来的万邦之士。清真大寺古既有之，久为这一带的穆斯林礼拜之堂，其东墙就是化觉巷西沿的一段。看起来生意颇为灵活，也卖毛泽东的石膏像，也卖印有美国总统奥巴马喷绘像的套头衫。奥巴马很滑稽，其戴一顶红五星帽子笑着，胸上有毛泽东语录：为人民服务。

西安的回民难免自云自古就在此地界生活，那么自古是什么时候呢？实际上西安的回民有三个来源：其一，7世纪上半叶以来，有信仰伊斯兰教的信徒，包括阿拉伯人和波斯人，在唐长安定居的。其二，经唐帝国同意，帮助唐军平息安史之乱的大食或波斯官兵在唐长安定居的。其三，中亚的九姓胡

化觉巷

长期从事商贸活动，从而在唐长安定居的。他们应该是西安回民的先辈。不过他们并非在唐就生活于西大街一线和北大街一线构成的扇面之中，因为此地界那时候属于唐皇城的门下省外省，朝臣于斯辅佐天子，处理政务，非卿相不可登临。韩建筑其新城以后，门下省外省一带才渐为百姓所用。资料显示，回民集合于斯，是宋以后或元以来的事情。欧洲封建主十字军的东征、元太祖成吉思汗的西征，都促进了原住西域的穆斯林向中国迁移。西安在丝绸之路的起点，定居于斯，当然是合适的选择。

作为回民之坊，化觉巷当形成于明清，不过它在昔日没有现在这样繁荣。20世纪80年代之前，此地界也十分平静。一个穆斯林朋友告诉我：化觉巷的生意是中国改革开放以后才慢慢发展起来的。一旦有人到清真大寺来，商贸之机便出现了。开始只是几个剪纸的，几个摆摊卖工艺品的。有规模且有气候的生意，是近年才蔚为大观的。

经济活动显然改变着回民的生活方式，其突出表现在如何教育他们的子女上。化觉巷小学一向多有回民孩子读书，不过现在草木竞长，教室荒寂，数年没有读书之声了。家长都把孩子送到别的小学和中学读书了。

化觉巷之得名，在1972年。它在明清为花角巷，其靠近西羊市的一段尝为子午巷。它在中华民国有一度为化觉寺巷。

丝绸之路

丝绸之路的起点在长安。

此贸易之路是由汉政府创建的，唐政府得以发扬。不管是汉长安，还是唐长安，使者和商贾总要从长安出发，过渭河，至平凉，在金城，今之兰州，乘皮筏渡黄河，进入河西走廊。

贸易之路分为三道：其一，经河西走廊，出敦煌，循天山南路之北道，越高昌，今之吐鲁番，焉耆，龟兹，今之库车，疏勒，今之喀什，翻葱岭，到安息—波斯，今之伊朗。其二，经河西走廊，出敦煌，循天山南路之南道，过鄯善，于阗，今之和田，翻葱岭，走吐火罗，今之阿富汗北部，到北婆罗—天竺—身毒，今之印度。其三，经河西走廊，出敦煌，循天山北路，经伊吾，今之哈密，蒲类海，今之巴里坤，西突厥可汗庭，今之巴尔喀什湖南部，往东罗马帝国去，就是拜占庭帝国。天山北路是唐开辟的，当然也是南北朝以后渐渐形成的。

实际上贸易之路是军事战略的意外收获。匈奴是一个以蒙古高原为基地到处扩张的游牧民族，公元前3世纪，吸收了金属文明，强大起来，遂觊觎中国。秦始皇三十二年，公元前215年，有图书曰：亡秦者胡也。秦始皇便遣将军蒙恬发兵浩浩，北上抗胡，筑长城以拒止之。胡者，匈奴也。汉以长安为国都，然而匈奴一再侵犯。汉高祖七年，公元前200年，匈奴与汉奸里应外合以占太原，刘邦率兵亲征。遗憾在平城白登山遭匈奴包围，七日得逃。娄敬遂提议和亲，以应对匈奴，汉高祖采纳了。数代之后，汉武帝见经济发展，实力剧增，便决定打仗，以完全解除匈奴之威胁。西域有大月氏，匈奴曾经以其王之头为饮器。汉谋士认为，大月氏不可能不对匈奴生深仇大恨。汉武帝便征募英雄，以联合大月氏，两边夹击匈奴。应者甚众，以汉中人张骞胜出，遂出使西域。汉武帝建元三年，公元前138年，张骞带随从一百余人西行寻找大月氏，千难万险，终于在妫水，今之阿姆河一带看到大月氏王。可惜他们对生活颇为满足，不愿意打仗。凡13年，张骞返长安。汉武帝元狩四年，公元前119年，为了连乌孙，断匈奴的右臂，张骞受命再出使西域。团队盛壮，然而乌孙人也不愿意打仗。不过其高兴建立关系，这也行。借在乌孙的机会，张骞还派副使接触并联络了大宛、康居、大夏、安息—波斯，今之伊朗，北婆罗—天竺—身毒，今之印度，大月氏，这当然更好。基于此，司马迁认为张骞之举为凿空，足见其伟大。资料显示，汉武帝元鼎四年，公元前114年，中国商队沿此路进入安息—波斯，开始了贸易活动。

既然是贸易之路，就会彼此通其有无。从长安西去的货物主要是丝绸用品，还有桃、梨、杏，还有漆器、瓷器。随之传播的还有凿井术、冶铁术、造纸术、印刷术，还有老子的理念。东来到长安的货物有葡萄、苜蓿、黄瓜、石榴、菠菜、西瓜、棉花、乳香、胡麻、胡椒、胡桃、琥珀、珊瑚、玻璃、昆仑山之玉、兽皮、汗血马、狮子、驼鸟。随之传播的还有魔术、音乐、舞蹈、雕塑及其宗教信仰。丝绸之路时盛时衰，从公元前2世纪至公元13世纪，共1500余年，为十分珍贵的世界文化遗产。

张骞有凿空之功，然而使者商贾相望于道，非一世可成。北地人傅介子经汉政府同意出使西域，其不兴师动众，割下楼兰王的头，另立楼兰王，以斩断楼兰与匈奴的勾结。扶风人班超率36吏士，在鄯善杀烧一百余匈奴使者，

张骞出使西域图

巩固了鄯善与汉政府的关系，又在于阗诱劈巫师，不得不使于阗附汉，并巧让疏勒隶汉。班超接着联合疏勒、康居、于阗、拘弥，破姑墨之石城。一年以后，陆续败莎车、月氏、龟兹、姑墨和温宿，讨伐焉耆以降服。班超凡30年，战斗在塞上，遂使西域诸国毕属于汉，其勇莫大焉，智莫大焉，忠莫大焉。然而匈奴也要控制西域，并反复驱马寇边，别的游牧政权也左右摇摆，东倒西歪。以经营西域花费甚多，有大臣主张放弃西域，并闭其玉门关和阳关。受邓太后支持，汉政府遂派班超之子班勇驻兵柳中。其镇抚龟兹，平定焉耆，逼退了匈奴，从而使丝绸之路大畅。王玄遵唐政府之命，克服困难，三赴印度，也自有维护丝绸之路的光荣。

丝绸之路的终点是黎轩——大秦，今之罗马。中国丝绸薄如蝉翼，轻如灶烟，抚肌亲肤，令罗马贵族十分喜欢。资料显示，凯撒、奥古斯都、尼禄、君士坦丁和查士丁尼都穿过以中国丝绸所做的衣服，并赞赏有加。罗马贵族好豪华之生活，没有中国丝绸用品当然算不上。可惜中国的丝绸是经过印度人、阿拉伯人，特别是经过安息人之手到罗马的，这增加了贸易的成本。中国人也意识到把丝绸直接送到罗马，其利润更丰，遂想摆脱安息人。汉和帝永元九年，公元97

丝绸之路略图

年，汉政府大臣甘英出使大秦，到了波斯湾，准备渡海而去，这时候奸诈的安息人说："其水浩大，到大秦顺风需三月，逆风需两年。波涛汹涌，前途莫测。"甘英遂未能渡海。实际上由波斯湾至大秦，已经很近了。

当此之际，罗马人发现了到中国来的海路：利用印度洋的季风，从亚历山大港扬帆至南海。至南北朝，中国商船出南海，经阿拉伯海，进入了波斯湾及美索不达米亚。海路的发现，也标志着丝绸之路在唐朝达到高峰以后，转而式微。

种桑养蚕是中国固有的农业技术。在神话中，它是黄帝之妻嫘祖的发明。以文化人类学考察，它在新石器时代就产生了。历史文献有征，它在商得到了发展，在周，尤其是进入春秋以后，长江流域和黄河流域已经普及。诗曰："南山有桑，北山有杨。乐只君子，邦家之光。乐只君子，万寿无疆！"又曰："蚕月条桑，取彼斧斨，以伐远扬……"王侯遂常穿丝绸所制锦衣华裳。

中国以丝绸出口西域诸国及罗马，他们不但喜欢，而且对此技术梦寐以求。为了得到蚕桑，在公元前2世纪之后的几百年间，他们下足了功夫。据玄奘所叙，

3世纪初期，瞿萨旦那国几次请求赐予蚕桑，未果，遂孜孜求婚。一旦汉朝同意嫁其公主，瞿萨旦那国王便秘嘱迎妇使臣，让公主带上蚕桑之种。公主便将蚕桑之种藏在帽子里，躲过了边境检查。从此西域有了蚕桑，并传播于小亚细亚。据普罗科庇斯所叙，5世纪中叶，罗马皇帝查士丁尼派了两个修士在中国活动。其巧取蚕卵，并偷偷装进中空的手杖，悄然返乡。从此欧洲有了蚕桑，随之他们迅速掌握了抽丝纺绸的知识。

丝绸从长安出发，经西域，渡波斯湾，过地中海沿岸，至罗马，实为艰难。也许欧洲人对此贸易之路印象深刻，久有琢磨，这感染了德国地理学家费迪南·冯·李希霍芬，他在1877年提出了丝绸之路的概念。实际上此路正是玉石之路，在进行丝绸贸易以前，玉石早就沿此路东入西出了。我不服，想呼其为玉石之路。然而丝绸之路已经为世界承认，它也是李希霍芬的研究成果，何必要争高争低，否定丝绸之路呢？

不认识丝绸之路，也就不能有效认识东方与西方的交往，认识东方含西方，西方含东方，也就不能有效认识中华文明是如何形成的。可惜我只考察过丝绸之路的一段：河西走廊。这是汉武帝的将军在公元前2世纪打下的，以霍去病为首功。汉武帝元狩二年，公元前121年，在这里设武威郡和酒泉郡，以后划武威郡地置张掖郡，划酒泉郡地置敦煌郡，并徙民以充实之。汉政府还开玉门关和阳关，以作边境管理。

逾越乌鞘岭，便是开阔的河西走廊了。南望祁连山，北眺马鬃山、合黎山、龙首山和黑山，想象乌孙人、月氏人、粟特人、匈奴人、羌人、突厥人、

敦煌鸣沙山

玉门关是汉通往西域的交通门户之一

党项人和汉人在这里彼此争夺,不禁感慨万千。草原犹存,也偶见牛羊。阳光之下,旷野呈现着一种稀薄的呼吸。汉唐的烽燧和土墙尽管残断为点,湮灭无几,不过一旦看到,仍让我心有潮荡。吟唐人之诗,尤其诵班超上皇帝书之言使我动容。他说:"臣不敢望到酒泉郡,但愿生入玉门关。"班超在塞上工作几十年,70岁了,老了,他想家了。

唐长安的大学

唐朝的大学,在唐玄宗时增加了一所广文馆,不过唐之大学一般指国子学、太学、四门学、书学、律学,算学。此六学皆隶国子监。其为唐政府主管的教育机关,驻长安城的务本坊。

国子监制度并非固有,也并非不变。它在唐高祖时为国子学,隶太常寺。至唐太宗贞观元年,公元627年,国子学从太常寺独立出来,为国子监。唐高宗时,先改国子监为司成馆,后又恢复为国子监。至唐武则天光宅元年,公元684年,再改国子监为成均监。武则天崩,唐中宗即皇帝位,遂又恢复为国子监。事在唐中宗神龙元年,公元705年。

国子监制度终于成熟稳定,并得以延续一千余年,至清。清末废科举,遂立学部,出现了大学堂,于是国子监就只掌文庙辟雍典礼。到中华民国,以教育部取代清之学部,蔡元培为首任教育总长。

唐太宗贞观四年,公元630年,在国子监立孔子庙,以向圣人致敬。唐也有二石经立国子监,一是唐玄宗所书并作序且作注的台石孝经,二是唐文宗支持所制之开成石经,以供生员学习。黄巢攻掠唐长安,孔子庙尽为灰烬,惟二巨碑得以存焉。韩建缩建长安城,当弃便弃,不过他将台石孝经移入,以免其废。过了几年,刘郡在长安执政,又把开成石经移入。此二巨碑现在藏西安碑林博物馆。

国子学是唐朝的最高学府,设国子博士5人,正五品上,设助教5人,从六品上。一般百姓子弟,不当有入国子学的念头。国子学所招生员,包括三品以上子孙若从二品以上曾孙、勋官二品之子、县公和京官四品带三品勋封之子。显然,全是贵族。其以儒家经典为课业。

太学也是唐朝的最高学府，设太学博士6人，正六品上；设助教6人，从七品上。太学所招生员，包括五品以上子孙、职事官五品期亲若三品曾孙、勋官三品以上有封之子。留学生多在太学读书，凡高丽、百济、新罗、日本、高昌、吐蕃，都曾经有生员于斯学习。也以儒家经典为课业。

四门学属于高等学府，设博士6人，正七品上；设助教6人，从八品上；设直讲4人。四门学所招生员，包括勋官三品以上无封之子、四品有封之子、七品以上之子。庶人之子，有奇才的，也可以入四门学。仍以儒家经典为课业。

律学是培养司法人才的学校，设博士3人，从八品下；设助教1人，从九品下。律学所招生员，为八品以下之子和庶人之有学青年。

书学是培养书法人才的学校，设博士2人，从九品下；设助教1人。书学所招生员，皆为普遍官员之子和庶人之聪明青年。

算学是培养天文学和数学人才的学校，设博士2人，从九品下；设助教1人。算学所招生员，也是普遍官员之子、庶人之聪明青年。

广文馆也属于唐朝的高等学府，设博士4人，正六品上；设助教2人，从七品上。在此专门培养国子学中攻进士科的俊杰，庶人之子是免进的。

唐朝近乎300年，不同阶段所招生员不尽相等。唐太宗时，生员多达3260人。唐玄宗时，生员也多达2210人。安史之乱以后，生员锐减，反映了社会的盛衰之转。一般四门学生员最多，足有生员500人，书学生员最少，有时候仅仅10人。年龄14岁以上，19岁以下，律学可以放宽到18岁以上，25岁以下。

国子监的主要职务构成是：祭酒1人，从三品；司业2人，从四品下；有丞1人，从六品下；主簿1人，从七品下；录事1人，从九品下；府7人，史13人，亭长6人，掌固8人，典学18人，庙干2人，大成4人，其编制颇简。国子监祭酒固然不如三省六部重要，不过此职务掌儒学训导之政，尊荣之至，非硕儒定不授之。

韩愈为文学家和思想家，一生有数次用事国子监，其经历显然携带着这个教育机关的幽情。

他34岁赴长安候选，得授四门博士。其素怀救世之思，也希望富贵，俸薄之岗位难以养家，遂使他郁闷。然而对求学问道的青年，他竭心尽力，敢于以师自居。有感于17岁的李蟠坚持执弟子之礼，他说："弟子不必不如师，师不必贤于弟子，闻道有先后，术业有专攻，如是而已。"其举一反好为人师之戒，震动朝野，有士侧目，有士骂，但韩愈的弟子却越来越多。几年以后，他迁监察御史。

韩愈像

唐长安的大学

331

39岁，他在江陵法曹参军任上得授权知国子博士，可惜返长安不久便陷进了官场是非之漩涡，遂请司东都，赴洛阳。两年以后，韩愈任国子博士，不过洛阳的国子监甚为冷清。

唐宪宗元和四年，公元809年，韩愈迁都官员外郎，不过仍司东都，居洛阳。至唐宪宗元和六年，公元811年，得授职方员外郎，欣然奔长安。遗憾的是，旋以妄论华州刺史而改任国子博士。此间，他作文章尽情自嘲，并轻放其箭以射宰臣。有的观点已经是箴言了，他说："业精于勤荒于嬉，形成于思毁于随。"他说："动而得谤，名亦随之。"这些都特别耐人寻味。

53岁任国子监祭酒。以韩愈在长安的影响，国子监的生员多很喜悦，有的兴奋地说："韩公来为祭酒，国子监不寂寞矣！"虽然韩愈长国子监只有数月，不过他非常清楚问题之所在，遂进行了适度的改革。对太学，他请求常参官八品以上之子便允许入之。对四门学，他请求长安500里以内，无其资荫而有其才业之青年，允许入之。一旦放宽入学资格，非贵族之子便有了晋升的机会。除此之外，他还请求给庶人之子提供基本的经济保障。

务本坊北抵皇城，南界崇义坊，西连兴道坊，东接平康坊。有漕渠过其南与其东而流，想起来务本坊一定木茂草丰了。宋敏求尝有考察，指出其南北纵大约350步，东西横大约450步。今之考古测量认为，其南北500米，东西700米，面积35万平方米。

务本坊有进奏院、先天观，还有几个公侯的宅院，这些尽在东部，大约占其坊的一半。务本坊还有国子监，在西部，大约占其坊的一半。

出于强烈的兴趣，我夜觅国子监的踪影。它当在今之西安城永宁门以外，长安路北段偏东之区域。资料显示，务本坊处东后地与文艺路之间，如此，国子监的方位可以知道了。可惜再三相问，多不知道有东后地。终于在国槐下遇一老者，他指出，东后地就是仁义村一带。借光从西向东走过去，皆为高楼大厦，有世纪金花时代广场、香港宏信国际花园、大使级公馆、嘉仕堡国际公馆。其皆踞地戳天，看起来又强又霸。毫无痕迹，毫无感觉，遂彷徨于森然的钢筋混凝土建筑之下，心有所动，想呈一提案，请西安当局于斯立碑，注明：唐长安的大学在此。花一点钱，便存储了丰富的历史文化信息，不亦乐乎！

西北大学

西北大学有三校区：太白校区、桃园校区、长安校区。我是一个恋旧的人，总喜欢一些透露着历史感的事物，遂经常到太白校区去。

这里挂西北大学研究生院之牌，进校园走一走，有时候恰恰是夕阳残照，见学生背着书包匆匆而行，树不择地，有土便长，高过红瓦平房，甚至高过三楼四楼的灰顶，难免觉得衰败和荒疏。然而偶遇一棵搂不过来的国槐或白杨，仰望其冠，闻风拂绿，便顿生敬意，悄然要求自己谨慎一点，以防班门弄斧。

西北大学发踪于清晚期，当时国家内有腐败，外有犯难，遂起改革之意。清政府在教育上的变迁，便是推进现代化，以适应世界潮流。清光绪二十七年，1901年9月14日，有诏为："各省所有书院，于省城均设大学堂，各府及直隶州均改设中学堂，各州县均改设小学堂，并多设蒙养学堂。"到清光绪二十八年，1902年，于陕西巡抚升允任上，陕西大学堂成立，校址在西安城六海坊咸宁县和长安县考院，今之西安市碑林区柏树林街道东厅门85号西安高级中学一带。到清光绪三十一年，1905年，陕西巡抚曹鸿勋以学科不齐，学生程度不高，奏准将陕西大学堂改为陕西高等学堂。当时从日本延聘教习上课，学者足立喜六便是1906年到陕西来的，他业余考察长安古迹，之后有著作行世。

辛亥革命的成功，催生了中华民国。响应武昌起义的张凤翙，任中华民国秦军政分府大都督，旋即为陕西都督兼民政长。中华民国元年初，1912年春天，张凤翙提议创办西北大学，并成立西北大学创设会，亲任会长。其人素有将军之果敢，一经决定，遂以陕西高等学堂为基础，融陕西法政学堂，又融三秦公学，又融西安中等实业学堂，聚弱成强，谓之西北大学，以为天下，特别是为西北地区培养硕学宏材，并在1912年开门招生。我要补充的是：陕西政法学堂之前身为陕西课史馆,清光绪三十三年,1907年,在陕西巡抚曹鸿勋任上改之。三秦公学之前身为陕西中等农林学堂,郑伯奇的第一学历便是此学堂,清宣统元年,1909年创办,到1912年6月23日改之。此学堂之校址,初为陕西新军之营房,今是西北大学太白校区。西安中等实业学堂在清宣统二年,1910年,由西安知府尹昌龄所创办。

创设会推钱鸿钧为校长,校长聘文科学长崔云松、法科学长王芝庭、商科学长马凌甫、农科学长郗朝俊、预科学长康寄遥。虽在西北一隅,然而民主建制领风气之先。此真大学也。北洋政府教育部,以经费和妨碍普通教育为由责令中止,张凤翙无畏其压,临上层而不丧远志。此真君子也。中华民国三年,1914年,袁世凯竟硬调张凤翙离开陕西,命陆建章为陕西都督,陆遂遵袁世凯之意,逮捕校长钱鸿钧,任关中道尹宋焕彩为校长。宋校长当然驯顺,到中华民国四年,1915年,陕西都督便降西北大学为陕西法政专门学校,宋焕彩居然接受了,因为他的权力是分配而来的。袁世凯真是野蛮,大学真是悲哀!

中华民国十二年,1923年,任陕西省长兼督军的刘镇华,决定建设一个国立西北大学,并行筹备之事。刘镇华便以陕西法政专门学校为基础,令陕西水利工程专门学校、渭北水利局附设水利道路工程专门学校与甲种商业学校并入此校。到中华民国十三年,1924年1月,国立西北大学便立案成立,主持筹备工作的傅铜遂为校长。显然,此校也有恢复重建的意思。大学有一

西北大学旧址

西北大学旧址，今之西安高级中学家属院，鲁迅演讲处

个评议会，重大问题由以校长为首的有教授代表参加的评议会决定。中华民国十三年，1924年2月，此校正式招生，除陕西之外，考生还有来自甘肃的、山西的、河南的、北京的。这一年在国立西北大学所发生的盛事是鲁迅先生在此讲学。鲁迅讲中国小说之变迁，共六讲，讲了八天。为纪念此文学雅集，今之西北大学在其图书馆前敬立了鲁迅雕像，以作纪念。周围置有雪松、玉兰、柏、龙爪槐。此为当时国立西北大学与陕西省教育厅所合办的一次暑期活动，应邀讲学的其他学者有王桐龄、林砺儒、刘文海、蒋廷黻、陈定谟、陈钟凡、夏元瑮、李仪祉。

到中华民国十六年，1927年，以国民党和共产党的合作之需，国立西北大学演化为西安中山学院，刘含初任院长。学院设数课，其中有农民运动班、军事政治班、妇女运动班，显然，多是培训革命之士的。文献有征，苏联人塞夫林和乌斯曼诺夫于此变故发挥了作用。刘伯坚也参加了谋划。非常可惜，时仅隔年，国民党和共产党的合作便破裂。于是西安中山学院就改成了中山大学，此是陕西省政府责令的。事有其难，到中华民国二十年，1931年，中山大学遂为陕西省立高级中学。

由于日本侵略，20世纪30年代到40年代，中国北方的大学一度处于流亡状态。先是东北大学，初迁燕，1936年再迁西安，校址便在今之西北大学太白校区。后是北平和天津的几所大学。1937年9月10日，中华民国政府教育部第16696号令发布，以国立北平大学、国立北平师范大学、国立北洋大学及北平研究院为基础，合组为西安临时大学。长沙临时大学的成立，也据

此号令。西安临时大学不设校长，也不得不分居三处：一处在东北大学，今之西北大学太白校区；一处在城隍庙后街一带；一处在北大街通济坊一带。此大学之目的在乎收容北方学生，并推动西北高等教育的发展。虽为临时，不过教授如星，光明璀璨，有刘拓、黎锦熙、许寿裳、余坤珊、赵进义、张贻惠、金树章、黄国璋、徐诵明、黄觉非、尹文敬、寸树声、李建勋、袁敦礼、齐璧亭、周建侯、汪厥明、贾成章、刘伯文、李书田、周宗莲、魏寿昆、潘承孝、刘锡瑛、萧连波、张汉文、吴祥凤。当时有教授106人，我只是举出了一些主任教授而已。

战争形势不妙，这所大学还要徙汉中的城固。当是之际，也就把国立西安临时大学改为国立西北联合大学，这是1938年春天的事。国立西南联合大学也是此间所作。大学仍不设校长，不过有常务委员会，凡政策皆由此而出。

到中华民国二十八年，就是1939年，秋天，中华民国政府行政院决定将国立西北联合大学改为国立西北大学。归魂于体，当然至关重要。大学实行校长负责制，设教务处、总务处、训导处，胡庶华任校长。大学之职责定为：研究高深学问，陶铸健全品格，培养专门人才。日本投降以后，大学返回西安。实际上在1940年，中华民国教育部便决定西安为西北大学的永久校址。

国立西北大学在汉中城固期间，陈立夫以教育部部长之身，于右任以监察院院长之身，李宗仁以军事委员会汉中行营主任之身，赴大学视察。蒋介石尝为毕业生题词：械朴多材。英国科学家李约瑟博士也曾经到此作学术报告。

中华民国三十五年，就是1946年夏天，国立西北大学经过分批搬迁，终于全部返回西安。当时的教育部同意国立西北大学使用东北大学校址，校长刘季洪便派代表见胡宗南，其为第一战区长官，有兵驻东北大学。还算顺利，胡宗南令部队撤出，国立西北大学便在今之西安市太白路与环城路一带欣然安家。不过天下并未太平，共产党与国民党为谁主中国展开博弈，青年学生也分成了两派。然而精神活动是不会停止的，1948年1月10日，郑伯奇应邀在图书馆阅览室为学生作了一场报告，述其文学的经历，相当精彩。

国民党丧失民心，节节败退。到1949年5月27日，由主任贺龙，副主任贾拓夫、赵寿山和甘泗淇组成的西安市军事管制委员会派遣赵仲池为军代表，负责接收国立西北大学。虽然一度校长空缺，不过共产党的知识分子迅速加入进来，先是刘泽如，接着是侯外庐。学科将有所调整，然而毛泽东和刘少奇的著作是一定要学习的。

到1949年10月1日以后，国立西北大学便遵照中华人民共和国的教育方针行事。一旦稳定，军代表也就撤出。到1950年3月10日，政务院任命侯外庐为校长。此令由总理周恩来签发，足见此大学的分量。

自此，国立西北大学便随时代的发展而发展。有几件事我需要指出：一是1950年12月8日教育部决定，所有学校概不冠名国立、省立或公立，除非是私立，所以国立西北大学就改为西北大学了。二是1958年，西北大学由教育部直属大学改为陕西省主管，不过从1978年起，提升为国家的重点大学，现为211工程重点建设大学、省部共建大学、中西部振兴计划重点建设大学。三是1967年至1978年，西北大学设革命委员会，并执掌校务，到1978年才恢复校长之位。当时中国都如此，非斯大学特殊。四是1967年以后有几届招生不正常，有几年是推荐工农兵上大学，到1978年才恢复招生。不过这也是普遍情况。五是在"文化大革命"中，发生对知识分子的迫害，之后给其进行了平反。当然这也是形势使然，非一大学之所作为。

1959年，西北大学实行的是，在中国共产党西北大学委员会领导下的校务委员会负责制。1992年，实行中国共产党西北大学委员会领导下的校长负责制。其意指，校务由校长负责，不过大学并不是校长的。这也不是个案，中国的大学几乎都如此。

西北大学的建筑不是突然竣工的，无春笋逢雨的暴发样子。它的礼堂是20世纪30年代所造，蓝砖红瓦，有别致的圆顶。周边的平房大约是20世纪40年代的，低矮、朴素，然而门为拱形，显然注入了审美趣味。地质楼，1953年作。物理楼，1960年作，方砖大瓦，爬满了青藤。教学一楼或化工楼，1974年作，陕西省第一建筑设计院设计，西安市第三建筑工程公司施工，其灰调，有古色古香的门。图书馆，1958年营，经修缮以后用作文化遗产学院和历史学院，新的图书馆属于1989年再建的，外墙满贴瓷片，赫然呈现了20世纪80年代以来的一种质性。留学生楼，1992年作。科学研究楼，13层，几个立柱既见力度，又赋灵性，1993年作。此建筑高得有了超拔之感，颇增西北大学的气魄。

不过我还是喜欢那些老房子，流逝的光阴已经给它们注入了灵魂，虽然老，甚至有一点衰败，但它却能抑制人的轻浮。在西安城，惟有此大学保存了近百年以来，各个时段的建筑。缓缓地走过它们，望着它们，如读书，风云会轻轻而飘。保存这些建筑很难，尽管如此，凡有文化的人，谁也不希望有什么意志粗率地夷平它们，甚至杜撰一些堂皇的名义推倒它们。

到处都是花木，也不乏名贵的品种，然而楼前房后，只要给空间，就随便而生，散漫而长，懒得炫耀，争什么芳，邀什么荣。不过常常可以看到资深之树，有越过五楼的白杨，有越过四楼的国槐，有越过三楼的水杉。西门南侧的法桐干粗枝繁，扩张得略显霸气，北侧的石榴树一根数干，数干百枝，百枝千条，千条万叶，没有几十年大约不会生长成如此峻茂的样子，然而不见其老，更不见其朽。在几个方位都看到洋槐，还没有开花，然而已经含香了。也许是别的什么花的香，但我却总是感到它就是洋槐的花之香。洋槐都是扎

西北大学会堂

西北大学图书馆

堆的，并非伶仃的一棵，其光景都是几十年的势，几十年的态。也有雪松、白皮松、侧柏、刺柏、玉兰、棕榈，蔓延的竹，稀罕的楸，不过这里的花木看起来多是混居杂处，放之任性。当然也筑坛，也裁剪，但其花其木的总体与大局却是自在的，自主的，活得好！

建筑之间，花木之中，甬道笔直，曲径水弯，偶有老师走过来，不过多是学生往返。青藤之下，也有恋爱的男女，或是切磋学问的男女吧，肢体相亲而不失雅正。礼堂前的草坪广场，其茵朗然，学生有独坐一角的，有群围一圈的，有两两对踞的，沉思也行，剧论也行，私语也行，一派自由。有一天黄昏，我告别朋友，出图书馆，举目见夕阳染红，嫩绿的草坪广场有中国的学生，有外国的学生，尽显朝气，蓦地慨然有感，觉得自由乃人类境之至境，美之至美。

陕西大学堂应兴学强国思潮而生，西北大学以抵抗北洋政府而成，尤其是在1937年以后，从欧洲归来，从美国归来，从日本归来的赫赫教授携带着新知识和新见解，沉积或结晶为一种文化的传统，遂为惯性，推动力，影响力，挥之不去，消而不化，察之没有具象，适时便发正义之声。此大学自有一种道，一种精神。其源深，其流众，汤汤之水，向往瀚海。

研究此大学校长的衣服，是一件有趣的事。钱鸿钧是第一任校长，留学日本，提倡学术争鸣，亲自组织学生辩论，穿什么衣服，可以想象得到。他的任期是1912年至1914年。宋焕彩属于袁世凯的人，原任关中道尹，接任钱鸿钧为校长，要求老师安心教书，学生安心读书，他穿什么也可以想象得到。其任期是1914年至1915年。傅铜先留学英国，后留学日本，曾经在多所大学执教，他穿什么衣服，很容易明白。任期1924年至1925年。李仪祉留学德国。胡庶华留学德国。赖琏留学美国，在中华民国政府里工作过，颇为配合当局。刘季洪留学美国。马师儒留学德国和瑞士，以心理学和教育学为长。杨钟健留学德国，在古脊椎动物学之研究造诣极深，尝当选中央研究院院士、中国科学院学部委员，有国际声誉，在地质楼前有雕像以示景仰，任期1948年至1949年。他们都穿西装。穿西装的校长未必都是面向世界的，开放的，追求学术自由的，不过在中国，20世纪以来，西装已经是一种象征，往往社会倾向开放，目光面向世界，校长或各界之士，才穿西装。侯外庐任期1950年至1958年，曾经留学法国，尊重教授，擢拔俊才，著述大丰，特别是把马克思主义引入中国历史的研究，对中国文化进行批判性的总结，产生了巨响，甚至形成了一个侯外庐学派，是中国科学院学部委员，但他却穿中山装。刘端棻任期1959年至1966年，当然也穿中山装。高凌云为革命委员会主任，1967—1973，非常时期；苏贯之也为革命委员会主任，1973—1977，也是非常时期。他们都是穿中山装的。凡是穿中山装的，必然会严管风纪扣。郭琦任期1978年至1982年，拨乱反正，迅速过渡，所以他时而穿中山装，时而穿西装。巩起重完全是革命出身，然而只要需要，便能穿西装，而且能打领带。其任期1982年至1985年。张岂之先在北京大学哲学系读书，后在清华大学文科研究所读书，执教重庆川东教育学院、西北大学。其治中国思想史和中国哲学史，造诣颇深，著述极厚。活于思，敏于行，不拘泥，狂者进取，狷者有所不为，翩然之举，慨然之语，尤具国士之风。其任期1985年至1991年，当然穿西装。之后的郝克刚、陈宗兴、王忠民、孙勇、乔学光，多有项目，多获奖励，多是某个方面的专家，都穿西装。现任校长方光华博士，当然也穿西装。其以中国思想文化为研究方向，专治中国近现代学术思想及佛学与中国古代文化之关系，时有发现，勤以著述。所思宏阔，所为以矩，庄重不掩英气，端正不失变通，顶足以立柱，承足以横梁。

此大学素有读书以负天下兴亡之责的盛德。求真理，担正义，一以贯之。1919年5月7日，西北大学已经小化为陕西法政专门学校，不过其学生仍响应北京学生的运动，罢课、游行，以保护中国青岛，抵制日本商品。1926年1月14日，学生发出通电，反对日本以所谓保护侨民为借口出兵奉天，强烈抗议其出兵满洲。1939年3月，不但有学生，也有老师，纷纷开展签名活动，发出通电，讨伐汪精卫依附日本的叛国罪孽。1941年4月，学生在请求增加伙食贷金无果以后，面对训斥和迫害，昂然高喊："我们要吃饭！"便烧毁校领导的黄包车，砸毁其办公室，终于改善了伙食。1944年8月27日，蒋介石及中华民国政府动员知识青年从军，以增强抗战反攻力量，提出口号：一寸河山一寸血，十万青年十万军。群情激荡，仅仅西北大学就有学生253人报名，卒选50人入伍。地质地理系教授郁士元主动赴兵役机构，要求投笔从戎，媒体誉之为：此举乃抗战以来教授从军第一人。他也受到蒋介石的接见和慰勉。1945年，抗日战争胜利以前，尤在之后，学生骤然分为两个阵营，一方由共产党支持，一方由国民党支持，斗争久有，当时为烈，烈而趋明。1946年12月24日，北京大学女学生沈崇案发，此校立即行动，提出严办美国罪犯，高喊"打倒美帝国主义"并上街示威。1950年5月5日，世界和平理事会缔结了和平公约，学生发表声明，表示拥护，其上街扭秧歌、拉洋片、打快板、说相声，凡各层人物喜闻乐见的形式，无所不用，宣传抗美援朝之必要。1962年11月5日，足有2000名学生并老师游行，反对美国侵略古巴。1964年8月11日，老师学生浩浩荡荡上街示威，反对美国侵略越南。1965年5月15日，学生游行抗议美国侵略多米尼加，当是之际，足有40名教授走在学生的前列。1977年8月20日晚，学生收听了关于中国共产党第十一次全国代表大会的广播新闻之后，游行到钟楼一带。

知识青年有热情，一个民族才有未来。除非私利作祟，任何人是不会剪灭学生求真理和担正义的热情的。社会应该像保护自己的希望一样保护知识青年的热情。教育之弊表现在学生对一切都习以为常，尤在患得患失，或仅仅对金钱兴趣强烈。教育之过在于把学生培养成了一种缺乏思想的劳动工具。

西北大学之诞生，忽忽百年有十了。曾经有近乎600名教授在此任职，他们传学启智，立德显节，求索自然之规律，留下了丰富的遗产。其远源不涸，新流常汇，遂道深，精神壮阔。这个春天，我览其教授谱系，略窥他们的功业，自愧为渺，不过也深切体会了倜傥非常之人而称焉。录其贤中贤、士中士，以告于世，并示我之敬。

许寿裳，浙江绍兴人，鲁迅的同乡、同学、同事，也是鲁迅的朋友。1937年随国立北平大学迁陕西，到1940年，先后任西安临时大学和国立西北联合大学教授。学识丰富，表达之艺术尤为高超。

黎锦熙，湖南湘潭人，1911年毕业于湖南优级师范学堂，办报，在湖南第一师范学校当历史老师，进入北京，推动国语运动，任北京高等师范学校国文系教授，国立北平大学第一师范学院院长、北平师范大学文学院院长。1937年至1946年，先后任西安临时大学、国立西北联合大学和国立西北大学教授。此人是语言学家，属于中国现代汉语语法研究的奠基人、文字改革的先驱者，凡汉语语音、文字、词法、语法、修辞、汉语史、词典编纂，皆有大勋。在陕西数年，受当局之邀，编纂方志多部，并提出新颖的方志理论，时任陕西省政府主席邵力子对其评价甚高。

黄文弼，湖北汉川人，1918年毕业于国立北京大学，以执教为业。1937年至1947年，先后任西安临时大学、国立西北联合大学和国立西北大学教授，治宋明理学、目录学、考古学，多次赴西陲考察高昌、楼兰、龟兹、于阗、焉耆，其著述对中亚文明史的研究价值颇重。

金家桢，河南开封人，1919年毕业于国立北京大学英语系，英语当然精通，阿拉伯语和俄语也精通，1944年任国立西北大学教授。曾经在20世纪50年代，受政府派遣赴埃及讲学，深受欢迎。译作多种，且甚达雅。

郑伯奇，陕西长安人，初入陕西中等农林学堂，继之赴南京和上海读书，继之留学日本。学积于胸，遂左右逢源，从政执教皆行。1944年任陕西师范专科学校教授，以后此校并入国立西北大学，他随之任此校教授，讲文学理论，是极为活跃的现代作家。不久离教从政，为陕西文学界领导。此人参与创建的文学组织计有创造社、中国作家协会、中国左翼作家联盟、中国左翼戏剧家联盟，至少如是。他的同道当有鲁迅、夏衍、茅盾、郭沫若、田汉、郁达夫、李公朴。在今之陕西，柳青名盛，郑伯奇名荒，其意味深长。

袁敦礼，河北徐水人，1923年留学美国，1938年至1939年，先后任西安临时大学和国立西北联合大学教授，是体育学家。

罗章龙，湖南浏阳人，1918年读北京大学，接着留学德国，1938年至

1947年，先后任国立西北联合大学和国立西北大学教授，是经济学家。

黄国璋，湖南湘乡人，1926年留学美国，还乡便执教。20世纪30年代到40年代，一度任西安临时大学、国立西北联合大学和国立西北大学教授，20世纪50年代，一度任西北大学师范学院史地系教授，之后调至西安师范学院、陕西师范大学。曾经在中国传播了近代西方地理科学思想，尤长于经济地理。他创建了西北大学地理系，培养了一批地理专业人才。

傅角今，上海人，1924年毕业于国立北平师范大学，1936年留学德国，归国在中华民国政府部门工作，兼任教授。20世纪50年代调至西北大学地理系，1965年逝世于此。此人主治自然地理和疆域沿革，尝领导了南海部分诸岛的地理研究、琉球地理研究，主张琉球群岛应该还我中国。他还领导了中国和缅甸边界尖高山至南定河620公里的测量、绘图，并确立界桩。精通德语、英语、日语，懂俄语。著述多，用之广。

杨钟健于1948年冬至1949年夏任国立西北大学校长，一年不足，一岁不满，然而这一点也不影响其光荣。他以学问见长，是著名的地质学家。陕西华县人，1917年毕业于陕西省立西安第三中学，1923年毕业于国立北京大学地质系，留学德国，获哲学博士学位，归国从事地质学研究，发掘周口店遗址，执教诸大学。其所治地层古生物学，广涉地层古生物、古人类、考古学，尤以禄丰蜥龙群和中国北部一些地域的二叠纪和三叠纪爬行动物群之研究，贡献颇大。著述极丰，是中央研究院院士、中国科学院学部委员。

虞宏正，福建闽侯人，1920年毕业于国立北京大学化学系，遂开始为师，1936年赴德国莱比锡大学和英国伦敦大学从事胶体化学研究。20世纪40年代有一度执教于西安临时大学、国立西北联合大学和西北农学院，1949年任西北大学教授，兼任仪器委员会委员。久治胶体化学和物理化学，建树颇高。结合西北地区的环境特点，致力于土壤研究。新型细菌肥料、微生物固氮、同位素农业、地方病与生物微量元素，凡此种种边缘学科、交叉学科，多是他打下的基础。有译著，有论文，腾声三秦，功盖西北，是中国科学院学部委员。

王子云，安徽萧县人，留学法国，攻美术，1937年返乡执教，1945年至1949年任国立西北大学教授，治美术史，对考古也有建树，著述甚丰，并有油画作品和雕塑作品传世。

王捷三，陕西韩城人，1931年留学美国和英国，1937年至1938年先后任西安临时大学和国立西北联合大学教授，是哲学家。

傅种孙，江西高安人，1920年毕业于北京高等师范学校数理部，之后勤勤执教。1937年随国立北平师范大学迁陕西，先后任西安临时大学、国立西北联合大学和国立西北大学教授。1945年赴英国考察，归国在北京工作。其是中国杰出的数学家，誉弥世界，尤在英国数学界享有盛名。

罗常培，北京人，1916 年入北京大学，先读中国文学，后读哲学，20 世纪 30 年代一度任国立西北大学教授兼国文专修科主任，治音韵学，可惜苦于西安交通梗阻，典籍匮乏，便返北京。胡适、鲁迅、林语堂、傅斯年、赵元任，皆是他的朋友，可知其学术氛围。著作等身，是中国科学院学部委员、语言学家。

汪奠基，湖北鄂州人，1920 年留学法国，1938 年至 1940 年先后任西北联合大学和国立西北大学教授，尝为中央研究院院士，是逻辑学家。

王耀东，黑龙江嫩江人，1922 年毕业于国立北平师范大学体育专修科，之后执教于北京数所大学。1938 年到陕西，在西安临时大学、国立西北联合大学和国立西北大学执教，并卒于斯，是著名的体育专家和运动员。

陈登原，浙江余姚人，1926 年毕业于东南大学，1950 年以来任西北大学教授，治中国古代史，言必有证，著述颇繁。

张西堂，湖北武昌人，1923 年毕业于国立山西大学，之后执教各地。1944 年至 1960 年，终其生，一直在西北大学执教。有一度兼任中文系主任，力招学人，遂有傅庚生和刘持生之到此校来。专治经学，著述颇丰。

陈直，江苏镇江人，家贫，无以入学深造，遂自学而立。1940 年以后在兰州和西安的金融机构工作，业余收集货币、玺印、陶器及秦汉瓦当，并有研究。1950 年经教育部部长马叙伦推荐，由侯外庐请至西北大学执教，讲秦汉史和考古学。著述颇多，以研究秦汉史、秦汉瓦当和陶器而立世。

赵进义，河北辛集人，1921 年留学法国，获理学硕士学位、数学博士学位和理学博士学位，还乡执教。1938 年至 1948 年，先后任西安临时大学、国立西北联合大学和国立西北大学教授，环境艰苦，仍孜孜于教学和研究。贡献大，著述多，是数学家，也是天文学家。

王成组，上海人，1923 年入东南大学，1924 年留学美国，先后获哈佛大学史学硕士学位和芝加哥大学地理学硕士学位，1929 年归国执教。1952 年应侯外庐之邀，在西北大学任教授。主治中国地理学史和中国经济地理。他首先对中国地理采取了两级分区法，并通过对中国地理资料之分析，形成了一套基本观点。译著多，论文多，所编地理教科书于 1936 年至 1952 年在中国使用。

沈志远，浙江萧山人，1929 年毕业于莫斯科中山大学，1937 年至 1939 年，先后任西安临时大学和国立西北联合大学教授，尝为中国科学院学部委员，是经济学家。

张伯声，河南荥阳人，1926 年毕业于北京的清华学校，留学美国，读化学和地质学，归国在诸大学执教。1937 年随北洋工学院迁陕西，先后执教于西安临时大学、国立西北联合大学、西北工学院、西北大学，1980 年任西安地质学院院长，殁于斯。此人从 1952 年起，代表西北大学地质系，连续数年超负荷开办矿产地质与石油地质专修科，以培养急缺人才。他发现了河南平顶山煤矿、河南巩县铝矿、嵩山运动界面、黄土线现象，尤在构造地质方面，创立了地壳波浪状镶嵌构造理论。有五大地质结构学派，张子为其一。著述甚精，贡献卓越，为中国科学院学部委员。

刘亦珩，河北安新人，1922年入唐山交通大学，1925年留学日本，1931年归国执教。日本进犯北京和天津，随国立北平师范大学迁陕西，这是1937年的事。之后任西安临时大学、国立西北联合大学、国立西北大学和西北大学教授，老死于秦。其精通英语和日语，也可以熟用俄语、德语、法语，尝成立数学研究机构，翻译数学图书，编纂数学讲义，功德赫赫，是数学家。

马长寿，山西昔阳人，1933年毕业于中央大学，留校执教，旋即转入中华民国中央博物馆，之后执教大江南北，1955年任西北大学教授，治中国少数民族史，注重田野调查，著述煌煌。

杨永芳，河北安国人，1926年毕业于天津同文书院，留学日本，还乡执教。1937年随国立北平师范大学迁陕西，先后任西安临时大学、国立西北联合大学、台湾师范学院和西北大学教授。于斯创立基础数学、集合论和拓扑学研究中心，开设点集论课，推动建立数学系资料室。他还捐赠图书，以积沙成塔。治集合论和实变函数论，有译著，有论文。

高元白，陕西米脂人，1935年毕业于国立北平师范大学国文系。1937年之后有一度在西安临时大学、国立西北联合大学和国立西北大学执教，1949年至1953年，任西北大学师范学院中文系教授兼系主任，之后调走。专治语言学，桃李满天下。

傅庚生，辽宁沈阳人，1934年毕业于北京大学，1948年受聘任国立西北大学教授，曾经兼任中文系主任、文学院院长。久治唐代文学，深有造诣。偶见以毛泽东的观点分析杜甫诗，感慨系之。

王永焱，甘肃兰州人，1934年留学日本，还乡工作，1952年调西北大学执教。20世纪50年代在莫斯科科学院进修第四纪地质学，归国继续在此大学执教。先治煤田地质及史前考古，后治第四纪地质与黄土，尤对中国黄土地质学、古地磁学、古土壤、古生物及古气候进行的综合研究，意义重大。著述颇丰。

刘持生，甘肃文县人，1939年毕业于南京中央大学。1948年受聘于国立西北大学中文系，讲中国古典文学，尤长于先秦、两汉和魏晋之文学。

冯师颜，河南济源人，1935年在清华大学化学系读书，1940年转入国立西北大学，仍读化学，1943年毕业，留校执教。他是实验热化学的先驱，为著名的化学专家，著述颇丰。

董守义，河北蠡县人，1923年留学美国，1937年至1939年，先后任西安临时大学、国立西北联合大学和国立西北大学教授，国际知名体育教授、体育专家。

高鸿，陕西泾阳人，1943年毕业于中央大学化学系，留校执教，旋即赴美国留学，归国任中央大学和南京大学教授，1992年调至西北大学化学系。久治电化学和电分析化学，其在中国近代仪器分析方面的工作具奠基性质，尤对电分析化学的基础理论研究具突出贡献。著述甚厚，兼职极多，奖励也高，为中国科学院院士。

高扬，山西安邑人，1948年肄业于国立北平大学历史系，投身革命，1950年调至西北大学，先做校务，后执教，治印度古代史和印度佛教史，造诣颇深。

刘士莪，山东泰安人，1953年毕业于西北大学历史系，留校执教，其长期考古，善断文物，以治金石学为长。

赵重远，河南卢氏人，1951年毕业于西北大学，留校执教，主治石油地质学，以含油气盆地地质学之建立名世。论文多，教材多，奖项更多。

何炼成，湖南浏阳人，1951年毕业于武汉大学经济系，分配到西北大学执教。研究经济思想史和社会主义经济理论，是经济学家，在研究劳动价值论、中国发展经济学和中国经济思想史上颇有其荣。

胡正海，浙江湖州人，1949年入东吴大学读生物系，1953年毕业于江苏师范学院生物系，到西北大学生物系执教，现为此大学教授、植物研究所所长，主治结构植物学，致力于研究经济植物的发育解剖学和被子植物的比较形态学，尤在植物的分泌结构、异常结构和药用植物发育解剖之研究，取得重大进展。著述累累，项目与奖励并多。

侯伯宇，北京人，1948年入清华大学读物理学，之后从事研究并执教，1973年调至西北大学，兼职颇多。20世纪50年代主治群论在物理学中的应用，继之主治层子模型工作中的对抗性，继之主治现代数学物理和粒子物理。国际物理学界对其成果常有引用，作为著名数学物理学家，频赴欧洲、美国和日本讲学。著述精深，奖项盈壁。

柏明，陕西西安人，毕业于复旦大学历史系，留校执教，1980年调至西北大学历史系，讲中国史学史、中国宗教史，著述驳杂。

王佩，安徽芜湖人，1955年毕业于北京大学物理系，1986年调至西北大学现代物理研究所，专治理论物理。场论的拓扑性质、对称空间场、大范围行为性质、量子群与辫子群，凡此理论物理之研究，咸具国际先进水平。经常出席国际学术会议，论文在国际物理学界重要杂志发表，奖项众且高。

王戍堂，河北河涧人，1955年毕业于西北大学数学系，留校执教，主要从事实变函数论、集合论和点集拓扑学研究。他提出的w-u度量化定理，谓之王氏定理，为国际数学界引用和发展；提出的广义数理论，也为国际数学界所公认。著述和奖项皆多。

薛祥熙，贵州贵阳人，1954 年毕业于西北大学地质系，留校执教，久治古脊椎动物、黄土及生物地层，尤对游河动物群、石门古新统、第四纪哺乳动物及动物群之研究，属于突破性和总结性的。著述多，奖励多。

李继闵，四川成都人，1962 年毕业于西北大学数学系，留校执教，先从事几何函数论研究，后从事中国传统数学理论体系研究，创造性地将传统史料考据与现代算理分析方法结合起来，成功解决了中国数学史研究领域的种种悬念，一再于世惊诧。

张国伟，河南南阳人，1961 年毕业于西北大学地质系，留校执教，专治寒武纪地质与区域结构理论，尤以华山断块南部前寒武纪地质演化和秦岭造山带之研究，处学术前沿。著述丰而奖励众，为中国科学院院士。

费秉勋，陕西蓝田人，1964 年毕业于西北大学中文系，闯社会十余年，1981 年又毕业于此校，获硕士研究生学位，留校执教。面静心活，寡言精思，有定力，以古代文学之研究发轫，广涉门类，论舞蹈，立其言；论神秘文化，立其言；论贾平凹，立其言。蓦地兴至，弄墨成瘾，遂书法行世。丛然难以归类，便自谓杂家。其年轻腼腆，处深厅，见广众，辄龟缩于后；年老脸厚，出入于大堂阔场，每每俯察权贵，藐视商贾，常争座于前。似乎朝也愚，暮也愚，实际上是大智若愚。费先生是我极为喜欢的学者。

耿信笃，陕西山阳人，1960 年毕业于西北大学化学系，留校执教。20 世纪 70 年代专治分析化学，对环炉技术研究有所发现。20 世纪 90 年代以来，主治基因工程和生物工程，解决了种种难题，其全色谱纯化技术，属于国际创新。在生物大分子分离和纯化领域的研究，也处国际化学界的前沿。项目多，奖励重。

阎琦，陕西礼泉人，1963 年入西北大学中文系读书。毕业以后，世有席卷之势，其随潮而动，无可奈何。1981 年获西北大学文学硕士学位，得以留校执教。久治唐代文学，尤以对李白和韩愈之研究成果丰厚，在学术界留下深重印象。著作颇多，观点新且坚。寡欢少言，沉郁矜持。内存风暴，偶有惊雷。

舒德干，湖北鄂州人，1969 年毕业于北京大学地质地理系，古生物学专业，1981 年获西北大学理学硕士学位，留校执教，1987 年获中国地质大学理学博士学位。主治进化古生物学，有一系列始祖型动物化石的发现，对中国高肌虫之研究具系统性的总结，尤以发现三叶虫软躯体构造化石而名世，其成果得到国际地质学界和古生物学界的承认并引用，为中国科学院院士。

贾三强，陕西户县人，1986 年毕业于西北大学中文系，获文学硕士学位，遂留校执教。教授中国古代文学、中国古典文献学，是有魅力的老师，学生当然喜欢。长期致力于中国古典文献学和宋元明清文学的研究，著作颇多，影响广泛。他是贾二强的孪生之弟，此兄弟都参加过襄渝铁路之修筑，当年他们 17 岁。

李浩，陕西靖边人，读西北大学，1983年获文学学士，1986年获文学硕士，留校执教。主治中国古代文学，尤以唐文化研究为长，更以唐诗艺术之研究、唐园林别业之研究、唐关中文学士族之研究，大显独见。质性深厚，视境旷远，以攻博士学位出师于霍松林先生之门，遂得知能并重之教，散文也十分的典雅。惟高台必喧，窃盼严守学问之乐。

段建军、刘炜评、杨乐生、周燕芬，皆是我的朋友，是西北大学文学院的少壮派，各有其特。段性多敛，刘性多灵，杨性多放，周燕芬多舒爽。段外拙内秀，以善为高。刘有博综之才，一向仪帅风流，气场荣华。杨以对文学批评起家，其言直让作家惧，也让作家敬。周燕芬雍正蕴涵，对现代文学之研究建树卓然，有大作行世。久不相聚，春光近谢，当择室一晤了吧！

资料显示，1912年，西北大学肇创之际设三部：大学部、专门部、大学预科。其中大学部设四科：文科、法科、商科、农科。泉深流涌，时而湍急，时而潺湲，或遇险滩，或纳大水，浩浩荡荡，行110年，终于发展到设21个院或系，有75个本科专业，并设研究生院，有19个博士学位授权一级学科、5个目录内博士学位授权二级学科、39个硕士授权一级学科、8个目录内硕士授权二级学科、16个专业学位授权点。此大学的一级学科国家重点学科1个、二级学科国家重点学科4个、国家重点学科培育学科1个、博士后科学研究流动站21个。此校有1个国家重点实验室、1个国家工程技术研究中心、1个国家级国际科学技术合作基地、4个国家级实验教学示范中心、5个国家级教学团队、7个国家人才培养基地、13个国家级特色专业，并设有国家大学生文化素质教育基地。现在有教职工2400余人，其中有中国科学院院士3人，有全日制在校学生26000余人，其中研究生6000余人，外国留学生700余人。

陕西师范大学

图书馆是精神追求的象征，凡有光荣之过去或辉煌之未来的国家，遍地皆有图书馆，并会建宏伟的图书馆。

陕西师范大学图书馆居教学区的中心，周边满是名花和嘉木，葱葱郁郁的，把它藏起来了。这里弥漫着一种有趣的气氛：人的高贵在乎知识。

此建筑是20世纪50年代的作品，多少带着那个时代的规矩和细腻。主体四层，伸出去的两翼三层，全是灰砖红窗，窗是格子的。副门面东，小一点，推扉便迎朝霞。正门面西，日落的时候夕阳尽染其壁，一派璀璨。斜顶排瓦，

陕西师范大学图书馆

琉璃作脊,角如尾翘,檐如翅展,颇具传统风格,然而也不失现代意味。

此大学的渊源在1944年创办的陕西省立师范专科学校,其动议归当年的一批志士,第一任校长为郝耀东,是1891年出生的一位陕西长安人。

陕西省立师范专科学校于1949年入西北大学,1952年它又出西北大学。一入一出,几经其毓,便孵化为1954年的西安师范学院,校址在今西安城南,长安路与翠华路之间。当时一片荒田,属于吴家坟村。其第一任院长是1897年出生的刘泽如,在他麾下的教授有侯又可、黄国璋、高元白、史念海、吕秉义、夏以农、王振中。他们无一是等闲之辈。

1954年不仅有了一个西安师范学院,还以陕西省中等教育师资培训班为基础,推出了一个陕西师范专科学校。到1956年,陕西省教育厅决定从西安师范学院提取化学系和生物科,以充实陕西师范专科学校,并拔高它为陕西师范学院。

一切都是发展的,而且演化很快。1960年,陕西师范学院与西安师范学院便组合起来,诞生了陕西师范大学。刘泽如为第一任校长。1978年,此大学为共和国教育部直属,遂有了国立的性质。

大学虽然在西北,黄土高原上的风难免扬起尘埃吹拂它,不过其毕竟立于渭河南岸,抬头便会仰观秦岭,尤其呼吸着十三朝古都的文化气息,遂自有魅力。天下俊才,往往经过权衡要选择于斯工作。曹冷泉来了。此人的作品尝经鲁迅推荐而发表,也有幸到鲁迅在上海的寓所去请教。卫俊秀来了。朱宝昌来了。此人14岁便入上海复旦大学,曾经执教于云南大学、燕京大学、中国大学、西南师范学院、川东教育学院、西南军区师范学院、北京师范大学,是一位江苏人。1955年,他以所谓的胡风问题从教授降为副教授,并从中文系调到艺术系,由教古典文学改教写作。1956年赴秦执教。朱宝昌主治西方哲学,兼及文史,素有狷介之性,边幅不修,甚至在课堂上得意了,会抓口罩当手绢,抹鼻擦泪,然而讲庄子他便是庄子,讲屈原他便是屈原,出神入化,十分惊奇,为学生深深敬重。赵恒元来了,斯维至来了,高斌来了,霍松林来了,黄永年来了,阎景翰来了,马家骏来了,刘修水来了,孙达人来了,王国俊来了,畅广元来了,章竹君来了,阎庆生来了,梁道礼来了,贾二强来了,萧正洪来了,李继凯来了,张新科来了,党怀兴来了。大学之优,就在于近者悦,远者来。

遗憾某个阶段,特别是某个时代逆文明而动之际,大学也并不能为学人提供安全的保障。卫俊秀1955年便遇到麻烦,1956年遭两度抄家,1957年似乎恢复了自由,可以上讲台了,然而在1958年旋以历史反革命的罪过处罚为劳动教养,在陕西北部一个煤矿的田野务菜种粮,释放以后,遣返山西襄汾耕地。朱宝昌在1957年以言论获咎,1958年定为右派分子,由副教授沦为讲师,到1966年遂当牛鬼蛇神,1969年赴陕西泾阳的一个农场干活,突发脑溢血，偏瘫而终。当牛鬼蛇神的还有斯维至、阎景翰。有一次斯维至戴着白袖章和高帽子往灞桥一带去参加劳动，农民纷纷投目，然而斯维至习以为常，姿有岢然。孙达人为反动的学术权威，竟不能给自己的女儿挽留其母亲的生命。最悲惨的还是黄国璋，他显然不能忍受羞辱。其曾经在美国留学，执教于中央大学、国立北平师范大学、西安临时大学、国立西北联合大学、国立西北大学。当年英国借对缅甸的统治，久攫我云南的班洪银矿，黄国璋便率专家入滇考察，欲取得必要的地理数据，以夺回自己的资源，可惜蒋介石命令暂缓，遂怅然转入西双版纳考察。他是有成就、有影响的地理学家、教育家。1966年9月6日，他无法忍受红卫兵的迫害和欺凌，绳穿烟洞，隔墙吊颈，一边是自己，一边是妻子，不能同年生，遂为同年死。他携妻子以最壮丽的行为艺术，抗议世道之恶，维护尊严。好在一旦雄风压倒雌风，社会清正，这些学人都获得了平反。

郭琦久在此大学主持工作。1990年，他尝以自己之所为伤害一些学人表达了他的内疚与歉意。如是反思，当然高贵。不过横扫知识非副校长之为，也非校长之为，甚至也非教育部长之所为，此乃体制之狂。实际上郭琦在陕西师范大学口碑甚善，尊者论往，每有赞他之辞。

尽管知识分子在20世纪有一度非常艰难，不过陕西师范大学还是人才辈出，人物辈出，有名家，有大家。

史念海在北平辅仁大学历史系读书，当过编辑，29岁之后主要执教于大学。1954年是西安师范学院的教授，1960年以来一直是陕西师范大学的教授。他以研究中国疆域沿革为发轫，终身求索中国历史地理之变迁。过了花甲，还作山河考察。黄河流域、淮河下游、太湖周边，他走了十年之久。涉伊水，蹚洛水，往来于吕梁山与伏牛山，五登陇坂，三攀阴山，徘徊六盘山，抵泾水之源，进天山。通过考察，他订正文献之错讹，补充典籍之疏漏，加深对历史地理之认识。他主张把学术研究与社会实践结合起来，认为学问要为世所用。其著作等身，是腾声宇内的历史地理学家。我有幸在其宅见过史先生。书排四壁，稿展半桌，移步如游，白发如练，灰布衣裤，黑布鞋。泰而无骄，重而有温，平平实实，坦坦荡荡，一副贤者之相。

霍松林从1944年读国立中央大学开始，便致力于学术研究，卒为中国古典文学专家、文艺理论家、诗人、书法家，名重三秦，声播四海。霍先生以敬业而乐生，以强生而精业。年垂垂老矣，然而体壮且神会。2008年秋天，霍先生出席文学院研究生开学典礼，受邀在主席台上训诫。他雄视左右，强调知能并重，教授做学问也要搞创作。高龄88岁，铜光浸面，金声震屋，让人生闻道之感。

黄永年1950年毕业于复旦大学历史系，好古而疑，且述且作，所著极丰，学理有据。他是一个为中国文化所深润的人，凡目录学、版本学、碑刻学，没有不精，还擅书法，善刻印。黄先生并非普通的历史学家和古文献学家。锋芒常露，然而风流之士，不会磨灭。

王国俊尽管天赋颇高，终于以家庭问题，求学不得如望，治学不得遂愿。不过他志存心恒，竟为数学家，尤其是在格上拓扑学方面的研究成果属于奠基性和创新性的，并有世界之誉。此人1958年毕业于西安师范学院数学系，之后在中学当老师20年，1978年才调至陕西师范大学执教，是为学生所敬的教授。他完全是自学成才，而且多处逆境。非有灵性不足以脱颖，非有韧翻不足以凌空。王先生在此大学还任校长9年，当然也是教育家。

章竹君1959年读西北大学化学系，1979年调至陕西师范大学，现任化学化工学院教授。他是化学家，研究方向为化学发光、生物发光分析、光学生物传感器、细胞发光免疫分析、纳米粒子传感器及其在癌细胞与病原微生物检测中的应用、微陈列传感器芯片、免疫芯片、生命信息及其传递的实时监测。建树卓越，声望过境越洋，在化学界享有隆位。

阎庆生，陕西礼泉人，1969年毕业于西北大学中文系，1982年获四川大学文学硕士学位，旋至陕西师范大学中文系执教，现任文学院教授。久治中国现代文学，尤对鲁迅和孙犁的研究有昂然之成果。著作甚多，极求新意。不以文学专业为满足，广涉哲学和心理学，以建立一种得力的知识结构。性直口讷，不失士心。

梁道礼，河南长垣人，1970年毕业于西北大学中文系，1982年获中国人民大学文学硕士学位，随之进陕西师范大学中文系执教，现任文学院教授。主要从事中国文学批评史专题研究，其目标在于把中国古代文论作为对文学原理的一种概括，作为东方智慧的一种形式，发掘其意义，彰显其价值，以介入当代文学的实践和理论建设。论文颇多，影响甚大。有自己的学术良知、学术思想、学术途径、学术建树，这一点难能可贵。他看穿了学术成果量化统计的拙劣，坚持自由地读书和自由地思考，不为急功近利之事。衣饰随便，文章求精，越有醉态越是明白，自存魏晋之风度。钦佩者众，同道者寡，这是梁道礼的孤独。

贾二强，陕西户县人，1983年入陕西师范大学古籍整理研究所读历史文献学研究生，师从黄永年，得其大传，毕业之后留校任教，现任历史文化学院教授。久治古代文献整理与中国古代历史文化，尤在古籍版本研究上颇有造诣，是历史文献学专家、版本目录学专家、唐史专家。社会兼职多，获奖多，项目重，著作甚丰。忽有念动，近来对古代民间信仰发生兴趣，论而每具新意。身材颀长，皱纹扭结，无时不有所思。他是贾三强的孪生之兄，17岁那年，此兄弟都参加过襄渝铁路之修筑。

萧正洪，安徽安庆人，出生于江苏南京，曾经在延安南泥湾三台庄插队数年，1982年毕业于西北大学历史系，1985年毕业于中国农业科学院研究生院，获农学硕士学位，1995年在陕西师范大学历史系读历史地理专业，师从史念海，深受熏陶，获历史学博士学位。1986年开始在陕西师范大学历史系执教，现任历史文化学院教授。久治明清区域经济、农业史与社会史、中国历史经济地理，发表论文20余篇，出版专著2部，译著1部，并获全国优秀教师奖。近年以来致力于明清中国西部，特别是黄土高原的经济社会发展研究，其成果可以期待。气清神明，心旷而放，北土之厚，难掩南子之色。

李继凯，江苏宿迁人，曾经读书于徐州师范学院、陕西师范大学和四川大学，1986年获四川大学文学硕士学位，现任文学院教授。致力于中国现代文学的研究，思维敏锐，常有发现，论文甚多，获奖也多。一旦发言，遂起情感，往往慷慨激昂，声振栋宇，闻者遂凝视而侧耳。多年脚踏黄壤，仍不解南子风雅。

张新科，陕西眉县人，1979年入陕西师范大学中文系读书，1983年录为陕西师范大学中文系研究生，攻中国古代文学，毕业留校而执教，现任文学院教授。1998年获文学博士学位，是霍松林的弟子。2003年至2006年尝在四川大学随项楚进行博士后研究工作。从事中国古代文学教学20余年，各课皆受学生欢迎。久治唐前史传文学，特色鲜明，著作颇丰，项目重，获奖繁。国务院学位委员会中国语言文学学科评议组成员、国家重点学科中国古代文学学科负责人，并有别的社会兼职多种。

党怀兴，陕西合阳人，1983年毕业于陕西师范大学中文系，旋即录为陕西师范大学中国古典文献学专业研究生，1986年获北京师范大学文学硕士学位，随之留校执教，现任文学院教授。2003获北京师范大学文学博士学位，是王宁弟子，攻汉语言文字学。致力于汉语言文字学、中国古典文献学和经学的研究，论文广发，出版著作10余部，主体完成项目10余种，屡有获奖。学术兼职颇多，计有中国训诂学会理事、中国文字学会理事、中国辞书学会理事、全国语言文字标准化技术委员会汉字分技术委员会委员、中国社会科学院语言研究所现代汉语词典特约审读员、陕西省语言学学会常务理事。沉稳厚重，敏之于行。入古凌今，心有豪华。

我要恭谨地抬出高元白先生。他在2000年逝世，92岁，是孔子所论的仁者寿。1935年他从国立北平师范大学国文系毕业，专于汉语音韵学、文字学、汉语史。此人有大德，当年黎风为所谓的胡风集团嫌疑分子，难以授课，他义勇以争，让黎风上讲台。他还举荐马家骏赴北京师范大学进修苏联文学，以助其晋升为专家。成人之美，推贤进士，不亦君子乎！

20世纪90年代中期，尤其是进入21世纪，此大学提出人才第一，教师为本，并制定了人才集聚战略，欲丰羽壮翮，一举千里。资料显示，这十数年引进近乎600位各类人才,从而在教学上、研究上、社会服务上,皆有里程碑式的发展和跨越式的提高。

何炼成,湖南浏阳人,1951年毕业于武汉大学经济系,分配到西北大学执教,研究经济思想史和社会主义经济理论,是经济学家,在研究劳动价值论、中国发展经济学和中国经济思想史上颇有其荣。何炼成来了,并领衔成立了陕西师范大学国际商学院,以使此校加速向综合性研究型大学的转变。现为此大学教授。

周伟洲,广东开平人,1962年毕业于西北大学历史系民族史专业,获硕士学位。先在陕西历史博物馆工作,后在西北大学西北历史研究室工作,教学与研究兼致,著作甚丰,发表论文百余篇,拓宽了中国民族史的学境,尤对五胡十六国的国别史之研究颇有贡献,关于古西北民族史及其关系史颇有新见,1986年由讲师破格提升为教授。读大学时发表过小说,文章遂显史才。周伟洲来了,并运筹集贤,成立了陕西师范大学西北民族研究中心,任其主任。现为此大学教授。

李玉虎,陕西白水人,1983年毕业于西北大学化学系,分配至陕西省档案局工作,以褪色档案字迹的恢复与保护之研究为发轫,扩大到古代壁画、文物彩绘和建筑彩画的恢复与保护之研究,再扩大到褪色照片与胶片的恢复与保护,黄土遗址的防风化保护,是文物保护专家,发明多,获奖多。腾声三秦,誉满华夏。李玉虎来了,并陆续成立了陕西师范大学历史文化遗产保护教育部工程研究中心、陕西师范大学陕西历史文化遗产保护科学研究中心,任其主任。现为此大学教授。

邢向东,陕西榆林人,1982年毕业于陕西师范大学中文系,1986年毕业于内蒙古师范大学汉文系现代汉语专业,获硕士学位,2000年毕业于山东大学文学院现代汉语方言学专业,获博士学位。邢向东来了,任西北方言与民俗研究中心主任,兼职也多。其多年致力于语言学研究,著作甚丰,项目颇大,2009年入选教育部长江学者特聘教授。满脸严肃,一腔谨言,深受学生喜欢。现为此大学教授。

屈世显,陕西户县人,1983年毕业于西北大学物理系,1988年获中国科学院物理所理学硕士学位,1999年至2001年在美国波多黎哥大学做访问教授,2005年在美国佐治亚大学获理学博士学位。屈世显来了。他的研究领域包括纳米颗粒的光学性质与等离子激发、纳米结构中的电子和声子动力学、量子多体理论、理论与计算凝聚态物理、统计物理、混沌动力学和分形理论、复杂系统及其动力学,有的成果处于国际领先地位。在国内和国际权威杂志发表论文多篇,出版专著一部,获奖多次。现为此大学教授。

胡卫平,山西霍州人,1984年毕业于山西师范大学物理系,1998年毕业于北京师范大学物理系，获硕士学位，1998年至2001年在北京师范大学发展心理研究所与英国伦敦大学国王学院学习，获博士学位，2005年在美国哥伦比亚大学教育学院做访问学者。主要研究领域为教师教育、科学教育、创造力心理、教学心理，项目甚多，著作甚丰，发表论文100余篇，获奖近20次。胡卫平来了，并隆然成立了教育部现代教育技术重点实验室、陕西师范大学教师专业能力发展中心，任其主任。现为此大学教授。

李震、红柯、王社教、鲍海波、李永平、段宗社，皆是我的同事，不过我也以朋友视之。他们属于此大学的少壮派，学业有成，翩然而翔。

1994年至2004年的校长为赵世超教授。他是历史学家，以研究周代国野关系昂然于学界，颇有承担，常作大问："是谁创造了历史？是什么决定了社会面貌？如何对待传统？如何对待外来文化？"此人之著作，不板结，无架子，文气涌动，曲肖其意，览之会生快感。论能如是，当然是一种漂亮的表达。在校长任上，倡导教师为本，人才第一，落实支持学术研究的政策，以引领清正之风，足以誉为教育家。我是在赵先生任上挪窝换业，到陕西师范大学来执教的。每每念兹，总有润泽在心，并体验了大学不拒细流的海纳之魂。

现任校长房喻，是由2004年6月12日执掌此大学的。

房喻执意培育和浇灌一种大学精神。他认为大学负有文化传承的责任。也应该对教师、人才和人物，及其他们的学术观点和学术成果采取兼容并包的态度，不以人废其价值，也不以言废其人，甚至一个人只要视学术为生命，孜孜矻矻，置浮名与近利于度外，即使没有什么项目也要尊重。房喻希望教师皆能有尊严地工作。为使此大学进入211工程，他数上北京，向教育部慷慨陈词，激之以情，动之以容。为使学者能更畅快更沉静地从事教学和研究，他被任命为校长之后，俄顷启动20栋住宅楼的建设，一举使一千余户有了新房。他还仔细推敲政策，以提高教师的待遇。房喻主张学生应该成为全面发展的人，尤其要有远大的理想、高贵的使命。基于此，此大学实施了通识教育，使传统师范教育向现代教师教育转变，并以综合化研究型的思路，加强和提升对学生的培养。房喻重视提高教学和研究设施的信息化及各种设施的改进，以使利器在手。公共空间和住宅楼一律有网络覆盖，多媒体教室剧增。凡是教授，都获得了独立的工作室。

房喻为教育家，视野雄阔，格局壮达，既有气魄，又有智慧，能以综合化研究型推动人才培养水平提升，并奋力建设高水平的大学。房喻是化学家，曾经在英国学习和工作五年，并获兰卡斯特大学哲学博士学位。他长期致力于敏感薄膜材料创制的科学基础和仪器化，以及分子凝胶的科学基础与应用研究。他提出了以薄膜单层组装多环芳烃的超分子行为及其对环境条件变化的依赖性为基础的传感材料设计新思想。由此，催生了一批新的薄膜传感材料问世。主持各种项目20余种，合作发表论文180余篇，申请发明专利17件，授权9件。获得各种奖励10余项，主持研制的超灵敏隐藏爆炸物气相探测仪被选为2010年度科技部高技术中心亮点成果。房喻为教授，深爱所有的学生。不管是谁，只要抱怨学生不行的，注定会受到他的批评。他所带研究生，一名获得全国百篇优秀博士生论文奖，两名获得陕西省优秀博士生论文奖，有5位博士毕业以后，直接到国外从事博士后研究，有9位硕士毕业以后，直接到国外攻读博士学位。为全国优秀教师，他当之无愧。

此大学是教师的摇篮。忽忽几十春秋，已经有近乎15万各学科和各学历的毕业生培养出来了，谓之桃李满天下可矣。其招生面向中国大陆，也面向香港、澳门和台湾，还面向海外。它固然是培养大学和中学从业者及其管理者之苑，不过它毕竟还是一所以教师教育为主要特色的综合性研究型大学。现有21个学院，2个基础教学部，63个本科专业，12个博士后科学研究流动站，15个一级博士学位授权点，103个二级博士学位授权点，1个教育博士专业学位点，40个一级硕士学位点，185个二级硕士学位点，20个硕士专业学位点。此大学的学位授权点有12个，其覆盖了哲学、经济学、法学、教育学、文学、历史学、理学、工学、管理学、农学、医学、艺术学。它有2个国家基础学科人才培养和科学研究基地，1个国家工程实验室，3个国家级实验教学示范中心，1个教育部人文社会科学研究基地，1个国家体育总局体育社会学重点研究基地，4个教育部重点实验室和工程研究中心，6个陕西省重点实验室和工程研究中心，4个陕西省人文社会科学重点研究基地，6个陕西省实验教学示范中心。学术之争，多比少好，此大学遂还有几十个学术团体和学术机构。此大学还建博物馆一座，立出版社一家，办刊物数种。还有附属中学、附属小学、附属幼儿园。大学现有教职员工2800余人，其中教师近乎1500人，其中教授300余人，副教授殆达500人，博士生导师249人。日月运行，一切皆变，其数据当然也在变，所以智者不拘于数据。

教学楼以图书馆为中心而筑，一排在南，一排在北，呈对称结构。这些建筑也多是20世纪50年代的作品，高皆三层，间距空阔。灰砖平顶，显然都浸上了一层古色。可以容纳千人的联合教室，现为积学堂，虽然经过修缮，不过仍保持斜顶排瓦，朴素得舒服。1982年路遥曾经在此报告其小说创作，众生满屋，我只是从门缝看到了他。积学堂南北皆开门，皆是两扇，木质，涂着红漆。操场在图书馆以远，这保证了教学区的安静。应该把过去的建筑以文物待之，并以修旧如旧的原则进行修缮。此大学在发展，当然会添新的建筑，不过似乎要避免大而失雅。

陕西师范大学是一所典型的园林式大学，其功首归韦固安先生。此人读过华西大学神学院、华西大学历史系、金陵大学心理学系，还读过纽约大学文学院和哈佛大学宗教学院，1949年从美国归去来兮。1954年，他入西安师范学院工作。有一天，刘泽如院长陪他在吴家坟村一带巡览，指点着墓茔斑斑的四野，问他学院怎么建设才有风格。几天以后，韦固安展示了一个总体方案，其设计思想是校园要大，要以图书馆为中心，要有对称之美，体现民族气派，要绿化，要成为园林式。既然他有考虑，便由他负责。韦固安尽心尽力，尤其在园林式建筑上竭能而为。绿化没有经费，他就在此校选择边地自开苗圃，以自供花木。当然他还设法从南京引进法桐、雪松，从北京引进柳、柏，从成都引进银杏，从洛阳引进牡丹，并精巧种植。

当年的花木已经送芳成荫，凡是到此大学来的人，无不惊叹这里的幽雅。跨进大学的门，迎面是学府大道，其通图书馆，并延引校园各处。两边法桐参天，杂以水杉、松、柏、女贞、银杏、泡桐、牡丹，紫荆扭枝，冬青成带，有层有面，深深浅浅，露云投影，蔚然一派静穆之象。

教学五楼前，有松苍苍，银杏茂盛。教学六楼前，有法桐散布，其干之粗往往一人不可以搂抱，枝壮叶阔，禽鸟足以栖居。几棵国槐，也颇为老迈。这一带的鸡爪槭春萌秋发，似紫似赤，翕然成霞，虽有异质，据土便长，长而旺。

玉桂苑在教学八楼以南，有榆，有玉兰，不过以桂为主。一旦立秋，其香便从米黄的花蕊涌流而出，任意飘荡。轻香还行，重香难耐，为躲刺激，我便远远驻足。畅志园在教学一楼以北，矮墙圆门，弯廊小路，有泡桐，有松，都很高大。这里一处立石刻，篆卫俊秀书：拥书自雄；一处立石刻，篆曹伯庸书：敬业乐群。石凳既设，便有学生坐之吟诗，当然也有触景生情，恋爱起来的。

积学堂以北，有一棵椿树，一排白蜡树，此在西安皆为罕见，遂木以稀为珍品。这里还有几棵核桃树，秋天是挂果子的。临积学堂东墙是一排忍冬科的珊瑚树，枝相交，叶丰腴，俨然高逾10米的篱笆，其性抗毒耐火。挨着珊瑚树的便是牡丹园，曲径妙穿，以让赏花者和照相者方便。其花灿然之日，拥挤喧闹，但于枯萎萧瑟之时却冷落之极，所以我一再让学生在此观察。牡丹园还有一棵柿树，看起来一二十年或二三十年了，也挂果子。

不过精华环绕着图书馆，仿佛众星拱月一样。临其墙南的是国槐林，梢拔冠圆，玉枝稀疏，朗然有神。也间以松、柏，作为调和。还种着竹，它敏感而鸣，总有风发。临其墙北的是樱花林，姿态柔顺，以雅争艳。也有竹、松与柏遂显得厚实。图书馆正门面西，此处尤其葱且丽。名花相俏，嘉木互秀，足以让人流连。西墙两侧，对称的有龙爪槐、腊梅、连翘、玉兰、婉约的丁香、坚硬的柏，爬山虎冲冲地缘墙避窗而去，渲染成绿的云，青的雾。春一暖，连翘花黄，玉兰花白，学生纷纷在此照相。出图书馆前行数十米，磊石为山，大约起影壁的作用，以防看透了，很是艺术。离山而去，南一园，北一园，

陕西师范大学积学堂

皆筑亭可以坐，树有松、柏、国槐、棕榈，花有紫荆、火棘，畅然而透明，石桌上满是读书的身影。隔路而去，又是南一园，北一园，谓之柏林，密密麻麻，森然一片，绿着，青着，浓稠的样子，虽然有竹摇曳，也不减其凝重。这一带的庞然大物是并耸的两棵雪松，南一棵，北一棵，它们拔地而起，巍然如塔。干粗两人难搂，横枝簇叶，翁然葳蕤，若鲲鹏之翼，欲扶摇而飞。此两棵雪松，大约有半个世纪了吧！千千万万的学生已经从雪松旁走过，每天都有学生从雪松旁走过，盼雪松的威仪和雄姿，特别是不以岁寒而凋的品质，给他们以启示。

校园是开放的，有教授绕着图书馆迈阔步锻炼，不知道是何方男女也到大学来，绕着图书馆迈阔步锻炼。美是慷慨的，它对谁都是美的。

20世纪末到21世纪初，陕西师范大学在滈河一带置地近乎1800亩，经营新校区，以适应中国高校的扩大招生之形势。老校区谓之雁塔校区，新校区遂为长安校区了。十年以来，新校区其楼争列，覆盖黄壤，不敢遮天蔽日，足以隔山挡原，此窗望着彼窗亮，并成为此大学的主域。竹成丛，银杏为林，草碧草萋矣。

大学之尊，在软不在硬，成乎有学派，有大师，允许教授及其学生有自由的思想并自由地表达的权利，此谓之宽容。不宽容无以有真正的大学！努力吧！我的大学！很荣幸，我于斯执教。

附录：

我的大学

命中注定，我只有一所大学，陕西师范大学。

我生长在乡下，以蕉村小学为邻，杜陵中学离村子也不出3里，但大学却很是遥远，因为它当时中止了招生工作，上大学是要推荐的，其当然遥远而且渺茫。

中学的班主任是一个活跃的人，有一天，他得意地决定，要率自己的几十个乡下孩子见识一下大学，便是陕西师范大学。步行几十里，进入一个幽静的园，穿梭花木之间，仰望图书馆爬着青藤的红窗，踏了踏又明亮又宽大的教室的台阶，竟对这所大学产生了深度喜欢，并暗中向往。

几个春秋以后，乾坤扭转，大学之门骤然打开，似乎到处都在招手。不过陕西师范大学古雅的图书馆及其周边的垂柳昂杉，曲槐直松，反复挠我的心。别无所念，惟思此校，从而毅然择之。

我一直不敢骄傲地认为此乃缘分，因为缘分便把我和我的大学对等了。我有种种理由证明，当它的学生属于我的幸运。它给我的多，我报它的少，此账我还是清楚的。

哲学是我的专业，但作家却是我的理想，要兼顾显然不易。然而在此校数年，我不但收获了一种哲学思维，而且还得以发表作品，真是有福了。其气氛宽松，老师也能积极给予，确实是求智得智，求道得道。阎景翰老师、刘路老师、刘明琪老师，指导过我的写作。循循善诱，诲而不倦。曹冷泉老师和畅广元老师，批评过我的文章。所圈所点，久而弥新。他们的故事，我曾经一再叙述，因为扬其善就是扬此校之美，就是颂此校之风。他们无一是我所修专业的老师，不过他们待我无一不是喜悦的，扶我以诚的，对我有启示的，甚至给我以肩膀让我站立的。

毕业之后，我在社会上闯荡，难免风风雨雨，坎坎坷坷，但陕西师范大学却始终是我的后盾和平台。出版了一点著作，产生了一点影响，我的大学都注意到了，并给以鼓励。我的作品的第一个讨论会，是母校的学生自发组织的；我的关于文学的第一个讲座，是母校的张国俊老师邀请的。2002年春日，陕西省作家协会主持讨论我的一部散文集，出席的专家有数位是母校的老师，有的发言说："朱鸿虽然是一家文艺出版社的编辑，不过我觉得他一直就是陕西师范大学的人。"这是一种信息的透露，我感到了母校的仁爱和温暖。

忽然有意到我的大学来执教，便投书时任校长的赵世超先生。之前我并不认识他，我之举显然冒昧，不料赵校长的支持坚决而慷慨，于是我就成了此校的一位老师。教学自有其秩序，特别是对一些细节，确实还有种种的陌生，鲍海波和王敏芝两位老师便帮助我，甚至代我做计量和填表之类的琐碎工作。

想从新闻与传播学院转入文学院，一经傅功振老师所引，李西建院长悦然有迎，卒使我归于文学的岗位。张宗涛老师所安排的课，为我留下了游刃有余的空间，以保证写作。

从1999年起，我便收集陕西的"文化大革命"的资料，包括一些历史人物的资料，艰难之极，又不清楚如何筹措经费，遂在外地调查之际，总是寻找朋友，希望旅馆能够打折，不禁尴尬，甚至狼狈。到此校以后，我仍悄悄做这件事情。主管人才引进的张建祥副校长发现了我的窘境，立即通知我使用科学研究启动费，河水便奔流了。我尤其感动的是，现任校长房喻先生在百忙之中还专门约我，认为我的资料收集是抢救工作，有意义，建议我申请科学研究经费，并说："出门在外，也不能太艰苦，不能住得太差！"我不知道房喻先生是从何处获悉我的状况的，我只知道有一次，他到文学院去考察，还提到学术要宽容，要尊重个性，并给了我准备之中的研究以肯定。

也许有人以为我是在发布感恩榜。有这样的意思，我不会掩饰。在世间，即使给我一臂之力，我对他的谢忱也永无止境。一张感恩榜根本不能尽我之意。

有时候我会问自己，我究竟凭什么得到这所大学如此之久且重的支持呢？我究竟给它做了什么呢？我何德之有，何功之有，何言之有？遂感到十分惭愧和歉疚。有时候便安慰自己，认为此校固有其厚德载物之品质，人文主义之蕴含，所以凡是它的学生，对谁都是支持的。不过我仍觉得自己幸运至极，它给我的多，我报它的少。

我偶尔会想应该以什么方式给我的大学一些贡献。我有瓦当收藏的兴趣，也收藏了几个好的瓦当，我愿意在合适的时候捐出来，充实此校的博物馆，以表达我的感情。然而大学如此久且重的支持，显然不是为了得到几个瓦当，而且瓦当也担不起，遂觉得自己的所想有一点荒诞和可笑。

也许这所大学支持我，根本就没有任何要求，它仅仅是按照此校固有的原则行动。只要它的学生有追求正义和真理的意志，它对谁都是支持的，这是它的传统。人一旦在此校浸染，此校的传统便要渗进他的血液。我以为，感恩榜上的那些人，都是此校传统的担当者和发扬者。不过我还是一直在提醒自己，必须加紧努力，争取有大的文章，否则就辜负了我的大学。

希腊英雄珀耳修斯是冒险才取得女妖美杜莎之头的。把美杜莎之头对准谁，谁就会变成石头，珀耳修斯当然伟大。我以什么成果完成我的精神冒险呢？亚当和夏娃在伊甸园也是舒服的，不过他们偷吃了禁果，从而辨别善恶，懂得羞耻，遂有文明，亚当和夏娃当然伟大。我以为在艺术上和思想上要超越一点，就应该像珀耳修斯学习，像亚当和夏娃学习。苟且偷安是不行的。

我只有一所大学，但它的激励却是强劲的，这就够了。我喜欢我的大学。

陕西师范大学

西安交通大学

进西安交通大学北门,横穿思源路,见一精致玲珑的饮水思源塔,此乃此校教学区南北轴线的起点。周围法桐枝茂,雪松叶繁,牡丹虽谢,不过根固干壮,有所蕴含,都恰恰呼应了暮春初夏的温润。

南北轴线贯通了咸宁西路和友谊东路,足有 1100 米。真是颇有机算,重要的建筑都压在此轴线上。轴线随坡度起起伏伏,其建筑的地基也便起起伏

西安交通大学林荫道

伏的，高！不像愚蠢的建筑师总要把坡度铲平，仿佛房子盖在一个斜面上就会倒塌似的，不懂随物赋形的道理。

过饮水思源塔，中心楼耸然而立。它当为20世纪50年代的作品，不属于新的建筑。其晚于唐的大雁塔、明的城墙、民国的张学良公馆和杨虎城公馆，不敢为古，甚至也不算老，但它却仍属于旧的建筑。高四层，墙是灰砖所砌，顶是红瓦，窗为木制，干干净净，有素雅和安静的风格。中心楼有三座，以160米长的廊道相连，气派十足。我在宏阔的大厅里徘徊了一会儿，遂沿廊道从北向南行，走一楼，二楼，到三楼，三楼是理科楼。实际上这个中心楼还包括它左翼的两座楼和右翼的一座楼，是一个完整的建筑群，已经成为文物，受列保护了，很好！

出理科楼是空旷的腾飞广场，向南便是图书馆，需上层层台阶而登堂入室，从而产生了进步的感觉。图书馆分两个部分，北边是1961年的建筑，南边是1991年的建筑，以科学的方法作了无缝对接。虽有30年间隔，然而仍能合二为一，并在1995年名之为钱学森图书馆。钱是杰出科学家、火箭专家，1934年毕业于交通大学机械工程学院，之后留学美国，1955年归国，在国防部门工作，有特殊贡献，遂得盛誉。内观此图书馆，是看不出多少差别的，但外观却会发现北边的建筑稳重，庄严，传统性强，南边的建筑富于变化，现代性强，也具一定的艺术性。

出图书馆，向南是教学主楼。其拔地而起，摩天拂云，是2004年所造，属于南北轴线上规模最大和用途最多的建筑。计算机房、实验室、研究室、办公室，统统包举。它有32个250座的阶梯教室，8个150座的阶梯教室，16个96座的阶梯教室，1个500座的报告厅。它足以容纳14500人。当然，

西安交通大学图书馆

如此多的求索者和管理者同聚于斯，把房间占满，似乎概率极小。此建筑地下 2 层，地上 23 层，为框架结构。它的外立面既有天蓝的玻璃幕墙，又有晚霞红的石材幕墙，还有方方正正的面砖，形成了严谨而灵动的风格。也考虑到了节能和环境保护的问题，技术含量甚高。

向南堆土为丘，丘上树葱。越其丘，轴线的坡度下倾，遂造状若倒扣之斗的思源学生活动中心。凡开学典礼，或演出，或招聘，或体育比赛，皆在此举行。此建筑的面积 10000 平方米，是 1994 年所营，其形如冠，如蘑菇，底小顶大，自有设计上的追求。

向南为广场，有水池，有花坛，横穿环道，便是西安交通大学的南门。车水马龙，熙熙攘攘，友谊东路伸展于此，踏上它可以四通八达。

在南北建筑带两边，显然还有别的屋宇，它们新的新着，旧的旧着，各有其用。东边的科学馆、康桥苑，都是新建筑，西边的一些厂房，都算旧建筑了。我总的印象是，此校的空间显得格局大，气魄大。

新旧建筑之间，花木竞长，葱茏而烂漫。此大学有名的梧桐东道和梧桐西道，枝叶上撑，荫浓下泄，有的树逼向屋宇，不得不反复削剪。晚上，可以见老师和学生在此散步，也有女士把衣服缠在腰间疾走，大约是做有氧运动，以燃烧脂肪吧。樱花东道和樱花西道紧临南北轴线，窄一点，遂生悠长之感。樱花婉约疏落，有姑娘的敏感与脆弱。秋看梧桐金黄一片，春看樱花雪白万丈，都是此大学得意之风光。在教学主楼和思源学生活动中心之间，有一批大大小小的洋槐随便地聚在土丘上，开花的日子就给空气中注入一股甜香，此校遂添加了一种野趣。其他的嘉木名花当然也多得是，棕榈、松、柏、国槐、红枫、竹、玉兰、连翘、芍药、梅花，皆得圃而生，各展姿色。

2000 年，经国务院批准，西安交通大学吸纳了西安医科大学和陕西财经学院，此校遂既有了兴庆校区，又有了雁塔校区和曲江校区，其高楼下，大厦旁，也一定是木俊如男，花俏如女了。

我并不愿意给文章里塞进一堆数据，然而西安交通大学的一些情况似乎还必须以数据表达。难以免除，我能够做的，是对其简约用之。此大学是一所具理科特色的综合性研究型大学，学科门类有理学、工学、医学、经济学、管理学、文学、法学、哲学、教育学、艺术学。设有学院 20 个，本科书院 8 个，附属教学医院 8 所。有 27 个一级学科博士学位授权点，154 个二级学科博士学位授权点，45 个一级学科硕士学位授权点，242 个二级学科硕士学位授权点，18 个专业学位授权点，78 个本科专业。有国家一级重点学科 8 个，国家二级重点学科 37 个，二级学科国家重点学科 3 个，省部级重点学科 115 个。有 20 个博士后流动站，5 个国家重点实验室，4 个国家专业或专项实验室，2 个国家工程研究中心，59 个省部级重点科研机构。有教职工 5651 人，其中专任教师2214人，教授620人，中国科学院院士9人，中国工程院院士10人，对国家做出突出贡献并享受政府特殊津贴的专家574名。有全日制在校生30000余人，其中研究生13450余人，外国留学生1000余人，他们分别来自70多个国家。这些数据都是此大学2012年提供的。

在西安交通大学的历史上，历届都有杰出之士，我可以举出的有黄炎培、李叔同、邵力子、蔡锷、凌鸿勋、邹韬奋、侯绍裘、陆定一、钱学森、田炳耕、王安……

请允许我介绍一下此大学院士的业绩。以批准时间为序。

陈学俊，中国科学院院士。1939年毕业于国立中央大学，1946年留学美国，1947年任交通大学教授。研究领域：多相流热物理学、汽液两相流动与传热。他是中国多相流热物理学科的奠基者和引领者，著述多，论文多，奖励多。1980年当选中国科学院学部委员，1996年当选第三世界科学院院士。

姚熹，中国科学院院士。1957年毕业于交通大学电机系，1982年获美国宾州州立大学固态科学博士学位。1983年归国，执教西安交通大学。研究领域：电介质材料与器件、铁电、热释电材料与器件、氧化物半导体材料与器件、纳米复合功能材料与器件、机敏传感器与执行器、集成铁电器件、铁微机电系统。他是中国在铁电陶瓷研究方面的一个奠基人，也是此领域的学术带头人。主持国家项目及国际合作项目20余项，获得专利10余项，发表论文500多篇。1991年当选院士。

侯洵，中国科学院院士。1959年毕业于西北大学物理系，1979年至1981年在英国帝国理工学院物理系进修，归国在中国科学院西安光学精密机械研究所工作，2000年受聘为西安交通大学教授。研究领域：瞬态光学技术。作

西安交通大学校舍

为学术带头人和主要参加人，研究并制造了一系列电光与光电子类型的高速摄影机，均为国内首创，多至国际先进水平。曾经获得中国和美国发明专利，获得多项国家技术进步奖，建立了西安交通大学信息光子技术陕西省重点实验室。1992年当选院士。

安芷生，中国科学院院士。1958年毕业于南京大学地质系，1966年获中国科学院地质所与地化所硕士学位，从1999年起任西安交通大学兼职教授。研究领域：黄土与环境、地层学、古土壤与古气候学、磁性地层学和微形态学、季风变迁与过去全球气候变化、黄土高原环境保护与治理。其学术观点获得普遍承认，影响颇大。奖励多，论文多。1991年当选院士。

李济生，中国科学院院士。1966年毕业于南京大学天文系，之后在西安卫星测控中心工作。曾经赴美国得克萨斯大学进修，是西安交通大学兼职教授。研究领域：人造卫星轨道动力学和卫星测控。其成果多表现在人造卫星轨道计算、定轨及卫星测控上，对中国航天事业有重要贡献。立功且多获奖励。1997年当选院士。

陶文铨，中国科学院院士。在西安交通大学读本科和硕士研究生，1980年至1982年赴美国明尼苏达大学机械系传热实验室进修，归国执教于西安交通大学。研究领域：传热学及其数值模拟方法与工程应用。其学术观点和实践，推动并促进了中国计算传热学科的形成和发展。著述甚多，论文甚多，奖励近十次。2005年当选院士。

王锡凡，中国科学院院士。1957年毕业于西安交通大学，留校执教。研究领域：电力系统分析、电力系统规划和可靠性、电力市场、新型输电方式、可再生能源发电接入系统。著述10余部，其中4部为英文，发表论文300多篇，奖励多次。2009年当选院士。

周卫健，女，中国科学院院士。1976年毕业于贵州大学外语系，1995年在西北大学地质系获博士学位，受聘为西安交通大学教授。任中国科学院地球环境研究所副所长、中国科学院黄土与第四纪地质国家重点实验室主任。研究领域：宇宙成因核素在地球环境科学中的应用。其学术观点普遍承认，影响甚广，发表论文近100篇，课题颇多，奖励甚重。2009年当选院士。

徐宗本，中国科学院院士。1987年毕业于西安交通大学数学系，获理学博士学位，留校执教，1988赴英国Strathclyde大学做博士后研究，归国继续于此校执教。研究领域：Banach空间几何理论、智能信息处理。主要学术贡献有，发现并证明一类非欧氏度量的类二项式公式，广泛应用于非欧氏框架下的数据建模与数学分析，提出了神经网络的能量分析理论，不同模型化方法的比较理论及减少联结复杂性的分析原理，基于视觉模拟的聚类原理与视觉类机，模拟演化计算的公理化模型。发表论文甚众，其中在国际知名杂志发表论文

120多篇，主持完成国家级研究课题15余项，社会兼职颇广。2011年当选院士。

谢友柏，中国工程院院士。1955年毕业于交通大学内燃机制造专业，留校执教。研究领域：摩擦学。凡润滑、磨损、形貌、流变、传热、振动、材料、工艺、监测、控制、可靠性、知识获取、数据库、专家系统，都作了理论分析和总结，并取得应用成果。发表论文200多篇，主持完成国家级研究课题数十项，奖励高且多。1994年当选院士。

林宗虎，中国工程院院士。1955年毕业于交通大学蒸汽动力机械制造专业，1957年获交通大学锅炉专业硕士研究生，留校执教，尝有在美国迈阿密大学的交流经历。研究领域：热能工程、汽液两相流与传热、多相流测量。其学术成果具开创性，林氏公式被广泛引用，并在多相流测量方面解决了国际难题。著述甚丰，发表论文150多篇，奖励多次，专利多项，兼职也多。1995年当选院士。

李鹤林，中国工程院院士。1961年毕业于西安交通大学金属材料及热处理专业，之后研究石油天然气管材，1999年受聘为此校教授。研究领域：高性能钢铁材料。主持研究制造多种新材料，其性能达到国际先进水平，别的成果也多受奖励，广泛应用。著述7部，论文170多篇。1997年当选院士。

郑南宁，中国工程院院士。1975年毕业于西安交通大学电机工程系，1981年获西安交通大学自动控制专业工学硕士学位，1985年获日本庆应大学工学博士学位，并在日本做博士后研究，执教西安交通大学多年，2003年起任此大学校长。研究领域：数字信号处理、模式识别、机器视觉与图像处理。凡国家科学技术攻关、863高技术、国家自然科学基金、国防，种种重要研究项目，他都有主持并完成。奖励高且多，2005年以在信息处理方面所取得的杰出成就和贡献，成为美国电气与电子工程师协会会士。1999年当选院士。

邱爱慈，女，中国工程院院士。1964年毕业于西安交通大学电机系高电压技术专业，之后在西北核技术研究所工作，2000年受聘为西安交通大学教授，2005年任此校电气工程学院院长。研究领域：高功率脉冲技术和强流粒子束加速器技术。主持研究解决了多项重要技术难题，取得多项重要成果，并得到应用。奖励多且高。1999年当选院士。

柳百成，中国工程院院士。1955年毕业于清华大学机械工程系，尝赴美国威斯康星大学和麻省理工学院进修，任清华大学机械工程系教授，2002年受聘为西安交通大学教授。研究领域：铸铁结晶凝固基础、球墨铸铁生产技术应用。其在铸造研究方面的成果广泛应用，有显著的经济效益和社会效益。著述3部，论文300多篇，奖励多项。1999年当选院士。

屈梁生，中国工程院院士。1952年毕业于交通大学机械工程系，1955年哈尔滨工业大学研究生读讫，在西安交通大学执教多年。研究领域：机械质量保证、机械信号处理和检测诊断的基础性及开拓性。其学术观点影响广泛，所开发的平衡技术，研究制造的监测网络，都具先进水平，并都有应用价值。著述3部，论文200多篇，奖励颇多，有专利的发明也多。2003年当选院士。

汪应洛，中国工程院院士。1952年毕业于交通大学机械工程系，1955年哈尔滨工业大学研究生读讫，在西安交通大学执教多年。研究领域：管理工程、系统工程。其将管理工程和系统工程的理论与方法应用于工程管理及社会经济发展之中，贡献突出。主持并完成了10余项国家级科学研究项目，奖励颇多，著述22部，教材8部，论文200多篇。2003年当选院士。

雷清泉，中国工程院院士。1962年毕业于西安交通大学电气绝缘与电缆技术专业，先后在哈尔滨电工学院和哈尔滨理工大学执教，受聘为西安交通大学教授，长期从事高电压与绝缘专业的基础理论及其应用工作。研究领域：绝缘技术、工程电介质材料与性能。其注重电气绝缘理论与电子信息和纳米科学技术之交叉，及其在电力与石油能源工程中的应用。主持并完成国家级和省部级课题多项，奖励颇多，著述及译作6部，论文70多篇。2003年当选院士。

卢秉恒，中国工程院院士。1967年毕业于合肥工业大学，1982年获西安交通大学硕士研究生学位，1986年获西安交通大学博士研究生学位，任此校教授。研究领域：光固化快速成型制造。其作为带头人，开发了紫外光快速成型机及机、光、电一体化快速制造设备和系列快速模具制造技术，形成了一套支持企业产品快速开发的系统，所发明的农业节水滴灌器抗堵结构及其一体化开发方法性能颇好，得到应用。发表论文400多篇，奖励多，有专利的发明也多。2005年当选院士。

西安交通大学的发展方向是世界知名大学，而且是高水平的。其正在推动从知识传授型向探索研究型的转变。它的2＋4＋X的人才培养模式，是一种基于通识教育、研究能力和创新能力的实践。

此大学久有面向世界的目光。进入21世纪，它与国际教育界和学术界的来往更频繁，也更主动了。资料显示，2000年以来，邀请到此校讲学的大师有，诺贝尔奖获得者14位，菲尔兹奖获得者1位，其他教授2000余位。到此大学来进行交流或合作的人，包括学者、政府要员、企业高层，有17000余位。此大学的教授出席国际学术会议数千人次，赴外国讲学或从事研究工作的，有数千人次。有42个国家和地区的145所大学及机构与西安交通大学建立了积极的关系，尤其以欧洲的、美国的、日本的、韩国的、新加坡的，甚为活跃。

西安交通大学是从上海迁来的。内迁的原因一是西北工业基地建设的要求，一是国防形势的要求。当时毛泽东认为，可能会发生战争，沿海的重要工厂和重点大学内迁，是一种必需的准备。内迁从1956年春开始，到1958

年夏完成。当时交通大学有两个部分：上海部分和西安部分。上海部分设 19 个专业，西安部分设 23 个专业。到了 1959 年，国务院才决定两个部分要在建制上独立，分别为上海交通大学、西安交通大学。

显然，西安交通大学的历史是悠久的，其演化也颇为复杂。先有南洋公学，1896 年至 1904 年，上海。再到商部上海高等学堂，1905 年至 1906 年，上海。再到邮传部上海高等实业学堂，1906 年至 1911 年，上海。再到交通部上海工业专门学校，1912 年至 1921 年，上海。再到合并唐山工业专门学校、北京邮电学校和北京铁路管理学校成立的交通大学，1921 年至 1922 年。再到交通部南洋大学，1922 年至 1927 年，上海。再到交通部第一交通大学，1927 年至 1928 年，上海。再到铁道部交通大学，1928 年至 1937 年，上海。再到国立交通大学，1937 年至 1949 年。再到交通大学，1949 年至 1959 年，上海，其中交通大学西安分部是在 1956 年 7 月至 1959 年 9 月之间。再到西安交通大学，1959 年至今。

南洋公学由盛宣怀创办。他是清政府大臣，以国际交往和洋务事业之发展，深感不储才不行，不兴学不行，遂向清政府申请成立南洋公学，其任督办。

黎照寰是中华民国国立交通大学的校长。日军侵沪，教学失序，内迁也难，遂在法国租界上课。处于战时，经费极缺，十分的艰难。1941 年 7 月，上海沦为孤岛，为阻日伪接管此校，便把国立交通大学悄然易之为私立南洋大学，是何等苦心！不过 1942 年 8 月，日伪机构还是接管了此大学，黎照寰遂卸任而去，一些有影响的教授也愤然辞职。

1949 年 6 月 15 日，上海市军事管制委员会任命唐守愚为军代表，接管了交通大学，此大学遂为共和国所有。到 1952 年，由毛泽东签署，任彭康为交通大学校长。彭康是江西萍乡人，为大学的发展曾经竭智尽忠。从 1955 年的酝酿到 1956 年的启动，凡内迁之事，他全部参加并主持。千头万绪，终于在 1958 年完成。他是交通大学最后一任校长，也是西安交通大学的第一任校长，戴半黑边眼镜，清瘦，然而不失坚毅。1968 年 3 月 28 日，彭康在西安交通大学遭游斗。有人给他颈上挂了牌子，押其出宅，到毛泽东塑像前去请罪，压他头，按他腰，要他下跪，拳打脚踢，惨然而逝。校长怎么也不懂他竟死在自己管辖的区域，更不懂摧残他的还多是自己经常训诫的学生。

现任校长郑南宁，是一位科学家。

有一个观点流传甚广，认为此大学从上海迁来，衮衮教授难免寂寞，为让他们有玩的地方，西安便修了兴庆宫公园。对此，小时候我在少陵原上拾麦穗便有所风闻，然而查无证据。不过公园卖门票的那些年，此校的老师出示工作证便能入内，这倒是真的。

西安交通大学的北门恰恰对着兴庆宫公园的南门。

国 槐

以钟楼为交点，西安成千上万的道路向四方辐射，一生二，二生三，街巷毛细血管似的布满其城。花草给城以绚烂，但城之魂却以树守。杨、柳、梧桐、合欢、银杏、松、柏、皂荚、樱桃、云杉、楸，皆是嘉木，有的也年岁悠久，德高望重，不过我还是喜欢槐。学有国学，医有国医，树有国槐，国槐为唐高祖李渊所封。西安的国槐夹道而长，凡路皆植，或为今人所栽，或为祖先所留，星星点点，排列成行，线面作阵，浩浩荡荡，足有百万。

在周书里常常可以看到漆、栗、桑、榆、杨、柳、楸、檀、桃、李、梅、杞、栲、栎、扶苏与唐棣，然而槐未存焉。不知道为什么槐没有进入周人的视线。秦人似乎好松，史记："道广五十步，三丈而树，厚筑其外，隐以金椎，树以青松。"然而汉人显然把槐纳入了长安的道侧路旁，有籍记录："地皆黑壤，今赤如火，坚如石。父老传云，尽凿龙首山土为城，水泉深二十余丈。树宜槐与榆，松柏茂盛焉。"汉武帝甚至把其冥府选在槐里之茂乡，槐里是什么景象呢？之后槐就在长安扎下了根。南朝梁河逊吟道："长安九逵上，青槐荫道植。"前秦的王猛也曾经向苻坚提议："自长安至诸州，皆夹路树槐。"当年也有民谣唱着："长安大街，两道树槐，下走朱轮，上有鸾栖。"显见槐之荣华。不过只有唐人会欣赏槐，唐诗里的槐无不让我向往，允许我抄几句吧！王昌龄诗曰："青槐夹两道，白马如流星。"岑参诗曰："青槐夹驰道，宫馆何玲珑！"韩愈轻唱："青槐十二街，涣散驰轮蹄。"白居易诗曰："槐花满院香，松子落阶声。"李涛长吟："落日长安道，秋槐满地花。"怎么样？妙！感觉槐能压躁驱俗，兴其味，酿其雅。

西安东南西北各有城门，箭楼之前之后皆种几棵老槐。墙砖尽灰，剥落

孔庙南墙外国槐

斑驳,夕阳映槐的时候,进出城门,总会起沧桑之感。自朱雀大街至明德门,为当年唐政府的天街,直南直北几十里,其槐相随,宽广壮阔而不失润泽,似乎是游丝似的皇家余绪。新华门一带,新城广场一带,群槐蓊郁,浓重成幽,悠然漾家园之气。北院门以北是二府街,再北是青年路,再北是糖坊街,平行并列,过去多栖官宦商贾之主,杨虎城公馆止园便藏在青年路,这里槐皆两排,其木参差,其树琳琅如玉,其冠遮天蔽日,荫庇遂广。从南大街到和平路去,我总是选择走东木头市,再经端履门,再过东厅门,再穿东县门,因为这一线众槐昂然,黛色为苍,博厚而肃穆。树皮发黑,深裂作块,如网如鳞,树冠呈圆,枝叶青葱,意态绿渗。风止槐静,风起槐动,敏感得仿佛有神经似的。这一线皆民居,多是旧户旧房,小铺小店,遂有一种宜人的安宁,所以即使不饿也想在此觅一家精致的饭馆临窗而坐,吃一碗面条。望着三轮车拉着其客缓缓行来,徐徐行往,尤其是偶尔发现槐米飘摇而下,掉在对面屋檐的瓦上或遮阳的伞上,不免觉得生活的实在和艰辛,当然也有对生活的希望。鼓楼正街饮食发达,杂货累累,各国人士,各色人等,摩肩接踵,昼夜涌流,而且喧哗不息,大有永世淹没之势,此地之槐便难展风流。正学街狭窄而长,全是制作匾牌和锦旗之门肆,此地安安静静,其槐遂修长向高,通脱有飘逸之派。南院门附近之槐,随势散布,中正有度,疏朗不挤,因为此地一直都是衙门所在。含元路倾向浐河,其直趋而下,完全是龙首原至此势尽所致,此路之槐遂不得不努力正身,以防低头弯腰。看起来槐也有自己的命运,环境会影响其状貌的,可惜它自己无法决定自己扎根何处。

国槐

槐之美在其坚实与妩媚融为一体。树木有的颇为妩媚，然而失之软弱；有的颇为坚实，足以呈材以用，然而失之简陋，观其形容不丽，风度不具。槐的主干沉稳牢靠，有屹然而立之姿，枝叶精细且透青渗绿，有柔忍之性，特别是其卵形羽款之叶，小巧玲珑，风左风右，风上风下，都在闪烁，真是灵性毕现。不过它也不仅仅以槐之架势榜样而招摇于世，槐之为材，品质强硬，密其纹理，耐其潮湿，可以造船、雕刻、做家具。它所开的一种黄白相间的花，就是槐米，为清凉收敛之药，可以止血，小时候我在农村便捋过槐米而卖之。它的根、皮、种子，也可以入药，其种子富含淀粉和脂肪，榨油也行，喂牲畜也行。

在西安地界，现在有百余棵古槐。所谓古槐，以百岁计，百岁以下就不算古槐了。清之槐，明之槐，当然都是古槐，也饱经风霜，苍劲十足，然而我喜欢更老的，老到八百岁以上才好。

有闲有心之际，我便奔走西安，寻找其古槐。在户县渭丰乡坳河村所见古槐是在冬日，树龄1000年。乌云盖天，冷气贯日，其槐枝僵叶脱，主干全黑，我以为它死而且腐了，但一个老头却铿锵反驳："活着。"蓝田县九间房乡上寨村古槐树龄1100年，春天的朝辉照在其新枝嫩叶上，确实让我感到生命的神奇。其主干空洞惟皮，然而它的枝叶一旦出寒逢暖，便会发生以呈青绿。依我的经验，一棵古槐独立一隅会让人惊异，不过几棵或十几棵古槐集合为队，形成气氛，就会让人肃然起敬，甚至言行有礼，自己要禁止自己之嬉闹。在碑林区书院门孔庙周边有三棵800年的古槐，其西邻的长安学巷也有三棵800年的古槐，它们有的参天撩云，有的一枝横空，大约怕横空的一枝突然折断，有人遂把横空之干以铁柱支撑着。徘徊于这些古槐之中，见皮损材露，材朽心虚，不禁会感慨生命之艰，活着实难，甚至觉得古槐凄凉，当然也会钦佩古槐之伟大！在荐福寺的小雁塔南北院子，有七棵唐槐，树龄皆千年以上。它们苍老不堪，不堪也依然傲挺。其中一棵唐槐有孔穿躯，像窗口似的竟可以从此岸透视到彼岸，惟靠两侧薄有一尺的皮材而活着。一阵风过，枝叶如琪，荡漾如波，似乎是遥远而神秘的雄风！东关南街大新巷一带属于过去的兴庆宫辖区，唐玄宗曾经

荐福寺国槐

于斯活动，此地有树龄1300年的古槐，谓之神龙槐。树高20余米，树围4余米，树冠170余平方米。枝叶婆娑，给夏日的地面投射了一片巨大的清凉，坐在树下的一个老头说："神龙槐灵得很，你求什么它应什么。"其扭曲的干上果然系着红布，显然有人曾经向它做过祈祷。不过它的主干有一道朽槽，为使古槐不摧，有人用钢筋水泥塞以朽槽，遂坚固了。长安区韦曲街道崔家营村的古槐1100年，其主干所生的枝多且长，树下所荫庇也广。20世纪70年代，农民在沣河拉沙子，累了便躺在树下休息，十几匹马随其主也在树下休息。此古槐还有一绝，从主干的分权之处，长了一株高约5米的丝绵。树中有树，当然为罕，遂招人纷纷观其之绝！长安区滦镇街道鸭池口村有古槐1100年，生长在无边无际的田野之中，其十里以南便是秦岭。它曾经是山关庙之槐，清咸丰某年洪水大发，冲毁其庙，不过天道有情，以存此槐。夏日的黄昏，古槐像孤岛耸峙在海洋一样独立于苍茫的玉米的禾苗之间。古槐干干净净，沉默静穆。穿过田野，我瞻仰了夕阳大肆渲染的这棵古槐。西安高级中学的古槐有800年，遗憾其屈居于三座楼房的夹角之中，挨着它的竟是锅炉房，烟囱直上，尘埃怎么不会洒落其树冠呢？还有人以沐浴之水冲灌其根，这让斯槐何以堪？主干粗壮，不过其材有洞，已经用钢筋水泥堵上了。人不善待，枝叶便蔫。所见古槐，此地的最为卑陋，也最是可怜。

临潼县晏寨乡胡王小学有汉槐，树龄足有2000年以上。乡里一直在传：当时楚汉相争，项羽设其鸿门宴，项庄舞剑，意刺刘邦。幸亏有项伯以身挡刃，

鸭池口村玉米地里的国槐

国槐

又有樊哙保卫，才排除了一道血光。见气氛趋和，刘邦借口如厕离席。慌乱之间，他忘了返回灞上之路，遂要觅藏身之处把自己掩蔽起来。情急之中发觉其槐亭亭玉立，就隐身歇息缓气。卒明通往灞上之道，才顺利进入军营。刘邦在长安登基以后，当地有人便呼其槐为护王槐。煌煌汉之槐，当然属于树之瑰宝，木之明星，遂慕名而去，想看一看此槐。不料是假日，胡王小学紧锁其门。绕地三匝，不得进校，搔首踟蹰，终于翻栏入园。汉槐比我想象的还壮硕，尽管已经知道它的树围近乎 8 米，树冠近乎 300 平方米，然而看到汉槐仍觉得它粗大得不可思议。久久盘桓，一再唷叹，胸溢赞意而口有其拙，遂美言难出。保护得很是精心，主干配土高壅，并以铁栏相围。可以远观，不可以伸手抚摸，更不可以近之亵玩。我欣然后退，再后退，以广角而望。2010 年 8 月 7 日，天命立秋。早晨 10 点 21 分的阳光，清澄纯净，透明而翔，轻洒此槐。琼枝碧叶，迎风起舞，不过动作优雅，细腻柔曼若训练有素的纤指，又若来自宇宙殿堂的神的旋律。顿生敬畏，遂三鞠躬。

老到 800 年以上的古槐，在西安地界还有十棵左右，有时间我当会继续寻找而拜。

在北京也时处见槐，故宫周边，皇城跟一带，其槐甚繁而有一种气象。不过国槐是西安的市树，它不惟为此城增色，也见证其城之变迁。特别是 800 年以上的古槐，俨然严正的能够呼吸的历史。它的年轮显然并非简单的圈线。气候、水文、地理、土壤、植物进化与变异、历史、文化、信仰、民俗，无不压缩在古槐的年轮之中。

胡王小学里的汉槐

辨花木识季节

有诗人吹嘘,区分西安的季节转换,应该通过美女的裙子辨别。诗人多是脑神经按几何型搭建的特殊生命,有可能,不过我不敢,因为眼睛总是在姑娘腿上瞄,难免要招骂。

我是在乡下长大的,季节的模式完全由庄稼奠定。麦子起身了,绿油油而苍茫茫的一片,便是春季。麦子熟了,黄渐为白,遂进入夏季。谷子和玉米在黄壤之间迎风招展,慢慢结了穗子,并散发粮食的气息,就是秋季。万物枯槁,只有小麦盖着粪土匍匐在起伏的少陵原上抗拒着北风,当然是到冬季了。

城里不种庄稼,又器音乱耳,灯光乱目,又忙碌,季节往往须臾而过,连一点影子也不留下让人回味。然而城里栽花植木,这些年还兴种草,在成群成群的高高低低的建筑周围,花木茂盛,其绿如水,有润泽之感。我有小时候庄稼给我的印象,遂可以参照它,辨花木以识季节。

一旦红梅开了,春便来了,虽然天还冷,不过春的消息会迅速流传。阳光显然也清明了,老人会互相招呼着携其小孩在墙前晒他们的脸,以去渗在肌肉里的冬之萧瑟。花园是花的荟萃之处,所以在兴庆宫公园或莲湖公园,可以看到金亮的迎春花和连翘花,看到白玉兰或紫玉兰。池岸的草也欣然萌芽,只是遥望蒙蒙,近瞧似无,奇妙得很。关于玉兰,我以为到陕西师范大学去欣赏为好,不管是白的还是紫的,都绕图书馆生长,其经营多年,梢高花硕,若大家闺秀,自有几度丰腴和磊落。樱花是西安交通大学的潇洒,以南北建筑带相隔,修成一条樱花东道和一条樱花西道,风吹落英,尽是银粉,恍惚之间让人情激诗兴。实际上青龙寺的樱花更富声望,可惜那里容易使人想到

槐米黄白相间

青灯孤烟,不像校园是青春汇集之所,游也学子,吟也学子,是荡漾着朝气的。紫荆、丁香、棠棣、牡丹,皆是随春而来的花,也是春的表现,在西安处处都可以见着,不过似乎仍以公园和大学为胜。桃和李也向春而绽,但看到它却当离开西安一点,郊野甚旺。从初春至仲春各有杰花,我以为暮春是洋槐的花灿烂,逾路而观,护城河畔上的花白得像剪裁下来的团云。柳并非为花,然而属于准点的报春之物,有其拂乱魂魄的意象。灞柳最久,也最牛,充满了历史感和文化性。

石榴花红了,我便知道是夏了。石榴花的得意之境是临潼,不过西安的其他地方也有,它的特点是红得火,红得烈。气温骤升,凡自珍的人都戴上了太阳镜或太阳帽。合欢花和紫薇花也是展示夏的花,两两比较,我甚为喜欢干阔冠大的合欢花。在西木头市一带,有合欢花饰其道路,仅仅因为喜欢它,我便经常到这里去吃水盆羊肉、喝茶、买书,或有意无意地徜徉一番,直到夏毕。月季也为夏而生,色有粉红黄白,遗憾我对它的兴趣淡然。睡莲是非洲的花,在西安也有。西安的夏之花不如春之花品类多,来得盛,然而这时候的国槐青葱翁郁,尤以三学街和小雁塔附近的国槐为古典,以东木头市一带的国槐为素雅。莲湖路上和友谊路上的法桐高大壮阔,甚至其叶其絮偶尔会呈放荡之姿。以木的角度考察,国槐与法桐都是辨别西安之夏的标志。

一朝桂花飘香,秋遂悄然而至。西安的公园、大学和小区多有桂花,甚至道路两旁也种着,这使西安的秋并不寂寥。虽然阳光仿佛稀释了,意存凉爽,一夜之间便能发现人在加其衣服。长安路电视塔地界的火棘没有浓郁之香，不过很是艳丽。法桐骚衰，但国槐的米一般的果实却趋于饱满，它既装饰着故都，又将成为药材。钟楼至南门之间的道路上，银杏树挺拔伟岸，其叶尽黄，如金而亮。西北大学校园有白杨散布，太乙路上似乎也有白杨，长安路从小寨到纬二街之间的隔离带更是白杨成林。闻其叶响，我总是想起汉人的诗："白杨何萧萧，松柏夹广路。"

西安的冬是要凝霜降雪的，当是之际，花谢木萎，国槐常常呈一种肃穆的黑色。阳光照耀着也觉得冷，于是房间里的暖气就烧起来了。不过也有紫叶李不落叶，偶尔所见棕榈也不落叶，这些树应该都是迁居西安的。传统上不落叶的大树是松是柏，兴教寺有，兴善寺有，大庆路的隔离带也有，含光路十余里尽是松。孔子说："岁寒，然后知松柏之后凋也。"也许在西安之冬，体会圣贤的思想才能深化。

在天下走得多了，便能增加对西安的爱。南国固然花长开，木久葳，北国固然有其神奇的霜雪之无边与无期，然而西安四季分明，节日有庆。季节的更替不但是气候的调控，我以为这种调控也给人的生理和心理以积极的影响。我相信，西安分明的季节当有助于对人生的理解。当然，在城里区分这些季节最简单最快捷的办法是读其花木。

曾经在东南一隅为客，当地有妇人问我："西安的骆驼吃什么草？"我大笑。又有小孩问我："西安在黄土坡上吧？"这便让我反思。对西安的误解一般是地理知识的缺乏，不过一些电影和歌曲的传播也起了消极作用。实际上西安其地尝为天府之国，形势壮阔，有山有水，地力厚肥，植被丰茂，遂为帝王之州。可惜几千年以来，朝朝代代总是在此攫取，使它过度消耗，以致疲敝。发生在1929年的一场大旱，竟颗粒无收，人不但拔光了草根，而且剥光了树皮。然而天府之国总是有其优越的，自然总是会让西安孕育出它的荣华。

一旦西安的花更明，木更蔚，城里的季节也将更易辨别：读其花木就行。不过诗人以美女的裙子区分季节之变也未尝不可，他有权利保持自己的雅兴。

辨花木识季节

杜陵生态林

汉宣帝刘询小时候在民间生活，常常来往于杜县乡里，遂在登基以后修筑杜陵作其冥府，是因为这里渐起而隆，广袤深厚，势盛且畅，当然也有他的情感所系吧！

2009年春节，我女儿及她的两个朋友刘泽西和陈阳从燕宁二城相聚西安，有思古之心，不知道选什么点，我便带他们往杜陵去。驱车向西安的东南而行，一路向上，向上，如走天阶，真是轮滚滚而地旋转，风飘飘而云轻扬。路穷车止，一冢迎面，有横空出世之巨大，泰山压顶之重量。

我说："这就是汉宣帝的坟墓杜陵。他44岁病逝便埋葬于此，现在已经两千余年了。"

他们惊叹着随我向上攀登。脚踩旧迹，手拨野荆，弯着腰，斜线曲径，惟有前进。比较陡，移动颇难，不过也一气到顶，遂顿生凌虚爽朗之感。古都浩荡，尽在视野。

我说："西北有高楼，上与浮云齐。然而在杜陵之巅，便会觉得所有的高楼也矮了半截，因为杜陵建在西安最高之地，杜陵高有29米，是最高之地的平台，当然视野开阔了。"

三个学生议论着四处盘桓，我也感慨生情，向隅低回。我的故乡就在这里，曾经屡屡到此来，不过杜陵有变，它的周围竟种满了树。叶落枝黑，森然一片。不知道都是什么树，然而无边无际，足有万亩之广。我想，在杜陵之巅看青枝翠叶随风摇曳将胜看美人移步换姿，当是难得的享受！不过这是我的悄然所思，何况正月之期，残雪犹在，寒气尚烈，也不好得以潇洒。

夏日得暇，便直奔杜陵，辨其树有杨、柳、槐、银杏，还有桃、李、葡萄，密密麻麻，竟成绿林。荫庇为幽，足以避暑，遂有人在其中聚会。同学、同乡、同道，往往各占一席，绝不相扰。鸟啼婉转，蝉鸣悠长，中国的城市谁有如此之趣！向上攀登，赴杜陵之巅，所见绿林似海，风过之处，枝荡叶翻，明烁暗沉，确实是悦目赏心，遂赞叹如此绿林已经是西安新的标志了。

一个偶然的机会，我还获悉了关于杜陵种树的故事。大约是1996年秋季，时为西安市雁塔区的政府官员王军先生，到巴黎去进行工作考察。一天中午，他在塞纳河南岸的埃菲尔铁塔上游目展望，蓦地发现其城有一片绿林，郁郁葱葱，生机盎然，俨然镶嵌在建筑之间的一块碧玉，绝妙之极！巴黎圣母院、卢浮宫、凯旋门、香榭丽舍大街，其固然是巴黎的标志，然而绿林何尝不是，遂忽生灵感，想到在杜陵周围种树万亩以成西安之绿林。当时杜陵一带满是垃圾，苍蝇成阵，臭气为熏，不但不敬汉宣帝刘询，而且影响西安的呼吸。在杜陵一带倾倒垃圾是20世纪80年代的自发行为，一再治理，不过积习为疾，理而难治。王军先生从巴黎回来便提议种树，以绿林取代垃圾，并希望西安有巨大之氧可以舒怀清肺。2000年开始种树，四岁之后，垃圾绝影，绿林卒成，西安人不但轻松了，而且经过天阶，便会有一个美人似的观瞻。

西安所在的关中，在汉以前植被丰茂，从而才有张良所论的天府之国。实际上周人建其丰镐，秦人建宫阿房，汉人建宫未央，甚至数百年以后唐人建大明宫与兴庆宫，都因为西安一带黄壤膏腴，草木荣华。然而恰恰由于十三朝国都于斯，起码此乃重要元素，遂使西安一带的生态消耗过度，所以改善生态，便成为西安人的使命。发展经济，固然也是功业，然而给西安种树，使之成为一片一片的绿林，当为不朽之功业。我可以打赌！

不过天热，我又不爱风扇，又不爱空调，那么就让我进入绿林享受荫凉吧！

汉宣帝杜陵夕照

草木与汉宫之名

汉在长安二百余年，宫多而雄伟。汉宫及其大殿高台的命名都非常讲究，饱浸着中国文化。

汉的长乐宫从秦的兴乐宫转化而来。刘邦建都长安，便居长乐宫，直到其崩。朝会礼仪尝作于斯，一向对刘邦勾肩搭背之群臣，忽然噤声以敬。刘邦感慨万千，说："吾乃今日知皇帝之贵也。"未央宫取之诗："夜如何其？夜未央。"意在江山永昌，以至无穷无尽。未央宫初成，刘邦见其壮丽太甚，批评萧何，认为匈奴入侵未平，治宫不可过度。萧何很会奉承，说："天子以四海为家，非令壮丽无以重威，无令后世有以加也。"刘邦遂愉悦之极。建章宫在上林苑，其地原为建章乡，以乡名而作宫之名。长乐宫、未央宫、建章宫，属于汉布政之宫，必须华严而肃穆，不过也有变化。在长水流进灞河的入口之处，所营造之宫，为长门宫。曾经受金屋藏娇之爱的陈皇后，以后嫉妒失宠，便谪居这里。为解忧，乃以重酬邀司马相如为其作赋。古之长水，就是今之浐河。神明台旨在祭仙求仙，遂有铜铸仙人站在台上捧盘举杯以集云表之露。因为灵鸟栖于上林苑，遂造凤凰殿，以纪念其祥瑞。

汉人尤其好用草木名之以宫，我以为这是颇有趣的事情。桂宫以桂树得名，欲欣赏其姿而享其芬。桂宫在未央宫北，也为北宫，设有汉武帝所喜欢的七宝床、杂宝案、厕宝屏风、列宝帐，又谓之四宝宫。桂宫周回几十里，有柏梁台，柏味绕梁，其芳清新。椒房殿专为皇后所居，以椒和泥涂墙，可以除恶气，增温暖，并含蕃实多子之义，诗云："椒聊之实，蕃衍盈开。"皇后遂称椒房。长乐宫和未央宫皆有椒房殿。汉哀帝喜欢董贤，也喜欢董贤的妹妹，尝封为昭仪，舍曰椒风殿，谋配其名，渐立皇后，以入椒房殿。汉武帝好大，好功，也好美色，其后宫先分八区，以后扩展至十四区，佳丽众而成群。她们所居之室，或合欢殿，或兰林殿，或茝若殿，或蕙草殿，华木香草甚茂。合欢树羽状之叶，白天张开，夜晚闭拢，夏秋花有粉红，嫔妃居合欢殿确实相宜。合欢花就是马缨花。兰非今之兰花，应该是古之木兰或泽兰吧。茝即白芷，若即杜若，俗呼竹叶莲，花赤，都是香草。蕙为兰，花黄绿，当然也是香草。猜想汉武帝可能极得众妾之心，其懂得浪漫，有情调。他的皇后也都有特点，除了陈皇后以外，卫子夫热烈，李夫人倾城倾国，赵婕妤诡秘，竟手握玉钩多年不开，见汉武帝才开，遂为拳夫人。建章宫有枍诣宫，也因嘉木枍诣而得名。枍诣就是檍树，材质细硬，可以做弓。甘泉宫有竹宫，汉武帝尝祭太乙，令三百童男童女集体舞而蹈之，以招仙人，他在竹宫望而大拜。史记，当是时也，驀地有流星从天上飞过，侍者皆肃然悚动。甘泉宫附近还有棠梨宫，也因棠梨而得名。棠梨也作唐棣，诗曰："唐棣之华，偏其而反。岂不尔思？室是远而。"孔子借题发挥教诲弟子说："远什么啊，大概不是真想吧！"

  汉家的游猎之地为上林苑，其连绵四百里。汉武帝勇武善猎，在上林苑建有走狗观，是养犬之所，以备皇帝所用。上林苑离宫轮奂，素以草木而名。葡萄宫为汉武帝所造，采其西域大宛葡萄种之，遂为葡萄宫。中国的葡萄也就是那时候移植进来的吧，多亏了张骞，否则今之女士要享嘴福，还得吃进口的葡萄。汉武帝元鼎六年，公元前111年，汉败南越，遂筑扶荔宫，移植热带草木荔枝、槟榔、橄榄、菖蒲、留求子，皆异木奇草。此宫显然是以荔枝而得名。汉武帝要远望以养目，遂作白杨观、青梧观。五柞宫以其宫有五柞而得名，树高冠大，覆荫数亩。汉武帝死于斯。长杨宫原本是秦之离宫，为秦昭王所起，汉扩充修缮以后用之，其因为有垂杨数亩而得名。遗址在今之周至县终南镇，有云纹瓦当和兽纹瓦当出土。

  汉宫是一些建筑群。现在的建筑群似乎更多，然而其命名常常流露着一股恶俗，有的还用别字而生歧义，岂不悲哉！

草木与汉宫之名

长安十粮

我的故乡长安及其八百里秦川属于雍州,夏人说:"雍州厥土惟黄壤,厥田惟上上。"当然是产粮之地。

在少陵原生活19年,尽管日日出入蕉村,然而我非正式农民,不懂庄稼。孕我者父母,养我者粮。吃故乡的粮长大,可惜我数得来的仅仅十种。粮不是无情之物,赞之颂之,也远不达意。

黍

黍为一年生草本植物,叶子线形,秆有毛,圆锥花序颇密,穗弯,分枝倾斜,子实黄,碾而去皮为黄米。黄米是黄米,小米是小米,还不一样。黍分饭黍和酒黍,饭黍不黏,酒黍黏。饭黍惟关中有之。

黍在中国的栽培足具8000年,在陕西的栽培起码也超5000年。姜寨遗址有壳与朽灰的考古发现,证实其为黍的种子,是新石器时代的人所留下的。我相信我的祖先曾经以黍为美食。周人在他们的诗里说:"丰年多黍多稌。"显然弥漫着一种喜悦。

稌为稻,去皮就是糯米。

稷

稷在其进化过程中变得越来越模糊,有人认为它是黍,有人认为它是粟,粟即谷子。郭璞说:"天下所谓粟米,正稷米也。"

稷一再出现于周人的诗里,反映了它的重要。黍和稷的生育期都短,不耐霜,喜温暖,抗旱,宜在黄河流域耕植。周人善农业,务黍和稷也一定很成功。

他们还以农业的收获祭其神，为自己祷告，诗里说："与其黍稷，以享以祀，以介景福。"黍稷至贵，所以贤者曰："黍稷非馨，明德惟馨。"

关中过去处处有稷，呼其为竹叶青、牛尾黄、紫秆禾、棒杵穗、栎花谷、狼尾、驴尾、紫罗带、金裹银、银裹金。稷之黏者酿酒，不黏者炊饭。秫为黏者之稷，其有野鸡红、红猪蹄、白猪蹄、隔沟抰。

社是地神，稷为谷神，遂有社稷。

稻

下少陵原南坡至樊川，下少陵原西坡至韦曲，春夏之交，遍野是稻。稻生水中，水润稻壮，间以蝶飞、蛙鸣、莲叶翠绿、荷花粉红，仿佛北方的一片玄境。

小时候随母亲往舅家去做客，过韦曲、何家营，至西寨，沿路有渠，渠两侧是稻，总给我一种难以抑制的喜悦。长到10岁，便约伙伴或独在韦曲一带捞鱼。给笼系上绳，把笼按入渠里，逆水而行，拉几十米停下，提起笼，遂见有鱼跳跃。赶紧捉住，一一装进罐头瓶子里。再捞，等罐头瓶子里的鱼几乎要挤爆了，才收笼，登少陵原回家。

御宿川也产稻，以王曲为盛。大村周边所产之稻，去皮以后的大米便是桂花球，更是名传西安。20世纪70年代，常常有农民把一口袋桂花球驮在自行车上进城偷偷卖钱，卖粮票，也有农民以桂花球换玉米。桂花球好，农民不忍吃，是因为粮不够，玉米粗，可以多换一点，以补充粮亏。

产稻之亩，樊川、韦曲，属于潏河流域，王曲属于滈河流域，大村周边是高冠河、天平河和沣河的交汇之处。可惜只有30年的光景，终南山北麓一带便水减稻失，生态遽衰。樊川张着嘴以俟开发，韦曲已经流断木疏，高楼充天。

长安产稻颇早。有一部方志指出：线棱秔米白若霜，出于樊川，青秔、桃花秔、赤甲秔，多出于御宿川，也出于樊川，蓝田诸川也有。所谓秔就是粳，粳与稻本为一物。唐地理志有录：京兆贡稻。周人的诗里也吟道："滮池北流，浸彼稻田。"

粱

粱为谷子之优，所以有膏粱之香，粱肉之香。

周人颂其农业神后稷有言："诞降嘉种，维秬维秠，维穈维芑。"这里的秬和秠都是黑色的黍，穈和芑都是粱。穈为赤粱，芑为白粱。

关中遍地有粱，除赤粱和白粱以外，还有青粱、黄粱。黄粱穗大毛长，炊饭其味甚厚。成语黄粱一梦和一枕黄粱，皆是此黄粱。

我吃小米极多，然而不存什么幻想。

小 麦

　　亲爱的小麦，是我的主食。我喜欢吃面条、馒头，它们都以小麦为原料。

　　长安的小麦一般是在农历八月底至九月初播种，几天以后萌芽，无穷无尽的黄壤便一片嫩绿。施以粪土，从而让小麦温暖过冬，顺利分蘖。怕小麦长荒，农民不惜放牛，放马，放羊，放猪，以撅断叶子。明年农历二月二，小麦便骤然返青，起身，一场雨，一节高。自农历三月开始，又是孕穗，又是扬花，又是灌浆，四月初便渐渐黄了。阳光灿烂，至四月底就可以动镰收割小麦。

　　少陵原上的任何一条道路两边都是小麦。小时候不知道农民种庄稼艰苦，走着走着便闯入麦田，或拔麦萍，或拔麦兰子，或争抢捉拿一只翩翩而翔的蝴蝶，或把几个饱满的麦穗摘下来，在掌中揉碎，吹掉麦芒和麦皮，扔进嘴里嚼烂下咽，以尝一尝鲜。碰到脾气暴躁的农民，当然会挨一顿骂。豌豆荚是甜的，一旦饱满，就可以采食。然而这为农民所禁止，遂觅斜径，做贼一般钻进偏僻麦田，急迅捋之，装衣兜，装裤兜，甚至把夹衫扎进腰带作口袋，尽量塞之。冒险的乐趣比口福的享受显然要大，否则不会如此行动。难免会碰到一个藏身树后或坎后的守望麦田的农民，怎么办？跑，拔脚狂奔，他往往是追不上的。不过将遭遇一个严峻的问题：他可能向家长或学校告状。

　　收割小麦完全是一场战斗。起码在1979年以前，人民公社的那些队长督促农民极紧。男女老少一齐上阵，收割、扎捆、拉运，摞成屋舍一般高的垛子，碾打、扬场、晒干、入库。学生会放假三周，在收割之后的田野里拣麦穗。麦穗属于生产队，学生以所拣多少得到工分。

　　农民要缴各种各样的公粮，除此之外，生产队按户口分下的小麦便不满300斤，饿肚子是注定的了。小麦的子实磨成面粉，有白有黑，日常就吃黑面，过年过会待客才吃白面。不得已，还要把麸子掺进黑面里吃。这个国家在其初的几十年内，实际上是由农民忍饥扛起来的。

　　1985年、1986年，有甘肃省民乐县六霸乡东灰山的两次考古发现得出结论，中国在5000年之前便种小麦。周人也种，他们的诗里说："贻我来牟，帝命率育。"来指小麦，牟指大麦。周逝为秦，秦逝为汉，董仲舒意识到小麦对汉帝国的重要，尝向汉武帝建议推广小麦的耕植。唐地理志有录：京兆贡麦。当然是小麦。

　　关中地肥，盛产小麦。有方志认为：小麦出渭河以北者粒小，出渭河以南者粒大，尤其以毕原，今之西安市西南大约30里处，所出小麦为上品。小麦多有芒，无芒的是和尚麦，色白者为白麦，色紫者为紫麦，色白且子实丰硕者为御麦。关中小麦味甘，微寒。

　　令我心忧心痛的是，出小麦之平畴，现在多盖高楼大厦了。良田沃土，这是千千万万年以来，由祖先的劳动与自然的毓化相互作用才形成的！一朝欲利，不惜废弃，真是逼我哭啊！

大 麦

牟、䴹，都是大麦。唐地理志有录：京兆贡䴹。

唐人研究了大麦，认为其味甘，也咸，微寒，可以消渴退热，强脉补虚，并具回乳之效。

大麦出关中，以渭河以南为嘉。穗有六棱的，还有红皮的。红皮的子实其为丰硕。其形扁平，中间宽，两端尖。

大麦耐旱，耐冷，也耐瘠薄，不过早熟才是它的特性，大约农历三月就能黄。故乡的农民总要适量种大麦，一是供青黄不接之际食之，二是收割以后，其田经过夯实，可以作碾打小麦的场。这都由于大麦之早熟。把大麦晒干，在磨子上一拉，去皮便能炊饭。做面条也行，不过厨师家妇往往用它蒸馒头，烙锅盔。大麦非主粮，是因为它吃起来有一点渣，有一点涩，比较"拗口"。其黏质不够，易于疏散，大厨巧妇皆难为烹。

青 稞

青稞原产于西藏和青海，贸易的往来使其传入长安。

它像大麦，所以有人认为青稞是大麦之一种。实际上它粒细而长，皮不包子实。咸阳的方志便指出：露仁者为青稞，可以酿酒。

元人王祯是农学家，显然对青稞有仔细观察，认为青稞皮薄，面多，没有麸子。

见其早熟，故乡农民会选青稞耕植。既能作碾打小麦的场，又能充空空之腹，何乐而不为呢？城里的餐馆偶有卖粥的，服务生呼其为麦仁稀饭或露仁稀饭，原料便是青稞。黏质甚重，口感光滑，吃它已经是为营养之平衡了。

我曾经请教一位中医大夫，他语我：青稞的保健价值在其下气宽中，壮精充力，除湿发汗，并可以止泻。大约这就是所谓的食疗吧。

荞 麦

以农民的经验，我故乡的荞麦，大暑以后种之为上，其会早萌芽、早开花、早孕穗，霜降以前便能收获。它属于短日照作物，也对日照反应敏感。

总是读书，遂只见过一次生长之中的荞麦。农民辟了一块坡地给它，颇显荒凉，不过荞麦很茂。夕辉之下，它的花绿的、紫的、红的、黄的、白的，星星点点，十分灿烂。叶子是三角形的，其状如肾，由长柄所撑。茎无毛，光滑，圆而有棱，心会由实变空，色有绿，有紫，有红。其子实磨成面粉可吃，我吃过，可惜没有见过。

荞麦味甘，能健脾益气，克食化滞。有资料显示它还可以降血糖，不知道是否科学。逢节聚餐，每每看到高血糖的朋友大啖荞麦饸饹，并自言自语说：

"这个好,这个好!"我也喜欢吃荞麦饸饹,窃以为蓝田的饸饹软,榆林的饸饹硬,更喜欢吃蓝田的。

有一册群芳谱指出,荞麦一名苃麦,一名乌麦。可惜我只止于斯,未究苃麦与乌麦之竟。

谷 子

想到谷子,我就想到麻雀。秋天来了,满地的谷子渐渐泛黄,其穗饱满摇坠。浩浩荡荡的麻雀仿佛垂天之云,忽然一个滑翔,就稳稳落在谷子上啄其子实。农民挥鞭吆喝,然而麻雀已经冲锋陷阵,根本不在乎,除非皮条抽下去,打击它,才会吓走周围几个。一个一个的谷草人扎在田间,其戴着草帽,扛着树枝,一副凶恶的样子,但麻雀却像识破了真相似的无所畏惧,要吃便来吃了。

还有老鼠。收割谷子以后,发现田间有洞,遂挖下去。黄壤深翻,穴穷底现,里面满坑的碎穗和子实,也储大豆。这当然是老鼠干的,它也要存粮,以度过寒冷与萧条的冬日。

谷子是一年生草本植物。茎立且直,细,心空有节。叶子披针形,窄长如条,锋利会划肤。凌晨花开,黎明花败,颇为神秘。其穗顶生,重压谷子之秆。它的子实极小,每穗能聚子实成百上千粒。其穗发黄为熟,去皮以后为小米。

母亲可以尽小米之用。熬粥,会使小米出汁为乳,一勺一勺地撇着喝,其香非酥胜酥。可以做成焖饭,稠得成块,把酱油调进去,会注碗底而不漫溢。蒸小米饭,杂糅以大豆、小豆、胡萝卜丁,真是有风味。混小米与大米于一锅而蒸之,是花米饭。小米粥稀一点,再下面条,是米面。给米面里加之以大豆、肉丁、木耳、黄花、地软、蒜苗,摔鸡蛋,呵呵,我曾经一顿吃了七碗。

谷子喜高温,耐旱,营养成分甚富,能滋阴壮阳,健脑安眠。李时珍认为小米养其肾气,祛脾胃中热,利小便,治痢疾。

粟在长安的耕植已经有数千年的历史。新石器时代,半坡母系氏族部落的人就吃粟。考古发现,这里的陶缸、陶罐,都有粟的遗存。粟就是谷子。

小米为粮,米确实小,然而它在长安有大功,它对中华民族也有大功。

玉 米

玉米是易种的庄稼,翻地为蜂窝,把其颗粒撒进去,盖土磨平,几天以后便出苗。它也易长大,属于短日照作物。只要雨润,太阳晒,就能葱葱郁郁,仿佛黄壤之中的海波。

秆为圆筒形,皮裹为绿,皮脱见光遂变红,有节,含糖,是农村孩子的甘蔗。我小时候便折玉米秆,榨它的汁,甜得能哑烂舌尖,不过有的玉米秆也像泔水一样难咽。叶子宽且长,划脸。花为单性,雌雄同株,生株之顶者为雄,生株之腰者为雌。玉米棒随玉米缨孕育，缨有红的、紫的、绿的，调皮的孩子会揪它几把下来作玩，手感十分的细腻和柔滑。过去我也这样干，出女孩子不意，还会把玉米缨塞进她的脖子里。

在长安乃至关中，玉米广为耕植，面积大，它的秆又高，可以构成密林似的遮蔽。20世纪70年代，屡有强奸案在农村发生，其多是在玉米地进行的，这从当时法院张贴在墙上的布告可以看出来。藏在玉米地的故事一定很多，遗憾即使浩荡的秋风撼它，它也保持着沉默。

农业机械不发达的日子，收获玉米颇为辛劳。用镢头把玉米秆连根砍倒，遍野平铺，掰下玉米棒，装车拉至场里退皮。有的会垒玉米棒成垛，有的会架玉米棒在树杈。不过农民多是略除水分，便剥玉米颗粒，趁天气晴和，直接晒干入库。

玉米的长安方言就是苞谷。种苞谷，砍苞谷，掰苞谷，剥苞谷，是一个系统工程，惟剥苞谷可以在室内作业，是安静的。想起来，剥苞谷的生活颇具一种精神的充盈。在秋天明亮的月光下，我祖父拣一只苞谷棒，目光稍掠，瞅准空隙，便用锥子刺下去，转一转再刺，转一转三刺，连拉三道槽，扔到一边。我的祖母、我的姐姐和我，谁拿到苞谷棒谁就剥。半夜下来，一堆苞谷棒便变形为一堆苞谷颗粒。赶紧晾在席子上，太阳升起就晒。一旦干了，就装进板柜或瓦缸之中。日子苦涩，也有温馨。

玉米的脂肪含量甚大，可以熬粥，蒸发糕，蒸馒头。嫩玉米棒可以在锅里煮，食之极鲜。在西安的街上会有卖玉米棒的，吃者几乎都是嘴馋的姑娘。

玉米原产中美洲，是印第安人培育的。在16世纪传入中国，大约属于明世宗嘉靖年间吧！初名玉麦、蕃麦、西天麦，是徐光启称之为玉米的。

玉米地

长安荠菜

黄昏出了门，在街上溜达，碰到一个老者，大约六七十岁，自谓杜陵叟，遂有亲近之感。杜陵叟穿一件手织灰毛衣，坐在一家银行的台阶上卖荠菜。他解开塑料袋，随便抓了一把向人展示。那荠菜一经水淘，确实丰腴而苍翠。杜陵叟说："我家田里的，是绿色食品！"有富态的太太和时髦的少妇便笑着挑选，生意一下做成了。杜陵叟收起塑料袋，一边数着钱，一边款款而去。我想勾留他，询问故乡的消息，不过又想他也许还有别的营生，便望着他的背影，怅然而行。

我小时候在乡下也挖过荠菜，但它却并非风雅的野味。荠菜仅仅是作为粮食的补充，因为那是一个饥馑的时代。不过饥馑在当年所造成的恐慌，我一点也未感觉，这一是有父母顶着灾祸之天，一是我充满了元气，不觉得什么可怕。小麦返青之后，我会随大人，提着篮子，攥着铲子，沿着尘埃阡陌，走进辽阔的原野。挖荠菜固然是一件工作，不过原野自有它的诱惑，花的闪烁，我也抵抗不住，兔子的逃窜，我也抵抗不住，甚至大人之间若断若续的隐晦之语，我也抵抗不住，从而挖荠菜的成绩小得可怜，就是那么几朵，还盖不严篮子底，遂惭愧着随大人回家。

荠菜有数种吃法，平常的一种是伴面条煮在锅里，也有清炒的、凉调的。这几年城里有一种以荠菜为馅的饺子，似乎存返璞归真之意，还表示一种生活品质的提升吧，然而我只取其素。遗憾的是，不感觉荠菜之香。我思来想去寻找原因，以为是化肥所致。偶尔有泥蹭牙，不但心紧缩了，而且也让人忧虑这个时代的马虎。

原以为荠菜只是黄土高原的产物，非也。读了一些笔记以后，才知道荠菜天下多有，这一面降低了它的稀罕程度，一面又使我对它增加了敬意。吴地谚曰：三春戴荠花，桃李羞繁花。越地歌曰：荠菜马兰头，姊姊嫁在后门头。此乃我从一本陈旧的杂志上抄录的，它扩大了我的荠菜版图，也多少引出了荠菜的文化意义。

实际上先贤早就注意到荠菜了，诗云："谁谓荼苦，其甘如荠。"慢慢吟咏，便能体会其心之古，并有一种浩茫和凄楚之感漫向我。在20世纪，有两个作家，知堂和张洁，都曾经以荠菜入文。知堂一向追求冲淡与平和，但他却流露了一股苦涩。张洁讨论的是幸福，然而不禁倾诉了苦难。我从荠菜所领略的，除了苦涩和苦难，还是苦涩和苦难。也许荠菜确含甜味，不过惟有穷人才能尝出，富人究竟谁能尝出荠菜的甜味呢？知堂和张洁之文都入过教科书，不过在艺术上，知堂之文要高于张洁之文，理由是，知堂之文比张洁之文有蕴蓄，也疏朗一点。

荠菜开白花，结黄果，皆可药用，有凉血与止血的功能。我故乡一个医生，是治疗肾炎的妙手，其秘诀在于用了荠菜，因为它含氨基酸和生物碱，也含黄酮类，而且量颇大。长安女性张氏，遵医生之嘱，十年如一日，煮荠菜汤让其丈夫服，真使之恢复了健康。此案先是新闻，后又成了故事。

荠 菜

长安荠菜

长安鸟类

鸟是很多的，但我熟悉的却为数有限，生活于我的故乡。这是关中的一个村子，位于秦岭之北，少陵原上。现在我所居之城，几乎没有鸟。我要指出的是，我不将那些装在笼子里的可怜之禽归于鸟类。我以为鸟类是自然之链的一个环节，它像风一样，像雨一样，像星辰一样，像重峦和深林一样，像草原和骏马一样，构成了万物所在的广阔背景，禽囚于笼子是什么呢？是禁锢了思想的人类而已。故乡的鸟，全然是任性的，纵情的。故乡的长空、大地，故乡的树林、房檐，故乡的春光和秋色，显然是一个适宜鸟类的环境。在那里，鸟类的生活与人类的生活已经相互渗透，如果鸟类在某天猝然从村子消失了，我想，故乡的农民一定会感到非常寂寞的。

乌鸦的庞大的队伍，像黑色的旋风一般，突然腾空，又突然降落，整个村子都处在它们的覆盖之下。树木多为乌鸦所据，它们仿佛硕大的黑色的花。这是乌鸦刚刚进入村子的情景。那时候，透明的春天已经从苍茫的宇宙脱颖而出，复活的大地尽染绿色。乌鸦从南方来，要到北方去，我的故乡是其路经之地，它们将在此栖息一度。没有谁知道这个队伍庞大的程度，因为乌鸦几乎居于方圆几十里所有的村子。它们此起彼伏的呼唤可能是一种联系，不过这苦了农民。乌鸦的叫声确实太吵了。它们在树上筑巢，往往是两只乌鸦一个工程，你来我往，寻找线绳、羽毛和树枝。村子有木很古，挺拔于天，乌鸦垒窝于斯，便会处高视下，看到人类之行动。农民坚持认为乌鸦到村子来是丰收的象征，不会驱赶它们。乌鸦离开的时候，已经孵出其雏，并育之飞翔。当此之际，夏日由远而近，滚滚而来。此鸟当是有纪律的，一旦接到命令，便立即启程。似乎一夜之间，乌鸦就无影无踪了。它们的窝还在树上，

鸟　巢

然而空空如也，旷野也一片寂静。乌鸦返我故乡是在秋天，它们仍保持固有的风格，真是出其不意。不过这一次只作短暂停留，休整一下，便匆匆而去。

喜鹊，其特点是嘴尖，尾长，灰羽之中乍现肩部和腹部的一些白羽，嗓音很亮。故乡的农民都以此鸟而欣悦，认为喜鹊是吉祥的，叫声属于瑞兆。我所看到的喜鹊，多是一雌一雄，结伴立足于屋脊，跳跃于树枝。其笑一样地喳喳着，全身颤动，尾颠簸尤为厉害。喜鹊难得一遇，不过其不择季节，任何一天都可能出现。登临我家的喜鹊并不经常，所以它们所引起的兴奋十分强烈，不仅仅吾辈小孩会跑出房子仰望，尊长也要跑出房子欣赏的。喜鹊

长安鸟类

究竟是否预示着善美，我未验证，然而我愿意相信此鸟会带来幸运。

依附于人类的麻雀，由于其普通，已经不能产生拍案惊奇之效。它们吃粮，也吃昆虫。麻雀窝往往建在墙缝或椽间，因为其翅膀小，力量薄弱，不敢将窝筑于宫室之外。窝也稀松，不经风雨。麻雀有劲健的繁殖功能，交配的黄金季节在春夏。一年之中，麻雀一般会孵出两窝小麻雀，每窝有雏数只。才孵出的小麻雀眼睛紧闭，肌皮光滑，红得几乎透明，伸脖子扬头在顾盼。一旦小麻雀感到父母嚼着昆虫回来了，便骤然急呼，摇摆着嫩黄之喙，竞争父母喂食。

我要向长安的麻雀道歉，赔罪！我等恶儿曾经伤害过麻雀。我等恶儿竟以残杀麻雀作乐。我等恶儿一个踩着一个的膀子为梯，狂掏建在墙缝或椽间的麻雀窝。见小麻雀遭殃，成群结队的麻雀围着我等恶儿愤怒地痛苦地抗议、呼救、哀鸣，然而我等恶儿不予理睬，将所取小麻雀统统摔死。我等恶儿还会捉住飞翔的麻雀，置诸水中，让其游泳，百般折磨之后消灭它。我等恶儿还抓住麻雀的两腿，一撕为二，观察它的心跳渐渐停止。这都是小时候干的，当年八九岁，十一二岁。神啊！小时候为什么如此凶狠呢？人类的秉性就是如此凶狠吗？也许人类是天下最凶狠和最智慧的动物吧！凶狠是其左手，智慧是其右手，基于此，人类征服了所有动物，从而在地球上强而霸之。不过我难以原谅自己，想起来我就欲哭！

当然麻雀是不会断绝的，甚至人类也并未完全征服这种鸟。到了秋天，谷子成熟的时候，我发现麻雀浩浩荡荡，遍布田野。在麻雀纵身飞翔之际，成千上万只褐色的翅膀便连接起来，遮挡了阳光。这使我惊讶，也产生了对此鸟的敬畏！

大雁是可望而不可即的候鸟。它们只是过境，从不降落我的故乡。南来北往，征程万里。天空会突然出现它们的叫声，于是在田野干活的农民就放下锄头，向大雁仰望。天空蔚蓝，白云在飘，大雁的行列反复变化，不过整齐如一。它们拼命拍着翅膀，忘乎疲倦，不敢掉队。农民喟叹着，继续自己的工作。大雁远远而去，惟把悲伤和孤独的叫声留在故乡，这使我久久沉默，心存忧郁。

燕子嘴短而扁，翅膀尖而长，尾分叉如剪刀，蓝羽之中有白羽生于腹部，细若玉簪。其小巧玲珑，精力充沛，飞翔起来忽左忽右，忽上忽下，具闪电震雷之速。

人类把燕子神化了。燕子将巢筑于房子之中，不过并非任何房子它们都居。燕子所选房子皆很高敞，不动烟火。没有谁会嫌恶燕子，更没有谁会骚扰它们，反之，尊长强烈谴责粗暴对待燕子。农民高兴燕子在其家衔泥作窝，孵出小燕子。

春末夏初，小麦迅速成熟，微风细雨之中，飞翔的燕子仿佛沿着一条神秘的线在划动。流散黑点的天空之下，是若波涛一般在田野起伏的渐渐发黄的小麦。累了，燕子便栖息在电线上，使故乡有一种充满希望的宁静和温馨。

我曾经抓住了一只小燕子。那天我做完作业，发现有小燕子在房子乱窜。其试图出门或出窗，然而还不知道怎么寻找途径。我忽然忘乎所以，转身取了一根竹竿，要赶它到地，逮捕它，置诸笼子养着玩。也许小燕子洞悉了我的阴谋，拼命而逃，数次碰墙，不过并没有跌下来。房子的顶棚是用纸糊的，仓皇之中，小燕子从破处钻了进去。我疯了似的戳烂顶棚，让它暴露出来，伸手抓住了它。顶棚之上颇为幽暗，从椽间射入的几缕阳光，不但没有照亮这个空间，反而使我感到有一种恐怖的气氛在弥漫。攥着小燕子，不知道如何处理。我不敢缚其翅膀，关它于笼子。看一看小燕子，觉得它并无惧色。鼓肚而吸，呼着粗气，扬头东张西望，以俟机挣脱。我孤独在家，没有父母给我以指点。不过蓦地神给了我启示，我走出堂屋，走到院子，松掌欣然放了它。惊喜的一声清音，小燕子遂融化在长天了。

我只见过一次啄木鸟，是无意之中看到的，它正在我家后院享受榆树缝隙的肉味。夏日的大雨以后，后院翁郁安谧，一片潮湿。我拉开后院的门，旋闻树林里有一种木棒相击的脆响，奇怪这里怎么有木棒之声，因为谁也不在后院。我寻找着，终于看到了啄木鸟。它用铁钉一般的爪子与楔形之尾将自己固定在榆树上，摇着硬长细尖的嘴，聚精会神地探索藏身于榆树孔穴的蛀虫。嘴捣榆树，扩大其洞，以显出蛀虫。坚实的脆响，便发于斯。真是啄木鸟，也惟它具此技术。榆树弯扭屈曲，疙疙瘩瘩，多有蛀虫，但愿它能治愈我家老态的榆树。这样想着，便悄悄关了后院的门，回到堂屋，教我的狗扑球。

猫头鹰凄厉的叫声往往会突然出现于黄昏或半夜，这会把一种浓烈的惊悚气息注入沉寂的村子。惶惑在小巷徘徊，随之笼罩四野。故乡的农民一向认为猫头鹰属于不祥之鸟。小时候我也怕它，尤其它古怪的嗓音，仿佛充满了幸灾乐祸之感。我会把头蒙在被子里，为我年迈的祖父祖母担心，并为我父母祷告，希望厄运远离我家。实际上猫头鹰对人类颇为有益，它吃蛀虫，还吃别的昆虫，更吃老鼠，这都利于树木和庄稼。道理很容易明白，然而人类对猫头鹰仍无好感，我也一直不喜欢这种鸟。怪谁呢？文化形成的，甚至从石器时代以来，猫头鹰就让人类望而生畏，并开始编它的故事。

现在我的村子被拆迁了，农民尽领过渡费，借房子而居，问题是故乡的鸟类呢？谁注意到它们往何处去了？谁照顾过它们？谁考虑过它们？也许鸟类只能靠自己。愿上帝保佑你！

长安鸟类

门 神

有西安文史馆的朋友送我一副门神，是明代的拓片，红色，左秦琼，右尉迟敬德，凶然威武，一时激动，不知道收藏它，竟直接贴在了门上。

这是几年之前的事，门神虽然独特，甚至压住了楼道里或社区里那些印刷出来的门神，不过毕竟尘染风化，春秋数度，鲜亮的门神就蓬头垢面的。擦又难擦净，揭又难揭开，忍见其废，心生隐痛。尤其是朋友已经丢了制作拓片的模子，即使他慷慨，有意再赠，我也不会重获其品了。

门神文化在中国极深，大约石器时代就出现了门神。一部书上指出：东海有度朔山，生长桃树，繁枝盘曲，有一处为鬼门，鬼有善恶，皆由此门出入。那么谁监察害人的恶鬼，并把它除掉呢？神荼和郁垒二神，他们会把恶鬼喂虎。黄帝发现这是一个优胜的办法，便让画师在桃板上绘神荼和郁垒二神像，挂在门的两边，左神荼，右郁垒，以抵鬼御凶。这大约便是门神的起源。往往是在元旦或岁竟之际挂门神，今之贴门神是在过年之前，显然是一脉相承的。

传统的观点认为，桃树为五木之精，能克百鬼。大约从汉代以后，桃木便广作镇鬼之具，所谓桃印、桃板、桃符，绘以神荼和郁垒像，都是门神。王安石诗曰："爆竹声中一岁除，春风送暖入屠苏。千门万户曈曈日，总把新桃换旧符。"多少透露了门神在宋代的信息。在20世纪50年代以后，中国推行唯物主义，似乎鬼都走了，然而农民觉得鬼仍在，并以桃树抗鬼。小时候，我村子里一位妇女死了，以其年轻，怕幽灵返家，农民便削桃树枝梢数十根，遍插房子周围。当年虽然对鬼知之甚少，那举措所具的气氛仍使我悚然，仿佛真有鬼似的。

人死变鬼，神能制鬼，这大约是鬼神崇拜的心理基础。孔子不想彻底研

门　神

究鬼神的问题，遂教导弟子："敬鬼神而远之。"他实际上并没有否定鬼神的存在。圣者都不敢否定，我也不敢随便否定鬼神了。

一个有趣的现象是，在唐长安城，门神开始由现实社会中的人担任，这便是秦琼和尉迟敬德。此二人都是初唐的大将军，为唐的诞生立有大功，太极宫凌烟阁挂其图。秦琼是齐州历城人，今之山东济南人，身经百战，摘敌首如探囊取物。尉迟敬德是朔州鄯阳人，今之山西朔城人，玄武门之变，他站在李世民一边，战斗颇为果敢。唐太宗当然很厉害，不过也怕鬼。他似乎得罪了泾河龙，其死而为鬼，夜至太极宫唐太宗的寝室门外呼骂不已，抛砖弄瓦的。唐太宗深为恐惧，遂告群臣。秦琼便请求他和尉迟敬德戎装立足门外，一左一右保卫皇帝。唐太宗同意，其夜果然无惊。问题解决了，颇为喜悦，然而唐太宗感到他们二大将军守夜太累，就命画师绘二人像，雄壮有加，悬于寝室左右门，以驱泾河鬼。秦琼和尉迟敬德遂渐渐传为门神，并越过太极宫，唐长安城皆奉他们为门神。政权更迭，世有沿袭，便永为门神。

西安及其周边的人，在春节多会贴门神。门神之纸常变，然而万变不去的是秦琼和尉迟敬德，尤其是他们看起来都很暴烈，震怒，战无不胜。以瑞士学者荣格的理论，门神之行，也是民族的一种集体无意识，其遥远而强大。

贴在我宅门上秦琼和尉迟敬德的像有何区别呢？不仔细辨识，还确实难分。他们皆征袍披身，肩挎大刀，腰横宝剑，铠甲在胸，姿势神情也相近。然而有一个特点可以区别他们：尉迟敬德是鲜卑人，胡须浓重，秦琼的胡须略少一些。

过 年

年是什么？长安人没有谁会纠缠此问题，只知道过年是一种风俗，一种传统，一种春的庆祝，也许还是一种仪式，有神圣的意思，已经深入灵魂，谁能拒绝这样一种精神活动呢！

小孩图其热闹，早就问爷爷奶奶什么时候过年了？进入腊月，大人便一声紧一声地慨叹过年，并为之准备。做新衣、买新帽、漫墙、擦门、拭窗、拆洗被褥、祭灶、买菜、杀猪、压面、剪窗花、贴楹联，气氛越来越浓。

除夕到了，天下一片融和与喜悦，各户的主妇都在为正月初一至初五的过年蒸馍并煮肉，蓝烟融天，香气飘空。鞭炮之声零星地响着，不过听起来像东西串联，南北呼应，为一场雷鸣海啸而酝酿。

往往是在下午，必有家长捧着祖灵的牌位或照片，携其子孙，到坟上去点香、烧纸，请祖灵回家一起过年。迎归祖灵，把牌位或照片置于堂屋方桌的正位，献上水果和糕点。一日三餐，先给祖灵献上，之后自己才吃。当然还要点香、敬烟敬酒。

除夕是真正的辞旧，守岁是真正的迎新，于是家庭成员就围坐一起，共度此刻的温馨。儿行万里路，女赶千里道，一定要参加这样的团聚，实际上是感谢神给了今年一个平安，并祈求神的保佑，再给来年一个平安。包饺子是除夕的插曲，但看电视却是过年的陋习和恶俗，甚至是守岁的搅局。不过生活是变化的，过年也允许变化吧。

燃放鞭炮的原始意义在驱鬼。一旦鬼遭驱，便能安宁，也就可以享受欢乐。日出而作，日落而息，依此秩序，多是正月初一的凌晨之后燃放鞭炮。唯物主义的大布，基本上粉碎了鬼的观念，然而燃放鞭炮的形式仍得以保留。

社会开放以来，有了夜生活，也得意了，遂好在除夕晚上零点零秒的瞬间燃放鞭炮，不过其意义已经转化为追求热闹，心理释放。鞭炮之震，几近狂响。

一年的第一个月为正月，正月的第一天为元旦，足见正月初一的重要。家庭至贵，于是纯粹属于家庭成员之间的活动就安排在此日。小孩先给爷爷拜年，再给奶奶拜年，再给父亲拜年，再给母亲拜年，他也会一一得到相应的压岁钱，蹦蹦跳跳，高兴而去。仅仅拜年一举，也折射了家庭的伦理：长者为尊，男性为尊。此日尤要大吃大喝，不过先敬祖灵，之后长者坐上席，幼者坐下席，主妇照例忙于烹饪。

到初二才有亲戚的往来，不过多是这个家庭嫁出去的姑娘回来看望父母，随之而至的是其子女，要给舅舅拜年的。晚一辈的是姑姑，长一辈的为姑奶奶。也许姑奶奶的父母已经逝世，不过姑奶奶仍会回来，她们终生都切念着自己成长的老屋。姑姑还年轻，然而也常念着，即使有一天她们也变成了姑奶奶，也仍要回来的。初二显然是家庭活动的扩大与延续，这也表现了家庭的价值。

初三初四是众水交汇，既有亲戚的走动，也有同学、同僚、同志和朋友之间的相互拜年。城乡之间，阡陌纵横，身影如流，以持各种各样的礼品：包子、糕点、食用油、水果、牛奶、核桃、蜂蜜、茶叶、烟、酒、冬虫夏草、花篮、灯笼。惟过年能抛出花团锦绣，并给天下涂抹一层艳丽的颜色。

初五也还可以相互看望，不过此日算是过年的结束，习惯于以家庭为单元活动。一般是上午吃臊子面，下午吃米饭，菜有荤有素，满桌为盛。照例先要给祖灵献上，之后自己才提箸动筷。

用餐结束，家长会捧着祖灵的牌位或照片携其子孙，到祖坟上去，点香烧纸，送归祖灵，并祷告在冥府的生活如愿。接着站起来，展一展棉袄，环视四野，只见冰消雪融，天渲红霞，地有润泽，小草萌发，绿色近察其无，遥望其有，若隐若现的。家长忽然会严肃充脸，告诫子孙说："一年之计在于春啊！"

过年为大节，贯注着中国文化的精髓。可惜过年已经为城市化所裹挟，其不得不演变，有的文化元素生成了，有的文化元素消逝了。少陵原上是我曾经过年的地方，那里有哺育我思想与感情的祖居和祖坟，2011 年它被完全夷平了，想起来我就伤感！

压岁钱

过年的意趣只是小时候才有，小时候我在乡下。气氛是从除夕那天浓郁起来的，之前，母亲会掰着指头，一天一天算着，说：今天是腊月二十六了，二十七，二十八，二十九，三十，你看看，你看看，剩下几天就过年了，房子还没有扫，被褥还没有拆洗。她甩手而去，一副忙迫的样子。除夕那天，她总是早早钻进厨房，做过年所需要的一切准备：蒸馍、煮肉、摘豆芽、铡萝卜、包饺子。尽管事情很多，不过愉快至极，确实是要欢欢喜喜过年了。这时候，家长是宽容的，我知道，这时候向母亲要压岁钱非常合适，遂放下自己的耍货，在四处飘散的馍香肉香之中走向母亲。

但母亲却总是在除夕晚上发压岁钱，她的四个孩子，一人一份，绝对公正，免得谁扣她一顶偏心的帽子。小时候，我并不知道压岁钱的含义，甚至到现在，它确切的意思及其起源我仍不清楚，然而压岁钱的温馨一直在温馨着我。家长所给的，仅仅是几角人民币，多一点的，是几元。不过它们都是新的，没有一丝褶皱和一点油垢，是父亲从银行专门兑换的。家长把一点压岁钱交给我的时候，当然要借机教导一番，无非是怎么学习，怎么做人，当然还要叮咛，钱是不能乱花的。压岁钱是那么清新，拿在手上是硬的，稍稍一动便响，我怎么会乱花呢！我甚至不会把它装在衣袋里。我只能把它夹在课本中，是希望能保持它的干净与完美。有一次，我把压岁钱放在一个铁盒中，又把铁盒埋在门外的土堆里，我想这非常保险了。没有谁能够偷走它，沉默的地球完全会保守它的秘密。但我却把它忘了，因为我患了一场脑炎，40度左右的高烧熔化了我的神智。我怎么也找不到压岁钱了！大约几个月之后，我的记忆蓦然开花，我遂光速似的跑到门外，从土堆里挖出我的压岁钱。压岁钱往往是零星的，但整整一个春天，我却能感到一种安全。我朦胧地觉得我活在习俗之中，活在习俗之中，就有归属之感。这是家长给的，家长通过小小的压岁钱，给了我一种安全，当然还有温馨。

有高尚之士呼吁家长不要给孩子压岁钱，或以书代之。这些高尚之士的理由，无非是有的家长给孩子的压岁钱太多，多得难以让孩子承受。能够成千上万给压岁钱的，当然只是个别的家长，如果由于个别的家长卖弄其阔绰，就要取消一个传统，那么起码是不慎重的，因为传统是大家的传统，不是个别家长及他的孩子的传统。关键是，书和压岁钱是不同的，书固然充满了教育意义，但压岁钱却有别的教育意义，而且，365天，惟有一次压岁钱可以给孩子，其意义显然是特殊的，典型的。只要给得适宜，家长完全能够通过压岁钱使孩子得到这样的启示：爱和劳动的重要。任何钱都是好的，压岁钱当然也是好的。大约只有非劳动所得的钱，不意味着爱的钱，才可能存在问题。不要给孩子压岁钱之论，可以休矣。

忽然想到二舅曾经给我的压岁钱，这当然是小时候的事情。我随家长看望我的外祖父外祖母，那天，我一个人在院子逗着两只兔子，二舅从门外回来了。二舅是极老实的农民，生活的艰辛和苍凉，明显地烙印在他身上。他戴着一顶破旧的军帽，棉袄短小，也没有罩衫。正月的阳光洒在他身上，不过我仍感到他微微的寒战。然而二舅对我是亲切的，他笑着问我的考试，问我的作业，之后，神秘地点点头，把我约到一个墙角。在那里，他把手塞进贴胸的口袋里，摸索着，摸索着，终于掏出二角钱给我。我觉得二舅可怜，真的不想要，但我却害怕伤了他的心，便接住了。那二角人民币，已经磨得发薄发软，像一块拆洗过多次的补丁。然而它是热的，带着二舅的体温，还粘着一片麦壳。拿着二舅给的压岁钱，我一阵辛酸，几乎要流出泪水，遂低着头走了。这是1970年的事情，那时候，整个国家都要破产了。

社 火

西安的社火曾经年年耍，多处耍，不过竟成气候并最精彩的，南有细柳镇，北有大白杨，这仿佛满树鲜桃，选到底，实际上数一数二的最甜。

大白杨的社火古既有之，又能继承，尤其是大白杨的东村与西村互相比较，明争暗斗，败者为耻，胜者得意，遂兴旺发达，影响达于关中。

正月初二，还在春节之中，东村和西村的锣鼓便敲打起来，以哗然造势。然而关键是知己知彼，才能震之，于是他们就趁亲戚走动之机进行侦探。可惜社火头早就下达了保密命令，究竟谁敢冒天下之大不韪，透露消息呢？甚至临近比赛的那几天，连舅到外甥家，媳妇回娘家，也受到防范。情报难取，遂根据往年的题材和当年的形势，聚智囊于一室，分析对方，以制定自己的策略。不是发兵，但气氛之紧张却像打仗。

酝酿数日，到了初十，就当亮宝了，如歌谣所唱："天明了，雨停了，大白杨的社火闹开了。"只见在东村与西村之间，立一根石柱，社火头各率其队，相向而行。当然，人从方圆几十里而来，水流云集，尘飞土扬，欣赏中国式的狂欢。

在先的往往都是锣鼓方阵，小伙子无不身强力壮，头缠白毛巾。不过彼此衣服有别，你穿红，我就穿黑，你穿蓝，我就穿灰。当然偶尔也有碰巧都穿红或都穿蓝的。接着你舞狮，我就舞龙，你骑竹马，我就划旱船，你扭秧歌，我就踩高跷。所谓高跷就是削柳木为棍，两尺到五尺，绑在两膝外侧，扶起为腿，腿遂加长，升人至半空。踩高跷就是走柳木腿，一步一步移腿向前，艺在奇险。男女皆可以走柳木腿，不过男比女狂，女比男娇。还有扮相，或包公，或曹操，或陈世美，或晋信书，常取传统戏剧里的主角，不失教化。

长安社火

社火的绝活为芯子。大白杨东村和西村社火的成败，辄以芯子的特色而定。到了正月十五，耍社火耍到巅峰之际，他们的芯子才盛装面世。所谓芯子是指扭曲铁杆为种种造型，挑漂亮且聪明的孩子，把他们固定在铁杆上。当然，这些孩子也皆有脸谱。芯子有的是一层，为平台，有的是二层甚至三层，为高台，有的还是让人惊愕得倒吸凉气的转吊。到底是东村赢还是西村赢，关键取决于芯子。他们悄然窥测的，也主要是对方的芯子。压住对方，也靠芯子，遂反复研究。他们为芯子劳其心思，绞尽了脑汁。这也是看社火的人都知道的，所以一旦芯子出场，无不屏住呼吸，随之用呐喊或沉默表达自己的评判。有一年大白杨东村倾力制作了周瑜打黄盖，不料西村竟是诸葛亮三气周瑜，周瑜赔了夫人又折兵，引起轰动，西村遂胜。又有一年，大白杨西村登台的是白娘子站在许仙的伞沿上，真是独具创意了，然而恰恰东村上演的是法海收白蛇于钵，并以雷峰塔镇之，东村遂胜。

耍社火输了也就输了，没有组织惩罚，不过在大白杨的农民看起来，这涉及荣誉，遂很是在乎。比赛一毕，若气氛纠结不和，那么锣鼓便越敲打越硬，甚至会敲破锣，打破鼓，紧张得横鼻竖目的。气氛相谐，就欢喜而散，或断断续续耍到了二月初二。一般都是欢喜而散的，不过即使输不服赢，赢不让输，也颇为可爱。艺术的发展恰恰要有这样一种认真的精神。

细柳镇就是周亚夫驻兵，并以治军之严受到汉文帝表扬的地方。可惜缺乏实物证明，从而也有能者和贤者认为周亚夫驻兵是在别处。然而无论如何，这里现在诸村棋布，好耍社火。社火搞得极有影响的，主要是荆一村和荆二村，其各有数千人。荆一村含伍家堡、秦家堡、王家堡，荆二村含张家堡、左家堡、辛家堡。

也是从正月初二开始，小伙子敲锣打鼓，进村烧腾。烧腾就是此村启发彼村耍社火，不参加便日复一日地进村，甚至敲夜锣，打夜鼓，鸡犬难眠，直到社火头答应参加。空口无凭，还得把村名和社火头的姓氏写在一面红旗上当信物。按如此模式，荆一村和荆二村全部参加，遂归安宁。数日烧腾，数日准备，便到正月十五了。经社火头商量，圈下了百余亩的麦田作场子，以纵情任性，放开胳膊抡。春光融融，土地平坦，总有数万乡里青壮妇孺拭目以待。

一阵唢呐之后，便是雷鸣般的锣鼓，荆一村轰然舞狮了。普通都是两狮对舞。仔细观察，可以发现每狮由两人搭档，一前一后。在前的人，手撑狮头而舞，两腿便是其狮的前腿。狮嘴大张如洞，以让他顾盼探路。在后的人，手拉在前的人的衣服，他的躯体便成了狮背和狮胯，他的两腿便是狮的后腿。有一个腰系红绸的小伙子持其红球，在两狮之间旋绕，红球闪烁般地忽高忽低，忽左忽右。两狮随红球而扑，而跃，而窜，昂首翘尾，显尽其能。红球突然落地，两狮猛地站在红球上，登其转动。欢呼之中，两人猛地揭去狮头，露出了汗水淋漓的脸。

掌声还没有响尽，荆二村的高跷就浩然现形了。急于展示，也许是有得意之作吧。果然走上来的是杨延昭斩其子的团队，个个都惟妙惟肖的。杨延昭当前，其头戴帅盔，手攥帅印，铠甲鳞鳞，泰然有威。随他的是靛衣红须的焦赞和孟良。接着是佘太君，黄鹤之服，鬓发染霜，拄一根龙头拐杖。接着是赵德芳，其戴王冠，穿蟒袍。接着是白鞋红裙的杨宗保，在辕门要斩的就是他。接着是穆桂英，她头插翎子，身披征衣，背飘四旗。随之是憨态十足的穆瓜。这些角色乡里人在秦腔中皆有所见，也耳熟能详，遂颇为喜欢，当然掌声如雷。

下来的节目是芯子，彼此显然较劲了，不过这正是乡里老少所希望的。荆一村伍家堡抬着一套青山绿水，荆二村张家堡便抬着一套奇花异草，荆一村秦家堡以歌台舞榭作炫，荆二村左家堡便以神宫仙洞为撼。荆一村王家堡忽然改换路子，让牛郎上，牛郎肩挑七尺扁担，金哥在一端，玉妹在一端，天流白云，银河在望，蓦地打开了想象之窗。荆二村辛家堡灵机一动，让猪八戒上，猪八戒背媳妇，这显然俗了一点，不过它使欣赏之人无不开怀大笑。难分难解，一浪高过一浪。于是荆一村就让刘沉香提月牙斧，勇攀华岳，劈山救母，从而获得一片喝彩。荆二村便让韩琦自杀，以使秦香莲携两个孩子逃命。西阳散淡，寒意遂袭，乡里之女便骂陈世美驴日的，没有良心，不得好死，渐渐返村。细柳镇阡陌纵横，道皆狼藉。现在的高官总结了历史的经验，并不弃糟糠之妻，甚至还让原配掌柜守户，以稳住她，然而这个时代的高官纷纷包二奶，其奸诈和伪善比陈世美有过之而无不及。

社火是古时候祭祀土地神的一种变形和演化。社就是土地神。先民发现土地会生长黍稷，以成食物，使人生存，遂对土地敬而祭祀。祭祀有春社和秋社，足见先民的虔诚。祭祀总是围绕庙堂举行，并有一定的仪式。大约到了唐以后，社火置换为一种节庆活动，在宋已经十分流行。范成大说："民间鼓乐谓之社火，不可悉记，大抵以滑稽取笑。"

社火的内容以传统戏剧里的角色为主，不过也随形势而变迁。20世纪40年代，农民有背蒋介石像的，到20世纪50年代以后，便是抬毛泽东的像了。有一度毛泽东让农民学习大寨，遂有梯田，养猪便上猪，种棉花便上棉花。1978年以后，现代化很盛，农民便让拖拉机或收割机上。然而终于还是秦腔里的角色受乡里欢迎。农民说："春节要热闹，锣鼓加社火！"

芯子的支撑工具一直处于改进之中。初有独轮车推的，不过更常见的是人抬，把造型置于桌面上，由八个小伙子抬着，如果是高台或转吊，那么会更吸引眼睛。也有牛车拉的，这就把人解放了。之后是汽车，牛也得到了解放。然而一旦汽车替代了牛拉或人抬，耍社火的热闹程度便顿减。凡事都是这样，人越是倾心倾力，人越是充满激情。

社火的现实威胁当然是城市化运动。唐梨园在今之大白杨一带，受其影响，这里久耍社火，世代相传。可惜遇到村子拆迁，自2008年秋天耍社火之后，有数年未耍了。2012年8月15日，大白杨东村和西村的社火头相聚，一片叹息。东村社火头张广利说："村子拆迁，把很多家伙都丢了。"西村社火头黄有财说："楼盖好了，我让人把戏服从箱子里拿出来挂在篮球场上晒了一遍。"然而社火耍，他们缺乏经费。过去村子周边有企业，还可以让老板赞助，现在没有企业喽。大白杨失去了土地支持，细柳镇的土地也处于虎爪狼牙之间。即使西安的边界还没有被盯上，或是有的土地会由农民长期使用，不存在开发问题，然而农民的子女都像逃避瘟疫似的离村入城，谁当社火头呢？谁耍社火呢？谁看社火呢？社火作为一种非物质文化遗产当然是要保护的，不过任何东西一旦到了要保护的程度，其气数也就快尽了！

小时候我很野，父亲在工厂上班，母亲在乡里管不住我，遂经常乱逛，而且往往独行。十二三岁，或十三四岁，我曾经下少陵原，在潏河一带看农民耍社火。路窄，路弯，摩肩接踵。路是路，遍野都是路，老老少少皆抄近路涌向场子。我不知道场子有多少亩大，麦田无边，人无数。几年以后，语文老师让我用人山人海的成语造句，我想起农民耍社火的情景，那真是人山人海。我小小少儿，什么芯子也没有看到，不过我看到了风中弥天的白尘，白尘下人的排山倒海，走石激浪，到处都是卖小吃、卖气球、卖鞭炮、或卖剪纸的。尽管是少儿，然而我参加了狂欢，体验了农民的狂欢。今之少男少女，在何处能狂欢呢？

社火

清明节

天再旦，年复来，节气24个，一一而出。立春之后是雨水，雨水之后是惊蛰，接着是春分，十五日以后，斗指乙，便是清明了。

到了这个节气，日暖，天朗，风和，雨沛，草尽染绿，木咸丰茂，冬之灰黄转而为春之青翠，山川河流，一片欣然。人也充满希望，姑娘更是灿烂。古贤者认为，万物生长于斯，皆清洁而明净，故谓之清明。诚然如此，古者之观察精而细矣！

清明是春播的有利之机，自秦汉以来，长安人便循此节气耕耘自己的庄稼。清明前后，点瓜种豆，此谚语既有提醒的意思，也有总结的意思。可惜我在农村的时候，土地都归人民公社，种什么庄稼，上有长安县革命委员会主任的意见，下有队长的意见，于是土地就尽种小麦。清明前后，经过施肥和除草，小麦起身拔节，已经可以遮住乌鸦了。农民有一点自留地，恐粮不够，也都种小麦，惟特别聪明的人才务极少的瓜豆。我家前院颇大，母亲遂在靠墙一带种梅豆，种豇豆，还会抓一把笋瓜籽和丝瓜籽埋至黄壤之中，以待夏收。

木有伐就有植，清明前后也宜栽树，因为过了这个点，日晒，天热，树难以活。人民公社那些岁月，应清明之节气，总是在路边和水渠边挖坑栽其白杨树，几年之后，叶子便有萧萧之感。受长者的影响，小时候我在清明之际也栽过树，前院栽桐树、德国槐树，后院栽柿树和桃树，遗憾桃树未成。我所栽之树，拆迁那年随吾村而逝。

清明节古既有之，是悠久的传统了。内容丰富，不过扫墓至重。所谓扫墓，实际上就是祭祀祖先，出于祖先崇拜的心理，也是慎终追远的一种表达。

在长安的扫墓兴于秦，成于汉，盛于唐。唐政府会在清明节放假，令其官员扫墓，若家在外州外府或外县的，还可奏请返乡扫墓。唐有千百关于清明节的文章，吾独爱杜牧的诗，它特有的一种气氛出来了："清明时节雨纷纷，路上行人欲断魂。借问酒家何处有？牧童遥指杏花村。"

扫墓的习惯一直沿袭到明清。清有贤者指出："岁，寒食及霜降节，拜扫圹茔，届期素服诣墓，具酒馔及芟剪草木之器，周胝封树，剪除荆草，故称扫墓。"寒食节是以禁火的方式纪念介子推的，不过寒食节与清明节在唐就融合了，所以这里的扫墓显然指清明节的扫墓。

在20世纪，扫墓遭遇了封建迷信的指控，遂顿为简陋，不过对祖先的敬意，仍使它得以传续。小时候，我随祖父，随父亲，都曾经上坟。家长捧着祖先的牌位在前，我在后，缓缓进入茔地。拔掉蓬蒿，砍去斜柯，便恭恭给家培土：把雨水所冲刷的曲缝浅洞一律填充并夯实，以保护墓穴不受浸泡，再修圆顶部。嘘一口气，遂整平墓前之地，立牌位，献米献面，献酒献烟，献水果，献糕点，烧纸致哀。举目而望，方圆数里，上坟者来来往往，烧纸者星星团团，颇有鬼在之象。

遗憾到了21世纪，一朝城市化，土地突然短缺，天下无不平坟铲冢，长安人遂不能扫墓了。然而祭祀祖先是一种感情，其不可断流，于是清明节的晚上，男男女女就选城里的街角，俯首蹲身，划圈烧纸。

清明节正逢春光亮丽，长安人素好出户踏青，尤其是青年，成群结队，以入终南山作乐。唐长安踏青颇为流行，文士、仕女、宫女，每每人以位分，走曲江池，登乐游原、少陵原，远一点的往樊川。唐诗人崔护踏青，在樊川敲门求饮见到一个姑娘，面若桃花，遂彼此有意，不过仅以目传，尚未相亲，崔护也止渴而别。时令循环，又是清明节，崔护之爱难以自禁，又往樊川觅其姑娘，不料院固门空，惟桃花映天，使其惆怅无限，题诗道："去年今日此门中，人面桃花相映红。人面不知何处去？桃花依旧笑春风。"现在的人踏青之心更强，可惜曲江池为楼所围，乐游原也削尽其田，少陵原开发腾腾，遂乘车钻终南山诸峪，鲁米莽往的，不够风雅。

清明节还打秋千。资料显示，这是北方山戎之戏，春秋时代传入中原。唐玄宗执政，曾经在宫中立木以打秋千，荡嫔妃于空中，升高落低，宫女嬉笑，他也喜悦。打秋千遂翻越宫墙，进入坊间乡里，风传为俗。20世纪中叶以后，长安打秋千的多是孩子，春风吹红了花，他们便找到绳子，拴在两棵树之间，坐上去推引起来。房前屋后，街头巷尾，到处都是国槐、柳树、椿树、榆树，小孩子选窄距的两棵树，荡得低一点，大孩子选宽距的两棵树，荡得高一点。如此之娱，迁延迄夏。

拔河在古者有祈祷丰收之意，清明节恰恰宜于春播，遂拔河大行。唐中宗有一年幸梨园，巧是清明节，便命大臣分组拔河，宰相、将军，甚至皇亲，

清明节

都脱然加入。比赛就有输赢，赢者一组必然拉倒输者一组，遂逗得唐中宗笑，皇后、嫔妃和公主也笑。我小时候，到了清明节，学校有拔河，村子也有拔河。学校里的拔河气壮山河，不过总觉得有纪律的约束。村子里的拔河固然散漫，自发，不过偶尔也会举巷动员，全街出战，男女老少全然加入。在村子里的拔河忽然浮现吾脑，此情此景，将永驻昨日。

　　清明节也是放风筝的绝妙时候。若天开透蓝，风吹送熏，便当尽松其线，放风筝于万里云霄，以应人的纵情之性。小时候，见城里人骑自行车登我少陵原，不为别的，就借此隆起之势放风筝。旷野无垠，小麦郁郁，有一鸟翔于空，真是让人想望。逝者如斯夫，桑梓尽去，人何以堪！

中秋节

中国人早就注意到月到中秋有超乎平常之明，并产生心灵的感应。周人会在中秋举行仪式，以祭月迎寒。至魏晋以后，中国人兴赏月，唐人更是流行。也是从唐开始，中国人有了中秋节，千年既久，到现在已经成了传统和习惯。祭月演化为赏月，应该是一种升华，标志人从对月之崇拜发展到对月之审美了，然而祭月并非消失。也许赏月是祭月的置换变形吧！

祖父所主导的一次中秋节，给我留下了深刻的印象。那时候我还没有上学，大约五六岁，六七岁吧。

有一天晚上，雨过云开，有月忽出，自行于天。祖父净手整衣，搬出一个宽且矮的条桌，放在檐下庭中，并用瓷盘一一陈以石榴、柿子、月饼，还有什么忘了。院子种合欢花树、桐树、德国槐树，枝繁叶茂，互相交错，荫庇甚大，遂只有庭中檐下干爽，月光透明。我以为此乃祭月，也是我家的一次中秋节。

1973年我的祖父西归，不知道在他生前数年，为什么再未祭月，虽然每年都过中秋节。于是那次祭月，就是我所亲历的祖父作礼的惟一一次祭月了，虽然简陋，但它所传递的信息却自古而来，印象是不可磨灭的。

长安风俗，农历八月十五，三秋之半，中秋节这一天，往往是下午，靠近黄昏，每户必烙月饼。这是主妇的事，在我家当然是我母亲的事。

烙月饼要用雪蒿，是生长于土坎上或田垄上的一种野菜。掘雪蒿往往是我的活儿，母亲吩咐一声，我便出门，出巷，出村，在头枕或二枕的地界采一把跑回去交给母亲。有时候中秋节会下小雨，天地迷茫，不过遇雨我也决不推辞，要把雪蒿采到，因为我长大了。

为了使月饼好吃，母亲要给面里放芝麻，捣碎核桃仁以作馅。也会以红砂糖或白砂糖作馅，这种月饼是甜的，我等小孩特别喜欢食之。月饼有一个大的，直径大约一尺半，有几十个小的，直径大约一寸半。大月饼和小月饼都贴雪蒿，一是装饰，二是提味。雪蒿一经锅炕，叶茎便绿淡黄渲，脆感毕现。

月饼在长安谓之团圆馍，因为中秋节也就是团圆节。中国人追求团圆，并以月之满象征人之团圆。八月十五夜，一边赏月，一边吃团圆馍，其乐融融。然而以种种缘故，中秋节这一天，也许会有人在外羁旅，不能返乡而聚。不要紧，当给在外之人留下大团圆馍的一角，并留下几个小团圆馍，等其回家吃。家有几人，便切大团圆馍为几角，一人一份，不过当在中秋节以后食之。小团圆馍多少随便，八月十五夜所吃的也是它。有一年我父亲在西府的扶风县做工人宣传队的事，数月不归，属于他的那一份大团圆馍夹在几个小团圆馍之中，就一直挂在厢房，也就是父母卧室的墙上。怕我偷吃，其高悬于壁。给父亲留下团圆馍的，是我母亲。当时我尚幼，根本不能理解母亲的心，现在我已经白丝闪鬓，沧桑繁历，然而仍不敢自以为能理解母亲的心，或完全能理解。

母亲烙月饼，也并非纷然分发，好吃便可以肆意吃。她也会拾月饼于一个簸箕里，并置之于方桌上或条桌上，要供一会儿，才把小月饼拿给我的祖父祖母，她的孩子。大月饼继续供着，到明天才收起来切成角。也许如此供一会儿，也具祭月的意思吧，然而总之是敷衍塞责了。也不怪我母亲，她所在的时代是破除迷信的时代，宣传毛泽东思想的时代。祖父是清人，母亲是民国人，我是共和国人，三朝巨变，在中秋节的规矩上，母亲不胜祖父，我不胜母亲，我的儿女更不胜吾。文化之变迁，文化在中秋节之衰，观之显矣！今之人，只剩下送月饼和吃月饼了，悲夫！

在唐长安，赏月显然是一种盛举，充满了雅意。道士有传，唐玄宗曾经由天师引领进广寒宫，见宫娥，闻仙乐，流连忘返，并获得灵感，制霓裳羽衣曲。也许此为神话，不过唐玄宗携杨贵妃赏月无假。为延长赏月时间，唐玄宗尝令工匠在太液池西岸筑赏月台。所选地址甚准，可惜安史之乱爆发，赏月台只建了半截。皇帝喜欢赏月，诗人也就喜欢，他们所去之地，往往是曲江池之岸，杏园之边。三五成群，彼此激发，遂多咏月之篇。有一年过中秋节，唐僖宗吃月饼，喜其油酥，十分之香。恰闻有进士在曲江开宴，便下诏御膳房包以红绫，送月饼给进士。月饼初入史书，大约便由于此事。

中秋节除赏月之外，也赏桂。目遇之，月光明，鼻嗅之，桂花芳，又有耳闻之，丝竹幽，真是何等趣味。当然还有故事，凡古贤者所创作的嫦娥奔月，蟾蜍变玉兔，或吴刚伐桂，甚至朱元璋以月饼递送起义情报，都会在中秋节讲一讲。长者对晚辈总是说："从前，有一个故事，讲的是……"明清以来赏月，也会猜涉月谜语，遂给中秋节增加了一种新的文化元素。长安一片月，打一小说人物,经猜是秦明,不是很有意思吗?

宋神宗熙宁九年,1076年,苏东坡的中秋节是在密州一个超然台上过的。有朋友陪伴,自夜至天亮豪饮,大醉。七年不见其弟,由衷怀念。缘于此,苏子作词曰:"明月几时有,把酒问青天。不知天上宫阙,今夕是何年?我欲乘风归去,惟恐琼楼玉宇,高处不胜寒。起舞弄清影,何似在人间! 转朱阁,低绮户,照无眠。不应有恨,何事长向别时圆?人有悲欢离合,月有阴晴圆缺,此事古难全。但愿人长久,千里共婵娟。"中国咏月之文章汗牛充栋,苏子中秋节之词空前绝后了。

没有理想的生活,就不会在生活中审美,也不会使生活艺术化。中秋节对月之审美,显然是古人生活艺术化的一个表现,遗憾今人的中秋节,重以物质,轻以精神,或是生活粗鄙化,甚至退化了吧!

中秋节

古　玩

居于西安,古玩便不陌生。这很正常,因为西安时时处处有文物面世,粗人也罢,细人也罢,其朝闻而夕见,耳濡而目染,遂使深奥变为浅白,神秘变为谙熟。

当然对古玩好之者并乐之者,主要还是西安的文化人。所谓文化人,主要指作家、画家、书家、史家,以及致力于民俗或文字的学者。这些人购得宅第,一定先是挑选一间大的屋子作书斋,并以一面两面墙壁立书柜,而书柜的某几层则一定要置古玩,或是秦砖,或是汉瓦,或是蓝田玉,或是耀州瓷,目的在于营造一种悠远和厚重的气氛。实际上收藏几件古玩,并不仅仅是为了气氛,它也显示一种品味,甚至还隐喻一种精神。这不是臆测,然而只有你了解了古玩的好之者并乐之者,你才明白确实如斯。

在西安,有的文化人对古玩的收藏已经业绩斐然,形成风格。陈绪万务玉,陈根远务瓦,斯敬之务瓷,曹伯庸和钟镝务印,骞国政务石,鲍大年务权,马福务烟壶,王勇超务马桩,宗鸣安务碑帖,贾平凹务汉陶。有同道从远方到西安来,这些文化人不但高兴,而且乐于切磋,甚至冲动之际,会把平常捂得严严实实的极品向同仁宣示。远方之客,真是不但大开眼界,而且往往大喜于碰到了大巫。古玩之于西安文化人不仅仅是收而藏之,而且是藏而研究。陈根远由瓦当而研究文字,钟镝由印章而研究文字,鲍大年由权衡而研究量器,马福由烟壶而研究感通。他们几乎都有著作出版。这在异地是罕见的。它是西安文化人收藏的一大特点。

我有来有往的是三位先生:陈绪万、宗鸣安、贾平凹。陈氏嗜玉,58岁才发生兴趣,是十足的半路出家。不过他是有国学的,遂上路便出类拔萃。

陶罐与瓷碟

他一向钟情的是周玉，非常之难得，然而他竟有了独山的青玉，又有了和田的白玉，有了民间的祭器，又有了王室的璧琮。周玉的基本刀法是斜坡刀法，他极为欣赏。他有过一次忍痛割爱。那是三年之前，他要装修房子，钱不够，遂不得不出卖一件魏晋玉，为之久久长叹。宗氏之于碑帖的收藏共20年，积累甚丰，品种全，独门多，权威在望。他已经举办过两次碑帖展，其间门庭若市，有轰动效应。贾氏的收藏以汉陶为主，凡瓮罐瓶仓鼎炉俑兽兼具。他的收藏时间不长，成长颇速，几近于暴发。他收藏的基本原则是去伪存真，去粗求精。在开始，他觉得一切皆好，什么都要，不过眼力渐渐提高，现在完全是惟珍品而索。他的收藏有三个办法：一是买，付人民币；二是换，用他的字或画；三是赖，向朋友若我硬要。他的汉陶林林总总，不可以数示之，然而我知道进了他的家，过道、客厅、厨房、卧室，皆有他的收藏，当然精华集中于他的书斋。他的宅第并不小，但古玩却拥挤了空间，地上蹲着，架上置着，案上和几上放着，从而使大的宅第变小了，甚至朋客举手投足背身转体皆要小心。贾氏完全是在古玩的包围之中写作和书画，他自谓周围阴气浓郁，但他却不怕阴气。

西安的古玩市场有四个或五个，不过文化人一般喜欢到八仙庵古玩市场去。八仙庵是道教圣地，其供奉汉钟离、张果老、韩湘子、铁拐李、曹国舅、吕洞宾、蓝采和、何仙姑八神。建于宋，盛于清，是由于慈禧曾经避难而住在这里，那女人有巨款拨之，遂士来远近，闻名遐迩。八仙庵古玩市场随祭

古玩

祀活动和庙会而形成，其年岁远，规模大，信誉高，历久不衰，即使"文化大革命"期间它也有交易。它现在仍是西安最好的和最旺的古玩市场。然而这个时代除了欲望是真的，其他多是假的。如此世代，古玩当然也是真中掺假，假的像真，真假难分，于是文化人就在这里常常上当，反复缴学费。不过古玩的好之者并乐之者，是不怕上当的。

　　星期天是交易之日，曙光初露，生客即临。所谓生客，指农民，他们的东西多是新的，遂有行家匆匆过去，悄声问："有货么？"生客便从蛇皮袋抓出瓦器或瓷器说："有！"若是瓦器，行家便贴上鼻子，长吸三气，嗅到新土之息盈面，又唾水一滴，看到涎沫尽吸，于是他就要了。若是瓷器，行家便会辨底土，辨开片，辨冲缝，辨爪纹，特别是辨包浆，甚至他会掏出一个小小的放大镜，以分析汗渍、泥污、垢痂所导致的一种模糊状和磨砂状——这便是包浆。确认包浆，行家就要了。渐渐地，天透亮，古玩摊贩进入市场，他们端一个矮凳，铺一张报纸，宣告开张。五花八门，应有尽有，而且远远望之，竟是花花一片。对古玩的好之者并乐之者，便穿梭于熙熙攘攘的市场，并根据自己的所爱，千寻万找，大浪淘沙，难得自己的所求。他们每每空手而来，空手而归。他们偶尔会奔瓷而来，取石而归。他们总是为玉而来，获瓦而归。不仅仅是能否可遇的问题，而且是能否识破以假充真的问题。科学技术已经广泛应用于古玩，假唐三彩完全可以乱真唐三彩，假青铜器完全可以乱真青铜器，尤其那些摊贩，甚至憨态可掬的农民，他们都会底气十足地撒谎："我这上林瓦绝对是真的！我这翁仲玉绝对是真的！"实际上它们绝对是假的，只要购之，便是上当。文化人一再上当，然而上当也好之并乐之。他们相信持之以恒，必有大得。他们相信，吃一堑而长一智，长一智便能提高眼力。

食 态

要了解西安人的文化心理，最好的和最近的途径是分析他们吃什么，怎么吃。

西安建在秦岭与渭河之间的平原上。西安人的成分是丰富的。这100年，先有一批河南人避难流落西安，又有一批东北人和华北人，还有一批上海人，出于政治的动员奔赴西安，又有一批北京人出于备战进入西安，又有天南海北的人在西安打工，所以西安多少具有移民城市的品质，不过西安人究竟是以土著人——关中人为主。平原上盛产小麦，于是西安人就以面食为主，这是当然的。

我好面条，几天不吃便想之念之。面条有贫乏之感，是的，但西安人却魔术似的把面条做得多姿多彩，出神入化。扯面扁而韧，拉面圆而筋，揪面有起有伏，像散文小品，削面有棱有角，像唐诗宋词，真是各有形状，更各有口感。擀面以一根杖和一块案做成，做得推陈出新，锦上添花。擀面有旗花面、斜式面、韭叶面、裤带面、片片面、线线面，还有臊子面、蘸水面、小米面、苞谷糁面。小米面和苞谷糁面是细粮掺粗粮的所产，含饥馑年代的信息，不过现在竟成了求之难得的稀物，官员与商贾常常开着轿车吃之，遂使它显出一种贵气。我在西安几十年，城里城外，城南城北，吃遍了名闻西安的面条。我和其他西安人一样，喜欢结伴而去，呼啸而聚，因为这样

油泼扯面

热闹，气氛浓烈。北院门的一分利面馆和南稍门的小嫂子面馆是隔三差五非去不可的地方，有的朋友甚至出差之前在这里吃面以饯行，出差之后在这里吃面以接风。面条是单一的，不过从单一之中弄出丰富，无不证明了西安人的心灵与手巧。手巧是身体的进化，而心灵则是精神的升华。对面条都会产生一种想念之情的，尤其是感觉发达和细腻的反映。

面食的别的一类是馍。馍有两种做法：蒸和烙。仅仅是蒸出来的馍便有花卷、油塔、糕、包子。而烙出来的馍则有锅盔、太后饼、胡麻饼、油旋、饦饦、菜盒。老者少者及孺妇宜于蒸馍，因为它柔、软，容易消化，而壮者则嗜烙馍，它瓷、实，耐饿久饱，当然也考验牙和胃。西安有一种腊汁肉，烹饪它需要大火烧，小火焖，而且煨时水开而不翻浪，还要在汤中放烧酒、青盐、冰糖、葱段、姜块、大茴、桂皮、草果。其缺一便不能达到肥而不腻，瘦而不柴。腊汁肉之香，逸人嘴，开人胃，不过只有夹于馍才会香到极致。它就是异客称之为馍夹肉的肉夹馍。肉夹馍是西安人对饦饦的一种创造性的开发和利用，可惜不会像肯德基那样善于经营和宣传，否则它很有可能香到中国之外。

实际上西安人最伟大最智慧的一点是精于吸纳外来之食，并对其进行改进和提高。胡辣汤原是河南人的家饭，细粮不足，菜蔬充之，并以胡椒调和，属于不稀不稠的一种汤。然而西安人给它加肉丸，加海带，加粉丝，加土豆和腐竹，又配以屡屡佐料，竟使其晋升到餐馆。麻辣烫本是四川人的小吃，在巷头街尾，流于简陋。但西安人却让其上堂入室，使女士嗜之若命，并可以招朋待友。其何故？无非是根据西安人的习惯，增添菜蔬，以素为主，保持鲜嫩，讲究刀工。拉面源于兰州，削面出自太原，不过惟有在西安它们才变得长短适中，软硬合度，而且追求餐具之雅，餐桌之净，有的还割鸡而用牛刀似的安排门迎。随着贸易的发达和国民的流动，这些年不仅仅粤菜来了，鲁菜来了，湘菜黔菜来了，台湾菜来了，而且意大利的比萨、法国的沙拉、日本的寿司、韩国的烧烤，都在西安开辟了市场。至于美国的快餐，那当然一直就吸引着西安的男孩并女孩。然而，不管其食来自何方，它到了西安皆作微调，以适应西安人的味标。

西安人这种对外来之食的改进和提升，显然有其传统，其最久远和最典型的代表是牛羊肉泡馍。这是波斯人骑着骆驼带来的。波斯人依靠它走过了艰险而漫长的丝绸之路。盐浸的肉和晒干的饼即饦饦足以抵抗不好把握的细菌，从而使之提供了身体所需的营养。不过牛羊肉泡馍在西安扎根，为西安人所接受和喜欢，显然是8世纪前后阿拉伯人的功劳。他们不但吃之，而且经营之，遂也为西安人所吃。牛羊肉泡馍一直还在发展，现在除了制肉的秘方不可知之外，凡是经常用它的人都会发现碗小了，碟美了，增添了黄花、木耳和粉丝，有的还加鸡蛋。依然以辣酱和糖蒜作点缀，不过现在由糙变细了。

羊肉泡馍

有的餐馆准备了搅馍机,然而西安人现在仍喜欢用手掰馍。掰馍会慢一点,但这过程却可以聊天,不聊天还可以平心静气或沉思。搅出来的馍切面严紧,肉味难入,但手掰出来的馍却碴口松散,肉味易进。炉头看不见食客,不过他会根据馍是搅的还是掰的,并根据所掰馍是大还是小,辨别你这个食客属于经常食之还是偶尔食之。对于经常食之的人,他不敢怠慢。他将尽其可能地把自己的经验和艺术煮到锅里,盛到碗里。

戏 迷

西安地方戏有秦腔和眉户二种，以秦腔为重。慈禧在西安那年，西安府官员总是上贡这个女人所好的秦腔段子以讨其高兴。鲁迅的西安之行，考察要点，除了大学教育之外，便是易俗社，而易俗社则是西安权威的秦腔剧团。到了1949年，共产党执政，西安人携什么到中南海去献礼呢？想来想去，秦腔。秦腔显然是西安文化的品牌，甚至是西安艺术的精华了。

秦腔这个地方戏是古老的，它曾经影响了周边的晋剧和豫剧，也影响了谓之国粹的京剧。然而这并不足以使之长盛，该走的还得走，到了走的时候不走也不行。事实是，秦腔像汉赋与唐诗一样，凡是在历史上出现并辉煌过的，都将在历史上黯淡以至消亡。在西安，秦腔便处于年年败落和月月败落的走向之中，似乎谁也拦挡不住。然而船破了板在，锅打了铁在。我的意思是，虽然秦腔已经呈衰势，但它却并没有死，没有死就标志着它还有余绪，还有余香。

在秦腔的热火岁月，西安的秦腔剧团有36家，全是官方的。当时的秦腔既在剧院演，又在工厂和街道演，锣鼓一响，戏迷便蜂涌而来。然而仅仅20年，10年，甚至5年，3年，1年，36家剧团便所剩无几，甚至能够开张的只有一家易俗社，也是偶尔开张。实际上易俗社只不过是一种象征，因为一年之中，它的开张寥寥一次两次，而且皆是招待任务型或政府资助型的。戏迷是由唱者和听者构成的，不过听者是受众，没有听者，唱者便失去了意义。问题就出在这里：由于秦腔的受众一代一代流失，以致像易俗社这样的剧团已经售票艰难，而售票不足则不能生存，所以易俗社的红门便常常紧锁着，因为豪华的大厅只坐一排白头是尴尬的局面。

然而唱者和听者一旦入迷，这些人便离不开戏，恰恰是这些人化为秦腔的余绪和余香了。他们延续着秦腔艺术并幻想着有朝一日使这种艺术起死回生。实际上这是不可能的，因为受众的审美需要和审美趣味已经改变，所以迷于秦腔只不过是他们的一种习惯而已。

方圆馨 20 岁成为旦角，一直希望自己唱红唱紫，希望受众对她的所唱所念所做所舞能以掌声和喊声作出反应。遗憾的是，她在台上发现台下的人越来越少，越来越老，喊声是没有的，而掌声则又弱又稀，真是让她沮丧。剧团解散以后，有的演员选择经商，但她却还要唱戏，遂办了一个秦腔茶苑。丈夫知道这未必行，劝她改行当老师，或搞财务，说："唱戏不能当饭吃！"她说："活着不是光为了吃饭！"她借钱租了房，购了音响，并招徕飘零各处的演员和乐手，锣一敲，鼓一打，鞭炮一放，听者竟来了。这些听者，多是退休的人，不过偶尔也有年轻人，甚至还常常出现生意人。方圆馨俨然一个老板，她免费提供水，提供啤酒，还提供瓜子和果脯。听者怎么会一直免费在茶苑享用呢？当然不会！演员是会一个接一个唱下去的，听者觉得谁唱得好，便会举起指头。这是搭红的暗号。所谓搭红，是把已经预备的红绸搭在一个栏杆上，一个指头代表一条红绸，一条红绸代表 10 元人民币。听者一般会举起两三个指头，不过偶尔会有听者举起二三十个指头，这其中必有文章。搭红由茶苑侍应生做，其训练有素，一招一式都循着章法。演员的收入不等，不过皆以五折留给茶苑，而乐手则领取工资。方圆馨也唱戏，但她追求的却是喝彩。喝彩是有的，然而一个茶苑的喝彩会怎样呢？安慰而已！尽管她不在乎搭红，不过在她唱戏的时候，指头出现的频率还很高，这也是一种承认吧！

西安的秦腔茶苑发展颇快，资料显示，有近乎百家，其主要集中在文艺路一带、木头市一带和端履门一带。老板多是过去的秦腔剧团的演员和乐手，因为这些人都是内行。现在茶苑的女性演员越来越多，也越来越俏，她们往往从西安周边各县而来。有消息认为，在茶苑出现的生意人，会以搭红的渠道结识这些女性，并会邀请她们作陪。举起二三十个指头的，便是此类人。这显然是需要继续观察的。

我十分推崇的是西安的秦腔自乐班。这种自乐班往往是如此形成的：黄昏之际，有一个戏迷，属于乐手，已经很焦虑，很郁闷，或是很轻松，很快活，遂拿着他的板胡到一个僻静的地方去独奏。丝弦一响，便又有一个戏迷过来，属于演员，说："那我唱一个段子吧！"乐手说："好！你唱我奏！"于是演员就唱周仁哭妻，或唱滴血断案，或唱白素贞怨老和尚，或唱秦香莲责陈世美，它们都是西安人耳熟能详的传统剧目。这一唱一奏便辟了场，并把一些赶路的散步的吸引过来。能中断自己的事情而为秦腔所吸引的，当然都是戏迷。唱者声情并茂，痛快淋漓，听者心脑并用，身在物外。几个段子下来，

戏迷

夜风吹拂，疏星闪耀，应该回家了，然而听者依依难舍，问："明天还来么？"演员与乐手会意，说："还来！"从而一一相传，便产生了一个自乐班。乐器凡板胡、二胡、梆子、锣、鼓，他们都有，当然都自备，而且自备水，自备凳，自报幕，自喝彩。特别重要的是，这些人谁想唱谁便出来唱，不唱了便坐下听，反正大家都是戏迷。

  我不知道西安的秦腔自乐班到底有多少，因为它不是社会团体，不用民政局审批，遂无记录。我只知道几乎所有的社区都有，社区之外，著名的在南门、柏树林、下马陵、竹笆市、小雁塔、西后地。它不像秦腔剧团是有组织的，也不像秦腔茶苑是要盈利的。秦腔自乐班完全是一个自主自愿的处于自然状态的审美联合体，西安的年少者难免会出于好奇过去探头探脑见闻一下，然而发现是秦腔，便会背身而去。不过戏迷依然在！

秦 器

古玩万千，藏诸百家，我喜欢的是陶品，尤以瓦当为多。贾平凹好陶罐，大大小小，或鼓或扁，满盈于堂。王岳川也好陶罐，尝建议我尽快采集，方便之际，还可以为他收几个。陶来之于土，有土的气息，更是沉静和厚重，使人想到大地黄壤。我所爱的几种秦器都是陶质的，没有釉。

1992年，我独行萧关，购得一节秦水管。我走的是宁夏固原与甘肃镇原之间的萧关。公元前后数百年，匈奴闯中原多经萧关。战国时代，秦曾经在此筑长城，以阻胡人。秦所谓的胡人，匈奴也。长城早就夷平，其土已经变成了田野，有小麦生长着。不过细辨，仍能看到长城逶迤而去的痕迹，因为长城的土是熟的，颜色颇深。水管是长城的遗存，呈圆状，头大尾小，以彼此衔接，一节一节地延长。其有绳纹斜绕，不太雅，也不太妙，甚至不平不正的，显得丑陋。不过它壁厚一指，高达腰围，浑然而坚，目之有威，扣之声朗，具雄威之象。

我还有一方秦砖，长27.5厘米，宽13.5厘米，高7厘米，重4.5公斤。四周刨光，上下两面以麻拉毛，现出疏疏密密的细线，抚之掌涩，举之骨硬。灰皮泛蓝，幽深以远。其出于骊山一带，由朋友所赠。

瓦当是宫室上的装饰，极具艺

秦 砖

术。我的几方秦瓦当皆有其壮，每每琢之磨之，感悟泉涌。光芒纹瓦当，表现君主像太阳一样灿烂和英明，寓意嘉勉，号召崇拜。其呈浅灰，直径长，边轮硕，很是结实。它的当面背后有捏合拨拂之印，是雍城所出。凤鸟瓦当，象征吉祥。其为禽长颈欲鸣，振翅欲飞，甚为生动。此瓦当有极高的密度，泥水盐渍久经渗透，包浆厚实，沉重如石，也是雍城所出。云纹瓦当表现了神仙之思，其中的网线有棱有角，如割如切，肥而显笨，为铁青色。不知道它所出何地，似乎晚于雍城的瓦当，但甄别起来却不像咸阳的用品。

秦原本小而落后，为世所鄙薄。秦襄公护送周平王东迁有功，才受封为诸侯，赐以西垂之土，让其治理。然而秦俗甚卑，山东诸侯一直轻贱秦。不过秦不甘自己的落后，进取极切，坚韧扩张。公元前765年，秦文公在今之甘肃天水一带执政；至公元前714年，秦宁公便移居今之陕西岐山一带发展；至公元前677年，秦德公遂有雍城；至公元前383年，秦献公都栎阳；至公元前351年，秦孝公作咸阳。在秦的发展史上，秦襄公以后9世而有秦穆公，24世而有秦孝公，31世而有秦王政。秦王政继承前辈之功业，以武力吞其周而灭六国，统一天下，为始皇帝。观乎秦器，觉得它势大、蛮、强劲，有霸气，仿佛修长城，建直道，营造阿房宫以终南之巅为魏阙，挖墓要穿越三泉，以水银为河流海洋，上具天文，下具地理。

从小到大，四海姓嬴，秦用了31世，总计556年。遗憾它13年而衰，15年而亡，真是善作者没有善成，善始者没有善终，悲哀之极！究其原因，贾谊说："仁义不施而攻守之势异也。"杜牧说："族秦者秦也，非天下也。"观乎秦器，我以为它们尽管充满实力，然而工不足精，态不足美，是因为秦匠做不到自由地创造。钳制思想，重赋酷刑，从百官到众庶，人皆自危，秦有什么优秀文化呢？只追求实力，不建设文化，秦用什么让人幸福呢？

长安瓦当

瓦当是筒瓦的华头，用以护橼和滴水，不过先贤往往要给这个华头制作吉语、纹饰、动物，表达他们的愿望，也使皇宫或官邸美轮美奂起来。几千年的建筑无不倒塌为废，甚至黄壤覆盖，黍麦交替，但瓦当却能潜伏地下。一旦出土，它便成了古玩，也演化为一种艺术，一种文化遗产。

齐下都、燕古都、洛阳、平壤、东京，皆有瓦当存世，然而天下最好的瓦当，瓦当最多的地方，属于我长安，这真使人窃喜。

我采集瓦当已经多年，经历了种种假的瓦当，十分有趣。假的瓦当有的完全是假的，新烧的，然而经过做旧处理，生出包浆，它便能蒙混眼睛，让人当真。我曾经买过一个做旧的长生无极瓦当。之后我甄别出此瓦当是假的，新烧的，并找到了卖者。彼此目光交集，卖者悚然躲闪，蓦地便猥琐了几寸，然而我没有纠缠。算是缴纳学费吧，也可以作为纪念。还有一种假的瓦当，其胚老货，其字今雕，若无经验，那么也会受骗。好在这种劫难我幸运地躲过了几次，不过必须警惕，因为稍微不慎，就要刷新上当的纪录。有一次我发现了久久难求的永隆瓦当，经卖者允许，我轻手捧之，细掌抚之，半信半疑，渐渐越看越像，越看越慕，信进疑退，终于掏钱购之。回家赏析，竟得意晃脑，乐而吹哨，但屈指敲之却闻其有空洞之音，再敲遂明白它是两层镶嵌而成的，一层是原胎，一层是伪造。沮丧之极，立即下其于柜，弃其于隅。怎么办呢？无妨人生的美丽。坐下慢品清茶，逸读残卷，须臾之间便吐闷为爽，云散天净。这都是过去的事了，想起来幻如儿戏。谨记：瓦当之假，那些新烧的，密度大，掂着颇沉，其味有臭，呛鼻子。几千年的陶器，自有几千年的气氛神韵，凡呆头呆脑的瓦当，一定要明察。

长生无极瓦当

　　瓦当是稀物，面世很难，遇到它更难，其情形往往像所有珍贵的事物一样转瞬即逝。我尝碰到两方状态相近的夔纹瓦当，颜色深蓝，弧线飘逸，很是可爱，遂决定买其一方。卖者说："一坑所出，少见得很，品相也好，两方都买了吧，我还会让价给你。"我仍坚持买其一方，便付款而去。然而转了一圈便觉得应该两方尽买，遗憾我回头找到卖者的时候，他说："已经走了！"非常惋惜，直到现在只要想起此瓦当仍是悔意悠悠。2006年春节以后，我有幸相逢瓦当两方，一方曰千秋万岁，一方曰与天无极，皆是生坑之货，字棱圆规，疏阔大气，饱满厚重，释手不能。然而我辈一向以工资和稿酬收藏，实力有限，必须节度。春节的消费已经挤瘪我的钱囊，买一方还可以，买两方就需要在银行贷款了。然而贷款的程序过于麻烦，时不我待，遂决定拿下千秋万岁瓦当，璧还其与天无极瓦当。这是早晨10点45分的交易。得到一方千秋万岁瓦当固然高兴，但放弃一方与天无极瓦当却耿耿于怀。到了晚上，终于筹措了银子可以支配，遂在夜间9点30分打电话过去，提出明天上午再买其与天无极瓦当。卖者淡定地说："抱歉，与天无极一方下午就走了，因为你没有要我留下。"黄鹤顿失，空余白云，我怅然之极，几近心痛。几年以后，我才采集到一方与天无极，聊补了胸中之缺，然而品相一般，难免常思所去之瓦当，真是悔莫大焉。收藏就是这样：相逢所好之物，当拿下就拿下，否则千古有恨！

　　八风寿存当瓦当极少。王莽摇身为皇帝，惟恐权废，便遵方士之嘱，在长乐宫作八风台，以祀神维稳。八风寿存当瓦当就是八风台的遗物。擒获此瓦当惊心动魄，有博弈之感。某年腊月，我在古玩市场见它，卖者要价甚高，拿下有难，不过不想失之。卖者面生，坐在角落。务瓦当的人我几乎全认识，然而这个人过去没有碰到过。他除了这个瓦当，还有几方别的。星期六逢集，一月四集，一集已经消逝，现在还有三集，我以为他打算在春节以前要出手。想抓住此心理压他的价，此乃老夫之算盘。然而若有财大之徒喜欢它，我计便会落空。二集瓦当还在，卖者仍坚持原价，我也固守我的标准。交易不成，货在卖者，钱处我的口袋。时间对我有利，不过我的机会也是一线所系，猝尔随断。想到这里，我心惊胆战，日子竟变成了煎熬。三集到了，我在古玩市场草草溜了一圈，透过熙熙攘攘的摊位，见他还在，然而不知道今日我愿能不能达成。剩下最后这一集就要过年了，他不希望无功而返，我担心关键之际有人捷足先登，拿下此瓦当。当然我也不能急迫于色，让他占了上风。缓缓走到他面前，见他目光弱势，显然怕我不要他的货。我半弯着腰，肯定地说："八风寿存当我要了，就是初次那个价，同意便给你钱。"卖者把瓦当递上，说："这个价钱真不想给你。"我按捺着欣喜接过瓦当，畅然出了一口气。之后我常常想，采集一方瓦当的博弈，大有玄机，其寓意仿佛人生。

　　瓦当文章，凝结着前圣的智慧，道在其中，嘉在其中。它多是皇宫的装饰，贯春经秋，身披几千年的日月之光和祥瑞之兆，足以为美，大可欣赏。有一方在案架，小屋能大，豪宅必贵，所以社会名流好而索之。

三石纪唐

唐有三石,琢而为器,遂蕴其深意,探之可以得智慧,测变化。

李世民昭陵六骏为石雕。

长孙皇后是唐太宗李世民之妻,以贤惠流芳。可惜她应了好人不长远的谚语,35岁便死了。李世民登基以后,有风水先生为他勘选穴位,卒定九嵕山作昭陵。长孙皇后先走,遂先埋于斯。昭陵分布陪葬墓166座,其中王子7,公主21,嫔妃8,宰相13。长孙皇后是他最亲爱的妻子,魏征是他最重要的大臣。

为壮昭陵,遵李世民之旨,采石刻马6匹,置于北阙之下,以怀其坐骑,也表其武功。这便是昭陵六骏的来历。

当宣布以唐为国号的时候,江湖未静,长安周边还有隋的残余部队和农民割据势力。李世民既为秦王,肃敌必勇。唐高祖武德元年,公元618年,他乘白蹄乌征其金城即今之甘肃兰州军阀薛举和薛仁杲父子,并平之。石雕白蹄乌昂首怒目,腾空而飞,有不可阻挡之势。唐高祖武德二年,公元619年,李世民鞭特勒骠攻打其马邑即今之山西朔县一带军阀宋金刚,灭刘武周,收复河东。毛黄而透白,应该是突厥马。石雕特勒骠腹小腿长,前蹄跃,后蹄蹬,尽显冲锋陷阵。唐高祖武德三年,公元620年,李世民驭青骓伐窦建德。毛杂而苍白,中五箭,然而终于定河北。石雕青骓尾高束,鬃挽花,一副前奔之状。还是公元620年,李世民乘其什伐赤攻打军阀王世充,并平河南。其为突厥马,毛红而发亮,阳光之下熊熊如劲风携带的一团火焰。石雕什伐赤似乎聚骨肉以鼓劲,并将起而凌空。战王世充显然是硬仗,有一天李世民策其飒露紫,一味驰斩,居然脱离了自己的队伍,在洛阳邙山一带为寇所围。一箭中马,十分危急。幸而随从丘行恭扑过来抡刀叱咤吓阻其敌兵,使之退

白蹄乌

飒露紫

拳毛䯀

三 石纪唐

却彷徨。当是之际，丘行恭迅速让出自己的马让李世民骑着离开，他为飒露紫拔箭抚伤。石雕飒露紫忠实地表现了这一幕。飒露紫静立于地，一副安然顺从之态，丘行恭身穿长袍，头戴兜鍪，斜挂箭囊，俯身为李世民的马拔箭。唐高祖武德五年，公元622年，李世民驾其拳毛䯄在洺河一带克窦建德旧将刘黑闼，击而破之，遂据河北。毛黄而旋，长着黑嘴，可怜它竟背负九箭。石雕拳毛䯄体硕气闲，仿佛在休息。梁思成曾经极力赞叹昭陵六骏的艺术，遗憾有佬1914年挟飒露紫和拳毛䯄往美国去，现在藏宾夕法尼亚大学博物馆。其余石雕也为美国人所拥，然而西安人不答应，跑到潼关一带拦截他们，要他们放下，遂收回了。这些石雕现在藏西安碑林博物馆，可惜它们已经被分割为几块。分割它们是要打包，以过太平洋。我多次在博物馆欣赏昭陵坐骑，见石雕遭切线斜贯，不得不以钢筋紧箍以防散架，又失飒露紫和拳毛䯄，难免思骋于昔，悲痛于心。

乾陵有碑，但它却不勒一词，空空如也，是武则天的无字碑。资料显示，其为当年于阗国所贡。

江青很推崇武则天，无非是羡慕女皇帝的权势，从而在共和国图谋一个重要的位子。一种意识的产生总是依赖一定的背景。江青所想，显然是由她所处的政治气候决定的。除了江青，还有人，包括一些饱学之士和幼稚青年，也推崇武则天，认为其伟大。仅仅由于权势显赫就是伟大，此乃错误而且可怜的想法。

武则天开始只是唐高宗的一个妾，不过她极慕权势，遂要阴取而恶夺。她当然也不乏诡计。自己捂死女儿，但却推祸于王皇后之手。以此方法，她巧妙地使唐高宗废王皇后，立自己为皇后。宰相褚遂良直言极谏唐高宗以武氏为皇后不妥，并以辞官归田相劝。当此时也，武则天竟隔帘怒吼："何不扑杀此獠！"一旦武氏为皇后，潘多拉的盒子便打开了，从而朝廷无宁日，帝国少祥云。她砍王皇后和萧淑妃之腕，塞她们于酒缸之中，慢慢腌渍。凡过去反对她当皇后的大臣，一一削职，贬出长安。在封建社会，太子是天下的根本，不可轻摇，然而武则天兴风作浪，废太子李忠，剪太子李弘，再废太子李贤，三废太子李显。以后虽然李旦为唐睿宗，但她却临朝称制，独断大事，从而抗议蜂起，边境收缩。为当女皇帝，她以唐宗室王子王孙为妨碍、遂一杀再杀，连续杀之。中国的皇帝之位，要么是暴力而得，如秦之嬴政，汉之刘邦，要么是禅让而得，如魏之曹丕、晋之司马炎，要么窃取，如武则天。武氏为女皇帝，自知不合程序，害怕海内抵制，便大敞告密之门，进行镇压。于是恐怖的乌云就垂天而下，尤其是大臣，上朝以前会向妻子诀别，以恐丧命在外。她还重用酷吏，滥施酷刑，从肉体上和精神上摧毁异见之士。她的科举考试，固然使平民子弟得以脱颖而出，不过其目的是要发现和培植忠于女皇帝的力量。江青推崇女皇帝，也并非不可以理解。然而知识分子推崇武则天，便是十足的迂腐了。自己喜欢吃苦受罪，下窑挖煤也行，为什么好立一个专制且毒辣的女皇帝，从而让吾辈布衣也跟着吃苦呢！

武则天与唐高宗合葬于乾陵，其碑是树起来了。高近乎8米，宽2米余，重达10吨，不知道当年是怎么干的。此碑端正规矩，凝重厚实，不失其美。碑首浮螭8条，互相缠绕，鳞显骨露，静动有致。碑座有狮有马，其马屈蹄俯颈，温良驯顺，其狮扬头峥眉，凶猛威风，难明其旨。树碑颇易，叙事很难。记武则天的什么呢？谁来记呢？遂空空如也，为无字碑。

如果让我为武氏立传，那么我想表达的意思为：武则天是中国文化在须臾之间所孕育的一个怪胎，为妻不贞，为母不慈，当女皇帝而行男子之法，其不仁有过之而无不及。但她却实现了作为人或作为女人的所有欲望。

杨贵妃的海棠汤，在临潼华清宫，是青石拼砌而成的。

我尝认真研究过唐玄宗与杨贵妃的关系，确认他们之间的纠葛非常复杂。不过杨玉环集性爱、母爱与女爱于一体，倒是完全吸引了唐玄宗，并无为而治地控制了唐玄宗。杨贵妃也并非一些道学家所指责的红颜祸水，相反，她是一个好女人，也是一个受害者，一个替罪羊。

大约从公元747年到公元755年的8年之中，一旦大雁南飞，草木黄落，唐玄宗便携杨玉环往临潼去，在华清宫进行所谓的避寒。他们一住便是数月，春暖花开才返长安。唐玄宗泡莲花汤，杨玉环泡海棠汤。莲花汤和海棠汤都是浴池，有进水口和出水口。水为活水，有地热，属于温泉，不过莲花汤洗唐玄宗，当然大度，海棠汤洗杨玉环，遂为小巧。一个皇帝给一个女人作浴池，也许中国历史上还没有过，此乃恰恰证明了唐玄宗对杨玉环的宠幸。不过这里也可能有一些秘戏，因为唐玄宗是信奉道教的，也许会做采阴补阳的实验，以求养生益寿。

海棠汤分为两层，杨玉环可以膝浸暖波，背靠上层，也可以半卧清流，斜依下层。上下两层的青石都磨成凹状，似乎能光滑得体，细腻舒身。资

清康涛所绘华清出浴图

唐玄宗的莲花汤

杨贵妃的海棠汤

料显示，杨贵妃泡澡之际，当于水中撒丁香、麝香、沉香、多摩罗香，撒紫檀和花瓣草蕊，海棠汤遂为浓郁之芳汤。杨玉环或坐或卧，任其妩媚为魅惑。凝脂一沐，骨酥肌膨，便成娇娃。我以为让四方之客观瞻海棠汤，是在暴露杨贵妃的隐私，也在暴露中国的隐私，不雅得很。青石拼砌而作海棠汤的形象，仿佛一个全裸的女人仰面躺着，丰满性感，特别是她半蜷屈半伸肢的样子，真是尽显放荡。

大约从杨贵妃侍奉皇帝避寒华清宫的时候起，唐玄宗便越来越推卸作为君主的责任，先放手宰相李林甫主持朝政，后放手宰相杨国忠处理大事。这些人为争夺权势，结党营私，从而诱发了社会的危机，尤其范阳节度使安禄山重兵在握，反意深藏。但唐玄宗却沉溺淫逸，感觉形势一片大好。唐玄宗天宝十四年，公元755年，安禄山以讨杨国忠之名，突然叛逆举兵，遂使长安震荡。煌煌其唐，由盛而衰。

历史学家素有定论，李世民执掌之唐，民耕其田，士求其途，人口增长极快，犯罪率最低，而且疆域辽阔，是黄金时代，因为他任贤用才，律己勤政，是明君。然而如果他是一个昏君呢？如果他是一个昏君，那么究竟谁又能把他怎么样呢？谁也约束不住他，改变不了他。皇帝为天子，是替神行道的，不是为人民服务的，制度如此。然而如果皇帝是人民推举的，那么他就必须为人民工作，接受人民监督。他应该公正透明，不得惰怠，否则人民便会让他下台。显然，制度决定社会的文明，皇帝如唐太宗这个人创造黄金时代实在是偶然的。靠皇帝就错了。

李治继承了李世民的皇帝之位，也继承了李世民的制度，然而这个人既脆弱又平庸，遂使武则天穿帷指手，透幄划脚，甚至推翻了接李治之班的李显，控制着接李治之班的李旦，终于自己登基当女皇帝，造成唐的倾侧，天下紧张。无人能管李治，武则天便乘虚而入，排傺为霸。李隆基相当杰出，要相貌有相貌，要能力有能力，要气魄有气魄，从而匡正社会。不过李隆基也可以由励而懒，安乐为要，从而导致万家悲愤。凡人谁都有堕落的元素，于是他就会与时而毁，应物而坏，是靠不住的，因为智常常会昧，德常常会缺。所以创造先进制度以管人，包括管皇帝这个人，管一类人或一派人，才至关重要。如果唐有良策，那么将阻止武则天篡国，也将促使李隆基保持振奋的精神，否则制度就要发挥作用了。制度将强迫唐玄宗离开华清宫，到大明宫来早朝。遗憾唐毕竟是唐，唐有它的局限。

中国人对唐一向满怀美感，诚意向往，追求唐的气象和光荣。实际上建设先进的制度比打造唐的气象和光荣更富价值，也重要得多，紧迫得多。

人皆匆忙，拿不出时间读唐书，遂建议读唐石。不必多读，三石足矣！

霍去病墓石刻记

一个人属于非夫妻关系的男女所生，便为私生子。这样的一个人成长起来，往往会遇到很多麻烦，因为社会是有一定秩序的，但私生子却是违背秩序的结果。

公元前141年的一天，一个年轻的公务员霍仲孺接受派遣，到平阳公主家去出差。平阳公主是汉武帝的姐姐，当然荣华富贵。在这里，霍仲孺把他的两只眼睛全给了漂亮的姑娘。所谓姑娘，无非是平阳公主家的婢女而已。不过她们浓妆淡抹，飘来飘去，确实诱得霍仲孺食而无味，寝而多梦。

卫少儿是让霍仲孺最为动心的一位。她亭亭玉立，像一团白得响亮的棉花，而且干净，膨化。也许只有霍仲孺知道，卫少儿使他产生了点燃棉花的欲望。在一个焦躁的晚上，霍仲孺偷偷闯进了卫少儿的房子。惊喜的是，他一烧棉花，才发现棉花竟也渴望着他的火。

那天晚上，在平阳公主家一间僻静的房子，肉体之电不但使肉体一遍一遍地散布着快感，而且使生命处于一片灵光的照耀之下。

处理了公务，霍仲孺便返回了平阳县。依他的所想，他跟卫少儿的事情仿佛是一场美梦，他走了，美梦就结束了。岂不知天下的事情没有一件是简单的，特别是性与爱的事情。

公元前140年的一天，卫少儿十月怀胎，生了霍去病。大约20年之后，霍去病以将军的身份拜见了霍仲孺，这时候，霍仲孺才发现那天晚上放肆的行为竟是一次杰出的创造。他觉悟了生命的神奇，并敬畏生命。

卫少儿是婢女，依习惯，她所生的儿子只能做奴才，何况霍去病还是一个私生子。在汉帝国，像霍去病这样的私生子根本就没有人的地位，其长大了，不过是在平阳公主家喂猪或赶车，好一点的，便当保镖。汉政府法律规定，婢女和奴才都是贱类。贱类当然是难以进化为一个人的，除非有奇迹发生。

卫少儿的二姐卫子夫，是一位香艳的歌女，也在平阳公主家工作。汉武帝有一天到姐姐家去，竟一下迷上了卫子夫，并要求卫子夫侍奉他。卫子夫感到荣幸，遂凭着自己的灵慧，非常细腻地为汉武帝作了服务。

结束之后，20岁的汉武帝再三咀嚼，觉得余音袅袅，便向姐姐提出把卫子夫送给他。无非是一个歌女而已，这有什么难的呢？平阳公主当然很是乐意。于是汉武帝就潇洒地把卫子夫带进后宫，而且宠爱她就像一只老虎宠爱其皮毛一样以爪抚之，以舌舔之。

不料卫子夫还真是能干，她竟一气为汉武帝生了三个女儿，随之生了一个儿子。汉武帝大喜，遂寻找机会废黜了陈阿娇，立卫子夫为皇后。

由于这样一个缘故，卫少儿便携霍去病走进了未央宫，并有了一番新的生活。实际上不仅仅是卫少儿和霍去病，卫子夫的其他亲戚都鸟枪换炮了，甚至卫子夫的同母异父兄弟卫青也摇身一变，成为汉政府的官员了。

命运是神秘的，有人毕其一生而奋斗，结果还是端着大碗，饮着粗茶，但有人却以吹灰之力便翻身解放，钟鸣鼎食，有人甚至天生下来就可以作威作福。不过命运也是难以捉摸的，它偶然使你大幸，偶然又使你大祸，偶然赐你盛誉，偶然又损你寿命。

霍去病的命运显然是在汉武帝迷上卫子夫的一瞬之间改变了的，其套路是一荣俱荣的套路。不过深入分析一下，我以为，改变霍去病命运的，实际上还是汉武帝。非常清楚，汉武帝无非是照顾了卫子夫的一点裙带关系而已。

那时候的国际形势是，尽管汉帝国对匈奴实行和亲政策，可匈奴却仍仗着骑兵的优势，不但征服了周边的一些王国和部族，而且经常侵犯汉帝国。匈奴还经常猖狂地践踏庄稼，掠夺财物。那时候的国内形势是，儒术盛行，思想统一，而且经济强大。汉武帝雄心勃勃，好大喜功，很希望能在他执政时期解决匈奴问题。

霍去病便是在这样一个大环境和大气候之下成长起来的青年。他接受着征服战争的熏陶，并通过对匈奴的征服，成为伟大的英雄。

根据司马迁的考察，匈奴是夏后氏的苗裔。尧部落叫他们熏粥，周族叫他们猃狁，到秦帝国才叫他们匈奴。

依罗马帝国一位历史学家阿米阿努斯·马尔切利努斯的记录，匈奴是一种几乎粘在马背上的人，体形怪异，相貌丑陋，仿佛是双足兽。他们打仗勇敢，行动敏捷，不过列阵无规，战术不定，喜欢咋咋呼呼。他们没有谁能知道自己的起源在哪里，因为母亲怀孕是在一处，生产是在别的一处，哺育又是在别的一处。他们居无定所，四处奔波。

霍去病墓石刻记

匈奴曾经以凌厉的攻势闯入了罗马帝国，并吓破了罗马人的胆，于是他们的历史学家就难免对匈奴抱有偏见，并魔化匈奴。我以为，这似乎是可以理解的。不过在我看来，任何关于匈奴的记录，包括罗马帝国的历史学家的记录，都是有参考价值的。

在战国时代，秦国与燕国，还有赵国，皆苦于匈奴的抢劫和扰乱，各在各的边境修筑了长城以阻挡匈奴。事实证明，这种措施是保守的，其只治表，不治里。

厉害的还是秦始皇，有一个谶语曰亡秦者胡也，他听了怒火万丈，暴跳着咒骂匈奴，并下令将军蒙恬率兵30万消灭之。

秦军一鼓作气，赶匈奴亡命黄河北岸。秦军随之在黄河南岸设置44县，迁民而居。秦帝国还把过去的长城连接起来，作万里屏障，接着修了一条直道，起于咸阳，止于九原。

秦始皇逝世之后，爆发了农民起义，这使秦帝国边境空虚起来。匈奴乘机而动，并用鲸吞和蚕食两种方法向黄河以南逼进。

到汉帝国建立，匈奴已经深入阴山一带，并以阴山为本营养马练兵，图谋发展。当时匈奴有骑兵73万，冒顿单于是其元首。匈奴的目标是占领汉帝国。匈奴显然使汉帝国处于了一种威胁之中。气势浩大的汉武帝也未能迅速解除匈奴对自己的威胁。事实是，威胁从冒顿开始，几乎延续了300年。

公元前200年，汉政府官员韩王信驻兵马邑防御匈奴，但他为谋利却居然向匈奴投降了，从而经常暗中配合匈奴侵犯汉帝国。

刘邦难以容忍匈奴的猖獗，遂亲自率兵抗击匈奴。他想，积8年战争之经验，是一定能够打败匈奴的，何况他有从战争之中走出来的30万将士。但冒顿佯装逃跑，实际上却是迷惑刘邦，结果匈奴把刘邦包围在了平城附近的白登山上。天地大寒，汉军十有二三都冻掉了手指。特别危险的是，其他部队与刘邦难以会合。关键之际，陈平只好派遣使者给冒顿的妻子送去了大量金玉。其妻子为物所软化，遂规劝冒顿放了刘邦。

虽然刘邦侥幸而生，但这一战役却给汉帝国留下了深刻的创伤，歌谣曰：

平城之事甚大苦，
七日不得食，
不能弯号弩。

于是娄敬就向刘邦提出了一个和亲的方案。所谓和亲，主要有这样一些内容：汉帝国第一家庭把公主或以宫女冒充公主嫁匈奴单于，并赠其大量财物。汉帝国开放边境市场，让匈奴族人与汉族人互通有无，进行贸易。汉帝国与匈奴结为兄弟，长城以北，为引弓之地，属于单于领导，长城以南，为冠带之地，属于皇帝领导，你不犯我，我不犯你。

和亲政策的潜在意义是，做了单于妻子的公主，如果有了孩子，并在将来当了单于，那么由于他和汉帝国的亲戚关系，便不会侵犯汉帝国了。

娄敬振振有词地说："岂尝闻外孙敢与大父抗礼者哉？"刘邦望着娄敬，反复推敲，忽然一拍大腿，同意了和亲的方案，并派遣娄敬与冒顿进行谈判。

和亲政策不失为一种智慧，但它却是灰色的智慧。它的基本原则是，为求得安宁而委屈自己，甚至放弃自己的尊严。

一个人或一个民族，有时候会碰到这样一个痛苦的选择，要生存，就得忍气吞声，要气节，就得付出死亡的代价。如果一个人或一个民族不遭遇这样的问题，那么是幸运的，遭遇了这样的问题，那么其将是严峻的考验。

我举起双手赞成要保持气节的人或民族，但我却也理解那些为了生存以妥协的人或民族，因为活着总是有充分理由的。在我看来，经过一个阶段的熔炼与蜕变，从而雪洗了以往羞耻的人或民族在这个世界上比比皆是，并像火后之草和霜后之苗一样萋萋离离，郁郁葱葱。

冒顿研究了娄敬的方案，觉得还是有利的，遂接受了和亲政策。不过匈奴缺少诚信，他们并没有完全停止在边境的滋扰。

汉武帝执政之后，迫切希望征服匈奴，以实现汉帝国永久的安宁。他想雪洗刘邦受困平城之辱，雪洗和亲政策之辱，当然还想雪洗冒顿调戏吕后之辱。经过文武大臣再三讨论，汉武帝坚定了征服匈奴的信心，并同意了汉政府一个官员提出的马邑计划。

公元前133年夏季的一天，马邑商人聂壹遵照汉军的指示，悄悄告诉匈奴的一个奸细：他可以除掉马邑的首领，盼军臣单于率兵夺取马邑，条件是，匈奴要给他货物。

匈奴自以为得计，便出师马邑，岂不知马邑早就有30万汉军埋伏好了。不过匈奴也是很狡猾的，他们发现马邑附近有牛羊游走，但四野却无放牧之人，遂十分怀疑。抓到巡逻的汉军一经拷问，果然是阴谋，他们转身而逃。

由于匈奴还未进入埋伏区间便跑了，马邑计划当然完全失败。汉武帝想通过马邑计划一举歼灭匈奴，或给其重创，不料30万汉军连一个匈奴也没有消灭，甚至连匈奴的一根毫毛也没有揪住，极为恼火，便把策划的官员投入监狱，从而推卸了自己的责任。我以为汉武帝这样做过于虚荣了，也过于卑鄙。

虽然马邑计划没有成功，但它却变一向的招架为挑战，变一向的防御为进攻，并拉开了征服战争的序幕。这场汉帝国对匈奴的征服战争，如果从公元前133年的马邑计划算起，那么它足足进行了223年才基本结束。所谓基本结束，是指匈奴对汉帝国的威胁基本解除了。

霍去病墓石刻记

汉帝国征服匈奴的战争，前后贯穿了3个世纪，这在人类历史上显然是罕见的。汉帝国的胜利，归根结底是文化的胜利。匈奴的失败，归根结底是文化的失败。在我看起来，中国文化阴而且柔，有水性，小水穿石，大水沉陆。我以为，中国文化确实像老子对女性的认识一样有其特殊的消解功能。男性总是气势汹汹，总是不可一世地闯入女性，但男性却在最后必然会疲软于女性之中。

历史已经多次证明，那些想征服中国的民族，最后都将为中国所征服了。

汉帝国在马邑的军事行动，很使匈奴恼火。他们认为，是汉帝国自己撕毁了自己提出的和亲条约。他们认为是汉帝国在挑衅的，而且这过分了。于是他们就怀着报复心理，肆无忌惮地侵犯边境。以汉武帝的性格，这当然是不能接受的。

经过大约5年的备战工作，从公元前129年开始，汉武帝对匈奴发动了大规模和大循环的进攻。汉军连连出师，不给匈奴以喘息之机。进攻是有成效的，其突出表现在，匈奴向黄河以北撤退了。

征服战争把千家万户都动员起来了，所有的人无不在自觉地或逼迫地为战争服务。这一阶段，建树功勋的将军有卫青、李广、公孙敖和公孙贺。

霍去病十几岁便在未央宫做汉武帝的保卫工作。由于处于汉武帝左右，遂十分清楚汉武帝是多么高兴有英雄出现。霍去病也看见了卫青从沙场凯旋的风采，看见了长安居民是怎么夹道欢迎卫青的，当然还看见了汉武帝对卫青的奖励，因为他斩首很多。这一切，都影响了霍去病。

年轻的霍去病颇有心计，而且胆气充沛。他也一直在刻苦训练。他善于骑马，精于射箭，并经常思考一些战术问题。

这个青年身材修长，相貌英俊，讷于言而敏于行，是为汉武帝所非常喜欢的。

18岁那年，霍去病请求随卫青到沙场去杀敌。卫青遵照汉武帝的指示，任命霍去病担任骠姚校尉，并率兵800随其部出发。那800人都是专门挑选的，皆机智勇敢。他们由霍去病带领作战，不过关键时候必须保护霍去病，这是一个原则。

霍去病血气方刚，立功心切，一到沙场便直入匈奴，甚至甩开汉军几百里。尽管是孤军，可他却仍是所向披靡，并能胜利返师。

汉武帝极其欣赏霍去病的表现，在未央宫的庆功会上，他得意地说：

> 骠姚校尉去病，斩首虏二千二十八级，得相国、当户，斩单于大父行籍若侯产，生捕季父罗姑比，再冠军，以千六百户封去病为冠军侯。

汉武帝所操的语言，是两千年之前的语言，听起来不怎么顺畅，我有必要注释一下。相国、当户：匈奴的官职。大父行：匈奴单于祖父一辈的人。籍若侯产：匈奴的封号。罗姑比：匈奴单于的叔父。再冠军：两次作战，斩首都是最多的。

公元前121年，仅仅20岁的霍去病便担任了骠骑将军。依汉军的体制，最高军衔为大将军，其次为骠骑将军，其次为车骑将军，其次为前将军和后将军，其次为左将军和右将军。20岁当骠骑将军，足以证明汉武帝对霍去病的器重和信任。汉武帝用人的思想显然是精锐的，他不管霍去病是一个私生子，也不管霍去病过去还是一个奴才。

这一年春天，霍去病率兵1万，出陇西郡击匈奴，战果辉煌。汉武帝表彰说：

骠骑将军率戎士逾乌盭，讨遬濮，涉狐奴，历五王国，辎重人众慑慴者弗取，冀获单于子。转战六日，过焉支山千有余里，合短兵，杀折兰王，斩卢胡王，诛全甲，执浑邪王子及相国、都尉，首虏八千余级，收休屠祭天金人。益封去病二千户。

我还得注释一下。乌盭：河名。遬濮：匈奴部落名。狐奴：河名。折兰、卢胡、全甲：西域王国名。浑邪王子：在西域的一个匈奴首领的儿子。相国、都尉：匈奴的官职。休屠：在西域的一个匈奴首领。祭天金人：匈奴首领休屠祈祷或许愿所用的偶像。

霍去病觉得祭天金人很是神奇，就把这个偶像带回长安，交给了汉武帝。汉武帝再三揣摩，命令官员将其置于甘泉宫，以纪念汉军的伟大和光荣。

这一年夏天，霍去病和公孙敖分别出北地郡击匈奴。由于公孙敖行动迟缓，受到惩罚。霍去病一往直前，深入大漠，并有效地歼灭了匈奴。汉武帝表彰说：

骠骑将军逾居延，遂过小月氏，攻祁连山，得酋涂王，以众降者二千五百人，斩首虏三万二百级，获五王，五王母，单于阏氏、王子五十九人，相国、将军、当户、都尉六十三人，师大率减什三。益封去病五千户。

霍去病墓石刻记

注释一下。居延：湖名，大约是现在的内蒙古自治区的戛顺诺尔湖或苏古诺尔湖。小月氏：西域王国名。酋涂王：在西域的一个匈奴首领。单于阏氏：匈奴元首的第一夫人。相国、将军、当户、都尉：匈奴的官职。

汉军在这一年连续两次勇猛的军事行动，扫荡了在西域的匈奴。汉军所到之处，无不秋风打落叶，一片狼藉，冷冷清清。

焉支山和祁连山是匈奴的牧场，也是他们的一个本营，那里水草丰盛，很能养马。丢掉焉支山和祁连山之后，匈奴都悲伤地哭了。根据研究匈奴历史的学者调查，有一首歌谣是匈奴惟一得以流传下来的歌谣，其曰：

> 亡我祁连山，
> 使我六畜不蕃息！
> 失我焉支山，
> 使我妇女无颜色。

由于在西域的匈奴首领浑邪王和休屠王惨败汉军，伊稚斜单于很是恼火，便召他们汇报战况，实际上是想惩罚他们。两个首领估计见伊稚斜是凶多吉少，遂商量归顺汉帝国以求生存。主谋是浑邪王，他征得休屠王同意，立即让使者报告汉武帝。

匈奴归顺汉帝国的消息使汉武帝兴奋之极。他在未央宫走来走去，感觉畅然。匈奴自己投降，显然是汉帝国历史上的第一次，甚至是汉族人与匈奴族人相互关系历史上的第一次，其意义非常重大。他认为接受匈奴投降是一件复杂而危险的工作。他反复考虑，决定让霍去病完成收纳匈奴的任务。

遵照汉武帝的命令，霍去病率兵渡过了黄河。他看见在晴朗的天空之下，那些准备投降的匈奴像一片密密麻麻的枯树，但在败落的草木之中，却也闪烁着一些诡谲。

在浑邪王等待汉军的时候，休屠王忽然变卦，不想归顺汉帝国了。浑邪王很是气愤，因为他知道，如果休屠王率兵而逃，那么必然会使汉军发生误会。于是浑邪王就急中生智，一刀处理了休屠王，并把他的骑兵并拢到自己麾下，横下其心，坚持归顺汉帝国。

然而休屠王的行动迅速产生了消极影响，一些处于犹豫状态的匈奴望着霍去病率兵威风凛凛地奔驰过来，不但感到紧张，而且觉得投降将不会有好的结果。他们突然调转方向，亡命而去。

霍去病不知道匈奴为什么出现了大乱。不过他只能迎刃而上。他火速闯入匈奴之中。他一边寻找浑邪王，一边狂杀逃遁的匈奴。

汉军以排山倒海之势，镇压了匈奴，随之把归顺的浑邪王带过了黄河。

这是公元前121年秋天的事情。汉武帝非常满意霍去病的所为，并益封他1700户。

两年之后，汉武帝指示汉军进攻大漠以北，消灭匈奴的主力部队。汉军以卫青和霍去病为首领，各率兵5万。他们所骑之马，吃的全是谷子，养得膘实劲刚。配合作战的还有步兵4万，运输大队10万。汉军浩浩荡荡，呈不胜利则不罢休之势。

大将军卫青率兵出定襄郡，遗憾他们是在一个黄昏遭遇匈奴的。当时大风起兮，沙砾扑面，匈奴元首伊稚斜知道来者不善，遂掉头猛跑。卫青跟踪追击200里，不见其影，便放火烧了赵信城，之后返师长安。

卫青的损失与匈奴的损失相当，当然不能算是立功。卫青的麾下李广与赵食其应该为白跑一趟，因为他们在行军过程迷失了方向，根本没有发现匈奴。基于这样一种情况，汉武帝便没有益封卫青。

骠骑将军霍去病率兵出代郡，随之流星似的闯入大漠，并斩首和生擒匈奴7万之余，还抓了一批匈奴官员。他四处扬威，到过现在的内蒙古自治区狼居胥山，到过狼居胥山边缘的姑衍山，还到过现在的蒙古人民共和国的呼伦湖或现在的俄罗斯的贝加尔湖。

汉武帝以霍去病为自豪，益封5800户给他，并提拔他为大司马，遂使他与卫青平起平坐了。

这一年是公元前19年，霍去病22岁。

大约世界上很少有像霍去病这样的人。一个出身为私生子的人，一个地位为奴才的人，但偶然的一点裙带关系却使他成了皇帝周围的人，并为皇帝所宠幸。他有英雄的品质，而且英雄的品质在征服匈奴的战争之中得到了展示和光大。他的部队都是训练有素的，都是兵中之兵。他从来没有作战助手，这使其总能独享军勋。苍天也一直在眷顾他，因为别的将军在沙场上往往找不到匈奴，找不到匈奴便不能斩首立功，可霍去病却没有一次找不到匈奴的。他在沙场上杀敌就像采摘蘑菇似的，只要他到田野去，他的篮子便会装满。

汉武帝对霍去病显然有强烈的偏爱。霍去病出师，他会让太官给其专门运送生活用品，吃的肉，喝的酒，竟以几十辆车装载。霍去病在作战空隙，还能玩蹴鞠的游戏，这是他小时候在未央宫经常玩的，其要随时随地温习蹴鞠之乐。他甚至敢向汉武帝表现个人意志。汉武帝教他兵法，其拒绝说："顾方略何如耳，不至学古兵法。"汉武帝给他建造了豪宅，想让其看一下，竟拒绝说："匈奴未灭，何以家为？"

李广有一个儿子李敢，认为李广之死是卫青迫害的，遂私恨卫青，并要寻找机会报复了。卫青仁厚，害怕汉武帝知道李敢的邪念将惩罚李敢，便一直为其隐瞒着。但霍去病获悉之后，却一定要为舅舅报复李敢。有一次，霍去病和李敢陪汉武帝到甘泉宫去打猎，霍去病觉得这是绝妙的机会，便乘李敢不注意之机，放暗箭杀了李敢。汉武帝非常清楚李敢之死是霍去病干的，但汉政府却宣布李敢是一头鹿撞死的。长安人不知道那是怎样一头鹿，竟如此厉害，难道它就像霍去病的暗箭一样厉害吗？

霍去病墓石刻记

24岁那年,霍去病患了一场怪病,很快就死了。实际上也不是什么怪病,它只是暗中一双手调度的结果吧。人的祸福应该是平衡的,平衡的才能长远。然而霍去病在功名方面强烈突出,达到极致,于是暗中一双手就使他夭折了。命运的神秘,大约就是这样。

英雄而殇,仿佛雷电拦腰扭断了一棵葱郁的大树,汉武帝极其悲伤。茂陵将是汉武帝的长眠之地,在汉武帝不足18岁的时候,汉政府便动员人力为其修建茂陵了。依传统,只有对汉武帝最忠诚并为他最喜欢的人,才有资格埋到茂陵作陪葬。

霍去病为汉帝国的安全作出了杰出的贡献,又是早逝,重要的是,汉武帝非常喜欢霍去病,遂吩咐汉政府官员把霍去病埋到茂陵。

汉政府在边境一带设置的五郡,就是陇西郡、北地郡、上郡、朔方郡和云中郡,这五郡居民几乎全是归附汉帝国的匈奴。汉武帝别出心裁,命令五郡居民一律穿上黑甲为霍去病送葬。

那天,从长安到茂陵80里的道路两边全是黑甲。霍去病的灵柩缓缓而过,缓缓而过。

那天乌云低垂,飞禽安寂,惟有老虎在上林苑一吼再吼,仿佛是汉武帝之悼。

不知道是谁的创意,总之,为了纪念英雄的业绩,汉帝国以祁连山的形状修建了霍去病墓,并在墓周围陈列了累累石刻。我以为,它是一项浪漫的设计,大约精神自由奔放的人,才能产生这样的构想。在我看起来,中国人应该为遥远时代的设计感到骄傲。

很是显然,它构思新颖,并由于做了艺术化的处理,凡是看到霍去病墓及其石刻的人,都将会展开灵魂的翅膀。特别是石刻,它尽管出于没有籍贯和姓名的工匠之手,但它们却乘着时间之船,一直漂流到今天了。石刻把两千年之前的中国人对自己一位英雄的纪念,引渡到了广阔的空间。联合国教科文组织之所以要保护霍去病墓石刻,也许是这些石刻有一种文化的魅力吧!

长安朱鸿,不肖子孙,在1984年见到霍去病墓石刻。不过他见到石刻,便入迷于石刻,并反复瞻仰。他告诉朋友,自己没有别的嗜好,惟四种,是读书和旅行,还有做爱和写作。他说:读书是灵魂旅行,旅行是身体读书。他还说:写作是灵魂做爱,做爱是身体写作。他以为,年轻时候这四种嗜好都可以尽情进行,年老了,就只能尽心读书和写作了,因为旅行和做爱是很费力的,年老了便心有余而力不足了。这样想,他总感到生命的苍凉。除这四种嗜好之外,他便是喜欢到霍去病墓去揣摩石刻。

他曾经在梦中见到鲁迅,先生说:"惟汉人石刻气魄深沉雄大。"他向先生请教说:"汉人强健,无拘无束,并怀征服天下之志。可惜宋以降,中国人便弱化了。明人与清人已经十分圆通和萎缩，于是北京的那些石刻就光滑而玲珑。"先生沉默，他也就沉默了。

霍去病墓石刻用火成岩雕琢而成。火成岩质地坚硬，耐得风化，是从渭河北岸的山上运到茂陵的。不过这些火成岩很可能不是在一座山上专门开采的，因为它们颜色不同，有的白而浅显，有的白而深沉，有的还是黛绿。

在我看起来，汉帝国的工匠显然是把种种火成岩系统地观察了一遍，为其选材，之后望着它们想象着，并根据其原始状态，根据其大小，判断应该雕琢一个什么作品，怎么雕琢。

他们完全是顺其自然，趁势雕琢，很有一点孔子培养学生的法则。高妙的是，他们追求石刻的神似。他们只在关键部位做文章，做得很是细腻。对别的部位，他们无非是寥寥几刀，有一个轮廓就行了。

这些石刻之所以拙朴，粗犷，豪迈，魅力不衰，是因为它们属于自由而奔放的精神的产物。

我十分喜欢的石刻有 12 件。

马踏匈奴：马昂扬地站立着，充满了胜利的快乐。处于马下的一个匈奴仰面朝天，垂死挣扎。其马骨架匀称，肌肉结实，显得颇为矫勇。匈奴呢？匈奴左手持弓，右手执箭，尽管还在顽抗，不过由于是在马下动作，便有一种狼狈相和滑稽相，何况他脸宽鼻扁，头发蓬乱，真的很是丑陋。工匠在一块完整的火成岩上雕琢出马与匈奴两个形象，并通过它们强烈的对比，表现了霍去病的一种精神，不但纪念了英雄，而且鼓舞着汉帝国对匈奴作继续的征服。我总是久久地注视着那匹高高在上的马，并在离去之际，要拍它几下。拍马，然而不拍马屁。

霍去病墓石刻：马踏匈奴

伏虎：仿佛有人或别的动物闯进了兽王的领域，这只老虎突然蹲下，将身子藏入草丛。它的前爪搭地，头

霍去病墓石刻：伏虎

遂机警地缩在前爪上，构成了一套准备捕捉的姿态。它的尾巴倒卷，肌肉与皮凝成了疙瘩，似乎极度紧张。工匠所用的火成岩很是粗糙，不过恰恰是它的粗糙，才惟妙惟肖地表现了老虎的性格。可惜的是，像这样机警而凶猛的

野生老虎，现在是越来越少了。世界野生动物基金会1999年发布的报告指出，地球上的野生老虎在这个世纪初有7万多只，但到世纪末，却剩下不足7000只了。

蟾： 蟾是人讨厌的动物，可这只蟾却很有意趣。工匠把一块黛绿的火成岩凿了几下，便雕琢出蟾的大体形状。实际上它仅仅是一个头部小而尾部大的形状罢了，不过它确实是蟾的形状。神气的是蟾的嘴，还有露在外边的几颗牙齿。我觉得，它努力鸣叫而不能鸣叫的样子使蟾一下活了起来。雅气从拙朴而出，从简约而出。

鱼： 霍去病墓石刻有两条鱼，我所喜欢的是其肥硕的鱼，不是瘦小的鱼。在我看起来，我喜欢的这条鱼，无非是工匠把一块火成岩的尖端凿成了一个鱼的头而已，但一双圆眼睛却使它生动得要游了。我常常自问这是何处的鱼？是黄河的鱼还是北海的鱼？

人熊相搏： 望着这件石刻，我总是想到古代罗马城的斗兽场，想到奴隶与动物的相搏，或奴隶与奴隶的相搏，想到相搏激起的贵族的狂欢。不过这件石刻上的人，显然不是经过专门训练的斗兽的奴隶。在我看起来，他似乎是秦岭山中的一个普通的农民。他走着走着，一只熊突然站起来扑到他身上，并吞咬他的喉咙。他本能地一缩，躲过了熊的攻击，随之伸手卡住了熊的脖子。他瞪着眼睛，龇着牙齿，一副凶狠的样子。这件石刻夸张了人的手，那是一双巨大的手，它比人头大，也比熊头大。它像钳子一样夹着熊，并使劲地捏着。熊疼痛得扭曲着，号叫着，在号叫的惨烈声中，似乎还夹杂着颈骨的碎裂声。

卧牛： 这件石刻雕琢得很是圆润，并十足地表现了牛的温顺和安详。它的嘴一抿，便在上唇与下唇之间掬出一条弯线，使它满脸都有了笑意。它的眼睛微微偏向着，显出一副倾听的神气。倾听什么呢？大约是倾听两个情人的交谈吧，因为惟有情人那些缺乏逻辑的私语才会使它有一种快乐娇容。由汉帝国工匠雕琢出来的牛，显得精灵而聪慧，并有一种可以感觉的尊严和坦荡。两千余年过去了，牛当然也进化了，不过我觉得现在的牛总有一些奸猾气和无赖气，还有一些猥琐感和卑陋感。

坐象： 它的鼻子一摆，便搭在了前腿上。眼睛半闭着，似乎在想什么？是想家吧！北方是不产象的，所以在长安的象，多半是南方那些属国的贡品。也许是夜郎国和南越国的贡品吧！

野猪： 尽管这件石刻简单，但由于比例和结构处理得很是协调，野猪非常生动。深陷的眼睛，显得它冷酷而狡狯。其嘴又长又尖，贴着地面，一伸再伸，似乎在窥探动静，并随时准备袭击别的动物。把火成岩的粗粝稍稍一打，便有了野猪坚韧的皮质和刚硬的鬃毛，真是好极了。

怪兽食羊： 我不知道它是什么动物，不过它显然集中了所有暴烈动物的所有暴烈。这个长着方头的怪兽，正贪婪地把一只羊送进嘴里。羊也在挣扎着，甚至它还本能地蹬着后蹄，可它作为怪兽一道菜的命运却似乎注定了。火成岩是没有什么人文意义的，不过一经工匠的敲击和打磨，成为石刻，它便出现了动物之间弱肉强食的规律。望着这件石刻，我的思想不禁滑向了人类社会，我觉得20世纪希特勒对犹太人的屠杀、日本军国主义对中国人的屠杀，也有弱肉强食的味道。

伤心人：他仰面朝天，连连叹息。他的一只颤抖的手捂着腹部，以安慰自己。不清楚他是老年丧子还是中年丧妻，也不清楚他是否是一个匈奴，并由于丢了焉支山和祁连山而绝望之极。工匠对这件石刻处理得有粗有细，似乎仅仅几锤就敲定了他的身躯，可对其脸部却做了精确处理。在我看起来，他的嘴、牙齿，还有他的神情，无不表现着他的伤心。

起马：马本是卧着休息的，忽然想站起来，随之就鼓劲提升它的躯体。工匠显然对马十分熟悉，并天才地把马由静到动的过程，凝结为一个永恒的姿势。工匠把马身雕琢成一个巨大的面，把马蹄雕琢成一个厚实的块状，把马头雕琢成一个坚挺的楔形，从而突出表现了一匹千里马应该具备的气质。马脖之偏，马腿之屈，都增加了马要撑起自己的力量，并使其造型有了韵律感和体积感。

跃马：这匹马从一块巨大的火成岩上蜕变而出，飞奔向前，极其雄奇。它后腿跪地，前腿腾空，呈一副漂亮的冲锋之势。它一再提高着自己的速度，这使它很累，甚至站在它身边的时候，我竟听到了它的喘气之声。

关于这件石刻，还有一次知识产权之争。那是1960年，由几个苏联人组成的文化代表团在霍去病墓参观，当走到这件石刻跟前的时候，一个人显得特别严肃。他抚摸着这匹马，前后左右仔细地看着。他突然扬起头，涨红着脸，对陪同的一个中国文物专家说：这是高加索马。他接着说：中国是没有高加索马的，这件石刻显然是中国人从苏联偷来的。中国文物专家觉得这个问题非常猝尔，不过立即意识到它已经涉及了中国人的尊严，遂纠正说：这匹马可能是高加索马。他接着说：如果确实是，那么这匹马也是霍去病将军征服匈奴之际抓获的。将军曾经转战千里，在狼居胥山祭天，在姑衍山祭地，还到瀚海眺望烟波。他继续说：霍去病所率之兵完全有可能抓获一批高加索马，并带回长安。他说：但石刻却完全是汉帝国工匠的作品，他们是为了纪念霍去病而雕琢的。他说：苏联是1917年建立的，公元前12世纪的中国人，显然不可能从20世纪的苏联偷来一匹高加索马。

文物专家严正维护了中国人的尊严，做得很是出色，但他却在半年之后成了反革命，原因是，有人指控他攻击了社会主义，攻击了列宁和斯大林的祖国。事情就这样荒唐，你无可奈何！

由于石刻是纪念霍去病的，所以在悠久的岁月，除了马踏匈奴这件作品置于大冢之前，其他石刻皆散布于形状仿佛祁连山的大冢上。大冢上杂树参差，野草掩映，似乎返回了自然。月明星稀，一鸟惊啼，电闪雷鸣，万雨狂泄，或夏日夕阳，或冬日积雪，我想，霍去病墓都将有其特殊的气氛。

但在20世纪的最后几年，霍去病的茔地却渐渐变得像娱乐城和逍遥宫一样在肆意媚俗。这里装了喷泉，修了曲径通幽的红廊绿亭，还在大冢上造了一个登高望远的什么台。

不知道霍去病是否有灵，如果有灵，那么我想，有一天，他会提出抗议，并要大声呐喊：还我征战的悲壮和激烈，还我沙场的大风和飞云。

附记：

霍去病治丧活动结束之后，汉武帝继续发动汉军征服匈奴。他有一个理想，便是干净地消灭游荡在北方的强虏，以实现汉帝国的长治久安。这样的理想是在他青年时代产生的，为实现它，他毕其一生而打仗。不过征服战争也几乎耗尽了国库的积蓄，并使人口减少了一半，可他却仍要坚持到底。

在晚年，大约是公元前90年，他派遣妃嫔李夫人之兄李广利率兵数万，并以数万牛马人配合之，盼能一举铲除匈奴。也许汉武帝预感这将是自己所能下令的最后一次出师，他确实有殷切之希望，否则他不会动用如此庞大的武装力量。但匈奴却作了战略撤退，汉军出师不顺，竟徜徉于大漠。

非常不幸的是，当李广利率兵在外的时候，长安出现了巫蛊之祸，李广利的妻子涉嫌被捕，这使他在沙场忧虑重重。他再三考虑，决定投降匈奴以偷生。李广利沮丧的情绪及其灰暗的心理，当是导致汉军覆没的主要原因。

3年之后，汉武帝便逝世了。这个意志强大的人，终于没有看到匈奴的彻底崩溃。

不过汉军连续30年的进攻，显然给了匈奴以深重的创伤。他们不得不放弃了美丽的草原，并迫于汉军的追赶四处奔命。重要的是，在如何对待汉帝国的方针上，匈奴贵族渐渐产生了分歧。他们意见不和，争吵不休，一场内乱即将爆发。

公元前57年，匈奴贵族的矛盾激化了，这便是，他们一下竟站出来5个人自立为单于。为争夺领导权力，他们混战一团，自相残杀。结果是，呼韩邪单于取得了胜利。

呼韩邪很希望匈奴的正常生活迅速得到恢复，但汉帝国对匈奴的反复打击，及其匈奴的内乱，却使他陷入了巨大的困境。牲畜十之八九都死了，饥荒残酷地剥夺了少儿的生命。呼韩邪还有一个头疼的问题是，在他刚刚准备整合匈奴之际，一个新的自立为单于的郅至单于向他发起了进攻。也许只有呼韩邪知道，他的统治不但艰辛，而且充满了丧失权力的危险。

这时候，一个担任左伊秩訾王的人献计要他归顺汉帝国。对于汉帝国，匈奴归顺当然是喜讯，但对于匈奴，它到底是上策还是下策，却需要实践证明。匈奴贵族对左伊秩訾王的方案进行了辩论，反对的和赞同的都有，而且各有各的理由。由于是涉及一个民族的命运问题，那场辩论闪烁着刀光剑影。反对的人表示，归顺汉帝国是抛弃祖先的制度，是卑下的，耻辱的。赞同的人认为，尽管归顺汉帝国使自己失去了光荣，可它却是匈奴生存的惟一出路。

那天，呼韩邪一直坐在他的毡帐里垂帘思索，觉得自己遭遇了一个痛苦的选择。经过缜密考虑，他还是决定归顺汉帝国。当他带着成熟的计划走出毡帐外的时候，他看到大风吹着枯草，夕阳之下，牛羊自鸣。

呼韩邪率匈奴归顺的决定，显然是关键的一步，它使自己的统治得到了巩固，但它却使匈奴趋于分裂。郅至单于得到呼韩邪要归顺汉帝国的消息之后，立即遁去，不过他将会一再浮现，因为他不但是呼韩邪的死敌，而且是汉帝国的死敌。

公元前52年，汉宣帝同意了呼韩邪的请求，允许他赴长安觐见。在甘泉宫，汉宣帝为呼韩邪的归顺举行了隆重的仪式。汉宣帝亲切地赐呼韩邪以冠带衣裳，还赐其刀剑弓矢之属。

呼韩邪返回草原之后，汉政府派遣使者跟匈奴签订了一个条约，作为匈奴归顺的法律文件。条约指出，汉帝国与匈奴合为一家了。汉政府的使者与匈奴的大臣还到一座山上去杀马饮酒，对天地宣誓。

公元前33年，呼韩邪赴长安觐见了汉元帝，并主动提出，他想娶一个汉政府的女子为妻，以做真正的亲戚。王嫱自荐嫁匈奴，使呼韩邪如愿以偿，大喜而归。

匈奴的归顺，标志着汉帝国与匈奴的关系发生了质的变化，而且它确实带来了半个世纪的和平。

但在公元1年，汉帝国与匈奴却发生了摩擦，这种摩擦将可能会发展为一种冲突。当时是汉平帝执政，不过汉平帝只是一个9岁的孩子，他能干什么！执政的人实际上是王莽，他在汉政府担任大司马。

王莽阴险而深刻，除了对内作政策调整之外，对外，他为了遏制匈奴，提出了四项基本原则。它使匈奴不满，不快，并蠢蠢欲动。

王莽的四项基本原则是：

中国人亡入匈奴者，乌孙亡降匈奴者，西域诸国佩中国印绶降匈奴者，乌桓降匈奴者，皆不得受。

公元9年，王莽建立了新帝国，并当其皇帝。王莽希望匈奴能承认新帝国，

霍去病墓石刻记

从而尊重他的领导，遂派遣使者向匈奴授新帝国大印。汉帝国过去授匈奴的大印为匈奴单于玺，但王莽要授的大印却是新匈奴单于章。一个没有汉的国号，一个有新的国号，汉的大印为玺，新的大印是章，显然标志着王莽对匈奴地位的缩小和局限。

使者千里迢迢，在乌珠留单于的毡帐里呈上新帝国大印，随之要收缴汉帝国大印。乌珠留望着使者，很是疑惑，不过他还是接受了新帝国大印，也交出了汉帝国过去所授的大印。

使者窃喜，但他们却还是在晚上砸毁了匈奴单于玺。事实证明，使者的猜测是对的，因为经过一个晚上的考虑，乌珠留改变了态度，他向使者提出，他想索回交出的匈奴单于玺。乌珠留掂量来，掂量去，总认为新帝国大印逊色于汉帝国大印，所以他要索回之。可使者却得意地抓了一把玉渣，笑容可掬地告诉他：真是抱歉，汉帝国大印已经砸毁了。

乌珠留感到受了侮辱，极其怨恨，便寻找借口，不但践踏王莽的四项基本原则，而且大肆侵犯边境。王莽的办法当然是讨伐。于是从呼韩邪单于归顺汉帝国以来几乎半个世纪的和平就没有了。

之后尽管王莽及其新帝国都灭亡了，但匈奴族人与汉族人之间的战争却连绵起伏，白骨累累，一晃便是几十年。

公元49年，天气大旱，蝗虫致灾，匈奴牲畜病者之众，死者之多，真是触目惊心。南匈奴遂推举呼韩邪单于之孙名为比的做呼韩邪单于。比有使南匈奴与汉帝国恢复传统关系的想法，其想法也得到了南匈奴的广泛支持。可北匈奴却自成一体，不但拒绝归顺，而且反对南匈奴的归顺。

那时候汉帝国是刘秀当皇帝，其当然希望有一个和平的日子，于是，当比提出他率南匈奴归顺汉帝国的时候，刘秀就同意了。为了尽快落实归顺的计划，他下令汉政府官员协助比的工作，以使归顺稳妥进行。

刘秀还有一个秘密计划，乃为利用南匈奴打击北匈奴。刘秀的方针，实际上古已有之，它便是中国先贤深思熟虑的以夷伐夷的谋略。

南匈奴归顺之后，立即得到了汉帝国的经济援助，从而解决了温饱问题。比所领导的南匈奴，虽然隶属于汉政府，可它却享有自治的权力，也相对独立。总之，比是惬意的。

然而北匈奴坚持对抗汉帝国，并寻找机会，一再滋扰。由于憎恨南匈奴的归顺，它也一直在打击南匈奴。北匈奴的强硬路线，当然有它的价值，但结果却使自己处于了孤立状态，因为汉帝国在征讨它，南匈奴也在征讨它。征讨它的，实际上还有鲜卑族人和羌族人。在这样一种形势之下，北匈奴显然有一点危机了。事实是，从公元1世纪中叶开始，北匈奴不但孤立，而且很是虚弱，甚至存在着它不得不放弃大陆的可能。

公元88年，汉军发起了对北匈奴的全面进攻，挂帅的是一个有杀人之罪的窦宪。其为汉政府官员，也有强大的政治后台，于是为了免除牢狱之苦，他就选择了一条消灭北匈奴，从而立功赎罪的道路。汉政府批准了他的请求，让他率兵消灭强虏，并由耿秉当其助手，让南匈奴和鲜卑族人及羌族人组成盟军，配合汉军作战。窦宪旗开得胜，其中稽落山一战，燕然山一战，都沉重地打击了北匈奴。

公元90年，窦宪根据情报分析，北匈奴已经极其疲惫，遂决定集中武装力量，一举歼之。在一个恐怖的晚上，汉军和盟军从天而降，出其不意地包围了北匈奴的本营金微山。当汉军和盟军冲向北匈奴的时候，他们都在睡觉，是急风骤雨似的箭矢把其从梦中刺醒了。北匈奴仓促上阵，顽强抵抗。不过他们也知道自己完了。他们的尸体像砍断的玉米秆和高粱秆一样铺满了大地。这时候，狡猾的单于见势不妙，竟带着一批北匈奴打开缺口，冲出包围，逃遁而去。汉军及盟军随之追赶，但他们却像大风似的一瞬便跑得无影无踪了。

金微山之战，汉军基本上就消灭了强虏。然而逃遁的那些北匈奴，多少仍是一个后患，它使汉帝国困惑，有时候还使其不安。为了干净地消灭北匈奴，汉帝国数次派遣骑兵在大漠游弋，或暗中侦探，以发现他们。但汉军却一直不见其踪影，甚至一直到汉帝国土崩瓦解，也不清楚他们在何处。于是聪明的人就推测，那些北匈奴有可能死在一场暴雪之中了，或死在一场瘟疫之中了。

不！他们实际上还活着，并奇迹一般地生息繁衍着。

大约公元372年，北匈奴穿过亚洲与欧洲之间的草原走廊，渡过伏尔加河，迅速打败了属于日耳曼族的东哥特人，并在匈牙利平原建立了根据地，以图谋大的发展。

北匈奴这一行动的连锁反应是，它逼迫属于日耳曼族的西哥特人渡过多瑙河，进入罗马帝国避难。然而强悍的西哥特人认为，罗马帝国虐待了他们，遂一刀把罗马皇帝给杀了，随之掀起的暴乱竟损毁了罗马帝国。西哥特人接着马蜂似的进入西班牙，建立了西哥特王国。那些先前居住在西班牙的江尔达人，当然惹不起西哥特人，便背井离乡，到非洲北部的一个地方去发展了，之后他们建立了汪达尔王国。在莱茵河下游生活的法兰克人，便避锋来到高卢一带，建立了法兰克王国。那些首当其冲，遭到北匈奴袭击的东哥特人呢？他们到意大利岛和西西里岛生活去了。

欧洲的民族出现了一次大迁徙和大融合，其动力竟是北匈奴的野蛮进入，但北匈奴的野蛮进入，却是遥远的中国人征讨的结果。道理就是这样：人类是互动的，如果我不能直接影响你，那么我也会间接地影响你。

仅仅在匈牙利平原有一个根据地，当然是不能满足北匈奴的。他们要更大的，更好的，希望建立一个自己的帝国。公元444年，他们实现了愿望，

霍去病墓石刻记

建立了匈奴帝国，其元首是阿拉提。这是一个喜欢战斗的人，他必然要战斗，因为他不满足匈奴帝国的版图。

公元452年的一天，阿拉提率兵突然站在了罗马城的门口，他的眼睛闪烁着一种要毁灭罗马城的贼光。他的匈奴将士早就手痒了，并开始商量怎么可以冲进去。罗马城似乎很快就要变成废墟了，这是完全可能的。此时此刻，教皇利奥一世走了过来，拨开吵闹的匈奴将士找到阿拉提。教皇礼貌地向阿拉提问候，并打着手势，一遍一遍地规劝他不要破坏罗马城。也许是上帝的旨意触动了阿拉提的某根神经，这个暴戾的家伙竟奇迹般的一笑，掉头而去。

一年之后的一个早晨，这个以厮杀为乐的人死在自己的卧室了，是动脉破裂要了他的性命。他脸色发紫，拳头紧握，狰狞的面目吓坏了躺在其身边的一个漂亮姑娘。那是他刚刚娶的日耳曼族公主。随着阿拉提的逝世，匈奴帝国塌陷了，这似乎没有什么奇怪的。

那么在这个地球上的匈奴呢？他们进攻东方，扫荡西方，最后到哪里去了呢？匈奴渐渐融化在别的民族之中了，甚至在我的身上，便有匈奴的一些血液，一些细胞，一些骨质，否则，我就不会有一双诡秘的小眼睛，还有一茬浓密的红胡子。

我以为，匈奴是充满活力的，并有自己辉煌的纪录。匈奴应该骄傲的一件事情是，他们在公元前200年把刘邦困在了白登山上，并迫使汉帝国向匈奴和亲。遗憾匈奴在其生存和发展的过程之中，没有形成自己的语言与文字，没有耸起自己的信仰。一个文化贫困的民族，不管它武装多么强大，也不管它的霸气多么升腾，其迟早都是要灭亡的。非常清楚，语言与文字，当然还有信仰，是文化的根本。文化的枝繁叶茂，蔚然成林，显然以语言与文字及信仰为基础，可惜匈奴没有。

霍去病实际上是中国人在遥远的过去为生存而战所涌现的一个伟大的英雄。

李仙蕙墓壁画记

阳光仿佛是夏天的阳光，白亮强烈，把我带到洞口，它便止步了。进入洞口，是一条向地下延伸的斜坡。斜坡的终点，是李仙蕙的墓室。要到墓室去，斜坡显然是惟一的通道。我忽然明白，实际上洞口便是冥府之门，难怪阳光走到洞口会停下来。

李仙蕙是唐中宗的女儿，封永泰公主。为她修墓，应该是唐政府的重点工程，一切材料都要优质。

不过木棺毕竟是木棺，它缺乏耐性。1960年的发掘报告指出，木棺早就腐烂了。报告还指出，那是化学反应的结果。

能够经受考验的，还是石椁。它坚固，巨大，望之伟岸，并会从乌亮之中闪烁着微茫的光泽。在石椁上雕刻的花卉与禽鸟，尽管显得简单，但它却使石椁避免了粗陋和呆板。我抚摸着它，想，我死了，如果能有一个石椁供我安眠，那么我将是怎样的感觉呢？不过我立即收回了手，因为石椁是冰冷的，它还使我的手上起了一缕油腻之味，于是我就想，为什么要用石椁呢？火化了吧。

假设放置棺椁的墓室是永泰公主的卧房，那么卧房之外的墓室，便是她的客厅了。客厅是里外之间或隐畅之间的过渡，我以为客厅很能反映一个人的身份和趣味。永泰公主是皇帝的女儿，揣度起来，她的客厅将是豪华的，雅致的。

我要看的壁画便在客厅。

处于地下16米的墓室，在那天只有我一个人。它空空荡荡，有一点阴森，然而我无所畏惧，在墓室一待就是12个小时，这固然是壁画吸引了我，不过也有阳光的一种作用。阳光就在洞口，它给我壮胆，并消除着我在冥府的悚然之感。我知道夏天的阳光灿烂辉煌，无边无际，阳光像阳光一样遍布天空。

我数了一下，壁画上共有 38 个人，分为 8 组。最多的一组 9 个人，最少的一组 1 个人。大约由于壁画上的人几乎都是侍女的缘故，画师所用的色彩极为浓艳，它竟使我一再忘却自己是置身于一个墓室。我仿佛进入了晚霞之中，墓室挂满了璀璨的晚霞。尽管墓室没有桂，没有李，也没有玫瑰与牡丹，可我却总是隐隐地闻到幽香。实际上也没有什么诧异的，因为壁画上堆满了绿肥红胖。

以我的经验推测，唐帝国的女性也是有瘠瘦一点的，甚至很多都是苗条的，然而壁画上的侍女全然丰满，丰满得过分。我不知道这个画师是一种什么心理作祟，他竟把我中国 8 世纪的女性都弄成了圆形，他使她们变为一堆吹胀的气球了。脸是圆的，下巴是圆的，肩膀也是圆的，臀部和腹部当然是圆的。有几个侍女似乎是在检查自己的衣服，她们低下了头，于是她们的脖子上就拥出了一团脂肪，那脂肪还是圆的。侍女的丰满，竟发展到绵软的手背上，厚实的嘴唇上，以及在衣服下面涌动的乳房上。

有一点知识的人通常认为，唐帝国崇尚女性的丰满，是以肥胖为美。在我看起来，肥胖的女性可以是美的，不过，如果一个女性的肥胖已经发展到了臃肿的程度，那么她的美就垮了。我以为，壁画上一些肥胖的侍女实际上不但不是美的，反而是丑。她们的脸太大，腰太粗，仿佛是喝了蜂蜜与白糖养大似的。女性的美，除了丰满之外，大约还应该有苗条，有俊俏，应该有小巧和玲珑吧。可出现在壁画上的侍女却通通是肥胖一类的，这无不证明了画师的标准有嫌疑，有偏颇，甚至缺少公正。

我望着壁画上的侍女，静静地揣摩其骨架，慢慢地琢磨其肌肉，并从身体的轮廓把握她们，希望能有所开窍。我突然觉得，画师在永泰公主墓壁画上专门绘以壮硕的女性，应该是反映了唐帝国的一种繁殖愿望。我想，也许是这样的吧！

种的延续，是一切生命的本能。在动物的领域，这种本能的表现是没有掩饰的，它们要怎么干就怎么干。不过人站起来了，会以语言交流了，有文化了，知道荣辱了，其本能的表现遂渐渐注意分寸与场合了，甚至越是进化，本能的表现便越是隐蔽。

然而唐帝国是强大的，它的贵族还有游牧民族的血统，它的意识形态极其开放，重要的是，它一直都在强调增加人口。这是当时的大环境和大气候，它使唐人有一种健康而接近自然的活力。在壁画上绘以壮硕的女性，甚至渲染她们具有强大生育能力的身体，就成了很自然的事情。

唐政府法定的女性结婚年龄是在 15 岁左右。早的，可以早到十三十四岁；

晚的，可以晚到十六十七岁。之所以提前结婚，当然是为了提前生育，并使生育的时间尽量延长。也许唐帝国的生育专家是这样认为的吧，他们觉得15岁左右的女性花蕊初熟，花蕾恰放，是生育孩子的丰润季节，所以应该在此年龄结婚。

任何一个时代的女性都会丧夫，也会遭遇离婚，但在过去近乎千年的时间，改嫁却是中国女性不敢想的事情，或是敢想而不能做的事情。以男性为中心的中国社会，一直把贞操观念冲着女性的灵魂挤压，结果是，她们确信改嫁是违背道德的。如果有女性表示一点怀疑，那么便会受到地狱的恫吓。滴水也能穿石，何况中国社会对女性的道德挤压是以千年计的。事实是，女性真的不敢要求改嫁了，而且她们会自觉维护所谓的贞操。

一个广为流布的故事是：一位男士触及了一个寡妇的胳膊，男士是无意的，不慎的，并为之连连道歉，但寡妇却依然大惊失色，跑进厨房拿起菜刀砍下了自己的胳膊。她认为，男士的触及将使她面临不洁与不忠的罪孽。她砍下那些出了问题的肢体，便能挽回贞操的丧失，甚至会获得一顶节烈的帽子。

我想来想去，觉得这是一个文化人虚构出来的故事。他的想象能力还好，可他却显然有一点变态，也充满了对女性的险恶用心。总之，在过去近乎千年的时间，女性丧夫便要独身，离婚也要独身。独身意味着孤苦伶仃，意味着呆在自己冰冷的房子煎熬。

但在唐帝国，改嫁却是风尚，起码社会舆论是不反对的。唐太宗有女儿21个，其中6个曾经改嫁。特别是唐高宗的女儿太平公主和唐中宗的女儿安定公主，她们皆改嫁两次。也许皇帝的女儿一再改嫁是有别的意图的，但由她们开头和引导，并由她们推波助澜的改嫁风尚，却进入了所有的社会阶层。

唐帝国允许女性改嫁，固然是一种开明，但其原始的目的却是在发掘生育资源。为了有效地发挥女性的生育能力，唐政府明文规定，妻子不生育，丈夫就可以休她。唐高宗想让武则天当皇后，为此，他必须先废王皇后而后立之。不过王皇后一切皆好，废之无理，于是唐高宗就残酷地以王皇后不生育作了借口。尽管唐高宗把贤淑的王皇后拉下了马，但他却并没有违背道德。他完全是在道德的范畴之内活动的，所以要指责他，也难。

我以为，唐帝国的繁殖愿望，主要是女性在生育方面所起的作用影响了画师的眼睛，才使他把侍女绘得如此肥胖。总之，出现在壁画上的侍女，一律有宽大之胯和充盈之胸。她们显然都是当母亲的料子，足以承担怀胎和哺乳的任务。

瘠瘦的女性当然也能怀胎和哺乳，不过瘠瘦难免让人担忧她们的身体是否会贮存一个婴儿所需要的营养，她们的身体是否能够为婴儿遮风挡雨，是否有足够的体温保暖婴儿，是否可以经受日日夜夜年年岁岁的操劳。事实是，

李仙蕙墓壁画记

在自然的状态之下，壮硕的女性还是可靠的，其有把握完成繁殖的任务。在我看起来，画师显然有这样一种意识，他认为，壮硕的女性肯定是美的，美在她们既能开艳丽之花，又能结饱满之果。

现在的人往往很是反感薛宝钗，而且指责贾母，因为贾母不顾林黛玉与贾宝玉的爱情，批示贾宝玉娶薛宝钗为妻。贾母真是这么无理么？不是。我以为，如果从生育的角度考虑，那么贾母的所作并非不对。非常明显，薛宝钗比林黛玉健康，完全能够传宗接代。薛宝钗不但温肤柔怀，而且性感，但林黛玉却削肩薄手，沉疴在胸。贾母是没有什么仪器检查薛林的身体的，不过她经验丰富，凭感觉便能区别薛林。作为一个贵族之家的权威，贾母把贾宝玉的爱情置于繁殖之下，自有其道理。

尽管壮硕的女性有强大的生育能力，这很重要，是应该肯定的，但画师却一味展示侍女的肥胖，便大大减弱了她们的社会属性，仿佛侍女是一直居于洞穴的，所以从来没有受到文化浸润。我对这些侍女的真实印象是，请恕我粗鲁一次，我以为，壁画上的侍女太像一堆萝卜白菜了，甚至太像一群母牛母马了。

壁画上的侍女的生活，是以永泰公主为中心展开的。生活的流程当然有它的秩序，不过也猝起波浪。壁画上的侍女似乎是穿过一个院子，大约是要从一个地方到别的一个地方去参加聚会，或是向一个长者请安。她们是庄严的，不过也是轻松地走着，忽然，不知道是谁要她们停下来，于是她们就站在了甬道上。她们毕竟都是一些姑娘，遂以姑娘所有的习性交头接耳，窃窃私语。侍女有的举着扇子，有的拿着拂子，有的捧着包袱，但我却不能判断包袱里装的是什么，有的秉着蜡烛，蜡烛的那苗小小的火焰像杏核，像蚕豆，然而它仿佛有永恒的能量，一直发着红光，有的端着盘子，盘子里放着水果，有的执一只高足杯，高足杯里是黑色的饮料，或是什么中药，以养永泰公主的病。

几十个侍女统统处于一种动态之中。动态不但充分展示了侍女的容貌和身材，而且通过其正面与侧面反映了这些侍女所特有的一种性骚动。我以为，如果仔细观察，那么谁都会发现，壁画上的侍女确实有挑逗的姿态。不过这些侍女的性骚动，也许不是她们所固有的，实际上它只是画师的性心理的折射，而且很可能就是如此。我甚至透过迷蒙的时空，隐隐看见藏在长安一个窗子背后的画师的眼睛，眼睛好色地望着我中国8世纪的女性。

画师的性心理也不是孤立的，它多少反映了唐帝国男性的性心理。如果一定要把男性追求女性谓之好色，那么男性便都是好色的，这由雄性激素所决定，并不直接涉及什么道德问题。但中国男性的好色，却惟有在唐帝国达到了一种淋漓尽致的程度。从唐太宗时代到唐玄宗时代，即在7世纪30年代之后到8世纪50年代之前，凡130年左右，唐帝国丰衣足食，享乐盛行，性自由。

李仙蕙公主墓壁画

当时的男性可以纳妾，也可以狎妓，总之性自由得厉害。于是他们就有条件在对女性恣肆地追求过程，千锤百炼，培养一种欣赏和把玩的口味，这便是丰肌秀骨。他们喜欢纤手和天足，但沉溺的却是凝脂与滑肉。他们把美的女性当尤物在使用，而且交换着互相使用，甚至以礼赠朋友使用。

如果依现代文明的标准要求，那么唐帝国的男性显然是应该受到批评的，因为他们歧视女性，鄙视女性，甚至抹杀了女性作为人的资格。然而比较唐帝国几百年之后的我中国男性，他们毕竟还是健康的。他们没有强迫女性缠脚，使之扭曲变小，呼其曰三寸金莲，而且会兴趣十足地撮着嘴连连吹捧之。

性自由在唐帝国是既对着男性，又对着女性，这当然显示了唐人的强劲和率真。唐帝国允许女性进入娱乐场所，也允许她们结交男性，并向男性表白其倾慕。她们还可以在结婚之前有性行为，甚至可以在结婚之后一半公开一半遮掩地寻找性伙伴。

即使是围在高墙之中的宫女，也有非非之想，甚至充满了红杏出墙的冲动。一个宫女在红叶上写作了一首诗，随之放入御沟，让流水带出，诗曰：一入深宫里，年年不见春。聊题一片叶，寄与有情人。

村姑也可以直率地唱道：妾家越水边，摇艇入江烟。既觅同心侣，复采同心莲。

在唐帝国，女性的性自由是从贵族阶层传播开来的，呈水从高处流之状态。唐帝国第一家庭，确实是奇异的家庭，其女性几乎都在争取性享乐。在别的时代，第一家庭的女性并不是对性享乐没有兴趣，但能把性享乐推到极致的，却还是唐帝国第一家庭的女性。她们太凶猛，太狂乱，往往惊涛骇浪，冰裂雪崩。

唐高祖52岁当皇帝，应该是接近黄昏了。这把年纪的人，处于成千上万的宫女之中，当然是心有余而力不足。其妾张婕妤和尹德妃花容月貌，青春在身，总是不满足，遂躲过唐高祖的视线，大胆地投入了太子李健成的怀抱。

李世民发动玄武门之变杀了太子李建成，摇身当了皇帝，为唐太宗。后宫处处芳草，芳草萋萋，使他忙不过来。他的妾武则天遂灵机一动，向太子李治暗送秋波，并百般调情。几年之后，太子李治即位，为唐高宗。唐高宗生活在鲜花之中，但他却偏偏迷恋着武则天，足见武则天曾经给他打下的烙印是多么深刻。他还想方设法把武则天从感业寺召到后宫去当了妃嫔，继之提升为皇后。武则天与唐高宗的经历，确实是一暧昧而生万忉缘啊！

武则天是中国难得一遇的大奇大异的女性，在唐高宗逝世之后，不但她要当皇帝，而且她要像皇帝有妃嫔和宫女一样，应该有自己的性伙伴。唐政府一些文武大臣不习惯武则天的行为，当然也不喜欢，有的还明确反对她，然而这根本没有用。武则天似乎把名誉排在了性享乐之后，因为她一点也不在乎朝野的议论。

为她服务的性伙伴有薛怀义，还有张易之兄弟。令人难以相信的是，当时有一个年轻人侯祥，以作武则天的性伙伴为荣，遂跑到长安来，自荐其阳道壮伟，可以很有质量地侍奉女皇帝。也许侯祥的举措会使20世纪一些女权主义分子感到吃惊，但女皇帝却只是摆了摆手，一笑了之。

唐高宗和武则天之后，是其儿子李显当皇帝，为唐中宗。唐中宗弱，其韦皇后强，何况在李显曾经处于逆境的岁月，韦皇后给了他很多支持，所以唐中宗遂总是迁就韦皇后，甚至放任她。在这样一个背景之下，韦皇后便有点狂，她不但弄权，而且寻找性伙伴。侍奉她的是马秦客和杨均两个角色，可她却还不够，遂通过上官婉儿，把武三思带进了自己的卧室。武三思是唐政府官员，按规定，他是不能到后宫去的，然而唐中宗怎么也拗不过韦皇后。不知道是谁出的主意，总之，出于权力之争，以败坏韦皇后的名誉，并借唐中宗之手打击武三思，街上突然出现了一批布告，张扬韦皇后的绯闻。唐中宗大发其火，逮捕了一批人，不过他也并不因为韦皇后与武三思的私通而尴尬。有意思的是，韦皇后仍是我行我素，以有性伙伴为快慰。

由于父亲是天子，唐帝国第一家庭的公主能放浪就放浪。

高阳公主是唐太宗的女儿，已经是房遗爱的妻子了。有一天，她与房遗爱到野外去打猎，在路上碰到一个和尚辩机。尽管辩机拜佛，不过其男性气质还是浓重的，这吸引了高阳公主。她竟置丈夫于不顾，钻进辩机的庐舍寻欢作乐起来。事情完毕，她觉得抱歉，遂买了两个婢女赠丈夫，以平衡房遗爱的心理。但她却终于情不自禁，继续跟辩机私通，并结识新的和尚私通。

唐高宗和武则天的女儿太平公主，聪明绝顶，美轮美奂。14岁，情窦大开，遂暗示父母，盼有一个驸马。于是父母就兴师动众，为太平公主选了薛绍做丈夫。薛绍犯罪为司法机构处死之后，她再嫁武承嗣，可惜武承嗣不幸地患了一种什么病，太平公主遂娥眉一耸，蹬了武承嗣，三嫁武攸暨。实际上武攸暨已经有妻子，但太平公主却非要武攸暨不可，司法机构便寻找借口杀了武攸暨的妻子以成全她与武攸暨的婚姻。

安乐公主嫁武崇训是唐中宗与韦皇后为其所做的选择。武崇训是武三思的儿子，武三思为唐政府的重要官员，很有势力。嫁武三思的儿子，显然有政治的考虑。荒唐的是，当安乐公主与武崇训沉浸于蜜月之际，韦皇后与武三思也肌亲以爱上了。大约两年之后，武崇训及其父亲武三思皆死于李隆基政变的刀下，安乐公主便成了寡妇。但她却是不能赋闲的，遂捋捋头发，施施脂粉，转身向武延秀投怀送抱，之后正式再嫁他。

我要介绍一下：永泰公主是安乐公主的姐姐，永泰公主的丈夫武延基是武延秀的哥哥，不过在安乐公主再嫁武延秀的时候，永泰公主及其丈夫武延基已经亡故几年了。

我还要介绍一下：永泰公主的姐姐宜城公主，是一个十足的妒妇和泼妇。她的丈夫裴先生既怕宜城公主的恶毒，又想体验一下风流的生活，遂在暗中养了一个情妇。不料裴先生的勾当让宜城公主知道了，她遂迁怒于那情妇。宜城公主肝烧肺烤地纠集了一帮打手抓住那姑娘，割其耳，割其鼻，还出奇地剜其阴唇，并把其阴唇蒙在裴先生的脸上，让裴先生戴着阴唇到办公室去。宜城公主是要让裴先生斯文扫地，岂不知她这样做的时候，自己也没有斯文了，而且何止是没有斯文。

尽管性自由，但唐帝国的女性，包括唐帝国第一家庭的女性，却还是被动的。她们可以诱惑男性，不过诱惑男性无非是要男性追求她们而已。生命如此，本能如此，是谁也改变不了的，所以唐帝国女性的性自由，毕竟是限于一面。

在唐帝国，其女性也缺乏独立的经济，这使她们必须依附男性。法律在财产继承与婚姻关系方面，从来没有赋予女性与男性平等的权利。她们并没有超出生育工具的范畴，甚至没有超出作为男性的性刺激工具的范畴。如果家败或国败，那么她们还是祸水。性自由，实际上只是男性的性自由罢了。性自由在男性，仿佛放火，在女性，仿佛点灯，如此而已。

也许绝顶风流的男性要数唐玄宗了。为他服务的女性足有数万，早晨漱洗，她们散发的香气会飘出后宫，迷漫于整个长安。妃嫔与宫女之多，竟使唐玄宗不知道应该召幸谁，如何召幸。他苦思冥想，终于有了一个独出心裁的办法，

李仙蕙墓壁画记

这便是给她们头上遍插鲜花，之后他放蝴蝶，蝴蝶落到谁头上，他便召幸谁。在 3 世纪，中国出了一个晋武帝，其喜欢驾一辆羊车在后宫游行，羊车停到哪间屋外，他便要哪个屋里的宫女跟他做爱。比较一下晋武帝的羊车，唐玄宗的蝴蝶显得浪漫多了。到底是 8 世纪了，我中国的男性有了长足的进步！

唐玄宗还有一种嗜好。凡是获得召幸的妃嫔和宫女，他都要在其白皙的胳膊上印染一个祝词曰风月常新，并涂以桂红膏，欲使之永不褪色。

唐玄宗完全是在游戏女性。他一点也没有把女性当做人。悲哀的是，那些妃嫔与宫女都不能意识到这一点，她们还经常聚集一起，投金赌博，以争取召幸。不过我怎么可以责难她们呢？女性意识到自己也是人，也是有尊严的，大约需要有一个文明的积累，但在唐帝国，却还未产生这样的文明。

唐玄宗大浪淘沙，不舍昼夜，终于在万顷波涛之中捕捉到一朵极致的浪花，这便是杨贵妃。杨显然属于丰肌秀骨的女性，其脂是凝脂，肉是滑肉，善于歌舞，要荡能荡，荡起来就灵魂出窍，要雅有雅，雅起来就小鸟依人。杨百分之百地投合了唐玄宗的性情，难怪他有了杨便冷落了滚滚佳丽，独集三千宠爱于玉环一身！

也许应该为唐玄宗祝贺一下！经过无穷无尽的巫山云雨，他还真的成功了。他提炼了一个精品，一个妙品，一个奇品和神品，一个可以供我中国男性世世代代暗恋与意淫的经典。也许杨贵妃之美不是空前，但她却一定是绝后了。试数一数，从她自缢以来，我中国谁还是美女呢？

唐玄宗大浪淘沙，当然是为自己，但他的成功却使我中国所有男性受益。这仿佛一个人种花，种花是为香自己，可香在香他自己的时候却也香了所有能够闻到香的人，想到香的人。实际上唐玄宗是代表唐帝国的所有士大夫，甚至是代表我中国的所有男性而点铁成金的。其他男性也是希望点铁成金的，不过他们哪里有唐玄宗的条件，哪里有像唐玄宗这样一个皇帝所具备的优秀的感觉和悟性呢！唐玄宗的成功，显然是唐帝国士大夫的成功，甚至是我中国男性的成功。

中国文化真是丰富极了，仅仅性文化，便大有深意。由中国性文化熏陶出来的男性，是喜欢性幻想的。幻想是创造的翅膀，飞机便是先有对它的幻想而后有其航天的。可惜在历史上，中国男性把幻想主要用于性幻想了，这也是没有办法的事情，因为集权统治之下的中国，是不提倡和鼓励进行创造的。

也许性幻想的对象应该是多种多样的，随时随地的，但中国的士大夫却把杨贵妃当做幻之无穷且想之不尽的对象了。他们对杨贵妃似乎有一个千缠万绕的情结，甚至杨贵妃已经深入骨髓，不灭不朽。20 世纪的中国，多少也接受了一些新的文化，包括新的性文化，新的美，然而中国的男性，包括年轻一点的男性，对杨贵妃依然怀有深情与冲动。我大学时候的一个同学，是陕西商州的,他就曾经在宿舍大喊:如果我能睡一次杨贵妃,那么立即枪毙我也愿意!

如果杨贵妃死而有灵,那么不知道她会有什么感觉。在我看起来,杨贵妃是悲哀的,因为士大夫把她仅仅当做了这样一个女性:她的价值无非是供男性在性幻想之中进行发泄而已,无非是可以销魂和可以消遣而已。杨贵妃的悲哀,何尝不是我中国女性的悲哀呢!

永泰公主墓壁画上的侍女,当然不是照着杨贵妃绘出来的,不过这些侍女的神态已经接近杨贵妃了。如果一定要计算这些侍女的神态与杨贵妃有多少距离,那么我以为,大约是30年。壁画是公元705年所绘的,大约30年之后,唐玄宗得到了杨贵妃,他才知道了什么是凝脂和滑肉,从而才使杨贵妃流传为永恒美女。

我要强调的是,所谓壁画上的侍女已经接近杨贵妃,如斯观点,是我分析唐帝国男性的性心理而得出的。我还要提醒一下,所谓唐帝国男性的性心理,不是我杜撰的,它是一个存在,是唐帝国画师的眼睛把它泄露了。难道不是这样吗?

壁画上的侍女的服饰,显然有一定的规格,她们几乎都穿长裙和短衫。薄薄的裙衫遮掩着膏腴的肌体,已经使她们十分性感了,可薄薄的裙衫却仍在尽其可能地露胸展背。事实是,侍女往往把领口开得很低,于是鼓鼓的乳房就蠢蠢欲动,有明显地要冲出领口的意向。有的侍女一腰软折,两臂柔垂,呈无可奈何的娇媚相和思春状。有的侍女口是小口,小口一噘,便是樱桃了。

那位端着盘子的侍女在肩膀上搭了一件绛色的披巾,是新的,但她却故意让披巾散乱开来,几乎要从肩膀上滑落下去。她的藕似的肩膀藏在短衫里,不能随便显露,可松懈的披巾却暗示着它想出来。它甚至希望有人能揭其披巾,放它出来。倘若她拘谨一点,那么她的两腿便会收拢,但她却执意不收拢,反而她的胯向前一拥,遂为十足的诱惑了。谁都能感到她的胯所发射的性信号。性信号是密集的,其鸣叫着,闪烁着灿烂之光。她的胯撑着长裙,吸着长裙,并借软化的长裙表现着胯的结实与细腻。胯仿佛是喜欢冒险的,并准备让任何触摸它的手感到颤抖。

那位端着高足杯的侍女可能是在躲避什么,她蓦地一闪,修长的腰便风吹杨柳似的弯了进去,从而使腰有了一个魅力超尘的曲线和弧度。她大约十四十五岁,或十六十七岁,并不大,不过她浑身都散发着一股成熟的香蕉气息。由于她迅速地一闪,腰弯了进去,她的小腹遂一弄而挺,呈圆润状。她鲜嫩而纯洁的性意识,仿佛在一瞬之间便骤然凝聚于她的小腹了,其轻轻地高涌着,诺诺地出拱着,有意无意地摇摆着,并有一种难以抑制的求偶之香。

壁画上的侍女一般都穿云头履,不过也有穿白软鞋的。穿白软鞋的,需

李仙蕙墓壁画记

要配男装，男装就是翻领袍子。穿男装当然会显得利索，宜于骑马和打球，也宜于在后宫作种种游戏。唐帝国女性穿男装的风尚便是从后宫流行到长安街上的，而且热衷一时。几个穿男装的侍女皆戴着幞，自以为美，不过在我看起来，幞是不伦不类的装束，有滑稽之感。穿云头履的侍女配长裙和短衫，其一行一走，生摇曳之态，我以为很是漂亮。

在唐帝国，女性的服饰是变化的。唐玄宗之前，服饰朴素一些，唐肃宗之后，服饰猝尔华美起来，其基本格调是长裙拖地，广袖绕空，以显示一种闲适与慵懒。

永泰公主墓壁画上的侍女，当然是生活于唐玄宗之前的，但她们的服饰却非常的考究，有华美之韵。这似乎是要体现永泰公主的身份。

永泰公主是唐中宗的女儿，其有丰厚的资产。唐政府规定，凡是封户，每人每年要缴租类二石，布类二丈，绵类三两。永泰公主的封户是1000，倘若以一户有3人计，那么她的收入便是非常巨大的。她还会有皇帝的赐赏，也可能参与巧取豪夺。总之，她不但可以奢侈地生活，而且完全可以让自己的侍女穿得漂漂亮亮，以光耀自己。

李仙蕙公主墓壁画

当永泰公主的侍女或当所有贵族家庭的侍女，是可以穿绫罗穿绸缎的，也能吃得饱，住得宽，但侍女却缺少最最重要的东西，这便是她们没有一点社会地位，甚至没有人的资格。依唐政府的法律，侍女是属于贱流的。侍女之所以是侍女，各有各的原因。有的是由于家长犯了大罪，籍没而为侍女的，有的是抵债而为侍女的，有的是打仗失败当了俘虏而为侍女的。侍女也可以在市场出售，其价格随市场升降，丰年则高，荒年则低，像小麦和玉米似的。

永泰公主墓壁画上的侍女，无不是标致的，这使我产生了一个困惑。我不知道为之服务的侍女真的像画师所绘的这样标致，还是画师以自己的审美趣味进行创造，从而拔高了侍女，我不知道。

在唐帝国，侍女是可以为礼送给朋友的，也可以当陪房随新娘到新郎家去。永泰公主的侍女，大约就有当陪房的，她们夹杂在柜子与铜镜之中，跟着永泰公主进入了武延基的家。关于把侍女当礼送给朋友，我想到了郭暧，郭暧就是郭子仪的儿子。有一天郭暧请客，诗人李端在座。进餐之间，李端看上了一个侍女镜儿遂想要。既然朋友看上了，郭暧便打算把镜儿送给李端，但他的脑子却转了一个弯，提议李端吟咏一首诗，诗成可得。李端兴起，立即吟咏了一首诗。郭暧便笑着把镜儿送给他，并带了一套酒器。

侍女的命运完全由主子掌握，好一点的主子，会在某个时候放其做良民，侍女便解放了，可以享受有白云与阳光的蓝天了；不好的主子，竟让其当牛当马，长期受苦，直到老死。主子当然可以占有侍女，但这却往往会遭到主妇的嫉恨，甚至会使侍女失去安全。有的主子也会由于确实喜欢某个侍女纳其为妾，可主子却不给她名分，她所生的孩子也不能得到法律的承认。侍女当了妾，多少是能改变侍女的境况的，起码能解决性欲问题。如果幸运，那么她还能感到一点爱。

以侍女为妾的，常常是在暗中进行，因为唐政府法律反对以婢为妾，也反对以妾为妻。杜佑晚年以妾为妻，尽管得到新意，但他却受到士大夫指责和讥讽。

我望着永泰公主墓壁画上的侍女，想到了一些有可能发生的事情。我想武延基是否会产生占有侍女的图谋，想他会占有谁，想永泰公主对武延基的图谋将会采取什么态度。我之所想显然有一点荒诞，可荒诞之所想却不一定不合情理。

为公主服务的侍女，一般都会处于一种比较柔和的气氛，但有时候却也很是危险。高阳公主，就是想跟和尚辩机私通的那个公主，尽管她什么也不怕，不过她还是不想让其他人知道自己的放荡。但她的行为却并没有像她所希望的，一直处于保密状态。事实是，她与和尚辩机的私通很快便酿成了绯闻，这使唐太宗极其恼怒，下令腰斩和尚辩机，腰斩所有知道高阳公主私通的侍女，以防绯闻流传。遗憾的是，尽管皇帝可以杀人灭口，但他女儿的绯闻却还是执拗地流传了下来。

我以为壁画上的侍女有冷漠感和冰凉感。冷漠感和冰凉感是一种气息，它并不因为侍女有艳丽的服饰便可以散发而去。它是源于侍女凄惨的身世和痛苦的心境的，它将从一些细碎的动作和闪烁的情绪之中渗透出来。她们的私语，她们拿着器物静默而立的姿态，都有一种冷漠感和冰凉感。虽然是一群侍女的集体活动，但她们却仍显得空虚和孤单，有的眼睛还流泻着残忍之光。不过总之，她们是驯顺的，有明显的被压迫与被侮辱的烙印。

公元700年，永泰公主16岁，人人都夸奖她容貌娟秀，性格娴雅，应该结婚了，于是她就嫁了武延基。

李仙蕙墓壁画记

那一阶段，武则天仍当皇帝，不过她已经77岁，老得很是荒凉。为稳定天下，她一改过去打算让武氏即位的设计，渐渐做工作，打算使唐政府的几个利益集团融洽起来。她的措施是，先恢复了太子李显的身份，接着召集武氏一族与李氏一族开会，要他们发誓和解，团结一致。

大约就是在这样的背景之下，永泰公主与武延基结婚的。永泰公主是武则天的孙女，武延基是武则天的侄孙，如斯关系，显然有政治的因素，并有武则天的意志。

武则天以女性之身当皇帝，确实有一不怕天二不怕地的精神。但她却毕竟拗不过传统的势力，遂决定在逝世之前把权力交给太子李显。这样的决定是艰难的，她似乎要经历一个痛苦的过程。不过一旦准备把权力交给太子，她便解脱了。

可她的决定却沉重地打击了武三思与武承嗣，他们都是武则天的侄子，是一直策划要当皇帝的。对把权力交给太子的决定，武三思还可以承受，只是沮丧了一阵，不过武承嗣竟因为失意，在喉咙聚了一口气，憋死了他。

武则天勇敢地担任了一直惟有男性才可以担任的皇帝，并让男性向她行磕首之礼。遗憾的是，她在最后又胆怯了，又退入了干硬的车辙之中，又把权力传给了男性。

武则天当皇帝15年，干得很有成绩。依道理，她能干好，别的女性也是应该能干好的。如果沿着这样的道理探索下去，从而创立由女性当皇帝的体制，那么中国的历史将如何呢？在我看起来，中国的皇帝没有几个不是昏庸的，倘若由女性当皇帝，那么其底线，最拙劣最糟糕的结局也无非是增加了一些昏庸的女皇帝而已。不过我以为，也许女皇帝会昏庸得轻一点，因为女性总是有母性的平和与宽容，有母性的博大之爱，有母性维护生命的天赋与力量。总之，由女皇帝执政，历史的创伤将可能减少一点吧？但这些却只是我的胡思乱想，不足与外人道。事实是，时间早就证明了，政治体制，还是民主体制优越。

大约是在武则天76岁那年，张易之兄弟应召到了后宫，名义上要他们做女皇帝的生活秘书，但实际上却是要他们做女皇帝的性伙伴。性需要并没有罪恶，可像武则天这样高迈的女皇帝却明目张胆地要男性为她服务，便显得十足的荒淫，不知道羞耻了。唐政府的官员当然要反对她，而且他们也担心她的性伙伴会阴谋作乱。

公元701年的一天，永泰公主及其丈夫武延基，还有她的哥哥李重润玩乐之后，坐在一起议论武则天和张易之兄弟。不慎消息泄露，武则天大怒，要他们三人死。女皇帝要他们死，他们不得不死。永泰公主比武延基和李重润稍微死得晚了一些，原因是，她已经怀孕在身，这使司法机构的行刑高手竟有一点犹豫。

1960年的医学鉴定认为，永泰公主骨盆狭小，婴儿不足以出生，便推测她的死是难产所致。到底她为什么而死，是自杀还是诛灭，仍是一个谜。其死之后，先埋于洛阳，公元705年太子李显当皇帝，迁其墓于关中，做唐高宗与武则天乾陵之陪葬。

公主应有尽有，甚至可以放纵性欲，这当然因为唐帝国第一家庭的权力与威势。然而权力与威势是双刃剑，它能带来荣华富贵，也能削减平安与寿命。在永泰公主丧命几年之后，仅仅26岁的安乐公主便死于李隆基之手。太平公主自以为她为唐中宗除掉张易之兄弟出过力，也为李隆基除掉韦皇后一伙出过力，并支持过李隆基当皇帝，便可以为所欲为，岂不知她也死于李隆基之手了。

还有爱情，这也不是公主一定就会获得的，甚至是公主很难获得的。她们可以性自由，但择偶的权利却在第一家庭，从而失去了婚姻的自主。出于门第和政治的考虑，唐帝国第一家庭习惯于让公主选姑姑之子或舅舅之子做丈夫。典型的是唐高宗与武则天的女儿，那个太平公主，她三次结婚，三个丈夫皆是舅舅之子，仿佛她申请了专利，或是欠了武氏的什么账，非要由她抵押不可似的。

不过公主择偶的标准还是在变化的，这便是，知识渐渐成了第一家庭要考虑的因素。唐宪宗喜欢文雅的学者，遂将岐阳公主嫁杜佑之孙杜悰，他当然是一个很有风度的文化人。唐敬宗和唐宣宗也曾经下令宰相选进士或选山东士族做驸马。

但第一家庭的垂青却使年轻男性感到害怕，他们一般都不敢领受其光荣，仿佛公主是火，万一不慎便会烧身。唐帝国有谚曰：娶妇得公主，无事取官府，何况公主往往骄横，并有寻找性伙伴之嗜好。

伤心的是，唐帝国为防藩镇叛乱，居然将公主做了笼络部队干部的工具。根据我的调查，除唐代宗将升平公主嫁郭子仪儿子之外，还将嘉诚公主嫁了节度使田绪，将新都公主嫁了藩镇将军田华，唐德宗将义章公主嫁了藩镇将军张孝忠的儿子，唐宪宗将普宁公主嫁了节度使于季友。这样的婚姻显然有交易味，甚至有人质味了。

可怜到极点的，还是义阳公主和高安公主，尽管她们都是唐高宗的女儿，不过她们是为萧淑妃所生的。武则天跟王皇后和萧淑妃争宠是很费了精神的。取得胜利之后，她当然要对其进行报复。她不但把王萧二人置酒缸泡死，而且迟迟不准萧淑妃所生的女儿结婚。大约义阳公主和高安公主过了30岁，武则天才同意将她们配给了卫兵。

公主与侍女处于生活的两极，但她们却是极易沟通的，因为她们各有各

李仙蕙墓壁画记

的不幸。

永泰公主墓壁画上所绘的38人，两个是太监。太监一律红长袍，黑幞头，黑蛮靴。他们手持笏板，举于胸前，似乎是正在应承什么事情。其卑躬屈膝，目敛邪光，嘴含媚笑，委琐之极。在我看起来，太监反映了中国文化最肮脏最丑陋的一面，不过要指出其本质，我还需要仔细研究。

这时候，我听到洞口的阳光在寻呼我了，于是我就离开了墓室。走出洞口，我才知道自己在地下呆的时间太久太久了。我看到世界上已经树木森森，到处有走兽与飞禽相戏，冬天的阳光像窗纸一样薄。我觉得用手戳一下，阳光便会破，破了就会响。

惟一长安

给世间某一个地方名之以长安，真是有心啊！属于造化，并具神意。

长安是一种愿望，也是一个存在，是一段历史，也是一个现实。我以为一个中国人，凡是受过基本的教育，都当知道长安，即使一个西方人，凡是有一点东方意识的，也当知道长安。

早在秦就有长安了吧！史上说："长安，本秦杜县之长安乡。"方志也说："长安，秦乡名。"元人骆天骧认为，长安就在丰镐之间。

设长安县，建都长安，都是刘邦的决定。这个人尽管厌恶儒生，但他却能广取异见，显然颇有虚怀。以关中为国都，便是士兵娄敬的建议。对此刘邦存疑，张良便比较了洛阳与关中的利弊，支持立国关中。萧何主持国都的营造，作长乐宫，又作未央宫，并择日迎接汉高祖从栎阳至长安。长安一旦为汉之国都，便为天下所知。

沿袭刘邦的选择，之后还有12个王朝以长安为国都，这都增加着长安的分量。不过中国人所感到的长安的魅力，并为这种魅力所吸引，所骄傲的，只有唐长安。

卢照邻惊叹：

> 玉辇纵横过主第，
> 金鞭络绎向侯家。

王维有其亲历：

> 九天阊阖开宫殿,
> 万国衣冠拜冕旒。

韩愈的印象是:

> 天街小雨润如酥,
> 草色遥看近却无。

唐长安之美,固然体现在其城的宏伟与壮丽,不过也并不仅仅在于里坊连天,宫室拔地,甚至也并不仅仅由于它诗存万千。唐长安之美,完全是因为它大气,能够宽容,给人了自由。信仰难免有某一种仪式,多少有组织的感觉,唐长安不忌讳,信上帝的景教可以来,信释迦牟尼的佛教可以立,信黄帝与李耳的道教可以行。骚客好发牢骚,总想讽喻国君,影响朝政,遂有杜甫酒肉之臭,死骨之冻,甚至白居易敢采李隆基与杨玉环的关系为材,作其长恨之歌!李白大笑西行,尽管仕途艰难,让他失望,不过得赐金离开京师之后,他还是很念长安的。他这样表达自己一种强烈的感情:"长相思,摧心肝!"

李白反复吟诵:

> 长相思,在长安。

然而长安在哪里?长安究竟在哪里呢?我寻找过秦长安,渭河沿岸,村荒路短,西风残照,只有几个坟茔沉默。也寻找过汉长安,虽然大风起兮,云还在荡,不过垣塌墙颓,蟋蟀凄凉,羊在半坡嚼草,不禁怅然。我是经常寻找唐长安的,遗憾所见总是佛之庙,皇帝陵,一尊铁钟,两座塔,夕阳下遍野的刻石,觉得兴庆宫俗,会在大明宫止步。幸而藏有半身唐仕女俑,苦闷之日,聊成我梦。长安在哪里?长安究竟在哪里呢?

宇宙有数,遂使星旋斗转,沧海桑田,而且不为人的意志所快慢。有一年,鹿离长安,于是国都就从秦岭与渭河之间的关中迁徙了。风去城空,白云悠悠,显得一片空洞。天门不开,魏阙无存,是非常寂寞的。权力转移,长安不作国都,国都不在长安,它的地位便下降了。有不肖子孙,竟不惜在过去的国都界面层层作屋,累累作舍,以成自己的功德与荣华。一人带头,十人效仿,几百年一千年下来,以致大盖楼厦,以求仕途与财源,于是处处流行的装玻璃并贴瓷片的建筑就密密麻麻,滚滚而来,几乎覆盖了过去的国都。原貌大失,遂古风减,古韵损,将沦新进或新兴城市之列。完全可以辟新址,修新城,从而既使古风留，古韵丰，又使伟绩大业现于时的。可惜规划者与主导者其手一挥要除旧立新，无人敢挡，遂立新以除旧。不过新的难久，旧的易失，从而格调杂糅，难免让我摇头而叹息！

　　山高河长，长安仍在。省比市大，市比区大，今之长安已经演化为区，属于一级行政辖域。其东连蓝田县，西接户县，南列秦岭数十峰，北抵曲江池上游一带，面积不足1600平方公里。所谓存在的长安和现实的长安，就是这样一个长安吧！它标在地图上，是谁都可以看到的。虽然小于市，更小于省，不过世间毕竟还有一个地方名之以长安，多少也是安慰！

　　我观长安，其文化遗产无不具中国的意义。秦岭盘踞于长安，是中国地理的南北分界线，是长江与黄河的分水岭。南方的温暖，是因为有秦岭把从西伯利亚飘过来的寒风和冷气拦挡在了自己的脚下！秦岭之谓秦岭，也标志着中国社会在春秋战国时代的一种进步，这便是周去秦来，周衰秦兴。从秦岭流出的沣河、滈河、洨河、潏河、浐河、灞河，潺潺溪溪，随物赋形，以种种角度汇入渭水。滈河与洨河所冲积，遂有御宿川。扬雄说："武帝开上林，东南至御宿川。"当年刘彻往秦岭去游猎，便经常夜寝御宿川。由潏河与滈河所冲积之樊川，先归周之樊国，后为汉功臣樊哙之食邑。这里唐有韦族居韦曲，杜族居杜曲，楼台馆榭，花芳草绿，引一代骚客为之折腰，并留下豪华文章。崔护的人面桃花，就是在樊川发现的。樊川还分布着八大寺院，其中兴教寺葬有玄奘的遗骨，华严寺是华严宗的发源之地。沣河沿岸，有周文王丰邑，周武王镐京，砖瓦车轩，足以见证周的文明。神禾原耸立滈河与潏河之间，秦有皇戚葬焉，唐有僧钟荡焉。少陵原为浐河与潏河所环，地势高亢，厥土黄壤，承终南山而挽曲江池，为九州独绝。其初在周杜伯国，继为秦杜县，汉宣帝陵在这里的甘寨村一带，汉宣帝之妻许皇后陵在这里的司马村一带，卜者素以为风水极佳。明之藩王有九位入土少陵原，形成了磊磊九井十八寨，墓立石像，有马有羊，有虎有狮，也有文武大臣，无不高大魁梧，尤显雕刻

汉长安城遗址

艺术。少陵原夏日金黄小麦万亩，秋日碧绿谷物满目，农耕传统久有几千年。李白登临少陵原，北望汉家大冢与寝阙，兴之所至，赋诗曰："秋水明落日，流光灭远山。"

长安的文化遗产繁则繁矣，盛则盛矣，不过此长安毕竟处于唐长安的边缘，它也只是历史的长安的一个部分。历史的长安，显然有更多的文化遗产。如果它们仍可以展露，那么其气象一定森然而震撼，会吸引天下人乘兴而来，怀念而去，可惜它们渐渐湮灭着。这种结局总让我产生一种隐痛似的折磨。好在世间还有一个长安，像一个梦，多少是一种安慰！

非常荣幸，我是长安人，出生在少陵原上。我的村子并不大，不过北有庙堂，南有戏楼，东西各有一涝池，妇女一般都在涝池洗衣服。村子有堡，堡有门，一条泥土白硬狭路向里延伸，两边房高门厚，以砖为墙，是地主的宅邸。我形单影只，经常在肮脏的巷子窜游。长大以后，我离开了村子。我有一个感觉，尽管村子有父母之居，祖先的灵魂也在这里，然而不离开此地，我会非常痛苦的，而且注定一事不成。卑微若我，尽管未能远走高飞，不过也曾经铿锵奔突，抑扬激荡，以努力进取，无愧于长安。我是清醒的，多年以前我就知道自己没有漂洋过海的机会了，甚至连在京沪一带坐一把椅子吟诗著书的可能也渺若烟云。当然，即使我有神助，让我脱胎换骨，汗毛变成鹤毛，能够振翅以翔，我的故乡还是长安，而且永远也是长安。

某年月日，我得以在长安区工作，真是诚惶诚恐。偶尔往村子或街道去，见公路纵横穿插山川河谷原坂之间，树沿途栽，草在埂种，瓦房辞旧，高屋迎新，人皆匆忙，以努力改变生活！故乡处在急剧的变化之中，我要献上自己的敬意！不过我的忧虑也忽聚忽散，而且无可奈何！

唐长安城遗址

到底是谁在调控，长安在天下骤大骤小，其中央也移来移去？然而不管怎么幻化，自从世间有了长安之后，它就没有断绝过。我以为这有神之意。站在此长安的任何一个点上，或是站在彼长安的任何一个面上，我都难免有所思。我不知道历史的长安是现实之长安的原型，还是现实的长安属于历史之长安的一种纪念，我不知道历史的长安是现实之长安的理念，还是现实的长安属于历史之长安的影子。我经常把现实的长安与历史的长安融为一体，甚至会给存在的长安涂抹以愿望的长安之斑斓。我往往把今之长安与昔之长安重叠起来，甚至把小长安当做大长安，把真长安目为虚长安。我望着秦长安，呼着汉长安，牵着唐长安，想象秋风在吹渭水，万户捣衣有声。长安的意象，我挥之不去，触之即飞！有时候所思如幻，有时候很是踌躇。

如果我强调长安是中国惟一的，那么我必遭人相讥，并问我中国何处不是惟一的！是的，中国任何一个地方都是惟一的，不过长安不但是过去的国都，而且国都永远寓于长安之中。虽然过去的国都在其他地方也有，而且多有诸朝，不过只有长安使人有浓郁的故园之念，醇厚的故国之情，并生千千之结，给人一种抚慰灵魂的淡淡而悠远的哀伤。这是中国文化培养出来的，我有什么办法呢！长安无生土，长安无野草。长安是中国惟一的。

有一天，我忽然想到一个问题：是谁给世间某一个地方名之以长安的？内涵是什么？是什么背景使他把一个行政辖域唤作长安？一种流行的解释是长治久安，而且竟成公论。不过我再三推敲，不以为然。这种解释，只不过是过去垄断中国社会资源的权力阶层的观念而已，它是为少数人服务的，是对付多数人的，是保证一种用以维护少数人安全和利益的秩序的。刘邦设长安县，建都长安，显然有让他的统治长治久安的愿望。可惜他的愿望未能实现，甚至连他自己的朝廷和后宫也乏治安，甚至他尸骨未寒，吕皇后就残忍地处理了他亲爱的戚夫人，有什么长治久安的呢？

我不能知道是谁名之以长安的，不过我可以想象他。我总觉得这个人是一位智者，他读书也多，阅世也多。他用知识与经验见证了战争的残酷，遂祈祷和平永在，祈祷强不凌弱，富以济穷，幼有所长，老有所依，鳏寡孤独残疾无不有所养。他给一个行政辖域名之以长安，目的在给天下一个启示。

然而仅仅如此并不够，长安必须有它的现代意义。既然是长安，那么这里就当非常宜于生活。它的环境应该是追求生态的，起码天无雾霾，水无污染。它的制度应该在于能促使人获得尊严，并有充分地自由表达和自由信仰的权利。

给某一个地方名之以长安的智者，显然不懂什么现代意义，不过把以人为本的元素注入长安的内涵，似乎并没有违背他的设计吧！

在希腊今之雅典西南一带，有一些残断的建筑，白石苍苍，芳草萋萋，便是雅典卫城。这些足有3000年的建筑，以雅典娜神庙为主体，是希腊人祭祀雅典的保护神雅典娜的。希腊人一直视其为文化遗产，并为之修建了雅典卫城博物馆。希腊人始终把这里当做圣地，因为它是希腊文明的象征，甚至是国家的象征。耶路撒冷当然也是圣地了，其中有一段哭墙，早就变成了犹太人信仰与团结的象征。罗马帝国有一度占领了耶路撒冷，犹太人四散而逃，然而不管多么危险，一直有犹太人返回这里，望着哭墙，摸着哭墙，泪水涟涟，以表达失国之痛，并祈祷上帝保佑犹太人。即使现在也还有犹太人纷纷往哭墙去诉求对故园的所盼。显然，耶路撒冷及其哭墙，使犹太人产生了一种巨大的向心之势。什么是文化的力量？这就是文化的力量！

中国人在过去也是有故园之敬的，而且形成了典礼。秦始皇平定四海，便先归陇西与北地，登崆峒山，又在雍城作拜，以后才浩荡巡游并封禅。周人从豳发展到岐，发展到丰邑，又发展到镐京，至周武王消灭殷纣王，成为天下之主，是积十数世努力而成功的，所以在殷墟处理了政务之后，他便归豳，站在一个高台上，以告祖宗之灵，并祭祀岐曰："天作高山，大王荒之。彼作矣，文王康之。彼徂矣，岐有夷之行。子孙保之！"殷人箕子，原是殷纣王的大臣，事君极忠，然而殷纣王无道，荒淫奢侈，拒谏害良，他便披发佯狂，以保其身。殷纣王以为箕子真疯，便抓他进了监狱。周武王克殷，解放了他，向他请教管理天下的方略，并派他在一方执政。几年之后，箕子有事情经过殷之朝歌，见宫室弃毁，寂寞荒凉，草和谷物竞长。他想到殷纣王败坏朝政而丧河山，又愤慨，又悲伤。他大哭，不宜，他暗泣，也不宜，因为暗泣像妇女，随作歌以慷慨其意，歌曰："麦秀渐渐兮，禾黍油油。彼狡童兮，不与我好兮。"

遗憾今之中国人重于向前看，忽略向后看，不注意自己是从什么地方来的，根在何处，其宗何态。这也不奇怪，20世纪一浪汹于一浪的批判运动，横扫了中国的精神文化，甚至极尽亵渎，竭力摧毁，以把其彻底清洗。随之社会转型，中国人一夜之间便进入了发财致富的高速公路，并在全球化之中城市化，从而有了理由，让层层数以千百年之帝王的或民间的中国的物质文化，包括形胜、史迹和遗址，退避而去，以便建高楼，修大厦，营造豪宅，焕然为新。悲哀啊！先是精神的文化即文化的软件公然遭到戕害，接着是物质的文化即文化的硬件变相遭到铲除。悲哀啊！中国文化何以载之？什么时候中国文化才能终止衰落？什么时候中国文化才可以巍然而灿然，受天下人敬仰？

我一直有一个请求。我也怀疑我的请求会有什么反应，我更知道我的请求已经晚了，几乎没有什么用了，不过我还是要请求，而且呐喊：不要让挖掘机轻率地在悠久并伟大的长安乱创，不要简单地拆卸它的石头和砖瓦，不要随便动土，因为长安是一个母系氏族留下了陶罐的圣地，是存有周人青铜器的圣地，是老子遗其真言的圣地，是孔子只能梦见而没有脚踏的圣地，是埋着统一了中国的秦始皇的棺椁的圣地，是为中国开拓了疆域的汉武帝拜天的圣地，是有唐一代为中国创造了辉煌文化的英雄活动过和诗人歌颂过的圣地，是日本军队在1937年至1945年之间千方百计企图进入而怎么也不能进入的圣地，是神一直关注着的有云飞扬的天作之府。

长相思，在长安！

惟一长安

关于长安文化

长安文化当然是关于长安的文化。不过长安的范围怎么划分，时间又怎么划分？长安的前身是谁，后裔又是谁？尤其是：长安文化具有什么特点？它对这个世界有什么现实意义？凡此问题都是需要反复考虑的。

实际上，对长安文化之研究早就开始了。远在宋，赵州人，今之河北赵县一带人，宋敏求便系统考察长安文化，并成大书，凡特产、土贡、风俗、户口、街坊、山川、道里、邮驿、城郭、宫室、官府，皆有涉及。他所记的多是唐长安。此间，中国的政治与经济中心已经东移，长安一变为故国旧都，热闹尽去，繁华悉落，到了研究的时候了。更远的在东汉晚期与三国初期，其陇东人辛氏，已经有专记长安之篇。他所录的多为汉长安，尽管物事简略，不过自有结构，实为长安研究的发轫。还有东汉的赵岐，晋的葛洪，唐的韦述和杜宝，宋的张礼和程大昌，元的骆天骧，清的毕沅，都有关于长安之著行世。这些人皆是在文化意识没有完全觉醒之际对长安进行叙述的，今之人往往视其为文献资料。然而仔细分析，他们所做，应该属于长安文化之研究。

正宗的长安当是唐长安和汉长安，正宗的长安文化也当是唐长安文化和汉长安文化。这并非没有道理，因为唐长安289年，汉长安225年，其极大地推动了中国的发展，研究唐长安文化和汉长安文化的意义很是重要。

然而正宗是正宗了，但它却也难免狭小了。先贤常常会用长安把在关中所立之国统摄起来，唐之前的隋大兴，汉之前的秦咸阳，秦之前的周丰镐，都属于长安，于是长安文化就随之宽厚起来。也许这是一个优秀的传统，今之人不继承便无以科学地研究长安文化。然而先贤也有其局限，他们缺乏考古知识，未能将新石器时代以来，包括姜寨遗址和半坡遗址所反映的部落氏族的劳动，纳入自己的考察。今之人掌握了考古发现，既然如此，那么是否应该把长安文化的时间向上追溯呢？现在的西安是中华民国西安的沿袭，也是清西安和明西安的沿袭，当然也是唐长安和汉长安的沿袭，既然如此，那么是否应该把长安文化的时间向下移动，从而使长安文化寓于西安文化之中呢？

我以为，长安文化是以唐长安和汉长安为基础的，并以其为核心内容的一种文化，在关中，它的上线直通姜寨人和半坡人，它的下线径入正在创造着现代化生活的西安人。长安文化在历史上是主流文化、官方文化，现在它虽然为区域文化、民间文化，然而它的一些元素也足以升华为主流文化和官方文化。长安文化有国粹的颗粒。长安文化是活的，充满了生生不息的动态。

长安文化充满了开放性。它一直能够吸收属于异质文化的物质品类和精神享用。通过丝绸之路，长安引进了西域的果木、菜蔬、禽兽、珍宝、服饰、音乐、舞蹈、竞技、佛教、基督教——景教、祆教、摩尼教、伊斯兰教。它也慷慨输出，凡丝织、漆器、竹器、凿井术、造纸术、医药、书法、儒家思想，可以尽供采纳和选用。多少世纪之后，中国人能够接受马克思主义，接受自由民主法制人权理念，接受世界贸易规则，显然是中国文化开放性的表现。中国文化的开放性，显然有长安文化开放性的渗透，甚至有它所给予的恒久动力。

长安文化洋溢着一种宽容性。中国妇女的审美权利最早是在长安得到了社会尊重的。中国作家的言论自由权利最早也是在长安得到允许的，杜甫诗曰："朱门酒肉臭，路有冻死骨。"就是对一个盛世的批判。

长安文化体现了变通性。秦宫汉居，隋宫唐坐，修漕渠，造曲江，实施和亲政策，甚至借兵回纥以镇压内乱，收复长安。长安文化的变通性实践，现在显然发展为中国人治天下的智慧了。

长安文化有端正性。长安所在的关中处四塞之内，季节分明，日升于东，日落于西，天列北斗，地贯终南，从而形成了一种端正的时空观，并影响到建筑设施和日常生活。大道直行的意识便是在这种端正的时空观及其环境之中孕育，所以长安难滋邪歪之气，颓废之气，卑怯之气。长安总是荡漾着旷达之气，豪迈之气，硬朗之气。

长安文化含尚义性，这是由长安文化的端正性演化而来的。

我喜欢长安文化，觉得长安文化是十分养吾之魂的。长安在关中，关中有长安，遂好在关中考察形胜、史迹和遗址，以探长安文化的沉积。

长安是中国的心

秦王挥剑东进，统一了中国，宣告自己是始皇帝，不料秦有二世而亡。随之汉高祖刘邦建都长安，享国二百余年，是大朝代。隋文帝发兵南下，结束了中国之分裂，当然是伟大的君主，可惜隋也有二世而亡。随之唐高祖李渊在长安建都，享国近乎三百年，也是大朝代。

中国对世界的影响最早是从长安传播的。世界不知道中国的时候，已经知道了长安。从长安所传播的中国也最强大、最富裕、最繁荣，是礼仪之邦。天下人谁不向往长安！

长安文化弘孔子之仁义，取老子之清静，融释迦牟尼之慈悲，合乎大道，一直是中国文化的主流和正宗。它的开放性和宽容性，让天下人景仰。汉长安，尤其是唐长安，使长安文化充满了美。

长安之得名甚早。春秋以后，中国出现了连绵二百余年的兼并战争，暗无天日。当此之际，有一位智者见民苦难凄惨，不可聊生，便给秦岭与渭河之间的一个地方名之以长安。其处周之杜伯国，秦之杜县，虽小，仅仅属于乡之所聚，但它却表达了天下人对和平的切盼与深诉，也表达了对极权和苛政的抵抗。此事应该发生在公元前361年之后的某一天。过了几世，秦王嬴政之弟嬴成蟜封为长安君，食邑于斯。遗憾不管是秦王还是秦始皇，他的天下并无长安。

长安居中国疆土的中央。中国大地的原点现在仍在长安的范围。北京时间，实际上是由这个原点所测算的。

长安素有神的保佑。这里地稳少震，天平少洪，春夏秋冬，永不失秩。灾害绵绵不可绝，然而长安终归长安。

中国人要的就是一个长安。长安好，中国好。

长安是中国的心。

唐长安城图

长安属于中国人

长安是天子的城，共计一千余年，十三朝的几十位皇帝开国于斯，拓疆于斯，祀神于斯，教民于斯，也哀于斯，死于斯，借黄土葬身于斯。

汉军从长安出发，征匈奴于千里之外，从而把汉人的雄风传播至西域以西，北地以北。唐皇帝威坐长安，接受晋见，遂使万邦使节体验了唐人的进步。

中华民族的复兴，就是创造中华民族的又一个盛世。显而易见，在历史上没有一次或数次之兴，绝无复兴之谋。中华民族曾经有过盛世，才有现在的复兴之路。历史上的盛世，最是汉唐。中华民族之复兴，以汉唐为精神参照，合情合理，也使自信和自尊获得了源流。长安是汉的国都，也是唐的国都，长安的意义遂有十分的深刻和十分的丰富。长安文化是足以永持之瑰宝。

唐代的青年，凡是有志的，都希望往长安去，因为长安大存建功立德的机会，能封侯任相，光宗耀祖。李白、杜甫、白居易，都是那时候赴长安的才俊。

长安像温润坚韧的玉一样镶嵌在唐诗之中，唐诗像种子一样逢春开花，

唐阎立本所绘步辇图

逢秋收获，把长安流布给子子孙孙，千门万户。文学作品中反复出现长安，遂使长安变成了一个原型，一个象征。不管国都在东还是在西，在南还是在北，都可以用长安表示国都。长安也变成了漂泊者的故园，读书人的圣地，甚至只要喊出长安，就会想到晨曦中的宫殿和夕照下的陵阙。

　　长安的形胜、史迹和遗址，无不附有先民、先贤和先王的灵魂，蕴含着他们的理想。如此长安，当然属于中国人。也基于这样的逻辑，四海之内的中国人紧盯着长安，看谁在改变原貌，谁在制造危境，谁在暴毁。即使长安的残碑断碣，中国人也紧盯着。

　　明清之西安府，中华民国之西安市和今之西安市，都是依长安而为城的。生于西安，在西安生活和工作，应该感到荣幸，不过更应该意识到一种保护长安所余的责任和感情。为了发展，西安人可以用一用长安的形胜、史迹和遗址，不过这种权力当是有限的，因为它们属于包括西安人在内的全体中国人。它们是前辈创造的，不是今之西安人创造的，所以不惟今之西安人有权力用它们，后代也是有权力用它们的。基于此，今之西安人需给它们留下一些空间，不能用得过度，不能尽用。任何对长安所余的损害和破坏，都无法向中国人交代，甚至不配长安意象的规划与建筑，也无法向中国人交代。

　　西安人为庇守长安的形胜、史迹和遗址，久有贡献。西安人一向是以中国人的身份庇守长安所余的。西安人懂得，长安的任何一片余晖投射在自己的城上，任何一片余香飘荡在自己的城上，皆给西安这座城增美。

长安属于中国人

古都文化与西安人

西安人是典型的中国文化哺育的，中国人的共性寓于西安人的个性之中。西安的周围曾经有原始的社会，西安人一不小心，便会将自己的血统追溯到半坡人，甚至追溯到遥远的蓝田人。西安人热衷祖宗的根基感，辈分的承袭感，年代的久远感，并由此焕发出一种满足和光荣。可惜，自己的家谱对此没有明确的记录，西安人遗憾地望着城墙，在暗中叹息。然而，同烧秦岭柴，共饮渭河水，西安人跟他们的联系是天然的，这一下便使半坡人和蓝田人成了自己的亲戚。西安人呼他们为先民，于是自己就是其后裔了，当然也顺理成章。

确实这样，西安人以历史为自己的满足和光荣。西安人生活在古都，古都是13个王朝的立国之地，这是妇孺皆知的，并有关中那些滚滚帝陵为证。站在城墙，西安人便能看见那些帝陵，而且会经常指给远方的朋友。这些帝陵究竟是谁的，其主在世间做了多少好事，干了多少坏事，自己并不清楚，只知道其主过去为上，作威作福。穿行于那些帝陵之间，西安人在潜意识或下意识有一种靠近其主的倾向，有一种朦胧的暖意和快感，梦幻一般，把自己当做王朝的子子孙孙，仿佛天子之城的创立，也有老爷爷的一份功劳似的。诗人是代言的，诗人常常自豪地宣扬，在这里随便都能挖出秦砖汉瓦。官员呢，接待宾客，饮的是贵妃酒，听的是唐乐曲，这让那些仰慕中国文化的日本人或泰国人在瞬间发生错觉，以为他们跟唐玄宗李隆基坐到了一起。西安人去威海，去温州，去深圳，那里的人，总要强调西安有兵马俑，有大雁塔，平平静静地赞颂一声西安是古都。他们回避了西安的经济，回避是机智的，因为其解除了西安人的窘迫。西安人知道囊中羞涩，忌讳自己的收入与支出，尤其害怕露出西服下面的旧衬衫，脖子周围的皱领带，皮鞋里面的破袜子。

由于皮鞋里面是破袜子，自己便总是讥讽那些让脱了皮鞋才允许进门的人。不过，西安是古都，这一声轻轻的赞颂，竟立即唤起西安人的一种文化气息，似乎自己所有的毛孔都涌现了钟楼和鼓楼，曲江和碑林，随之，西安人一阵昂扬，并使即将倒塌的心理支撑而起，迅速恢复了平衡。可怜的西安人，赖以平衡的心理，无非是古都及其文化而已。

然而非常难过！古都是千年之前的古都，宋代至清代，西安这地方不过是王朝控制西北的据点，甚至曾经还沦为少数民族的地盘。古都显然破落了，残败了。关于古都的文化，也多是浸淫了封建思想及道德的文化。如果是这样，那么西安人便是一种继承和发扬了传统的人。追究追究，这传统就露出了专制主义的深深庭院。那庭院，门口蹲着磨得光滑的石狮子，门上挂着生了红锈的铁锁子。西安人当然也呼吸过强劲的新的文化空气，只是时间过于短暂了。那个嬴政的坟冢一直堆在西安的附近，它营造的氛围，已经让西安人感染了两千年之久。两千年以来，为上之人，全做着让这氛围变得浓烈的工作，于是它就演化为一个坚硬的壳。这壳笼罩着西安人的灵魂，西安人走出与别的人走进都很艰难。也有走出的，几个教授就去了。也有走进的，一群鞋匠便来了。孔雀南下，文盲北上，这是一个戴着眼镜的疯子所唱的歌。

西安的城墙是好的，西安人呆在城墙里面，一日三餐，四季一年，有一些烦躁，也有一些惬意。偶尔，西安人要向城墙外边打量一番，目光的焦点是北京人、上海人、广州人。在西安，自己也是常常看见他们的。西安是大的城市，尤其是一个古都，西安人便不屑郑州，甚至南京和成都，尤其不屑兰州、西宁并银川，认为这些城市落后。西安人当然也知道这些城市有其高明的地方，只是不屑比较它们。广州人腰包塞满了钱，整个世界都知道，西安人肯定也知道，而且羡慕，不过自己仍要指出广州人脸黑，身矮。奇怪的是，其转过身子，便蒙着眼睛鼓励自己的女子嫁给广州人。面对上海人，西安人怎么都难以掩饰自己的土气，遂设法回避这一点。西安人以上海人的精明为由，主动地隔阂上海人，不过购物的时候，竟暗中学习他们。西安人对北京人最有好感，最愿亲近。过去，自己真诚地认为北京人是毛主席身边的人，毛主席逝世了，他们依然是天安门周围的人，是中南海附近的人。西安人情不自禁地要拉北京人的手，而且笑，微笑，甚至出版了书都要跑到北京，让北京人先读为要，北京人拍了手，自己便以为是杰作了，于是从北京回来就对西安人显出了傲慢。然而西安人终于发现北京人有一点霸气，很使自己难受了一阵，想，国都的人就是这种德行，西安过去也是国都，如果在过去，那么我也是国都的人呢。西安人如斯安慰自己，而且以自己的霸气对待西安两翼的商州人和榆林人，认为这些人是山沟的。西安周围是广阔的农村，那里年年有人进西安工作，西安人总认为他们是乡下的，难免流露鄙夷之态。岂不

古都文化与西安人

知西安人全是从山沟和农村来的,自己在西安才居住了一代或两代。岂不知那些天津人,大连人,青岛人,尽管是在西安工作,但他们却常常要把自己跟西安人区别开来,认为他们在户口簿上算是西安人,但在文化上却不归属古都,他们是移民,而西安人则是土著。这种认识,蕴含着对西安人的一种态度,当然很是暧昧。西安人显然处于拉锯状态,自己把自己搞得不伦不类,又自卑又自负,缺乏自立自主的品质。

西安人喜欢管事,邻居吵架要管,邻居的姑娘请假在家呆着也要管,邻居的儿子不在家住还要管,并要弄明白这都是什么原因,要站在门房把自己的发现描绘描绘,见有人围着自己听,便觉得意,从而描绘得眉飞色舞。不只是市民喜欢管事,基层干部也喜欢管事,他们并不完全以工作为己任,只是以管事为乐。在单位,他们要过问员工的恋爱和家庭,尤其对员工的离婚感到好奇,如果心血来潮,那么还要管妇女的发型和服饰,甚至积极得要管例假之长短了。对这些涉嫌侵犯隐私的行为,竟以为是善意,是关心人,岂不知在所谓的善意的背后,蠕动着一种拒绝承认人有自由的心理,这种心理是源于封建专制主义文化的。自己不认为别的人是独立的,往往便强加于人。强加于人,往往便以得到别的人的认可和赞赏为原则,别的人认可和赞叹了,自己才会安然。在一个价值标准多元的环境,当然不允许这样侵犯人,但西安人的价值标准却似乎表现为单一,要么对,要么错,判断如斯粗陋,可谓丑莫大焉!什么时候,西安人才明白在对与错之间,是有一个广阔的地带啊!

在西安,一些小巷栽着槐树,老人总好在下面打麻将,下象棋,老婆老汉都有,情调很是悠闲。老人走过一辈子了,应该是悠闲的,然而,并不是只有老人悠闲,几乎所有的西安人都很是悠闲。在门口选一块地方,撑一个台球案子,两个人打,竟有20个人看,笑声一浪接一浪。在新城广场,在钟楼周围,有壮汉常常在溜达,目光迷茫,脚步缓慢,尤其是节日假日,热闹的大街处处有悠闲的人。食堂和饭摊比比皆是,饿了,随时随地都会找到用膳之所。这一切,给那些在西安出差或做客的人一种印象,认为西安人懒,他们惊呼,西安人逛完大街就在路边吃饭,连灶都不开!接着便批评西安人脏,他们直嚷,西安人竟在白天扫地,大街小巷到处是灰土,就这样生活啊!他们想,西安是中国的古都,这里应该是文明的,然而,作为中国古都的西安人,竟是这样落后!对此,西安人并不以为然,西安人这样回敬这种指责:天下哪里都有懒和脏的,你们那里没有吗?不过,天下只有一个西安,这里有过13个王朝,你们那里呢?

谁都否定不了,西安是中国的古都,灿烂的唐代文明,就是在西安这地方呈现的,而且,在西安和它的附近,留下了人类进步的斑斑足迹。蓝田人用手摘果,用手握石,使自己从猿脱离了。半坡人以火煮食,并把鱼的形象烧于陶罐，确实是伟大的创造。告别蒙昧社会和野蛮社会，过上文明生活，是由周人制造青铜器，秦人统一度量衡，汉人开设铸铁坊开始的。王维作曲，李白咏诗，使者攘攘，胡舞翩翩，只是这种文明生活的继承和发展。毫无疑问，这是一种使人振奋的生活，想象之中，那是美好的。然而它毕竟是封建社会的物质文明与精神文明的辉煌。这种文明主要是由农民创造的，依然带有农民思维的印痕，此乃由那个时代的生产方式所决定。所以，古都有其崇高的历史地位，但古都的文明却是昔日之文明，而且唐之后，西安这地方的国都地位就丧失了。文化是可以积淀的，不过积淀下来的文化，并不能顺延为现代文明。只有文化之中的精华，才能作为现代文明而继续闪光。现代文明主要是指现代社会的一种进步状况，它由这样一些因素构成：科学技术的先进，工业的发达，贸易的活跃，开放性和民主性，法制，自由，特别是对人权的承认与尊重。

在西安，尽管有很多高等学府，很多研究机构，但用心感觉，这个城市弥漫着一片迟缓的农民情绪，激进的农民智慧，狭隘的农民意识。这当然是传统文化的消极因素，也是在自然经济基础之上产生的，有着相对持久的惯性，这种惯性现在依然有其势力。西安人过分强调西安是一个古都了，而且对古都的爱，已经干扰了西安人对古都的冷峻分析。西安人对古都的一种温情，甚至使这个城市变成了传统文化，包括它的消极因素的庇护之地。对一些应该批判和摒弃的观念，往往由于对古都的温情，使它得以在古都藏匿和栖息，它还常常摇身而出，作严肃的民族状，作神圣的祖国状，抵挡现代文明，

西安城墙

岂不知抵挡现代文明，才是真正害我民族，损我祖国的。处于古都的西安人，浸淫着传统文化在生活，而且茫茫然地因袭它，陶陶然地发扬它。现代文明，一股一股地冲击这里，渗透这里，不过它远远没有传统文化让西安人容易接受。现代文明，往往会被视为异端，甚至被视为怪兽，西安人站在城墙望着它，神气总不那么平和。接受传统文化，对西安人当然是轻车熟路，因为西安人绝大部分都是由农民转化的。在西安的文化人，学者、教授、作家、编辑、演员，在西安的基层干部，绝大部分只在这里生活了一代到两代，自然而然，他们的思维会带着农民思维的尾巴，他们的做派也会带有农民做派的影子，即使换上西服，那影子依然摇摇曳曳。20世纪50年代以来，从其他城市迁居了一些干部及技术员到西安来，然而，他们与西安人的比例是小的，仿佛把本草移栽在森林里似的。20世纪80年代之后，他们及其子女，能走的，都走了。来的时候，是成批成批来的，走的时候，是一家一户走的。那些从现代文明比较高的城市来的人，往往认为西安人土气，保守，以单一的而不是多元的价值标准看待事物，探视私生活，议论私生活，干涉私生活，这使他们感到不愉快，不舒服。他们的体会未必错，因为西安人似乎一直就以这种习惯在古都生活，热衷于互相打听，互相议论，互相干涉，结果呢，弄得自己建筑不高，街道不宽，花木不繁，天空不亮，票子不多，心境不好。

　　我的结论是：西安这个城市是古老的，但这个城市的人却是年轻的，西安人年轻就年轻在对现代文明的欠缺。大约100年之前，以工业与贸易为主的现代文明，游荡到中国，不过它只涉足于中国的一些沿海城市，西安地处内陆，没有接触的机会。中国开始了市场经济之后，西安人交往了北京人，知道了他们视野的开阔；交往了上海人，知道了他们精神的独立；交往了广州人，知道了他们经营的灵活。西安人到他们那里做客，才知道他们的潇洒，西安人把他们请到这里，才觉得自己的尴尬。西安人当然看到了日本人、泰国人、美国人、英国人、法国人，他们多半是参观兵马俑和大雁塔的，参观之后就飞了，只有少数在这里办企业，做生意。西安人在晚上默默沉思，心情沮丧而不服，不服是主要的。西安人渐渐明白，自己应该去闯荡，去建功，要生存必须这样做。西安人也渐渐知道，只有到市场经济之中，才能进行市场经济。特别是，市场经济才是尖端武器，惟有它，才能冲破笼罩着西安的传统文化之壳，让清爽的空气流入城墙。这空气当然来自沿海，来自浩瀚的太平洋和蓝色的大西洋。西安人年轻，年轻就有能力改造自己，使自己成为具有现代文明的西安人。不过，西安人是典型的中国文化哺育的，自己知道它的精华所在，在汲取现代文明的时候，西安人不希望丢掉那些精华。经过两代到三代的努力，西安人很有可能成为这样一种人：强悍而不失文雅，诚恳而不失圆通，谦逊而不失傲岸，老于世故而生气勃勃，并以新的形象，通过新的丝绸之路,走向世界,并把世界邀到西安。那时候,西安将是一个涅槃的健康而繁荣的西安。这样的西安,只能由西安人创造。

附记:20世纪90年代,西安一家媒体讨论城市的外向型与内向型及其西安人,我有此论。近20年过去了,西安人的突出变化是忙而不悠闲了,急而不迟缓了,此乃形势之所逼。房子、汽车、子女读书和医院看病,强人赚钱,从而忙且急。风俗总体也文明了,不过用餐嘈杂,公共场合吸烟,仍为恶习。现在有了国际化大都市的目标,西安人胸怀喜悦,谨盼注意细节,女士不随便脱鞋,男士不在路边或树根撒尿,出租车不要装铁栏,楼距不要太小。

西安人的文化身份

西安人的文化身份，是从来就有的，只可惜飘摇了一点。叫它古老，它也应；叫它朴实，它也应；叫它保守或土气，它觉得意思不好，便踟蹰着，终于未应，不过也未明确拒绝，遂留下了默认的印象。西安人的文化身份实际上是含糊的，也不十分光荣，尽管也不十分鄙陋。中国有所谓的京派和海派，这种简略的称呼虽然也不算是完全的褒奖，可它却现出一种赫然气度。也许西安人并不追求什么派，但有一个合适的文化身份却颇有必要，因为西安人是要走向世界的。

西安人的文化身份主要是地域赋予的。谚语曰一方水土养一方人，尼采也教导其兄弟要忠于地，都强调了地域对住民的熏陶。西安处四塞之内，而关中则又很是富饶，这决定了西安人不具备进攻与掠夺的天性，然而它也培育了西安人内敛与顽强的品质，因为自己没有退路，遂必须坚守。西安周围的农业极为发达，甚至西安这个城便是农业文明的产物。西安人显然久经春华秋实的轮回，也对日出而作与日入而息有长远的体验，遂对秩序是敏感的，也有遵守秩序的习惯。

西安人的文化身份也是历史赋予的。在西安，充满了历史的实物。城里的塔和碑，城外的帝王陵墓，不知道别人如何，我反正是深为喜欢的。我以为，这些历史的实物无不证明着，此地曾经演出过真正的大剧，而西安人则对种种角色与桩桩故事如数家珍。这些历史的实物也昭示着，此地曾经呈现过尊贵与豪华，开放与风流，而西安人则多少还承传着五陵少年和曲江丽人的余韵。遗憾的是，西安这个城市毕竟有几度衰落，甚至有数次毁弃，沧海桑田，流离失所，西安人很是清楚创伤与屈辱的味道。

为了确定平面上或空间中的一个位置，数学家通常要建立一个坐标。要确定西安人的文化身份，也需要一个坐标，它当然是由地域和历史构筑起来的。我分析西安人与地域的关系及西安人与历史的关系，便是建立我的坐标。我的意思是，也许西安人平稳，缺乏冒险的冲动，但它却蕴蓄，涌动着创造的激情，而且循蹈规律，善于创造，此乃地域的恩赐；也许西安人不够时髦和精灵，但它却言有其渊，行有其源，而且深谋远虑，厚道雍容，此乃历史的恩赐。西安这个城做帝王的京师，历经千年之久，为中国数一数二的古都，这是西安人所独享的。如果一定要给西安人一个简略的称呼，那么是何称呼能得体地反映其气度呢？大约只能是都派。

　　地域和历史对西安人的影响，当然也有负面的作用。西安人粗犷，不过粗犷稍微夸张一点，便成了粗野和粗鲁。西安人也多少残留着等级观念，不很清楚自己的权力，也不能恰当地尊重自己，经常的表现是，要么把自己抬高了，要么把自己贬低了。然而玉就是玉，玉有瑕疵还是玉，所以西安人终于属于都派！重要的是，西安人在走向世界的过程之中，将一定会文明起来。西安人有得是吐故纳新的能力。但愿如此！

西安之所宜

贾平凹曾经亲口告诉我，他将离开西安，到深圳去。我暗想，这不宜。还有朋友告诉我，赵季平也可能离开西安，到北京去。我暗想，这也不宜。依照常理，一个有成就和有影响的人，到规模巨大而汹涌着潮头的都市去，将应该增添其成就，并扩大其影响。不过也有一个风土与人的问题。风土是产生并熏陶个性的，而个性则有适合它发扬的区域。大约基于斯理，周作人说：各国文学各有特色，在中国，省份不同，其文学也不同；尼采说：我恳愿你们，我的兄弟们，忠于地。我的目的不是奉劝贾平凹和赵季平留在西安，并以周作人和尼采为旗。即使我有这样的己见与私心，我也没有这样的权力，而且贾与赵是何许人也，竟要吾辈发言。我的意思仅仅是想指出西安之所长及其所宜而已。

我对西安的迷恋，主要是它在历史上和文化上提供了一些有助于思想的支点。起初，游牧民族与农耕民族在这里冲突并融合，不但导致了中国文明的二元根脉，也导致了新的人种。老子在这里留下的五千言感慨，显然是道教的本源。孔子之学在这里经董仲舒改造，终于得到权力机构的承认，从而尊为社会思想的正宗和主流。佛教的本土化和大众化是在这里完成的。基督教也是从这里开始在中国传播的，一方记载罗马神父活动的石碑，仍矗立于书院门的博物馆。周文王与周武王前仆后继，在这里建立了完备的奴隶制度，表示它森严等级的青铜器具多而系统。秦始皇在这里所作的中央集权，成为他之后的执政阶级进行统治的主要范本。汉的强大与唐的辉煌，都是以这里为基地实现的，而且一直让自己的子孙心向往之。在这里还出现了中国惟一的女皇帝。武则天的成功是一个神奇的事件，标志着女性对权力的运作所能达到的高度，它使一代又一代有理想的女性兴奋不已。

西安坐落于秦岭与渭水之间的平川里，但很多中国人却误以为西安在黄土高原上。当然，西安尘埃舞动，经济比较薄弱，不好做超级的贸易，也不能引导时代风尚。西安没有王朔，也没有宝贝一类的甜蜜角色。西安只是一个古都，然而古都有古都的优势。西安除了它在历史上和文化上提供了有助于思想的支点之外，它的外在节奏是悠缓的，它的内在气质是雄浑和沉厚的，这都宜于从事精神活动。在这里非常适合作哲学的默想和艺术的细琢，当然也非常适合进行历史研究与文化总结。难道别的地方就不能从事精神活动吗？能。不过在西安特别适合以长程思维对种种本质问题作精深的求索。在西安还容易教会众生敬畏祖先，并学习谦逊，因为这里充满了文物与古迹，它们昭示着人类曾经的艰难和伟大。

附记：贾平凹和赵季平终于没有走，这是西安的幸运，也是贾君赵君之幸运。当大官，做大生意，从事某些前沿科学技术研究，也许在西安难以为之。不过精神活动，尤其是艺术创作和哲学探索，在西安还真是合适。若能减少雾霾，恢复清新的呼吸，那么会更合适。数年往矣，我仍如是想。

西安的个性与西安青年的格调

——2004年5月3日在中国南京世界历史文化名城杰出青年对话会上的演讲

女士们，先生们，会议主席：

西安是一个古都。我来自西安。

西安在世界地理的位置，处于北纬34度到36度之间。分布在这个横贯带的规模尚大的都市，西安以东有徐州和大阪，以西有白沙瓦、巴格达、大马士革，还有亚特兰大和洛杉矶。西安在中国地理的位置，处于渭河之南，秦岭之北。西安显然是距北方最远而距南方最近的北方都市。所谓北京时间，是从西安测算的，因为中国大地的原点在西安。

有一种误解，以为西安在黄土高原。实际上西安在关中平原，属于九州膏腴之地。关于西安的资源，思想家荀子说："山林川谷美，天才之利多。"战略家张良说："金城千里，天府之国也。"文学家韩愈说："天街小雨润如酥，草色遥看近却无。最是一年春好处，绝胜烟柳满皇都。"

杜甫曰："秦中自古帝王州。"诗人之意非常真实。在西安建城的三千余年时间，先后有13个王朝在斯设立国都，合计千年之多。它是一个反复搭建的舞台，很多人物都在这里登场演出。在西安所发生的很多事件，一直而且将永远回响于历史的长廊。西安把中国古典文明一程一程地推向了顶峰。

西安是中央集权制的起点。中国人之所以创立这种具有划时代和里程碑意义的政治体制，以黄仁宇先生的观点，主要由于黄河流域适合农耕的土壤、风向、雨量。这种政治体制一旦创立，就成了一种模范，之后的王朝，无非是对它的沿袭而已，或是略作改造。公元前221年便有了中央集权制，显示了中国人对政治的早熟。

是西安决定了儒学的命运。秦始皇在西安坑过儒，烧过儒之书，使儒学陷入了惨淡之境。不过汉武帝又在西安接受董仲舒的建议，把儒学变成了正宗和主流。从那时候开始，儒学作为一种意识形态，一种思想，一种文化，就一直弥漫于中国。西安荣幸地安慰了孔子的心。

老子把西安选为它哲学遗嘱的存立之地。楼观台是一个美好的去处，有一天，老子接受一个地方官员的请求，在这里写了一本几千字的著作，以探索宇宙起源、存在方式、人类矛盾及其应对策略。那些充满形而上学的考虑，提升了中国人智慧的高度，是大有其用的。

佛教在西安完成了它的中国化。这种印度宗教传播于中国，确实经过了几多冲突与含纳，直到唐王朝以法相宗、华严宗、净土宗及禅宗在西安的流行为标志，进入了一个新的阶段。事实证明，文化的认同极为不易！

西安是中华民族融合的熔炉。曾经在北部的匈奴族、鲜卑族和羯族，在西部的氐族和羌族，谓之五胡。为了生存，他们或以协商方式，或以战争方式，从汉到魏晋南北朝，凡400年之久，向西安和它的周边迁移。五胡与汉族的杂居，促进了民族的融合。7世纪之后，又有经商的波斯人和阿拉伯人以西安为家。那些人的后裔今天仍在西安，他们早就完全是中国人了。

西安是丝绸之路的始发站。张骞打开了西域的通道，从而使中国的丝绸到达地中海沿岸，并辗转进入罗马。由斯开始，中国便让西方惊喜和赞美。我欣赏一些学者的观点，认为先有以英语China指中国，后有以China表示瓷器，而用China指中国，则是丝绸对中国的替代。大千世界，惟有中国是以一种发明命名的。丝绸之路真是伟大！

西安在历史上是中国青年的太阳城。卫鞅以其改革成为商君，张仪以其连横之计和李斯以其管理方略皆当秦相。在唐王朝，西安更为青年所向往。从初唐到晚唐，计有两千之余的诗人在西安工作和活动，闻达者有骆宾王、陈子昂、孟浩然、王维、李白、杜甫、白居易、贾岛、李贺、李商隐。

西安在历史上是世界文化的集散地。随丝绸之路而来西安的不仅仅是果蔬和神马，还有印度文化、波斯文化和希腊文化。特别是在唐王朝，西安有很多日本和高丽的使节。西安还确保信仰的自由。称之为景教的基督教在公元635年进入西安，并建有大秦寺，接着有拜火教和摩尼教长驻西安。那时候西安还充满了西域的气氛：胡舞、胡食、胡服，无不可见。西安交会着世界文化，并以交会之后的中国文化影响了日本、高丽和越南，甚至印度、波斯和罗马。

西安到处都是文化遗产。周之器，秦之砖，汉之瓦，唐之塔，是其典型。西安周围耸立着近乎80个帝陵和近乎800个陪葬之墓，其中誉满天下者有秦陵、唐高宗与武则天乾陵。当然还有人文初祖黄帝陵。

女士们，先生们，这种种因素，构成了历史的西安，文化的西安，现实的西安，而且正是这些因素，塑造了西安的个性，使之成为中国独一无二的名城，世界独一无二的名城。

西安青年便生活和劳动在这种环境之中。西安的历史与文化，时时处处影响着西安青年的感悟、风尚和灵魂，并形成了西安青年的格调。既然中国人曾经屡屡选择西安作政治中心，那么西安就存在着一种资质，这让西安青年寻味和遥想。西安当然对中国和世界作出了贡献。西安青年为自己的故乡而骄傲，并赤诚地热爱它。西安使西安青年发现了人类生活的壮阔波澜，从而构建了他们广阔的精神空间。西安青年既接受孔子的教导，又聆听老子的声音，而对佛教则尽力领略，所以他们颇懂兼济天下与独善其身的平衡。西安青年对任何民族都是友善和平等的，这由于他们本在一个民族众多之地成长，也由于他们可能就是民族融合的结果，起码他们一直体验着众多民族和平共处的快乐。西安青年经常讨论五陵少年和长安游侠，当然更推崇霍去病的勇敢和王昭君的追求。西安文化具有鲜明的整合性与辐射力，它的如斯特点，培育了西安青年对于文化的宽容心理和开放气度。

女士们，先生们，西安青年从来不认为历史是一种负担，也从来不感到历史会羁绊自己的思想，反之，他们深沉地意识到文化遗产的价值。面对文化遗产有意无意地损毁和湮灭，他们心疼。他们要向社会的上上下下大声呼吁：应该像保护水和空气一样保护文化遗产。他们清醒地意识到：文化遗产不仅仅属于一个时代。文化遗产应该像柏拉图的思想、莎士比亚的戏剧和贝多芬的音乐一样，是属于所有世纪和所有子孙的。

谢谢大家！

西安：中国文明的锤炼之地

——2005 年 10 月 21 日在第十五届国际古迹遗址理事会认识西安情况介绍会上的发言

女士们，先生们：

中国文明显然是人类最悠久和最重要的文明之一，曾经给世界以强劲的影响，式微 200 年之后，现在，随着经济实力的增强，中国文明将再一次为世界所关注，它也有可能再一次作用于世界。孔子学院在海外的建立便是一种风向。

论中国文明，凡学者无不认同它包含着儒家思想、道家思想、佛教思想，而这三种思想的确立和传播，精深和光大，则是在西安完成的。我以为西安是中国文明的锤炼之地。

关于儒家思想，其原创者和大成者当然是孔子。不过孔子敬拜的人，是在西安一带建功立业的，其为周公。孔子有一度很悲哀，说："甚矣吾衰也，久矣吾不复梦见周公！"足见景仰之情。周公制礼作乐，以仁治国，为孔子所十分推崇，而他终生奔波，遍地游说，则是希望恢复周公之礼，天下归仁。问题是，周公的种种文明之举，皆是在西安一带发生和推行的。当然从孔子之述到儒学之立，经过了几百年，而且先有其枯，后有其荣。把孔子的主张整合为儒家思想，确立为社会正宗，把孔子提升为至圣先师的，是董仲舒，是他向汉武帝进言："臣愚，以为不在六艺之科，孔子之术者，皆绝其道，勿使并进。"汉武帝接受了董氏所议，遂有罢黜百家，独尊儒术，之后成为中国悠久的传统，凡中国人，无不受儒家思想的熏陶。问题是，儒家思想成为中国社会主流的这一关键环节，也是在西安发生的，并由西安普及天下。

关于道家思想，其祖李耳是公元前6世纪楚国人，他见够了兴衰，想透了荣辱，遂主张绝圣弃智，小国寡民，避世无为，贵柔守雌。这些见解，都是道家思想的基本原则，成为中国人在社会重压之下得以生存的方法。老子的方法仿佛是在庭院另开后门，前门不好走，前门堵死了，还有后门可以通行。苦难的中国人，往往是靠道家思想生存的。西安附近有楼观台，周朝大夫尹喜曾经在斯地仰观天象，发现紫气东来，结果竟是李耳西行，他打算隐居而去。应尹喜请求，老子留言五千，表达了他的主张，遂为道家之源。

关于佛教思想，其从白马负经到雁塔藏经，凡600年之间，派别繁多，流布复杂，有泉涌漫溢之感。它本是印度人的创造，中国人对其发生兴趣，是因为长期战乱，儒的天命和道的长生遭到怀疑。佛的因果报应和生死轮回之说，不仅仅给痛苦的灵魂以安慰，而且也像给沉闷的铁屋装了一扇天窗，可以透光并透气，甚至是多了一条活路。佛教为中国人所接受，有一个中国化的过程，是非常艰难的。法门寺舍利之迎送，在唐朝共有七次，它像开展群众运动一样，为佛教造了声势。玄奘取经而归，受唐太宗欢迎，并请其住慈恩寺，由斯立法相宗。武则天争权和执政，以佛教为自己包装，从而支持了华严宗。善导创净土宗，在关中修行几十年，葬神禾原，并由僧徒造香积寺。官方对佛教的高度尊奉，尤其是三大派别在西安的光大，标志着佛教中国化的实现。

在西安还有一些伟大的事件，其发生及效应，建构了中国文明，并成为中国文明的素质。秦始皇的中央集权制开辟了一条具有样板作用的统治之路，对文字的统一，显然也有助于其统治，而且有利于社会团结。张骞出使西域，使中国人懂得了外交，而唐朝对万国使者的接待，则是自信并成熟的民族交际了。也许自那时候始，中国文明之中便已经有了国际意识和国际准则，所谓礼仪之邦，闻名遐迩。

西安，过去伟大，现在光荣。

谢谢大家！

一座润泽与馨香之城

天下之城,各有其美,不过论软实力,似乎还是大的大,小的小。有的地方经济发达,容易致富,但生活起来却总欠舒服,甚至灵魂无寓,心有所失,常常显出一种紧张感,漂泊态。我看这样的地方,软实力就差一点,因为人不是赚钱的工具。

西安有精神家园

考察西安的软实力,不可忽略这座城所独具的一个又神奇又深远的背景。

城以西安名之,固然是1369年,明朝的事,之后经清朝,中华民国,沿袭到现在,但这座城的营造却是以故国旧都做基础的。它的前身是长安,是咸阳,也是镐京和丰邑。在西安的鼓楼上,高悬一方巨匾,题额曰文武盛地,意为周人尝在此创业功立,足证西安之奥博。

西安为城,显然是融于形胜、史迹和遗址之中的。尤其唐的塔、汉的霍去病墓石像、秦兵马俑、周青铜器,凡此华严瑰伟之物,无不是西安人可以朝夕见面的。

在西安地图上能够看到的朱雀门、含光门、新开门、土门、洒金桥、窦府巷、景龙池、索罗巷、草场坡、安仁坊、柳巷、庙坡头、月登阁、丈八沟、白家口、瓦胡同,都是唐人所留下的。也许通过这些地方,陈子昂投过书,王维上过朝,李白使过性,杜甫求过仕,韩愈落过榜,白居易遭过贬。诗人的悲欢仍在回响吧!西安人昼发夜行,来来往往,踏的显然是唐人曾经出出进进的道路。

西安人未必有考据癖,然而天赋一种历史感,易于借鉴,善于变通,知道自己的身世,不孤独,不孤陋。

玉兽面

夔文牛尊

难得的精神家园，西安让我喜欢。生活于斯，可以荣幸地负古抱今，念天地之苍茫，感天命之反侧，以洞明真理，顺应潮流。

西安有活的文化形态

西安的软实力，也在于其文化形态。官方的各种文化设施和机构，各类文艺奖项之颁发，也会时时构成新闻，制造轰动，轩然酿成一种文化气氛。这样的气氛应该是西安的一种软实力，然而中国各城都会如此运作，经济发达之城甚至会做得热烈和璀璨，遂难免让西安逊色。

不过西安还有一种文化形态，它像水一样自泉而涌，顺势而流，在平地小溪潺潺，遇山便蜿蜒曲折，或应物变形，或汪于沟壑，然而不会止息。这样的文化形态是西安的收藏、书法和文学。

有一个江南人毕沅，曾经在乾隆年间任陕西巡抚，工作之余，喜欢考古。从金石学出发，他研究刻石、瓦当、碑版，并著而成书。毕沅之举，上承下启，具有榜样的力量，影响了西安人对古玩的兴趣。于右任在中华民国有一阵任陕西靖国军总司令，出于书法艺术的丰润，在洛阳采集了一批刻石和墓志，尝携往北平。日本人占领南京之前，他发现局势危险，便将其送至西安，存之于碑林。西安还有一位雅士阎甘园，王子云在1945年见过他的收藏，竟有赵伯驹的画、周之兵器、秦之玉器、汉唐刻石，还有瓦当，咸为珍品。王子云是安徽人，在中华民国年间，尝为教育部西北艺术文物考察团的领导，到陕甘宁一带来调查建筑、碑碣、刻石、陶器等等之所遗，之后在西北大学执教。他收藏佛首、铜镜和拓片，尤以瓦当而重，书房遂为百瓦斋。

在20世纪中叶以后，由于革命的运动，古玩之收藏骤然停滞。不过一旦社会松动，收藏古玩及文化研究，便在西安枝繁叶茂。现在，这座城有种种收藏协会，逢集之日，古玩市场摩肩接踵，一片鼎沸。不敢认为淘宝者都是求道者，然而祖先所遗之文物，其或大或小，皆有道在，是文化之所寓。我所知道的，西安众士多行专项收藏，或玉，或瓦，或瓷，或印，千珍万宝，越分越细。

闲逸之时，约几个朋友，围坐八仙桌，吃着茶，低一声高一声地讨论玉质、陶饰和铭文，似乎只有在长安，在故国旧都的某个街巷里才有意味。

汉字的艺术化便是书法。天下只有汉字进入了审美领域，足以欣赏。其由篆而隶，经几千年锤炼，到唐楷的出现，才标志着汉字的真正成熟，并使书法艺术高凌巅峰，倾臻化境。这一切，显然都是在长安完成的。一代大师虞世南、欧阳询、褚遂良、颜真卿、柳公权，都尝以书法艺术使皇帝推崇，为雅士景仰。大师逝矣，但他们的作品却留在了碑林，并为世世代代所学习。明以降，西安的经济水平尽管一直彷徨徘徊，但书法家却层出不穷。清的王杰、阎敬铭、宋伯鲁，中华民国的于右任、党晴梵，张寒杉，当代刘自椟、陈少默、卫俊秀，无不各有风格。书法之风一向悠然，于今为烈。

在西安的公园总能看到一些人一手提桶，一手握笔，蘸水在石板上或砖头上刷着，水到字出，水干字消。书法培训班比比皆是，家长不一定都要让孩子当书法家，不过颇想造成一种修养。西安的大街小巷，凡饭馆、药铺、发廊、衣屋、客栈、网吧，多有当代书法家所题匾额的。

唐诗在此为盛，但文学的传统却能远追周颂汉赋。不过要论奇葩，仍是唐诗。唐长安是那时候一代青年的文学的天堂，即使漂泊，也要交游于斯。

风雅时有其衰，但文学的余芳只要逢春却是要挥发的。辛亥革命以后，社会遽然开放，人的文学应运而生。中华民国年间，西安突出的一位作家是郑伯奇，参加过五四运动，郭沫若、郁达夫、成仿吾，都是其朋友，遗憾西安人纪念他不够。20世纪50年代，一批在延安窑洞里接受了毛泽东思想的作家蜂聚西安，他们紧执文学，尤以柳青小说之影响最为深刻。西安的三个作家：陈忠实、路遥、贾平凹，无不以柳青为师，只是程度有异罢了。在西安，文学之受追捧，柳青的成功是一个重要原因。陈忠实、路遥、贾平凹，此三人的成功也是一个重要原因。

西安的文学，曾经以温柔敦厚为原则。五四之启蒙，有前驱张扬人的价值，使文学发生了质的变化。郑伯奇应该属于此流派的作家，可惜他在西安不够闻达。还有一个伟大的作家，对西安的文学有潜在影响，其为龙门人司马迁。汉武帝给他了一个宫刑的惩罚，然而他不隐恶和不虚美的品质，当永远使人高山仰止。司马迁的身体残了，但他的灵魂却一直在这里的长空游荡着。

文化形态远远大于收藏、书法和文学，不过它们让西安的文化形态生出别样的魅力。只有为中国文化所浸润的人，才会喜欢收藏、书法和文学。西安人从骨子里喜欢它们。收藏、书法和文学是西安一种活的文化形态。

西安是非常宽容的

实际上西安之软实力卒归于西安人的意识和素质，因为得鼎者固然英明，然而如果守鼎者荒淫暴虐，那么其终将使近者怨，远者隐，即使不失鼎，鼎也会失色。

西安人的民族成分主要有汉族和回族，融合既久，早就共处。西安人还有20世纪以各种各样的原因迁徙而来的河南人、上海人和北京人。西安很老，然而西安人并不单一。西安是一个有中国特色的移民之城，起码西安有移民的元素。随着企业和贸易的发展，西安的移民显然越来越多。今之西安，世界上任何地方的人都是有的。这些都调整着西安人的意识，并养成一种趋于文明的素质。

我始终能感到西安人是亲善的，厚道的，所谓古风犹存，古道热肠。向其问路，西安人，尤其是长者，必耐心指点，甚至会拉你往岔口去，一定要让你辨别得清清楚楚。姑娘多是矜持的，易恼的，从小父母便教其要防范的，然而西安的姑娘朗然大方，只要没有歹意，搭讪也受得，玩笑也开得，绝无褊狭冷酷孤傲小家之气。

西安人也有宏阔之视野和丰富之见识，这基于此城风土的熏染。长安曾经是一个国际大都市，罗马人、印度人、粟特人、波斯人、大食人，都在此城生活。西安的回族人，有的就是当年的波斯人或大食人之后裔。有秦以来，中土之外的人，特别是西域之人，皆为胡人。唐长安胡人甚多，流行胡服和胡食。李白似乎总喜欢往胡姬所经营的一个酒肆去微熏或沉醉！长安当年的宗教除有道教之外，还有佛教、景教、拜火教、摩尼教，大有宗教自由之气象。西安属于如此传统之下的一个城，西安人遂新事不轻率拒绝，奇事能淡然处之，一切都仿佛经历过，体验过。

西安人也是时尚的，这主要表现在衣饰上。西安姑娘是时尚的风向标和观测点。凡是几十年以来，在中国流行过的喇叭裤、健美裤、一步裙、高筒靴，西安的姑娘无不领略过，享受过。现在流行的是露脐装、露背装，一到夏天，西安的姑娘其美如云，飘来拂去，常常让男人目馋而心痒。真空装不久也会上身吧！西安是非常宽容的。

王昭君为什么嫁匈奴

王昭君嫁匈奴，当然属于历史上的事情。历史上的事情是无穷无尽的，不过由于有上帝在一个神秘的作坊进行调度，让一般的事情随生随灭，遂避免了滚滚而来的事情像垃圾似的肆意堆放，避免了垃圾越扔越多，越多越乱，从而占据空间，堵塞交通。我想，上帝的运作，大约要的就是这样的结果，有了这样的结果，才能建立一枯一荣的秩序。

王昭君嫁匈奴，尽管是很古旧的事情了，可历史上却一直有它的位置。也许是上帝的疏忽，也许是上帝深思熟虑的设计，总之，上帝是没有删除它的。

历史是一条河，虽然我不知道中国之河源于何山，归于何海，但我却多少知道它曲曲折折，是一直向前流动着。我还知道它流动到阳光之下也好，流动到阴雨之中也好，它都带着王昭君。

王昭君确实是处处经历，闻名遐迩，进入什么时代，什么时代的人便要探究她一番，而且一旦看见她，就必然对她感慨万千，连连赞叹。

对王昭君的评价，富于中国特色的观点有，她是一个美女，她嫁呼韩邪单于的慷慨之举保障了汉帝国的安宁，她使汉族人与匈奴族人的友谊增加了，她还把一些农业文明输入草原的部落。这些观点当然都是对的，属于正统的声音，为主旋律，是可以荡漾在大会堂的。

除了正统的声音之外，还有一些别致的声音，这当然只能是一些卓越的文化人发出的。他们上巫山，下沧海，撕遮天黑云，劈盖地白水，已经越轨思维，独立精神，并敢于敲破皮壳而掏出实质亮于天地之间。他们往往是扛着黑暗的闸门的人，也是引导光明进入铁屋的人。

关于对王昭君有新意的评价，我想到的是杜牧和王安石。他们有感于王昭君的命运遂大鸣大放，其腔调显然偏离了常规的曲谱。

杜牧体悟了王昭君的哀伤和凄苦，诗曰：

> 青冢前头陇水流，
> 燕支山上暮云秋。
> 蛾眉一坠穷泉路，
> 夜夜孤魂月下愁。

王安石直指汉帝国元首的无情无义，惊涛拍岸，秋风落叶，诗云：

> 明妃初嫁与胡儿，
> 毡车百辆皆胡姬。
> 含情欲说无语处，
> 传与琵琶心自知。
> 黄金杆拨春风手，
> 弹看飞鸿劝胡酒。
> 汉宫侍女暗垂泪，
> 沙上行人却回首。
> 汉恩自浅胡自深，
> 人生乐在相知心。
> 可怜青冢已芜没，
> 尚有哀弦留至今。

张鹏翮是清帝国外交官员，1688年他要到莫斯科去磋商一个和约，经过呼和浩特，看到了王昭君之墓，触景生情，大发议论。他认为汉帝国以王昭君嫁匈奴而争取安宁，是应该羞愧的。他还劝王昭君不要抱怨，因为她即使没有出塞，也不一定能得到汉元帝的宠爱，终究是要寂寞度日的。张鹏翮诗为：

> 独留青冢古城隅，
> 愧杀当年汉丈夫。
> 万里长城凭粉黛，
> 千秋国士老樵渔。
> 香溪流影魂飞动，
> 塞上吹箫凤有无。
> 延寿写真君莫恨，

王昭君为什么嫁匈奴

长门空锁月明孤。

当然也有人颂扬王昭君是英雄的,甚至还有人无穷无尽地拔高她,竟拔高到了滑天下之大稽的程度。我永远忘不了20世纪70年代一个老师对王昭君的夸张。我是在长安杜陵中学读书的,中学的政治课老师高忠义曾经站在讲台上说:"王昭君出塞是对社会主义中国的热爱,是对中国共产党的热爱!"

现在是多极化和民主化时代,我可以发表意见了。我的问题很简单:王昭君为什么嫁匈奴?我关注的是王昭君这个人的生存状态,这个女性的基本欲望及其丧失。

我隐隐感到在中国历史上存在着一种性剥削与性压榨,只是它陷在了文化之中。为文化所包裹的性剥削与性压榨,仿佛盖上了一床合法并合情的被子,中国人遂不以为怪。中国人甚至还习惯于给它闭上门,以防谁打扰了它。

明仇英所绘明妃出塞图

性剥削与性压榨的虚伪性和残酷性显然是深深地藏了起来，遂难以发现它的不是，而且如果谁发现了它的不是，指出它的不是，那么谁就要触电。

不过在我看起来，触电是一件很刺激的事情。尽管触电是有风险的，但它却能开拓体验的疆域。也许它的美妙就在于此。

我早就注意到，整个世界的人都在赞美王昭君，是因为她嫁匈奴有助于世界和平，她的行为符合所有人的利益。王昭君以特殊的方式，为中国人作出了特殊的贡献，她当然应该受到赞美。不过我认为，对王昭君这样的女性，仅仅泛泛地褒奖她一下，似乎是不够的。也许事情并不这样简单。

你不能只是怀着好奇之心走近她，打量着她，或出于礼貌和修养夸她几声，随之放下她，回到你的屋子，坐在沙发的凹陷之中，继续享受优越的生活。这样是不行的，这样将显得你缺乏同情和悲悯，甚至无情无义，冷漠，自私。

实际上你有必要静静地为她想一想，并充满感动地过去拉住王昭君的手，望着她的眼睛，真诚地询问她是不是高兴嫁匈奴的，她嫁匈奴是不是最满意最美好的选择，她嫁匈奴是不是自己非要不可的生活，她获得了幸福没有。

我的思考就是这样开始的，它已经开始了，大约从中学的政治课老师拔高王昭君的时候便开始了。

王昭君家在秭归，那是长江南岸的一个村子，有幽静的石板路和小溪流。算起来，她离开村子的年龄，最早不早于14岁，最迟不迟于16岁，很可能是花鸟使一类的官员在秭归处理公务之际发现了她，遂提出带她到长安去。

到长安去，当然是侍奉汉元帝，实际上就是当宫女。我没有看到关于王昭君父母的情况介绍，不过依汉政府对宫女的要求推测，他们属于良家。起码是良家之女，才有资格侍奉皇帝。

不清楚花鸟使一类的官员是怎么给王昭君许诺的，或怎么哄骗她，怎么威胁她，总之，她要赴长安做宫女了。小小的村子，出了一个侍奉天子的人，遂引起了很大的轰动。人是复杂的，于是对王昭君羡慕和担忧的就都有了，而且他们各有各的道理。

也许旁观者清，当事者迷，当事者迷的王昭君，是又激动又害怕地进入长安了。

我以为，王昭君看见的长安应该是巨大的，繁华的。看见长安的城墙和车马之后，她紧缩的心也放松了一点。

让王昭君惊喜的是后宫的建筑和装饰，还有住在这里的成群结队的丽人。丽人穿着漂亮的衣服，绾着发，画着眉，要姿有姿，要态有态的。重要的是，王昭君有了自己的房子，是一个太监带她到房子去的。太监叮咛她好好调养，等待召幸。所谓召幸就是遵汉元帝之命，让妃嫔或宫女跟他做爱，以满足他的性需要。

王昭君为什么嫁匈奴

尽管王昭君没有当宫女的经验，不过以其聪慧的天性，她完全可以猜测到会有什么事情发生。依她的意愿，她当然盼即将发生的事情不要突然降临，她甚至恐惧自己要侍奉的人。她认为还是等待一阵好，于是她就等待。

怀着希望的等待，使王昭君产生了一种朦胧的快乐，它像温暖的水似的涌之于心，润之于身。王昭君觉得还是等待一阵好。

在王昭君感到是有把握实现的希望，实际上是非常渺茫的，这就像在她窗外或门前有一朵花，她想，只要自己推开窗子，走出门，她便会看见花，甚至还会把花摘下来。问题是，她必须能够推开窗子，能够走出门，如果不能呢？如果不能，那么她的希望就仅仅是一个希望了。她可以想着花，但她却不能看见花，更不能把花摘下来。

皇帝是应该拥有众多女性的，这似乎是中国文化的一个成果。在理论上，它固然是要给皇帝提供丰富的资源，以顺利地生产龙子龙孙，但在实践上，它却演变为满足皇帝性幻想的途径了。结果呢？结果是既毁了皇帝，又毁了女性，还毁了国家利益。

中国文化产生这样荒谬的一环，当然有其历史的必然，不过，它究竟属于污点。历史总是有所淘汰，有所扬弃的，我的意思是，由于皇帝及其拥有众多女性的规定是非人性和非人道的，是一个污点，所为历史的潮流洗刷了它。历史是冷酷的，但它有时候却也显得善良而公正。

供汉元帝使用的女性计以数千。比较起来，他的妃嫔和宫女并不是最多的，当然也不是最少的。在汉元帝周围的女性，繁而不乱，拥而不挤，确实是茄子一行，豇豆一行。其女性所呈的布局是，一个皇后，为妻，王政君皇后，皇后下面有14个品位的妾，就是所谓的妃嫔，我所能点出来的封号是：昭仪、美人、良人、婕妤、娥、华、充依、八子、七子、长使。妾属于夫人，在妾之外，汉元帝还有浩浩荡荡的宫女。

后宫万紫千红，王昭君只是一点。尽管这一点含雪雾之香，发露珠之光，但由于她毕竟是混淆在熙熙攘攘的宫女之中，却难获召幸。凤鸣，其他鸟也鸣，这就需要听声才能知道凤，狐软，其他皮也软，这就需要摸裘才能知道狐。可汉元帝却不能，他也没有一一召幸宫女。

王昭君等待了很长一段时间之后，总不见什么动静，便有一点坐不住了。她很惊慌，很急，然而急有什么用呢？吃是不愁吃，穿是不愁穿，而且食有美食，衣有华衣，惟日子无聊得很。于是她就数树上的叶子，辨天上的星斗，或久久沉浸在自己从琵琶弹出的音乐之中，以排遣愁闷。

汉元帝是好色的，不过他也颇能追求女性品位，甚至是一个非常多情的人。在他当太子的时候，曾经喜欢一个女性司马良娣。不知道这个姬以什么迷住了太子，她病了，太子竟为之形容枯槁，并闹着要随之而死。他还突然变得对其他女性冷漠起来，甚至十分嫌恶。

父亲汉宣帝担心太子真的呜呼哀哉，或失魂落魄地损坏身体，从而缺了子嗣，遂命王皇后从他的宫女之中选5位给太子，由太子择优使用。但太子却没有什么兴趣，只是害怕拒绝这些宫女惹汉宣帝生气，便潦草地指了指一个靠近他的宫女，便是王政君。

王政君不杰出，但她却有运气，竟神速地生了一个儿子。随着太子即位为汉元帝，王政君遂一下晋升为皇后了。不过她也知道，儿子才是其晋升的动力，她当然爱自己的儿子。

命运都是无常的，它有起有伏，有明有暗，在变化之中保持着一种平衡。尽管王政君有运气，当了皇后，但她却未能超越命运的法则。事实是可怜的王政君，当皇后仅仅一年之后，便只剩下了皇后的虚名，因为丽人如花，汉元帝要忙着采撷其他丽人了。

在王昭君进入长安那年，汉元帝才36岁左右，几乎还是一个青年。但长期好色，却严重地流失了他的健康。他隐疾闪现，精神萎靡，往往心有余而力不足，甚至不能亲自挑选自己所要的宫女。

汉元帝对宫女的召幸，居然增加了一个可悲的中间环节，这便是让画师绘宫女的图像，之后才依图像挑选，他中意谁，便通知谁。

一般是在黄昏，专门负责汉元帝性生活的太监，会拿着一卷宫女的图像，到汉元帝的房子去。经过汉元帝同意，太监将高高举起宫女的图像，以让他检阅。汉元帝是蜂蜜灌大的，糖已经不足以启动他的激情，于是他就略略过目，圈定一个饶有兴趣的宫女。太监答应着，收起一堆图像，青烟似的溜走了。太监急着报告喜讯，并吩咐获准召幸的宫女赶快洗漱打扮。

以图像召幸宫女，是变通的办法，也是偷懒的办法。它隔阻了一个男性对女性的追求，也取消了一个女性对男性的吸引。它使丰富和奇妙的生命活动，使温馨的爱和神圣的繁殖之举，统统变得苍白如纸。它显然还容易在某个段落导致腐败。

王昭君盼不到召幸的消息，便有一点虚，但她却还在顽强地盼。终于有一天，太监敲门传唤她，要她化妆一下见画师。尽管见画师不是见皇帝，但它却仍使王昭君高兴，因为见画师，绘以图像，就仿佛挂号，挂号之后才能使自己排在预备召幸的队伍之中。

画师毛延寿见宫女见得多了，不过他看到王昭君还是奇异地睁大了眼睛。他觉得这个宫女不管是相貌，还是肤色，还是气质，都是超尘拔俗的。他认为王昭君应该是花中之蕊，玉上之雕。

毛延寿的技术倒是高明的，但他却经常利用宫女召幸心切，暗中收取贿赂，是一个卑鄙的家伙。毛延寿当然也不敢把丑女提升为美女，然而他可以让美女减去颜色，变成平庸的宫女，除非你给他财物。那些标致的宫女，甚至是所有的宫女，谁不想让画师绘一幅吸引汉元帝的图像呢？于是她们就倾其所有，给画师钱，或首饰，或锦帛，以买通画师，让画师增加她们的颜色。收取财物便渐渐成了毛延寿的习惯，为了顺利敛富，他还摸索了一套如何敲诈的办法。

对王昭君，他当然是狮子大张口的。可王昭君却自知非凡，有尊贵的品质，偏偏不给他财物，而且很是傲岸和决绝。这一下惹恼了毛延寿，于是王昭君的图像就在毛延寿手下变得粗疏起来。

大约一年之后的一个黄昏，专门负责召幸工作的太监举着一组宫女的图像让汉元帝检阅。太监发现，当汉元帝看到王昭君图像的时候，一脸沮丧，甚至那至尊至贵而至高的鼻子竟嫌恶地耸了一下，遂把王昭君的一页翻了过去。

太监的动作训练有素，很轻很灵，但他那小小的动作，实际上却封禁了一个稀世美女的青春，关闭了一个绝代佳人的光辉。在我看起来，太监收捡图像的动作，是一个残酷的动作。

人类在婚姻方面所取得的进步，已经在中国冲决了男性强加于女性的种种不平等与不公正的道德枷锁。一夫一妻，由于它是合乎人性与人道的，终于变成了中国人普遍遵循的法则。也许这样的法则还不是人类关于婚姻的最好的法则，不过在现在，它似乎还是最文明的。

但在过去一个久远的时期，中国却实行一夫多妻，皇帝威重如山，其所拥有的女性之多居然成千上万。

依逻辑，生活在后宫的女性与生活在皇宫的皇帝应该是彼此对口的，互相隶属，并应该各尽各的义务。皇帝是特殊的人，让他多妻也可以，不过多得密密麻麻就一定好吗？实际情况是，结果是，女性能够满足皇帝的需要，但皇帝却没有力量满足女性的需要，甚至皇帝根本就没有满足女性需要的观念，因为后宫的女性是很多的，可皇帝却只有一个，而且皇帝确信，天下的女性都应该为他服务。

中国文化博大精深，然而在鼓吹女性都应该为皇帝服务的问题上，其既不博大，也不精深，甚至恰恰相反，它透露了这个文化霸道和自私的一面，褊狭的一面。

一个男性与成千上万个女性显然是不平衡的。不平衡把后宫的女性完全推进了灾难之中。不过她们谁会甘心于自己悲惨的命运呢？她们都在努力着，并希望逃出水深火热。

问题是她们到底能做什么？实际上她们还只能依靠皇帝，因为皇帝是改变她们命运的惟一保障。没有皇帝的恩爱，她们将注定没有出头之日。于是她们就以女性所有的心智与技巧接近皇帝。

不过由于皇帝是成千上万个女性所要接近的惟一一个男性，遂必然导致她们争宠。争宠是激烈的，有时候还充满了血腥。争宠把后宫的砖砖瓦瓦都变成了仇恨与阴谋。

王皇后的失落，其主要原因应该在于汉元帝，在于其喜新厌旧，但王皇后却不这样认为，也不敢这样认为。她确信她的痛苦，是傅婕妤造成的。

王皇后为皇帝生了一个儿子，傅婕妤也为皇帝生了一个儿子，这一下就把两个女性的价值拉平了。尽管还存在着王皇后与傅婕妤在身份上的区别，但汉元帝却渐渐在感情上有所倾斜，而且他喜欢傅婕妤显然甚于喜欢王皇后，喜欢傅婕妤所生的儿子也甚于喜欢王皇后所生的儿子。

一个严峻的事实是，王皇后不能自由地接近汉元帝了。她见汉元帝，似乎只能在汉政府举行大典这种皇帝与皇后都必须出席的场合。可她在公共场合所见的汉元帝仿佛一个陌生的人。

王皇后知道汉元帝与傅婕妤是经常呆在一起的，然而她不清楚傅婕妤早就在以浑身的解数使汉元帝迷恋她，并使傅婕妤的儿子以汉元帝的所好为所好，以汉元帝的所恶为所恶，从而全面博取汉元帝的欢心。

春风吹雨，秋月照水，王皇后在一个豪华的房子过着愁云惨雾的日子，因为她感觉，傅婕妤是有可能取代她的。她觉得这样的结果将非常可怕！

那么傅婕妤就可以得意扬扬吗？非也。

虽然汉元帝是喜欢她的，但汉元帝却一直没有让她当皇后的具体措施。汉元帝是有自己的难处的，这便是汉政府的文武大臣，以维护秩序的习惯和势力在维护着王皇后的地位。如果汉元帝提出废黜王皇后，那么汉元帝将会受到他们的反对。他们理直气壮，严阵以待。

在傅婕妤为取代王政君而奋斗的过程，冯昭仪也以她的魅力发动了进攻。傅婕妤知道冯昭仪风清月柔，口蜜心灵，自有其优势。傅婕妤与冯昭仪在暗中的角逐灯红酒绿，此起彼伏，渐渐进入了一个相持阶段。

任何人都不料，打破傅婕妤和冯昭仪平衡格局的，竟是一只熊。有一天，汉元帝到上林苑去观兽斗，傅婕妤和冯昭仪作为皇帝所喜欢的女性，应邀陪同皇帝。在汉元帝及其随从趣味盎然地欣赏动物互相厮杀的时候，一只熊突然跑出围栏，愤怒地冲向汉元帝。突然接近汉元帝的一只熊，吓得人大呼小叫，抱头逃命，惟冯昭仪亭亭玉立，以身挡之。熊对桃花之灼一时迷乱，遂傻傻地迟疑起来。当是之际，卫士才跑过去杀了熊。

汉元帝问：人皆恐惧，你怎么就能以身挡熊？冯昭仪说：我怕熊伤你，便以身挡之。汉元帝深为感动，便迅速偏心冯昭仪。傅婕妤又恼羞，又悔恨，但她却无可奈何！

王昭君为什么嫁匈奴

清金廷标所绘婕妤挡熊图

处于外围的妃嫔,有的也曾经得到召幸,只是一次两次性生活,并没有使她们为汉元帝怀一个儿子,遂仍不能浮出水面。这样的女性是最迷茫和最焦躁的,由于她们已经为皇帝服务了,知道了皇帝的脾气,显然是多少能够总结一些如何让皇帝更快乐更满意的经验的,于是她们就时刻准备着,要乘新的服务之机,得到皇帝的欢心。依她们的推算,如果汉元帝还想她们,还想她们的肌肤和聪慧,那么汉元帝将一定会派太监召幸她们。她们天天守候门口,注意召幸的消息。

不过她们的分析并不对。实际情况是,由于汉元帝已经领略了她们的芳香和神气,从而感觉平淡,永远地放弃了她们。

处于外围的妃嫔,最害怕和最痛苦的,便是这样的局面。它所燃起的嫉妒之火,常常会使她们把矛头指向其他丽人。她们泄愤的方法一般是要掏钱雇一个巫婆,并根据巫婆的教唆,把自以为妨碍她们召幸的妃嫔作为木偶,针扎其胸,语咒其灭。

但以木偶所进行的报复活动,却是皇帝极其讨厌的,于是她们就不得不偷偷干,把木偶藏在床下,埋在墙角,惟恐人发现,因为如果谁发现了她们的勾当,并报告之,那么追查出来,一般都要毙命。

在汉帝国,几乎所有的元首都很迷信,他们害怕巫婆所做的事情,并总是命令司法机构打击巫婆和雇用巫婆的人,甚至会株连九族。

处在边缘的当然属于宫女,宫女是很多的。从进入后宫到获得画师所绘的一幅图像,是宫女必须等待的一个过程,残酷的是,这个过程竟没有准确的时间。停留在这个过程的宫女,显然是不具备让汉元帝检阅的资格的。不过即使有一天某个宫女熬到了时间,画师可以给她炮制一幅图像了,实际上她还是没有把握能否得到一幅走运的画像,因为炮制图像的环节充满了小动作和小诡计。如果有一天太监举着宫女的图像让汉元帝检阅,但汉元帝却恰恰在那时候缺乏精神，那么她通往汉元帝的道路也会断绝。

宫女谁都清楚，汉元帝的召幸是惟一的机会，此情此景，确实像过了这个村就没有了那个店一样使人紧张。事实是，即使宫女经过艰苦跋涉到了村里，也不能保证会睡到店里。不能进村，或进村而不能住店的宫女熙熙攘攘，人满为患。她们苦苦祈祷，问今夕何年，问今年何卦？

也许王昭君是可能为汉元帝所喜欢的，但她却拒绝贿赂毛延寿，从而得罪了画师，毛延寿把她丑化了。结果呢？结果是汉元帝眉头一皱，淘汰了她。

一年又一年，一年又一年，总是没有消息，这使王昭君渐渐自灭了获得召幸的向往。她感到前途暗淡，很是苦闷。王昭君不知道怎么走自己的路。

一个重要的问题，性问题，是不能回避的。绕开后宫女性的性需要，对其熟视无睹，充耳不闻，保持沉默，摆出一副纯洁状与修养状，只不过是一种虚伪而已。

性欲是一种生命现象，在精子与卵子相撞的一瞬之间，性欲就播种在身体里了，并在身体里悄悄长大。

性成熟之后，性欲便会发出缤纷的信号，或男性寻找女性，或女性寻找男性，或男性与女性相互寻找，从而产生灿烂的爱情。

性成熟之后的性生活是自然的，由于是自然的，所以它符合人性与人道的法则。

正常的性生活，虽然不是性欲得以满足的惟一途径，但它却是正宗的和健康的途径。它所带来的快感，是生命内在的阳光与雨露，当然也是生命的必需。

然而后宫的女性是悲惨的，因为她们没有正常的性生活，其性欲是不可能得到满足的。

在我看起来，所谓后宫是这样一个特殊场合，由于一个男性合法合理地拥有很多女性，从而变成了一个男性对很多女性进行性剥削与性压榨的场合。那一个男性不是别人，他只能是皇帝。

实际上封建社会的整个阶段，甚至封建社会的所有男性，都多少对女性进行着性剥削与性压榨。由于是男尊女卑，所以即使在性生活上，女性也必须服从于男性。但对女性可以尽情地放肆地进行性剥削与性压榨的，却只有皇帝。

我以为，一个皇帝与很多女性所组合的性关系是不公正和不平等的，它完全违背了自然的法则，当然也违背了人性与人道的法则。在中国，尽管这样一种性关系在1911年便解除了，而且孙中山所领导的革命是彻底摧毁了这样一种性关系的基础，但曾经为这样一种性关系服务的文化，却并没有随之而彻底消亡。我的意思是，也许在富丽堂皇的中国文化的某个夹层，还蠕动

王昭君为什么嫁匈奴

着大量的非人性与非人道的文化病菌，其中包含着对女性进行性剥削与性压榨的这样一种文化病菌。

汉元帝当然也是拥有很多女性的，他也只是要求这些女性满足他，但他却不考虑怎么满足她们。汉元帝就像不知道她们还有性欲似的，而且其百病丛生，根本就没有能力满足她们。

汉元帝把很多女性都悬空着，天长日久，她们便性压抑。现代医学认为，严重的性压抑会导致情绪低落，脾气怪诞，反应迟钝，免疫系统紊乱，身体素质下降。现代医学还认为，如果性欲一直积存着而不能发泄，也不能升华为艺术的创造，那么它将导致精神分裂或其他疾病。

后宫的女性，在生理上和心理上显然都备受折磨。也许在十分难耐的时候，她们会自己为自己做一点解决。但到底她们是怎么做的，这却属于她们的隐私，我不能随便猜测。

我要指出的是，尽管隔着千层云烟，万重风雨，不过我仍清楚地听见宫女的暗泣。

在一个春夏之交的晚上，王昭君翻来覆去怎么也睡不着。晚上睡不着，早就成了以一定周期而轮回的煎熬。对这样的煎熬，她一直都在努力适应着，而且已经适应了。但在月光飘来的春夏之交的晚上，她却有一种苦苦挣扎的感觉。她的身体仿佛充满了跳起来的冲动，似乎要用很大的劲，她才能按住自己，否则她的身体真的就要跳起来了。

她用自己的手抚摸着肩膀，忽然哭了起来。她轻轻地摩挲着，感到肩膀的丰腴，柔软，凝滑，感到它悠悠的芬芳，蓦地泪流满面。

在槐花浓郁的香气里，打更的木棒声一遍一遍地敲白了窗纸，王昭君才昏昏欲睡。她看见梦穿着裙子飞来了，梦穿着绿色的裙子。

大约两年之后的一天早晨，管理后宫的太监向宫女传达了一道圣旨：如果某个宫女愿意嫁呼韩邪单于的，那么陛下将封她为公主。

宫女朝思暮想的，当然是有机会召幸，因为召幸存在着完全改变命运的可能。但她们等来等去却竟是乏味的嫁匈奴的消息。

依她们的所想，匈奴生活在遥远的北方，住毡帐，喝生奶，嚼腥肉。在那里，冬天的冰雪将冻僵辽阔的草原，甚至出门裂耳，走路掉脚，何况她们不知道呼韩邪单于将是怎样的人，其将多么野蛮，怎样粗暴。宫女议论纷纷，一律退缩，仿佛魔鬼要抓她们似的。

这时候，王昭君站出来，表示愿意嫁呼韩邪单于。她毅然自荐，一下便把其他宫女解脱了。但她们却一边感激地劝导她，一边怀疑地望着她，以发现王昭君的动机和秘密。

只有王昭君自己知道她为什么嫁匈奴，但这有什么必要告诉别人呢？也许她不怨汉元帝，可她却不能不恨她所在的长安。她不敢保证自己要去的地方一定是好的，然而她清楚地知道她所在的后宫是不好的。她当然也知道把宫女嫁呼韩邪单于是汉元帝的意思，她还知道自己所做的，将有大益于汉帝国。

呼韩邪单于在公元前51年就曾经赴长安觐见汉宣帝，并归顺了汉帝国。由于呼韩邪单于的归顺，他得到了汉帝国的支持，从而巩固了其权力。但他的归顺却也导致了匈奴的分裂，这便是出现了一个自立的郅支单于，其不但反对呼韩邪单于，而且猖獗地侵犯汉帝国。

汉帝国为之感到十分恼火，遂一直在寻找机会要消灭郅支单于。一天下午，汉军将领在边境周密策划，机智地杀了郅支单于，并把他的头挂到了长安的一个城门上以显示汉军的威武。

郅支单于之死，使呼韩邪单于又喜又惧，喜的是他在匈奴没有反对力量了，惧的是汉军将可能集中兵力打击他。呼韩邪单于知道他不是汉帝国的对手，于是他就想了一个贴近汉帝国的办法。他打算到长安去觐见汉元帝，表示友好相处的愿望，还打算娶一个汉氏女性为妻，做汉帝国的亲戚。

汉元帝接见了呼韩邪单于，并同意他娶汉氏女性做妻，但公主却没有一个愿意嫁匈奴。汉元帝遂仿效他的祖先，以宫女冒充公主。汉元帝这样做，十足地暴露了他的虚伪，其是既没有尊重宫女，也没有真诚对待匈奴的元首。不过对皇帝的虚伪，还是由别人批判吧，我的问题是王昭君为什么嫁匈奴。

汉政府所实施的和亲政策，有一项重要内容，便是把女性当贡品赠送匈奴。女性不管是公主还是宫女，在皇帝和汉政府官员的眼睛里，实际上都只是可以利用的尤物。和亲政策当然还是有了一些微妙的变化，过去是汉政府主动赠送，但在汉元帝执政时期，却是匈奴的元首自己请求的。

宫女很多，汉元帝根本不清楚王昭君是谁，他也无心了解谁是王昭君，其只是想使呼韩邪单于的请求得到满足。于是当太监向他汇报王昭君愿意嫁匈奴的时候他就立即批准了。

呼韩邪单于返回草原之前，汉政府为他和王昭君举行了盛大的欢送会。那天早晨，王昭君由4个宫女陪伴着款款走到殿上，向汉元帝谢恩。她容貌丰润，服饰华丽，顾盼徘徊，尽显风情，仿佛一道灿烂的霞光照亮了未央宫。左右为之辣动，汉元帝为之大惊，诧异后宫有这样的丽人他居然不知道，甚至一时竟想为自己留下。不过留下王昭君显然失礼，遂忍痛舍之。

王昭君姓王名嫱，汉元帝封她为昭君，寓意她的美照亮了汉帝国，并将照亮匈奴。

年过半百的呼韩邪单于看到王昭君绰约多姿，是如玉似花的姑娘，大喜过望。他对汉元帝再三叩首，带王昭君快马而去。

汉元帝耿耿于怀，吩咐太监检查王昭君的图像，遂暴露了问题。汉元帝

王昭君为什么嫁匈奴

愤怒之极，命令司法机构缉拿画师。汉政府便杀了毛延寿，其连锁反应是流血的恐怖，把呆在长安的所有画师都吓跑了。

数月之后，汉元帝以病崩于未央宫。在文武大臣的扶助之下，他与王政君所生的儿子刘骜登基，为汉成帝。尽管机关算尽，但汉元帝与傅婕妤所生的儿子刘康却没有即位，也许这是非常遗憾的。

长安的人都知道王昭君出塞做了呼韩邪单于的妃嫔，但长安的人却没有谁能知道王昭君在草原的生活怎样，没有谁能知道她感觉如何。

班固先生倒是有一个记录，很粗略：王昭君在穹庐生了一个儿子，不过两年之后，呼韩邪单于便逝世了。依匈奴的习惯，呼韩邪单于与元配所生的儿子即位为新的单于，而且他将纳王昭君为妾。王昭君不愿意，遂上书汉成帝，希望让其返回长安，她想长安了。可汉成帝却没有同意她返回长安，汉成帝指示王昭君要遵守匈奴的风俗。于是她就继续留在草原，并做了呼韩邪单于儿子的妾，之后还生了两个女儿。到这里，班固先生关于王昭君的记录便结束了。

王昭君仿佛一只蝴蝶，在茫茫的历史之中消失了。然而王昭君总是让中国人想念的。我以为，想念她，固然由于她是一个美女，但想念她却怎么仅仅能以一个美女而了得？

不要分析她所经受的别的折磨，就是呼韩邪单于的儿子要纳她为妾这一点，依她所在的习惯与风俗，依她所在的文化，便会使其产生乱伦的压力，而且这一点将撕裂其心，甚至将完全摧毁她的精神世界。

汉帝国江都卫刘建有一个女儿，为细君公主，遵汉武帝的指示，曾经嫁乌孙王。那时候，匈奴是汉帝国很难对付的强虏，把细君公主嫁乌孙王，无非是要乌孙王牵制匈奴而已。乌孙王已经老迈，这使细君公主难以忍受。难以忍受的当然还有语言障碍和饮食不适。乌孙王逝世之后，细君公主认为是机会，便上书汉武帝请求返回长安。然而乌孙王竟在逝世之前留下了遗嘱，要细君公主做他孙子的妾，汉武帝遂命令她继续呆在西域。细君公主当乌孙王孙子的妾以后，在西域生了一个女儿，接着便死了。

比较起来，王昭君是坚毅的，细君公主多少有一点娇气，可她们却有共同的命运，她们都是汉帝国的一件武器。

细君公主曾经唱道：

> 吾家嫁我兮天一方，
> 远托异国兮乌孙王。
> 穹庐为室兮旃为墙，
> 以肉为食兮酪为浆。

> 居常思土兮心内伤，
> 愿为黄鹄兮返故乡。

公元819年，白居易御任江州司马，到忠州去当刺史，要坐船在三峡航行。经过秭归那天，他下船走进了生养王昭君的村子。诗人多情善感，在青年时代就为王昭君的际遇感慨万千，得到机会，当然要看看王昭君的家乡。他没有想到村子非常荒凉和破败，尤其惊诧的是，村子的姑娘都害怕成为美女。她们灼烧其脸，以显瘢痕。她们这样做，已经形成了一种风俗，延续千年之久了。诗人心情忧郁，陷入沉默。

我乘船作三峡之游，是在1994年。经过秭归是在半夜，但船上的人却很是兴奋，有的还站在甲板上久久眺望。春雨濛濛，江水滔滔，确实是讨论历史与美女的意境。那天晚上，我在一旁听着陌生人之间的窃窃之声，感到十分惬意，而且欣慰。

王昭君为什么嫁匈奴

诗人多难

中国人总是为唐诗而得意，唐诗是美的，美的便能迷惑灵魂。巧笑和凝脂之所以具有征服的力量，无非是由于它的美而已。

我过去吟咏唐诗，往往会产生这样的印象，仿佛仲夏之夜，清风轻拂，明月朗照，我坐在古旧的慈恩寺，静静欣赏着宇宙空间的浩渺和神秘。

那时候，我不禁便拔高了诗人，觉得唐帝国的诗人都吸桂花洌香，饮葡萄甘酒，风度翩翩，云游天下。岂不知我错了，是大大地错了。

实际情况是，诗人的生存状态，各有各的困苦。

一

> 东皋薄暮望，
> 徒倚欲何依。
> 树树皆秋色，
> 山山惟落晖。
> 牧人驱犊返，
> 猎马带禽归，
> 相顾无相识，
> 长歌怀采薇。

这是王绩的作品，不算唐诗之中最好的，但它却属于唐诗之中最早的。

王绩先在隋政府工作，不过他还未干出什么名堂，农民起义军便把隋政府推翻了。李渊当皇帝之后，招纳贤达，他觉得自己才35岁左右，年富力强，是应该继续上进的，遂又进入了唐政府。

战争刚刚结束，社会恰恰处在百废俱兴的状态，王绩显然是想有所作为的，可他却只能以文学之士当待诏。他早晨进入办公室，晚上离开办公室，时刻注意着唐政府的命令。奇怪的是，过了一天又一天，一年又一年，竟一直不安排他做什么，仿佛唐政府根本就没有这个人似的。其兄王通发现了王绩的寂寞，很是关切，遂询问他当待诏是否顺心。他不无幽默地说：薪水微薄，境况冷落，不过有好酒三升，倒是可以留恋的。王通有一个门徒在唐政府掌握了一些权力，认为像王绩这样学识丰富的人好酒三升是少了一点，便提高到好酒一斗。

几年之后，关中大旱，饥荒汹涌，米少而贵，志清而坚，适王绩患病，遂辞职离开了长安。

王绩在唐政府呆了近乎10年，没有任何功业，惟落了一些诗。写作是个人的劳动，心不死便能为之。王绩因为一直在写作，从而多少减弱了人生的荒废之感。

王绩对唐诗的贡献是，作品一扫梁的靡丽和陈的浮艳，显得质朴而丰厚。他不但在形式上是一个尝试者，而且在内容上也是一个开拓者。如果唐诗是汪洋大海，那么王绩的作品便是从万里之外的雪峰流向大海的细流。如果唐诗是一片广袤的绿原，那么王绩的作品便是破土而出的小草，它用自己的一点鲜嫩呐喊着漫山遍野的苍郁。

二

大约在王绩出生40年之后，骆宾王出生于婺州义乌一个书香之家。这一年是公元626年，李世民通过玄武门之变得立为太子，接着即位当皇帝。

> 此地别燕丹，
> 壮士发冲冠。
> 昔时人已没，
> 今日水犹寒。

这是骆宾王离别朋友之际所写作的一首诗，其成于何年何月，难以考证。但诗人的激愤之情和抑郁之气，却扑面而来，并有新鲜之感。

骆宾王的灾难，似乎是他以反对武则天所导致的。

武则天曾经是唐太宗的妃嫔，但太子李治却对她大为迷恋。李治即位之后，

诗人多难

便以变通的办法让武则天做了自己的昭仪，并一步一步立其为皇后。

武则天是一个有思想的人，一旦睡在皇帝的身边，便欲攫取权力，以干她要干的事情。时间证明，她就是按自己的计划运作着。

骆宾王当时在唐政府担任侍御史之职，可以清楚地观察武则天的行动轨迹。他认为武则天的种种举措，显然僭越了皇后的本分，甚至是在操纵唐高宗，遂屡屡上疏批评之。骆宾王竟敢得罪武则天，也不愧是一位诗人。然而武则天并非好惹，以她的气焰，收拾一个骆宾王简直是小菜一碟。尽管骆宾王反对武则天是在维护唐高宗的威望及其唐帝国的正统，目的是纯洁的，可唐高宗却并没有保护他。结果是，司法机构以贪赃之罪把诗人投入监狱。度过一段黑暗的日子以后，他获得释放，不过创伤在心，郁郁寡欢，遂到江南流落去了。

公元684年，徐敬业在扬州起兵，图谋推翻武则天的统治。骆宾王对武则天素有恶感，便踊跃参加了武装斗争，而且他还为起兵写作了讨伐檄文。在江南，响应徐敬业的人千千万万，不过武则天毕竟掌握着权力，她完全可以调派唐军镇压徐敬业，于是起兵就失败了。

唐政府在清洗过程，把追随徐敬业的骨干分子都杀了，但其却未能消灭骆宾王，他奇迹一般地躲过了搜捕。之后司法机构一直在缉拿他，可警察之流却始终不见其踪影，甚至到现在还是下落不明。我想，也许骆宾王在非洲隐居了吧！

骆宾王所写作的讨伐武则天的檄文，早就成了文学的典范。檄文痛快淋漓地揭露了武则天的越轨行动，并对她进行了道德谴责。檄文指出武则天入门见嫉，掩袖工馋，蛾眉霸气，狐媚惑主。

流传下来的故事是这样的：武则天读檄文，读着读着，竟莞尔而笑，随之阴沉着脸责问宰相：骆宾王有这样杰出的才华，何以使之流落呢！

骆宾王显然不会想到，他讨伐武则天的檄文，居然变成了武则天表现其气度的道具，真是滑稽极了。

三

大约在骆宾王出生10年之后，卢照邻出生了，幽州范阳是其故乡。

20岁前后，卢照邻携其作品到长安来了。他很是自信，发誓要在国都取得功名。事情也像他所想的，一夜之间，其诗便在长安流传开来。

声望与才华使卢照邻有了一份工作，是当李元裕的秘书。李元裕是唐高祖的一个儿子，似乎为有卢照邻这样一个诗人十分得意，尝向朋友宣扬，此乃吾之司马相如也。卢照邻还曾经担任新都县尉，职务并不高，不过它也多少可以标志权力和尊严。只是诗人不喜欢这个职务，难以忍受种种烦琐之业务，任期一到，他便辞职了。

> 骝马照金鞍，
> 转战入皋兰。
> 塞门风稍急，
> 长城水正寒。
> 雪暗鸣珂重，
> 山长喷玉难。
> 不辞横绝漠，
> 流血几时干。

这是卢照邻的一首五言，通过对一匹骝马的描写，表现了边境的艰苦和唐军将士的勇敢。其诗以小见大，而且节奏紧张，力量沉厚，有慷慨之感，是能够反映卢照邻的艺术造诣的。

人到中年，卢照邻患了不治之症。高血压或脑血栓引起的中风使其手脚蜷曲，行动困难。为了康复，他到太白山去拜孙思邈为师，不过药王对其重疾也没有办法。他还遵一个道士之嘱服用丹砂，遗憾丹砂反而加重了他的病。

沉疴一年一年地损害着诗人的心境。他也没有什么经济收入，衣食住行，竟都不得不接受富豪的捐赠。活着乏味，遂渐渐产生了解脱的念头。一天黄昏，这个饱受折磨的诗人三思之后，投河而死。

四

大约在卢照邻出生之后14年，王勃和杨炯问世，时在公元650年。

王勃家在绛州龙门，是王通的孙子，其14岁便对策及第。杨炯为华阴人，尽管少也贱，但他却居然在10岁举为神童。

在我看起来，王勃和杨炯都属于那种文学天赋极高的人。他们不足20岁便登上了唐帝国的文学殿堂，显然有天之扶，地之助。

> 城阙辅三秦，
> 风烟望五津。
> 与君离别意，
> 同是宦游人。
> 海内存知己，

诗人多难

>天涯若比邻。
>无为在歧路,
>儿女共沾巾。

杜少府是王勃的朋友,有一年他要到蜀川去工作,王勃送行,遂为之写作了这首诗。其诗显然刷新了以往离别之诗的纤弱和黯然,音调爽朗,意境辽阔,还包含着一种灿烂气象。

如果能知道杜少府的一些经历,那么我便能推测王勃当时是多少岁,从而知道他在做什么。但我考证来考证去,却无法明白杜少府是何许人也,遂投书霍松林先生求教。霍是中国古典文学专家,精通唐诗,我想,他是有可能清楚杜少府生卒的,可我却一直没有收到霍的回信。霍是有问必答的学者,他不回信,我便只好自己分析了。

王勃到长安几年之后,沛王李贤慕其文采,招王勃进沛王府当了修撰。依我的推算,这一阵王勃是18岁左右。沛王李贤是唐高宗与萧妃嫔所生,周王李显为唐高宗与武则天所生。周王小于沛王,很是喜欢斗鸡。有一天周王与沛王斗鸡,或周王的斗鸡没有章法,或周王的斗鸡霸道了一点,总之,王勃为沛王的斗鸡愤愤不平,遂忽发少年之狂,写作了一篇讨伐周王斗鸡的文章。文章全是玩笑的口吻,属于十足的游戏之品。然而唐高宗认为这是犯上,大发其火,并下令将王勃逐出沛王府。

一篇文章竟能惹祸,是年轻的诗人不知道的,诗人当然也不知道皇帝的尊严仿佛老虎的屁股,是不能随便触摸的。实际上王勃还没有触摸老虎的屁股,他无非是逗了逗斗鸡的尖嘴而已。问题在于,他所逗的是周王的斗鸡。

王勃便这样离开长安,到剑南去了。6年之后,唐高宗大赦天下,王勃才结束了凄哀的蜀川之旅,当了虢州参军。

我以为,王勃为杜少府送行,应该在他离开长安之前,当时是20岁左右吧。

有一个相面师认为,王勃神强骨弱,气清体羸,难以大贵。王勃难以大贵,是否包含着诗人早逝的意思,我不懂。不过事实是,26岁那年,王勃乘船到交趾去探望父亲,途中不幸落水,惊吓而亡。

诗人渡海之前,曾经在南昌应阎都督之邀,登上滕王阁参加聚会,并在席间完成了自己的千古绝唱。读王勃留在滕王阁的作品,谁能不为诗人的遭遇而惋惜呢!

>烽火照西京,
>心中自不平。
>牙璋辞凤阙,

铁骑绕龙城。
雪暗凋旗画，
风多杂鼓声。
宁为百夫长，
胜作一书生。

杨炯是一个反感靡丽与浮艳之相的诗人，并以自己的写作实践，倡导唐诗的明快和清新。这首诗慷慨激昂，刚健雄劲，是很能体现其风格的。

杨炯得以在唐政府弘文馆担任校书郎，依靠的当然是其能力，但他却犯了诗人共同的毛病，恃才自傲，鄙薄周围的官员，认为他们装腔作势，甚至讽刺他们总是在驴背上画麒麟皮，揭了皮终究还是驴。杨炯也是有道理的，不过他言语之尖酸，行为之偏激，便有所碰撞了。

他的一个表弟属于持不同政见者，也参加了徐敬业针对武则天的武装斗争，从而株连了杨炯。如果有文武大臣为他开脱，那么他将有可能躲过灾难，因为杨炯自己毕竟没有反对武则天。可惜他平常得罪了人，遂没有人帮助他。于是他就不得不接受贬谪到梓州去的结局。

杨炯与王勃是志同道合的朋友，王勃落水，其为王勃的诗集写作了序，盛赞王勃对唐诗的贡献，显然是很义气的。

杨炯44岁去世，也不是寿终正寝之人。

五

在王勃和杨炯6岁那年，宋之问呱呱坠地。

在唐帝国的诗人之中，宋之问属于五言的高手，甚至因为宋之问的写作实践，律体才得以定型。

他20岁进士及第，一直在唐政府工作，而且得意地靠近了武则天。我以为，一个诗人能在集权统治的官场混得满面春风，一般都是趋炎附势之徒。事实是，宋之问其人真的喜欢攀援，热衷恭维。

武则天有一年到龙门去玩，转着转着，忽然起了雅兴，遂吩咐左右赋诗。东方虬立即吟咏一首，当然是歌颂之词，武则天很是高兴，便赐东方虬一件锦袍。东方虬吟咏之后宋之问吟咏，当然也是歌颂之词，不过宋的阿谀来得甜蜜且巧妙，是后来居上，武则天十分舒服。于是女皇帝就扬手索回了她刚刚赏给东方虬的锦袍而将其赐予宋。宋之问受宠若惊，但东方虬却陷于窘境。不过这也没有什么，只要能提高阿谀之技，总是会光美的。然而东方虬要超过宋之问，似乎很难。

张易之是武则天的生活秘书,在为女皇帝服务之余,有时候也会赋诗,以显示自己的文学修养。由于张易之有这样的雅兴,遂推崇宋之问,并经常找宋之问切磋。宋难得有像张这样一个可以向女皇帝嘉勉自己的朋友,于是他就讨张的好,帮张写作诗,甚至宋把自己写作的让张当自己写作的四处宣扬。也许宋之问没有意识,但实际上他却不知不觉卷入了唐政府的权力之争。

公元705年,武则天弥留之际,丞相张柬之联络其他文武大臣以张易之兄弟图谋不轨为由,一举斩处了张易之兄弟,也顺便将宋之问贬谪到泷州去。

泷州远在岭南,这使年过半百的宋之问实在难以忍受泷州的蛮荒和凄凉,便在一天晚上溜出公所,潜逃而回。走到汉江的时候,宋之问望着北方的故乡,迷茫而害怕,遂赋诗表达自己的心情。诗人毕竟还是诗人,诗人的功力也是好的。这首诗很是富于情致,也逼真之极,我以为足以咀嚼。其诗云:

> 岭外音书断,
> 经冬复历春。
> 近乡情更怯,
> 不敢问来人。

回到故乡洛阳,宋之问只能藏匿于朋友张仲之家。当时武三思在唐政府很有势力,一些目光短浅的人便纷纷向其投靠。不过除恶的因素也在暗中增长,甚至宋之问的朋友张仲之竟打算以谋杀的办法干掉武三思。张仲之一直在策划这件事情,看见宋之问,便把自己的打算透露给了宋,希望能听听宋的意见,但宋却灵机一动,偷偷让其兄把张仲之的打算报告给了武三思。为感谢宋之问,武三思遂封宋一个鸿胪主簿的职务。宋的命运,就这样通过出卖朋友得到了改变,不过这只能是暂时的。

几年之后的一天,唐睿宗站在窗口望着终南山,蓦地想起了宋之问,他觉得宋之问其人的一生处处钻营,是有大罪的,遂下令宋自绝。

我看到的一份资料是这样记录的:到桂州去宣布圣旨的大臣传达了唐睿宗的指示以后,宋之问浑身抖动,虚汗翻滚。看到这里,我不禁说:可怜,应该!

宋之问对唐诗的贡献主要在形式。他的作品,显然缺乏一种境界之美。这也是正常的,因为像他这样的诗人要有境界之美,实际上是不可能的。

六

在宋之问出生之后5年,陈子昂进入人类。这一年,几十万唐军水陆并进,向高丽进攻。这一年,还有一件可以注意的事情是,波斯王子卑路斯在长安旅行。长安的繁荣和开放竟使他流连忘返，几乎要居留下来了。

陈子昂小时候不好读书，是十足的顽劣角色，但他却有侠胆，天资聪慧，悟性极强。这种人往往都是好钢，一经磨砺，便出锋芒。

18岁那年，他受到启示，忽发读书之志。为了排除干扰，他竟钻进一座山里用功。几年之后，他脱胎换骨，成为学识丰富的文化人，而且颇有文学之才。公元684年，就是骆宾王为逃避唐政府缉拿而逃遁山林那年，陈子昂进士及第，准备在长安奋斗一番。

唐高宗是在洛阳逝世的，武则天决定按既定方针办，把其灵柩运回长安，葬于乾陵。这是唐帝国的大事，普通人一般都难以关心，但陈子昂得到其消息之后却立即上疏，极言关中之衰，盛赞洛阳之美，认为唐高宗宜于长眠洛阳。

武则天浏览了陈子昂的报告，觉得条理清楚，风格优雅而遒劲。尽管她不同意这个年轻人的建议，可她却接见了这个年轻人。武则天提了很多问题，陈子昂都流利地回答了，并表现了良好的气质。武则天极其满意，遂安排陈子昂在唐政府当麟台正字，之后当右拾遗。

陈子昂是有政治抱负的，也敢于提出自己的见解。这应该是一个文化人的优秀品质，但在一个集权统治的社会，元首及其大大小小的官员却未必喜欢这样的文化人。也许是武则天给了陈子昂一个开明的印象吧，而且这影响了陈子昂，于是他就一再向武则天反映自己的意见，并盼其能采纳。不排除陈子昂这样做是急于上进，不过他主要还是希望唐帝国健康和仁义，但武则天却对其厌烦起来。开明和表现开明显然是有本质区别的，可惜陈子昂不懂这一点。陈子昂当时向武则天反映的意见有，他认为唐政府文武大臣有轻视地方官员的倾向，他认为酷吏横行，刑法严峻。上疏之后，其便等待着批示。然而武则天根本不理他的意见，这使陈子昂很是失意。他感到了巨大的虚伪，也陷入了巨大的孤独。陈子昂不知道如何协调他与社会之间的矛盾，惟一的办法似乎是赋诗宣泄。

公元696年，武则天授权建安王武攸宜率兵进攻契丹，并任命陈子昂为武攸宜的参谋。把陈子昂调出唐政府，到底是工作的需要还是出于别的原因，陈子昂应该是清楚的。总之，我以为，诗人是带着情绪离开长安的。

在幽州前线，陈子昂根据敌我力量比较，提出了对敌作战的方案，但武攸宜却自以为是，一概拒绝了陈子昂的建议。于是刚刚交火，唐军便败给契丹了。

陈子昂为人认真，其完全是出于一种责任而请求武攸宜改变作战计划，他认为，最好派遣1万将士做前驱偷袭契丹，但武攸宜却坚决反对。于是两个人就对上了：陈子昂继续提出作战意见，武攸宜竟继续驳回其意见，循环往复，一再摩擦。武攸宜终于气急败坏，给了陈子昂一个降职的处分。陈子

诗人多难

昂苦闷，激愤，可他却无可奈何。

幽州台是燕昭王曾经工作和生活的地方，有一天陈子昂登上了幽州台。在这里，他想到燕昭王召致贤达，礼遇下士，又想到自己现在所遭遇的挫折与压抑，感慨万千，苍凉而歌：

> 前不见古人，
> 后不见来者。
> 念天地之悠悠，
> 独怆然而涕下。

吟咏这首诗，我仿佛看到了北方无边无际的原野，原野上的风，风推着的人，看到了这个人胸怀大志而报国无门的悲痛。

这首诗永恒的魅力在于，它不但表现了怀才不遇的寂寞和哀伤，而且表现了宇宙之大，人类之小，人类的无力与无助。

在陈子昂38岁那年，他以父亲患病为由辞职回到故乡梓州射洪。县令段简判定陈子昂是发达之人，便想敲诈发财，办法是给陈子昂制造了一个冤案。为了安宁，陈子昂不得不给县令20万钱，但县令却嫌其少，将陈子昂投入监狱，迫害致死。

我非常喜欢陈子昂的诗，也喜欢陈子昂其人。他身材低矮，相貌肃静，这一点很像我，他性格耿直，脾气急躁，这一点也很像我，惟其是杰出的诗人，但我却碌碌无为。不过我和他并不隔阻，我和他有的是贯通之处。我想，如果我和陈子昂相遇，那么将一定会成为朋友的。九泉见吧！

七

在陈子昂出生18年之后，张九龄出生。那年是公元678年，那年发生的灾难事件是，唐军败给了吐蕃。

> 海上生明月，
> 天涯共此时。
> 情人怨遥夜，
> 竟夕起相思。
> 灭烛怜光满，
> 披衣觉露滋。
> 不堪盈手赠，

还寝梦佳期。

诗是思念情人的，但情人是谁，是怎样的一个情人，却成了千古之谜。意境雄浑，气韵流畅，确实是高妙之品。

在唐帝国有职务的诗人，算起来也不少，张九龄当宰相，显然是级别极高的官员了。不幸的是，他在权力中心碰到了李林甫。

当时唐玄宗在为如何废黜太子作难。废黜太子，并不是太子犯了什么错误，无非是想立寿王为太子而已。寿王是武惠妃所生的，唐玄宗宠爱武惠妃，这就是立寿王为太子的全部理由。但唐玄宗的计划，却受到了唐政府文武大臣的反对。张九龄认为，变换太子将会引起混乱，甚至将动摇天下的根本，当然也反对。

立寿王为太子遇到的障碍，使武惠妃极其恐慌，然而这竟成了李林甫献媚的机会。李林甫的思路是，在关键之际给武惠妃以帮助，其将一定会向唐玄宗美言他的，重要的是，如果立寿王为太子成功，那么他在今天给予的帮助将有可能在明天得到丰厚的回报。盘算之后，李林甫便在暗中贿赂太监，让其向武惠妃传递他支持寿王的信息，并表示要保护寿王。武惠妃很是感激，不过她也知道，李林甫的支持固然是必要和及时的，然而李林甫只有在掌握了大的权力之后，其支持才能发挥大的作用。于是她就为提拔李林甫自觉工作了，而且立即见效。

有一天，唐玄宗质询张九龄对李林甫的意见。张觉得做人要坦荡和忠诚，不应该隐瞒自己的观点，便指出李口蜜腹剑，非君子也。可唐玄宗却不以为然，反之任命李林甫为礼部尚书，并封晋国公。李林甫日益得势，气焰升腾，而且加紧了对张九龄的排斥。唐玄宗居然相信李林甫的谣诼，渐渐冷遇张九龄，随之干脆罢免了他。

公元737年，负责监察工作的周子谅上疏要求弹劾官员牛仙客，这是唐政府新的一波权力之争。周子谅在其指控的报告之中，引用了一个谶语，不料它强烈地刺激了唐玄宗。一怒之下，唐玄宗放了牛仙客，转而下令杖杀周子谅。

李林甫窃喜，因为他终于抓住了报复张九龄的把柄。其告诉唐玄宗，周子谅进入监察部门是张九龄举荐的，张是周的后台老板。唐玄宗不作研究，便把张九龄贬谪到荆州去了。

这一年张九龄已经60岁，他很清楚，自己离开长安，就不能返回长安了。他悲愤交集，并为唐帝国担忧。

又：诗人担任宰相，在中国历史上并不多见。官员都由诗人构成，显然是不合适的，但官员没有良好的文化修养，却是危险的。我以为，以进士及

诗人多难

第的途径选拔官员,也许有种种弊端,但它却能够保证一个官员积累充足的知识。过去的奏章现在还可以当做散文欣赏,然而今天的文件在明天充其量只是一些资料。如此退化,岂不悲哉!

八

王之涣小张九龄7岁,是公元688年出生的。

> 白日依山尽,
> 黄河入海流。
> 欲穷千里目,
> 更上一层楼。

鹳雀楼在蒲州,登上鹳雀楼可以高瞻远瞩,还可以题诗。王之涣的这首诗,就是题于鹳雀楼的。其雄浑,壮阔,富于理趣。也许鹳雀楼会一毁再毁,但王之涣的诗却能不朽。

王之涣其诗在当时便已经轰动,并总是为乐工所谱曲,为歌女所演唱。可惜诗不是铁饭碗,甚至连瓷饭碗也不是,而且永远不是。除了写作诗之外,王之涣还需要一个工作,以实现自己的抱负。他具体的想法是到唐政府去工作,因为在当时,检验一个人是否成功,主要是看他的职务如何,有职务,才有俸禄。问题是,要取得职务,就必须有一个进士的资格。可王之涣却连连落榜,一直未能及第。这不但制约了他进入唐政府,而且也给王之涣以伤害,其竟为自己不是进士深深羞愧。好在他还是一个著名诗人,聊以拜见权贵,求得支持。王之涣的工夫似乎没有白费,因为他毕竟谋到了一个位子,是县尉。不知道诗人自己是什么感觉,在我看起来,其无非是唐帝国对诗人的一种安慰而已。

九

孟浩然小王之涣1岁,是襄州襄阳人。在他出生那年,酷吏周兴滥捕滥杀,长安牢满为患,一片恐怖。

> 移舟泊烟渚,
> 日暮客愁新。
> 野旷天低树,
> 江清月近人。

这首诗让我觉得很是凄楚，甚至有一种幻灭之感，但它绵绵的魅力却仿佛山涧之水一样在静静流淌，无休无止。

孟浩然40岁以前，一直隐居鹿门山，然而隐居并非其目的。

公元728年，孟夫子感觉时候到了，便拿起行包，关上柴扉，走出了鹿门山。他到长安来参加进士应试，当然还是有信心的，并遵高士之嘱，把其诗赠给政界官员和社会贤达，以扩大影响。他一向敬仰张九龄，也就把自己的诗赠给张九龄了。可惜不知道什么地方出了错，孟夫子竟未能成为进士，这显然是一个沉重的打击。

离开长安，他做了一次吴越之旅，之后回到故乡。过了几年，张九龄左迁荆州做刺史，忽然想起孟夫子，遂招其在自己的幕府工作。由于都是诗人，他们互相唱和，多少减轻了人生的失意和苦涩。

我感到孟浩然是一个内向的诗人，自尊的诗人，也是一个善良而谦逊的诗人。我可以想象他落榜之后的沮丧与虚弱。我仿佛看见了他孤独地走在长安街上的样子。我能体会他的悲酸和伤感。

十

王昌龄小孟浩然1岁，生于公元690年。其故乡在何处，是一个有争议的问题。根据一些零星的记录判断，诗人大约属于关中人。

在王昌龄出生那年，武则天终于自封为皇帝，从幕后走到了台前。武则天登基之后的一个创举是，为选拔人才，下令要用密封卷子。在中国，把考试卷子密封起来的办法，一用竟是千年之久，也许这是武则天所不料的吧！

> 秦时明月汉时关，
> 万里长征人未还。
> 但使龙城飞将在，
> 不教胡马度阴山。

这当然是王昌龄的诗。大约过了几个世纪，明帝国有一位文化人李攀龙将其诗推崇为唐诗七绝的压卷之作，以后，著名学者沈德潜进而大赞王昌龄的高妙。我吟咏这首诗，体会深的是诗人性格的凌厉，激情的喷涌，及其那个时代所有的一种建功立业的精神。

王昌龄可能去过西北萧关一带，还去过楚河流域的碎叶。诗人在唐政府秘书省工作的时候，已经近乎40岁，之后当汜水县尉，再当江宁县丞，显然官越当越小了。王昌龄的问题出在言论放诞，行为傲慢，得罪了权贵，从而使自己一降再降。

在贬谪岭南那次，他必须经过襄州襄阳，遂登门看望了孟浩然。孟夫子为王昌龄的到来非常高兴，又是喝酒，又是吃鱼，竟使自己身上的毒疮暴发，遂乐极生悲病逝了。

王昌龄在岭南得过且过，总是天真地认为贬谪是暂时的，他将回到长安，因为其有冰心一片，岂不知唐政府根本就不发给他调令。一直到安史之乱，王昌龄才离开岭南，然而在路上他竟遇到了麻烦。进入亳州的时候，这里的刺史闾丘晓莫名其妙地逮捕了王昌龄，并把他狠毒地杀了。

十一

大约在王昌龄出生 10 年前后，王维出生。那一年从边境传回的捷报是，唐军打败了侵犯凉州的吐蕃，于是长安就张灯结彩，鞭炮轰鸣，处处有喜庆色彩。

> 独在异乡为异客，
> 每逢佳节倍思亲。
> 遥知兄弟登高处，
> 遍插茱萸少一人。

王维家在蒲州，不过他很小便到长安来了。在 17 岁那年，他一个人居于客栈，适逢重阳节，长安街上满是快乐的人，其触景生情，想起了远在故乡的兄弟，遂写作了这首诗。

17 岁便能写作如此隽永的诗，可见王维的天分了。事实是，他以其辉煌的文学业绩，奠定了一个杰出诗人的地位。必须承认，不管是在艺术的造诣方面，还是在内容的拓展方面，王维对唐诗的发展都有巨大的贡献。实际上王维不但是杰出的诗人，而且是优秀的画家，并擅长音乐。其全面修养，是连苏轼也极其欣赏的。

王维应该算是顺利的。他 22 岁进士及第，随之得到张九龄的擢升，在唐政府担任了右拾遗，其职务相当于现在的纪律监察委员会的干部，是对文武百官进行考核和规谏的。能够得到张九龄的器重当然是好事，不过在张九龄与李林甫产生矛盾之后，好事便变成坏事了。王维不得不夹着尾巴，甚至是前怕狼后怕虎，惟恐自己卷入矛盾之中。他知道自己身处夹缝，稍稍不慎，便会惹祸。

在唐政府工作，王维似乎难以轻松和潇洒。我以为，有一件事情很能反映他紧张的精神状态。孟浩然在长安的时候，有一天应邀到王维的办公室去了。诗人相聚，当然要切磋一下艺术，不料正在讨论之际，唐玄宗来了。王维惊慌至极，不但不敢荣幸地向唐玄宗介绍孟夫子，反而要委屈孟夫子，使之赶快趴到床下，以防唐玄宗发现。

不过王维真正的灾难，是由安史之乱引起的。事情发生在公元756年，当时安禄山的部队即将攻入长安，唐玄宗知道来者不善，遂率第一家庭及唐政府主要官员放弃京师，向成都转移。由于王维忙于别的事情，没有跟上，遂为叛乱分子所抓获。王维清楚这是很麻烦的，便下定决心，拒绝合作。他吃了一种药，使自己喑哑，从而保证守口如瓶。但王维却终于为自己的名声所累，因为他既是官员，又是诗人，安禄山想利用其声望。叛乱分子把王维从长安押到洛阳之后，安禄山便让他担任了一个给事中的职务。尽管它是安禄山硬给王维戴上的帽子，他对那顶帽子充满了厌恶和害怕，然而无论如何是戴上了，便难免有失节之嫌，其为之非常郁闷。他写作了一首诗，反映了自己在这个阶段的痛苦，并表现了对唐帝国的深情怀念。唐军收复长安之后，当然要处理失节的官员。虽然王维有给事中的帽子，但他却也有自己的诗证明其忠诚，从而得到了唐肃宗的谅解。

王维晚年一直当尚书右丞，这使他有足够的薪水，不过他显然已经看破了红尘。其经常住在辋川的别墅，过着半官半隐的生活。诗人似乎并不得意，也不愉快，我甚至还感到了他的消沉。

十二

李白小王维1岁，是公元701年下凡的，其出生之地在遥远的楚河流域的碎叶。

一些想神化李白的人总是宣扬，在李白脱胎之际，其母亲看到金星一闪，炫耀的光芒照亮了夜空。然而实际情况是，在这一年，天下平平静静，并没有任何预示李白诞辰的征兆。

不过李白的存在，毕竟是以一个伟大的诗人而存在的，唐诗瑰丽的高峰，也是由李白之手创造的。

在我看起来，李白是这样一个诗人，他摇振着浪漫主义的翅膀，飞翔于民歌和神话的蓝天白云，但其眼睛却望着人类的烟火与红尘，并能融化于心，炼之为章。其作品雄奇豪放，痛快淋漓，充分表现了诗人灵魂的搏动与个性的自由。语言流转多变，音律和谐多奏，从而微妙地表现了诗人的感觉与情绪。

我以为在文学方面，中国人可以向国际社会推举的大师，在公元前4世纪或3世纪，是屈原；在公元前2世纪，是司马迁；在公元4世纪，是陶渊明；

在 11 世纪，是苏轼；在 18 世纪，是曹雪芹；在 20 世纪，是鲁迅。公元 8 世纪，是中国人的鼎盛时代，出现了两个文学大师，一是李白，一是杜甫，李高于杜，杜雄于李。

那么诗人的命运呢？命运是大起大伏的。

小时候，李白随父亲迁居蜀川，所以其当为绵州昌隆人。他在故乡青莲度过了调皮的少年和放任的青年，并培养了侠气与道骨。他也喜欢读书，不过大为喜欢的还是舞剑和饮酒。

大约 25 岁左右，李白奔下岷山，漂流长江而去。几年之后，在安陆娶妻，但他却一点也不满足于捕鱼种稻和养儿育女的生活。其胸怀大志，常常往来于襄州襄阳一带，寻找发展的机会。在这一阵，他结交了孟浩然。此时此刻，孟浩然在鹿门山醉月迷花，一副红颜，尽管还没有到长安去亮相，可他却已经扬名天下了，李白当然很是羡慕。

李白率真之极，总是不注意细节，这使他有一天遭到了指责和诽谤。当时如果有人能站出来主持正义，为李白辟谣，那么他将有可能多在安陆住一段。然而安陆的长官一味相信蜚语，这很使李白蒙冤。其一怒之下，扬长而去，目标当然是长安。

李白初入长安，大约 30 岁的样子，既没有名气，又没有依仗。进入官场显然是艰难的，思之再三，他便隐居于终南山了。不过李白的隐居之意不在藏，在乎靠拢玉真公主也。

玉真公主 30 岁左右，是一位女道士，公元 712 年出家的。不过她并非一般的女道士，其为唐帝国元首唐玄宗的妹妹。她还在终南山有一套别墅，并经常邀请诗人到她的宅院去聚会，因为玉真公主一向好风雅之士。王维在进士及第之前，就曾经由岐王李范陪着赴玉真公主的别墅做客。王维相貌清秀，文质彬彬，是一个多才多艺的年轻人，玉真公主一见就喜欢。王维有一条通畅的仕途，固然在于学识和能力，不过也在于他有一伙贵族子女帮助，其中包括玉真公主的帮助。

李白迫切希望自己能像王维一样得到玉真公主的扶持，问题是，他缺少王维那种可以让玉真公主欣赏的气质和修养。他所操的节奏迅急的蜀川方言，他的乡野之习和粗犷之举，似乎都令玉真公主皱眉。

受到玉真公主婉拒之后，李白沮丧了几天。不过他的精神很快便恢复过来，转而结交宰相张说的儿子，唐玄宗的女婿，其名为张垍的一个人。李白一再投诗张垍，吹嘘其才，褒奖其德，表示自己有管仲和乐毅的能力，可以当唐帝国的辅弼。他还表示，如果张垍能举荐他，那么他将一定会在翻身解放以后报答张垍的。尽管张垍是一个红得发紫的人，但实际上却是一个绣花枕头，既无才，又无德。张垍不可能认识李白，当然也不可能举荐李白。事实是，他对李白的呼吁给予了嘲弄。

李白岂是求人之徒？他求玉真公主，求张垍，显然是不得已而为之。人可以不拉他，不提他，但你却不可以嘲弄他。遗憾张垍自以为了不起，居然给了李白一个嘲弄，这一下惹恼了李白，于是他眼睛一瞪，就回敬了张垍一个讽刺。

李白在长安摸索了近乎3年，弄得穷愁潦倒，一无所获。他觉得继续奔波也不是办法，遂在一个春天的早晨绕树三匝，黯然而去。

李白再入长安，已经42岁，是在公元742年的秋天，由会稽道士吴筠向唐玄宗举荐的。当时唐帝国的人口足有4890万，版图扩大，经济繁荣，形势一片大好。不过物极必反，我的意思是，唐帝国也存在着潜在的危机。其主要原因在于唐玄宗，他58岁，渐渐老了。关键是，随着年龄的增大，他过去所有的一种进取精神显然在消失。他变得非常注意生活的享受。他认为江山巩固，天下之财取之不尽，用之不竭。悲哀的是，从52岁那年开始，他竟完全陷进了杨贵妃的温柔之身而难以自拔。

李白荣幸地朝见了唐玄宗。金銮殿的辉煌，文武百官的威仪，歌舞之女的霓裳，使李白感觉一片缭乱，甚至神魂颠倒。不过他毕竟还能自制，其知道机会难得，遂聚精会神，向唐玄宗表达了自己的政治见解与抱负，随之以饱满的感情，赋诗一首，歌颂了唐玄宗。

唐玄宗所看到的李白尽管小节嫌粗，但李白却豁达放诞，恣情任性，确实有奇异之才。他显然十分喜欢诗人，因为诗人将会给他制造欢乐和热闹。在融融的气氛之中，英明的领袖伸出他尊贵的手，亲自为李白调了羹。这不平常的一举，让唐玄宗周围的人很是惊诧，特别是张垍，虽然唐玄宗也喜欢他，可唐玄宗却从来也没有让他吃，让他喝，遂生出了对李白的嫉妒之情。唐玄宗似乎认真地考虑了诗人的政治理想，并立即同意让李白到唐政府去工作，不过职务只是翰林供奉。

有那么一阵，李白颇感得意。他把自己旷世之豪情，绝代之文采，显然都发挥了出来。兴庆宫沉香亭是唐玄宗携杨贵妃赏花之处，此日，春光融融，唐玄宗观牡丹灿烂，听音乐悠扬，忽然有所感，遂想谱曲，可惜一时没有合适的词，便觉得扫兴。几个侍从发现唐玄宗神情倦怠，就灵机一动，风一般跑出去寻找李白。但李白却没有上班，那么他在哪里呢？其居然大醉，并睡在了长安街上的酒肆之中。几个侍从把诗人搀扶到兴庆宫，以凉水激其脸，使诗人清醒。李白眼睛一睁，便是十首词，而且无不使唐玄宗满意。

唐玄宗和杨贵妃经常要到骊山温泉去休息，为避免寂寞，唐玄宗便带着一些人做奉陪。俗子是不可以当奉陪的，但李白却可以，李白是诗人。

然而诗人并没有一直得意下去，反之诗人渐渐感到了一种失望。诗人发

诗人多难

现自己在唐政府的工作除了赋诗填词之外，几乎没有别的。赋诗填词，供皇帝开心，当然是诗人应该的，不过诗人也认为，他还应该为唐帝国发挥自己的雄才大略。诗人觉得，他并非没有其他能力。他自问，为什么只是让我当翰林供奉，难道我就不能干别的事情吗？赋诗填词，也太无聊，也太乏味了。于是诗人就闹起了情绪，并经常怠工。

也许唐玄宗不清楚李白的所想，也许清楚，只是装着不清楚，也许唐玄宗根本就没有在意李白是怎样的状态，总之，他对李白依然亲热，依然嘻嘻哈哈。但李白却越来越苦闷，甚至越来越失礼。

有一天，他在金銮殿上竟呕吐了秽物，弄得一塌糊涂，歌舞之女都不由自主地举起广袖捂其鼻子。没有人不担心唐玄宗会大发其火的，但实际上唐玄宗却非凡的大度，认为那是大醉之后的所为，遂宽容地一笑了之。

不过在后来的一次大醉之中，李白竟当众跷起一只臭脚，要高力士给他脱鞋。高力士是给皇帝脱鞋的，给皇帝脱鞋是神圣的工作，可李白却并不是皇帝，他高力士能给李白脱鞋吗？当然不能！李白也不撒一泡尿照照自己是谁，居然当众把自己的臭脚塞给了他高力士。高力士感到了一种侮辱，遂怀恨在心，准备报复。

高力士的办法显然极其毒辣，这便是从李白所写作的诗与词之中，摘其涉及赵飞燕的句子，并加盐加醋地告诉杨贵妃：李白这家伙通过批评赵飞燕在影射您呢！高力士巧妙地离间了杨贵妃与李白的关系，结果是，杨贵妃一下便对李白憎恶起来，而且她将必然向唐玄宗数落李白的不是。

张垍也不能容忍李白的潇洒和飘逸，何况他与李白早就胸存龃龉，只是时候不到，张垍才没有把自己对李白的鄙薄报告给唐玄宗。

也许唐玄宗并非没有重用李白的打算，不过亲近的人都这么讨厌李白，他便对之冷淡起来。

以李白的敏感，很快就觉察了一股排斥他的势力，但他却不愿意以阿谀奉承的方式改变自己的生存环境，不愿意摧眉折腰。反而要啸傲长安，为酒之仙。

不过为酒之仙并非李白的本真。其本真是要掌握权力，救世济民，轰轰烈烈地大干一场。酒之仙表面上自由自在，目空一切，可实际上

清苏六朋所绘李白醉酒图

却很是苦闷。时间一长，他自己也觉得总当酒之仙不是上策，遂朝见唐玄宗，希望皇帝能批准他辞去唐政府的工作以云游四方。对于李白的请求，唐玄宗表现了极大的开通。他不但同意诗人走，而且吩咐左右给诗人带了很多钱。于是诗人就走了。

这是公元744年春天的事情。公元742年安禄山为平卢节度使，这一年他又担任了范阳节度使。公元736年高力士把杨玉环介绍给唐玄宗，之后一直以杨太真之名侍奉皇帝，不过在这一年加紧了册立她为贵妃的步骤。

李白因为苦闷离开了长安。在我看起来，这种苦闷也不仅仅是由于他不能尽其才导致的。我以为，李白的苦闷还由于他觉得自己失去于独立的精神。他是怀着自己的政治理想赴长安的，但实际上他却成了一个歌颂皇帝的专家。他甚至还不得不承受皇帝周围一帮狗男狗女的冷脸和谮言。这些都伤害着李白，并催化他告别长安。生活在公元4世纪的陶潜，就是为了精神之独立而归去来兮。我以为，李白之弃长安与陶潜之弃澎泽令是一样的。

中国文化人多喜欢苏东坡，认为他多才多艺，宽容，随和，能忍让，善通融，应变能力颇强。不过我觉得，而且确信，如果以对个人的生存计，那么苏东坡的方式比陶潜和李白的方式有价值，但如果以对社会的文明与进步计，那么陶潜和李白的方式却比苏东坡的方式有价值。苏东坡智，陶潜和李白高，因为陶潜和李白注意他们的节。维护精神之独立是艰难的，甚至会有牺牲。不过惟其艰难，能维护精神之独立才显得可贵。

公元755年，安史之乱爆发，永王李璘乘机发展自己的势力，并起兵，企图在混战之中当皇帝。也许李白功名心切，竟应邀到李璘幕府去了。不料唐军转败为胜，收复了长安和洛阳，而且调头击溃了李璘。由于李白犯了路线错误，唐政府逮捕了他，并要腰斩之。多亏郭子仪再三为李白求情，唐肃宗才下令改腰斩为流放。李白恼羞交加地走在通往夜郎的路上，考虑着自己在陌生之地将如何度日。沮丧之际，唐肃宗忽然对李白改流放为赦免，于是诗人就在惊喜之中调头而返。不过他怎么也不能想到寻阳的警察会拘留他，而且不由分辩便将其关进牢房。李白不知道这一切是如何发生的。他无可奈何，惟有等待上帝的安排。这时候，恰恰有一位开明的官员经过寻阳，可怜李白之才，遂打通关系，使诗人得以释放。他还邀请诗人当他的助手，不过诗人只是干了一阵，以表示感谢，随之就走了。

公元761年，60岁的李白出于生活之忧，投靠当涂县令李阳冰。过了一年，李白大醉而死。我想，诗人应该是在梦中告别了这个世界吧！

白酒新熟山中归，
黄鸡啄黍秋正肥。

> 呼童烹鸡酌白酒，
> 儿女嬉笑牵人衣。
> 高歌取醉欲自慰，
> 起舞落日争光辉。
> 游说万乘苦不早，
> 著鞭跨马涉远道。
> 会稽愚妇轻买臣，
> 余亦辞家西入秦。
> 仰天大笑出门去，
> 我辈岂是蓬蒿人。

这是李白 42 岁那年的诗，当时他接到圣旨，要离家到长安去。李白显然相信自己的政治理想即将实现！他是多么得意，多么痛快，多么自负而自大。他激动得仿佛要跳起来！不过在了解了李白的经历之后吟咏这诗首，我以为，任何人都会觉得荒唐，尴尬，想哭，想笑，哭笑不得，久久沉默。

十三

高适小李白 1 岁，大约出生于公元 702 年。在这年，我所喜欢的诗人陈子昂死了。

> 千里黄云白日曛，
> 北风吹雁雪纷纷。
> 莫愁前路无知己，
> 天下谁人不识君。

这首诗是高适赠其朋友董大的，有温馨之感，也有希望之光。多年之后，董大成了艺术高超的琴师，不过在当时他真是默默无闻，甚至无钱沽酒。依我的想象，那是一个冬天的傍晚，董大按自己的安排必须走了，可他却不知道等他的将是什么。他顾虑重重，没有把握。风烈，雪大，天也黑了下来，这都增加了董大的忧郁和压抑。虽然高适也处沦丧之中，然而在朋友远行之际，他一点都不愿意流露自己的穷愁和愤懑，反之，他一直安慰朋友，盼朋友能看到自己的光明。他握住董大的手说："莫愁前路无知己，天下谁人不识君。"高适就是这样把信心与力量传给了董大，也传给了孤独的我。

高适为寒门之子，年轻时候，很是落魄，但他却胸怀大志，既读书，又舞剑，希望有所作为。20岁前后，他从沧州赴长安，希望以自己的文才武略进入主流社会。遗憾的是，长安街上似乎十分喧闹，但仔细观察，却处处是冷脸。

高适碰壁之后，便离开长安，到边塞去了。宋州刺史张九皋属于英明之人，他发现高适是有能力的，遂给其创造条件，使高适进士及第，并帮助他当了封丘县尉。滑稽的是，这时候高适已经近乎50岁。县尉的工作是奉迎官员，鞭挞黎庶，高适不免委屈，遂挂冠而去。

不知道谁作的介绍，总之，高适忽然进了哥舒翰的幕府。他随哥舒翰先在河西防守吐蕃侵犯，后在潼关阻击安禄山的叛乱，似乎是把好钢用在了刀刃上。

大约62岁那年，高适晋升为唐政府刑部侍郎。不过他很快就受到奸佞中伤，唐代宗竟撤销了其职务。

高适也有丧德之举。为了有一个靠山，他赋诗颂扬过李林甫，甚至肉麻地以傅说和萧何比李林甫，也赋诗吹捧过杨国忠。也许这都是不得已而为之，但追究起来，我却仍为高适遗憾。不过人生太难了，太难了，谁能保证自己是完美的呢？

十四

大约在高适出生之后10年，杜甫出生于河南巩县。

这一年是公元712年，李隆基在这一年即位。年轻的皇帝雄心勃勃，励精图治，发誓要把唐帝国引向一个高峰。经过近30年的努力，他实现了宏愿，确实使唐帝国登上了高峰。

当时的长安南通子午谷，北到龙首原，东临灞河，西濒沣水，是世界上最大最美的都市，当然也是最繁华的都市。长安的中心属于宫城，外延是皇城和郭城。长安到处都是大殿、官邸、寺庙、旅馆和园林。经常到长安来的，有日本人和朝鲜人，还有海湾一带的波斯人。长安到处都是游侠和歌女，长安盛行斗鸡和饮酒。

> 岱宗夫如何？
> 齐鲁青未了。
> 造化钟神秀，
> 阴阳割昏晓。
> 荡胸生层云，
> 决眦入归鸟。
> 会当凌绝顶，

诗人多难

一览众山小。

　　杜甫的父亲是一个平庸的人，名不见经传，但其祖父杜审言却是进士，是诗人，还是武则天的生活秘书张易之兄弟的座上宾。杜甫起码生活于富裕之家，甚至多少是在荫庇之下成长的。他所接受的教育，显然是儒家教育。他知道自己追求的应该是报效唐帝国，也必须出人头地，光宗耀祖。年轻时候，杜甫除了读书之外，还旅行吴越，浪迹齐赵，以锻炼体魄，开阔视野。

　　关于泰山的这首诗，便是杜甫在裘马清狂的岁月所写作的。在我看起来，它十足地表现了杜甫的一种向往，也流露了他的征服欲望。

　　24岁那年，杜甫在家长的一再催促之下，才从云游的半途返回故乡。他匆匆地参加了在洛阳的应试，还自以为可以及第，实际上他落榜了。不过这一次失败似乎并没有影响他什么，他仍热衷于云游。

　　杜甫32岁那年在洛阳见到了李白。当时李白刚刚离开长安，心情很糟，但杜甫却极其高兴。接着他还见到了高适。年轻的杜甫显然十分激动，甚至放弃了新婚之乐，陪两个名家到梁宋一带走了两年。

　　公元746年，杜甫西行进入长安。他似乎有了一种紧迫之感，因为已经34岁，不是可以意气用事的青春少儿了。一年之后，唐玄宗在京师发出指示，号召天下之士，凡是有一门专长的，皆赴长安，以参加应试，让唐政府选拔。杜甫知道这是一次难得的机会，遂居于长安的客栈闭门读书。除了准备功课之外，他也在寻找关系，盼能得到权贵的支持。杜甫明白，仅仅有优异的成绩还是不够的。不过总之，他充满了希望。

　　李林甫主持唐政府工作忽忽有12年之余了，此间，由于他把主要精力用在了打击精英分子，遂没有什么可以骄傲的政绩，反之留下了斑斑恶迹。唐玄宗下令选拔人才，使其十分惊慌。他担心天下之士在回答皇帝问题之际揭露自己。想来想去，李林甫便给唐玄宗出了一个美妙的主意，他说：参加应试的多是乡村之徒，言语粗俗，举止鄙陋，为免熏染陛下视听，选拔人才完全可以从地方到中央一级一级选拔。在唐玄宗的领导之下，唐帝国显然很是昌盛了，但他却也在绿酒红灯之中昏庸起来，尤其是丰腴的杨贵妃，她像海洛因似的使唐玄宗上了瘾。李林甫关于如何选拔人才的办法，显然包藏着祸心，可唐玄宗却觉得是为了他的健康，从而同意了李林甫的意见。实际情况是，李林甫紧紧控制了这次应试的程序，并增加了应试难度。由于节节作梗，关关设卡，唐帝国在公元747年竟没有一个人成为进士。李林甫心花怒放，嬉嬉地告诉唐玄宗：野无遗贤了！

　　李林甫以伤天害理之术，淘汰了成千上万有专长的人。杜甫为自己的落榜欲哭无泪，欲罢不能，只剩下坐在客栈借酒消愁了。不过以他的个性，显然还会努力,并争取功名。

大约从这个时候开始,杜甫的人生便进入了一个惨淡经营的阶段。他不得不巴结显要,以获提携。他一天一天地萎缩起来,甚至朝扣富儿之门,暮随肥马之尘,到了晚上,才骑驴回到自己的家。不过晚上在家也不能安眠,因为他还要点灯写作一些甜蜜之诗以赠权贵。

杜甫做汝阳王李琎的门客,而且委曲求全,当然是希望汝阳王能援引他,但汝阳王对他却终于没有什么帮助。韦济担任尚书左丞之后,杜甫再三投其诗,并哀告自己是老骥,是饿鹰,几乎是在求救了,可韦济却硬着心,不肯助其一臂之力。杜甫还投诗于张垍,甚至闭着眼睛吹捧张垍是灿烂的明星,然而张垍一直不冷不热,使杜甫难堪。

也许杜甫突然醒悟,小鬼都是势利的,是阴暗和吝啬的,遂改变方式,决定敲阎王的门。他所做的是投诗唐玄宗,赞颂皇帝的英明与伟大。不知道长安的风把杜甫的诗吹到哪里去了,总之,他的诗没有产生任何反应。杜甫急了,并下定决心,发誓要让唐玄宗知道他。于是他就坐在窗前,绞尽脑汁地炮制了三篇赋,把其作为大礼,在一个节日敬呈唐玄宗。杜甫的三篇赋倒是引起了唐玄宗的注意,其尝吩咐朝臣对杜甫作考察。杜甫不愧是有毅力的诗人,诗人的机会应该是到了。不过李林甫还活着,这就麻烦了,因为李林甫已经宣告野无遗贤了。在野无遗贤的背景之下,怎么可以发现一个杰出的诗人呢?如果谁把杜甫挖掘出来,那么谁就是打了李林甫一个嘴巴。唐帝国的生活是开放的,但唐政府的政治却并没有开放,不过是集权统治而已。结果呢?结果当然不妙。

杨国忠取代李林甫之后,杜甫开始琢磨怎么才能得到杨国忠的扶持。经过侦察,杜甫发现一个名为鲜于仲通的人是杨国忠的亲信,遂投诗鲜于仲通,请求其举荐。然而鲜于仲通根本不是善良之人,其十分干脆地拒绝了杜甫。

长安显然伤透了杜甫的心,这使他不得不作别的打算。他知道高适在哥舒翰幕府,很是羡慕,遂想到遥远的边塞去。他投诗哥舒翰,表示愿意做其助手。杜甫恳恳切切,甚至发凄凉之音,但哥舒翰却未答应他。

杜甫便只好滞留于长安。长安为京师之地,人口稠密,物价很高,杜甫是没有工作之人,生活遂十分困难。少陵原一带有其旧宅,还有一些老田,于是他就在少陵原种谷种麻,聊以度日。

公元753年,长安苦雨,杜甫家的房子到处漏水,以致墙上发霉,地上生苔。潮湿久浸,使他患了感冒,感冒又引起了气管炎,气管炎又引起了肺气肿。杜甫昼夜咳嗽,吃也吃不好,睡也睡不好,遂面黄肌瘦的。当然可恶的还是肺气肿,它一旦缠住杜甫,便紧紧贴在他的身上了。事实是,到杜甫死于湘江,这个肺气肿也没有离开过他。

诗人多难

在断炊的一些日子，杜甫还曾经混入长安的难民之中领取唐政府的救济粮。依我的想象，杜甫当时当是破衣烂衫，满脸痛楚。不过杜甫这时候才具风度，因为它显出了十足的诗人气象。

杜甫贫病交加，显然不可能升官发财了，于是所谓的朋友就都回避着他。我以为，这也没有什么，它甚至还增加了诗人的体验，使诗人的眼睛更毒辣更深邃了一层。

公元754年，杜甫艰苦到了极点，竟不得不让妻子和孩子投奔家在奉先的一个亲戚。之后，杜甫将反复奔波于长安与奉先之间。大约就是这些奔波使他有机会发现社会贫富的两极分化，他说：

> 朱门酒肉臭，
> 路有冻死骨。

公元755年，杜甫忽然收到唐政府一份文件，是要他担任河西县尉的。征收赋税，追捕盗贼，而且是在荒凉之地干这些勾当，杜甫感觉沮丧，遂没有上任。不知道是谁作了通融，总之，唐政府转而让杜甫当京兆府兵曹参军。它也属于芝麻官，不过它多少要用一点笔墨，符合诗人的身份，工作地也还在长安周围，容易交往，晋升的机会显然会多一些。杜甫便接受了京兆府兵曹参军的任命。44岁才当了一个芝麻官，尽管是让诗人汗颜的，然而杜甫总算走上了仕途。

不料一月之后，便爆发了安史之乱，它电闪雷鸣似的打碎了社会的秩序，也打碎了杜甫的人生设计。

在战争期间，杜甫有一阵也做了俘虏，不过他没有王维的显赫和名气，从而为安禄山所利用，反之其衣衫褴褛，身体虚弱，是惟妙惟肖的一个难民。一天黄昏，他乘士兵不注意，迅速藏在了一片树林之中，从而摆脱了叛军的控制。

杜甫像

杜甫跑出长安，西行到凤翔，在这里拜见了指挥唐军平乱的唐肃宗，并向皇帝忠实地汇报了自己在长安的经历。杜甫的表现让唐肃宗满意，遂任命其为唐政府左拾遗。杜甫终于进入了权力阶层，能不激动吗？事实是，接到圣旨之后，杜甫激动得失声痛哭。

公元757年，郭子仪率兵收复了京师，杜甫随唐肃宗及其唐政府百官回到了长安。这一阶段,他的生活似乎还算惬意。他不但有俸禄,而且在大明宫早朝的时候,得以参加诗人的唱和,这些诗人包括有王维和岑参,还有贾至。杜甫有这样的生活确实是来之不易的,何况他年近50,应该珍惜才是。但诗人却不会明哲保身。

宰相房琯在平乱期间,率兵作战,屡屡失败,遂招致了唐肃宗对他的不满。也许聪明的办法是检点自己,把别的工作做好。可房琯却大而化之,不但缺乏反省之意,而且居然窝藏一个嫌疑分子。唐肃宗极其恼火,就贬谪了他,甚至还要斩处之。在杜甫困难的岁月,房琯曾经给予诗人以支持。于是诗人就出于义气,尽力为房琯辩护,遂得罪了唐肃宗。公元758年5月,唐政府一页文件便把杜甫降为华州司功参军,负责祭祀之类的工作。杜甫敢怒而不敢言,悲愤地离开了长安。

过了一年,他就到成都去了,以后越走越远,死于湘江一条破船之中。

在成都的那几年,人生的失意显然扭曲了杜甫,他抑郁,怨恨,傲慢,偏激,经常大发脾气。严武一家与杜甫一家属于世交,严武担任成都尹和剑南东西川节度使之后,出于善意,邀杜甫在其幕府工作,并举荐他当检校工部员外郎,是很照顾他的。可他对严武却不领情,不尊重。见到严武,他也不戴头巾,也不打招呼,使严武没有一点面子。有一次杜甫喝多了,发起酒疯。他居然一下站到严武的床上,瞪着眼睛,吊着嗓子,说:"严挺之竟有这样一个儿子!竟有这样的儿子啊!"

十五

岑参小杜甫3岁,是河南南阳人。他的诗既批评战争的残酷,又歌颂战争之中涌现出来的英雄及其勇敢精神,还挖掘非常时期的人性之美,风格苍凉而慷慨。

> 故园东望路漫漫,
> 双袖龙钟泪不干。
> 马上相逢无纸笔,
> 凭君传语报平安。

这是岑参在出塞路上所写作的一首诗,似乎平易,实际上是极富韵味的。

大约20岁左右,岑参到长安去谋职,结果当然是碰壁。10年之后,他进士及第,很希望能进入唐政府工作,也未成。于是他就退而求其次,到安西节度使高仙芝幕府去当了书记,之后到西北庭节度使封常清幕府去当了判官,戎马生涯，凡10年之久，一直到唐军平息安史之乱。

公元758年，杜甫以左拾遗的身份向唐肃宗举荐岑参。他认为岑参德高望重，富于见识，可以从事规谏工作。但唐肃宗却疑虑重重，只勉强让岑参当了中书省的右补阙。当时唐肃宗身边有两个人，一个太监李辅国，一个宠妾张良娣，其皆存野心，遂互相勾结，排斥异己，把唐政府搞得鸡犬不宁。岑参觉得这种生活不但没有意思，而且充满了危险，便打算离开长安，到别的地方去工作。

十六

在岑参出生36年之后，孟郊出生于湖州武康。这一年是公元751年，唐玄宗在太清宫举行盛大的祭祀活动，长安一片喜气。但高仙芝却惨败大食，唐军将士血染大漠，尸横荒野，鬼神为之惊骇。

孟郊的人生格调，可以一言以蔽之，曰：落泊。

他的理想当然是进士及第，从而取得功名，不过他运气不好，竟一败再败。由于没有多少经济收入，其生活一向狼狈，有时候竟要靠别人的施舍才能度日。孟郊形象猥琐，情绪偏激，总是穿着一件肮脏的褴袍独往独来。

46岁那年，他一不小心便登科了。突如其来的喜悦一下驱散了身上的晦气，他觉得自己马上就会飞黄腾达，一种美妙的日子将滚滚而来。他甚至有一点高兴得疯狂起来。

> 昔日龌龊不足夸，
> 今朝放荡思无涯。
> 春风得意马蹄疾，
> 一日看尽长安花。

岂不知孟郊产生了错觉，事实是，拖了几年，唐政府才任命他做溧阳县尉。

岁过半百的诗人当一个区区县尉，颇让孟郊失望，于是他就一泻千里，把县尉的工作不当工作干了。

在溧县衙门附近，有一片碧水，绿树葱葱，芳草萋萋，鱼与蝴蝶游戏。孟郊觉得这是一个可爱的去处，遂常常在上班时间到此地浪漫。他饮着酒，弹着琴，摇摇摆摆地沿着碧水走来走去，完全是一副骑士的风度。问题是他耽误了工作，县令很是不满。不过县令也对孟郊无可奈何，其所能做的，是把情况报告给上级。有意思的是，上级并没有撤销孟郊的职务，也没有指责他，上级的办法是增派了一个代理县尉到溧县去上班。代理县尉分担了诗人的一半工作,他当然也要分享诗人的一半俸禄。诗人十分难堪,便拂袖而去。

孟郊 63 岁逝世,由于没有什么积蓄,其丧事不得不由朋友捐款办理。

十七

孟郊出生之后 18 年,韩愈登陆于河南南阳。在这一年,唐军击退了吐蕃的侵犯,从而使唐帝国摆脱了一次严重的危机。但在这一年,社会矛盾却极其激烈,甚至恐怖分子竟嚣张地谋杀了幽州节度使,天下很有动荡之感。这一年是公元 768 年。

韩愈的父母死得很早,实际上韩愈是由兄嫂养大的,不过孤苦并没有使其丧志。他追求上进,并通过自学,读了大量的书。其理想是进入唐政府工作,可惜屡屡落榜,久处挫折之中。

公元 792 年,韩愈觉得总这样困着显然是不行的,遂急中生智,鼓起勇气,向上流社会散发他的诗。其要展示自己的学识,并盼义士重视他。在我看起来,韩愈这样做也是无可奈何了。他是一个普通家庭出来的普通青年,尽管有抱负,但他却缺少靠山。为了出人头地,他除了闯荡之外,还能有什么办法呢?幸运的是,韩愈毕竟遇到了赏识他的人,这便是退休宰相郑余庆。郑余庆的吹嘘,多少为韩愈创造了一些条件,遂得以登科。

不过进士及第,仅仅标志着韩愈具备了任职资格,按规定,他还必须经过唐政府吏部的审查,才可以取得职务。倒霉的是,他三次应试都失败了。韩愈不甘,遂到凤翔去求助于他一向尊敬的长者邢君牙。虽然长者是有权力和关系的,但不知道邢君牙为什么却没有帮他一把。韩愈走投无路,只好冒险,这便是上宰相书,而且一而再,再而三,然而终于不果。几年之后,宣武节度使董晋爱惜其才,召韩愈到他的幕府去当了判官。韩愈大小总算有了一个位子,不过诗人的仕途注定是坎坷的。

36 岁那年,韩愈担任监察御史,其品秩低而权限广。依唐政府的制度,监察御史要考量百官,巡视郡县,纠正刑狱,肃整朝仪。韩愈是一个态度认真的公务员,根据他的调查和研究,拟了一个反映宦官专权和宫市混乱的报告敬呈唐德宗,建议整顿。不料其行动激怒了皇帝身边的人,他们倒打一耙,反之指责韩愈是向皇帝抹黑。唐德宗居然信以为真,遂贬谪其为阳山县令。

46 岁那年,韩愈当职方员外郎。华阴县令犯了错误,遭到罢免,这当然也是正常的工作。不过韩愈弄清事情经过之后,觉得惩罚偏重,便为之辩护。如果唐宪宗稍稍英明一点,那么他将有可能注意韩愈的声音。可唐宪宗却不但反感韩愈发表异见,而且一怒之下,对韩愈作了降级处理。

韩愈几乎遭遇杀身之祸的,是 52 岁那年,由于他谏迎佛骨,大大冒犯了唐宪宗。

佛骨是释迦牟尼火化之后的结晶，有几粒藏于法门寺。依习惯，唐帝国每30年要打开法门寺迎佛骨一次，其为国之大事。皇帝认为，迎佛骨不但会使社稷安宁，而且会使自己健康长寿。

公元819年，恰恰是打开法门寺迎佛骨的时候，唐宪宗极其重视。按唐宪宗的部署，将派遣30个宫女手持香花，把佛骨从法门寺接到长安，并要在禁中停放3天，之后送往其他庙堂。迎佛骨的活动在长安引起了轰动，达官贵人与平民百姓皆奔走相告，有的竟为了能供奉佛骨而变卖家产，甚至烧自己的头，灼自己的臂，以显示虔诚。煌煌长安，突然产生了若疯若狂之感。

韩愈是孔子的信徒，一向以仁爱为根本，以忠恕为原则，是反对过分敬佛的。看到为迎佛骨劳民伤财，他觉得不妥，也不安，遂拟了一个报告送唐宪宗。他认为，佛无非是夷狄的一个法术而已，不值得相信。他指出，佛并不是华夏所固有的，事实是，三皇五帝时代就不存在佛，也不敬佛，不敬佛他们竟有百岁之寿，反之，汉有了佛，汉的天子居然多是早逝。韩愈的报告强烈刺激了唐宪宗，他脸发青，手发抖，嚷着狂妄，狂妄，下令斩处韩愈。好在有宰相裴度为之斡旋，并有正直的大臣为之求情，唐宪宗才同意留下其性命，不过必须离开长安，到潮州去。在潮州当刺史，实际上就是流放了。

韩愈受令，不得不立即收拾行包。当时韩愈的女儿正在患病，他忧患之极，不过司法机构的人在催促着，其无法为女儿请医治疗，甚至连安慰女儿一下也不能。韩愈惶惶地走了，随之女儿也就死了。几年之后，韩愈返回长安，在路边看到了女儿的坟墓，辛酸之极，不禁泪流满面。

韩愈是以获罪之身匆匆离开长安的，其亲戚朋友一律不能为之送行。我想，此境此况的韩愈，必是愁肠万断，也可能无所畏惧，所以就只是向前进了。

在他走到蓝田的时候，其侄孙韩湘从长安赶来陪他。看到韩湘，他感慨万千，然而说什么呢，又怎么说，遂以诗示之曰：

>一封朝奏九重天，
>夕贬潮州路八千。
>欲为圣明除弊事，
>肯将衰朽惜残年！
>云横秦岭家何在？
>雪拥蓝关马不前。
>知汝远来应有意，
>好收吾骨瘴江边。

在潮州，韩愈难以承受气候之不宜和饮食之不适，遂上书唐宪宗检讨错误。他责备自己是非礼，感谢皇帝赦免了极刑，而且使其又有工作，又有俸禄，倾诉自己小时候就身体虚弱，并在50岁就牙齿摇落，头发花白，他盼皇帝能哀而怜之。于是唐宪宗就调动他到袁州当刺史，袁州也远，但它却毕竟近于潮州了。

十八

韩愈出生5年之后，刘禹锡和白居易问世，他们都诞辰于公元772年。有意思的是，他们皆为名门之后。汉景帝刘启是刘禹锡的远祖，秦将军白起是白居易的远祖。他们都很得意于自己的血统，并以名门之后为光美。由于有良好的教育，又聪明，又刻苦，他们的进士应试都还顺利。刘禹锡22岁登科，白居易29岁登科。

多年之后，这两个诗人才知道自己所处的世界风云诡谲，波澜起伏，根本不是他们所想象的那么容易把握。

刘禹锡大约30岁左右担任监察御史，身在政治中心，是难免会陷入权力之争的。当时的形势是，唐德宗又老迈又昏庸，宦官不但专权，而且横行宫市，于是在太子李诵周围就渐渐形成了以王叔文为核心的一个改革集团。

王叔文是李诵的侍读，颇有主张，并能以自己的观点影响李诵。重要的是，他把唐政府一批年轻有为之人团结起来了。王叔文器重刘禹锡，夸其是宰相的材料。王叔文的赏识激发着刘禹锡的热情，遂渐成这个改革集团的骨干。

公元805年，李诵即位，为唐顺宗，不过他身患中风，很难处理军国大事，从而为王叔文专权提供了机会。王叔文及其同志在唐顺宗的支持之下取消了宫市，并采取措施，阻止割据势力的扩大。这些都显示了一种新的气象，然而他们也互相吹捧，甚至还排斥异己，遂引起了文武大臣的警惕。

以俱文珍为头子的宦官集团，早就对改革集团恨之入骨，其联合文武大臣，以共同推翻改革集团。他们的办法是，立李纯为太子，随之借口唐顺宗有病，劝其退位。仅仅运作了4个月，事情便成了，于是李纯就当了皇帝，为唐宪宗。

唐宪宗为巩固权力，立即判决王叔文为极刑，并狠狠打击所有追随王叔文的人。刘禹锡是改革集团的骨干，当然会受到惩罚。不过还好，唐宪宗没有下令斩处他，只是贬谪其为郎州司马。柳宗元也是改革集团的骨干，唐宪宗也处理了他。

10年之后，唐政府把刘禹锡从郎州调回长安。鉴于刘禹锡的能力，他是有可能到尚书省去工作的。不过刘禹锡显然还有情绪，对一些文武大臣，还有深沉的反感。有一天，刘禹锡游了玄都观，那里的桃花给了他灵感，遂乘

诗人多难

兴写作了一首关于桃花的诗，借机讽刺了自己所厌恶的新贵和趋炎附势之徒。诗曰：

> 紫陌红尘拂面来，
> 无人不道看花回。
> 玄都观里桃千树，
> 尽是刘郎去后栽。

吟咏其诗，我现在似乎还能感到刘禹锡的锋芒，甚至还能看见他轻蔑的目光和嘴唇。

这首诗使唐政府一些官员颇为气愤，遂决计排斥刘禹锡。他们指责刘禹锡以诗讽刺的行为，是一个品质问题。如此一闹，他到尚书省去工作的可能便没有了，反之还得离开长安，还要到播州去，播州显然是远于郎州的。大臣裴度是善良之人，他以刘禹锡母亲已经80岁为由，请求让刘禹锡到连州去。唐宪宗哼哼哈哈难以驳回，便勉强答应了。

连州之后是夔州，是和州，刘禹锡到处迁移，一晃就是14年。当唐政府怨恨消失，刘禹锡可以调回长安的时候，诗人已经57岁，夕阳西下，近乎黄昏了。

公元815年6月的一天，宰相武元衡走出宅邸，骑马到唐政府去上班。街上很安静，长安还沉浸于微茫的晨曦之中。他思考着要做的事情，并计划着工作程序。怎么也没有想到，当他骑马走到靖安坊的时候，会突然从角落射出几只冷箭打散其卫队，随之过来一伙人劫持他，打死他，取其颅骨而去。

之所以谋杀武元衡，是有其背景的，这便是武元衡坚决主张削弱节度使的权力，以维护唐帝国的统一。但他的主张却引起了一些节度使的仇恨，他们要以打死武元衡的办法反对削弱其权力。

发生在黎明的恐怖事件震惊了唐政府，也使长安居民失去了安全之感。但到底应该如何对待凶手，司法机构却似乎有一点迟疑。当时白居易担任左赞善大夫，做教育太子的工作，他觉得必须尽快惩罚凶手，否则社会将难以稳定。于是他就上书唐宪宗，希望唐政府缉拿凶手。

在我看起来，白居易的意见是正确的，属于一种积极的力量。他上书唐宪宗，也是在尽一个大臣的责任，符合唐帝国的利益。实际上白居易一向就善于发现问题，敢于提出自己的意见。我以为，关注生活，批评时弊，是白居易的一大特色，而且这一点早就反映在他的写作之中了。

然而这次缉拿凶手的呼吁，使他卷入了一场政治之争。唐政府的宦官派与官僚派似乎都反对白居易，尤其是官僚派，他们指控白居易关于缉拿凶手的建议，完全超越了一个赞善大夫的职务范围。他们还指控白居易违背了做人的道理，根据是，白居易的母亲是观花堕井而死的，可他却还以花以井为题写作诗，显然不懂为亲者讳，为长者讳，也不知道什么是孝。他们质疑，这样的人难道能够承当教育太子的责任吗？于是他们就向唐宪宗施加压力，要求处理白居易。

唐宪宗过去还是很喜欢白居易的讽喻诗的，觉得他是一个正直的人，遂把白居易从周至县尉提拔为翰林学士。不过白居易总是干预政治，他也就烦了。唐政府一班大臣责备白居易有错误，唐宪宗认为并非没有道理，遂贬谪其到江州去做司马。

赠君一法决狐疑，
不用钻龟与祝蓍。
试玉要烧三日满，
辨材须待七年期。
周公恐惧流言日，
王莽谦恭未篡时。
向使当初身便死，
一生真伪复谁知？

其诗是白居易在赴江州的船上写作的。他在船上共写作了5首诗，痛快地展示其感情和思想。这首诗显然是在为自己辩护，他认为，时间终究会证明他没有错，贬谪是冤枉的。

公元815年，白居易44岁，人到中年了，而且他素有神经衰弱，身体也很消薄。左迁之事，强烈触动了白居易的灵魂。他反省人生，慢慢变得消极了，遂遁入空门。之后尽管翻身，在唐政府担任知制诰，然而终于没有多少政治热情了，甚至厌恶和畏惧官场。之所以他不退休，主要是从生活考虑。在晚年，他一直为唐政府的权力之争感到紧张。他似乎对应付复杂的上下关系和左右关系感到困难，便想离开长安。

十九

柳宗元小刘禹锡与白居易1岁，是早逝，46岁就死了。

千山鸟飞绝，
万径人踪灭。
孤舟蓑笠翁，

独钓寒江雪。

这首诗写作于永州。读其诗，我可以感到柳宗元心情的清冷和郁闷，当然也感到了一种傲岸，甚至决绝。

永贞改革，以王叔文为核心，积极分子有刘禹锡，也有柳宗元。刘禹锡担任监察御史，柳宗元也担任监察御史。改革失败之后，唐宪宗将刘禹锡贬谪郎州，将柳宗元贬谪永州，永州之野有毒蛇。公元819年，唐政府把柳宗元调到柳州做司马，遂逝世于柳州了。

3年之前，我偕妻子在柳州参观了柳宗元纪念馆。我和妻子在纪念馆转了整整一个下午。

走出纪念馆红漆剥落的大门，已经是黄昏，我抬起头，看到周围全是山，山真是重重叠叠。我默默地想，这就是诗人曾经工作过生活过的地方，它离长安也确实是很遥远了。但诗人却没有颓废，也没有装病，从而什么都可以不干。事实是，诗人在柳州做了很多事情。他尽力改变当地以人抵债的陋习，并用自己的钱赎出抵债的孩子，交其父母。他还反对宰牛祭祖，以让牲口耕田犁地。

柳宗元有一个4岁的孩子，逝世之前，其想来想去，觉得能够托付的，惟有韩愈，遂留言韩愈照顾他的孩子。不幸的是，恰恰是在这一年，韩愈谏迎佛骨贬谪为潮州刺史了。

柳宗元英年而死，柳州人都非常难过，随之为他建造了纪念馆。我现在依然感觉那是一个幽静的庭院，在它破损的砖缝之间，到处是青苔。

二十

柳宗元出生之后6年，元稹和贾岛出生。这一年是公元779年。其年唐德宗指示梨园乐工300余人一齐下岗，以减轻唐政府开资。其年李希烈担任淮西节度使，从此开始了长达40年之久的割据统治。

五年江上损容颜，
今日春风到武关。
两纸京书临水读，
小桃花树满商山。

公元810年，元稹左迁江陵担任士曹参军，情绪不好，生活不惯，很是憔悴。5年之后，他才熬到了头。这首诗便是元稹在赴长安途中所写作的，当时，他刚刚收到了朋友李复言和白居易的信，极其欣喜。

元稹有出色的学识，诗也有意趣，不但广传于歌女与妃嫔之间，而且为太子李恒深深喜欢。李恒公元820年即位，为唐穆宗。元稹25岁进士及第，28岁当左拾遗，29岁当监察御史。他显然是有作为的，并在积极进取，还希望大有作为。

当时唐政府的权力之争非常激烈，有宦官派，有官僚派，也有一个进士派。进士派的主要角色有刘禹锡、柳宗元、白居易，也有元稹，甚至还有长者韩愈。这些人没有多少政治背景，皆以自己的实力进入唐政府。其考虑问题的立场倾向于民间，于是自觉不自觉地就妨碍了宦官派和官僚派的利益。这对他们当然是不利的，因为他们很容易使自己处于宦官派与官僚派的夹击之中。

公元810年，作为监察御史的元稹，发现河南尹房式有种种违法行为，遂勒令其停职，还扣了他的俸禄，准备拘留他。房式属于官僚派的人，元稹对房式的严厉姿态，使官僚派难免产生一种指伤心疼的感觉。他们愤怒地向唐宪宗反映元稹做得过分了，并强烈要求处理之。唐宪宗为了维持政治集团之间的均衡，遂下令把元稹从洛阳调回长安，并要降低其薪水。

到这里，事情应该是有了一个段落，不料元稹在赴长安的路上，竟发生了一场新的矛盾。那天晚上，元稹住宿华州敷水驿，依习惯，他先到，当然是居上厅，但宦官刘士元后到却霸道地争夺上厅。尤其可恶的是，刘士元居然一边唾骂元稹，一边扬起马鞭把怨怼倾泻在元稹脸上。唐宪宗也知道错在刘士元，不过他一点也没有批评刘士元，反之元稹刚刚落脚长安，他便发旨将其贬谪到江陵去当士曹参军。

白居易认为这样处理元稹有失公允，遂上疏为元稹不平则鸣。白居易之举，不但没有使唐宪宗宽容元稹，还使唐宪宗对他也讨厌起来。5年之后，白居易便左迁江州了。

> 松下问童子，
> 言师采药去。
> 只在此山中，
> 云深不知处。

吟咏这首诗舒服极了。它的艺术效果究竟怎么成功，那些文章家分析得都非常好，而且他们已经激赏了千年之余，所以我就不妄评了。

贾岛小时候为僧，可惜未能根除尘缘，遂抱功名之心，走出佛门，为登科奋斗，不果。之后流落长安，打算依附权贵，也不果。

长安南部的草堂寺和青龙寺皆是他喜欢的地方，斯院的古木之下，也有他所仰慕的隐士,然而他缺乏幽闭自己的毅力,遂只能悲伤地当诗人。

他总是骑着驴吟咏着,从晓走到昏,从春走到秋。他走遍了长安,走遍了世界。当他骑着驴推敲其作品的时候,胸膛稍挺,眼睛微合,似乎什么都不顾了。一旦得到奇字或妙句,便欣喜若狂,手舞足蹈,仿佛天下是他一个人的天下。他骑着驴曾经撞倒了达官显贵,其遭到的,当然是训斥和推搡。

除夕之夜,商人在数他的银子,官员在拉他的关系,但贾岛却把一年所写作的诗放到桌子上,烧几炷香,祭几杯酒,三鞠躬之后说:这是我的收获啊!长歌当哭,泪水涟涟。

公元843年,65岁的贾岛终于有了一个当参军的机会,遗憾的是,他还没有到岗位上去,便染疾逝世了。诗人一生奔波,穷得竟没有一分钱,惟有一张琴,一头驴,驴老且病,瘦得一把骨头。我不知道是谁为他办了丧事的。

二十一

元稹和贾岛出生12年之后,李贺出生。这一年是公元790年,吐蕃加紧了对唐帝国的侵犯,藩镇的叛乱也是此起彼伏,长安的消息忧多而喜少。

> 黑云压城城欲摧,
> 甲光向日金鳞开。
> 角声满天秋色里,
> 塞上燕脂凝夜紫。
> 半卷红旗临易水,
> 霜重鼓寒声不起。
> 报君黄金台上意,
> 提携玉龙为君死。

李贺的诗色彩斑斓,意境奇拔,有超越时空之魅力,从而为鲁迅所喜欢,也为毛泽东所欣赏。

这个有超常之才的人在7岁便会写作诗,其非凡的聪颖竟惊动了韩愈,于是韩愈就带着随从登门观察了李贺。韩愈开始是怀疑的,不过实践证明,李贺确实非凡,确实是7岁便能写作。

但非凡却是伴随着病态的,我的意思是,李贺头大而身虚,手长而指细,无缚鸡之力,惟好读书。

他出门经常要骑一匹马,背一个锦囊。锦囊里装的当然是书,书多了,母亲便发急,并会追上去取一些出来,以免读书累了李贺。实际上锦囊里装的还有李贺的诗,他的习惯是,随时随地在吟咏,诗成便投入其中。

李贺的名声是先于李贺来到长安的,这便为他的进士及第创造了一些条件。不过竞争是激烈的,竞争引起了对李贺的攻击。当时有人指责李贺参加进士应试是犯了忌,理由是,李贺父亲名为晋肃,晋肃与进士的发音听起来仿佛是两个兄弟。依礼,李贺应该回避应试,但李贺却未回避,所以其道德有问题。这显然是一种荒谬的逻辑,荒谬之源在中国文化,因为中国文化是讲究什么为亲者讳,为长者讳的。

当李贺感到十分孤独的时候,韩愈著文为其作了辩护。韩愈能做这一点,是让我钦佩的,不过攻击李贺的人并非一般的角色,他们甚至也可以攻击韩愈。实际上这场风波是有复杂背景的,事情的关键是李贺曾经以诗讽刺了一些权贵,是他们在暗中阻挡李贺。在这个忧郁的青年不得不放弃进士应试之后,他伤心地哭了。

不过李贺毕竟是杰出的,他也还有一批朋友,重要的是,韩愈一直在尽其可能地帮助他。

公元811年,李贺担任了奉礼郎,其任务是,在唐政府举行祭祀或庆典仪式之际,安排文武大臣列位,或做他们的向导。李贺显然不适宜做这样的工作,身体也不舒服,于是干了两年就辞职了。

之后,他到山西去投奔韩愈的一个门生,但他来到山西,那个人却恰恰离开了山西。李贺举目无亲,只好返回。这样的长途奔波,竟使其病恶化,治而无效,不得不死,仅仅27岁。

二十二

李贺出生14年之后,杜牧闯入世间,时在公元803年。这一年,白居易与元稹一举登科,刘禹锡和柳宗元怀抱雄心,进入唐政府工作,但韩愈却由于缓征赋税的意见左迁阳山。

杜牧的家,是贵族之家,教育条件很是优越,当然他也有远志,于是26岁就进士及第了。其相貌堂堂,举止潇洒,仕途似乎是光明灿烂的。

不过刚刚跻身唐政府,便踩到了是非之点,从而影响了他的整个人生。

当时担任宰相的是李宗闵,他认为唐政府还需要一个宰相,遂向唐文宗举荐了牛僧孺,于是牛僧孺就也当了宰相。杜牧年轻,没有经验,便向牛僧孺投靠过去。他的考虑是,这样将会提拔得顺利而且快一点,岂不知他判断错了。

在这一阶段,唐政府的政治格局主要由两派构成,一派是牛僧孺和李宗闵,一派是李德裕。这两派互相排斥,你死我活。

牛僧孺与李宗闵对李德裕的排斥，实际上是由李德裕的父亲李吉甫引起的。在李吉甫担任宰相期间，逢牛僧孺与李宗闵进士应试，这两个人便乘对策之机，狠狠揭露和批评李吉甫。李吉甫非常难堪，遂产生了报复之心，从而使牛僧孺与李宗闵轻易落榜。不过在李吉甫这样干的时候，显然也埋下了恶的种子。也许他没有想到自己所发动的打击，将立即树敌，并在以后转化为对其儿子的打击。问题是，事实如斯。

两派之争，此起彼伏。如果牛僧孺和李宗闵一派得势，那么李德裕便不能呆在长安，反之，如果李德裕一派得势，那么牛僧孺和李宗闵便不能呆在长安。两派之争凡30年，直到两派的头子全部逝世才归于平息。

由于杜牧开始就倾向牛僧孺，李德裕遂把其划在了牛僧孺与李宗闵的阵营，而且不让他离开。结果是，在漫长的岁月，只要李德裕主持唐政府的工作，长安便没有杜牧能做的事情。从其踪迹可以发现，杜牧总是在边远地方当刺史，其先后是黄州、池州、睦州和潮州。偶尔也会呆在长安，不过他所担任的统统是小小闲职。

公元832年，李德裕为唐文宗所重用，牛僧孺不得不到淮南去当节度使，李宗闵也不得不到山南西道去当节度使。既然杜牧是有党性的，他便只能随其头子走了。于是杜牧就在牛僧孺幕府当推官，之后当书记。

杜牧素以济世之才自负，可他的济世之才却不能发挥出来，很是苦闷，遂放浪形骸，甚至经常进入花柳之巷。

落魄江湖载酒行，
楚腰纤细掌中轻。
十年一觉扬州梦，
赢得青楼薄幸名。

这是多年之后杜牧反映自己在扬州生活的诗，仔细品味，可以感到他的一种自嘲，当然也有一些悔恨。我以为，杜牧表面上是在调侃，然而骨子里极其辛酸与悲凉。

二十三

大约杜牧出生之后10年，李商隐出生。他应该是一个没落贵族吧，不过百足之虫，死而不僵。

李商隐翩翩少年就到了天平节度使令狐楚的幕府。令狐楚是忠厚长者，喜欢李商隐的诗，认为其当有大的前途。他让李商隐随自己的儿子一起学习，还邀请其参加一些文学聚会。由于有令狐楚及其儿子的一臂之力，李商隐26岁顺利登科。

成为进士之后，李商隐便到泾原节度使王茂元幕府去工作，并娶其女儿为妻。也许李商隐觉得这是一个合情合理的选择，但它的结果却出乎其虑，甚至这样的选择给他带来了灾难。

令狐楚及其儿子是属于牛僧孺与李宗闵一派的，不过王茂元属于李德裕的一派。令狐楚及其儿子长期扶持了李商隐，他们觉得，李商隐是应该知恩报恩的，不料李商隐不但没有报恩，反之抖着羽毛飞向了王茂元。于是他们就指责李商隐的品质有问题，随之牛僧孺与李宗闵一派的人皆对其作持久谴责。面对如斯境况，如果李德裕一派能公正以待李商隐，那么其灵魂便会透一口气，然而李德裕一派并没有任何公正的表示。他们是沉默的，沉默之中似乎还包含着对李商隐的冷漠和鄙薄。这使李商隐深为痛苦，他仿佛掉进了一条可怕的河，一岸是风刀，一岸是霜剑。

李商隐当然希望改变自己的生存状态，从而走出低谷。他作了艰苦的努力，不得不既颂扬牛僧孺与李宗闵一派，又歌唱李德裕一派，以求得和平与友谊。不过其努力毫无收获，他感到的，仍是风刀与霜剑。惟一可以安慰的是，他与妻子在相亲相爱。

公元845年，李商隐有机会到唐政府去工作。但朝臣却在大明宫明争暗斗，这使李商隐战战兢兢，如履薄冰，如临深渊。特别难以忍受的是，当时牛僧孺与李宗闵一派恰恰得势，他在长安十分压抑。思之再三，他走为上，到边远的地方去工作了。大约就是在那些日子，他经历了牵肠挂肚的巴山夜雨。

几年之后，他回到长安。这时候令狐楚的儿子令狐绹在唐政府掌握了权力，李商隐便请求他举荐自己，以获得一份理想的工作。李商隐是抱着很大的希望走进令狐绹的宅邸的，但令狐绹却装聋卖哑，不愿意帮助他。为生活计，李商隐没有别的办法，还得请求令狐绹。不过他哀告而来的，竟只是一个所谓的太学博士。李商隐很是失望，便离开长安，到梓州去了。

大约在这一阶段，发生了一件悲痛的事情，他亲爱的妻子死了。

> 向晚意不适，
> 驱车登古原。
> 夕阳无限好，
> 只是近黄昏。

45岁那年秋季的一天，李商隐寂寞极了，遂在傍晚登上了乐游原。乐游原在长安东南，地势高亢，空气流通，是李商隐一向喜欢的。诗人站在夕阳之中，望着黄昏笼罩的唐帝国，美感万千，伤感万千。

过了两年，李商隐便逝世了。

二十四

大约李商隐出生之后 20 年到 30 年之间，黄巢一声哭泣，来到曹州冤句一个商人之家。商人世代贩盐，当然是富裕之家，甚至钱多得连炕栏和门槛也包着金子。但黄巢却对金子缺乏兴趣，不愿意像父亲一样仅仅知道贩盐。他志存高远，喜欢读书和击剑。性格豁达，朋友众多，一副英雄气象。

> 待到秋来九月八，
> 我花开后百花杀。
> 冲天香阵透长安，
> 满城尽带黄金甲。

唐诗之中，黄巢这首七绝别有品质。在我看起来，它是尖锐的，凌厉的，完全打破了文质彬彬的原则。我以为它的坚硬和强劲，明显透露出一种难以抑制的暴力倾向。

这首诗是黄巢在落榜之后写作的，也许惟有黄巢能站在一个革命的立场观察菊花，惟有他能使关于菊花的诗，渗透出血腥之气。

黄巢生活的时代，唐帝国完全是风雨欲来了。唐懿宗荒淫，唐僖宗愚昧，太监与奸佞遂乘机操纵军国大事，甚至张牙舞爪，仿佛他们就能建立一个共产主义的世界，非也！面对衰败之势，唐政府大小官员道德瓦解，又有贼心，又有贼胆，千方百计干渔利之勾当。农民贫困，无以为生，只好风起云涌地起义了。

公元 875 年，王仙芝率领农民起义军攻陷曹州，黄巢十分激动，随之在故乡聚众响应，并迅速组织了一支规模相当的起义军。之后，他驰骋东西，转战南北，一度占领长安，招文武百官，建立了大齐权力机构。不过唐军毕竟还是唐军，其竟作了一个回光返照式的包围，使黄巢不得不退出长安。黄巢失势，且战且逃，居然狼狈地回到了自己的出发之地，并无可奈何地在泰山一个峡谷自杀而死。

黄巢的诗，流传下来的大约只有三首，不过他是惟一由诗人转变为农民领袖的。

二十五

两年之前的一个晚上,我邀请几个朋友到少陵原去。

少陵原在长安南部,古已有之。唐帝国浩浩荡荡近乎 300 年,不但有巍峨之长安,而且有秀丽之洛阳,其皇帝,特别是女皇帝武则天陛下,很喜欢运动于两京之间。但它的贵族却一直热衷于栖息韦曲,因为韦曲平川一片,清流数带,为风水宝地。韦曲就在少陵原的脚下,少陵原就在韦曲的岸上。少陵原对韦曲的作用为,它仿佛是韦曲的一道屏障,有了少陵原,韦曲才显得宁贴和安妥。鸟瞰韦曲,少陵原是绝妙的立场。

杜甫曾经以少陵野老和少陵布衣自居,是因为他的祖先留了一点旧宅和老田在这里。困于长安的那些年,杜甫不得已住在少陵原,自耕自耘,补贴生活。有一天我突然想,杜甫在少陵原是会经常看到住在韦曲的那些贵族的,我问自己,不知道看到肥马新车,云衣霞裳,杜甫是什么心情。

仲夏之夜,少陵原高高在上,足以游弋目光,放纵思想。宇宙之大,星辰之繁,清风之浩,空气之爽,还有月辉之明,蟋蟀之唱,无不助言论之兴。

几个朋友席地而坐,任意臧否,气氛颇为轻松和随便。无所不涉,不过那天晚上评议最多的,是杜甫,评议最深的,也是杜甫,仿佛坐在了杜甫的菜园,不多研究一下杜甫,就是对先生不公正似的。

几个朋友还讨论了一个严肃的问题:诗人的命运为什么难以顺遂。

这个问题在少陵原刚刚提出,我便看见辉煌的长安街上出现了一支诗人队伍,他们密密麻麻,比肩而来,接踵而去。长安街上当然是宽阔的,平坦的,根本不会有什么石头和砖头,但他们却走得磕磕绊绊,满是伤痕。他们衣冠不华,精神不振,有的竟还怒发千丈长,愁纹三尺深。

我很是困惑,不过也在努力理解。我想,无论如何,唐帝国应该属于中国历史上一个开明和宽容的时代。既然在这样一个时代,诗人都不会有好的命运,那么在别的黑暗时代的诗人将怎样呢?我以为,唐帝国的诗人有典型的意义。

唐帝国固然伟大,不过唐帝国依然是官本位,人的价值表现为一元。在这样一个社会,凡是人,无不想进入管理者或统治者的队伍,因为管理者或统治者就是官,它意味着权力和财富。官是受到社会普遍尊重和羡慕的,当了官,显然就是有了价值。

唐帝国的诗人,即使他是一个天才,也妄想以自己的艺术活动实现其价值。诗人的作品如李白之诗和李贺之诗,现在的人可以把它们推崇为稀世之宝,绝代之珍,但在当时,它们充其量却只是进入唐政府的敲门砖与通行证。诗人进入了唐政府,变成了管理者或统治者,才会显出自己的价值,然而作

诗人多难

为诗人，仅仅是诗人，他是没有多少价值的。

在长安街上徘徊的那些诗人，都是希望到唐政府去工作的，不过这非常难。它几乎是一种搏斗，甚至是一种鏖战，往往失败者多，胜利者少。仅仅是进士及第这一关，便会使一茬一茬的诗人摔倒在地，爬不起来。

也许幸运的诗人通过科举之路变成了管理者或统治者，从而感觉光美，不过诗人一般皆难以得意到底。事实是，诗人的下场往往都很是悲哀。原因在于，权力领域的游戏是复杂的，一向是在黑箱之中操作，可诗人的性格却是以美的标准考量生活，于是容易看见假，看见丑，看见恶，看见了就怒气冲天，喜欢批评。诗人过于率真，好激动，遇到问题也不会迂回，所以总是碰壁。可以验证一下，在唐政府工作的诗人，谁不是碰壁碰得头破血流啊？

那么诗人的命运怎么才能彻底改变呢？我以为，惟有诗人的作品进入市场，并在市场可以交换，从而产生利润，我以为，惟有到了这样一个时代，诗人才能摆脱攀援之累，依附之羞，甚至不进入管理者或统治者的队伍而一样骄傲地在天下行走。它应该是这样一个社会，它颠覆了官本位的秩序，人的价值能够表现为多元。令我欣慰的是，在中国诗人颠沛流离了几千年之后，这样一个社会终于渐渐出现了。

它是一片绿色的田野，透过迷蒙的水雾，我已经闻到了一股新鲜的稻香。它是一群飞翔的鸽子，阳光之下，我已经听到了翅膀摩擦气流的音响。它是横排天边的一派晚霞，尽管云层诡谲，但它却毕竟绚丽奇幻，而且我已经看到了像雪浪一样在夜空涌动的星辰。

参考书目

1. 司马迁．史记．北京：中华书局，1985
2. 王利器主编．史记注释．西安：三秦出版社，1988
3. 班固．汉书．北京：中华书局，1996
4. 范晔著，李贤等注．后汉书．北京：中华书局，1965
5. 陈寿．三国志．北京：中华书局，1959
6. 魏收．魏书．北京：中华书局，1974
7. 房玄龄等．晋书．北京：中华书局，1974
8. 令狐德棻等．周书．北京：中华书局，1971
9. 刘昫等撰．旧唐书．北京：中华书局，1997
10. 欧阳修，宋祁．新唐书．北京：中华书局，1997
11. 张廷玉等．明史．北京：中华书局，1974
12. 赵尔巽等．清史稿．北京：中华书局，1977
13. 李国章、赵昌平主编．唐书．上海：上海古籍出版社，1997
14. 陈兰村，张新科．中国古典传记论稿．西安：陕西人民教育出版社，1991
15. 范廷玺．陕西名胜古迹史话．西安：陕西人民美术出版社，1988
16. 黄新亚．长安文化，中国文化史概论上卷．西安：陕西师范大学出版社，1989
17. 谢苍霖，万芳珍．三千年文祸．南昌：江西高校出版社，1996
18. 杨师群等．三千年冤狱．南昌：江西高校出版社，1996
19. 陈全力、侯欣一编著．帝王辞典．西安：陕西人民教育出版社，1988

20. 黄仁宇.中国大历史.北京：生活·读书·新知三联书店，1997
21. 黄仁宇.赫逊河畔谈中国历史.北京：生活·读书·新知三联书店，1997
22. 陈全才，柏明，韩金科.法门寺与佛教.西安：陕西旅游出版社，1991
23. 樊英峰，刘向阳.乾陵文物史迹述丛.西安：陕西旅游出版社，1997
24. 张世民主编.咸阳史话.北京：东方出版社，1998
25. 张过、何冰编.马嵬坡诗选.西安：华岳文艺出版社，1988
26. 王大华.崛起与衰落——古代关中的历史变迁.西安：陕西人民出版社，1987
27. 樊光春.长安·终南山道教史略.西安：陕西人民出版社，1998
28. 周文敏.长安佛寺.西安：陕西旅游出版社，1990
29. 王家广.考古杂记.北京：紫禁城出版社，1988
30. 张定亚.陕西名胜古迹传说故事选.西安：陕西人民美术出版社，1986
31. 张传玺，杨济安.中国古代史教学参考地图集.北京：北京大学出版社，1982
32. 史念海.中国古都和文化.北京：中华书局，1989
33. 王震中.中国文明起源的比较研究.西安：陕西人民出版社，1994
34. 中华书局编辑部.名城史话.北京：中华书局，1984
35. 西安市地方志馆，西安市档案局.西安通览.西安：陕西人民出版社，1993
36. 陕西军事历史地理概述编写组.陕西军事历史地理概述.西安：陕西人民出版社，1985
37. 黄濂.中国历代帝陵.大连：大连出版社，1997
38. 姚生民.淳化史迹丛稿.西安：西安地图出版社，2007
39. 何清谷.三辅黄图校释.北京：中华书局，2006
40. 程大昌撰，黄永年点校.雍录.北京：中华书局，2002
41. 赵岐等撰，张澍辑，张晓捷注.三辅决录·三辅故事·三辅旧事.西安：三秦出版社，2006
42. 王褒等撰，陈晓捷辑注.关中佚志辑注.西安：三秦出版社，2006
43. 葛洪撰，周天游校注.西京杂记.西安：三秦出版社，2006
44. 骆天骧撰，黄永年点校.类编长安志.西安：三秦出版社，2006
45. 刘庆柱辑注.三秦记辑注·关中记辑注.西安：三秦出版社，2006
46. 张礼撰，史念海、曹尔琴校注.游城南记校注.西安：三秦出版社，

2006

47. 辛德勇. 隋唐两京丛考. 西安：三秦出版社，2006

48. 韦述、杜宝撰，辛德勇辑校. 两京新记辑校·大业杂记辑校. 西安：三秦出版社，2006

49. 宋敏求著，毕沅校正. 宋著长安志. 西安：太白文艺出版社，2007

50. 毕沅撰，张沛校点. 关中胜迹图志. 西安：三秦出版社，2004

51. 中国汉传佛教陕西祖庭调研组. 陕西·中国汉传佛教祖庭研究. 西安：陕西人民出版社，2006

52. 张云风. 历代名人与西安. 西安：陕西人民美术出版社，1988

53. 西安市文物管理委员会. 西安文物与古迹. 北京：文物出版社，1983

54. 西安市文物管理局孙黎等编著. 西安城墙. 西安：陕西人民出版社，2002

55. 田荣编著. 老西安旧闻. 西安：陕西旅游出版社，2012

56. 葛慧. 西安地名趣谈. 西安：三秦出版社，2005

57. 张云主编. 西安碑林观览. 西安：陕西人民美术出版社，1998

58. 刘宝山. 黄河流域史前考古与传说时代. 西安：三秦出版社，2003

59. 易华. 夷夏先后说. 北京：民族出版社，2012

60. 舒其绅等修，严长明等纂，何炳武总校点，董健桥审校. 西安府志. 西安：三秦出版社，2011

61. 田益民. 西安事变述评. 再版. 香港：香港文化教育出版社有限公司，2000

62. 足立喜六著，王双怀、淡懿诚、贾云译. 长安史迹研究. 西安：三秦出版社，2003

63. 桑原骘藏著，张明杰译. 考史游记. 北京：中华书局，2007

64. 门多萨撰，何高济译. 中华大帝国史. 北京：中华书局，1998

65. 汤因比著，索麦维尔节录，曹未风译. 历史研究. 上海：上海人民出版社，1986

66. 海斯、穆恩、韦兰著，中央民族学院研究室译. 世界史. 北京：生活·读书·新知三联书店，1975

67. 爱德华·麦克诺尔·伯恩斯、菲利普·李·拉尔夫著，罗经国等译. 世界文明史. 北京：商务印书馆，1995

后　记

　　我把目光投向长安是在 1990 年。1993 年脱稿一部，1994 年成书一册，行之于世。

　　之后，我的叙述和研究并非不居，然而有一根神经始终紧系长安，并常有文章。直到 2006 年，读到三秦出版社关于长安遗址、史迹和形胜的丛刊，我才知道长安之叙述与研究是一个悠久的传统，不禁慨叹。自东汉及魏晋南北朝发轫，长安之考便代有大作，至清式微。不过这个传统也延伸出境，影响甚深，遂有日本学者足立喜六的长安之考。此人在清光绪三十二年至清宣统二年，1906 年至 1910 年，任教于陕西省高等学堂，闲暇骑马走长安，并以数学和物理的知识进行测绘，卒传其著。

　　一旦了解了这个传统，我就调整角度，继承之，并盼发扬之，拓展之。2008 年至 2013 年，我集中精力，孜孜于长安之考。如是文章，皆具这个传统的色彩。当然，我也有意使其略具新的姿态和新的风度。我对长安的叙述与研究，实在的希望是，始于暗合传统，终于对传统既有所本，又有所越。此书所收的文章大多这样。个别文章是以前的，不过它们也属于长安之考的范围，遂也有收。

　　这部书涉及长安的地理、建筑、宗教、艺术、民俗，心在其贯穿历史，反映文化。我饮长安水生，饮长安水长，是长安养育了我。此书算我对长安的一个交代。有了此书，朋友呼我作家，或自谓作家，我感到踏实。

2013 年 10 月 20 日于窄门堡